RUM ENTSTAND DER AUFRECHTE GANG? IST LUCY UNSER ALLER URGROSSMUTTER? WAS IST INTELLIGENZ? WAS
RANSPORTER VERDOPPELT? 1, 10, 100, 1000 – WELCHE ZAHLEN BEGREIFT DER MENSCH? SEIT WANN SPRACHEN
SIGN UND DARWINISMUS – WELTANSCHAUUNG ODER KONTROV EIN MENSCH?
H GUT? WESHALB KOMMEN WIR NICHT OHNE VORURTEILE AUS ER GOTT DER
ES DEN TOD? WAS MACHT GOTT DEN GANZEN TAG? IST GOTT ZU? WAS IST
LAUBEN JUDEN, CHRISTEN UND MUSLIME AN DENSELBEN GOT GEWALT ALS
EN? WARUM SUCHEN MENSCHEN SPIRITUALITÄT? WAS IST ESOTERIK? IST ESOTERIK SHOFFNUNG?
GION NEUE HOFFNUNG GEBEN? WAS LEISTET DER GLAUBE IN EINER GESELLSCHAFT DES ÖKONOMISMUS? DARF
R ANDEREN RELIGIONEN ANGST HABEN? WIE PRIVAT IST RELIGION IN WELTANSCHAULICH UNTERSCHIEDLICHEN
ERTE BRAUCHEN WIR FÜR DIE ZUKUNFT? WIRD DER MENSCH EINES TAGES BEGRIFFE WIE „VORSEHUNG" UND
ND KOMETEN? WIE IST DAS UNIVERSUM AUFGEBAUT? WIE WERDEN STERNE GEBOREN, WIE LEBEN UND WIE STER-
VAS UNTERSUCHT MAN IN DER ASTROBIOLOGIE? WARUM SIND STERNE EXISTENTIELL FÜR LEBEN IM UNIVERSUM
I AUSSERIRDISCHES LEBEN NACHWEISEN? WAS VERSTEHT MAN UNTER KOSMOLOGISCHER FEINABSTIMMUNG?
ALL? WIE SOLL MAN BEIM LOTTO SETZEN? WAS IST MATHEMATIK? WARUM IST DIE MATHEMATIK SO NÜTZLICH?
S FUNDAMENT ALLER RHYTHMEN? GIBT ES EINE „THEORIE FÜR ALLES"? WAS IST DIE QUANTENPHYSIK? WIE GEHT
JERSTOFF UNSERER ATMOSPHÄRE? FLOSS DIE DONAU EINST NACH WESTEN? TROCKNET DAS MITTELMEER AUS?
ROPISCHE TEMPERATUREN? TRIFFT UNS DER FLUCH DER MAMMUTS? DIE WILDNIS – FEIND ODER KULTURGUT?
I SIND DIE „ALIENS" UNTER DEN PFLANZEN? WOZU „ROTE LISTEN"? TÖTET DIE KLIMAERWÄRMUNG UNSERE
R – STÖRUNG ODER STEUERMANN? IST NACHHALTIGE ENTWICKLUNG MÖGLICH? GENTECHNIK – FLUCH ODER
HTE HERKULES AM GROSSGLOCKNER? GAB ES VOR TAUSEND JAHREN SCHON EINE MILLIONENSTADT? WELCHE
EWEGUNG BEWIRKT UND ERREICHT? WER WAR DIE „FRIEDENS-BERTHA"? GIBT ES EINEN FORTSCHRITT DER
NATIONALSOZIALISMUS – OPFER ODER TÄTER? WARUM MUSS GESCHICHTE IMMER WIEDER NEU GESCHRIEBEN
S IST POLITISCHE BETEILIGUNG? WARUM IST ÖSTERREICH EINE DEMOKRATIE? WAS IST POLITISCH RECHTS ODER
DIEN STATT DER POLITIK? WELCHE POLITISCHEN INSTITUTIONEN BRAUCHEN WIR? WAS LEISTEN PARTEIEN UND
ER BERUFSHEER? WELCHE POLITISCHE IDENTITÄT HABEN WIR? WIE SOLLEN WIR WÄHLEN? WAS IST POLITISCHE
SIERUNGSFALLE? WELCHEN STELLENWERT HABEN INTERNATIONALE INSTITUTIONEN WIE UNO, IAEA ODER WTO?
ÄLTNIS? SIND WIR AUF DEM WEG ZU EINER EUROPÄISCHEN ARMEE? WAS SIND KERNWAFFEN UND WIE IST IHRE
? GIBT ES EIN INTERNATIONALES NETZWERK DES TERRORISMUS? WAS SIND ASYMMETRISCHE KRIEGE? WAS SIND
AS IST MILITÄRISCHE ETHIK? WIRD DER KRIEG IN ZUKUNFT PRIVATISIERT? „VERGANGENHEITSBEWÄLTIGUNG"
ATEN EUROPAS ZUWANDERUNG? STEHT EUROPA IM SPANNUNGSFELD ZWISCHEN OST-WEST- UND SÜD-NORD-
ANDERERN? WARUM TUN SICH IN DEN GROSSSTÄDTEN IMMER MEHR SOZIALE KLÜFTE AUF? SIND GHETTOS EINE
RALMACHT? WOHIN DRIFTEN DIE LÄNDER SÜDOSTEUROPAS? MACHT ENTWICKLUNGSZUSAMMENARBEIT SINN?
WACHENDER WIRTSCHAFTS- UND POLITRIESE? HAT DIE NAHOST-FRAGE EINE CHANCE AUF FRIEDLICHE LÖSUNG?
DEN ZEICHEN UND BILDER ZUR NEUEN WELTSPRACHE? WIRD RICHTIGSCHREIBEN ZU EINER KUNST, DIE NIEMAND
RBT DAS ÖSTERREICHISCHE DEUTSCH AUS? GIBT ES EINE WIEDERGEBURT DER DIALEKTE? WODURCH SIND
GIG SEIN? WAS MEINT DER BEGRIFF PRESSEFREIHEIT HEUTE? WER NICHT IN DEN MEDIEN PRÄSENT IST, ZÄHLT
TEN LASSEN? IST DAS INTERNET EINE KOMMUNIKATIONSREVOLUTION? WERDEN BUCH UND ZEITUNG AUSSTER-
RTEN? WO STEHT DIE BILDENDE KUNST HEUTE? WOHIN GEHT DIE BILDENDE KUNST IN ZUKUNFT? WARUM KOSTET
NSTMARKT? WARUM IST DER KUNSTMARKT SO UNDURCHSCHAUBAR? KANN MAN KUNST NATIONAL PUSHEN?
NPASSEN? KANN MAN ARCHITEKTUR ALS LAIE BEWERTEN? WORIN BESTEHT WOHNQUALITÄT? WACHSEN DIE
AS IST ANONYME ARCHITEKTUR? WIE WEIT SOLL DER DENKMALBEGRIFF GEHEN? WO SIND DIE GRENZEN DES
ER? WAS BEDEUTET REGIETHEATER? WERKTREUE – EIN ÜBERHOLTER BEGRIFF? IN WELCHER ZEIT SPIELT DAS, WAS
UF DEM THEATER NOCH MÖGLICH? FÜHRT DER MEDIEN-MIX IN DIE ZUKUNFT DES THEATERS? WOZU BRAUCHEN
ÜBERHAUPT NOCH ZEITGEMÄSS? IST LITERATUR HANDWERK ODER KUNST? WAS ZEICHNET GUTE LITERARISCHE

Wissen! Antworten auf unsere großen Fragen

WISSEN!

Antworten auf unsere großen Fragen

Herausgegeben von Isabella Ackerl,
Johann Lehner und Johannes Sachslehner

Mit einem Vorwort von
Bundespräsident Dr. Heinz Fischer

:STYRIA

ISBN 978-3-222-13216-2
© 2007 by Styria Verlag in der Verlagsgruppe Styria GmbH & Co KG, Wien
Alle Rechte vorbehalten
www.styriaverlag.at

Umschlagbild: akg-images, Berlin

Lektorat: Stephan Gruber
Umschlaggestaltung: Bruno Wegscheider
Produktion und Gestaltung: Verlagsbüro Lehner, Wien

Reproduktion: Pixelstorm, Wien
Druck und Bindung: Druckerei Theiss GmbH, A-9341 St. Stefan im Lavanttal
Printed in Austria

Inhaltsverzeichnis

> „Klug fragen können
> ist die halbe Weisheit."
> *Francis Bacon*

Wissen tut not – das ist gesellschaftlicher Konsens. Andererseits wird man das Gefühl

Eine Einladung ins Reich des Wissens

nicht los, dass Wissen manchmal noch immer als etwas Esoterisches gilt, als etwas, das Eigentum der anderen, der „Gescheiten", der „Studierten" oder der „Intellektuellen" ist. Nicht selten schwingt da auch ein etwas geringschätziger Unterton mit, eine Andeutung von Verschrobenheit oder gar Lebensuntüchtigkeit. Eine alter, beliebter Mechanismus: Man diskriminiert, was einem fremd ist und man selbst nicht verstehen kann oder will. Und dazu geistert vielfach noch die uralte Vorstellung herum, dass Wissen dem lernbegierigen Schüler einfach eingetrichtert und eingeflößt werden kann – ein Wahn, der in den Schulen entsetzlichen Schaden angerichtet hat und noch immer nicht völlig überwunden ist.

Wissen, das nicht dumm machen soll, ist ein anderes: die Bereitschaft zu fragen und zu diskutieren, die Lust tatsächlich Erkenntnis zu gewinnen, selbst nachzudenken. Ein fortwährender Prozess also, der in der Frage-Antwort-Struktur seine zutreffende Abbildung findet.

Dieses Buch ist ein Plädoyer für ein neues Bewusstsein: eine Begegnung mit Wissen ohne Angst und ohne Komplexe; es will uns zeigen, dass Wissen Spaß macht, Lebensfreude und Lebenssinn in einer Welt gibt, in der

jegliche Orientierung schwierig geworden ist. Es hat sich jenem Ziel verschrieben, das der Philosoph Peter Sloterdijk als „Rettung der kognitiven Libido" bezeichnet hat: Wissen als lustvoller Impuls für ein geglücktes Leben! Und es appelliert auch an die Wissenschaftler und Forscher: Wer sich nur im Elfenbeinturm bewegt und eine hermetische Sprache – seinen Fachjargon – spricht, darf sich nicht wundern, wenn man in der Öffentlichkeit zu wenig Widerhall findet! Auch von dieser Seite ist also vermehrte Anstrengung nötig: Mehr Transparenz, Klarheit und Verständlichkeit müssen dafür sorgen, dass wissenschaftlicher Arbeit jener Respekt, jene Achtung durch die Gesellschaft zukommt, der ihr zusteht. Zu diesem „wissensfreundlichen" Klima möchte das Buch beitragen.

Sein Konzept resultiert aus diesen Grundüberlegungen. Es erhebt nicht den Anspruch die Welt zu erklären und ist auch keine Ansammlung von trockenen Fakten. Es präsentiert nicht „gesichertes" Wissen, wie das Lexikon und Enzyklopädie tun, sondern setzt einen Schritt davor an: Es führt uns in die Werkstätten der Wissenschaftler und Forscher, dorthin, wo versucht wird neue Antworten auf unsere großen und brennenden Fragen zu finden. Nicht immer bewegt man sich hier auf sicherem Boden, nicht alles ist so „einzementiert" und „fest gemauert", wie man das gerne möchte – die Antworten der Experten sind nicht immer eindeutig und warten nicht immer mit perfekten Erklärungen oder Lösungen auf; oft führen sie zu einer Fülle von neuen, ungelösten Fragen.

So umgibt diese Expedition ins Reich des Wissens ein Hauch von Abenteuer – die Welt des menschlichen Fragens ist von überwältigender Vielfalt, ein faszinierender Kosmos des Geistes, dem hautnah zu begegnen auf den folgenden Seiten möglich sein soll. Dazu ist keinerlei spezielle Vorbildung notwendig, mitzubringen sind allein Neugierde und Aufgeschlossenheit, die Bereitschaft sich einzulassen auf eine Konfrontation mit Neuem und Unbekanntem. Um die erwähnten Kommunikationsprobleme zu umgehen, wurden die Beiträger gebeten, ihre wissenschaftliche, hoch spezialisierte Fachsprache so weit wie möglich zu vermeiden.

Zur Auswahl der Fragen: Unser Ausgangspunkt war keine akademische Systematik, war nicht die vollständige Abdeckung sämtlicher Wissensgebiete, sondern alltägliche Lebenspraxis – ein buntes Puzzle von Fragen und Antworten, das einen Querschnitt durch die Welt des Wissens zieht und gleichzeitig ein Gesamtbild unserer Zeit entstehen lässt. Der Mensch und seine geistig-kreativen Leistungen, Gesellschaft, Politik und Natur stehen dabei gleichermaßen im Brennpunkt des Interesses.

Bewusst haben wir uns als Herausgeber jeder wertenden Ordnung der Beiträge enthalten. So finden auch durchaus widersprüchliche Antworten nebeneinander Platz, die darin vertretenen Ansichten unterlagen selbstverständlich keiner Zensur! Es wurden subjektive Positionen und Meinungen formuliert, die Raum für Diskussionen und Kontroversen lassen sollen! Wissen benötigt auch die Gegenrede!

Unser Dank gilt allen Autorinnen und Autoren, die es trotz chronischer Überlastung geschafft haben, ihre Antworten zu verfassen. Ein Dankeschön an alle Kollegen und Mitarbeiter, die tatkräftig zum Gelingen dieses Projekts beigetragen haben, insbesondere an Herbert Krejci und Werner Ogris für die hilfreiche Unterstützung bei der Autorensuche. Franz Stürmer und Stephan Gruber haben sich mit unermüdlichen Recherchen um die Ausstattung des Buches verdient gemacht – herzlichen Dank!

Wir möchten mit einem alten Indianerwort schließen: Wissen ist „gute Medizin" – nehmen wir davon, so viel wir können: Es wird unser Leben reicher und erfüllter machen!

Isabella Ackerl · Johann Lehner · Johannes Sachslehner
Herausgeber

> „Was wir wissen, ist ein
> Tropfen; was wir nicht
> wissen, ein Ozean."
> *Isaac Newton*

Von der Lust zu wissen

Liebe Leserinnen und Leser!

Noch nie in der Geschichte der Menschheit hat sich Wissen so rasch vermehrt wie heute. Und noch nie haben wir so viel gewusst wie heute. Moderne Informations- und Kommunikationstechnologien ermöglichen uns blitzschnell den Zugang zu gewünschten Daten, ebenso schnell können wir dieses Wissen auch weitergeben, weiterverarbeiten oder einfach nur speichern – wir haben Wissen bzw. die Voraussetzungen für Wissen in einem nie zuvor gekannten Ausmaß zur Verfügung.

Die technische Verfügbarkeit von ungeheuren Datenmengen ist die eine Seite – die andere Seite aber: Wissen wir mit Wissen umzugehen? Was bedeutet uns Wissen persönlich? Hat es, abgesehen von berufsbedingtem Fachwissen, tatsächlich Platz in unserem Leben? Sind wir neugierig, offen, aufgeschlossen? Haben wir gelernt, kritisch mit all den Daten und Informationen umzugehen, die tagtäglich auf uns einwirken? „Es ist nicht das Wissen allein, das uns glücklich macht – es ist die Qualität des Wissens, die subjektive Beschaffenheit des Wissens", schrieb dazu schon vor zwei Jahrhunderten der Dichter Novalis.

Es wäre ein schwerer Irrtum zu glauben Wissen sei etwas, was man sich einmal in der Schule aneigne, und dabei könne man es belassen. Wissen ist nie etwas Abgeschlossenes, man „besitzt" es nie als etwas Endgültiges, sondern wird immer darum ringen müssen. Wissen endet, wie Hermann Hesse das einmal formulierte, „nicht mit einem Schlusspunkt, sondern mit einem Fragezeichen"; lebendiges Wissen heißt fragen, immer wieder fragen und nach neuen Antworten, nach neuen Lösungen suchen. Wissen ist ein mächtiger Impuls, ein weites Zauberreich, dessen faszinierende Dimensionen zu entdecken uns ständige Herausforderung bleibt.

Kein Zweifel besteht daran, dass eine Gesellschaft, die auf Innovationen und Kreativität, auf Kritik, Toleranz und Demokratie setzt, Wissen benötigt. Es ist daher unsere vordringliche Aufgabe, den Zugang zum Wissen auch für benachteiligte Schichten der Gesellschaft, für Menschen aus weniger entwickelten Ländern zu erleichtern und möglich zu machen. Wissen darf nicht die Sache einiger weniger Auserwählter sein, kein Privileg von bestimmten sozialen Schichten oder Eliten. Wir müssen von den alten „Wissenshierarchien" zu einer „Demokratisierung des Wissens" gelangen, denn nur so wird es seine großen Stärken für die Zukunft unserer Gesellschaft ausspielen können.

Wir leben in einer umfassend vernetzten Welt, das Phänomen der Globalisierung bestimmt unsere Alltagswirklichkeit. Unser Verhalten im Umgang mit fremden Kulturen sieht oft ganz anders aus: Da dominieren Misstrauen und Ausgrenzung, wenn nicht gar Feindseligkeit. Wissen ist dagegen, so meine ich, ein Schutzschild: Wer mehr weiß, der versteht auch besser. Wer weiß, wird Respekt haben vor einer anderen Kultur und sie nicht von Vorneherein ablehnen. Wer weiß, der hat erkannt, dass er vieles nicht weiß – allein dieses Moment erzeugt mehr Toleranz und Aufgeschlossenheit für das Fremde. Vergessen wir auch nie, dass die Begegnung mit anderen Kulturen uns immer auch die wunderbare Möglichkeit gibt, neues, unterschiedliches, vielfältiges Wissen kennen zu lernen und damit auch neue Sichtweisen auf so manches Problem unserer Welt.

Und wer weiß, der ist kritisch. Goethe sagte treffend: „Mit dem Wissen wächst der Zweifel." Es ist dies ein Punkt, der mir besonders am Herzen liegt. Lebendiges Wissen ist auch der Schutzschild gegen „falsches Wissen": gegen gefährliche politische Ideologien, gegen fundamentalistisch verzerrte Parolen. Lassen wir uns nicht in neue Unmündigkeiten drängen – von niemandem!

Ich freue mich daher sehr, dass die Herausgeber des vorliegenden Bandes – Isabella Ackerl, Johann Lehner und Johannes Sachslehner – einen wichtigen Schritt in diese Richtung unternehmen. In ihrem imposanten Frage-Antwort-Panorama steht die Lust am Fragen und am Erkennen im Vordergrund; nicht trockenes Belehren, sondern vergnügliches Entdecken haben sie als Leitlinie ihres Konzepts festgeschrieben und so ist dieses Buch auch geworden: eine großzügige Einladung in die vielfältige, bunte Welt des Wissens.

Dr. Heinz Fischer
Bundespräsident

n welchem Affen stammt der Mensch ab? Liegt der Ursprung
s Menschen in Afrika? Was ist Leben? Warum entstand de
frechte Gang? Ist Lucy unser aller Urgroßmutter? Was is
elligenz? Was „denkt" sich das Gehirn, wenn es denkt? Bir
mehr als mein Gehirn? Was passiert, wenn mich der Te
ransporter verdoppelt? 1, 10, 100, 1000 – welche Zahlen be

Von welchem Affen stammt der Mensch ab?

**Fragen und Antworten
über die Natur des Menschen**

r Mensch ab? Liegt der Ursprung des Menschen in Afrika
as ist Leben? Warum entstand der aufrechte Gang? Ist Lucy
ser aller Urgroßmutter? Was ist Intelligenz? Was „denkt'
h das Gehirn, wenn es denkt? Bin ich mehr als mein Gehirn
as passiert, wenn mich der Teletransporter verdoppelt? 1
, 100, 1000 – welche Zahlen begreift der Mensch? Seit wann
rachen unsere Vorfahren? Was ist aus den Neandertalern
worden? Gab es die Hobbits wirklich? Intelligent Design und
rwinismus – Weltanschauung oder Kontroverse? Ab wann
der Mensch ein Mensch? Müssen wir erst werden, was wir
nd? Bin ich meine Erinnerung? Was ist Menschenwürde? Was
ethisch gut? Weshalb kommen wir nicht ohne Vorurteile
s? Was ist? Das Leben: ein Traum? Was ist Philosophie? Wer
der Gott der Philosophen? Gibt es nur eine Wahrheit? Be

Diese provokante Frage ist so alt wie die Abstammungslehre selbst, obwohl Darwin nie diese These aufgestellt hat. Er sprach von gemeinsamen Wurzeln von Mensch und Affe, und das ist berechtigt und korrekt. Was seine Kritiker nicht abhielt, einen Affen mit

Von welchem Affen stammt der Mensch ab?

Darwins Konterfei als schmähliche Karikatur zu publizieren. Wie sieht die moderne Wissenschaft die Abstammung des Menschen, der Gattung *Homo*?

Unsere Wurzeln liegen in Afrika. Mit der Gattung *Ardipithecus* finden wir vor 4,4 Millionen Jahren aufrecht gehende schimpansenähnliche Wesen, die als Vorläufer der *Australopithecinen* und damit des Menschen angesehen werden. Der aufrechte Gang, ein wichtiges Merkmal der Hominisation (Menschwerdung) scheint aber noch ältere Wurzeln zu haben: Neuere Funde belegen mit *Sahelanthropus tchadensis* und *Orrorin tugenensis* aufrecht gehende Menschenahnen schon vor sechs bis sieben Millionen Jahren. Die *Australopithecinen* mit den Arten *A. anamensis*, *A. africanus*, *A. garhi* und *A. afarensis* sind sowohl mit Skelettfunden als auch mit Fußabdrücken gut belegt und stellen direkte Vorläufer der Gattung *Homo* (Mensch) dar. Bekanntestes Fossil ist „Lucy", ein 3,18 Millionen Jahre altes Skelett eines weiblichen *A. afarensis* aus Äthiopien. Zeitgleich mit „Lucy" lebte der „Flat Faced Man" *Kenyanthropus platyops*, der wegen seines flachen Gesichtsschädels diesen Namen erhielt. Aus dem Verwandtschaftskreis von *Australopithecus* und *Kenyanthropus* entwickelte sich

die Gattung *Homo*, die mit *H. rudolfensis* (ca. 2,5 bis 1,8 Millionen Jahre) ihren Anfang nimmt. Ungefähr gleichzeitig betritt auch der „geschickte Mensch", *H. habilis* (ca. 2,1 bis 1,6 Millionen Jahre), die Bühne, beide Arten gelten als erste Werkzeugmacher. Eine diskutierte Stellung im Stammbaum nimmt *H. ergaster* ein. Er lebte vor ca. 1,8 bis 1,4 Millionen Jahren in Ostafrika, einzelne Funde gibt es auch aus Südafrika und Georgien. Diese Art wird oft als ursprüngliche Form des *H. erectus* angesehen.

Der erste Kosmopolit war zugleich auch der Mensch, der das Feuer entdeckte: *Homo erectus* lebte von etwa 1,4 Millionen bis ca. 400.000 (200.000?) Jahre vor unserer Zeit. Fossilienfunde aus Algerien, Marokko, China und Java belegen, dass sich diese Menschenart als erste über mehrere Kontinente verbreitet hat. Aus *H. erectus* entwickelten sich vor rund 500.000 Jahren die archaischen

Karikatur von Charles Darwin in „The London Sketch Book"

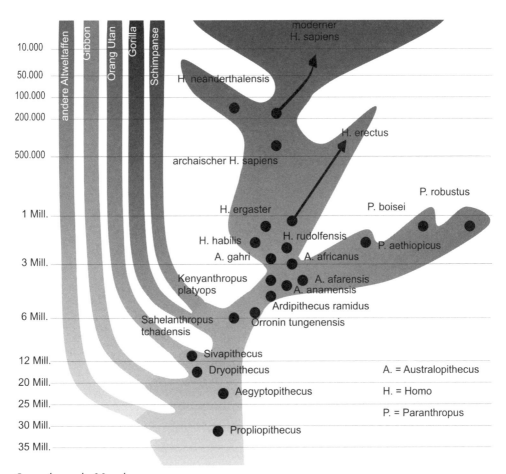

Stammbaum des Menschen

Formen des *H. sapiens*, die früher mit Heidelberg-Mensch, Peking-Mensch u. a. als eigene Arten angesehen wurden, heute aber als Gruppe zusammengefasst werden. Der Neandertaler (*H. neanderthalensis,* 400.000 bis 30.000 Jahre), ebenfalls aus *H. erectus* hervorgegangen, bevölkert zeitgleich mit dem modernen Menschentyp (*H. sapiens*), der vor rund 250.000 Jahren erstmals auftritt, die eiszeitliche Landschaft.

Zurück zu den Affen: Genetische Analysen und Fossilien belegen, dass der Schimpanse (*Pan*) der engste Verwandte des Menschen ist. Dann folgen der Gorilla (*Gorilla*), Orang-Utan (*Pongo*), Gibbon (*Hylobates*) und schließlich die gesamte Gruppe der Altweltaffen. Der Mensch, Schimpanse, Gorilla, Orang-Utan und Gibbon werden zur Familie der *Hominoidea* (Menschenartigen) gezählt.

Franz Stürmer

Darwin begann die Kontroverse in seinem 1871 erschienenen Buch *The Descent of Man*. Er war der Meinung, dass die afrikanischen Menschenaffen, also Schimpansen und Gorillas, dem Menschen anatomisch sehr ähnlich sind, und nahm daher einen afrikani-

Liegt der Ursprung des Menschen in Afrika?

schen Ursprung des Menschen an. Viele Anatomen der Zeit aber sahen es anders, für sie bildeten alle großen Menschenaffen, also Gorillas, Schimpansen und Orang-Utans, eine Gruppe, während der Mensch einen eigenständigen Ursprung hatte. Einige waren auch der Meinung, dass der Orang-Utan der nächste Verwandte des Menschen ist. Einer der Gründe für diese Ablehnung war, dass ein afrikanischer Ursprung nicht ins eurozentrische Weltbild passte.

Die Entdeckung des *Homo-erectus*-Schädels am Solo-Fluss in Indonesien und des (später als Fälschung erkannten) Piltdown-Schädels in England haben zur Auffassung geführt, dass der Mensch in Europa bzw. möglicherweise in Asien entstand. Neue Funde aus Afrika wie das 1925 gefundene „Kind von Taung" und andere Australopithecinen aus Süd- und Ostafrika unterstützten dann die heute gültige Lehrmeinung, dass die Wiege der Menschheit in Afrika liegt.

Hatte Darwin also Recht? Ab den 1960er Jahren begannen Molekularbiologen zuerst mit Hilfe immunologischer und später genetischer Untersuchungen die Verwandtschaftsverhältnisse zwischen Menschenaffen und Menschen zu klären.

Einer der Zugänge war die so genannte DNA-Hybridisierung. Bei dieser molekulargenetischen Technik werden DNA-Stränge zweier Organismen aneinander angelagert, dabei sind die beiden DNA-Helices durch Wasserstoffbrücken miteinander verbunden. Mehr Verbindungen führen zu erhöhter Stabilität, deshalb sind bei einer gegebenen Temperatur die DNA-Stränge nahe verwandter Organismen stärker verbunden als die weniger verwandter Organismen. Um die Verwandtschaft zweier DNA-Sequenzen zu überprüfen, erhitzt man die DNA und misst, bei welcher Temperatur die DNA denaturiert, d. h., sich die Stränge auftrennen. Die meisten dieser Untersuchungen zeigten, dass Mensch und Schimpanse am nächsten verwandt sind, wobei die Auftrennung zwischen den beiden Entwicklungslinien vor 5–8 Millionen Jahren erfolgte. Der Gorilla hat sich von den beiden vor etwa 7–8 Millionen Jahren getrennt, der Orang-Utan vor etwa 13 Millionen Jahren.

Bis in die späten 80er Jahre waren diese Ergebnisse der Molekularbiologen noch umstritten, doch durch neue Untersuchungen an DNA-Sequenzen ist heute eine nahe Verwandtschaft des Menschen und der Schimpansen weiter abgesichert worden.

Den Affen, von dem sowohl Schimpansen als auch wir abstammen, gibt es heute nicht mehr. Wo genau und wann genau er gelebt hat, wissen wir nicht. Was ich mich häufig frage, ist, ob wir in ihm den Verwandten erkennen würden, wenn wir in seine Augen schauen würden?

Thomas Bence Viola

Die Antwort ist einfach – wenn man Karl Popper (1902–1994) folgt. Der in Österreich geborene und von der Queen zum Sir geadelte große Philosoph hat es so definiert: „Alles Leben ist Problemlösen." Und er erklärt weiter: „Alle Organismen sind Erfinder

Was ist Leben?

und Techniker, gute oder weniger gute, erfolgreich oder weniger erfolgreich im Lösen von technischen Problemen."

Dieses Problemlösen ist dem Leben seit seinem Beginn vor etwa vier Milliarden Jahren mehr oder weniger perfekt gelungen. Leben, das ist der Grashalm, auf den wir unachtsam treten, der sich aber sofort danach wieder aufrichtet und dem stärksten Orkan widerstehen kann. Leben ist das zarte kleine Pflänzchen, das sich in der Betonwüste der Großstadt mit erstaunlicher Kraft aus der Asphaltdecke seinen Weg ans Licht bricht, das unscheinbare Pflänzchen, das dem Felsen trotzt und sich auf dem blanken Gestein festsetzt. Leben ist auch die Amöbe: Dieses „Wechseltierchen" ist auf den ersten Blick nicht viel mehr als ein undefinierbarer Klumpen Schleim, näher besehen ist es aber unendlich kompliziert, bewegt sich durch Ausstülpen seines Körpers fort, frisst und scheidet aus. Damit zeigt es bereits wichtige Merkmale des Lebens: Fortbewegung und Stoffwechsel. Ein weiteres ist die Fortpflanzung, bei der Amöbe zwar nicht im Sinne von Sex, sondern auf ungeschlechtliche Weise nach dem ebenfalls seit Jahrmillionen bewährten Schema: aus eins mach zwei. Sie teilt sich ganz einfach in zwei Teile, in zwei neue Lebewesen, wie es manche anderen niederen Tiere und Pflanzen auch tun.

Das Faszinierende am Leben ist, dass es so viele Wege gefunden hat, die Jahrmillionen zu überstehen. Dem winzigen Pantoffeltierchen genügt als Welt ein Wassertropfen, in dem es schwimmt wie in einem unendlichen Ozean. Auch dieser Einzeller frisst und scheidet aus. Er hat sogar eine Art von Nervensystem, das so genannte Silberliniensystem, auch das ein Merkmal des Lebens. Beim Regenwurm spricht man von einem „Strickleiter"-Nervensystem. In jedem seiner Körperringe findet sich, um beim Bild zu bleiben, eine „Sprosse". Vorne aber, wo sich der Kopf befindet, sitzt bereits so etwas wie ein Gehirn. Das Leben ist erfinderisch: Muscheln zum Beispiel haben blaues Blut und ein Herz. Kein Aufwand ist der Natur zu groß, um „ihren" Lebewesen das Überleben zu sichern. Ja, das Leben ist Problemlösen, ob Mammutbaum, ob winzigste Alge, ob graziler Fadenwurm oder tonnenschwerer Wal – das Leben hat für jedes (Überlebens-)Problem die optimale Lösung anzubieten.

Das Leben, das ist auch jeder von uns. Wir tragen es in uns und haben es Tag für Tag vor Augen. Weil es so selbstverständlich ist, wird es teilweise gering geschätzt und wir gehen achtlos daran vorbei – doch es ist noch immer ein Rätsel.

Gert Baumgart

„Was war das Leben? (...) Es war nicht materiell, und es war nicht Geist. Es war etwas zwischen beidem, ein Phänomen, getragen von Materie, gleich dem Regenbogen auf dem Wasserfall und gleich der Flamme. Aber wiewohl nicht materiell, war es sinnlich bis zur Lust ..."

Thomas Mann, *Der Zauberberg*

Einer der großen Unterschiede zwischen Menschenaffen (Gorillas, Schimpansen und Orang-Utans) und Menschen liegt in der Fortbewegung. Während Menschenaffen sich am Boden auch auf ihre Vordergliedmaßen aufstützen, bewegen wir uns nur auf

Warum entstand der aufrechte Gang?

unseren Hinterbeinen fort, man spricht von „Bipedie". Warum gibt es beim *Homo sapiens* diese besondere Art der Fortbewegung?

Lange Zeit glaubte man, dass darauf die „Savannentheorie" eine zutreffende Antwort gäbe. Dieser zufolge entstand der aufrechte Gang als Anpassung an den Klimawandel, durch den im Laufe des Pliozäns (vor 5–1,9 Millionen Jahren) Wälder von Savannen verdrängt wurden. Im neuen Lebensraum hätte der aufrechte Gang durch die erhöhte Sichtweite und die Verringerung jener Körperoberfläche, die direkter Sonneneinstrahlung ausgesetzt war, entscheidende Vorteile geboten.

In den letzten Jahren wurden mehrere Fundstellen früher Hominiden im Zeitbereich zwischen 6 und 4 Millionen Jahren, d. h. im Zeitraum, in dem der aufrechte Gang sich herausbildete, untersucht. Mit Hilfe von Studien an Antilopen, die sehr gute Indikatoren für die afrikanische Lebenswelt sind, und chemischen Untersuchungen, bei denen von stabilen Isotopen im Boden auf die ehemalige Vegetation geschlossen wurde, konnte jedoch überraschenderweise gezeigt werden, dass all diese Hominiden in relativ bewaldeten Gebieten lebten. Das widerspricht stark der Savannentheorie.

Unterschiedlichste neue Theorien sind vorgeschlagen worden, unter anderem auch ein Modell, bei dem die Paarbindung im Vordergrund steht. Dieses Modell sieht eine wesentliche Änderung im Sozialverhalten als den Ursprung des Gangs auf zwei Beinen. Die frühen Hominiden sollen schon in monogamen Paaren gelebt haben, wobei das Weibchen vom Männchen mit Futter versorgt wurde. Der aufrechte Gang hätte dem Männchen das Tragen von größeren Mengen Futter erlaubt, was für das Weibchen wiederum den Aufwand zur Versorgung der Kinder reduziert und dadurch die Aufzucht von mehr Kindern ermöglicht hätte. Kritiker bemängeln an diesem Modell allerdings, dass das Bild vom Mann als „Ernährer" eher den Gesellschaften des 20. Jahrhunderts in Europa und Nordamerika entspricht als ethnographischen Quellen über Jäger und Sammler – diese berichten übereinstimmend, dass Frauen an der Futtersuche immer einen großen Anteil haben. Eine alternative Erklärung, eher aus weiblicher Perspektive, wäre, dass der aufrechte Gang das Tragen von Kleinkindern erleichterte.

Die heutige Forschung konzentriert sich auf Vergleiche mit Menschenaffen, bei denen aufrechtes Stehen und Gehen in erster Linie bei der Futtersuche beobachtet wird. Frühe Hominiden könnten so aufrecht stehend Früchte von Bäumen gesammelt haben und mit Armen voller Früchte von Baum zu Baum gezogen sein. Wahrscheinlich gibt es aber nicht nur einen „einzigen" Grund für den aufrechten Gang – vermutlich haben die meisten der zuvor erwähnten Faktoren dazu beigetragen, dieses Wesensmerkmal des Menschen herauszubilden.

Thomas Bence Viola

Im Jahre 1974 fanden die amerikanischen Paläoanthropologen Tom Gray und Donald Johanson bei dem Ort Hadar in der Afar-Senke in Äthiopien das wohl berühmteste Fossil eines menschlichen Vorfahren: „Lucy" (in ihrem „Heimatland" Äthiopien wird sie aller-

Ist Lucy unser aller Urgroßmutter?

dings *Dinkenesh* – „die Wunderbare" genannt), offiziell unter der nüchternen Katalognummer AL 288-1 bekannt. Es handelt sich bei dem Fund um den Großteil des Skeletts eines kleinen weiblichen Hominiden. Lucy, die eine Größe von 105 cm erreichte, verstarb im Alter von ca. 25 Jahren vor etwa 3,1 Millionen Jahren. Ihre Knochen wurden bald vom feinen Sand eines Flüsschens zugedeckt und lagen dort bis zu ihrer Entdeckung. Da die Knochen im Vergleich mit anderen Funden bei Hadar klein und zierlich sind, nahm man an, dass es sich dabei um ein weibliches Individuum handeln müsse. Eine erste Rekonstruktion des ziemlich zerdrückten Beckens unterstützte auch diese Annahme. Die Forscher ordneten Lucy der ausgestorbenen Gattung *Australopithecus* zu, was bedeutet, dass sie einen festen Platz in der Entwicklungslinie des heutigen Menschen, des *Homo sapiens*, zugesprochen bekam. Ein wesentliches Kriterium bei der Beurteilung von Hominiden-Skelettfunden bildet das Becken, das bei Menschen und Menschenaffen in vielerlei Hinsicht sehr unterschiedlich ist. Das Becken des Menschen ähnelt wirklich einem Becken oder einer Wanne, ist also relativ niedrig und breit, dagegen ist das Becken von Menschenaffen schmal

und hoch und die Darmbeine sind nicht so ausladend wie beim Menschen.

Diese Unterschiede resultieren, so nimmt man an, in erster Linie aus Anpassungen an die unterschiedliche Art der Fortbewegung. Beim aufrechten Gang müssen die Organe des Bauchraumes gestützt werden, was bei Vierbeinern durch die Rippen erfolgt. Außerdem ist für die Balance beim aufrechten Gehen ein relativ niedriges und breites Becken vorteilhaft, da ein etwas breitbeiniger Stand stabiler ist. Die Verlängerung der Hebelarme und die dadurch erhöhte Effizienz vieler Oberschenkel- und Gesäßmuskeln ist ein weiterer Vorteil.

Das menschliche Becken dient allerdings nicht nur zum Stützen und Tragen des Körpers – es fungiert auch als Geburtskanal. Für die Geburt ist aber eine ganz andere Beckenform erforderlich als für den aufrechten Gang: Hier ist das niedrige Becken ein Problem, da dadurch der Beckenausgang stark verkleinert wird. Da das menschliche (und auch Lucys) Becken aber breiter ist, wird dieses Problem durch eine Drehung des Babykopfes gelöst. Das menschliche Kind „schraubt" sich also aus dem Mutterleib. Bei den frühen Hominiden erfolgte die Geburt vermutlich ähnlich wie bei uns, mit der Erleichterung, dass der Kopf des Neugeborenen kleiner war als heute.

Was das alles mit Lucy zu tun hat? – Bei einer neueren, umstrittenen Rekonstruktion ihres Beckens vor einigen Jahren kamen die Forscher zu einem überraschenden Ergebnis: Im Vergleich mit anderen Beckenknochen schaut ihr Becken eher männlich aus! Ihr Beckenausgang ist zu klein, um gebären zu können! Die Forscher schlugen auch gleich einen neuen Namen vor: Lucifer …

Thomas Bence Viola

Ist diese Zeilen hier zu schreiben ein Zeichen von Intelligenz?
Ist das Lesen dieser Zeilen ein Zeichen der Intelligenz?
Ist das Hinterfragen dieses Artikels ein Zeichen von Intelligenz?

Was ist Intelligenz?

Intelligenz, vom lateinischen *intelligentia*, bedeutet Erkenntnisvermögen, Einsicht, d. h., die Fähigkeit, Zusammenhänge zu erkennen und daraus resultierend Problemstellungen zu sehen und diese zu lösen.

Damit sind die oben gestellten Fragen mit Ja zu beantworten: Ein Thema zu strukturieren, zusammenzufassen und zu beschreiben, es zu verstehen und zu hinterfragen sind Leistungen von Intelligenz.

Die Frage, was Intelligenz ist und woher sie kommt, bewegt den Menschen schon seit Urzeiten. Das Thema beschäftigt Philosophen, Naturwissenschafter, aber vor allem Psychologen bis heute. Es ist paradox, aber die Suche nach der Intelligenz ist eigentlich ein Zeichen der Intelligenz!

Verschiedenste Zweige der Psychologie (z. B. kognitive Psychologie, Neuropsychologie) haben die Intelligenz als Forschungsgebiet. Die Gretchenfrage „Wie intelligent bin ich?" wird jedoch in der differentiellen Psychologie gestellt.

Mit der „Messung" von Intelligenz ist der Ausdruck Intelligenzquotient (IQ) untrennbar verbunden. Dieser Begriff entstand vor rund 100 Jahren im Rahmen von Untersuchungen an Kindern bei dem Versuch, das „Intelligenzalter" (IA) zu bestimmen (ein gestaffelter Test, wobei ältere Kinder mehr Fragen beantworten sollten als jüngere). Der deutsche Psychologe William Stern (1871–1938) brachte das mit dem Lebensalter in Zusammenhang und schuf damit den Begriff des Intelligenzquotienten: $IQ = IA / LA \cdot 100$. Eine Weiterentwicklung war dann die Einführung von Altersstufen, in denen jeweils der Mittelwert des IQs als Vergleichsbasis für die Testperson eruiert wurde. So liegt der Durchschnitt des IQs bei 100. Rund 70 % der Gesamtbevölkerung der Erde haben einen IQ im Bereich von 85 und 115. Als Grenze zur Behinderung gilt ein IQ von ca. 70, ca. 130 ist die Hürde für die Hochbegabten.

IQ-Tests, noch stark in der Wirtschaft und in der Pädagogik in Verwendung, haben jedoch ihre Schwächen: Die Tests sind trainierbar, sind von der Tagesverfassung abhängig und messen nur einen Teil der gesamten Intelligenz. Sie vernachlässigen die emotionale Intelligenz, die kreative sowie die soziale Begabung.

Heute wird Intelligenz in vielschichtigen komplexen Modellen erklärt, wobei jedoch noch keine Einigkeit herrscht, wie groß die Rolle von Vererbung und Erziehung für die Intelligenz unserer geliebten Kleinen ist.

Franz Stürmer

Bevölkerungsanteile nach Intelligenzquotienten:

IST*	HAWIE**	Intelligenzgrad	Anteil
ab 118	ab 127	extrem hoch	2,2 %
112–117	118–126	sehr hoch	6,7 %
107–111	110–117	hoch	16,1 %
94–106	91–109	durchschnittlich	50,0 %
86–93	79–90	niedrig	16,1 %
75–85	63–78	sehr niedrig	6,7 %
unter 74	unter 62	extrem niedrig	2,2 %

* IST: Intelligenzstruktur-Test
** HAWIE: Hamburg-Wechsler-Intelligenztest

Forscher sprechen vom Gehirn, einem neuronalen Netzwerk von ca. 100 Milliarden Nervenzellen und ca. 100 Billionen Synapsen, als dem „komplexesten Objekt des Universums" und gleichzeitig, das geben Neurowissenschafter freimütig zu, dem am wenigs-

Was „denkt" sich das Gehirn, wenn es denkt?

ten verstandenen. Selbst die besten Hochleistungsrechner kommen nicht annähernd an die Leistungen des Hirns heran, das die umfassendsten Aufgaben in atemberaubender Geschwindigkeit lösen kann. Was sich das Gehirn denkt, wenn es denkt, kann zum Teil aus Ableitungen von der Großhirnrinde in beeindruckenden Farbmustern sichtbar gemacht werden. Doch was dabei im größten Teil des Gehirns, der Denkzentrale, die aufgrund dieser Funktion auch Zentralnervensystem genannt wird, vor sich geht, weiß niemand. Die Hirnrinde ist nur eine hauchdünne Schichte unmittelbar unter der Schädeldecke und zugleich auch die rätselhafteste und wunderbarste, die die Wissenschaft kennt.

Es sind fast schon artistische Leistungen, die das Hirn vollführen muss. Wenn wir zum Beispiel eine Person oder einen Baum sehen, so wird das Gesehene auf der Netzhaut verkleinert und auf dem Kopf stehend abgebildet. Das Hirn muss das Bild in natürliche Größe „übersetzen" und es umdrehen. Es muss aber noch viel mehr können. Denn nichts ist so, wie wir es sehen, hören, riechen. An unsere Sinne kommen elektromagnetische Wellen, sonst nichts. Keine Farben, keine Figuren. Nur Wellen verschiedener Län-

ge, eine Welt von Wellenmustern, die erst vom Hirn auseinanderdividiert werden. Die einen müssen als Schallwellen erkannt und in Töne umgesetzt werden, andere Schwingungen sind in Windeseile zu Düften zu „machen". Aus wieder anderen Wellen sehr verschiedener Länge macht das Hirn die Farben Rot, Grün, Blau, Gelb und alle anderen Farben zwischen Himmel und Erde. Und das geschieht in Bruchteilen von Sekunden. Damit wir die Welt so sehen, wie sie (nicht?) ist. Eigentlich besteht die Welt nur aus Schwingungen, die Wirklichkeit ist eigentlich gar nicht wirklich.

Das Hirn schafft es aber nicht nur aus einem „Wellensalat" das zu machen, was wir sehen, hören, riechen und schmecken. Es kann sogar bloß vorgestellte Bilder oder Vorgänge vor dem „geistigen Auge" erscheinen lassen. Hirnforscher können das mit Hilfe bildgebender Verfahren mittlerweile nachweisen. So werden gewisse Gehirnregionen etwa bei der Vorstellung eines Reiters aktiv, andere bleiben in Ruhe. Das zeigt sich im Hirn-Bild als verschiedenfarbige Flecken. Gemessen wird die Aktivität der Großhirnrinde, die für alle höheren Hirnleistungen verantwortlich ist, durch aufgeklebte Elektroden. Auf diese Weise kann man sozusagen dem Hirn beim Denken zuschauen.

Gert Baumgart

Gehirnströme auf Elektroenzephalogramm

Die Frage nach dem Verhältnis von Geist und Körper ist so alt wie die Philosophie selbst. Doch während Platon (427–347 v. Chr.) noch glaubte, die Unsterblichkeit der Seele sowie ihre Unabhängigkeit vom Körper beweisen zu können, wird heute der

Bin ich mehr als mein Gehirn?

öffentliche Leib-Seele-Diskurs von den Erkenntnissen der Neurowissenschaften beherrscht, und oft hat man den Eindruck, als sei es nur noch eine Frage der Zeit, bis die Neurowissenschaften beweisen werden, dass der Geist nichts anderes ist als das Gehirn. Aber was genau besagt hier das Wörtchen „ist"? Was heißt es zu sagen, dass sich Bewusstsein auf biochemische Reaktionen und elektrische Entladungen im Zentralnervensystem zurückführen lasse?
In den letzten Jahrzehnten hat sich vor allem in angelsächsischen Ländern ein Teil der analytischen Philosophie unter dem Titel „Philosophy of Mind" auf diese Problematik konzentriert. Während einige ihrer Vertreter, wie beispielsweise John J. C. Smart (* 1920), die These der Identität von Geist und Gehirn philosophisch zu stützen suchen, haben andere mit Hilfe von so genannten „Gedankenexperimenten" versucht aufzuzeigen, dass es grundsätzlich nie möglich sein wird, Leib und Seele einander gleichzusetzen. Der australische Philosoph Frank C. Jackson (* 1943) hat dazu folgendes Gedankenexperiment entwickelt: Stellen wir uns vor, Mary sei eine auf die Wahrnehmung und Verarbeitung von Farbreizen spezialisierte Neurophysiologin, die alle Vorgänge genauestens kennt, die im Gehirn ablaufen, wenn wir eine Farbe sehen. Nehmen wir des Weiteren an,

Mary sei seit ihrer Geburt in einem Labor eingesperrt gewesen, in dem alles in Grautönen gehalten ist, sodass Mary noch nie etwas Farbiges gesehen hat. Mary weiß zwar, was Farben neurophysiologisch bedeuten, hat aber selbst noch nie Farbe „erlebt". Wenn Mary nun plötzlich aus ihrem farblosen Labor befreit und auf einmal mit realen Farben konfrontiert werden würde, stellt sich die Frage, ob sie dadurch neue Erkenntnisse über Farben gewinnen würde oder ob ihr gar nichts Besonderes auffallen würde, da sie ja bereits alles über Farben wüsste, was man überhaupt über diesen Gegenstand wissen kann, wenn das Erlebnis einer Farbe nichts anderes als ein Gehirnvorgang sein soll. Jackson meint nun, dass Mary völlig überrascht wäre, denn was es qualitativ heißt, eine Farbe zu erleben, also wie es ist, „Rot" sinnlich zu erfahren, könne kein Wissen über die damit korrelierten biochemischen Vorgänge im Gehirn vermitteln. Auch wenn wir jede Atombewegung in unserem Gehirn kennen würden, die sich vollzieht, wenn wir eine Farbe wahrnehmen, wüssten wir nichts darüber, was es heißt, ein subjektives Farberlebnis zu haben.
Damit tut sich aber eine unüberbrückbare Lücke auf zwischen geistigen Phänomenen, wie dem qualitativen Erlebnis einer Farbe, und der letztlich quantitativen Beschreibung der gleichzeitig ablaufenden elektrochemischen Reaktionen im Gehirn. Was sich feststellen lässt, ist eine wohl notwendige Gleichzeitigkeit physischer und geistiger Phänomene, nicht aber ihre Identität, denn identisch sind zwei Dinge gemäß Baruch de Spinoza (1632–1677) nur dann, wenn sie sich in allen ihren Eigenschaften gleichen; das aber lässt sich vom Farberlebnis und den gleichzeitig

ablaufenden Gehirnvorgängen nicht behaupten. In einem 2004 erschienenen „Manifest" räumen elf führende Neurowissenschaftler denn auch ein: „Aller Fortschritt wird aber nicht in einem Triumph des neuronalen Reduktionismus enden. Selbst wenn wir irgendwann einmal sämtliche neuronalen Vorgänge aufgeklärt haben sollten, die dem Mitgefühl beim Menschen, seinem Verliebtsein oder seiner moralischen Verantwortung zu Grunde liegen, so bleibt die Eigentümlichkeit dieser ‚Innenperspektive' dennoch erhalten. […] Die Hirnforschung wird klar unterscheiden müssen, was sie sagen kann und was außerhalb ihres Zuständigkeitsbereichs liegt …"

Martin G. Weiß

Auszüge aus dem „Manifest" führender Neurowissenschaftler (2004):
„Geist und Bewusstsein – wie einzigartig sie von uns auch empfunden werden – fügen sich also in das Naturgeschehen ein und übersteigen es nicht. Und: Geist und Bewusstsein sind nicht vom Himmel gefallen, sondern haben sich in der Evolution der Nervensysteme allmählich herausgebildet. Das ist vielleicht die wichtigste Erkenntnis der modernen Neurowissenschaften."

„In absehbarer Zeit, also in den nächsten 20 bis 30 Jahren, wird die Hirnforschung den Zusammenhang zwischen neuroelektrischen und neurochemischen Prozessen einerseits und perzeptiven, kognitiven, psychischen und motorischen Leistungen andererseits soweit erklären können, dass Voraussagen über diese Zusammenhänge in beiden Richtungen mit einem hohen Wahrscheinlichkeitsgrad möglich sind. Dies bedeutet, dass man widerspruchsfrei Geist, Bewusstsein, Gefühle, Willensakte und Handlungsfreiheit als natürliche Vorgänge ansehen wird, denn sie beruhen auf biologischen Prozessen."

„Anima forma corporis" – „Die Seele ist die Gestalt des Körpers", heißt es bei Thomas von Aquin (1225–1274) in Anlehnung an Aristoteles (384–322 v. Chr.). Diesen Gedanken greifen neuerdings einige Vertreter der „Philosophy of Mind" auf, einer aus dem

Was passiert, wenn mich der Teletransporter verdoppelt?

angelsächsischen Raum stammenden philosophischen Richtung, die sich des altehrwürdigen Leib-Seele-Problems unter Einbeziehung aktueller naturwissenschaftlicher Erkenntnisse annimmt. Auf unseren Wissensstand übertragen, ließe sich der Satz des Aristoteles so verstehen, dass geistige Phänomene auf die eigentümliche neurophysiologische Struktur des Gehirns zurückführbar sein müssten. Auch das Problem des Selbst, d. h. der einzigartigen persönlichen Identität jedes Menschen, glauben die Vertreter dieser Position durch die einmalige Konfiguration der Nervenzellen bzw. der dieser zugrunde liegenden Atomanordnung in unserem Gehirn erklären zu können. Um diese These zu veranschaulichen, führt der britische Philosoph Peter Carruthers (* 1952) das Gedankenexperiment des aus der Fernsehserie *Star Trek* bekannten Teletransporters ins Feld: Dieses Gerät zeichnet sämtliche momentanen Atomstrukturen einer Person auf, überträgt diese Information via Radiowellen an einen anderen Ort, an dem, diesen Informationen folgend, ein perfektes Duplikat erstellt wird, um dann schließlich, völlig schmerzfrei, das Original zu vernichten. Der zurückbleibende

Doppelgänger hätte nicht nur dieselben Erinnerungen wie das Original, sondern auch dessen Überzeugungen, Vorlieben und Wünsche. Carruthers zufolge müsste dieses Duplikat deshalb als dieselbe Person angesehen werden, die am Ausgangsort aufgelöst wurde, sodass es sich beim Teletransporter um ein effektives Fortbewegungsmittel handelte.

Was aber, wenn der Teletransporter eine Fehlfunktion hat und die Person am Ausgangsort nicht zerstört wird, sodass zwei physisch und auch psychisch völlig identische Personen entstehen? Wenn man nun entscheiden müsste, welchen der beiden „Klone" man nachträglich vernichtet, um die Fehlfunktion des Teletransporters auszugleichen, wäre es für Dritte völlig gleichgültig, wer von beiden erhalten bliebe; aus der Sicht der betroffenen „Klone" allerdings würde es sehr wohl einen Unterschied machen, welcher der beiden vernichtet würde. Die persönliche Identität scheint sich also nicht auf physische Strukturen zurückführen zu lassen. Sind Original und Doppelgänger dann aber identisch? Verhält es sich etwa so, dass wir im Falle des Funktionierens des Teletransporters (wenn das Original also vernichtet wird) davon ausgehen müssen, das Duplikat am anderen Ort sei mit dem Original identisch, während wir bei einer Fehlfunktion (wenn das Original erhalten bleibt) sagen müssten, beide Personen seien verschieden?

Martin G. Weiß

Gegenwärtig ist ein Mensch täglich mit unzähligen Zahlen konfrontiert. Der Wecker läutet um 6.30 Uhr. Das Frühstücksei hat nach 5,5 Minuten die richtige Konsistenz und in der Morgenzeitung liest man auf Seite 1 über die Anzahl der Opfer einer Katas-

1, 10, 100, 1000 – welche Zahlen begreift der Mensch?

trophe, um dann auf Seite 15 bei einem Schluck Kaffee die neuesten Wirtschaftsdaten zu studieren. Ein Leben ohne Zahlen ist heute undenkbar. Selbst die Menschheit kann fast vollständig damit beschrieben werden: Gerade eben leben 6.522.628.500 Menschen, pro Jahr werden es um 78.000.000 mehr. 134.000.000 jährlichen Geburten stehen 6.000.000 Menschen, die verhungern und etwa ebenso viele Krebstoten gegenüber. Ein erwachsener Mensch besteht aus 10^{14} Zellen, besitzt 32 Zähne, sein Stützapparat besteht aus 208 bis 214 Knochen und durch seine Blutgefäße zirkulieren rund 6 Liter Blut, das vom Herzen mittels rund 3 Milliarden Kontraktionen während 70 Lebensjahren befördert wird.

Die Wissenschaft lehrt zwischen den Begriffen „Zahl", als höchste Abstraktion einer Menge, und „Anzahl" zu unterscheiden. Letztere ist definiert als zählbare Menge von Zahlen, wobei es paradoxerweise auch unendliche Anzahlen gibt, etwa die Menge der Punkte auf einer Geraden. Neben dem bloßen Zahlenwert ist für das Begreifen einer Anzahl die Herstellung eines Verhältnisses im Sinne einer Referenz entscheidend. Gerne werden daher große Anzahlen als Verhältnisse ausgedrückt: Für die Entfernung zwischen Sonne und Erde benötigt das Licht rund 8 Minuten, bis zum nächsten Fixstern sind es 4,4 Lichtjahre. Der Anzahl von durchschnittlich 6,14 Ärzten pro 1.000 Einwohner in Italien steht ein Wert von 0,03 in Mosambik gegenüber. Doch was fängt unser Gehirn mit diesen Zahlen und Anzahlen an? Sind wir auch fähig zu begreifen und zu verstehen, was sich hinter dieser Flut von Zahlen verbirgt, oder bleiben es tatsächlich „leere" Abstraktionen?

Vergleichenden Untersuchungen zufolge sind wir in der Lage, nur zu rund 150 Mitmenschen persönliche Beziehungen zu unterhalten. Dieser doch eher geringen Aufnahmekapazität steht in der modernen globalisierten Medienwelt eine vergleichsweise ungeheuerliche Anzahl von Informationen über individuelle Schicksale gegenüber. Hier allerdings ist Vorsicht geboten: Nicht immer sind die Wertigkeiten gleich verteilt! 6.000 jährlich namenlos sterbenden chinesischen Kohlearbeitern stehen insgesamt rund 100 Menschen gegenüber, die bisher weltweit am Vogelgrippevirus H5N1 verstorben sind – die Internet-Suchmaschine „Google" zeichnet jedoch ein anderes Verhältnis: Zum Stichwort „Vogelgrippe" liefert sie 5.150.000 Einträge, zum Suchbegriff „Grubenunglück China" finden sich hingegen lediglich 17.000 Vermerke!

Ulrike Bechtold/Harald Wilfing

Eines jener Merkmale, die das Spezifische des Menschen ausmachen, ist die Sprache. So stellt sich natürlich die spannende Frage, wann, wo, warum und wie die „Ursprache" entstand und wie sich diese anhörte.
Der griechische Historiker Herodot erzählte

Seit wann sprachen unsere Vorfahren?

dazu folgende Geschichte: Bereits der Pharao Psammetich I. (664–610 v. Chr.) hätte einen Versuch gemacht die Ursprache zu finden. Er übergab also einem Hirten zwei neugeborene Kinder und befahl ihm, diese so aufzuziehen, dass sie nie ein gesprochenes Wort hörten. Nach etwa zwei Jahren streckten die Kinder die Hände aus und sagten „Bekos!", das heißt in der Sprache der Phryger „Brot!" – der Pharao schloss daraus, dass die Sprache der Phryger älter als jene der Ägypter sein müsse. Untersuchungen an modernen Menschen erlaubten die Lokalisierung von Sprache in zwei Regionen des Gehirns. Das so genannte „Broca'sche Sprachzentrum" ist für das Sprechen verantwortlich. Es schickt die Lautfolge an jenen Teil der Gehirnrinde, von wo aus die einzelnen Muskeln des Gesichts, Mundes und Kehlkopfes kontrolliert werden. Das so genannte „Wernicke'sche Areal" ist für das Verstehen der Sprache verantwortlich. Da das Gehirn bei fossilen Funden nie erhalten ist, können wir nur aus dem Abdruck der Gehirnoberfläche an der Schädelinnenseite auf Vorhandensein sowie Größe dieser Areale schließen. Diese Abdrücke sind leider undeutlich und ihre Interpretation ist sehr subjektiv, deshalb gibt es keinen Konsens darüber, ab wann diese Sprachzentren bei unseren Vorfahren tatsächlich vorhanden waren.

Einen weiteren Zugang zum Geheimnis der „Ursprache" erlaubt uns die Untersuchung der Wirbelsäule. Sprechen ist eigentlich ein kontrolliertes Ausatmen, und eine gute Nervenversorgung der Zwischenrippen- und Bauchmuskeln ist daher sehr wichtig. Deshalb weisen Menschen im Vergleich zu Schimpansen und anderen Menschenaffen vergrößerte Wirbelkanäle der Brustwirbelsäule auf. Das Fehlen dieser Vergrößerung bei einem berühmten Fund, dem etwa 1,5 Millionen Jahre alten *Homo-erectus*-Jugendlichen „Turkana Boy" aus Kenia, wurde als ein Hinweis darauf angesehen, dass dieses Individuum noch nicht sprechen konnte. Neue Untersuchungen des „Turkana Boy" deuten aber darauf hin, dass wir es in diesem Fall mit einer pathologischen Verengung der Wirbelkanäle zu tun haben.

Viel Aufmerksamkeit wurde auch dem Rachenraum geschenkt: Beim erwachsenen Menschen liegt, im Gegensatz zu allen Tieren, der Kehlkopf sehr tief. Bei der Geburt befindet sich der Kehlkopf auf der Höhe des ersten bis dritten Halswirbels, was zwar gleichzeitig zu atmen und zu schlucken erlaubt, die Fähigkeit zur Lautäußerung aber sehr einschränkt. Erst mit etwa zwei Jahren beginnt das Absinken des Kehlkopfes, wodurch der Rachenraum vergrößert wird und eine artikulierte Sprache möglich ist. Es wurden daher viele Untersuchungen an der Schädelbasis fossiler Menschen durchgeführt, um die Position des Kehlkopfes zu rekonstruieren. Diese zeigen eindeutig, dass erst vor etwa 300.000–400.000 Jahren ein tief liegender Kehlkopf auftrat – eine artikulierte Sprache vor dieser Zeit war zweifellos nicht möglich!

Thomas Bence Viola

Das Verschwinden der Neandertaler, einer Seitenlinie der menschlichen Entwicklung, gehört zu einem der großen Rätsel der menschlichen Evolution. Nach rund 150.000 Jahren erfolgreicher Existenz, während der sie ganz Europa, aber auch den

Was ist aus den Neandertalern geworden?

Nahen Osten, Zentralasien und Nordasien bis zum Altai besiedelten, verliert sich plötzlich vor 30.000 Jahren ihre Spur. Das Rätsel um ihr Verschwinden wird durch das Erscheinen der ersten modernen Menschen, unseren direkten Vorfahren, in Europa, das etwa gleichzeitig stattfand, noch vergrößert – hatte etwa der *Homo sapiens* Schuld daran?

Einige Wissenschafter sehen keinen Kausalzusammenhang zwischen dem Verschwinden der Neandertaler und dem Erscheinen der modernen Menschen. Für sie waren klimatische Faktoren am Aussterben der Neandertaler schuld, ähnlich wie die Änderungen rund 15.000 Jahre später, die dazu führten, dass die Mammute und Wollnashörner verschwanden. Dass die massiven Klimaänderungen der vorangehenden 150.000 Jahre ohne Probleme überstanden wurden, lässt einen an dieser Erklärung jedoch zweifeln.

Andere sehen einen direkten Konkurrenzkampf mit dem modernen Menschen um Nahrung und Lebensraum, den die Neandertaler schließlich verloren. Unterstützung für diese Theorie liefern sehr späte Funde von Neandertalern aus Gebirgsgebieten des Balkan und der iberischen Halbinsel, die als letzte Rückzugsräume interpretiert werden. Kontakte zwischen unterschiedlichen Populationen führen heute immer zu einer gewissen „Vermischung". Ob diese allerdings auch zwischen Neandertalern und modernen Menschen erfolgte, ist umstritten. Untersuchungen an der DNA von Zellorganellen, die nur von Mutter zu Kind übergeben werden (der so genannten mitochondrialen DNA), von Neandertalerfunden deuten auf eine Aufspaltung der Entwicklungslinien beider Gruppen vor etwa 600.000 Jahren hin, d. h., der gemeinsame Vorfahre von *Homo sapiens* und Neandertaler starb bereits eine halbe Million Jahre früher aus. Der Fund eines Kinderskeletts in Lagar Velho im Lapedo-Tal (Portugal), das im Schädelbereich eindeutig moderne Merkmale, aber relativ neandertalerähnliche Proportionen der Extremitäten aufweist, wird wiederum von vielen Forschern als ein Hinweis auf erfolgte „Vermischung" gesehen.

Interessant ist auch das gleichzeitige Erscheinen von Schmuck und Kunst bei den Neandertalern und den frühesten modernen Menschen in Europa. Einige Forscher sehen dies als Ergebnis von Imitation durch eine der beiden Gruppen an, aber Unterschiede in der Technologie lassen andere Erklärungen wahrscheinlicher erscheinen. Könnte nicht der Kontakt, das plötzliche Zusammentreffen dieser doch ziemlich unterschiedlichen Menschengruppen, zur Entstehung von Körperschmuck geführt haben? War vielleicht die Notwendigkeit sich vom anderen abzugrenzen und die eigene Identität zu betonen der Auslöser für diese so genannte „Jungpaläolithische Revolution"? Wenn das so ist, dann sind die Neandertaler nicht ganz verschwunden – ein Teil ihrer Kultur und, wer weiß, vielleicht sogar ihrer Gene lebt in uns weiter!

Thomas Bence Viola

In vielen Mythen aus alter Zeit kommen kleine menschenähnliche Wesen vor. Auch in Märchen und Romanen gibt es diese Figuren, am bekanntesten sind wahrscheinlich die Hobbits in John R. R. Tolkiens Fantasy-Klassiker *Der Herr der Ringe*.

Gab es die Hobbits wirklich?

Gibt es Hinweise darauf, dass derartige Wesen tatsächlich existierten? Im Herbst 2004 beschrieben australische und indonesische Forscher einige Knochenreste aus der Höhle Liang Bua auf der zu Indonesien gehörenden Sunda-Insel Flores (15.175 km^2) als eine neue Menschenart und nannten dieses Wesen *Homo floresiensis*. Bekannt wurde dieser Fund, da von winziger Statur, im Jargon der Anthropologen als „Hobbit". Das Besondere am *Homo floresiensis* ist die sehr geringe Körper- und Gehirngröße. Anhand der erhaltenen Knochen wurde eine Körpergröße von etwa 100 cm errechnet. Der Schädel hat ein Volumen von 380 cm^3, was viel näher an der Gehirngröße von Schimpansen (etwa 300 cm^3) als von heutigen Menschen (etwa 1400 cm^3) liegt.

Ähnlich kleine Hominiden gab es unter den frühesten Australopithecinen, wie den rund 3,5 Mio. Jahre alten *Australopithecus afarensis* aus Ostafrika, der sowohl in Körper- als auch in Gehirngröße vergleichbar ist. Die wirkliche Überraschung war daher das Alter des Fundes: „nur" rund 18.000 Jahre! Bisherige Annahmen gingen davon aus, dass zu dieser Zeit bereits der moderne Mensch (*Homo sapiens*) auf den Inseln Indonesiens lebte.

Zur Herkunft von *Homo floresiensis* gibt es

unterschiedlichste Theorien. Eine Möglichkeit wäre, ihn als einen primitiven Seiten-
zweig der menschlichen Entwicklungslinie
anzusehen. Dagegen sprechen allerdings einige moderne Merkmale des Schädels, die
späteren Menschen ähneln. Einige Wissenschafter haben auch gemeint, dass es sich bei
dem Fund um ein pathologisches Individuum handle, das an Mikrocephalie, einer Ent-
wicklungsstörung des Gehirns, gelitten habe.
Der Fund von weiteren Individuen machte
diese Erklärung allerdings relativ unwahrscheinlich.

Die plausibelste Erklärung bietet das Phänomen der so genannten „Inselverzwergung":
Auf kleineren Inseln übt die Nahrungs-
knappheit einen Selektionsdruck in Richtung geringere Körpergröße aus, und durch
die Abwesenheit von Raubtieren (in den
meisten Fällen) ist Größe kein Vorteil mehr.
Bekannte Beispiele für Inselverzwergung
sind etwa die in der Eiszeit ausgestorbenen
Zwergelefanten auf den Inseln des Mittel-
meeres. Durch die Inselverzwergung hätte
anlog dazu aus einem normal großen Vorfahren, der vielleicht dem *Homo erectus* aus dem
mittleren Pleistozän ähnlich war, der kleine
Homo floresiensis entstehen können.

Aber nun zu einem der interessantesten
Aspekte der Geschichte: Auch in der Mythologie von Flores kommen kleine, haarige
menschenähnliche Wesen vor, die als „Ebu
Gogo" bezeichnet werden. Könnte es sich bei
ihnen um lang überlebende Angehörige des
Homo floresiensis handeln? Könnte also der
Ursprung aller Zwergen- und Hobbit-My-
then in tatsächlichen Begegnungen mit unseren zwergenhaften Verwandten liegen?

Thomas Bence Viola

Stupor mundi – das „Staunen der Welt",
ein ursprünglich Kaiser Friedrich II.
(1194–1250) zuerkannter Titel, welcher aber
auch den gegenwärtigen Erkenntnishorizont
umschreibt. Unser wissender Blick reicht von
den Tiefen des Makrokosmos bis zum Mi-

Intelligent Design und Darwinismus – Weltanschauung oder Kontroverse?

krokosmos der Materiebausteine. Vieles davon versetzt uns in Erstaunen angesichts der
geheimnisvollen Vielfältigkeit und Harmonie. Von da ist es nur ein kleiner Gedanken-
sprung zu einer Schöpfungsidee: Nahezu jede
Religion beruht darauf, dass sie einen göttlichen Plan als Grundlage für die Entwicklung
der Welt postuliert. Die Frage, ob, und wenn
ja, an welche Art der Schöpfung wir glauben,
ist daher Resultat unserer religiösen Überzeugung: So glaubten die alten Perser, dass Ahu-
ra Mazda, die oberste Gottheit, den Himmel
durch einen langen hauchenden Atemzug
geschaffen habe und dass aus diesem eiför-
migen Himmel sich das Wasser, die Erde und
schließlich auch der Mensch gebildet hätten.
Der griechische Philosoph Platon meinte,
dass ein Demiurg von überragender Weisheit
der Schöpfer des Kosmos gewesen sei, der
Apostel Paulus sah dagegen in seinem Brief
an die Kolosser (1,15–18) Jesus in der Rolle
des Schöpfers: „Er ist das Bild des unsichtbaren Gottes, der erstgeborene Sohn des Vaters;
er ist der Anfang der Schöpfung. Durch ihn
ist alles geschaffen worden, was im Himmel
und auf der Erde lebt, alles, was man sehen
kann, und auch die unsichtbaren Mächte

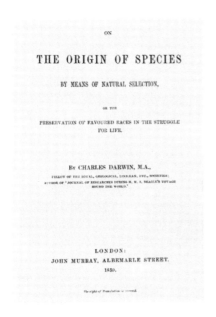

ON

THE ORIGIN OF SPECIES

BY MEANS OF NATURAL SELECTION,

OR THE

PRESERVATION OF FAVOURED RACES IN THE STRUGGLE
FOR LIFE.

BY CHARLES DARWIN, M.A.,
FELLOW OF THE ROYAL, GEOLOGICAL, LINNÆAN, ETC., SOCIETIES;
AUTHOR OF ' JOURNAL OF RESEARCHES DURING H. M. S. BEAGLE'S VOYAGE
ROUND THE WORLD.'

LONDON:
JOHN MURRAY, ALBEMARLE STREET.
1859.

The right of Translation is reserved.

Gegenstand einer erbitterten Kontroverse:
Charles Darwins Buch „The Origin of Species"

und Gewalten. Alles hat Gott durch ihn geschaffen, und in ihm findet alles sein letztes Ziel. Er war vor allem anderen da, und alle Dinge bestehen durch ihn."

Vergleicht man den heutigen Erkenntnishorizont mit jenem vergangener Jahrhunderte, ist sein Radius deutlich größer geworden. Einst als metaphysisch und unerklärlich empfundene Naturphänomene sind heute Mittelschullehrstoff in naturwissenschaftlichen Fächern. Auch unsere Art, *Homo sapiens*, wird dort nicht länger als „Krone der Schöpfung" angesehen, sondern als ein Produkt eines Prozesses, der „Evolution" genannt wird. Seit dem Erscheinen von Charles Darwins Buch *The Origin of Species* (1859), in dem der englische Gelehrte die Theorie eines natürlichen Prinzips der Evolution durch graduelle Variation und natürliche Selektion entwickelte (Darwinismus), führen Anhänger der Evolutionstheorie eine teils erbitterte Kontroverse mit ihren Kritikern.

Diese stützen sich dabei häufig auf die Unvereinbarkeit zwischen Evolution und ihren religiösen Überzeugungen.

Die schärfsten Kritiker stammen aus in den USA einflussreichen Kreisen des christlichen Fundamentalismus: Heute stützt sich deren Argumentation auf das als „Intelligent Design" bekannt gewordene Konzept. Dieses beruht auf der Überzeugung, dass sich „hinter den Entdeckungen der Naturwissenschaften" ein intelligenter Plan verberge; so könne etwa die Entstehung der Arten nicht durch Zufall passiert sein. Mit pseudowissenschaftlichen Theorien wie z. B. der „nichtreduzierbaren Komplexität" soll die Evolutionstheorie desavouiert werden, mit dem Ziel, an den Schulen Evolutionstheorie und christliche Schöpfungslehre als gleichberechtigt zu behandeln.

Einen Schlussstrich unter das bislang letzte Kapitel dieser Versuche zog das im Fall „Kitzmiller vs. Dover Area School District" im Jahr 2005 gefällte Urteil eines amerikanischen Bundesgerichtes, wonach Intelligent Design keine Wissenschaft, sondern eine religiöse Überzeugung sei. Damit wurde der Antrag der Fundamentalisten auf Aufnahme des Intelligent Design in den Schulunterricht abgelehnt.

Die heftigen Auseinandersetzungen zwischen Vertretern der Evolutionstheorie und Anhängern des Intelligent Design zeigen, dass es sich dabei keineswegs um eine akademische Kontroverse handelt: Hier sind vielmehr gefährliche politische Interessen fundamentalistischer Christen im Spiel, die auf eine Abschaffung der Trennung von Kirche und Staat hinarbeiten – Intelligent Design ist das Trojanische Pferd, auf das sie setzen.

Ulrike Bechtold/Harald Wilfing

Seit der Debatte um den Schwangerschaftsabbruch und nun erneut in der Diskussion um die Möglichkeiten der Gentechnologie tobt ein oft von ideologischen Vorentscheidungen überschatteter Streit über den ethischen Status von Embryonen, dessen Kern

Ab wann ist der Mensch ein Mensch?

die Frage bildet, ab wann menschliches Leben das Leben eines Menschen ist, d. h., ab wann die befruchtete Eizelle als Person behandelt werden muss.

Dabei stehen sich in der Philosophie, die sich als solche allein von Argumenten leiten lassen muss, zwei Grundpositionen gegenüber, deren Differenz in einem jeweils anderen Verständnis des Menschseins gründet. Für die eine ist der Mensch das „vernunftbegabte Lebewesen", wie es bei Aristoteles (384–322 v. Chr.) heißt. Für sie ist menschliches Leben erst dann das Leben eines Menschen, wenn es die den Menschen auszeichnenden Eigenschaften (Vernunft, Bewusstsein) besitzt. Da diese Fähigkeiten aber an bestimmte neuronale Grundlagen gebunden sind, leitet beispielsweise der Bioethiker Hans-Martin Sass aus dem Fehlen jeglicher neuronaler Strukturen in den ersten Phasen der menschlichen Entwicklung ab, dass dieses frühe menschliche Leben nicht mit personalem Leben gleichgesetzt werden könne, ebenso wenig wie wir einen gehirntoten Menschen als Person betrachten, obschon sein Zustand eine Phase menschlichen Lebens darstellt.

Die andere Position vertritt die These, dass man Menschsein nicht als Eigenschaft eines biologischen Substrates fassen könne, da sonst ein Zellhaufen, also etwas, das kein Mensch ist, plötzlich die Eigenschaft

„Mensch" aufweisen könne. Nicht ein biologisches Substrat entwickle plötzlich eine ausgezeichnete Qualität, vielmehr könne man nur von einem Menschen in verschiedenen Entwicklungsstadien sprechen. Oft wird in diesem Zusammenhang auch die Potentialität der befruchteten Eizelle bemüht, also behauptet, dass diese zwar kein Mensch im vollen Sinne des Wortes sei, aber die Potenz, also die Möglichkeit zu diesem, in sich trage und sich „von selbst" zu einer Person entwickle, wenn man den Prozess nicht störe. Abgesehen von dem Problem, dass nicht klar ist, was hier „von selbst" bedeutet (denn diese Entwicklung ist von zahllosen Umweltfaktoren abhängig), muss gesagt werden, dass ein potentielles Sein nicht unbedingt genauso behandelt werden muss wie das tatsächliche Sein, zu dem es sich aller Wahrscheinlichkeit nach entwickeln wird, denn auch der Thronfolger, also der potentielle König, hat noch lange nicht alle Rechte des aktuellen Königs.

Ein weiteres Problem stellt die Fähigkeit der befruchteten Eizelle dar, sich am Beginn ihrer Entwicklung zu teilen und zu mehreren Individuen (Zwillingen) heranzureifen. Wenn die Individualität eine Grundbestimmung der Person ist, die befruchtete Eizelle aber noch nicht individuiert ist, kann man sie kaum als Person bezeichnen.

Vielleicht ist aber auch die Frage ganz falsch gestellt und man sollte nicht nach dem moralischen Status frühen menschlichen Lebens fragen, sondern danach, welche möglichen Auswirkungen ein bestimmter Umgang mit diesem Leben auf unser Selbstverständnis als Menschen haben könnte, wie es Jürgen Habermas (* 1929) forderte.

Martin G. Weiß

Auf die Frage, was der Mensch sei, antwortete der griechische Philosoph Aristoteles: „Der Mensch ist das vernunftbegabte Lebewesen." Diese Definition des Menschen wurde zu einem der wirkmächtigsten Sätze der philosophischen Anthropologie, also der

Müssen wir erst werden, was wir sind?

Lehre vom Menschen. Was aber besagt diese Bestimmung eigentlich? Die Definition einer Sache gibt eine Antwort auf die Frage nach deren Wesen, d. h. auf die Frage nach dem, was etwas im eigentlichen Sinne des Wortes ist. Zur Beantwortung dieser Frage geht Aristoteles den klassischen Weg, zunächst die nächsthöhere Gattung, den nächsthöheren Überbegriff zu bestimmen, der dann durch die Angabe des wesenseigenen Unterschieds, d. h. der spezifischen Besonderheit der unter diese Gattung fallenden gesuchten Sache, eingeschränkt wird, um so das Wesen der Sache zu bestimmen. Der Überbegriff, unter den der Mensch fällt, ist der des Lebewesens, des Tieres; und der dieses Tier vor allen anderen Tieren auszeichnende Unterschied ist nach Aristoteles die Vernunft.

Das Problem, das dieses Schichtenmodell aufwirft, ist die Frage nach dem Verhältnis der beiden Aspekte des Wesens des Menschen: In welcher Beziehung steht die Natur im Menschen zur Vernunft im Menschen?

Lange Zeit galt es als ausgemacht, dass der Mensch zwar seinen Geist durch Erziehung und Bildung weiterentwickeln und manipulieren könne, seine Natur, sein Körper hingegen unveränderlich gegeben sei. Mit den Biotechnologien wird nun aber auch die Natur des Menschen formbar. Pharmakologie, Transplantationsmedizin und Gentechnik eröffnen die Möglichkeit, den menschlichen Körper ebenso zu bilden wie den Geist.

Die Reaktionen auf diese Auflösung der Natur des Menschen sind dabei durchaus unterschiedlich. Denn während die einen den Verlust einer unverfügbaren Gegebenheit bedauern und fürchten, nun verliere der Mensch jeden Anhaltspunkt, begreifen die anderen diese Entwicklung als Befreiung des Geistes von den Grenzen der Natur und sehen in der Überwindung des Körpers einen Ausdruck des eigentlichen Wesens des Menschen, das für sie in radikaler Freiheit besteht. Bereits der italienische Humanist Pico della Mirandola (1463–1494) hatte die Definition des Aristoteles dahingehend verändert, dass er den Menschen als dasjenige Tier bestimmte, das kein vorgegebenes Wesen habe, sondern dessen Wesen gerade darin bestehe, selbst frei entscheiden zu müssen, was er sein wolle. Dieser Auffassung ist auch Friedrich Nietzsche (1844–1900), wenn er schreibt, der Mensch sei „das nicht festgestellte Thier". In dieser emanzipatorischen Perspektive führen die Biotechnologien lediglich das klassische Programm der Aufklärung weiter, das die Befreiung des Menschen mit der Beherrschung der Natur gleichsetzte, nur dass nun nicht mehr nur äußere Natur, die Umwelt, sondern auch die Natur des Menschen selbst verfügbar wird.

Wenn das Wesen des Menschen aber darin besteht, kein unveränderliches Wesen zu haben, dann bedeutete die Möglichkeit des technischen Eingriffs in seine biologischen Grundlagen nicht das Ende des Menschen, sondern seinen Beginn, insofern er erst jetzt seinem eigentlichen Wesen entspräche.

Martin G. Weiß

Wer bin ich, wenn ich meine Erinnerung verliere? Bin ich nach einer Totalamnesie (= Gedächtnisverlust) immer noch ich, oder bin ich dann ein anderer? Und wäre ein anderer, wenn er meine Erinnerungen hätte, denn ich?

Bin ich meine Erinnerung?

Solche und ähnliche Fragen stellt sich die „Philosophy of Mind" auf der Suche nach der persönlichen Identität des Menschen. Es besteht kein Zweifel daran, dass die Erinnerungsinhalte einen wichtigen Beitrag zu unserer persönlichen Identität leisten, aber lässt sich das Selbst erschöpfend als Summe all seiner Erinnerungen erklären?

Lassen wir uns auf ein Gedankenexperiment ein, das der amerikanische Philosoph Roderik M. Chisholm (1916–1999) ausgearbeitet hat: Ein Patient, der operiert werden muss, vertraut seinem Arzt an, dass er vor allem keine Schmerzen haben möchte und möglichst wenig für die Operation ausgeben will. Der Arzt schlägt ihm nun zwei Alternativen vor. Entweder könne er ihm ein teures lokales Betäubungsmittel verabreichen oder ihm vor der Operation billig jegliche Erinnerung an sein vorheriges Leben löschen, denn wenn es stimmte, dass man aus seinen Erinnerungen besteht, würde dann ja jemand ganz anderer die Schmerzen erleiden. Chisholm zufolge müsste der Patient vernünftigerweise die teure Option wählen, denn schließlich wäre es wohl immer noch er selbst, der die Schmerzen erleiden würde, auch wenn er sich auf dem Operationstisch nicht mehr an sein vorheriges Leben erinnern könnte.

Es scheint also offensichtlich, dass die persönliche Identität mehr bzw. etwas anderes ist als die Summe all meiner Erinnerungen. Was aber, wenn es möglich wäre, die Erinnerungen der Menschen auszutauschen? Um die Problematik zu verdeutlichen, nehme man an, zwei eineiige Zwillinge, die also physisch identisch sind, würden gleich nach der Geburt getrennt und lebten 30 Jahre lang gänzlich verschiedene Leben, sähen sich aber körperlich immer noch völlig gleich. Würde man beide entführen und ihre Erinnerungen austauschen, so könnte wohl niemand mehr sagen, wer von beiden wer sei. Die Menschen in ihrer Umgebung würden keinerlei Veränderung feststellen und auch die beiden selbst würden nichts vom Austausch ihrer Erinnerungen bemerken. Und doch sträuben wir uns mit Chisholm gegen den Gedanken, der Mann nach der Totalamnesie, der die Schmerzen erleidet, sei ein anderer als vor der Auslöschung seiner Erinnerung. Im Fall der Zwillinge sind wir geneigt zu sagen, dass die persönliche Identität der beiden tatsächlich allein an ihren Erinnerungen hängt, egal, in welchem der beiden Körper sie stecken; im Fall des Patienten hingegen weigern wir uns anzuerkennen, dass das Selbst des zu operierenden Mannes allein in seinen Erinnerungen bestehe. Beide Intuitionen scheinen gerechtfertigt, obschon sie sich widersprechen. Die Frage nach der Bedeutung der Erinnerung für unsere personale Identität bleibt also offen.

Martin G. Weiß

Verlust der Erinnerung als Thema eines Gedichts von Alexander Pope (1688–1744), zitiert im Film „Eternal Sunshine of the Spotless Mind":
„Glück war der schuldlosen Vestalin hold.
Die Welt vergaß sie, als die Welt sie vergessen wollt'.
Im ew'gen Sonnenschein Erinnerungen ungestört,
jedes Gebet und jeder Wunsch erhört."

„**Alle Menschen** sind frei und gleich an Würde geboren", erfährt man in Artikel 1 der Allgemeinen Erklärung der Menschenrechte, und der erste Artikel des deutschen Grundgesetzes lautet: „Die Würde des Menschen ist unantastbar. Sie zu achten und zu schützen

Was ist Menschenwürde?

ist Verpflichtung aller staatlichen Gewalt." Bereits an diesen Formulierungen wird ein doppeltes Verständnis des Begriffs Menschenwürde deutlich. Denn einerseits wird mit Würde hier das Wesen des Menschen bezeichnet, dasjenige, was den Menschen zum Menschen macht und daher unantastbar *ist*, denn solange der Mensch existiert, besitzt er Würde. Andererseits wird die Würde aber auch als ein schützenswertes Gut bezeichnet, also als etwas, das unantastbar *sein soll*. Die Würde ist zugleich dasjenige, was der Mensch unter keinen Umständen verlieren kann (gleichgültig, wie sehr ein Mensch erniedrigt wird, seine Würde kann ihm niemand rauben), als auch dasjenige, was zu schützen die Grundaufgabe allen ethisch-politischen Handelns ist.

Die schützenswerte Würde des Menschen ist also das Wesen des Menschen, doch worin besteht dieses eigentlich? Immanuel Kant (1724–1804), der große Philosoph der Aufklärung, hat versucht, auf diese Frage nach der Würde bzw. dem Wesen des Menschen eine Antwort zu geben.

In seiner *Grundlegung zur Metaphysik der Sitten* fragt Kant nach der Natur der Werte und kommt zu dem Schluss, dass alles, was wir als wertvoll empfinden, uns immer in Bezug auf einen Zweck wertvoll erscheint. Etwas besitzt einen Wert, weil es zu etwas gut

ist. Der Wert einer Sache stammt also im Allgemeinen von einem ihr äußeren Zweck her. Doch, so fragt Kant weiter, gibt es auch etwas, was an sich selbst wertvoll ist? Das könnte nur etwas sein, das seinen Zweck in sich selbst hat, das ein Selbstzweck ist. Für Kant stellt nun allein der Mensch einen solchen Selbstzweck dar, da der Mensch durch Autonomie gekennzeichnet ist, also durch Freiheit, die sich darin äußert, dass er sich seine Zwecke selbst setzt. Insofern das Wesen des Menschen in der Freiheit besteht, sich selbst seine Zwecke zu setzen, ist der Mensch für Kant Selbstzweck. In dieser den Menschen auszeichnenden Freiheit besteht Kant zufolge die Würde des Menschen, und da somit die Würde des Menschen in seiner Selbstzweckhaftigkeit begründet ist, stellt deren Missachtung die gröbste Verletzung der Menschenwürde dar. Dem Menschen als Menschen werde ich nur gerecht, wenn ich ihn als Selbstzweck betrachte und nicht als bloßes Mittel zur Erlangung ihm fremder Ziele. Deshalb lautet eine berühmte Formulierung des „kategorischen Imperativs" bei Kant denn auch: „Handle so, dass du die Menschheit [d. h. das Wesen des Menschen], sowohl in deiner Person, als in der Person eines jeden anderen, jederzeit zugleich als Zweck, niemals bloß als Mittel brauchest."

Kants Begriff der Menschenwürde erlaubt es so, ohne auf das theologische Würdekonzept zurückzugreifen (das die Würde des Menschen davon ableitet, dass er das Ebenbild Gottes sei), einen ethischen Grundsatz zu formulieren, nach dem wir unser Handeln ausrichten können.

Martin G. Weiß

„Das Gute ist zu tun, das Böse ist zu meiden", heißt es bei Thomas von Aquin. Nur, woher weiß ich, was gut und was böse ist? Gibt es ein Kriterium, das es erlaubt, gute von schlechten Handlungen sicher zu unterscheiden, damit ich im Zweifelsfalle richtig handle?

Was ist ethisch gut?

Ein solches ethisches Kriterium aufzustellen, mit dem es möglich ist, eine Handlung auf ihre ethische Qualität hin zu prüfen, hat Immanuel Kant (1724–1804) versucht und im „kategorischen Imperativ" formuliert. Für Kant kann es in der Bewertung einer Handlung nicht darum gehen, ob ihre Folgen erstrebenswert sind, sondern nur darum, ob sie selbst gut ist oder nicht. Kant wendet sich also gegen einen Konsequenzialismus, für den der Zweck die Mittel heiligt, und betont, dass es darum gehen muss, die Handlung unabhängig von ihrem Zweck zu betrachten. Wann aber ist eine Handlung in sich gut? Wenn sie folgendem Grundsatz folgt: „Handle nach der Maxime, die sich selbst zugleich zum allgemeinen Gesetze machen kann." Unter Maxime versteht Kant hier denjenigen Grundsatz, der unser persönliches Handeln leitet, sodass sich Kants „kategorischer Imperativ" so verstehen lässt, dass man immer so handeln solle, dass das Motiv, das unserem persönlichen Tun zugrunde liegt, jederzeit zugleich zur Grundlage einer für alle gültigen Gesetzgebung gemacht werden könne. Wenn ich zum Beispiel den Drang verspüre, etwas zu stehlen, und nun wissen will, ob diese Handlung ethisch richtig oder falsch ist, muss ich mich nur fragen, ob ich wollen kann, dass die Erlaubnis zu stehlen allgemeines Gesetz wird. Da ich nicht wollen kann, dass Stehlen allgemein erlaubt wird (denn dann wäre auch mein Besitz nicht mehr sicher, einschließlich dessen, was ich soeben gestohlen habe, um es zu besitzen), folgt aus dieser Anwendung des „kategorischen Imperativs", dass Stehlen sittlich falsch ist.

Kant versucht hier, das ethisch Gute gleichsam aus dem logischen Verbot des Selbstwiderspruches abzuleiten, was ihm den Vorwurf des Formalismus eingebracht hat, auch weil man mit dem kantischen „kategorischen Imperativ" zwar zur logischen Einsicht in das gelangen kann, was gut ist, damit aber noch nicht geklärt ist, warum ich das Gute auch tun soll. Das Problem liegt darin, dass ich zwar wissen kann, was ich tun sollte, mich dieses Wissen allein aber nicht zwingt, es auch wirklich zu tun.

Freilich ließe sich zur Verteidigung Kants der Platonische Sokrates anführen, der die Meinung vertrat, dass kein Mensch wissentlich das Böse wähle, sondern immer nur in der irrigen Annahme, es sei das Richtige. Tatsächlich ist es schwer, sich vorzustellen, dass jemand, der nicht schwer psychisch krank ist, wissentlich das Böse wählt, wenn er gleichzeitig weiß, was das Gute wäre. Auch die christliche Mythologie weiß auf diese Frage keine Antwort und bezeichnet den Fall des das Gute wissentlich verneinenden Engels Luzifer schlicht als das „mysterium iniquitatis", d. h. als „das Geheimnis des Bösen", wie es bei dem Apostel Paulus heißt.

Martin G. Weiß

Immanuel Kants „kategorischer Imperativ" in der Zweck-an-sich-Formel:
„Handle so, dass du die Menschheit sowohl in deiner Person, als in der Person eines jeden anderen jederzeit zugleich als Zweck, niemals bloß als Mittel brauchst."

Wenn wir von einer Sache, einer Frage, einem Text oder einem Problem glauben, sie begriffen zu haben, sagen wir, wir hätten sie verstanden. Was heißt hier aber verstehen? Woher weiß ich, dass ich etwas verstanden habe? Mit dieser Frage beschäftigt sich die

Weshalb kommen wir nicht ohne Vorurteile aus?

Disziplin der philosophischen Hermeneutik. Hermes hieß der griechische Götterbote, der den Menschen die Botschaften der Götter überbrachte, ihnen ihren Willen offenbarte. Daher heißt noch heute die Kunst des Verstehens „Hermeneutik". Verstehen ist deswegen eine Kunst, weil die Wirklichkeit nicht selbstverständlich ist, sondern unterschiedliche Interpretationen erlaubt. Besonders augenscheinlich wurde dies in Anbetracht der zahlreichen Interpretationen der Heiligen Schrift, die sich nicht auf einen eindeutigen Sinn reduzieren ließ. So spricht bereits der Kirchenvater Augustinus (354–430) von vier Weisen, die Bibel verstehen zu können, die gleichberechtigt nebeneinander bestehen: Erstens könne man die Bibel „wörtlich" bzw. „buchstäblich" verstehen, also als einen Tatsachenbericht historischer Fakten; zweitens „allegorisch", d. h. als Sammlung von Sinnbildern für das Wesen Christi (so sei z. B. mit dem leidenden Hiob im Alten Testament Christus am Kreuz gemeint); drittens „moralisch", d. h. als ethische Anweisungen; und schließlich viertens „anagogisch", also als Sammlung prophetischer Hinweise auf das künftige Schicksal der Christenheit (etwa Jerusalem als Metapher für das „himmlische Jerusalem", also das Paradies).

Wichtig ist hieran vor allem, dass der Text als grundsätzlich vieldeutig begriffen wird. Woher weiß ich dann aber überhaupt, ob das, was ich zu verstehen glaube, wirklich im Text steht? Darauf versuchte der deutsche Philosoph Hans-Georg Gadamer (1900–2002), der als Hauptvertreter der modernen philosophischen Hermeneutik gilt, eine Antwort zu geben. Zunächst macht Gadamer darauf aufmerksam, dass man eigentlich nur nach dem wirklich fragen kann, was man in gewisser Weise schon kennt. Denn ich kann nicht nach etwas suchen, von dem ich überhaupt nichts weiß. Um beispielsweise auf einem fremden Planeten nach Leben suchen zu können, muss ich bereits wissen, was ich unter Leben verstehe. Das bedeutet, dass ich bereits ein bestimmtes „Vorverständnis" oder „Vorurteil", wie Gadamer sich ausdrückt, von demjenigen haben muss, was ich suche, um überhaupt danach suchen zu können. Eine Frage entsteht also nie im luftleeren Raum, sondern gründet in einem relativ ungerechtfertigten Vorurteil, ohne das aber ein begründetes Urteil gar nicht möglich wäre. Ebenso geht es uns bei jedem Buch, das wir lesen. Die erste Seite ergibt nur deshalb einen Sinn, weil wir immer schon eine gewisse Erwartung bezüglich der weiteren Handlung mitbringen. Unabhängig davon, ob sich diese Vermutung dann bestätigt oder nicht, können wir das Einzelne doch nur vom vorweggenommenen Ganzen her verstehen, wobei dieses zugleich vom Einzelnen her erhellt wird. Darin besteht der berühmte hermeneutische Zirkel, von dem Martin Heidegger (1889–1976) sagt, dass man ihm nicht entkommen könne, da er die einzige Weise sei, wie wir fragen, d. h. verstehen können.

Martin G. Weiß

Schon beim antiken Philosophen Aristoteles (384–322 v. Chr.) heißt es: „Das Sein wird auf vielerlei Weise ausgesagt", und tatsächlich sagen wir von den unterschiedlichsten Dingen, dass sie sind: „Die Münze ist rund; der Satz ist wahr; ich bin müde; es ist zwölf Uhr mittags." Was aber meinen wir, wenn wir von einer Sache sagen, sie sei?

Was ist?

Für gewöhnlich bestimmt die Philosophie die Bedeutung eines Begriffs in einer Definition, wobei etwas dadurch definiert wird, dass man zunächst die nächsthöhere Gattung, also den nächsthöheren Überbegriff, angibt und diesen dann durch die Nennung eines artspezifischen Unterschieds eingrenzt. Die bekannteste Definition ist wohl die ebenfalls auf Aristoteles zurückgehende: „Der Mensch ist das vernunftbegabte Lebewesen." Hier stellt „Lebewesen" die nächsthöhere Gattung dar und die Vernunft den artbildenden Unterschied.

Was Sein ist, lässt sich so aber nicht bestimmen, denn weder gibt es einen Überbegriff zu Sein, noch kann man eine spezifische Besonderheit angeben. Zu sagen, Sein sei der allgemeinste und daher selbstverständlichste Begriff, hilft hier auch nicht weiter und verbirgt lediglich die Verlegenheit, keine Antwort auf die Frage nach dem Sein zu besitzen. Thomas von Aquin (1225–1274) versucht daher, der Bedeutung des Wörtchens „ist" anders näher zu kommen, nämlich dadurch, dass er sich fragt, welche notwendigen Konnotationen – Thomas spricht von „Transzendentalien" – wir immer schon mit meinen, wenn wir von einer Sache sagen, dass sie ist. Dabei kommt er zu dem Ergebnis, dass wir, wenn wir „ist" sagen, gleichzeitig immer schon mehrere Bestimmungen mit aussagen. Prägnant formuliert er: „Seiend, Dingheit,

Einheit, Andersheit, Wahrheit und Schönheit fallen zusammen." Für unseren Zusammenhang heißt das, dass wir, wenn wir von einer Sache behaupten, dass sie sei, immer schon gleichzeitig mit ausdrücken, dass sie ein Bestimmtes (Ding), Abgeschlossenes (Einheit) und von anderem Unterschiedenes (Andersheit) ist. Diese Bestimmungen des Seins sind aber nicht Eigenschaften des Seienden, sondern die Weisen, wie Seiendes ist. Wenn wir etwa sagen, dieses Buch hier ist, so meinen wir damit in Wirklichkeit immer, dass es ein Gegenstand ist, eines ist (und nicht etwa zwei) und sich von allen anderen Dingen auf der Welt unterscheidet. Diese Bestimmungen sind Thomas zufolge untrennbar miteinander verbunden, sodass es nicht möglich ist, eine von ihnen zu behaupten, ohne auch alle anderen notwendig mit zu behaupten.

Auf diese Weise wird plötzlich deutlich, was das Wörtchen „ist" bedeutet, wobei für die spätere Philosophie vor allem die – freilich zumeist nicht mit Thomas assoziierte – Entdeckung wichtig wurde, dass sich Identität nicht ohne Differenz (Andersheit) denken lässt.

Martin G. Weiß

Mittelalterliche Darstellung des heiligen Thomas von Aquin

Der taoistische Philosoph Zhuang Zhou (ca. 365–290 v. Chr.) erzählt: „Einst träumte Zhuang Zhou und wurde ein flatternder Schmetterling … Er wusste nichts von Zhuang Zhou. Als er plötzlich erwachte, war Zhuang Zhou voll und ganz da. Nun weiß

Das Leben: ein Traum?

man nicht, ob ein Zhuang Zhou im Traum ein Schmetterling wird oder ein Schmetterling im Traum ein Zhuang Zhou."

Fast zweitausend Jahre später kommt René Descartes (1596–1650) zur selben Erkenntnis der Ungewissheit, jedoch mit folgendem wichtigen Zusatz: Auch wenn ich nicht wissen kann, ob ich ein chinesischer Gelehrter bin, der träumt, ein Schmetterling zu sein, oder ein Schmetterling, der träumt, ein chinesischer Gelehrter zu sein, so kann ich doch sicher sein, dass ich es bin, der träumt.

Descartes war im Verlauf seiner Studien an der Wissenschaft verzweifelt, denn die Geschichte der menschlichen Suche nach Erkenntnis, d. h. nach sicherem Wissen, offenbarte sich ihm als Folge ewiger unentscheidbarer Streitigkeiten, worin jede Theorie von einer neuen widerlegt wurde, der binnen kurzem das selbe Schicksal widerfuhr. Bei näherem Hinsehen erweist sich, Descartes zufolge, jede zunächst unumstößlich scheinende Gewissheit, wie etwa ein Sinneseindruck, als ungesichert, wie das Phänomen der optischen Täuschungen belegt. Selbst die Realität der Außenwelt ist nicht bewiesen, denn das Leben mit all seinen Gedanken, Freuden und Schmerzen könnte ein Traum sein und wir könnten plötzlich als Schmetterlinge aufwachen – oder als menschliche Batterie für Roboter, wie in dem Film *Matrix*.

Auf der Suche nach einem letzten Grund, der nicht in Frage gestellt werden kann, wendet Descartes einen radikalen methodischen Zweifel an, der alles in Frage stellt, was man überhaupt nur in Frage stellen kann, um so vielleicht auf ein Letztes, das nicht mehr bezweifelbar ist, zu stoßen: das Ich. Denn selbst wenn ich alles bezweifle, einschließlich der Existenz der Wirklichkeit, so setzt dieser radikale Zweifel doch voraus, dass ich es bin, der zweifelt. Wenn ich alles in Frage stelle, bleibt eines, das nicht in Frage steht, die Tatsache, dass ich alles in Frage stelle; und das kann ich nur, weil ich bin. „Ich zweifle, also bin ich", und weil Zweifeln eine Form von Denken ist, kann Descartes diese Einsicht in die berühmten Worte kleiden: „Cogito ergo sum" – „Ich denke, also bin ich". Descartes glaubt damit die Existenz seines Ichs bewiesen zu haben. Doch ob nicht alles, was seinem Ich begegnet, einschließlich der anderen Menschen, bloß ein Traum ist, ist damit noch nicht gesagt. Dass unsere Sinneseindrücke nicht Täuschung sind und es die Welt, die wir sehen, tatsächlich gibt, könnte Descartes zufolge nur die Existenz Gottes garantieren, welcher, da er wesentlich gut ist, es nicht zulassen würde, dass wir uns über die Existenz der Außenwelt täuschen.

Heute verfängt dieser Rückgriff auf Gott weniger und tatsächlich lässt sich der konsequent zu Ende gedachte Solipsismus, wie man diese Position nennt, wohl auch nicht widerlegen; auch nicht, indem man dem Solipsisten droht, ihn mit diesem Buch zu erschlagen, wenn er nicht gleich dessen Wirklichkeit anerkenne, denn der Solipsist könnte immer noch behaupten, auch die Platzwunde an seinem Kopf sei lediglich Teil eines Traums, wenn auch eines Albtraums.

Martin G. Weiß

Wörtlich genommen heißt Philosophie lediglich „Liebe zur Weisheit" und bedeutet somit nicht bereits Wissen. Ebenso ist der Philosoph nur der „Freund der Weisheit", nicht schon der Weise. Diese Etymologie wirft ein erhellendes Licht auf die Tätigkeit

Was ist Philosophie?

der Philosophie. So ist sie zwar seit alters her auf der Suche nach den letzten bzw. ersten Gründen, also nach dem, was die „Welt im Innersten zusammenhält", wie es Goethes Faust nennt, hat aber im Verlaufe ihrer Geschichte dabei immer mehr neue Fragen aufgeworfen, als Antworten gefunden. Ja, viele ihrer Fragestellungen haben sich über die Jahrhunderte kaum verändert: Etwa die Frage nach dem Verhältnis von Leib und Seele, die Frage nach dem sittlich Guten oder nach dem Problem der Erkenntnis.

Als voraussetzungsloses radikales Fragen, vor dem auch das Wesen der Frage selbst nicht verschont bleibt, problematisiert die Philosophie die Grundlagen der Erkenntnis, der Wissenschaft und des menschlichen Zusammenlebens, also einen Bereich, den die Einzelwissenschaften, die immer schon von einem vorgegebenen Gegenstandsbereich ausgehen, den sie selbst nicht mehr hinterfragen können, gar nicht thematisieren können. Denn die Physik als Wissenschaft von Körpern in Bewegung kann selbst nicht mehr danach fragen, was denn überhaupt ein Körper, Bewegung oder Zeit sei. Das sind philosophische Fragen.

Dabei scheint ein Haupteffekt des philosophischen Fragens vor allem darin zu bestehen, unsere unreflektierten, voreiligen Vorstellungen von den Dingen zu untergraben

und das scheinbar Selbstverständliche in seiner Fragwürdigkeit aufzuzeigen. Denn meistens glauben wir nur zu wissen, wovon wir reden, wenn wir beispielsweise von Zeit, Sein oder Wirklichkeit sprechen. Fragen wir uns nämlich, was diese Begriffe eigentlich bedeuten, verstricken wir uns bald in Widersprüche und uns wird klar, dass es sehr wenig Selbstverständliches gibt auf der Welt.

Wenn die Philosophie auch zumeist keine endgültigen Antworten auf die großen Fragen unseres Lebens geben kann, so kommt ihr doch das Verdienst zu, uns die Augen für die Fragwürdigkeit der Welt zu öffnen, womit sich die Möglichkeit, Antworten zu finden, überhaupt erst eröffnet. In diesem Sinne heißt es bei Aristoteles (384–322 v. Chr.) denn auch, der Anfang der Philosophie liege im Staunen, d. h. im Fragwürdigwerden des zunächst Selbstverständlichen. Dies erklärt auch, weshalb es im Alltag oft die Kinder sind, welche die „philosophischsten" Fragen stellen.

Martin G. Weiß

Aristoteles in der Darstellung von Raffael

Seit der Antike versteht sich die Philosophie als Suche nach unumstößlichen Wahrheiten. Das Ideal des philosophischen Denkens bestand in der gewissen, objektiven Erkenntnis der ersten Gründe, da man sich erhoffte, aus dem ersten Grund die gesamte Wirklichkeit

Wer ist der Gott der Philosophen?

ableiten und damit verstehen und letztendlich beherrschen zu können. Im christlichen Mittelalter wurde der erste Grund dann mit Gott identifiziert. Wenn man Gott aber als Wirkursache der Dinge begreift, dann wird Gott auf die Ebene der Dinge gestellt und zu einem objektiv erkennbaren Gegenstand degradiert. Gott ist dann zwar vielleicht das höchste Seiende, aber doch lediglich ein Seiendes, was bedeutet, dass Gott nicht als Gott, sondern in Analogie zu den Gegenständen gedacht wird. Die Konzeption Gottes als einer unumstößlichen, objektiv erkennbaren „Tatsache", wie sie der Gott der Philosophen darstellt, reduziert Gott also letztendlich auf einen bloßen Gegenstand.

Demgegenüber steht die These der philosophischen Postmoderne, dass es keine objektiv erkennbaren, zeitlosen, gegenständlichen Wahrheiten gibt, sondern dass wir akzeptieren müssen, dass alles, was wir erkennen können, immer schon geschichtlich geworden und vermittelt ist. Überraschenderweise führt diese Absage an ewige Wahrheiten aber zu einer Wiederbelebung des religiösen Diskurses, insofern mit der Absage an objektive Tatsachen auch der Gott der Philosophen, sprich: der gegenständliche Gott der Tradition, unhaltbar wird. Damit wird ein neues,

nicht mehr am Ideal der Tatsächlichkeit ausgerichtetes Gottesbild möglich, das dem persönlichen Gott des Christentums näher ist als das „höchste Seiende" der Tradition.

Für den italienischen Philosophen Gianni Vattimo (* 1936) ist der vergegenständlichte Gott der Tradition die gewalttätige Gottheit der Naturreligionen, in denen Göttlichkeit bzw. Sakralität mit Gewalt identifiziert wird. Demgegenüber deutet Vattimo das Christentum als einen Prozess ständig fortschreitender Säkularisierung, also Verweltlichung, in der sich die rachsüchtige Gewalt der Naturreligion zur christlichen „Nächstenliebe" entwickelt. Das Neue Testament interpretiert Vattimo als Aufruf gegen die machtbesessene Priesterreligion der Riten und Vorschriften, zu der er vor allem die real existierende katholische Kirche zählt. Die Hauptaussage der christlichen Offenbarung sieht er in der Absage an den Opfer- und Sühnekult zugunsten der persönlichen Freiheit und des schlichten Gebotes der Nächstenliebe.

Daraus folgt ein doppeltes wechselseitiges Verhältnis zwischen Christentum und philosophischer Postmoderne. Denn konnte man die Religion zunächst für das letzte Bollwerk des Objektivismus halten, so erweist sich das Christentum bei näherem Hinsehen gerade als derjenige Bereich, in dem die radikale Geschichtlichkeit der Wahrheit ausdrücklich „thematisiert" wird, was es dem Christentum ermöglicht, der Philosophie zu helfen, sich vom Objektivismus zu befreien. Die Postmoderne ihrerseits lässt sich als Einlösung der christlichen Botschaft begreifen, da durch die Auflösung des positivistischen Objektivitätsmythos, die sich in ihr vollzieht, die Rede über Gott jenseits verstellender Vergegenständlichung überhaupt erst möglich wird.

Martin G. Weiß

Der Hauptvertreter des Deutschen Idealismus, Georg W. F. Hegel (1770–1831), macht zu Beginn seiner *Geschichte der Philosophie* auf den eigentümlichen Umstand aufmerksam, dass die Philosophie zwar einerseits vorgebe, ihr Gegenstand sei die Wahrheit,

Gibt es nur eine Wahrheit?

also das unveränderliche und ewige Wesen der Dinge, andererseits aber im Laufe ihrer Geschichte unzählige völlig divergierende und vor allem vergängliche philosophische Theorien über diese Wahrheit aufgestellt habe: „Gehen wir davon aus, dass die Wahrheit ewig ist, so fällt sie nicht in die Sphäre des Vorübergehenden und hat keine Geschichte. Wenn sie aber eine Geschichte hat, und indem die Geschichte dies ist, uns nur eine Reihe vergangener Gestalten der Erkenntnis darzustellen, so ist in ihr die Wahrheit nicht zu finden; denn die Wahrheit ist nicht ein Vergangenes."

Obschon die Wahrheit, um die es der Philosophie geht, also definitionsgemäß nur *eine* sein kann, gibt es unzählige Philosophien, die alle behaupten, wahr zu sein, auch wenn sie sich zum Teil sogar widersprechen. Ist dieser Umstand vielleicht der Beweis dafür, dass Philosophie keine Wissenschaft, sondern lediglich Kunst und Dichtung ist? Oder ist der vermeintliche Widerstreit zwischen der einen Wahrheit und den vielen Geschichten, die von ihr erzählen, vielleicht gar kein Widerspruch?

Hier kann ein Vergleich mit der Musik weiterhelfen, wie ihn Hans-Georg Gadamer (1900–2002), der Begründer der philosophischen Hermeneutik, vorgeschlagen hat, denn womöglich verhält sich die eine Wahrheit der

Philosophie zu ihrer Geschichte wie das musikalische Kunstwerk zu seinen vielfältigen Interpretationen. Tatsächlich nämlich gehen wir nicht ins Konzert, um eine schlechte Kopie, sagen wir der 9. Symphonie Beethovens, zu hören, sondern um diese selbst zu hören. Wo auch sollte man der Symphonie selbst begegnen können, wenn nicht in ihrer jeweiligen konkreten Aufführung? Niemand wird wohl behaupten wollen, die eigentliche Symphonie sei in Wahrheit das Notenmanuskript oder die ursprüngliche Idee im Kopf Beethovens, während ihre jeweiligen Aufführungen und Aufnahmen nur schlechte Imitationen dieses Originals seien. Vielmehr ist jede geschichtliche Aufführung die Symphonie selbst, obschon es unzählige und immer leicht unterschiedliche Interpretationen sind. Denn die *eine* 9. Symphonie Beethovens existiert nicht anders als in der *Vielzahl* ihrer jeweiligen geschichtlichen Interpretationen. Ähnlich verhält es sich vielleicht mit der Wahrheit und ihren zahlreichen philosophischen Formulierungen. Die eine Wahrheit und ihre vielen Interpretationen bildeten dann keinen Widerspruch mehr, sondern bedingten sich gegenseitig. Denn die vielen Interpretationen der Wahrheit können nur deshalb alle genuine Interpretationen sein, weil sie sich alle auf die eine Wahrheit beziehen, deren Ausdruck sie sind und die nicht anders existiert als in diesen Deutungen, wobei diese Deutungen die Wahrheit freilich nie gänzlich erschöpfen können. Daher sind die möglichen Interpretationen der Wahrheit gerade deshalb unendlich *viele*, weil die Wahrheit, deren Ausdruck sie sind, *eine* ist.

Martin G. Weiß

Zunächst scheint die Antwort auf die Frage nach der Zeit einfach: Die Zeit, das ist der Überbegriff für Zukunft, Gegenwart und Vergangenheit. Die Zukunft ist noch nicht und die Vergangenheit nicht mehr, sodass nur die Gegenwart bleibt. Doch auch die

Besteht Zeit aus Vergangenheit, Gegenwart und Zukunft?

Existenz des Jetzt lässt sich nicht beweisen, denn wenn ich mich frage, wann Jetzt denn sei, gelange ich in einen unendlichen Regress: Sagen wir Jetzt ist heute, dann stimmt dies nicht, denn das Heute setzt sich aus dem Morgen und dem Abend zusammen, von denen der eine nicht mehr und der andere noch nicht ist. Also ist Jetzt vielleicht die Mittagsstunde, aber auch diese lässt sich zerteilen. Auf diese Weise wird offensichtlich, dass jede auch noch so kurze Zeitspanne, d. h. jede auch noch so kurze Dauer nicht die Gegenwart sein kann, da sich dieses ausgedehnte Jetzt immer noch in Zukunft und Vergangenheit zerteilen lässt.

Wenn die Zeit also nicht der Übergang von Zukunft in Gegenwart und von dieser in Vergangenheit ist, ist sie dann vielleicht einfach Bewegung? Diese Antwort hatte sechshundert Jahre vor Augustinus der antike Philosoph Aristoteles (384–322 v. Chr.) gegeben, denn für ihn war ein Tag nichts anderes als die Bewegung der Sonne vom östlichen Horizont zum westlichen. Ähnliches sagt auch noch die moderne Naturwissenschaft, wenn sie die astronomische Zeit an der Erddrehung oder die Sekunde an der Frequenz eines Caesiumatoms ablesen zu können glaubt. Bereits der spätantike Philosoph

und Kirchenvater Augustinus von Hippo (354–430) zeigt aber, dass Zeit sich nicht auf Bewegung zurückführen lässt. Die Zeit ist die Bedingung der Möglichkeit dafür, dass es überhaupt die Erfahrung von Bewegung gibt. Bereits Augustinus schließt aus dem Umstand, dass Zeit nichts objektiv Feststellbares ist, auf den Zusammenhang von Zeit und menschlichem Bewusstsein. Immanuel Kant (1724–1804) führt diesen Gedanken weiter und definiert die Zeit als eine der subjektiven Formen, in der uns die Wirklichkeit notwendig erscheint. Aufgrund der Struktur seines Bewusstseins erscheint dem Menschen die Welt als ein zeitliches Nacheinander, aber niemand kann wissen, ob dies nicht einfach nur an unserer spezifischen Konstitution liegt, womit offen bleiben muss, ob es unabhängig vom Menschen objektive Zeit gibt.

Das von Augustinus herausgestellte Problem der Nichtexistenz der drei Zeitmodi sucht im 20. Jahrhundert der Philosoph Edmund Husserl (1859–1938) zu lösen, indem er argumentiert, dass wir nie einen isolierten Jetztpunkt erleben, sondern jedes Jetzt in Wirklichkeit eine Dauer ist, in der zukünftige Erwartung und Erinnerung an soeben Vergangenes immer schon ineinander übergehen; die Wahrnehmung der Zeit funktioniere demnach auf dieselbe Weise, in der wir auch bei einem Musikstück nicht isoliert den aktuellen Klang hören, sondern den verklungenen immer noch im Ohr haben, während wir den kommenden im Geiste bereits vorwegnehmen, worin sich zeigt, dass der jetzige Augenblick kein ausdehnungsloser Jetztpunkt ist, sondern Vergangenheit und Zukunft in sich schließt.

Martin G. Weiß

Wenn mit dem Tod wirklich alles aus ist, dann gibt es den persönlichen Tod nicht. So lautet die These des antiken Philosophen Epikur (341–271 v. Chr.), die er im *Brief an Menoikeus* wie folgt erläutert:

„Gewöhne dich an den Gedanken, dass der

Gibt es den Tod?

Tod uns nichts angeht. Denn alles Gute und Schlimme beruht auf der Wahrnehmung. Der Tod aber ist der Verlust der Wahrnehmung. […] Das schauerlichste Übel also, der Tod, geht uns nichts an; denn solange wir existieren, ist der Tod nicht da, und wenn der Tod da ist, existieren wir nicht mehr. Er geht also weder die Lebenden an noch die Toten; denn die einen geht er nicht an, und die anderen existieren nicht mehr."

Wenn der Tod das Ende des bewussten Erlebens ist, in den Worten Epikurs das Aufhören jeglicher Wahrnehmung oder ein „traumloser Schlaf", wie ihn Sokrates (469–399 v. Chr.) einmal nennt, ist der Tod, oder besser der Zustand des Todes, prinzipiell nicht erfahrbar. Die Angst vor dem eigenen Tod wäre dann, wie Epikur ausführt, tatsächlich ungerechtfertigt und unser Tod bräuchte uns nicht mehr zu beunruhigen.

Doch nach kurzer Überlegung möchte man Epikur zurufen: „Ja, der Tod wäre nicht so schlimm, wenn man nur schon gestorben wäre!" Denn selbst wenn unser Tod als endgültiger und unumkehrbarer Verlust jeglichen Bewusstseins für uns in keiner Weise existieren kann, so bleibt uns doch der unangenehme Vorgang des Sterbens nicht erspart, vor dem wir uns vielleicht eigentlich fürchten, wenn wir von der Angst vor dem Tod sprechen.

In noch zwei weiteren Punkten ist Epikur zu widersprechen: Auch wenn es stimmt, dass wir uns um unser Wohlbefinden als Tote nicht zu sorgen brauchen, da es einem Nicht-Existierenden weder gut noch schlecht gehen kann und es unseren Tod insofern gar nicht gibt, gibt es unseren Tod dann doch: für die anderen, denen wir fehlen werden, und im Modus des Vorweggenommenen auch für uns. Denn auch wenn wir unser tatsächliches Totsein nicht erleben können und es in diesem Sinne für uns nicht existiert, so ist uns unser Tod als dieses zukünftige, prinzipiell unerlebbare Nicht-mehr-Sein doch ständig präsent. Wir können zwar nicht tot sein, insofern wir nicht mehr da sind, wenn der Tod da ist, aber als das uns ständig begleitende Wissen um diese undenkbare Möglichkeit und Gewissheit ist unser Tod etwas höchst Reales. Der Tod ist zwar nicht erlebbar und daher für uns nicht existent, aber als solcher doch ständig gewusst und in dieser eigentümlichen Weise als Vorwegnahme eines nie Erfahrbaren wirklich. Martin Heidegger (1889–1976), einer der größten Philosophen des 20. Jahrhunderts, fasst diesen Gedanken in die Formel, der Mensch sei nichts anderes als ein „Sein zum Tode", d. h. ein Wesen, das um sein unerfahrbares Ende weiß und dessen Leben letztlich von diesem Wissen bestimmt wird. Ähnliches wussten wohl auch schon die alten Griechen, welche die Menschen (wohl die einzigen Tiere, die um ihre Endlichkeit wissen) schlicht die „Sterblichen" nannten.

Martin G. Weiß

Arthur Schopenhauer in seinem Werk „Die Welt als Wille und Vorstellung" über den Tod:
„Der Lebenslauf des Menschen besteht darin, dass er, von der Hoffnung genarrt, dem Tod in die Arme tanzt."

Was macht Gott den ganzen Tag? Ist Gott gut? Warum lässt
Gott Kriege zu? Was ist heilig? Wer stellte den ersten Maibaum
auf? Gibt es Wilde Frauen? Woher kommen unsere Ungeheuer?
Glauben Juden, Christen und Muslime an denselben Gott?
Neigt Monotheismus eher zu Gewalt als Polytheismus? Islam
– statisch oder dynamisch? Was ist Dschihad? Warum sollen
wir unsere Feinde lieben? Warum suchen Menschen Spiritualität? ... e Zukunftshoffnung?
... n Gesellschaft? Droht
... igion neue Hoffnung
... Gesellschaft des Öko-
... elbst aussuchen? Wie
... ielfalt? Muss ich vor
... privat ist Religion in
... erschaften? Wozu fei-

Was macht Gott den ganzen Tag?

**Fragen und Antworten
zu Religion und Spiritualität**

ern Christen am Sonntag Messe? Gehört Mission ins Mittelalter? Welche Werte brauchen wir für die Zukunft? Wird der
Mensch eines Tages Begriffe wie „Vorsehung" und „Schicksal"
außer Kraft setzen? Was macht Gott den ganzen Tag? Ist Gott
gut? Warum lässt Gott Kriege zu? Was ist heilig? Wer stellte
den ersten Maibaum auf? Gibt es Wilde Frauen? Woher kommen unsere Ungeheuer? Glauben Juden, Christen und Muslime
an denselben Gott? Neigt Monotheismus eher zu Gewalt als
Polytheismus? Islam – statisch oder dynamisch? Was ist Dschihad? Warum sollen wir unsere Feinde lieben? Warum suchen
Menschen Spiritualität? Was ist Esoterik? Ist Esoterik eine Zukunftshoffnung? Wozu brauchen wir Gott in der modernen
Gesellschaft? Droht uns ein neuer Totalitarismus? Kann Religion neue Hoffnung geben? Was leistet der Glaube in einer
Gesellschaft des Ökonomismus? Darf ich mir meine Religion
selbst aussuchen? Wie steht das Christentum zur religiösen

Im Alltag interessiert die Frage nicht besonders. Gott gehört einfach dazu: In Österreich glauben die meisten Menschen an Gott oder eine geistige Macht. Von Gott wird Positives erwartet: Er scheint allmächtig und schöpferisch. Er erweist sich zudem als vergebend,

Was macht Gott den ganzen Tag?

tröstend nah, beruhigend, liebevoll, befreiend. Das bietet Sicherheit für den Alltag. Gefordert ist Gott aber vor allem in Grenzsituationen. An Wendepunkten des Lebens ist das Bedürfnis besonders groß, Schutz unter einem heiligen Baldachin zu finden, sein Leben einzuordnen in eine höhere Ordnung. Zu Geburt und Tod wünschen die meisten Menschen ein religiöses Ritual, sogar solche, die sich selbst als nicht religiös bezeichnen. Hier wird deutlich, welche „lebensdienlichen Kulturleistungen" (Franz-Xaver Kaufmann) die Religion erfüllt. Sie ist sowohl auf kognitiver als auch auf emotionaler Ebene wichtig:
- Sie stiftet Identität durch Affektbindung und Angstbewältigung,
- eröffnet einen größeren Deutehorizont, der Sinnlosigkeit und Chaos ausschließt,
- schafft Umgangsmöglichkeit mit der Brüchigkeit des Lebens, Versagen und Schicksalsschlägen und
- schafft Gemeinschaft.

Darüber hinaus ist Religion handlungsrelevant:
- Sie strukturiert den Alltag und den Jahreslauf, regelt in vielerlei Hinsicht das Zusammenleben und gibt ethische Richtlinien vor. Das entlastet den Einzelnen.
- Zudem bringt die Weltdistanzierung Widerstandskraft gegen ungerechte Verhältnisse – wer seine Hoffnungen nicht nur auf

das Diesseits beschränkt, kann für eine gute Sache eher Risiken und Entbehrungen auf sich nehmen.

Trotz der lebensdienlichen Leistungen ist Religion nicht auf ihre Funktion zu reduzieren. Gott ist auch „der ganz Andere", ist unberechenbar, erfüllt nicht die Erwartungen, die auf ihn projiziert werden: „Gott ist die Liebe – und manchmal unvorstellbar hart. Teils ungerecht."

Wer erwartet, Gott zu verstehen, wird früher oder später enttäuscht, ebenso wer erwartet, dass Gott zu einem angenehmen Leben verhilft. Stattdessen fordert er mitunter heraus, eingetretene Wege zu verlassen und mehr aus seinen Talenten zu machen – für sich und für andere. Er „ver-stört" und „rührt an", sowohl in berührenden Erfahrungen als auch im Anrühren von Schuld und Verletzungen, die zu schnell vergessen und verdrängt werden. Doch von jeher zeigt sich Gott nach menschlicher Erfahrung letztlich als der, der da ist. Oft in anderer Form als zunächst erwartet. Manchmal als der Letzte, der hilft, in scheinbar sinnloser Situation sein Leben zu bestehen.

Ursula Hamachers-Zuba

Antworten auf die Frage nach Gott aus dem Werk des heiligen Thomas von Aquin:

„Gott hat weder Anfang noch Ende, er besitzt sein ganzes Sein auf einmal – worin der Begriff der Ewigkeit beruht."

„Gott ist sein Sein selbst. Das kann von keinem anderen Wesen ausgesagt werden."

„Gott wird durch Schweigen geehrt – nicht weil wir von ihm nichts zu sagen oder zu erkennen vermöchten, sondern weil wir wissen, dass wir unvermögend sind, ihn zu begreifen."

"**Gott ist** Liebe", behauptet die christliche Dogmatik und will damit zum Ausdruck bringen, dass Gott wesentlich gut ist, d. h. nichts Böses vollbringen kann. Da er gut ist, muss Gott notwendig sich selbst wollen, denn sich selbst, also die Liebe, nicht zu wollen, hieße das Böse wollen, was Gott aufgrund seines Wesens nicht kann. Da Gott Liebe ist, muss er notwendig existieren. Doch steht diese Einschränkung der Möglichkeiten Gottes nicht im Widerspruch zur Allmacht, die ebenfalls als wesentliches Attribut des christlichen Gottes gilt? Wäre ein Gott, der notwendig Liebe ist, also nicht einmal die Möglichkeit hat, das Böse, d. h. seine eigene Nichtexistenz, zu wählen, noch als allmächtiger Gott, ja auch nur als frei zu bezeichnen? Diese beunruhigende Frage trieb auch Immanuel Kant um, der diesbezüglich schrieb: "Man kann sich des Gedankens nicht erwehren, man kann ihn aber auch nicht ertragen: dass ein Wesen, welches wir uns als das höchste unter allen möglichen vorstellen, gleichsam zu sich selbst sage: Ich bin von Ewigkeit zu Ewigkeit, außer mir ist nichts, ohne das, was bloß durch meinen Willen etwas ist; aber woher bin ich denn?" Kann es wirklich sein, dass Gott sein Wesen (das Gutsein) und damit notwendig seine eigene Existenz einfach vorfindet?

Einer der Väter des Deutschen Idealismus, Friedrich J. W. Schelling (1775–1854), hat diese Frage klar verneint, da er der Meinung war, dass diese Auffassung der göttlichen Allmacht bzw. Freiheit widersprechen würde und ein unfreier Gott kein Gott sei. Das heißt aber, dass Gott nicht immer gut war, sondern gewählt hat, gut zu sein, denn ein Gott, der nicht frei gewählt hat, gut zu sein, sondern von seinem Wesen dazu gezwungen wurde, ist nicht wirklich gut. Dies deshalb, weil für Schelling nur die Wahl des Guten als gut bezeichnet werden kann, nicht aber ein notwendiges Gutsein. Von Wahl kann aber nur dort die Rede sein, wo es eine Alternative gibt. Wenn Gott nun wirklich gut sein soll, also das Gute gewählt hat und nicht immer schon gut war, heißt das aber auch, dass Gott in der Möglichkeit stand, das Böse zu wählen. Gott ist Schelling zufolge also nicht gut, weil er, ohne selbst zu wissen warum, immer schon Liebe war, sondern weil er bewusst gewählt hat, gut zu sein, obschon er die Möglichkeit hatte, auch das Böse zu wählen. Will man Gott als gut denken, muss man ihn als Freiheit denken; Freiheit aber ist immer "Freiheit zum Guten und zum Bösen", wie es bei Schelling heißt, sodass man gezwungen ist zu sagen, dass Gott nur dann als gut bezeichnet werden kann, wenn man einräumt, dass er sehr wohl mit dem Bösen in Beziehung steht, wenn auch nur als nie gewählte Möglichkeit: Als solche aber ist das Böse in Gott, zumindest bevor er wählte, Liebe zu sein.

Martin G. Weiß

Ist Gott gut?

Aus Friedrich J. W. Schellings Werk "System des transszendentalen Idealismus":
"Die Geschichte als Ganzes ist eine fortgehende allmählich sich enthüllende Offenbarung des Absoluten. […] Denn Gott *ist* nie, wenn Sein das ist, was in der objektiven Welt sich darstellt; *wäre er*, so wären *wir* nicht: aber er *offenbart* sich fortwährend. Der Mensch führt durch seine Geschichte einen fortgehenden Beweis von dem Dasein Gottes, einen Beweis, der aber nur durch die ganze Geschichte vollendet sein kann."

Schon 1948 erklärte der eben gegründete Ökumenische Rat der Kirchen (ÖRK): „Krieg soll nach Gottes Willen nicht sein", allerdings ohne daraus eine eindeutig pazifistische Konsequenz zu ziehen. Im Rahmen der friedensethischen Entwicklung in den

Warum lässt Gott Kriege zu?

Kirchen und in der ökumenischen Bewegung erfolgte jedoch die Ächtung des Krieges als Mittel der Politik, man forderte die Stärkung des Völkerrechts und der Vereinten Nationen sowie die Verpflichtung auf die vorrangige Option der Gewaltfreiheit, d. h. den Vorrang nicht-militärischer Instrumente bei der Friedenssicherung und den Ausbau von Möglichkeiten zur zivilen Konfliktbearbeitung. Darin besteht heute ein ökumenischer Konsens.

Jeder religiösen Rechtfertigung von Krieg und Gewalt ist damit eine klare Absage erteilt. Zwar kennt das Christentum die Lehre vom gerechten Krieg, versteht darunter aber eine ethische Theorie militärischer Gewaltanwendung und ihrer Begrenzung. Inzwischen wird an ihrer Stelle die Lehre vom gerechten Frieden vertreten, innerhalb derer Kriterien für die Anwendung und Begrenzung militärischer Gewalt als Ultima Ratio formuliert werden.

Das Alte Testament bzw. die Hebräische Bibel schildert allerdings Kriege, die im Auftrag Jahwes, des Gottes Israels, geführt wurden. Entsprechende Bibeltexte sind jedoch in ihrem zeit- und religionsgeschichtlichen Kontext zu lesen und dürfen nicht unhistorisch in die heutige Gegenwart übertragen werden. Im Verlauf der Geschichte Israels entwickelte sich vielmehr die Hoffnung auf eine endgültige und weltweite Abschaffung des Krieges, die von der neutestamentlichen Hoffnung auf das Reich Gottes und Jesu Forderung der Gewaltlosigkeit und der Feindesliebe bekräftigt wird.

Dass es dennoch weiterhin Kriege gibt, gehört zur so genannten Theodizee-Frage (griech. *theos* = „Gott", *dike* = „Gerechtigkeit"), d. h. zur Frage, warum ein allmächtiger, allwissender und allgütiger Gott überhaupt das Böse zulässt – ein klassisches Problem der Theologie, von dem die Religionskritik auf Gottes Nichtexistenz schließt. Auf diese Frage wurden viele Antworten gegeben, von Thomas von Aquin über Leibniz und Kant bis zu modernen Theologen – letztlich gibt es jedoch keine befriedigende Antwort. Dass Unschuldige leiden oder sterben müssen, gehört aus der Sicht des christlichen Glaubens zur Verborgenheit Gottes in der noch unerlösten Welt. Letztlich stellt sich die Frage, warum Gott überhaupt den Menschen existieren lässt, der zur Güte ebenso fähig ist wie zum Bösen. Dies Gott zum Vorwurf zu machen hieße jedoch, von der eigenen moralischen Verantwortung für friedliche Verhältnisse und für eine gerechte Welt abzulenken. Auch darf die biblische Hoffnung auf universale Erlösung nicht zur Entschuldigung der Täter missbraucht werden, so dass die Mörder ein zweites Mal über ihre Opfer triumphieren.

Ulrich H. J. Körtner

Kriegerische Töne im Alten Testament: Joel 4, 9–12: „Ruft den Völkern zu: Ruft den Heiligen Krieg aus! Bietet eure Kämpfer auf! Alle Krieger sollen anrücken und heraufziehen. Schmiedet Schwerter aus euren Pflugscharen und Lanzen aus euren Winzermessern! Der Schwache soll sagen: Ich bin ein Kämpfer."

Ursprünglich bezeichnet das Adjektiv „heilig", eine Ableitung von „Heil" (= „magisch bedingtes Glück, Segen"), die Größe Gottes, der über alles Irdische erhaben und unantastbar ist: Mit dem Ausruf „Heilig, heilig, heilig ist der Herr, Gott Zebaoth!" preisen die Engel Jahwe im Alten Testament

Was ist heilig?

(Jes. 6,3). Sehr früh schon wurde die Eigenschaft „heilig" jedoch auch auf bestimmte Räume übertragen, die man in besonderer Weise vom Geist des Göttlichen erfüllt glaubte. Im Buch Exodus lesen wir daher: „Komm nicht näher heran!" sprach der Herr zu Mose, „leg deine Schuhe ab; denn der Ort, wo du stehst, ist heiliger Boden!" (Exodus 3,5). Im Chaos der Welt schuf sich der Mensch, so die Interpretation des Religionshistorikers Mircea Eliade (1907–1986) für dieses Phänomen, einen festen Punkt der Orientierung, ein Zentrum, an dem die Gegenwart der Götter bzw. Gottes spürbar wurde und von dem aus er seine vielfach bedrohte Lebenswelt ordnete. Die „Erfindung" des heiligen Raumes war für den Menschen in archaischen Gesellschaften also geradezu lebensnotwendig: Um Kraft und Zuversicht für sein alltägliches Tun zu gewinnen, benannte er Orte und/oder Gegenstände als „heilig" und brachte ihnen höchste Verehrung entgegen: Hier war das „ganz Andere", das Göttliche, Vollkommene gegenwärtig, eine nicht-irdische Realität, deren Nähe ihm ein Gefühl der Endlichkeit und Nichtigkeit einflößte, die schaudernde Empfindung, nichts zu sein als „Staub und Asche" (Genesis 18,27). In heiligen Hainen und Steinkreisen, später in Tempeln und Kirchen trat er mit dem Göttlichen in Verbindung, es bedeutete für ihn Leben und Gesundheit,

Fruchtbarkeit und Macht – das Heilige war für ihn, obwohl rational nicht fassbar, eine absolute Realität. Deshalb war er auch beseelt von dem Wunsch, in der Nähe heiliger Plätze zu leben und sich heilige Räume zu schaffen. Große Aufmerksamkeit widmete man daher der Frage, wie ein heiliger Ort zu erkennen sei, mit welch wundersamen Zeichen die Gottheit darauf aufmerksam mache – es mussten Ereignisse sein, die eindeutig darauf verwiesen, dass sich hier Übernatürliches manifestierte. In den Gründungslegenden vieler Wallfahrtsorte wird von derartigen „Wundern" erzählt.

Zum anderen nähert sich der religiöse Mensch dem verehrten Göttlichen nicht nur an bestimmten Orten, sondern auch zu bestimmten Zeiten, den „heiligen Zeiten". Durch die Teilnahme an einem religiösen Fest und dem Vollzug bestimmter Riten tritt er aus dem historischen Ablauf der Zeit heraus und wird gleichsam eingebunden in eine mythische Zeit: Ein sakrales Ereignis der fernen Vergangenheit wird „reaktualisiert" (Mircea Eliade), auf symbolische Weise wohnt der Mensch einem Ursprungsgeschehen, wie z. B. der Schöpfung der Erde, immer wieder neu bei und nähert sich so dem Göttlichen. Für die Christen gibt es diese Möglichkeit des periodischen „Eintauchens" in die heilige Zeit jeden Sonntag durch die Teilnahme an der „heiligen Messe", vor allem aber zu den großen Hauptfesten Weihnachten und Ostern.

Der für den religiösen Menschen kennzeichnende „Durst nach dem Heiligen", so Eliade, sei „zugleich Sehnsucht nach dem Sein": Der religiöse Mensch habe eine optimistische Lebenseinstellung, da sich ihm in der Begegnung mit dem Göttlichen immer wieder die Chance eröffne, sein Leben neu zu ordnen und zu gestalten. Falsch wäre es deshalb, die Suche nach dieser Begegnung als Flucht vor der realen Welt zu verurteilen.

Das Heilige, so die wichtige Erkenntnis der Religionswissenschaft, ist eine kulturelle Kategorie. Mit dem Fortschreiten von Zivilisationen verändern sich auch die Erscheinungsformen des Heiligen: vom Kult der Mutter Erde bei den Kelten zu den Sakramenten und ihren Ritualen in der katholischen Kirche, vom heiligen Mistkäfer bei den Ägyptern zu den heiligen Kühen der Inder, von heiligen Bäumen und Bergen bis zu verschiedenen heiligen Schriften. Unabhängig von diesen jeweiligen Manifestationen des Heiligen bleibt als gemeinsamer Nenner die Vorstellung, in einem geheiligten Kosmos zu leben.

Der religiöse Mensch lebt in einer Welt, in der das Heilige gegenwärtig und ihm nahe ist; sie ist für ihn nicht nur Materie und Energie, sondern vor allem Mysterium: die Natur gesehen als Botschaft Gottes.

Auch Menschen, die behaupten völlig nichtreligiös zu sein, können sich letztlich der Grunderfahrung des Heiligen nicht entziehen: In so genannten „kryptoreligiösen" Handlungen schaffen sie sich gleichsam eine private „heilige Welt" – etwa durch bestimmte Rituale, mit denen sie wehmütig Glücksmomente aus ihrer Vergangenheit beschwören, wie z. B. dem Abspielen eines Lieblingsliedes oder dem Blättern in alten Fotoalben.

Johannes Sachslehner

Heiliger Ort im Gebirge:
der Dachstein

Hohe, kräftige Bäume haben schon immer die Phantasie angeregt. Als sich der Mensch, die „Krone der Schöpfung", in vorchristlicher Zeit noch stärker seiner Abhängigkeit von der Natur und deren Regeln bewusst war, standen die Bäume als greifbare Zeugen

Wer stellte den ersten Maibaum auf?

für die Kraft des Lebens und seinen ewigen Kreislauf und genossen entsprechenden Respekt. Den verschiedenen Baumarten waren verschiedene symbolische Bedeutungen zugeordnet, deren vorgebliche Entschlüsselung heute – ob mit oder ohne Mond – eine florierende Baum-Kalender- und Horoskop-Industrie nährt.

Was die Spur zu unseren folkloristischen Maibäumen betrifft, sind solche Baum-Kalender leider überhaupt keine große Hilfe. So ordnen sie zwar bestimmten Zeiten bestimmte Bäume zu, doch der Hinweis, dass z. B. die Zeit vom 15. April bis zum 12. Mai der Korbweide gehört, führt uns naheliegenderweise zu keinem stolzen Maibaum. Eine echte Zierde seines Stammes muss Mastbaum-Qualität haben: groß und kerzengerade! So etwas bietet bei uns nur eine Fichte oder eine Tanne. Und tatsächlich: Die Tanne war schon unseren keltischen Vorfahren der Baum des prallen Lebens, der Baum der Geburt und der Wiedergeburt.

Das Ritual, zu einer bestimmten Zeit so einen schönen, gerade gewachsenen Stamm zu fällen, bis auf die grün bleibende Spitze zu entrinden und als phallischen Mittelpunkt der Gemeinschaft in den Schoß von Mutter Erde zu stecken, ist keine rein keltische Erfindung. Dazu war die Idee zu nahe liegend, und vor zwei bis drei Jahrtausenden gab es

schon einmal einen sehr oft mit diversen Mysterien- und Erlösungsreligionen verbundenen einschlägigen Baumkult-Boom. Doch der Zeitpunkt des Rituals hilft uns, aus der Fülle des Angebotes herauszufinden, wo nun die ersten Maibäume aufgestellt worden sind.

In mediterranen Ländern war das Fruchtbarkeit fördernde Aufstellen von Bäumen zumeist mit bemerkenswerten Terminen im Sonnenjahr verbunden. So stellten z. B. die Anhänger der Großen Mutter Kybéle, deren heilige Bäume die Pinie bzw. die Fichte sind, um die Frühjahrs-Tagundnachtgleiche im Rahmen eines mehrtägigen orgiastischen Frühlingsfestes ihren „März-Baum" auf. Doch in keltischen Landen spielte sich Ähnliches justament zu Beltene ab, dem großen Fest zu Ehren des omnipotenten Lebens- und Fruchtbarkeits-Heros Belenus (= „der Helle", „der Glänzende"). Mit Beltene endete die dunkle Hälfte des keltischen Jahres, der Höhepunkt dieses großen Fests fiel in die Nacht zum 1. Mai, in der, so der Glaube unserer Vorfahren, die Tür zur Anderswelt offen stehen würde – als „verhexte" Walpurgisnacht ist sie heute noch bekannt. Es war ein Fest des Feuers, der rituellen Reinigung und des neuen Lebens, das mit dem Errichten eines „Riesen-Phallus" begangen wurde. Was daher den „ersten Maibaum" betrifft, gebührt unseren keltischen Vorfahren eindeutig die Palme der Urheberschaft!

Georg Rohrecker

Auch wenn es seit der ersten Hälfte des 20. Jahrhunderts aus germanisierenden Gründen oft anders dargestellt wird: Während die Gegenden nördlich des Weißwurst-Äquators auf Wilde Kerle wie Wotan und seine Spießgesellen abonniert sind, tummeln

Gibt es Wilde Frauen?

sich südlich desselben „Wilde Frauen", deren Wildheit nichts mit Schlachten- und Schlachtenbummlergebrüll oder sonstigem Imponiergehabe zu tun hat, sondern mit Freiheit und Ungebundenheit, mit der Unabhängigkeit vom Diktat eines Mannes. Im Gegensatz zum „germanischen" Männerkult mit dem Raubein Odin/Wotan an der Spitze haben also die Menschen in den Ostalpen vor der Einführung des Christentums – also zur Zeit unserer keltischen Vorfahren – analog dem Vorbild der Natur lieber auf die starke und dennoch holde Weiblichkeit gesetzt. Geheimnisvolle Botschaften aus dieser Zeit verstecken sich noch in den mittels „Kelten-Code" verschlüsselten Mythen und Sagen, die beileibe kein Kinderkram sind.

Wenn wir uns die Mühe machen, den Botschaften auf den Grund zu gehen, stellen wir bald fest, dass die als „wild" denunzierten Frauen tatsächlich den Menschen – gerade auch den Männern – durchaus wohlgesinnt sind. Sie erweisen sich bei näherer Betrachtung als ausnehmend klug, attraktiv, gütig, hilfreich und sehr weiblich – handelt es sich doch um die direkten Nachfolgerinnen der Großen Muttergöttin selbst bzw. um die vom

Christentum adaptierten Varianten der keltischen Göttinnen-Trinität, die bis zum Zweiten Vatikanum jährlich am 16. Dezember als die „Drei Bethen" verehrt wurde.

Faktum ist, dass selbst die patriarchale Religion des Christentums dieser uralten Göttinnen kaum „Herr" werden konnte! Unsere „Wilden Frauen" waren Beschützerinnen und Verführerinnen. Zu ihrer Blütezeit herrschte mehr als simple Damenwahl. Sie spielten höchst aktive Rollen, „sei es durch ihre Schönheit, sei es durch ihr Geschlecht" (Claudia Schmölders), zu dessen Natur die Stärke gehört. Ja, sie waren einst so stark, dass es laut Heide Göttner-Abendroth im matriarchalen Kosmos männliche Götter gar nicht gab. „Die Große Göttin allein wurde als unsterblich, unveränderlich und allmächtig betrachtet" (Robert von Ranke-Graves).

Zwischen Süddeutschland, Österreich und Südtirol stoßen wir unweigerlich und immer wieder auf die Spuren der wilden, weil starken Frauen, die im Laufe der Geschichte nur notdürftig verkleidet wurden. Die Zeugnisse sind zwischen den entlegensten Höhlen und den prachtvollsten Wallfahrtszielen nicht zu übersehen. Denn bei näherer Betrachtung entpuppen sich die unzähligen Frauenheiligtümer der Ostalpen fast allesamt als ehemals keltische Kultplätze für die Wilden oder Saligen (seligen/heiligen) Frauen, die mit Weihwasser besprengt, katholisch „erklärt" und durch Ersatzgegenstände und -handlungen abgeschwächt wurden. Ja, sie sind noch immer mitten unter uns – gehen wir hin und entdecken wir unsere Wurzeln!

Georg Rohrecker

Sie sind aus Mythen, Sagen und Märchen nicht wegzudenken: Drachen, Riesen und andere Ungeheuer. Für manche dieser Sagengeschöpfe soll es sogar einen fossilen Beleg, einen steinernen Beweis ihrer Existenz geben: Lindwurmknochen, Drachenzähne, ja sogar

Woher kommen unsere Ungeheuer?

die versteinerten Spitzen von den von Göttern geschleuderten Blitzen will man gefunden haben. Es sind zumeist Funde von Fossilien, nur erfolgte ihre Deutung im Licht des Wissens der damaligen Zeit, und damit erhielten Drachen und Basilisken ihren fixen Platz in der mittelalterlichen Tierwelt.

So standen für den mörderischen Lindwurm von Klagenfurt, der erst mit einem hakenbewehrten Stier als Köder erlegt werden konnte, Schädel und Langknochen des Wollhaarigen Nashorns (*Coelodonta antiquitatis*) Pate. Die alpinen, in Höhlen lebenden Drachen besitzen ihren Ursprung in den Resten von eiszeitlichen Höhlenbären (*Ursus spaelaeus*), deren Knochen und vor allem Zähne oft massenhaft in den Höhlen zu finden sind.

Die Zyklopen, einäugige Riesen der griechischen Sagenwelt, lassen sich auf Zwergelefanten (*Palaeoloxodon antiquus falconeri*), die als kleine Sonderformen die Inseln des Mittelmeers bewohnten, zurückführen. Elefantenschädel besitzen im Gesichtsbereich eine Öffnung, die Nasenöffnung, die im Vergleich zu den Augenöffnungen riesig ist. Sie wurde als einzige Augenöffnung gedeutet und damit war der riesige Kopf eines Zyklopen wie Polyphem aus Homers *Odyssee* Realität geworden.

Auch Blitze, geschleudert von wütenden Göttern, hinterlassen ihre Spuren. So wurden in Europa viele dieser Donnerkeile, die angeblich als Spitzen der Blitze in die Erde gefahren waren, gefunden. Sie haben ihren Ursprung jedoch weder im Blitz noch im germanischen Gott Donar/Thor. Es sind die versteinerten Reste einer ausgestorbenen Tiergruppe, die zu den Tintenfischen gehören, der Belemniten. Ihre geschoßartigen Innenskelette (Rostren), vergleichbar mit dem Schulp (= Schale) heutiger Tintenfische, blieben über Jahrmillionen als Fossilien erhalten.

Franz Stürmer

Aus Homers „Odyssee":
Und ich rief dem Kyklopen von neuem mit zürnender Seele:
Hör, Kyklope! Sollte dich einst von den sterblichen Menschen
Jemand fragen, wer dir dein Auge so schändlich geblendet;
Sag' ihm: Odysseus, der Sohn Laertes, der Städteverwüster,
Der in Ithaka wohnt, der hat mein Auge geblendet!
Also rief ich ihm zu; und heulend gab er zur Antwort:
Weh mir! es trifft mich jetzo ein längstverkündetes Schicksal!
Hier war einst ein Prophet, ein Mann von Schönheit und Größe,
Telemos, Eurymos' Sohn, bekannt mit den Zeichen der Zukunft,
Und bis ins Alter beschäftigt, sie uns Kyklopen zu deuten;
Der weissagte mir alles, was jetzt nach Jahren erfüllt wird:
Durch Odysseus' Hände würd' ich mein Auge verlieren.
Doch erwartet' ich immer, ein großer und stattlicher Riese
Würde mich hier besuchen, mit großer Stärke gerüstet!
Und nun kommt so ein Ding, so ein elender Wicht, so ein Weichling,
Und verbrennt mir das Auge, nachdem er mit Wein mich berauschet!
Komm doch her, Odysseus! Ich will dich herrlich bewirten,
Und dir ein sicher Geleit vom hohen Poseidon verschaffen.

Judentum, Christentum und Islam sind religionsgeschichtlich auf vielfältige Weise miteinander verbunden und aufeinander bezogen. Im Mittelpunkt steht der abrahamitische Glaube an den einen Gott, der auch zum christlichen Selbstverständnis gehört, wenn

Glauben Juden, Christen und Muslime an denselben Gott?

auch dieser durch die Trinitätslehre eine stärkere Differenzierung erhalten hat. Der Islam bekräftigt den jüdischen und christlichen Eingottglauben, indem er proklamiert: „Unser Gott und euer Gott ist einer" (Sure 29,46). Die Gottesbezeichnung *Allah* („der Gott") entspringt einer gemeinsemitischen Wurzel und wird auch von den arabischen Christen verwendet. Als dritte abrahamitische Religion geht der Islam von einer Kontinuität aller Offenbarung aus und bestätigt grundsätzlich die jüdisch-christliche Offenbarungsgeschichte in arabischer Sprache. Freilich wird dann derselbe abrahamitische Monotheismus dazu dienen, um die Verfälschung des Eingottglaubens, vor allem durch die christliche Trinitätslehre, zu kritisieren. So ist Abraham nicht nur Verbindungsglied zwischen diesen drei Religionen, sondern auch Trennungszeichen.

Die drei monotheistischen Religionen gehen jeweils von einem unterschiedlichen Gottesbild aus. Das Erfahrungsspektrum mit dem einen Gott wird in der Spannung zwischen Nähe und Ferne, Immanenz und Transzendenz, Persönlichkeit und Unpersönlichkeit erfahren und in den einzelnen Religionen unterschiedlich gewichtet: Die Nähe zu Gott ist im Judentum und im Christentum eine

andere als im Islam, wo mehr die Erfüllung des Willens Gottes im Mittelpunkt steht.

Eine gemeinsame Traditionsgeschichte begründet jedoch auch gemeinsame Aspekte im Gottesbild, die für die drei monotheistischen Traditionen wesentlich sind: der eine Gott als Schöpfer des Himmels und der Erde und des Menschen, der Barmherzige, der zu den Menschen gesprochen hat, für diese sorgt und sie einstens als Richter zur Verantwortung rufen wird. In den mystischen Traditionen dieser drei Religionen finden wir Gotteserfahrungen, die so manches Unterscheidende außer Kraft zu setzen vermögen.

Ob nun Juden, Christen und Muslime an ein und denselben Gott glauben, ist vom jeweiligen Selbstverständnis her umstritten: Für das Judentum ist der endgültige Inkarnationsgedanke des einen Gottes in Jesus Christus nicht nachvollziehbar; von christlicher Seite wird eingewandt, dass eigentliches Beten trinitarisches Beten sei; von muslimischer Seite wiederum wird der Eingottglaube der Christen in Frage gestellt.

Man wird also einerseits unterscheiden müssen zwischen dem heilsgeschichtlichen Anspruch der jeweils späteren gegenüber der vorausgehenden Religion, wovon auch das jeweilige Gottesbild betroffen ist, und dem jeweils persönlichen Gottesbezug, der auch persönlich gewählte Interaktionen mit Bekennern anderer Religionen zulässt. Von dieser menschlichen Ebene unterscheidet sich die transzendente Ebene, von der her gesehen es nur derselbe eine Gott sein kann, zu dem Juden, Christen und Muslime beten, soweit eine solche Behauptung dem geschöpflichen Fassungsvermögen überhaupt zugänglich ist.

Karl Prenner

Die Geschichte der drei abrahamitischen Religionen sei geprägt von religiös motivierter Intoleranz und Gewalt nicht nur nach außen hin (gegen Heiden und Götzenverehrer), sondern auch nach innen, um Häretiker, Ketzer und Abtrünnige (Apostaten) auszu-

Neigt Monotheismus eher zu Gewalt als Polytheismus?

grenzen. Gegenüber Jesus von Nazareth, der nicht nur Gewaltverzicht, sondern auch die Feindesliebe gelehrt und gelebt hat, hat die Geschichte des abendländischen Christentums jedoch einen anderen Verlauf genommen, durch die Inquisition, die Religionskriege, durch Zwangsbekehrungen und den Holocaust. Hiervon scheinen sich nun polytheistische Religionssysteme altorientalischer und fernöstlicher Kulturen durch eine gewisse Flexibilität und Integrationsfähigkeit als tolerante Religionssysteme fundamental abzuheben.

Religionsgeschichtlich sind jedoch bei dieser Kontrastierung Monotheismus – Polytheismus verschiedene Fragezeichen zu setzen, denn die Grenzen zwischen Polytheismus und Monotheismus waren immer fließend. Den Polytheismus in Reinform hat es so kaum gegeben; auch polytheistische Systeme, ob des Alten Orients, Ägyptens oder Indiens, zeugen von vielfältigen Erfahrungen mit dem Einen Göttlichen und von Tendenzen zu Monolatrie (= Verehrung eines einzigen Gottes); vor allem im Augenblick der Hinwendung des Beters zu seiner Gottheit wird diese zur Einen Gottheit.

Die Gewaltszenarien der jüdischen Bibel sind etwa in einer historischen Betrachtung nicht dem Monotheismus Israels anzulasten, denn dieser hat sich in Israel erst in den letzten Jahrhunderten vor Christus durchgesetzt. Der Alte Orient mit seinen so genannten polytheistischen Systemen (Assur, Ägypten u. a.) war auch von Gewalt beherrscht, Israel bildet hierbei keinen Sonderfall. Allerdings geschehen die Gewalttätigkeiten in Israel in einer Zeit, als der Monotheismus noch nicht existierte. Der Islam mit seinem ausgeprägten Eingottglauben beruft sich nicht nur auf die Erwiderung von aggressivem Verhalten der Gegenseite, sondern hat in seiner Geschichte dem Dschihad (wörtlich „Einsatz für den Islam und die Muslime", auch „kämpfen") auch eine offensive Rolle zugesprochen. Freilich ist heute die Deutung des Dschihad – nur defensiv oder auch offensiv – umstritten.

Als den monotheistischen Systemen beispielhaft friedliebend werden gerne buddhistische Traditionen gegenübergestellt. Dies geschieht jedoch in völliger Unkenntnis der Geschichte des Buddhismus in seinen Ursprungsländern. Vielfach wird hier ein bereits europäisierter Buddhismus in den Blick genommen. Ähnlich verhält es sich auch mit Traditionen hinduistischer Religionen, was die neuzeitliche nationalhinduistische Hindutva-Bewegung zeigt.

Wo Menschen am Werke sind, gibt es Gewalt, der religiös motivierte Mensch ist immer in Gefahr, Gewalt von seiner Religion her zu legitimieren. Daher ist für die Beantwortung der gestellten Frage der jeweilige individuelle Zugang zu den authentischen Quellen einer Religion entscheidend, ihre Deutung und das daraus abgeleitete praktische Verhalten und Handeln.

Karl Prenner

In seinem Anspruch ist der Islam dynamisch – doch liegt hier nicht ein Widerspruch zur tiefen Überzeugung der gläubigen Muslime in die Unveränderbarkeit des Korans als Gottes wörtlicher und letztgültiger Botschaft?

Islam – statisch oder dynamisch?

„Wollt ihr nicht nachdenken?", heißt es im Koran wiederholt. Gemeinsam mit der ersten Offenbarung „Lies!" ergibt sich eine Betonung von Verstand und Entscheidungsfreiheit des Menschen, die verantwortlich zu nutzen sind. Der Koran kann nicht verändert werden, sehr wohl aber die Einsicht des Menschen, gespiegelt in der reichen Geschichte der Exegese, des Tefsir. Viele Detailfragen (z. B. Gebetsablauf) können aber nur unter Heranziehen der Sunna erschlossen werden. Zurückgegriffen wird ferner auf den Analogieschluss *(al-Qiyas)*, den Gelehrtenkonsens *(al-Ijma')* und das Prinzip der freien Meinungsbildung im Islam *(al-Ijtihad)*. Zusammen ergeben die so entstehenden Interpretationen die Scharia (wörtlich: „Weg zur Quelle, zum Wasser"), für die am charakteristischsten ist, dass sie nicht abgeschlossen ist. Denn Zeit, Ort und handelnde Personen sind bei der Auslegung als gesellschaftliche Rahmenbedingungen einzubeziehen. Als Grundprinzipien sollen u. a. beachtet werden:

Was nicht ausdrücklich verboten ist, ist erlaubt – wodurch eine große Aufnahmebereitschaft entstand, abzulesen etwa in der Übernahme vieler kultureller Errungenschaften. Die Religion soll das Leben erleichtern, nicht erschweren (2:185, 22:78).

Notsituationen können Verbote vorübergehend aufheben (2:173, für den Gesundheitserhalt notwendige, in Alkohol gelöste Medikamente heben hier das Alkoholverbot auf). In der sunnitischen wie auch der schiitischen Richtung des Islam bildeten sich Rechtsschulen, deren Gründer (sunnitisch: Abu Hanifa, Malik, al Schafi'i, Hanbal; schiitisch: Jafar) umfangreiche Werke voller Antworten für alle Lebensbereiche gaben. Unterschiede müssen nicht als Widersprüche aufgefasst werden, da die Vielfalt der Umstände eine Vielfalt der Zugänge bedingt. Al-Schafi'i zeigte dies in seiner Arbeit, indem sich zum Teil andere Aussagen während seines Aufenthalts im Irak gegenüber der Zeit in Ägypten finden. Als die „Muwatta" von Malik durch den damaligen Kalifen zur festen Grundlage des Staates werden sollte, widersprach sein Autor, um die Geschmeidigkeit des islamischen Rechts zu gewährleisten.

Die große Flexibilität der Scharia bildet gleichzeitig die größte Herausforderung. Im 19. Jahrhundert forderten Gelehrte wie Muhammad Abdu eine entschiedene Wende und propagierten als Befreiung von der Auslegung der Auslegung der Auslegung einen frischen Blick auf die Quellen. Auch wenn diese Arbeit größtes theologisches Sachverständnis und besser auch Fachkenntnis in anderen Disziplinen, also Gelehrte, erfordert, entsteht zusätzliche Dynamik, indem es keine Trennung zwischen Laien und Priestern gibt. Individuelles Verstehen bzw. Nachvollziehen und Bewerten ist gefragt. Die europäische Imame-Konferenz 2003 formuliert daher: „Islam in seiner Kernbotschaft, in seiner Aufgeschlossenheit den Wissenschaften gegenüber und seinem Bildungsgebot enthält den ständigen Aufklärungsaspekt."

Amina Baghajati

Gemeint ist im muslimischen Kontext die Anstrengung auf dem Weg Gottes, die unter Berufung auf eine Aussage des Propheten Muhammad in zwei Kategorien geteilt wird, den großen und den kleinen Dschihad. Analog zum Ausdruck „den inneren Schweine-

Was ist Dschihad?

hund überwinden" bedeutet der große Dschihad die beständige Herausforderung, sich trotz Mühe für den rechten Weg im Sinne des Allgemeinwohls zu entscheiden. Der kleine Dschihad betrifft das Eintreten für die Gerechtigkeit im Zustand ihrer Abwesenheit (2:190, 4:90, 42:39) und kann dann auch den bewaffneten Einsatz zur Abwehr eines laufenden oder direkt bevorstehenden Angriffs einschließen. Diesen kann nur der Staat, nicht eine Privatperson, ausrufen.

Bewaffnete Verteidigung ist im Lichte der ersten Offenbarung dazu in 22:39 ff zu sehen: „Erlaubnis ist denen gegeben, die bekämpft werden – weil ihnen unrecht getan wurde ..." Unmittelbar darauf heißt es: „Und hätte Allah nicht die einen Menschen durch die anderen abgewehrt, so wären Klöster, Kirchen, Synagogen und Moscheen ... bestimmt zerstört worden". Dass die Gotteshäuser der verwandten Buchreligionen in einem Zuge mit den eigenen als schützenswert genannt werden, beleuchtet wie auch das berühmte „Es gibt keinen Zwang im Glauben" (2:256), dass die Konstruktion eines Befehls zum Glaubenskrieg unstatthaft ist. In 4:90 heißt es: „Wenn sie sich jedoch von euch fernhalten, ohne euch zu bekämpfen, und euch Frieden anbieten, gibt euch Allah keine Erlaubnis, gegen sie vorzugehen."

Wohl findet das Wort „Dschihad" in 25:52 Verwendung, um die Auseinandersetzung mit den Leugnern Gottes zu kennzeichnen, allerdings in argumentativem Sinne durch die Kraft des Korans, nicht durch Krieg. Manipulierendes verkürzendes Zitieren und Ignoranz darüber, dass sowohl der Hintergrund der Offenbarung eines Koranverses als auch Parallelstellen bei der Interpretation berücksichtigt werden müssen, sind gefährlich. Krieg wird im Koran keineswegs verherrlichend dargestellt. Die zerstörerischen Folgen werden nicht ausgeblendet, sondern negativ beleuchtet. Muslime sind im Verteidigungsfall Regelungen zum Schutz von Zivilbevölkerung und Umwelt unterworfen. Jede kriegerische Handlung ist nach 8:60, 61 bei Verhandlungsbereitschaft einzustellen. Verteidigung muss im Rahmen der Verhältnismäßigkeit bleiben (2:194). Das bekannte „Auge um Auge, Zahn um Zahn" erfährt im Koran in 5:45 den wichtigen Zusatz, dass „mildtätiges Vergeben eine Sühne sei". Dazu kommt die Bevorzugung eines Weges der Verzeihung: „... Wer jedoch vergibt und Frieden schließt, dessen Lohn ist bei Allah." (42:40) Den Begriff des Dschihad nicht in Geiselhaft missbräuchlicher Verwendung zu ersticken, bedarf auch eines Dschihad von muslimischer Seite. Dies betrifft sowohl die selbstkritische Aufarbeitung der älteren Geschichte und der Moderne als auch die theologische Akzentuierung von intellektueller Auseinandersetzung und Zivilcourage. „Der größte Dschihad ist ein wahres Wort gegen einen Tyrannen." So definierte der Prophet Muhammad den Einsatz für die gute, gerechte Sache.

Amina Baghajati

Das Gebot der Feindesliebe geht auf Jesus von Nazareth zurück; es steht in der Bergpredigt (Matthäus 5,44) und parallel dazu in der Feldrede des Lukasevangeliums (Lukas 6,27–28). Es handelt sich um eine der zentralsten Aussage des Neuen Testaments, die

Warum sollen wir unsere Feinde lieben?

in der frühchristlichen Literatur außerordentlich häufig zitiert wird und als religionsgeschichtliches Novum, als Eigenheit christlicher Ethik schlechthin gilt. Trotz religionsgeschichtlicher Parallelen bleiben doch Jesu betonte Rede von der Liebe zum Feind, die Radikalität und seine theologische Begründung des Gebotes einzigartig.

Bei Matthäus lautet das Gebot: „Liebet eure Feinde und bittet für die, die euch verfolgen." Lukas überliefert einen etwas anderen Wortlaut: „Liebet eure Feinde; tut wohl denen, die euch hassen; segnet die euch verfluchen; bittet für die, die euch beleidigen." Jesus fordert zur Gewaltlosigkeit und zum Verzicht auf Vergeltung auf (Matthäus 5,38–42) und preist die Friedfertigen selig (Matthäus 5,9). Der biblische Befund ist für heutige Ethik in dreifacher Hinsicht von Belang:

Das im Urtext verwendete griechische Wort *echthros* meint den Feind im umfassenden Sinne, und zwar aus der Sicht des Angefeindeten. Das Gebot Jesu macht also keinen Unterschied zwischen dem persönlichen Gegner und dem kollektiven Feind im Kriegszustand.

Das Neue Testament und die frühchristliche Ethik unterstellen, dass Feindesliebe tätiges Wohlwollen meint und generell praktizierbar

ist. Die seit dem Kirchenschriftsteller Origenes (ca. 185–254 n. Chr.) übliche Abschwächung, wonach die Feindesliebe im Unterschied zur Nächstenliebe lediglich die Überwindung des Hasses gegen den Feind meine, unterbietet das Gebot Jesu ebenso wie eine Zweistufenethik (wie z. B. bei Augustinus und Thomas von Aquin) oder eine gesinnungsethische Interpretation.

Das neutestamentliche Gebot der Feindesliebe ist strikt theologisch begründet. Jede verallgemeinerungsfähige Ethik transzendierend, motiviert das Gebot der Feindesliebe zu einem zeichenhaften Handeln, welches die in Jesus Christus personifizierte Feindesliebe Gottes zum sündigen Menschen (vgl. Römer 5,10) bezeugt. Es handelt sich weder um eine „natürliche" Forderung noch um eine „intelligente" politische oder psychologische Strategie zur Befriedung gewaltsamer Konflikte bzw. zur „Entfeindung" oder zur Weltverbesserung. Sie lässt sich auch nicht verhaltensbiologisch aus dem moralanalogen Verhalten von Tieren herleiten, z. B. aus Mechanismen innerartlicher Aggressionshemmung, bei denen an Matthäus 5,39 erinnernde Demutsgesten eine Rolle spielen.

Ulrich H. J. Körtner

Das Gebot der Feindesliebe in der Bergpredigt, Matthäus 5,43–45:
„Ihr habt gehört, dass gesagt worden ist: Du sollst deinen Nächsten lieben und deinen Feind hassen. Ich aber sage euch: Liebt eure Feinde und betet für die, die euch verfolgen, damit ihr Söhne eures Vaters im Himmel werdet; denn er lässt seine Sonne aufgehen über Bösen und Guten, und er lässt regnen über Gerechte und Ungerechte."

Spiritualität boomt. Sie kommt nicht in erster Linie aus den alten christlichen Kirchen. Spiritualität wächst aus Säkularität. Je weltlicher Menschen und Milieus sind, umso neugieriger macht sie Spiritualität.

Die moderne spirituelle Suche hat erkennba-

Warum suchen Menschen Spiritualität?

re Ziele. Kulturelle Ratlosigkeiten und Leiden gilt es zu überwinden. Diese Leiden bilden den Anstoß, sind aber nicht die letzte Ursache für das Suchen. Diese sitzt tiefer: in einer Sehnsucht des menschlichen Herzens, das sich auf Dauer mit Banalität und Enge nicht abfinden will.

Spirituelle suchen der Entfremdung von sich selbst zu entgehen. Sie suchen meditierend die Kraft der Stille und damit die Einkehr in das eigene Lebenshaus. Manche ahnen etwas von einem Geheimnis, das sie selbst sind und das zugleich größer ist als sie, mit dem sie aber in ihrer Tiefe vereint sind. In dieser eigenen Mitte spüren nicht wenige auch, dass sie mit allem untergründig verwoben sind. Die Reise ins Ich wird zu einer Reise ins Weite. Größe und Würde werden erlebbar. Gesucht wird Heilung. Dass einem manchmal zum Davonlaufen ist (Eskapismus ist „in"), ist vielen vertraut. Als Grund vermuten Spirituelle, dass sie abgeschnitten sind von den lebendigen Quellen des Ursprungs. Heilig ist geistig. Rituell erfahrbar werden Kraft und Energie (chinesisch *chi*) wieder zum Fließen gebracht. Neuer Zauber kommt ins Leben: Spiritualität verzaubert die säkular entzauberte Welt. Geistige Heilung braucht Gemeinschaft und heilsame Menschen (Gurus). So finden ent-

wurzelte Menschen neuerlich festen Boden unter den Füßen. Bündeln sich diese Erfahrungen, werden Menschen zur Liebe verwandelt und es wächst die Hoffnung auf eine andere, neue Welt. Nicht wenige spirituelle Gruppen fühlen sich als ihre Vorhut.

Immer mehr ahnen: Suchen ist das eine, Gefundenwerden das andere. Sollte also ankommen, wer aufhört zu suchen und – nach alten Weisheiten der Mystik leer und empfänglich geworden – sich finden lässt?

Neben solcher zunehmender Spiritualität der *Verwandlung* gibt es eine Spiritualität der *Vertröstung*. Sie erweist sich als Opiat: als Beruhigungsmittel inmitten eines unruhigen Lebens. Sie übertüncht Gräber, hätte Jesus mit vielen modernen Religionskritikern geätzt. Nicht mehr als religionsfreundlicher Atheismus, religionsfrohe Gottlosigkeit (Johann B. Metz)? Noch weiter weg von der wahren Suche nach spiritueller Tiefe und Weite ist die *Vermarktung* spiritueller Symbole. Butter, Autos, Gas und Dessous werden mit religiösen Symbolen verknüpft, um die Aufmerksamkeit der Käufer auf Waren zu ziehen. Spiritualität spielt dann die gleiche Rolle wie attraktive nackte Körper. Freilich: So wie Sexualität durch ihre Vermarktung nicht verschwunden ist, wird auch eine Vermarktung religiöser Symbole diesen nicht schaden.

Paul Zulehner

Zunächst bezeichnet Esoterik als antikes Weisheitswissen eine bestimmte Denkform, in der Einheit, Harmonic und die Wahrnehmung von Analogien in der Wirklichkeit eine zentrale Rolle spielen. Dieses Denken ist verbunden mit einem Weltbild, in dem zwi-

Was ist Esoterik?

schen der irdischen menschlichen und der jenseitigen göttlichen Welt geheimnisvolle geistige Beziehungen bestehen („Wie oben, so unten"), die man erkennen und so das Leben besser ver- und bestehen kann. Das magische Element – dieses Wissen zur Durchsetzung menschlicher Interessen zu nützen – kann, muss aber nicht mit dieser Denkform verbunden sein. Es ist zweideutig, weil es für soziale Anliegen ebenso verwendet werden kann wie für egoistische.

Esoterik ist heute zugleich ein Sammelbegriff für die verschiedenartigsten Phänomene: Von Feng Shui über Homöopathie, von Reiki bis Yoga bezeichnet man mit diesem Begriff jenen Teilbereich innerhalb des religiös veränderten Feldes, in dem Menschen sich auf die Suche nach Lebenshilfe und Heilung, nach alternativen Lebensformen und Selbsterfahrung, nach neuen Gemeinschaften und kosmischer Verortung machen. Esoterik bezeichnet dabei jenen neuen Markt an Büchern, Reliquien und Kursangeboten, der sich seit dem New Age in den 80er Jahren zu einem religiösen Alternativangebot entwickelt hat. Esoterik ist ein Teilbereich der so genannten „Neuen Spiritualitäten" und auch ein Leitwort der modernen religiösen Szenerie – und nicht selten ein Ersatzwort für Religion oder spirituelle Praxis. Es dient zur Abgrenzung von traditionell-institutionali-

sierten Formen von Religion und zugleich als Ausdruck tiefer Sehnsüchte nach Sinn und Lebensglück. Die Pastoraltheologin Maria Widl spricht von „neuen religiösen Kulturformen" und erkennt in diesen Praktiken eine Art postmoderner Volksfrömmigkeit.

Aus soziologischer Sicht ist Esoterik eine Protestbewegung im Angesicht der Fortschrittskrisen der globalen Modernisierungsvorgänge sowie eine Reaktion auf die Defizite an religiösen Sinn- und Erfahrungswelten, die man mittels Esoterik auszugleichen versucht. Esoterik ist nicht zuletzt deshalb so attraktiv, weil man religiös sein kann, ohne an den christlichen Gott glauben zu müssen, der für viele immer noch bedrohlich ist. Esoterik verspricht problemlösende und praktische Antworten und scheint vielfach auch gut vereinbar mit naturwissenschaftlichen Erkenntnissen. Man darf sich mit sich selbst beschäftigen und erlösen, und Esoterik ermöglicht es, inmitten einer pluralistischen und oft auch zerstrittenen Welt Einheit und Harmonie zu erleben.

Studien zeigen, dass sich in Österreich ca. 5 Prozent der Bevölkerung intensiv mit Esoterik im engeren Sinn beschäftigen; aber durch mediale Verbreitung und vor allem durch den riesigen Markt, der dieses religionsförmige Praxiswissen verbreitet und breiten Schichten zugänglich macht, kann man heute davon ausgehen, dass sich eine Mehrheit der Bevölkerung bereits mit diesem Thema oder esoterischen Praktiken beschäftigt hat; bei den Jugendlichen in Österreich sind es um die 60 Prozent. Es ist daher notwendig, sich mit diesem Thema in Wissenschaft und Politik, insbesondere im Bildungswesen wertschätzend-kritisch auseinander zu setzen.

Regina Polak

Aus theologischer Sicht ist Esoterik ein zutiefst widersprüchliches und hochambivalentes Phänomen. Zum einen hat sie dämonische und gefährliche Seiten: Neben psychologischen Schäden (Sucht, Wirklichkeitsflucht, Vertröstung) lassen sich auch poli-

Ist Esoterik eine Zukunftshoffnung?

tisch bedenkliche Konsequenzen beobachten: Esoterik hat manchmal eine bedenkliche Nähe zu autoritärem, faschistischem, sogar nationalsozialistischem Gedankengut. Sie ist oft nichts anderes als ein „religionsfreundlicher Atheismus" (J. B. Metz), eine gottlose Religion und eine Ideologie, wo man esoterisches und spirituelles Wissen vernützlicht, um die moderne konsumistische, ökonomisch dominierte Lebensweise zu rechtfertigen, zu optimieren und zu verbrämen. Esoterik kann neues Opium für das Volk sein. In der Esoterik kehrt eine archaische Form von Religiosität wieder, deren magisches Wissen technokratisch dazu benützt wird, die Sphäre des Geistigen für egoistische Eigeninteressen zu verzwecken: um Geld zu machen, um erfolgreich im Beruf zu sein, um andere Menschen für Eigeninteressen zu manipulieren. Andererseits zeigen Studien, dass sich in diesem Feld viele Menschen finden lassen, die aufrichtig und ernsthaft ihrer tiefen Sehnsucht nach Liebe, Freiheit und Wahrheit folgen. Sie suchen Gemeinschaft und eine Ethik, die von Liebe geprägt ist; sie probieren neue Weltverhältnisse aus und suchen nach ihrem Ort und ihrer Bedeutung in der Geschichte, nach Sinn und Ziel ihres Lebens. Viele machen die Erfahrung, dass Gott in

ihrem Leben eine wichtige Rolle spielt. Esoterik kann als „Sehnsuchtsreligion" (Maria Widl), daher auch als geistgewirktes Hoffnungs- und Heilszeichen für unsere Gesellschaft wahrgenommen werden, wo Gott selbst in den Menschen wieder die Sehnsucht entfacht, sich auf die Suche nach ihm zu machen. Menschen entdecken, dass es in ihrem Leben noch „mehr als alles" geben muss, und sie wagen eine Umkehrbewegung zu neuem, geisterfülltem Leben, die sich auch gesellschaftspolitisch positiv auswirkt: Esoterik kann z. B. ein neues, waches Bewusstsein für ökologische Fragen oder Fragen sozialer Gerechtigkeit wecken. Freilich können alle diese Sehnsüchte auch in die Irre gehen und statt Gott irdische Wirklichkeiten zu Göttern erklären: z. B. die Gesundheit, den Erfolg, das eigene Selbst u. ä.

Esoterik ist eine Zukunftsgefahr *und* eine Zukunftshoffnung. Damit aus einer Zukunftshoffnung eine echte Zukunftschance wird, bedarf es konzertierter Anstrengungen und Initiativen in Politik und Gesellschaft, Kirchen und Religionsgemeinschaften: einer weiter entwickelten Religionspolitik z. B., damit die religiösen Erfahrungen aufgeklärt, gebildet, zivilisiert und humanisiert werden können. Gemeinschaften, Akademien, Bildungshäuser in Kirche und Gesellschaft können den Menschen ermöglichen, ihre persönliche Spiritualität reif und verantwortlich werden zu lassen. Und Kirchen, die Personen und Gruppen, Räume und Zeiten anbieten, in denen man gemeinsam spirituelle Entwicklungsprozesse durchlaufen kann, können zu Orten gelebter, authentischer Spiritualität werden, an denen man von esoterischem Weisheitswissen durchaus auch etwas lernen kann.

Regina Polak

83 Prozent der Österreicher glauben an einen Gott, zwei Drittel der Europäer verstehen sich als religiös und verbinden ihre Religiosität mit einem Gottesglauben, Tendenz seit 1990 steigend. Diese wenigen Daten zeigen, dass die Rede vom „gottlosen Europa"

Wozu brauchen wir Gott in der modernen Gesellschaft?

nur begrenzt tauglich ist. Freilich zeigt ein genauer Blick auf die Gottesvorstellungen, dass der Gott, an den dabei geglaubt wird, mit dem Gott der biblischen Tradition mitunter wenig zu tun hat. Zudem scheinen in säkularen Gesellschaften viele Menschen, die ein sinnerfülltes Leben führen, ohne Gottesglauben auszukommen. Brauchen moderne Menschen Gott überhaupt noch? Und wozu könnten sie den Gott brauchen, von dem die Heilige Schrift erzählt?

Die Wozu-Frage ist, auf Gott bezogen, doppeldeutig. Sie ist legitim, wenn sie danach fragt, welche praktischen Auswirkungen der Glaube an Gott im Leben hat, z. B. in ethischen und politischen Fragen. Ein Gottesglaube ohne entsprechende Lebensweise ist kein Glaube, er ist Ideologie. Einen solchen Gott braucht die Gesellschaft tatsächlich nicht. Die Wozu-Frage ist aber auch gefährlich, denn sie fragt nach dem Nutzen Gottes für den Menschen – was Gott durchaus erträgt, aber riskant für den Menschen wird. Die Wozu-Frage kann nämlich destruktiv und inhuman werden, wenn sie zur alles leitenden Hauptfrage wird. Denn sie verdeckt und zerstört dann das, was menschliches Leben überhaupt erst menschlich macht: die Erfahrung absichtslosen Daseins, die Freude

über „nutzenlose" Schönheit, das Vertrauen in lautere Liebe, die keine Zwecke verfolgt, die Erinnerung daran, dass der Mensch um seiner selbst willen Würde hat und Selbstzweck ist. Übertragen auf Gott verunmöglicht die Wozu-Frage die Erfahrung Gottes als jener Wirklichkeit, die die Liebe selbst ist, wie Christen glauben. Gott ist – weil er um seiner selbst willen ist – zu nichts zu gebrauchen. Er liebt die Menschen um ihrer selbst willen und möchte von ihnen geliebt werden, ohne Zweck, ohne Absicht, ohne Nutzen.

Vielleicht liegt hier auch der wirkliche „Nutzen" Gottes – man sollte wohl besser von „Sinn" sprechen: Dass Gott in seiner „Nutzenlosigkeit" Menschen immer wieder erinnert, dass Würde, Wert und Sinn menschlichen Lebens nicht Resultate großer Erfolge, herausragender Leistungen, anstrengender Arbeit sind, sondern dass sie den Menschen zugesprochen sind, weil sie Gottes geliebte Menschen sind. Was banal klingen mag, ist für unsere modernen Gesellschaften, die bei allem nach Gewinn und Profit fragen, eine dringliche Erinnerung: Die „Nutzenlosigkeit" Gottes sichert Freiheit und Würde des Menschen, stellt alle Arten von „Vernützlichung" des Menschen für andere Interessen (politische, ökonomische eingeschlossen) in Frage und erinnert daran, dass Liebe, Glaube und Hoffnung jene Daseinsweisen sind, die den Menschen menschlich machen – und nicht primär Arbeit, Leistung und Erfolg. Moderne Gesellschaften sind auf diese Erinnerung angewiesen, denn die Verwertbarkeit menschlichen Lebens für andere Zwecke ist die wahre Gottlosigkeit – und die große Versuchung modernen Lebens.

Regina Polak

Die Freiheit des freiheitsliebenden Europa ist heute vor allem durch Prozesse im Lebens- und Schöpfungsbereich Wirtschaft bedroht. Deren Prinzipien werden zu letztgültigen, alle anderen Lebensbereiche dominierenden Normen. Diese Prozesse haben totalitaris-

Droht uns ein neuer Totalitarismus?

mus-ähnliche Tendenzen, weil sie das Denken und Handeln quer durch alle Bevölkerungsschichten durchdringen und zu unhinterfragten Leitprinzipien werden. „Geht's der Wirtschaft gut, geht's uns allen gut" ist ein weit verbreiteter Glaube. Ziel jedes Totalitarismus ist es, eine Ideologie – also ein Teilinteresse, das für absolut erklärt wird – zur allein herrschenden zu machen. Aufzufinden sind diese Interessen weniger auf der Ebene von Personen als vielmehr auf der Ebene von Strukturen und Organisationsformen.

Indizien dafür gibt es einige: Die wirtschaftliche Macht, insbesondere von Finanzmärkten und transnationalen Unternehmen, erlebt heute eine immense globale Intensivierung und Dynamisierung – und sie wird zugleich immer weniger kontrolliert und korrigiert durch andere Machtsysteme wie Politik, Kunst oder Religion. Ohne die heilsame Konkurrenz durch andere menschliche Lebensprinzipien verliert das an sich wertvolle und sinnvolle ökonomische Prinzip seine Balance und wird gewaltproduktiv. Wirtschaftliche Macht, die es braucht, um die Ressourcen der Erde gerecht aufzuteilen, droht dann ihre Interessen auf Kosten aller anderen Lebensäußerungen durchzusetzen und strebt einen Zustand an, in dem sie an keine ande-

ren Gesetze als an die des Profits und des Wirtschaftswachstums gebunden ist. Wir können dann beobachten, dass die Wirtschaft beginnt, zunehmend widerstandslosen Staaten ihre Interessen aufzuoktroyieren. Wir sehen, wie wirtschaftliche Interessen beginnen, das Denken, Fühlen und Handeln des Menschen zu durchdringen. Der Glaube an das Wirtschaftswachstum, an die heilbringende Bedeutung von Erwerbsarbeit; der Glaube, dass Geld, Konsum, Leistung und Arbeit wichtiger sind als Gerechtigkeit und Solidarität, Religion und Kunst, bekommt religionsähnliche Formen.

Man kann die wirkmächtige Verinnerlichung dieser Ersatzreligionen dort erkennen, wo Menschen vergessen, was es heißt, absichtslos zu denken und zu leben; wo sie keine Zeit mehr dafür haben, die Schönheit des Lebens und der Liebe zu genießen, und Beziehungen daher eine immer kürzer werdende Ablaufzeit haben. Man sieht die Folgen der totalisierenden Tendenzen des Ökonomismus dort, wo Menschen nur noch in Kategorien des Nutzens denken und nichts mehr tun können und wollen, was keinen unmittelbaren Zweck hat: in der Krise des Ehrenamts, in der Privatisierung von Religion, in der Verwertung von Kunst und Religion für berufliche oder Bildungszwecke, in der Reduktion von politischen Bildungsdiskussionen auf Ausbildungsprozesse für den Markt, in der Vergötzung und Ethisierung der Gesundheit, die man braucht, um für die Arbeit fit zu bleiben und nicht von den Gesundheitskassen des Staates abhängig zu sein. Die Folgen des totalitarismusverdächtigen Wirtschaftssystems sind auch an der wachsenden Schere und Kluft zwischen armen und reichen Menschen zu erkennen, denn jeder Totalitarismus produziert Ausgeschlossene und Opfer. Heute sind das all jene, die dem Wirtschaftswachstum nichts mehr bringen: Kinder, die nicht mehr geboren werden, weil ein intensives Arbeitsleben immer weniger Raum und Zeit für sie lässt, Behinderte, die vorgeburtlich aussondert werden, Kranke, Alte und Sterbende, die dem Staat zunehmend zu teuer kommen, Arbeitslose, die am gesellschaftlichen Reichtum immer weniger teilhaben dürfen. Auch die Individualisierung des Lebensschicksals („Jeder ist seines Glückes Schmied") oder die Zerstörung des Generationenzusammenhangs sind weitere Anzeichen. Der Reformwahn, der alle gesellschaftlichen Institutionen erfasst hat, lässt zugleich kaum Zeit zum Innehalten und Besinnen, in welcher Gesellschaft wir leben wollen. Studien zeigen, dass all dies auch Merkmale des Nationalsozialismus und des Kommunismus waren.

Verbunden sind diese Tendenzen mit Allmachtsphantasien, dass uns eine florierende Wirtschaft erlösen wird – der Glaube wird auf diesseitige Lebensziele konzentriert und zugleich überlebensnotwendig, um einen gestressten Alltag zu ertragen. Glaubensmythen entstehen: z. B. der Glaube, mit individueller Leistung könne jeder Mensch erfolgreich werden, der Glaube an das BIP oder die Börsenkurse, von deren Entwicklung unser Schicksal abhängt.

Diese totalisierenden Tendenzen haben auch religiöse Ursachen: Sie gründen zum einen in der Schwäche einer Gesellschaft, die religiösen Dimensionen der Wirklichkeit wahrnehmen und entsprechend leben zu können, zum anderen in einem Rückfall in archaische Formen von Religiosität, bei der irdische Formen des Glücks verherrlicht werden: Arbeit, Erfolg, Gesundheit und Wohlstand.

Regina Polak

Die totalitarismusähnlichen Tendenzen in modernen Gesellschaften werden begleitet und konterkariert von Widerstandsbewegungen. In der Wirtschaft, in der Wissenschaft, in der Politik wird der Ruf nach ethischer Um- und Neuorientierung und orien-

Kann Religion neue Hoffnung geben?

tierungsstiftenden Werten immer lauter. Einzelne Unternehmer und Politiker beginnen neue Modelle zu entwickeln, in deren Mittelpunkt Gerechtigkeit und Solidarität, Gemeinwohl und Armutsbekämpfung stehen. Einzelne Wirtschaftreibende erkennen ihre Verantwortung für das Gemeinwohl. In der Bevölkerung entstehen postmaterielle Milieus, in denen Menschen alternative Lebensmodelle abseits von Konsumismus und Leistungswahn riskieren. Der Ruf nach der Vereinbarkeit von Familie und Beruf, wenn er nicht nur dazu dient, Frauen und Männer für die Arbeit „freizustellen", sondern auch Arbeitswelten familienfreundlicher macht, ist ein ebensolches Hoffnungszeichen wie die vielen neuen zivilgesellschaftlichen Gruppen und Organisationen, die glauben, dass eine „andere Welt möglich ist", und sich politisch dafür engagieren. Ein anderes wichtiges Hoffnungspotential ist auch die Globalisierung der Kulturen und der Religionen und die damit verbundene geistige Transformation: Wenn Kultur und Religion ihre politische Verantwortung entdecken und engagiert handeln, findet sich hier ein großes Reservoir an anti-totalitären Kräften und Erneuerungspotential.

Auch die Wiederentdeckung und Wieder-

kehr von Religion ist ein Zeichen der Umkehr. Sie ist das sowohl im politischen Raum,
wo über die Bedeutung von Religion für die
Europäisierung Europas diskutiert wird und
zunehmend mehr wahrgenommen wird, dass
religiöse Menschen einen wesentlichen Beitrag zur sozialen Kohäsion der Gesellschaft
leisten („Sozialkapital" – das Wort muss man
so nennen, weil man es im Ökonomismus
sonst nicht versteht), als auch auf der Ebene
individueller Biographien, wo Religion unter
dem Label Spiritualität für viele Menschen
wieder attraktiv wird. Auch wenn dieser Prozess von fundmentalistischen und sektenhaf-
ten Phänomenen begleitet wird und zwischen Vertröstung durch Religion und
Verzweckung von Religion changiert, kann
er doch im Kontext totalisierender Tendenzen als Erneuerungszeichen wahrgenommen
werden: Viele Menschen erinnern sich daran,
dass nicht Leistung und Arbeit Wert und
Würde des Menschen ausmachen, sondern
der Mensch als Mensch, um seiner selbst
willen, wertvoll ist und Würde hat.

Um der Freiheit willen – von der wir gegenwärtig zu wenig und keinesfalls zu viel haben – ist es nötig, dass Europa die negativen
Konsequenzen eines einseitigen Ökonomismus wahrnimmt und die Konfrontation mit
ihnen sucht – und zugleich die freiheitserneu-
ernden Kräfte und Bewegungen fördert. Freiheit ist niemals ein sicherer Besitz, sie ist
immer bedroht durch die selbstsüchtigen
Tendenzen des Menschen. Sie muss immer
wieder neu errungen und gestaltet werden,
damit sie nicht zur inhaltsleeren Willkür per-
vertiert, sondern mit Leben und Liebe erfüllt
werden kann.

Regina Polak

Die Fähigkeit des Menschen, Wirtschaft zu
betreiben, ist eine Gabe Gottes; der Lebensraum Wirtschaft ist ein Schöpfungsraum:
Gottes Geist kann und möchte auch dort
wirken, wo Menschen mit den Ressourcen
der Erde wirtschaften und diese verteilen –

Was leistet der Glaube in einer Gesellschaft des Ökonomismus?

nach dem Willen Gottes soll diese Verteilung
gerecht erfolgen, damit jeder soviel hat, wie
er zu einem Leben in Freiheit, Sicherheit und
Würde braucht. Nicht ohne Grund steht
Gott daher auf der Seite der Armen, wie die
biblische Überlieferung immer wieder bezeugt. Wenn die Menschen aus freien Stücken zu ihm finden und ihn lieben sollen, ist
eine materielle Grundsicherheit dafür eine
wesentliche Voraussetzung. Armut bedroht
die Freiheit zur Gottesliebe.

Weil der Lebensraum Wirtschaft ein Ort ist,
an dem Gott seine Schöpfungskraft verwirklichen möchte, ist die Pervertierung von
Wirtschaft zu einem Ökonomismus, der
ökonomischen Prinzipien wie Unterneh-
mensprofit und Wirtschaftswachstum Vorrang gibt vor sozialethischen Kategorien wie
Gemeinwohl, Gerechtigkeit und Solidarität
nicht nur tragisch, sondern aus biblischer
Perspektive Sünde: Indem die Wirtschaft
nicht mehr der Lebens- und Freiheitssi-
cherung der Menschen dient, sondern umgekehrt Menschen dazu dienen, die Wirt-
schaftsprozesse am Laufen zu halten, werden
Frauen und Männer versklavt und entfrem-
den sich von Gott. Die wachsende Hegemo-

nie ökonomischer Prinzipien über alle menschlichen Lebensbereiche, die wir im modernen Leben beobachten können, lassen nichts Gutes ahnen.

Der christliche Glaube kann in dieser Situation vieles beitragen, einige Beispiele seien genannt:

– Da wäre zu erinnern an die bewährte Tradition der christlichen Soziallehre, die wertvolle ethische Orientierung geben und mithelfen kann, eine zeitgerechte, den globalen Wirtschaftsverhältnissen angemessene Wirtschaftsethik zu entwickeln.

– Aber auch die spirituellen Erinnerungen der christlichen Tradition sind erinnerungswürdig:

die Erfahrung, dass Reichtum ein gottnahes Leben behindern kann – nicht nur, weil Besitzsicherung allzu oft unfrei macht, sondern weil reiche Menschen schwerer die Erfahrung machen, dass auch sie jene Liebe brauchen, die man nicht kaufen kann (Matthäus 19,24, Markus 10,25, Lukas 18,25);

die Heiligung des Sonntags – das dritte Gebot (Deuteronomium 5,12, Exodus 20,8) – nicht nur als Tag der Muße und Entspannung, um dann wieder fit für das Alltagsgetriebe zu sein, sondern als heilsame Unterbrechung des Alltags, die daran erinnert, dass Menschen frei sind und ihre Existenz nicht ihrer Arbeit verdanken, sondern Gott (Matthäus 6,28, Lukas 12,27);

das Vertrauen, dass Gott für seine Menschen gut vorgesorgt hat – und niemand Angst haben muss, dass die Ressourcen der Erde zu knapp sind. Nur wer darauf vertraut, dass für alle genügend da ist, um gut zu leben, kann ohne Angst teilen und Gerechtigkeit üben (Genesis 1–2,4b);

– schließlich die befremdlichen und provo-

kanten Erinnerungen der biblisch-kirchlichen Tradition im Umgang mit Besitz und Geld (z. B. Deuteronomium 15): die Institutionen des Schuldenerlasses, um Schuldnern wieder neues Leben zu ermöglichen; das Jubeljahr, in dem alle 50 Jahre die ungerecht verteilten Güter wieder so umverteilt werden, dass jeder auf einem eigenen Stück Land gut leben kann (Levitikus 25,8–31), um Erbakkumulationen zu verhindern; das jahrhundertelange Zinsverbot (Deuteronomium 23,20), um zu verhindern, dass Reiche reicher und Arme ärmer werden; die großen Visionen einer gerechten Gesellschaft, in der es keine Armut gibt (z. B. Deuteronomium 15,4), weil man das, was man hat, miteinander teilt (Apostelgeschichte 2,44–45).

Diese und noch viele andere Erinnerungen können wiederentdeckt und weiterentwickelt werden, um die großen wirtschaftlichen Herausforderungen der Gegenwart so zu bestehen, dass in Zukunft nicht nur die Bruttoinlandsprodukte wachsen, sondern auch der menschliche Fortschritt vorankommt.

Regina Polak

„Doch eigentlich sollte es bei dir gar keine Armen geben; denn der Herr wird dich reich segnen in dem Land, das der Herr, dein Gott, dir als Erbbesitz gibt und das du in Besitz nimmst, wenn du auf die Stimme des Herrn, deines Gottes, hörst, auf dieses Gebot, auf das ich dich heute verpflichte, achtest und es hältst. Wenn der Herr, dein Gott, dich segnet, wie er es dir zugesagt hat, dann kannst du vielen Völkern gegen Pfand leihen, du selbst aber brauchst nichts zu verpfänden; du wirst über viele Völker Gewalt haben, über dich aber werden sie keine Gewalt haben."

Deuteronomium 15,4–6

Wir leben heute in einer pluralistischen Gesellschaft: Lebensstile und Lebensformen, politische und weltanschauliche Meinungen sind vielfältig geworden – auch die religiösen Überzeugungen und Lebensweisen sind davon. Die Wissenschaft spricht vom „religiö-

Darf ich mir meine Religion selbst aussuchen?

sen Markt", von „neuen religiösen Kulturformen und Spiritualitäten", von Patchwork-Religion und Religionskomponisten, die sich aus verschiedenen Traditionen ihren persönlichen religiösen Kosmos zusammenbauen. Vielfältige neue Organisationsformen gelebter Spiritualität entstehen: neue Gemeinschaften, informell organisierte Seminargruppen, die neue spirituelle Wege ausprobieren, virtuell vernetzte Szenen und religiöse Events, zu denen sich Menschen treffen. Die Pluralisierung hat sowohl den Binnenraum der traditionellen Kirchen und Religionsgemeinschaften erfasst wie auch das religiöse Seelen- und Geistesleben von Individuen: Es gibt heute viele Arten, katholisch oder evangelisch zu sein, und ebenso viele Möglichkeiten, die persönlichen spirituellen Erfahrungen mittels verschiedener religiöser Traditionen zu deuten oder auszudrücken. Zudem wird die religiöse Pluralität durch Migrationsprozesse forciert, die uns verstärkt mit der Präsenz nicht-christlicher religiöser Selbstverständnisse, insbesondere dem Islam und dem Buddhismus, konfrontieren.

Das Prinzip der Religionsfreiheit – sich *gegen* oder *für* eine religiöse Überzeugung frei zu entscheiden – hat zusammen mit gesellschaftlichen Individualisierungs- und Säku-

larisierungsprozessen zu dieser Pluralisierung von religiöser Lebenspraxis geführt: Beide Vorgänge fördern auch die Freiheit *zur* Religion und ermöglichen individuelle religiöse Biographien. Religion gilt als Angelegenheit individueller Wahlfreiheit.

Eine religiös plurale Gesellschaft, die von der Trennung von Religion und Politik ausgeht, ist zugleich auch auf das öffentliche Gespräch zwischen religiösen Individuen, Gemeinschaften und Institutionen über religiöse Überzeugungen angewiesen. Die Trennung von Religion und Politik, Kirche und Staat sichert die weltanschauliche und religiöse Freiheit des Einzelnen, aber auch das für solche Freiheit notwendige freie Spiel der Diskurse um Werte und Normen, auf das jede Demokratie angewiesen ist, um lebendig und frei zu bleiben – denn die Demokratie lebt von Werten, die sie selbst nicht produzieren kann (das so genannte „Böckenförde-Paradoxon"). Religion ist eine wichtige Quelle solcher Werte. Sie hat daher auch öffentliche, politische Bedeutung. Jeder Mensch kann und darf sich ohne Einmischung des Staates seine Religion aussuchen bzw. wählen, ob er ein religiöses Leben führen will. Aber er ist zugleich verpflichtet, seine Religiosität auf politische Konsequenzen und Gemeinwohlverträglichkeit zu prüfen. Damit die vielfältigen religiösen Überzeugungen demokratierelevant werden können, braucht es neben der Trennung von Religion und Politik auf der Ebene der Institutionen eine neue kooperative Religionspolitik, in der im Raum von Gesellschaftspolitik und Zivilgesellschaft Religion und Politik in ein neues Gespräch darüber kommen, was und wie die beiden Bereiche voneinander lernen und einander korrigieren können.

Regina Polak

Aus der Sicht christlicher Theologie ist Vielfalt – auch die religiöse – zunächst etwas Gutes: Sie ist ein Ausdruck der Fülle des Schöpfungsgeistes Gottes, der seine Welt bunt und vielfältig geschaffen hat. So glaubt auch die katholische Kirche, dass in allen

Wie steht das Christentum zur religiösen Vielfalt?

Religionen der „Strahl der Wahrheit" (im Konzilsdokument *Nostra Aetate*, Kapitel 2) gefunden werden kann.

Wachsende Vielfalt ist auch eine Folge jenes heilsgeschichtlichen Prozesses, der Menschen immer mehr dazu befähigt, „personal" zu leben, d. h. frei, verantwortungsbewusst, selbständig und in Liebe verbunden mit allen anderen Menschen der Schöpfung Gottes. Zudem ist Gott in sich selbst vielfältig: Die Lehre von der göttlichen Dreifaltigkeit ist eine theologische Ausdrucksweise dafür, dass Gott in sich selbst vielfältiges Leben, Liebe und Gemeinschaft ist. Pluralität im guten Sinn ist also gottgewollt. Aber: Sie ist das nur, wenn der Prozess der Pluralisierung in Liebe geschieht – und das misslingt den Menschen nur allzu oft. Die Sünde – Misstrauen gegenüber und Ablehnung der Liebe Gottes – verführt dazu, im Anderen, im Fremden, einen Gegner, einen Feind zu sehen und seine Andersheit zu bekämpfen. Dann vergessen Menschen, dass alle Menschen Söhne und Töchter Gottes sind.

Daher bedarf die Pluralität immer des korrigierenden Prinzips der Einheit (nicht im Sinne von Gleichheit oder Uniformität, sondern als Prozess verstanden): Einheit bedeutet nach der gemeinsamen Mitte suchen, die

allen gemeinsame Wahrheit erforschen und verstehen lernen, nach Zusammengehörigkeit und Gemeinschaft streben, sich mühen, in Liebe eins zu sein – und die aller Vielfalt vorgängige Einheit und Bezogenheit aller Menschen unter- und aufeinander, die man dabei entdecken kann, sorgsam zu bewahren und zu pflegen. Pluralität ohne das Korrektiv so verstandener Einheit wird destruktiv.

Umgekehrt korrigiert die Pluralität die Einheit, denn auch das Streben nach Einheit kann gewaltförmig werden: wenn Einheit als Uniformität oder fundamentalistisch missverstanden wird, wenn sie administrativ oder politisch, autoritär oder totalitär erzwungen werden soll. Relativismus und Fundamentalismus, sind Formen eines gestörten Verhältnisses zwischen dem Liebesprozess der Pluralisierung und der elementar notwendigen Sorge um die Einheit. Werden sie stärker, erinnern sie uns neben aller Bedrohung zugleich daran, dass die Balance zwischen Einheit und Vielfalt gestört ist und es gilt, sie neu zu versöhnen: Die christlichen Kirchen sprechen von „versöhnter Einheit in Vielfalt".

Der Relativismus erinnert in perverser Form daran, dass alles in der Welt in vielfältigen Beziehungen steht, die von Liebe geprägt sein wollen (lat. *relatio* = „Beziehung"). Der Fundamentalismus erinnert ebenso verzerrt daran, dass diese Liebes-Beziehungen eine gemeinsame Mitte brauchen und auf die Frage nach dem Grund, Boden (lat. *fundamentum*), nach der allen gemeinsamen Wahrheit, nicht verzichten können. Eine Gesellschaft, die beide Erinnerungen ernst nimmt und entsprechend handelt, schwächt Relativismus und Fundamentalismus.

Regina Polak

Christen müssen die plurale Situation, auch die religiöse, nicht fürchten. Sie können sich ihr angstfrei nähern und sie als schöpferischen Vorgang annehmen – in Dialog und Kooperation. Sie müssen Differenzen nicht per se als Bedrohung wahrnehmen, sondern

Muss ich vor anderen Religionen Angst haben?

können sie als Ausdruck der Vielfalt des Geistes Gottes verstehen. Sie können im Fremden, im Anderen Gott selbst erkennen. Zugleich aber sind sie verpflichtet, vor den Fehlformen des Pluralismus zu warnen und die Einheit zwischen Menschen zu fördern, indem sie immer wieder an das Ineinander von Gottes- und Nächstenliebe erinnern. Indem sie in Wort und Tat das Evangelium verkündigen, können sie zeigen, wie das konkret möglich wird. Das Ineinander von so verstandener Mission und aufrichtigem, wertschätzendem Dialog, in dem man bereit ist, vom anderen zu lernen und sich verändern zu lassen, ist die christliche Antwort auf das Spannungsfeld zwischen Pluralität und Einheit.

Praktisch bedeutet das:

– Angstlos und unverkrampft auf unbekannte Formen von Religiosität zugehen, um sie besser oder überhaupt konkret kennen zu lernen.

– Sich darum bemühen, dass man die Denk- und Lebenswelten anders religiöser Menschen besser verstehen lernt.

– Das Gespräch mit anders religiösen Menschen als Möglichkeit begreifen, seine eigene religiöse Identität besser zu verstehen und weiterzuentwickeln.

– Statt angstvoll und/oder aggressiv die eigene Position zu verteidigen, solidarisch und großzügig die eigenen Lebens- und Glaubenserfahrungen mitteilen und ins Spiel bringen.

– Religiöse Zweifel, Fragen, Nöte austauschen, Sorgen teilen.

– Differenzen nicht als Bedrohung oder Defizit betrachten, sondern als Freiräume zum Lernen und Entwicklungsorte begreifen und mit ihnen interessiert und respektvoll umgehen.

– Mit Konflikten sorgsam umgehen, deeskalieren, Lösungen suchen oder, wenn das nicht geht, unlösbare Konflikte ertragen lernen – auf jeden Fall auf Gewalt verzichten.

– Die eigenen Glaubenserfahrungen mutig und selbstbewusst einbringen und dabei von der Zuversicht getragen sein, dass jeder Mensch von Gott begleitet ist und seinen Weg zu Gott finden kann.

Nötig für eine solche Praxis sind drei Haltungen:

– Toleranz – also die Fähigkeit, die Andersheit des Anderen zu ertragen, ohne dass dieser einem gleichgültig wird, daher trotz der Differenzen immer wieder den Kontakt suchen;

– Pluralitätsfähigkeit, die Menschen dazu befähigt, Erfahrungen und Meinungen eines anderen Menschen aus dessen Perspektive heraus zu verstehen, auch wenn es nicht die eigene Position ist oder niemals werden kann;

– die Fähigkeit, mit den damit verbundenen inneren Mehrdeutigkeiten, Spannungen und Widersprüchen friedvoll und geduldig umzugehen, die so genannte „Ambiguitäts- und Ambivalenztoleranz".

Regina Polak

Religion ist Privatsache. Der Mensch will sich nicht hineinreden lassen und braucht einen geschützten Raum, um die Beziehung zu Gott in Freiheit wachsen zu lassen. Zugleich ist Religion Gemeinschaftssache: Vor Gott ist der Mensch nicht nur ein geliebtes

Wie privat ist Religion in weltanschaulich unterschiedlichen Partnerschaften?

Individuum, sondern Teil des „großen Ganzen". Geht es um religiöse Fragen, ist sich der Mensch dieser Spannung zwischen privat und öffentlich bewusst. Die erste Kontaktperson für religiöse Fragen ist im privaten Umfeld zu finden: Die Partnerin oder der Partner wird von 33 Prozent der Befragten zu Rate gezogen. Gleich danach kommt aber die Kirche (29 %) bzw. der Pfarrer (24 %). In den Gesprächen wird meist Bestätigung und Unterstützung gesucht. So wundert es nicht, dass viele Partnerschaften religiös homogen sind. Spannend aber wird es, wenn Differenzen auftreten, z. B. in Ehen zwischen einem christlichen und einem atheistischen Partner. Solche Beziehungen kennen folgende Phasen: Anfangs gibt es heftige Diskussionen, Positionen werden abgesteckt und gegenseitige Bekehrungsversuche gestartet. Dann spielen die Reaktionen des Umfeldes hinein. Loyalitäten werden festgelegt: für Tradition und Familie oder für die neue Partnerschaft. Soll die Beziehung eine Chance haben, folgt eine Phase der grundsätzlichen Akzeptanz des anderen als jemand, der „anders" ist. Erst dann ist eine Annäherung möglich: Es wer-

den Verständnisfragen gestellt und Übersetzungsversuche gestartet. Hier zeigt sich, was von den eigenen Überzeugungen tragfähig ist und was nicht. Wohlmeinende Anfragen können aufdeckend sein („Glaube ich tatsächlich, was ich dem anderen erzähle?"), ebenso Lebensumbrüche (Schicksalsschläge, Geburt eines Kindes u. ä.).

Allein sind Glaubenskrisen schwer zu bewältigen. Ohne Netzwerk laufen die christlichen Partner Gefahr, „Glaubenswitwen oder -witwer" zu werden. Sie brauchen die Institution und die Gemeinschaft, um ihren Glauben lebendig zu halten. Gleichzeitig haben sie einen Auftrag in der Kirche. Sie halten „das Andere, das Fremde" als kritische Anfrage fest, denn gemischt-religiöse Ehen sind produktiv: Sie bieten intensive Auseinandersetzung mit dem Glauben, Hinterfragen der eigenen Sozialisation, Lernen einer neuen religiösen Sprache, Entdecken eines neuen Gottesbildes (teils nach schmerzhaftem Zusammenbrechen des bisherigen). Davon kann Kirche nur profitieren. Deshalb darf sie in aller Gelassenheit helfen, die privaten Lebensräume der Gemeinschaftssache Religion zu pflegen.

Ursula Hamachers-Zuba

Gesetzlich anerkannte Kirchen und Religionsgesellschaften in Österreich:
Altkatholische Kirche – Armenisch-apostolische Kirche – Evangelische Kirche A.B. und H.B. – Griechisch-orientalische (=Orthodoxe) Kirche – Islamische Glaubensgemeinschaft – Israelitische Religionsgesellschaft – Katholische Kirche – Kirche Jesu Christi der Heiligen der Letzten Tage (Mormonen) – Koptisch-orthodoxe Kirche – Methodistenkirche – Neuapostolische Kirche – Buddhistische Religionsgemeinschaft – Syrisch-orthodoxe Kirche

„Alle Tage ist kein Sonntag", heißt es in einem bekannten Lied. Normalerweise ist eben „Alltag", Routine, Arbeit. Viele erleben dies mehr oder weniger als Last und leben im ständig gestörten Verhältnis zu sich und ihrer Umwelt. Feiern zu wollen und das Leben in

Wozu feiern Christen am Sonntag Messe?

Freiheit zu genießen ist ein zutiefst menschliches Bedürfnis.

Was braucht der Mensch, um glücklich zu leben? Erstens ist es wichtig, in ein soziales Umfeld eingebettet zu sein: gute Kontakte, Freundschaften und verlässliche Partnerschaften, Räume der Geborgenheit; zweitens eine Perspektive, sodass das Leben vorhersehbar erscheint. Weiters sind das Gefühl, den Anforderungen des Lebens gewachsen zu sein, und das Wissen der Bedeutsamkeit eigenen Handelns wesentlich. Erfahrungen wie Leid, das Zerbrechen fix geglaubter Beziehungen, die Ohnmacht, manches nicht ändern zu können, oder das Gefühl, überflüssig zu sein, machen uns dagegen krank. Jeder steht vor der Frage, wie das Leben glücken kann, und viele dieser Entwürfe halten der Realität nicht stand.

Hier kommt das Angebot der sonntäglichen Messfeier ins Spiel. Im Gottesdienst wird der Mensch in das Kraftfeld Gottes hineingestellt, der will, dass unser Leben „trotz allem" gelingt. Zunächst möchte Gott, dass wir frei sind – zu feiern. Dies war die Ur-Erfahrung des Volkes Gottes, denn der Sklavendienst in Ägypten kannte keine Freizeit. Jede Woche erinnert sich das Volk Gottes an diese Freiheit, die allen geschenkt ist, und dankt dem,

der dies ermöglicht hat. Die Messfeier hat so auch heute befreiende, weltverwandelnde Bedeutung: Erinnerung an geschenkte Freiheit und an das Lebensrecht, das durch Erwerbsleben und Unrechtsstrukturen allzu leicht verdunkelt wird.

Gottesdienst ist auch „Andockstelle" an andere, denn Gemeinschaft wird spürbar. Pfarrgemeinde, die in der Messfeier konkret wird, kann ein soziales, solidarisches Netz bieten, das auch dann hält, wenn alle anderen wegbrechen, Land in einer Welt, die sie alleine lässt.

Die Messfeier ist aber auch „Andockstelle" an den Lebensentwurf Jesu. Das Leid, die Wunden und das erlittene Unrecht lassen Leben nicht scheitern. In der Messfeier wird erinnert, wie Jesus aus dem Glauben lebte und wie Begegnung mit ihm heilend wirkte und Lebensmöglichkeiten erschloss. Wer die Messe mitfeiert, macht diesen Lebensentwurf zu seinem eigenen. Dieser Weg eröffnet sogar noch Glück und Sinn im Tod. Das endgültige Gelingen des Lebens kann nicht am Tod vorüber errungen werden, sondern nur durch den Tod hindurch. Durch Tod und Auferstehung Jesu wird Gott den Menschen als gebrochener Gott gezeigt, wobei darin gerade nicht Scheitern, sondern heiles Leben liegt.

„Beim Brechen des Brotes gingen ihnen die Augen auf, und sie erkannten ihn". Messe zu feiern ist so Möglichkeit zur Begegnung mit dem Auferstandenen, der immer da ist. Doch jede Beziehung benötigt Zeiten, wo sie aktuell wird. Wenn ich einen Freund nie kontaktiere, wird das Band rasch schwächer. Ebenso verhält es sich mit der Gottesbeziehung. Menschen brauchen den regelmäßigen Kontakt durch die Messfeier, um das Glücken unseres Lebens willen.

Marcus König

Eine bestimmte Art von Mission – „Missionieren um jeden Preis" – gehört wohl der Vergangenheit an. Dem oft gewaltsamen und ausnahmslosen Vollziehen des Prinzips „cuius regio, eius religio" (wessen Herrschaft, dessen Religion) begegnen wir heutzutage in

Gehört Mission ins Mittelalter?

Europa nicht mehr. Menschen werden nicht mehr zu ihrem religiösen Glück gezwungen. Die Liebe Christi wird nicht mit Waffen verbreitet (im Unterschied zur Demokratie …).

Menschen im Europa von heute genießen großteils die Freiheit des Gewissens und die Religionsfreiheit. Jede und jeder darf so frei sein, dass sie oder er die Wahrheit selber erkennen und finden und auf Grund der persönlichen Entscheidung das eigene Leben gestalten kann. Ihre und seine Haltung zu religiösen Werten und zur geistlichen Dimension des Lebens gehören in unserer Kultur zu den bestgehüteten Geheimnissen.

Mit dem gegenwärtigen Schwund an Christen, Priestern und Geld in den Kirchen scheint „Mission" wieder aktueller zu werden; in Verbindung mit Evangelisierung kann man fast von einem Modewort sprechen.

Was denken Menschen, die mit dem Christentum nicht besonders vertraut sind, wenn ihre Ohren und Herzen „Mission" und „missionarische Aktivitäten" erreichen? Sie wittern vielleicht eine Machtoffensive einer Kirche, die man schon kennt – samt aller Praktiken (aus dem Religionsunterricht oder der Tagespresse). Oder sie verstehen das Anliegen, finden die Art und Weise jedoch der aktuellen Situation nicht angemessen (wer will schon missioniert werden?!). Andere hingegen werden neugierig und beginnen sich für das Anliegen und die Kirche zu interessieren.

Mission gehört zum Zentrum des Glaubens. So wie Gott seinen Sohn und den Heiligen Geist gesandt hat, so werden die Glaubenden in die Welt gesandt. Sie sollen erzählen, was sie erlebt haben. Da ihr Herz voll ist, möchten sie ihre Erfahrung mit anderen teilen. Sie möchten ihren Glauben bezeugen durch Wort und Tat. So wie die Menschen verschieden sind, so gibt es auch unterschiedliche Ausprägungen von Mission.

Manche Menschen fühlen sich durch Events angesprochen. Durch eine konkrete Aktion oder Veranstaltung werden religiöse Inhalte mitten in der oft großstädtischen Kultur präsentiert, und Interessierte werden zum Dialog eingeladen (z. B. bei der Stadtmission in Wien, Paris, Lissabon und Brüssel).

Eine unscheinbare, unspektakuläre Variante ist ein authentisches Leben aus dem Glauben: treu und konsequent, zielstrebig und offen, wortkarg und, wenn passend, wortreich – die einverleibte Glaubensbotschaft durch die Höhen und Tiefen der eigenen Lebensgeschichte zu bezeugen.

Solche missionarische Lebensgrundhaltung – ausgestattet mit Sinn für die Realität, Sendungsbewusstsein und Menschenfreundlichkeit – gehört keineswegs der Vergangenheit an, sie ist höchst aktuell!

Petr Slouk

Kreuzzugsaufruf von Papst Urban II. im Jahr 1095: „Bewaffnet euch mit dem Eifer Gottes, liebe Brüder, gürtet eure Schwerter an eure Seiten, rüstet euch und seid Söhne des Gewaltigen! Besser ist es, im Kampfe zu sterben …"

Europas jüngere Geschichte ist geprägt von einem Ringen um Freiheiten: für den einzelnen Menschen, für die Gesellschaften. Demokratie und Menschenrechte, basierend auf der Menschenwürde, sind aus Europa nicht mehr wegzudenken: etwa Religionsfreiheit,

Welche Werte brauchen wir für die Zukunft?

Pressefreiheit, Meinungsfreiheit. Dieses aufgeklärte Freiheitspathos hat damit zu tun, dass ein autoritär geformtes Christentum in zerstrittene Konfessionen zerfiel, was Europa mit einer dreißigjährigen blutigen Kriegszeit (1618–1648) überzog.

Europa lernte zugleich, der errungenen Freiheit immer Gerechtigkeit abzuringen. Denn, so die Erfahrung schon in der Industrialisierung und jetzt in der Informatisierung, die Freiheiten dienen den Stärkeren und Modernisierungen bringen „Modernisierungsverlierer" hervor. Das Ergebnis dieses Ringens um mehr Gerechtigkeit ist der für Europa so charakteristische Sozialstaat, der heute umgebaut werden muss, soll er finanzierbar bleiben.

Europa muss auch in Zukunft stets neu die Balance zwischen Freiheiten und Gerechtigkeiten bestimmen, was vorhersehbar macht, dass einmal „liberale" Kräfte und dann wieder „soziale" Kräfte die Entwicklung der Gesellschaften prägen werden.

Im Hintergrund des Ringens um Freiheit und Gerechtigkeit steht eine Leidenschaft für die Wahrheit: Was ist der Mensch, wo kommen wir her, wo gehen wir hin, welchen Sinn hat das Ganze des einzelnen Lebens und der Geschichte? Gibt es ein *intelligent design*, ei-

nen finalen Sinn der Geschichte, auf den hin sich alles entwickelt? Das Christentum – beim Beantworten dieser Grundfragen federführend – bejaht diese Frage. Inmitten des christentümlichen Kontinents ist aber, auch durch eingestandenes Versagen der Christen selbst, ein weltweit einmaliger Atheismus entstanden, der sich einerseits philosophisch kämpferisch gab, der aber heute andererseits mehr pragmatisch verbreitet ist, indem Menschen sich nicht mehr auf ein Jenseits, sondern auf das Diesseits vertrösten. Leben ist bei vielen zur „letzten Gelegenheit", wie die Erziehungswissenschaftlerin Marianne Gronemeyer es nennt, geschrumpft.

Diese Enge der letzten neunzig Jahre erklärt zu einem Gutteil, warum moderne Gesellschaften immer mehr unter einer tief sitzenden Daseinsangst (Sören Kierkegaard) leiden. Mag auch kaum jemand Werte wie Freiheit oder Gerechtigkeit bezweifeln: die Angst macht es uns schwer, das zu leben, was wir „wertschätzen". So versuchen immer mehr Menschen, die lästige Last der zugemuteten Freiheit wieder loszuwerden. Auch der Wunsch nach Gerechtigkeit stirbt in einem Dschungel diffuser Ängste auf dem langen Weg zur solidarischen Tat. Wenn aber Freiheit und Gerechtigkeit verkommen, ist der Friede in Gefahr, der immer ein „Werk der Gerechtigkeit" ist – mit Waffen allein lässt sich dauerhafter Frieden nicht schaffen.

Europa braucht daher nicht nur Werte, sondern die Heilung von der Angst, damit Werte Realität werden. Eine neuartige politische Aufgabe der Kirchen?

Paul Zulehner

Im modernen, von der Aufklärung und den Naturwissenschaften geprägten Weltbild ist für Begriffe wie „Vorsehung" oder „Plan Gottes" kein Platz. Auch das moderne Recht gilt *etsi Deus non daretur* – „selbst, wenn es keinen Gott gäbe". Als wissenschaftliche Ar-

Wird der Mensch eines Tages Begriffe wie „Vorsehung" und „Schicksal" außer Kraft setzen?

beitshypothese für Unerklärliches hat Gott ausgedient. Der Philosoph Odo Marquard (* 1928) beschreibt die Moderne als Zeitalter der Machbarkeit, in welchem sich der Mensch von der Macht des Schicksals zu befreien versucht. Der Weg „führt vom Fatum zum Faktum, vom Schicksal zum Machsal".

Je mehr der Mensch über das Leben verfügen möchte, desto unkontrollierbarer werden allerdings die Vorbedingungen und Folgen seines Handelns. Also, so Marquard: „nicht etwa nur die erfolglose, gerade auch die erfolgreiche Machensplanung plant sich – wenigstens partiell – um den Erfolg. Darum wird […] das Gutgemeinte nicht das Gute; das absolute Verfügen etabliert das Unverfügbare; die Resultate kompromittieren die Intentionen; und die absolute Weltverbesserung missrät zur Weltkonfusion."

Auf diese Erfahrung antwortet die Religion. Glaube und Naturwissenschaft beschreiben unterschiedliche Zugänge zur Wirklichkeit. Die Frage nach dem Sinn des Lebens und der Welt lässt sich rein naturwissenschaftlich weder beantworten noch sinnvoll stellen. Die

Rede vom Handeln Gottes ist erkenntnistheoretisch von naturwissenschaftlichen Hypothesen zu unterscheiden. Sie drückt eine religiöse Erfahrung und Gewissheit in metaphorischer Sprache aus.

Der evangelische Theologe und Widerstandskämpfer Dietrich Bonhoeffer (1906–1945), am 9. April 1945 im KZ Flossenbürg ermordet, beschrieb die paradoxe Erfahrung, die der christliche Glaube in der Moderne macht. Sie besteht darin, dass Gott selbst den Menschen zu verstehen gibt, dass sie mit dem Leben ohne ihn fertig werden müssen. „Vor und mit Gott leben wir ohne Gott." Dennoch konnte Bonhoeffer von Gottes Führung im eigenen Leben wie in der Geschichte sprechen. Man müsse dem Schicksal – man kann auch sagen der Erfahrung der Kontingenz, also der „Zufälligkeiten" des Lebens – ebenso entschlossen entgegentreten wie sich ihnen zu gegebener Zeit unterwerfen. Von „Führung" könne man erst jenseits dieses zwiefachen Vorgangs von Widerstand und Ergebung sprechen: „Gott begegnet uns nicht nur als Du, sondern auch ‚vermummt' im ‚Es'" und so gehe es „im Grunde darum, wie wir in diesem ‚Es' (‚Schicksal') das ‚Du' finden, oder mit anderen Worten, wie aus dem ‚Schicksal' wirklich ‚Führung' wird".

Ulrich H. J. Körtner

Dietrich Bonhoeffer, Widerstandskämpfer und Vertreter eines neuen Schicksals-Begriffs

Warum haben wir noch keinen Kontakt mit Außerirdischen?

**Fragen und Antworten
über das Universum**

Unser Sonnensystem besteht aus der Sonne, den neun Planeten, deren Monden und zahlreichen kleineren Himmelskörpern wie Asteroiden und Kometen. Die Sonne ist das Zentralgestirn des Systems, ein Hauptreihenstern, in dem fast 99,9 % der gesamten Masse

Woraus besteht unser Sonnensystem?

des Systems konzentriert sind. Die Planeten, die die Sonne umkreisen, sind nach griechischen und römischen Göttern benannt. Ihre Namen sind in der Reihenfolge ihres Abstandes von der Sonne: Merkur, Venus, Erde, Mars, Jupiter, Saturn, Uranus, Neptun und Pluto. Mit einer einfachen Merkregel kann man sich die Anfangsbuchstaben der Planetennamen in der Reihenfolge ihres Abstands von der Sonne merken: **M**ein **V**ater **E**rklärt **M**ir **J**eden **S**onntag **U**nsere **N**eun **P**laneten. Die Sonne ist ein Stern mittlerer Größe, ihr Durchmesser beträgt 1,3925 Millionen Kilometer, das ist das 109fache des Erddurchmessers. Sterne können bis zu 100-mal größer, aber auch 100-mal kleiner sein als die Sonne. Die Sonne ist deshalb von so großer Bedeutung für die Erde, weil sie die notwendige Energiequelle für das Leben auf unserem Planeten darstellt. Ihre Leuchtkraft entspricht einer Strahlungsleistung von etwa $3,8 \cdot 10^{26}$ Watt, ihr Alter wird auf etwa 4,6 Milliarden Jahre geschätzt.

Die inneren Planeten unseres Sonnensystems, Merkur, Venus, Erde und Mars, sind erdähnliche Planeten, d. h., sie haben eine feste Oberfläche wie die Erde. Die äußeren Planeten Jupiter, Saturn, Uranus und Neptun (Pluto bildet eine Ausnahme) werden als Jupiter-ähnlich bezeichnet, da sie wie Jupiter weitaus größer als die Erde sind und hauptsächlich aus Gas bestehen. Jupiter ist bei weitem der größte Planet und hat mehr Masse als alle anderen Planeten zusammen. Monde heißen die Himmelskörper, welche die Planeten umkreisen. Merkur und Venus haben keinen Mond, Erde und Pluto haben einen Mond, die anderen Planeten haben mehrere Monde (Mars: 2, Jupiter: 28, Saturn: 30, Uranus: 22, Neptun: 8).

Im Jahre 2005 scheint man tatsächlich einen zehnten Planeten in unserem Sonnensystem gefunden zu haben. Zwar wurde in der Vergangenheit schon öfters von Astronomen eine solche Entdeckung behauptet, jedoch handelte es sich stets um Falschmeldungen. Diesmal scheint es aber ernst zu sein. Man hat einen Himmelskörper außerhalb der Plutobahn entdeckt, der etwa 1,5-mal so groß wie der Pluto ist und dem man die Bezeichnung 2003 UB313 gegeben hat. Es ist aber nun eine Diskussion darüber entbrannt, ob dieser Himmelskörper als Planet anerkannt werden sollte oder ob man nicht besser Pluto den Planetenstatus aberkennen sollte. Denn Pluto ist wegen mehrerer seiner Eigenschaften kein „typischer" Planet, sondern gehört eher zu den so genannten „Kuipergürtel-Objekten" (*Kuiper Belt Objects*, kurz KBO), einer Ansammlung von zumeist kleineren Himmelskörpern außerhalb der Neptunbahn, benannt nach dem bedeutenden Planetenforscher Gerard Peter Kuiper (1905–1973). Etwa 70.000 Objekte im Kuipergürtel, so schätzt man, sollen einen Durchmesser größer als 100 km besitzen.

Die Entscheidung liegt bei der Internationalen Astronomischen Union, die für die Benennung von Himmelskörpern zuständig ist.

Heinz Oberhummer

Kometen sind kleine Himmelskörper, deren bis zu 10 km großer Kern aus mit Staub verunreinigtem Eis besteht. Daher wird ein Komet auch als „schmutziger Schneeball" bezeichnet. Neueste Ergebnisse von Beobachtungen des Einschlags eines von einem Mut-

Wie gefährlich sind Asteroiden und Kometen?

terschiff abgeschossenen, etwa 300 kg schweren künstlichen Projektils auf einen Kometen zeigen, dass ein Komet doch mehr Staub enthält als bisher angenommen. Er sollte daher wohl besser statt „schmutziger Schneeball" als „eisiger Dreckball" bezeichnet werden. Ein Komet bewegt sich auf einer stark elliptischen Bahn um die Sonne und kommt von den Außenbezirken des Sonnensystems, der so genannten „Oortschen Wolke", die Gesteins-, Staub- und Eiskörper enthält und so jenes „Restmaterial" versammelt, das bei der Entstehung der Planeten übrig blieb. Die Entfernung zur Oortschen Wolke, die schalenförmig das Sonnensystem umgibt, beträgt etwa 1,5 Lichtjahre, in ihr befindet sich, so schätzt man, die enorme Zahl von etwa 10^{11} bis 10^{12} Objekten. Manche dieser Objekte können nun durch die Gravitationsfelder benachbarter Sterne so abgelenkt werden, dass sie als Kometen ins innere Sonnensystem gelangen, und zwar als so genannte „langperiodische Kometen" mit einer Periode von mehreren Tausend Jahren. In den sonnennahen Teilen ihrer Bahn entsteht durch „Ausgasen" der typische Kometenschweif, der eine Länge von 10 bis 100 Millionen km erreichen kann. Kometen mit mittlerer Periodenlänge können auch aus

dem Kuipergürtel außerhalb der Neptunbahn stammen.

Daneben gibt es noch weitere kleinere Himmelskörper in unserem Universum, die so genannten Asteroiden. Die meisten Asteroiden sind gesteinsartige oder metallartige Brocken, die sich im Asteroidengürtel zwischen Mars und Jupiter befinden. Durch Zusammenstöße zwischen ihnen können Asteroiden auch in Richtung Erdbahn abgelenkt werden. Dadurch befinden sich derzeit mehr als 800 bekannte Asteroiden, die einen Durchmesser größer als 1 km besitzen, in der Nähe der Erdbahn.

Kometen und Asteroiden können auch auf der Erde einschlagen, man spricht bei diesem Ereignis von einem „Impakt". Ein solcher gefährlicher Asteroid mit etwa 300 m Durchmesser ist der Asteroid „Apophis", benannt nach dem ägyptischen Gott der Finsternis und der Zerstörung. Er wird am Abend des 29. April 2029 in der Höhe unserer Fernmeldesatelliten an der Erde vorbeiziehen. Er wird dann mit freiem Auge in Europa am Himmel beobachtet werden können. Gefährlicher wird es jedoch am 13. April 2036, wo nach derzeitigen Abschätzungen immerhin ein Risiko von etwa 1 : 6.250 besteht, dass ein Asteroid auf der Erde einschlägt. Bezüglich dieses möglichen Einschlags im Jahre 2036 gibt es jedoch noch mehrere Unsicherheiten, z. B. die Frage, wie groß die Ablenkung von Apophis durch die Erde im Jahre 2029 sein wird. Ein Einschlag würde eine Energie von einer Gigatonne Dynamit freisetzen, was etwa 65.000-mal der Energie der Atombombe von Hiroshima entsprechen würde. Ein möglicher Einschlag eines weiteren Asteroiden mit einer 10fach größeren Masse könnte mit einer Wahrscheinlichkeit von etwa 1 : 1.000 im Jahre 2102 erfolgen.

In der Erdgeschichte hat es immer wieder Einschläge von Kometen und Asteroiden gegeben. Eine der bekanntesten ist der Einschlag eines Asteroiden in Yucatán (Mexiko) vor 65 Millionen Jahren, von dem heute noch der Chicxulub-Krater mit 180 km Durchmesser zeugt. Man nimmt an, dass durch diesen Einschlag und dessen Folgewirkungen (Feuerstürme, Erdbeben, Staubwolken, Klimaveränderungen) nicht nur die Dinosaurier, sondern auch etwa 80 % aller damals existierenden Lebensarten ausgerottet wurden. Der größte Einschlagkrater der Erde ist der Vredefort-Krater in Südafrika, 120 km südwestlich von Johannesburg.

Durch den Einschlag eines Asteroiden mit etwa 10 Kilometern Durchmesser vor 2 bis 3,4 Milliarden Jahren entstand hier ein 320 km langer und 180 km breiter Krater, von dem heute allerdings nur mehr der so genannte „Vredefort-Ring" mit etwa 50 km Durchmesser erhalten ist. Eine kuppelartige Aufwölbung im Inneren des Kraters, der „Vredefort Dome" wurde 2005 von der UNESCO zum Weltkulturerbe erklärt. Der größte Einschlagkrater Europas ist der Siljan-Krater in Schweden (50 km Durchmesser), der vor etwa 360 Millionen Jahren entstand.

Heinz Oberhummer

Einschläge von großen Himmelskörpern in der Erdgeschichte (Auswahl):

2–3,4 Milliarden Jahre: Vredefort-Krater im Witwatersrand-Gebirge (Südafrika), ca. 50 km große Überreste eines ehemals 320 km langen und 180 km breiten Kraters.

1,9 Milliarden Jahre: Sudbury-Becken in Ontario (Kanada), Einschlagkrater mit ca. 200–250 km Durchmesser.

360 Millionen Jahre: Siljan-Krater in Schweden, Durchmesser: 50 km (größter Einschlagskrater Europas).

250–280 Millionen Jahre: Woodleigh Impact Structur in Westaustralien, Durchmesser: 120 km.

212 Millionen Jahre: Manicouagan-Krater in Québec (Kanada), Abtragung und Sedimentation zeigen heute nur noch rund 70 km des einstmals 100 km großen Kraters.

73 Millionen Jahre: Kara-Krater in Russland Durchmesser: 65 km, als Einschlagsobjekt konnte ein Chondrit ermittelt werden.

65 Millionen Jahre: Chicxulub-Krater in Yucatán (Mexiko), ca. 180 km großer Krater des Meteoriten der Kreide/Tertiärgrenze.

39 Millionen Jahre: Popigai in Sibirien (Russland), ein durch einen Chondriten verursachter 100 km großer Krater.

14,7 Millionen Jahre: Nördlinger Ries und Steinheimer Becken in Deutschland, das 24 km große Ries und das kleinere Steinheimer Becken dürften auf ein und denselben Meteoriten zurückzuführen sein, der in der Erdatmosphäre zerbrach.

50.000 Jahre: Barringer-Krater (Meteor Crater) in Arizona (USA), mit nur etwa 1,5 km Durchmesser und einer Tiefe bis 170 m ein kleinerer Krater, der jedoch sehr gut erhalten ist.

30. Juni 1908: Tunguska-Ereignis in Sibirien (Russland), einer der weltgrößten Impakte, wobei der Meteorit wahrscheinlich 5 bis 14 km über der Erdoberfläche explodierte. Entwurzelung von Bäumen im Umkreis von 30 km, Beschädigungen von Gebäuden in 65 km Entfernung vom Zentrum.

Neben unserer Sonne gibt es unzählige weitere Sterne. Sterne sind Himmelskörper, die in ihrem Innern Energie durch Kernfusion gewinnen. Auch unsere Sonne ist nur ein Stern, der nur so viel heller ist als die anderen Sterne, weil er viel näher ist. Das Licht

Wie ist das Universum aufgebaut?

braucht von der Sonne zur Erde etwa 8 Minuten, während es vom nächsten Stern zu uns bereits 4 Jahre braucht.

Jeder hat schon die Milchstraße, bestehend aus unzähligen Sternen, am nächtlichen Himmel gesehen. Der Name Milchstraße kommt daher, weil die antiken Griechen geglaubt haben, dass die Götter dort Milch verschüttet haben. Die Bezeichnung Milchstraße in der modernen Astronomie und Astrophysik steht jedoch für unsere Heimatgalaxie, in der sich neben der Sonne noch etwa weitere 100–200 Milliarden Sterne befinden, die in einer spiralförmigen Struktur angeordnet sind. Unsere Sonne befindet sich in einem der Spiralarme etwa zwei Drittel zwischen dem Zentrum und dem Rand der Milchstraße. Das helle Sternenband der Milchstraße am nächtlichen Sternenhimmel entsteht dadurch, dass wir dort von der Erde in Richtung Zentrum unserer Heimatgalaxie blicken, wo die Dichte der Sterne am größten ist. Neben unserer eigenen Galaxie, der Milchstraße, gibt es im von uns einsehbaren Universum noch etwa 100 Milliarden weitere Galaxien.

Der Raum zwischen den Sternen ist nicht leer. Vielmehr befinden sich dort ausgedehnte Wolken aus Gas und Staub, die so genannten interstellaren Wolken. In diesen Wolken ist insgesamt etwa 10-mal mehr Materie vorhanden als in den Sternen.

Eine Anzahl von bis zu mehreren Tausend Galaxien bilden wiederum „Galaxienhaufen". Wir befinden uns in der so genannten Lokalen Gruppe, die nur aus etwa 20 Galaxien besteht. Neben der Milchstraße gehören u. a. der Andromedanebel, der in Form und Größe der Milchstraße ähnlich ist, sowie die Große und Kleine Magellansche Wolke zu ihr. Diese Galaxien kann man von der Erde noch mit freiem Auge erkennen. Die meisten Galaxienhaufen bestehen jedoch nicht wie die Lokale Gruppe aus etwa 20 Galaxien, sondern aus bis zu Tausenden Galaxien.

Unter dem Universum, Weltall oder Kosmos versteht man den gesamten Weltraum mit allen seinen Himmelskörpern. Die Galaxien und Galaxienhaufen sind filamentartig (wie Staubfäden in einer Blüte) um gewaltige Leerräume im Universum angeordnet. An den meisten Stellen des Weltraums wäre kein einziger Stern mit freiem Auge sichtbar. Nur weil sich die Erde in unserer Heimatgalaxie, der Milchstraße, befindet, können wir die Sterne am Himmel sehen. Alle diese Sterne gehören zur Milchstraße.

Heinz Oberhummer

Universalvisitenkarte des Autors:
Name: Heinz Oberhummer, TU Wien
Straße: Wiedner Hauptstraße 8–10
Ort: Wien
Land: Österreich
Kontinent: Europa
Planet: Erde
Stern: Sonne
Galaxie: Milchstraße
Galaxienhaufen: Lokale Gruppe
Universum

Sterne leben nicht ewig, sondern existieren Millionen bis Milliarden von Jahren. Die ersten Sterne haben sich innerhalb weniger hundert Millionen Jahre nach dem Urknall aus Wasserstoff- und Heliumgas gebildet. Die erste Sterngeneration bestand demnach

Wie werden Sterne geboren, wie leben und wie sterben sie?

fast ausschließlich aus Wasserstoff (70 %) und Helium (30 %). Während des Lebens eines Sterns erfolgen gewaltige Veränderungen. Die meiste Zeit im Leben eines Sterns werden in dessen Zentrum Wasserstoffkerne (Protonen) zu Heliumkernen (Alpha-Teilchen) verbrannt (Wasserstoffbrennen). Auch unsere Sonne ist derzeit ein so genannter „Hauptreihenstern", der Wasserstoff verbrennt.

Sterne brennen von innen nach außen. Dabei wird das zunächst im Wasserstoffbrennen erzeugte Helium weiter zu Kohlenstoff und Sauerstoff verbrannt (Heliumbrennen). Dann folgen noch Kohlenstoff-, Sauerstoff-, Neon- und Siliziumbrennen. Nach dem Wasserstoffbrennen bläht sich der Stern gigantisch auf und wird zu einem so genannten Roten Riesen, der ungefähr 200–300-mal so groß ist wie der ursprüngliche Hauptreihenstern und rötlich leuchtet. Auch unsere Sonne wird sich in etwa 5 Milliarden Jahren in einen Roten Riesen verwandeln. Die Sonne wird dann so groß sein, dass sie bis zur Erde reicht. Es wird dann auf der Erde einige Tausend Grad haben und unsere Erde wird sich langsam in der Sonne auflösen.

Wenn der Stern seinen Brennstoff erschöpft hat, stirbt er. Auf welche Weise dann ein Stern zugrunde geht, hängt von seiner Masse ab:

Wenn der Stern ursprünglich weniger als 8 Sonnenmassen hatte, verliert er seine äußere Hülle durch starke Winde. Die äußere Schicht des Sterns wird abgesprengt und bewegt sich als so genannter planetarischer Nebel vom Stern weg. Vom Roten Riesen bleibt dann nur der innerste Teil übrig: ein so genannter Weißer Zwerg. Früher glaubten die Astronomen, dass sich dieser Nebel in unserem Planetensystem befindet, daher der Name planetarischer Nebel. In Wirklichkeit sind diese Nebel weit außerhalb unseres Sonnensystems. Die Dichte eines Weißen Zwerges ist so groß, dass 1 Löffel seiner Materie auf der Erde etwa eine Tonne wiegen würde! Wenn der Stern ursprünglich mehr als 8 Sonnenmassen hatte, beendet eine Explosion katastrophalen Ausmaßes seine Existenz. Diese Sternexplosion nennt man eine Supernova. Übrig bleibt eine sich ausdehnende Wolke wie z. B. der so genannte Krebsnebel. Im Zentrum des Sterns entsteht dabei ein Himmelskörper extrem großer Dichte, entweder ein Neutronenstern oder ein Schwarzes Loch.

Heinz Oberhummer

Roter Riese: Zustand eines Sterns nach dem Wasserstoffbrennen

Nach der heutigen Kosmologie entstand das Universum vor etwa 14 Milliarden Jahren in einem heißen Urknall. Das Universum war in den ersten Bruchteilen der ersten Sekunde so heiß, dass es zunächst nur aus Fundamentalteilchen bestand. Das Universum kühlte

Woher weiß man, dass es den Urknall gegeben hat?

sich durch seine Ausdehnung rasch ab, so dass sich zunächst die Quarks zu den Protonen und Neutronen vereinigten. Etwa drei Minuten nach dem Urknall fusionierten dann Protonen und Neutronen hauptsächlich zu Heliumkernen weiter. Durch die Ausdehnung des Universums nahm die Dichte ab und das Universum kühlte sich ab.

Woher weiß man nun, dass es überhaupt einen Urknall gegeben hat? Für diese Theorie gibt es drei fundamentale Säulen:

Die Rotverschiebung: In weit entfernten Galaxien sind die Farben der Galaxien durch den Dopplereffekt zu rot verschoben, weil sich diese Galaxien von uns mit großer Geschwindigkeit wegbewegen. Wenn sich alle Galaxien aber voneinander wegbewegen, muss man annehmen, dass sie früher näher waren als heute und vor etwa 14 Milliarden Jahren die Materie in den Galaxien in einem Zustand extrem hoher Dichte und Temperatur zusammengepackt war.

Die Hintergrundstrahlung: Jede astronomische Beobachtung blickt auch in die Vergangenheit unseres Universums, weil ja das Licht eine gewisse Zeit braucht, bis es uns auf der Erde erreicht. Zum Beispiel hat eine Sternexplosion, die eine Million Lichtjahre entfernt ist, ja schon vor einer Million Jahren stattgefunden, weil ja das Licht so lange brauchte, bis es von dort zu uns gekommen ist. Auf diese Weise können wir auch die Hintergrundstrahlung des Urknalls beobachten, die im frühen Universum entstand. Die Eigenschaften der so beobachteten Hintergrundstrahlung stimmen bestens mit unseren Vorstellungen vom Urknall überein.

Die Entstehung von leichten Elementen beim Urknall: Die leichten Elemente Wasserstoff, Helium und etwas Lithium sind hauptsächlich drei Minuten nach dem Urknall entstanden, alle anderen Elemente hingegen erst später in den Sternen. Die beobachteten Häufigkeiten der beim Urknall entstandenen Elemente im Universum können wir ebenfalls mit unseren Modellen über den Urknall hervorragend reproduzieren.

Heinz Oberhummer

Das Hooker-Teleskop am Mount-Wilson-Observatorium in der Nähe von Los Angeles, mit dem Edwin Hubble die Ausdehnung des Universums entdeckte

Die Überraschung war groß, als sich in den letzten Jahrzehnten herausstellte, dass unsere normale Materie nur etwa 4 % des Gehalts der gesamten Materie und Energie in unserem Universum ausmacht. Davon befindet sich nur wieder etwa ein Zehntel der Materie

Was ist Dunkle Materie und Dunkle Energie?

in den Sternen, während neun Zehntel davon die interstellare Materie, d. h. die Materie in den Wolken zwischen den Sternen, ausmacht. Der größte Teil des Materie- und Energieinhalts des Universums besteht jedoch aus Unbekanntem: etwa zu 25 % aus der so genannten „Dunklen Materie" und zu etwa 70 % aus der so genannten „Dunklen Energie".

Woher weiß man überhaupt, dass es die Dunkle Materie und Dunkle Materie geben muss?

– Dunkle Materie: Die Sterne in den Randgebieten von Galaxien bewegen sich viel zu rasch, um nur durch die normale Materie erklärt werden zu können. Ebenso würden ohne Dunkle Materie das interstellare Gas und die Sterne aus Galaxienhaufen entweichen und die Galaxienhaufen sich dadurch auflösen. Diese Beobachtungen kann man also nur erklären, wenn man zusätzliche Materie annimmt, welche die Sterne in den Galaxien beschleunigt und die Galaxienhaufen zusammenhält.

– Dunkle Energie: Die Dunkle Energie dient zur Erklärung der Beschleunigung der Ausdehnungsgeschwindigkeit des Universums. Normalerweise müsste man annehmen, dass aufgrund der Gravitationsanzie-

hung der Galaxien ja die Ausdehnung des Universums abgebremst würde. Messungen der Leuchtkraft von Sternexplosionen (Supernovae) in der weit entfernten Vergangenheit ergaben jedoch, dass sich früher das Universum langsamer ausgedehnt hat und die Ausdehnung sich immer mehr beschleunigt. Der Grund dafür ist die so genannte Dunkle Energie.

– Struktur des Universums: Computer-Simulationen der Entwicklung des Universums vom Urknall an liefern den heutigen filamentartigen Aufbau des Universums mit riesigen Leerräumen. Eine solche Struktur ergibt sich jedoch nur dann, wenn man annimmt, dass das Universum zu etwa 25 % aus Dunkler Materie und zu 70 % aus Dunkler Energie besteht.

Ein möglicher Kandidat für die Dunkle Materie ist das so genannten supersymmetrischen Teilchen. Diese Teilchen konnten bis jetzt noch nicht nachgewiesen werden. Sie wirken nur ganz schwach über die Gravitation mit unserer normalen Materie und bewirken die vorher genannten Beobachtungen der Bewegung von Sternen und Gas in Galaxien und Galaxienhaufen. Mögliche Kandidaten für die Dunkle Energie sind die Vakuumenergie oder ein zusätzliches universelles Feld, das „Quintessenz" (von lateinisch *quinta essentia* = „fünftes Seiendes") genannt wird. Mit unseren derzeitigen physikalischen Theorien können wir jedoch nicht erklären, woraus die Dunkle Energie besteht.

Heinz Oberhummer

Die Wissenschaftsdisziplin der Astrobiologie ist ein in den letzten Jahrzehnten entstandenes neues interdisziplinäres Gebiet. Die Astrobiologie behandelt das Leben im gesamten Universum, wie und wo es entstanden sein könnte, wie es sich entwickeln und

Was untersucht man in der Astrobiologie?

wo es beobachtet werden könnte. Die zentrale Frage der Astrobiologie lautet: Sind wir allein? Ist die Erde einzigartig für die Entstehung und Entwicklung von Leben?

Die Astrobiologie hat sich im letzten Jahrzehnt von einer Sammlung von Spekulationen zu seriösen wissenschaftlichen Untersuchungen vor allem wegen neuer suggestiver Entdeckungen entwickelt. Dazu gehören unter anderem:

Irdisches Leben unter extremen Bedingungen: Irdisches Leben hat man im Inneren von Kernreaktoren, in mit Eis bedeckten antarktischen Seen, in kilometertiefem Gestein unter der Erdoberfläche und in tief-ozeanischen Heißwasserschloten gefunden. Man kann zum Beispiel kaum glauben, dass in der Umwelt der Heißwasserschlote in der Tiefsee, geprägt von toxischer Chemie, hoher Temperatur, riesigen Drucken und vollständiger Dunkelheit, noch Lebewesen existieren können – die Vielfalt des Lebens belehrt uns jedoch eines Besseren! Tief-ozeanische Heißwasserschlote und ihre Umgebung bilden ein eigenes Biotop mit vielen, meist nur in dieser Umgebung lebenden Arten. Die Basis der Nahrungskette in diesem Biotop bilden aktive Bakterien, die in der heißen lichtlosen Umgebung Schwefelwasserstoff als Energielieferant nutzen, um Kohlenstoffdioxid in organische Verbindungen umzuwandeln. Weiters wird das Biotop unter anderem von Spinnenkrabben ohne Augen, Bartwürmern, Venus- und Miesmuscheln sowie Seesternen bewohnt. Manche Evolutionsbiologen sehen in diesem Habitat sogar den Ursprung des irdischen Lebens.

Aus diesen Entdeckungen muss man schließen, dass Leben extrem anpassungsfähig und verbreitet ist sowie auch unter extremsten Umweltbedingungen existieren kann. Diese Erkenntnis erhöht natürlich auch die Wahrscheinlichkeit von außerirdischem Leben auf extrasolaren Planeten.

Extrasolare Planeten sind Himmelskörper, die nicht um unsere Sonne, sondern um andere Sterne kreisen. Man hat bis jetzt über 170 solche Planeten gefunden. Es scheint also in unserer Galaxis von Planetensystemen nur so zu wimmeln. Wegen der mangelnden Empfindlichkeit der Beobachtungsinstrumente konnte man bisher nur riesige Planeten entdecken, man darf aber mit hoher Wahrscheinlichkeit annehmen, dass es auch kleinere, erdähnliche Planeten gibt, auf denen Leben prinzipiell möglich wäre.

Warum ist das so wichtig für außerirdisches Leben? Der Hauptgrund ist, dass nur auf Planeten oder Monden, die sich in einem lebensfreundlichen Abstand, wie z. B. unsere Erde, von einem Zentralgestirn befinden, günstige Temperaturen für die Existenz von Leben herrschen. Auf Sternen ist es dafür viel zu heiß.

Heinz Oberhummer

Die Sterne, die wir Nacht für Nacht am Firmament bewundern können, leben nicht ewig, sondern existieren Millionen bis Milliarden von Jahren. Die ersten Sterne haben sich innerhalb weniger hundert Millionen Jahre nach dem Urknall, der vor etwa 14

Warum sind Sterne existentiell für Leben im Universum?

Milliarden Jahren erfolgte, gebildet. Durch Kernreaktionen im ungeheuer heißen Innern der Sterne, der so genannten Nukleosynthese, wurden dann nach und nach die meisten chemischen Elemente im Universum geschaffen, darunter für das Leben so existentielle Bausteine wie Kohlenstoff und Sauerstoff, aber auch Metalle wie Eisen und Aluminium. Am Ende des Lebens der Sterne werden die in den Sternen gebildeten chemischen Elemente durch Sternenwinde und Sternexplosionen in die Gas- und Staubwolken zwischen den Sternen geschleudert. Dadurch werden diese interstellaren Wolken immer mehr mit diesen Elementen angereichert. Schließlich entstand dann vor etwa 4,5 Milliarden Jahren unser Sonnensystem mit der Sonne und den Planeten aus einer solchen Gas- und Staubwolke mit allen in früheren Generationen von Sternen erzeugten chemischen Elementen.

Bereits etwa eine halbe Milliarde Jahre nach der Entstehung der Erde gab es auf ihr erste „primitive" Lebensformen, die das von den Sternen gelieferte „Baumaterial" in optimaler Weise zu nutzen wussten. Es dauerte jedoch noch einmal etwa drei bis vier Milliarden Jahre, bis das Leben von den ersten einfachen Organismen die heutige Komplexität der

Pflanzen und Tiere und schließlich die großartige technische Zivilisation der Menschheit erreichen konnte.

Ohne die nie versiegende „Produktionskraft" der Sterne wäre unser Universum eine langweilige Gaswolke, fast ausschließlich aus Wasserstoff und Helium bestehend. Erst die Sterne ermöglichten die Existenz von Planeten, Flüssigkeiten und Festkörpern. Die in früheren Generationen von Sternen erzeugten Elemente dienten auch dem Leben auf der Erde als substantielle Bausteine: Der Kohlenstoff in unserem Gewebe, das Kalzium in unseren Knochen, das Eisen in unserem Blut und der Sauerstoff, den wir atmen – alle diese Elemente sind in Sternen entstanden. Wir alle bestehen auch im wahrsten Sinne des Wortes aus Sternenstaub!

Die Sterne haben also durch die Bildung der lebensnotwendigen Elemente überall im Universum die Bausteine und damit die notwendigen Voraussetzungen für das Leben geschaffen. Es wäre daher höchst verwunderlich, wenn das nur an einem einzigen Ort im Universum – auf der Erde – zur Bildung von Lebensformen geführt hätte!

Heinz Oberhummer

Häufigkeit von Elementen im menschlichen Körper:

Element	Häufigkeit	Element	Häufigkeit
Sauerstoff	65 %	Schwefel	0,25 %
Kohlenstoff	18 %	Natrium	0,15 %
Wasserstoff	10 %	Magnesium	0,05 %
Stickstoff	3 %	Kupfer, Zink, Selen,	
Kalzium	1,5 %	Molybdän, Fluor, Chlor,	
Phosphor	1,0 %	Iod, Mangan, Kobalt,	
Kalium	0,35 %	Eisen (zusammen)	0,70 %

sowie Spuren von Lithium, Strontium, Aluminium, Silizium, Blei, Vanadium, Arsen, Brom

Eine Formel für die Wahrscheinlichkeit von Leben außerhalb der Erde wurde erstmals 1960 von dem amerikanischen Astronomen und Astrophysiker Frank Drake auf einer Konferenz in Green Bank, West Virginia, vorgestellt. Diese Formel, sie ist auch als

Warum haben wir noch keinen Kontakt mit Außerirdischen?

„Green-Bank-Formel" oder „Drake-Gleichung" bekannt, errechnet einen Wert – je nach Wahl der eingegebenen Daten – von bis zu zwanzig Millionen technischer Zivilisationen in unserer Galaxie. Bis jetzt hat man aber noch keine Signale von oder Hinweise auf Außerirdische entdeckt. Warum schweigt unsere Galaxie so beharrlich? Man sollte aus der bisher nicht erfolgreichen Suche jedoch nicht unbedingt schließen, dass es keine nachweisbaren Signale aus dem All gibt. Bisher wurden ja nur ein kleiner Teil aller Sterne und ein winziger Teil des Radiospektrums untersucht. Und das nur für einige wenige Minuten. Wir stehen in dieser Hinsicht erst am Anfang unserer Suche!

Trotzdem müsste es doch auch Zivilisationen geben, die bereits vor Millionen bis Milliarden Jahren entstanden sind und inzwischen die ganze Galaxie mit ihren technischen Errungenschaften überschwemmt haben und deren Signale wir doch entdeckt haben sollten. Diese Frage stellte sich bereits im Jahre 1943 der Physiker Enrico Fermi und formulierte daraufhin das berühmte „Fermi-Paradoxon": Wenn in der Milchstraße auch nur eine einzige Zivilisation existiert, die zu interstellarer Kolonisation fähig ist, dann könnte die gesamte Galaxie innerhalb weniger Mil-

lionen Jahre vollständig kolonisiert sein. Die Milchstraße ist nun aber weitaus älter als die notwendigen 20–40 Millionen Jahre, folglich sollten außerirdische Zivilisationen überall in unserer galaktischen Nachbarschaft existieren – bisher konnte jedoch kein Hinweis darauf gefunden werden: Das ist paradox!

Eine Hypothese zur Erklärung dieses Phänomens wäre, dass der Aufwand einer Kolonisierung der Galaxie für Außerirdische viel zu hoch sein könnte. Viel günstiger und effektiver wäre es, riesige Kolonien im eigenen Sonnensystem oder nur in der nächsten Nachbarschaft aufzubauen. Eine andere Erklärung ist die so genannte „Zoo-Hypothese". Diese besagt, dass die Außerirdischen die Erde als ein Naturreservat betrachten, das nicht von außen gestört werden darf. Daneben gibt es weitere Hypothesen, warum unsere Galaxie schweigt. Manche Wissenschaftler vertreten jedoch auch die Ansicht, dass unsere Erde für die Entstehung von höher entwickeltem Leben einzigartig ist und eine solche günstige, lebensfreundliche Konstellation sonst kaum in unserer Galaxie realisiert sein könnte.

Heinz Oberhummer

Drake-Gleichung: $N = R_* \cdot f_s \cdot f_p \cdot n_e \cdot f_l \cdot f_i \cdot f_c \cdot L$

N = Anzahl der technischen intelligenten Zivilisationen in unserer Galaxie

R_* = mittlere Sternentstehungsrate pro Jahr

f_s = Anzahl der sonnenähnlichen Sterne

f_P = Anteil an Sternen mit Planetensystem

n_e = Anzahl der Planeten in der Ökosphäre

f_l = Planeten mit Leben

f_i = Planeten mit intelligentem Leben

f_c = Interstellare Kommunikation

L = Lebensdauer einer technischen Zivilisation

Der beste Kandidat in unserem Sonnensystem für den Nachweis von einfachen Lebewesen ist der Planet Mars, auf dem man eine der wichtigsten Voraussetzungen für Leben, nämlich Wasser, nachgewiesen hat. Eine weitere faszinierende Möglichkeit bietet der Ju-

Können wir in den nächsten Jahrzehnten außerirdisches Leben nachweisen?

pitermond Europa, der unter einer steinharten Eisschicht wahrscheinlich den größten Ozean im Sonnensystem beherbergt – die Mächtigkeit dieser gewaltigen Wasserschicht wird auf 90–100 km geschätzt, die Eisschicht darüber auf 10–15 km! Eisig auch die Temperaturen: Am Äquator von Europa beträgt sie etwa –160 °C, an den Polen –220 °C. Ähnlich wie auf der Erde könnte es am Ozeanboden von Europa Heißwasserschlote geben, die Leben in dieser sonnenfernen Welt ermöglichen würden: Einzellige oder sogar komplexere Lebewesen könnten hier existieren. Auch eine (sehr) schwache Atmosphäre aus Sauerstoff ist auf Europa vorhanden.

Missionen zum Mars und zum Jupitermond Europa sollten es in den nächsten Jahrzehnten ermöglichen, auf diesen beiden Himmelskörpern Spuren von Leben zu entdecken. Neueste Forschungen der NASA haben ergeben, dass die Existenz von Mikroorganismen auch für den Saturnmond Enceladus nicht völlig ausgeschlossen ist. In der Südpolregion dieses kleinen Mondes (mittlerer Durchmesser 504,2 km, Oberflächentemperatur –203 °C) wird Wasser in unterirdi-

schen Kammern vermutet, das sich in der Art von Geysiren an die Oberfläche tritt.

Außerhalb unseres Sonnensystems kann man Hinweise auf Leben nur mit Teleskopen entdecken, weil Weltraummissionen dorthin ausgeschlossen sind, da ja extrasolare Planeten (auch „Exoplaneten" genannt) viele Lichtjahre von uns entfernt sind. Diese Teleskope könnten die Zusammensetzung der Lufthüllen dieser Planeten analysieren. Vor allem aus den Häufigkeiten von Wasserdampf, Kohlendioxyd und Ozon könnte man auf das Vorhandensein von zumindest pflanzlichem Leben schließen. Diese Möglichkeit erscheint in den nächsten beiden Jahrzehnten durch neue Generationen von Teleskopen auf der Erde sowie auf Satelliten im Weltraum prinzipiell möglich.

Eine weitere Möglichkeit besteht darin, Signale von außerirdischen, technisch hoch entwickelten Zivilisationen zu empfangen. Schon seit fast fünfzig Jahren sucht man im so genannten SETI-Projekt (SETI: *Search for Extraterrestrial Intelligence*) nach Signalen von höher entwickelten Lebensformen. Heute sind die notwendigen Detektoren dafür schon Hunderte Milliarden Mal empfindlicher als zu Beginn dieser Suche. Derzeit wird auch eine riesige Radioteleskopanlage, das so genannte „Allen Telescope Array", in Kalifornien gebaut. Dessen Finanzierung wird – neben weiteren 200 Förderern – auch durch den Microsoft-Mitbegründer Paul Allen gesichert. Erstmals wird in dieser Anlage die Suche nach Signalen von Außerirdischen der Hauptzweck sein. Bis zu einer Million Sterne können dann gleichzeitig überwacht werden – ein gewaltiger Fortschritt in der Suche nach Außerirdischen.

Heinz Oberhummer

Die Frage nach einem Sinn hinter dem Universum kann vom menschlichen Standpunkt auch verstanden werden als das Problem, die notwendigen Voraussetzungen und Bedingungen für die Existenz intelligenter Lebewesen zu erklären. Wenn man wüsste, woher

Was versteht man unter kosmologischer Feinabstimmung?

diese Bedingungen kommen, ergäbe sich vielleicht ein Hinweis auf die menschliche Stellung im Universum. Schon immer wollten die Menschen wissen, welche Stellung sie im Gesamtverband der Natur einnehmen, und versuchten Antworten darauf durch Religion, Philosophie und Wissenschaften zu finden. Die zentrale Frage lautet: Sind die Entstehung und Evolution des Universums ein absoluter, unhinterfragbarer Zufall? Oder steht eine zielgerichtete (teleologische) Kraft dahinter? Gibt es jenseits der kosmischen Raumzeit ein oder mehrere transzendente Wesen, die mit voller Absicht das Universum so geschickt „eingestellt" haben, dass sich in ihm intelligentes Leben entwickeln konnte? Die meisten Naturwissenschaftler hegen die Anschauung, dass die fundamentalen Naturgesetze einen objektiven Ursprung besitzen und nicht Zufälligkeiten oder gar menschliche Konstrukte sind. Auf der anderen Seite sind manche der numerischen Feinabstimmungen und Koinzidenzen viel zu ausgeklügelt, als dass sie noch mit unserem Sinn für „Natürlichkeit" und Zufall in Einklang gebracht werden können. Die kosmologische Feinabstimmung beschäftigt sich mit diesen erstaunlichen Koinzidenzen, die für unsere Existenz relevant sind.

Die kosmologische Feinabstimmung besagt, vereinfacht ausgedrückt, dass unser Universum oder zumindest der uns bekannte Teil davon für die Entstehung und Entwicklung von Leben maßgeschneidert ist. Während in der Naturwissenschaft meistens die Bezeichnung „Feinabstimmung" verwendet wird, wird in der Philosophie hauptsächlich der Ausdruck „anthropisches Prinzip" (von griechisch *anthropos* = „Mensch") benutzt; die Theologen ordnen eher den umstrittenen Begriff des „Intelligent Design" zu. Alle diese Bezeichnungen fußen auf der gleichen Erkenntnis: Grundlegende Parameter des Universums scheinen lebensfreundliche Werte zu besitzen.

Viele Naturwissenschaftler erblicken jedoch in der kosmologischen Feinabstimmung nichts Besonderes. Eine solche Ansicht vertritt beispielsweise der amerikanische Physiker und Kosmologe Steven Weinberg, der 1979 mit dem Nobelpreis ausgezeichnet wurde. Er sieht sich „nicht beeindruckt von den vermuteten Fällen der Feinabstimmung des Kosmos. Sie meinen, dass die Feinabstimmung etwas Überraschendes ist, etwas, das nicht leicht verständlich ist, und glauben, da gibt es etwas, das erklärt werden muss". Weinberg stellt sich entschieden gegen Versuche religiöser Gruppierungen, damit wieder einen transzendenten „Schöpfer" ins Spiel zu bringen.

Heinz Oberhummer

Es existieren mehrere Erklärungsversuche jenseits der Naturwissenschaften, um das Phänomen der kosmologischen Feinabstimmung zu erklären. Es gibt dazu eine umfangreiche Literatur, in der auch so genannte anthropische, also auf den Menschen bezo-

Welche Erklärungsversuche gibt es für die kosmologische Feinabstimmung?

gene Überlegungen sowie deren Auswirkungen auf andere Wissenschaftsdisziplinen behandelt und diskutiert werden. Vor allem in der Philosophie, aber auch in der Theologie stehen diese anthropischen Fragestellungen immer mehr im Zentrum des Interesses. Das Grundproblem lautet dabei: Wir leben in einem Universum, das von einer Reihe unabhängiger Variablen abhängt. Bereits einige wenige kleine Veränderungen würden ausreichen, um es unbewohnbar zu machen. Wie kommt es, dass wir dennoch existieren? Die umfangreichen Untersuchungen und Abhandlungen zum anthropischen Prinzip – der Begriff wurde 1973 von dem Kosmologen Brandon Carter geprägt – in anderen Wissenschaftsdisziplinen jenseits der Physik können in ihren Antworten nach folgenden Hypothesen unterschieden werden:
Hypothese des Zufalls: „Das Universum ist eben so und braucht keine weitere Erklärung."
Hypothese der logischen Notwendigkeit: „Es muss ja so gewesen sein, sonst würden wir nicht existieren."
Hypothese der Maßarbeit: „Es existiert eine endgültige fundamentale Theorie für Alles,

welche die Feinabstimmung erklären kann. Wir kennen diese heute nur noch nicht."
Multiversum-Theorie: „Es gibt unendlich viele unterschiedliche Universen. Wir leben in einem Universum, das lebensfreundlich ist, während viele andere Universen lebensfeindlich oder sogar steril sind."
Intelligent Design: „Es gibt einen Schöpfer, der das Universum geschaffen hat."
Um die Feinabstimmung des Universums durch die obigen Erklärungsversuche zu veranschaulichen, kann man folgendes einfache Szenario verwenden. Ein Kidnapper entführt Sie und bietet Ihnen ein riesiges Kartendeck an, aus dem Sie eine Spielkarte ziehen sollen. Er sagt, dass Sie freigelassen werden, wenn Sie das Herzass ziehen, anderenfalls werden Sie aber gleich umgebracht. Sie erhalten wirklich das Herzass und gehen nach Hause. Später wundern Sie sich, wie dieser Ausgang möglich war und versuchen dafür Erklärungsversuche zu finden:
Hypothese des Zufalls: „Das war reiner Zufall und ich brauche darüber nicht mehr nachzudenken."
Hypothese der logischen Notwendigkeit: „Ich muss ja das Herzass gezogen haben, sonst wäre ich jetzt tot und könnte darüber nicht mehr nachdenken."
Hypothese der Maßarbeit: „Das ganze Kartendeck hat aus lauter Herzassen bestanden, daher konnte ich gar nicht sterben."
Multiversum-Theorie: „Der Kidnapper erlaubte mir immer weitere Karten zu ziehen, bis ich endlich das Herzass erhielt."
Intelligent Design: „Der Kidnapper hat mir einfach das Herzass überreicht."

Heinz Oberhummer

Diese Frage steht scheinbar dem Philosophen eher zu als dem Mathematiker, aber da die Mathematik den Anspruch stellt, die exakteste und zugleich grundlegendste aller Wissenschaften zu sein, darf man auch von ihr eine Antwort auf diese Frage erhoffen.

Was ist Existenz?

Tatsächlich gibt die Mathematik zwei grundlegend verschiedene Antworten, und je nachdem, welcher mathematischen „Schule" man sich zugehörig fühlt, wird man zwischen den beiden Antworten wählen.

Vor den beiden Antworten sei ein Beispiel vorweg genannt. Ein berühmter Satz von Euklid besagt: Es existieren unendlich viele Primzahlen. Was bedeutet in diesem Satz „existieren"? Euklid gibt darauf keine direkte Antwort, sondern argumentiert so: Wenn jemand behaupten würde, eine Liste von endlich vielen Primzahlen $p_1, p_2, \ldots, p_n$ vorlegen zu können, in der alle Primzahlen aufgezählt seien, dann soll man von ihm verlangen, all seine genannten Zahlen miteinander zu multiplizieren und das Produkt um 1 zu vermehren, also die Zahl $q = p_1 p_2 \ldots p_n + 1$ zu berechnen. Diese so erhaltene Zahl q ist durch keine der Primzahlen $p_1, p_2, \ldots, p_n$ teilbar (immer bleibt bei der Division der Rest 1), folglich ist sie entweder selbst eine Primzahl $q = p$, die in der Liste nicht vorkommt, oder sie ist durch eine Primzahl p teilbar, die in der Liste nicht vorkommt. Wie dem auch sei, die Liste $p_1, p_2, \ldots, p_n$ kann unmöglich *alle* Primzahlen aufzählen.

Nun noch einmal gefragt: Was bedeutet „existieren" in dem Satz „Es existieren unendlich viele Primzahlen"?

David Hilbert (1862–1943) und seine formalistische Schule geben darauf die erste Antwort. Euklid zeigt mit seinem Beweis, dass die Annahme, es gäbe nur endlich viele Primzahlen (die sich demzufolge in einer Liste aufzählen ließen) zu einem Widerspruch führt. Darum kann diese Annahme nicht stimmen – folglich stimmt ihre logische Negation. Die „Existenz" unendlich vieler Primzahlen darf man sich daher aber nicht so vorstellen, als ob es einem Zauberer möglich wäre, ein Tuch vom Tisch zu ziehen, unter dem sich unendlich viele Primzahlen verborgen haben, und nach Wegnahme des Tuches zu offenbaren – so etwas ist offenkundig sinnlos. „Existenz" bedeutet einfach nur, dass die Forderung nach Widerspruchsfreiheit der Mathematik es verlangt, *im Rahmen des mathematischen Sprachspiels* vom „Vorhandensein" unendlich vieler Primzahlen auszugehen. Kurz gefasst lautet Hilberts Antwort: *Existenz ist Konsistenz*, d. h. die Bedingung der Möglichkeit für Widerspruchsfreiheit.

Henri Poincaré (1854–1912) und seine intuitionistische Schule geben darauf die zweite Antwort: Euklid führt uns in seinem Beweis zu einem tieferen *Verstehen* vom Wesen der Primzahlen. Die Existenz von unendlich vielen Primzahlen reduziert sich darauf, dass wir *einsehen,* dass eine endliche Liste von Primzahlen nie vollständig sein wird – und auf nichts anderes mehr. Dies aber verstehen wir so gut, wie wir das Zählen verstehen, die grundlegendste geistige Tätigkeit des Menschen. Folglich lautet Poincarés Antwort: *Existenz wird einem Objekt oder einem Sachverhalt zugesprochen, wenn man sich seiner so gewiss ist, wie man sich der Zahlen gewiss sein darf.* Kurz gefasst: *Esse est percipi.* Die alte These George Berkeleys, dass Existenz auf Wahrnehmung gründet, erfährt in der Mathematik somit eine Präzision. Und *dass* man sich der Wahrnehmung von Zahlen gewiss sein darf, davon sind Intuitionisten überzeugt: Luitzen Egbertus Jan Brouwer spricht von der *Ur-Intuition* des Zählens. Wittgenstein hingegen setzt die Sprache vor das Zählen. Die Dialektik zwischen Sprache und Zahl zu entwickeln, überschreitet nun schließlich den Wirkungsbereich von Mathematik – hier ist endgültig die Philosophie gefordert.

Rudolf Taschner

Die ersten 254 der unendlich vielen Primzahlen:
2, 3, 5, 7, 11, 13, 17, 19, 23, 29, 31, 37, 41, 43, 47, 53, 59, 61, 67, 71, 73, 79, 83, 89, 97, 101, 103, 107, 109, 113, 127, 131, 137, 139, 149, 151, 157, 163, 167, 173, 179, 181, 191, 193, 197, 199, 211, 223, 227, 229, 233, 239, 241, 251, 257, 263, 269, 271, 277, 281, 283, 293, 307, 311, 313, 317, 331, 337, 347, 349, 353, 359, 367, 373, 379, 383, 389, 397, 401, 409, 419, 421, 431, 433, 439, 443, 449, 457, 461, 463, 467, 479, 487, 491, 499, 503, 509, 521, 523, 541, 547, 557, 563, 569, 571, 577, 587, 593, 599, 601, 607, 613, 617, 619, 631, 641, 643, 647, 653, 659, 661, 673, 677, 683, 691, 701, 709, 719, 727, 733, 739, 743, 751, 757, 761, 769, 773, 787, 797, 809, 811, 821, 823, 827, 829, 839, 853, 857, 859, 863, 877, 881, 883, 887, 907, 911, 919, 929, 937, 941, 947, 953, 967, 971, 977, 983, 991, 997, 1009, 1013, 1019, 1021, 1031, 1033, 1039, 1049, 1051, 1061, 1063, 1069, 1087, 1091, 1093, 1097, 1103, 1109, 1117, 1123, 1129, 1151, 1153, 1163, 1171, 1181, 1187, 1193, 1201, 1213, 1217, 1223, 1229, 1231, 1237, 1249, 1259, 1277, 1279, 1283, 1289, 1291, 1297, 1301, 1303, 1307, 1319, 1321, 1327, 1361, 1367, 1373, 1381, 1399, 1409, 1423, 1427, 1429, 1433, 1439, 1447, 1451, 1453, 1459, 1471, 1481, 1483, 1487, 1489, 1493, 1499, 1511, 1523, 1531, 1543, 1549, 1553, 1559, 1567, 1571, 1579, 1583, 1597, 1601, 1607, 1609, …

Unvoreingenommen meint jeder zu wissen, worum es sich beim Zufall handelt: um etwas, das man nicht prognostizieren kann, also ob ich eine gefährliche Operation überleben werde, ob ich beim nächsten Lotto den Haupttreffer landen werde – Dinge dieser Art.

Was ist Zufall?

Eigenartigerweise hat der Begriff des Zufalls sogar in exakten Wissenschaften einen fest verankerten Platz erhalten. So zum Beispiel in der Physik: Wenn man ein radioaktives Kohlenstoffatom vor sich hat, kann man auf keinerlei nur denkbare Art und Weise berechnen oder durch Messung bestimmen, zu welcher Zeit es zerfallen wird. Es zerfällt plötzlich irgendwann, ohne dass dafür eine Ursache genannt werden kann – spontan und zufällig. Und in der Biologie hält sich seit Darwin das Paradigma, dass pur zufällige Mutationen die Triebkraft der Entwicklung der Arten nach dem Prinzip der *selection of the fittest* darstellen.

Obwohl der Naturwissenschafter das Wort Zufall gerne ohne langes Grübeln ausspricht, ist es gar nicht ganz einfach, eine schlüssige Definition von „Zufall" anzugeben. Aus der Sicht der Mathematik kann man jedoch einigermaßen gut verstehen, worum es sich bei einem „Zufall" handelt. Nehmen wir als Paradigma den Wurf einer Münze: Bei einem Münzwurf kann die Münze auf „Kopf" oder auf „Zahl" landen. Welches der beiden Ereignisse beim einzelnen Wurf eintritt, ist für uns völlig unvorhersehbar – darum nennen wir es zufällig. Zwar könnte man argumentieren, dass vielleicht ein Laplace'scher Dämon den Münzwurf kontrolliert. Aber *wir setzen voraus*, dass bei unserem Münzwurf kein derartiger Dämon mitspielt, wir sind *a priori* an einem zufälligen Ausgang des Münzwurfs *interessiert,* weil wir nur dies als *faires* Spiel betrachten.

Damit kommt der erste wesentliche Aspekt von „Zufall" zur Sprache: *Wir konstruieren* Situationen so, dass sie uns vom Zufall regiert scheinen. Nicht der Münzwurf selbst ist zufällig, sondern unsere *Interpretation* seines Ergebnisses.

Ein zweiter Aspekt aber ist von noch größerer Bedeutung: Wenn wir den Münzwurf tausendmal wiederholen, werden wir feststellen, dass die Münze in ungefähr 500 Fällen auf Kopf und in ungefähr 500 Fällen auf Zahl zu liegen kommt. Wäre 900-mal Kopf und nur 100-mal Zahl das Ergebnis, nähmen wir zu Recht an, etwas sei mit der Münze oder dem Werfer nicht in Ordnung. Denn die *Symmetrie* der Münze erzwingt die Annahme der Wahrscheinlichkeit von 50 % für Kopf bzw. für Zahl. Aus den gleichen Gründen ist die Wahrscheinlichkeit, dass beim Werfen eines Würfels eine bestimmte Augenzahl aufscheint, $1/6 \approx 16,7$ %, und dass beim Roulettespiel die Kugel auf das Feld 14 (auf das James Bond zu setzen beliebt) fällt, entspricht einer Wahrscheinlichkeit von $1/37 \approx 2,7$ %. Die Berechnung von Wahrscheinlichkeiten ist die Hauptaufgabe für Casinogesellschaften, aber auch für Versicherungen und alle Arten von Institutionen, die sich mit *einer großen Zahl* gleichartiger zufälliger Ereignisse befassen. Man bedenke: Eine Lebensversicherungsgesellschaft *betrachtet* das Ereignis des Todes eines ihrer Versicherten als völlig zufällig. Sieht man vom möglichen Versicherungsbetrug ab (bei dem vonseiten des Versicherten der Zufall außer Kraft gesetzt wird), interessiert die Gesellschaft die Ursache des Ablebens im Grunde *gar nicht*. Es würde der Annahme, dass sich „zufällig" die nach den Sterbetafeln der Versicherung zu erwartenden Ablebensfälle ereignen, glatt widersprechen, wenn die Gesellschaft akribisch die individuellen Todesursachen zurückverfolgen würde. Sie setzt vielmehr auf die Gesetze der Wahrscheinlichkeitsrechnung und wird so mit Garantie ihren Gewinn verbuchen.

Diese Betrachtungen führen zur folgenden kurzen, aber nicht ganz offensichtlichen Definition des Zufalls: *Zufall ist die Bedingung der Möglichkeit von Wahrscheinlichkeitsrechnung.*

Zwei Konsequenzen sind aus dieser Definition zu ziehen:

Erstens: Zufall ist nicht irgendwo „da draußen" in der Natur, Zufall ist vielmehr eine *gedankliche Konstruktion.* Man kann somit auch nicht Zufall als eine Art „ehernes Naturgesetz" ansehen, sondern allein als Hilfsmittel zur stimmigen Beschreibung bestimmter, in großer Zahl auftretender Phänomene.

Zweitens: Zufall hat nur vor dem Hintergrund vieler gleichartiger Ereignisse einen Sinn. Für die Casinogesellschaft ist es lohnenswert, von einem zufälligen Fall der Roulettekugel auszugehen, denn darauf gründet sich ihre gewinnbringende Wahrscheinlichkeitsrechnung. Wenn aber ich, der zaghafte Spieler, der nur ein einziges Mal zu setzen wagt, auf „Zero" mein ganzes Vermögen setze und die Kugel tatsächlich auf „Zero" fällt, kann die Casinogesellschaft völlig emotionslos von einem „zufälligen" Ereignis sprechen. Für mich aber wäre es nicht Zufall, sondern *Schicksal* – und dies ist ein Begriff, vor dem alle Mathematik versagt.

Rudolf Taschner

Zunächst stellt sich die Frage, ob man überhaupt beim Lotto setzen soll. Im Fall des österreichischen Lottos gibt es die Zahlen von 1 bis 45, auf die man setzen kann, und es sind sechs Zahlen als Tipp auszuwählen. Nun beträgt die Anzahl der Möglichkeiten, sechs aus

Wie soll man beim Lotto setzen?

45 Zahlen zu wählen, $45 \times 44 \times 43 \times 42 \times 41 \times 40 = 586444320$ (für die erste Zahl hat man 45 Möglichkeiten, bei der zweiten Wahl steht diese nicht mehr zur Verfügung, also hat man nur mehr 44 Möglichkeiten, bei der dritten Wahl stehen die beiden bereits gewählten nicht mehr zur Verfügung, also hat man nur mehr 43 Möglichkeiten usw.) Dabei wurde aber noch unberücksichtigt gelassen, dass es viele mögliche Arten gibt, seine sechs gewählten Zahlen der Reihenfolge nach auszusuchen. Es sind dies $6 \times 5 \times 4 \times 3 \times 2 \times 1 = 720$ Möglichkeiten. So gesehen, beträgt die Anzahl der möglichen Tipps, wenn es auf die Reihenfolge, in der man die Zahlen ankreuzt, nicht ankommt – was beim Lotto der Fall ist – genau $586444320 : 720 = 8145060$.

Dies bedeutet, dass die Wahrscheinlichkeit, beim Setzen eines einzigen Tipps den Haupttreffer zu landen, satte 0,000012277 % beträgt. Eine vernachlässigbar kleine Zahl – aber sie ist trotz allem *größer* als Null!

Allein aus diesem Grund wäre es gefährlich vor dem Lottospiel zu warnen. Denn nichts in der Welt kann mir garantieren, ob nicht gerade diejenige Person, der ich das Setzen ihres Lieblingstipps ausrede, beim Ziehen der nächsten Lottorunde erfährt, dass eben in dieser just ihre Zahlen gezogen wurden! Aber man kann ein paar Hinweise geben.

Erstens: Man muss sich vor Augen halten, dass das Geld, welches man für das Setzen seiner Tipps ausgibt, mit an Sicherheit grenzender Wahrscheinlichkeit *hinausgeworfen* wurde. Man schenkt es gleichsam der Lottogesellschaft (und zu einem Großteil dem Finanzminister).

Zweitens: Aus diesem Grund ist es nicht empfehlenswert, viele Tipps abzugeben. Eigentlich genügt ein einziger, wenn man sich nicht des Spiels ganz enthalten und in der Gewissheit wiegen will, *mit Sicherheit nicht zu gewinnen*. Aber ob man einen oder hundert Tipps abgibt – die Wahrscheinlichkeit, den Haupttreffer zu erraten, bleibt in allen Fällen erbärmlich klein. Also: *Wenn schon klein, dann ganz klein.*

Drittens: Es ist unpersönlich, einen vom Computer vorgeschlagenen „Quicktipp" zu setzen. Wenn das Lotto einen Reiz vermitteln soll – abgesehen vom extrem unsicheren Hauptgewinn –, dann die Tatsache, dass man sein Schicksal irgendwie in der Hand hat und selbst über fiktive Millionen entscheidet. Das zumindest sollte man nicht einem anonymen Zufallsgenerator überlassen.

Viertens und am wichtigsten: Setzen Sie – wenn Sie davon partout nicht lassen wollen – jedenfalls *nicht* nach irgendeinem System (gar nach einem geometrischen Muster oder aufgrund von Geburts- oder Hochzeitsdaten), sondern setzen Sie *Zufallszahlen*. Denn nur dann können Sie sichergehen, dass kaum jemand anderer die gleichen Zahlen gewählt hat wie Sie – und wenn der extrem unwahrscheinliche Fall eines Haupttreffers eintreten sollte, dann gewinnen Sie viel, weil Sie mit großer Sicherheit als einer von ganz wenigen, vielleicht gar als Einziger gewinnen werden. Zufallszahlen sind gar nicht so leicht zu konstruieren, denn wir haben kaum den Blick für mehr als 8 Millionen mögliche Ereignisse. Ein Vorschlag wäre, die Zahlen von 1 bis 45 auf Spielkarten zu notieren, diese dann gut (mindestens sieben Mal) zu mischen und danach die ersten sechs gezogenen Zahlen zu setzen. Danach sollte man die ganze Angelegenheit vergessen und nur beiläufig irgendwann nachgucken, welche Zahlen bei der Ziehung wirklich gezogen wurden – denn dass das eingesetzte Geld verschleudert wurde, ist fast gewiss …

Rudolf Taschner

In Nestroys Stück „Der böse Geist Lumpazivagabundus" erscheint den drei Vagabunden die Glückszahl im Traum:

LEIM *(sich nach und nach ermunternd).* Ah – ah – *(Gähnt.)* Das war ein kurioser Traum – 7359. – Wenn ich's nur nicht vergiß. – Ah, ich merk mir's schon bis morgen. *(Will wieder schlafen.)* Es laßt mir keine Ruh, ich muß – He, Schneider, Schneider! – Der schlaft fest. – Landsmann!

ZWIRN *(sich ermunternd).* Was ist's denn?

LEIM. Hast keine Kreiden?

ZWIRN. Ich glaub nit. – Zu was denn?

LEIM. Mir hat ein Numero tramt.

ZWIRN *(ihm eine Kreide gebend).* Ein Numero hat dir tramt?

LEIM. Ja. Nr. 7359.

ZWIRN. Und mir hat auch ein Numero getramt – es war Nr. 7359.

LEIM. Was? das nämliche Numero? – Bruder, Das hat was zu bedeuten. Nur g'schwind aufg'schrieben. *(Schreibt das Numero auf den Tisch.)*

Eigenartigerweise glauben viele zu wissen, worum es sich bei Mathematik handelt – sie sei die exakteste aller Wissenschaften, sie sei die Wissenschaft, welche sich mit den abstrakten Objekten und deren Beziehungen zueinander beschäftigt, sie sei die Grundlage

Was ist Mathematik?

aller Natur- und Ingenieurwissenschaften, sie sei die Wissenschaft des strategischen Problemlösens und Ähnliches mehr – aber alle diese Beschreibungen greifen zu kurz. Zwar ist es richtig, dass in der Mathematik rigorose Exaktheit herrscht, aber in der Aufstellung von mathematischen Vermutungen – und deren gibt es erstaunlich viele – kann man keineswegs von „Exaktheit" sprechen. Erst wenn diese Vermutungen gelöst sind, hat die Exaktheit ihren Platz.

Zwar ist es richtig, dass sich die Mathematik mit abstrakten Objekten und ihren Beziehungen beschäftigt, aber nicht alles, was sich mit abstrakten Objekten beschäftigt, ist Mathematik. Die Kompositionstechnik ist zum Beispiel ebenfalls hoch abstrakt (dass sie sich in konkreter Musik verwirklicht, tut dieser Abstraktheit keinen Abbruch) und selbst Spiele wie zum Beispiel Schach leben von ihrer Abstraktheit: Im Schach sind Könige keine Herrscher, Damen keine weiblichen Wesen und Bauern keine Landarbeiter, sondern abstrakte Spielfiguren.

Zwar ist es richtig, dass Mathematik die Grundlage aller Natur- und Ingenieurwissenschaften ist, sogar Ökonomie, Biologie, Soziologie, gar Psychologie bedienen sich im zunehmenden Maß mathematischer Methoden und Erkenntnisse, und trotzdem wäre es ein falsches Bild, Mathematik nur als Hilfswissenschaft zu betrachten. Ihr eigentliches Wesen entfaltet sie in der ihr eigenen Disziplin, die abzustecken eben die Aufgabe der eingangs gestellten Frage darstellt.

Zwar ist es richtig, dass Problemlösen der Mathematik eigen ist – einige Mathematiker, wie zum Beispiel der enorm produktive Paul Erdős, haben ihr ganzes Leben dem Lösen gewiefter Probleme verschrieben – aber Problemlösen ist die Aufgabe von vielen Wissenschaften, auch von solchen der Mathematik ziemlich fernen wie der Jurisprudenz.

Nein, alle diese Umschreibungen treffen nicht das Wesen von Mathematik.

Hermann Weyl, der wohl bedeutendste Mathematiker des 20. Jahrhunderts, einer der letzten, welche die gesamte Mathematik in ihren Feinheiten zu überblicken verstanden, hat wohl die beste Definition von Mathematik gegeben: *Mathematik ist die Wissenschaft vom Unendlichen.* Damit ist zugleich angesprochen, dass die Zahlen 1, 2, 3 … die Bausteine des mathematischen Denkens darstellen – und das stimmt auch, wenn man Geometrie betreibt, denn David Hilbert, Hermann Weyls Doktorvater, hat gezeigt, wie man die ganze Geometrie in die Theorie der Zahlen überführen kann. Die einzelnen Zahlen selbst sind für den Mathematiker jedoch kaum von Interesse, sie sind bloß Fossile und Zeugen eines eigenartigen Projekts: des *Zählens,* das prinzipiell kein Ende findet. So offensichtlich und einfach es ist, so erstaunlich tiefgründig ist es. Denn ein vollständiger Überblick über alle diese unendlich vielen Zahlen wird uns nie gegönnt sein. Man kann nur hoffen, die interessantesten Sichtweisen zu gewinnen – dies ist die ureigenste Aufgabe der Mathematik.

Rudolf Taschner

Eine erste, sehr einleuchtende Antwort auf diese Frage lautet: weil man in vielen Bereichen des Alltags Begriffe so einführt, dass sie Quantifizierungen, also Messungen mit Hilfe von Zahlen, zulassen und daher einer mathematischen Analyse offen stehen.

Warum ist die Mathematik so nützlich?

Seit urdenklichen Zeiten sind wir dies von der Ökonomie gewohnt, wie den Erträgen der Bauern und den Leistungen der Handwerker. Heute werden sogar geistige Leistungen quantitativen Bewertungen unterzogen. Dies reicht bis in die Ethik hinein: Gut handelt, wer das größte Glück der größtmöglichen Zahl befördert …

Wissenschaften bemühen sich, ihre Vorgehensweisen mathematischen Methoden zugänglich zu machen. In der Biologie hat sich eine eigene „Biomathematik" etabliert, Psychologen und Mediziner vertrauen allein statistischen Daten und soziologische Studien ohne Belege der Ergebnisse durch Zahlen und Histogramme gelten als nicht publikationswürdig … Leonardo da Vinci und Immanuel Kant hatten vorhergesagt, was sich im modernen Universitäts- und Forschungsbetrieb als Allgemeinplatz herausstellt: „In jeder reinen Naturlehre ist nur soviel an eigentlicher Wissenschaft enthalten, als Mathematik in ihr angewandt werden kann."

Diese erste Antwort zum Nutzen der Mathematik beruht somit auf einer *Einengung* unserer Sicht der Dinge – sie richtet sich allein auf die Mathematisierbarkeit. Eine zweite Antwort muss sich aber auf das Phänomen beziehen, dass die Natur anscheinend in einigen Aspekten *wesentlich* auf Mathematik gründet. Eine biomathematische Beschreibung des Räuber-Beute-Zyklus in einem Revier (die Anzahl von Füchsen und Hasen ändert sich periodisch: Wenige Füchse erlauben große Hasenpopulationen, was wiederum einen Anstieg der Fuchspopulation bewirkt, wodurch sich die Hasenpopulation verringert, was seinerseits die Anzahl der Füchse reduziert usw.) wirkt ein wenig aufgesetzt. Ganz anders steht es um die Beschreibung des Verhaltens von Wasserstoffatomen unter der Zufuhr von Energie: Mit bemerkenswerter Präzision gelingt es der Quantenmechanik, die mathematischen Formeln zu entwickeln, nach denen diese Wasserstoffatome Licht aussenden. Die Quantenmechanik selbst ist im Grunde eine mathematische Theorie und sie vermag alles Verhalten von Materie mit einer Exaktheit zu beschreiben, die nachgerade atemberaubend ist. Und – was, wie Richard Feynman (1918–1988) immer wieder betonte, das Eigenartigste ist – niemand versteht, warum die Natur der Materie gerade diese mathematische Theorie befolgt.

Der ungarisch-amerikanische Physiker Eugene Wigner (1902–1995) sprach in einem berühmten Essay von der *unreasonable effectiveness of mathematics*, der unerklärlichen Wirksamkeit der Mathematik in seiner Disziplin, der Physik. Dieses Zitat deutet bereits an, dass wir uns bei der Formulierung der zweiten Antwort schwer tun. Tatsächlich handelt es sich um ein Wunder; Albert Einstein formulierte es so: „Zahlen sind eine Erfindung des Geistes", und fragte zugleich: „Wie ist es möglich, dass die von Menschen ‚erdachte' Mathematik den wirklichen Gegebenheiten so wunderbar entspricht?"

Rudolf Taschner

Diese Frage ist falsch gestellt: In Wahrheit ist Mathematik gar nicht sicher.

Seit der Entdeckung der Mathematik in der Antike schwelte nämlich eine Grundlagenkrise, die zwar über Jahrhunderte hinweg verdrängt wurde, jedoch zu Beginn des

Warum ist die Mathematik so sicher?

20. Jahrhunderts erneut die Gemüter bewegte. Naiv fragt man sich, wie die Mathematik, die sicherste aller Wissenschaften, überhaupt in eine Grundlagenkrise schlittern könne, aber diese Naivität rührt daher, dass man oft Mathematik mit bloßem Rechnen verwechselt. Beim Rechnen mit ganzen Zahlen gibt es keine Krise, dessen sind sich alle gewiss. Aber Mathematik ist mehr als Rechnen, und wir wollen an einem einfachen Beispiel zeigen, wo die Probleme beginnen.

In einem Quadrat mit 1 m Seitenlänge ziehen wir die Diagonale – wie lang ist sie? Wenn man über der Diagonale wieder ein Quadrat errichtet, erkennt man sofort: Das größere Quadrat besitzt den doppelten Flächeninhalt des ursprünglichen. Darum beträgt die Länge der Diagonale $\sqrt{2}$ m, wobei die Größe $\sqrt{2}$ die Eigenschaft besitzt, dass $\sqrt{2} \cdot \sqrt{2} = 2$ ist (denn die Länge der Diagonale mit sich selbst multipliziert ergibt 2 m² Flächeninhalt).

Jeder Taschenrechner teilt heutzutage durch Eintippen der Wurzeltaste das Ergebnis $\sqrt{2} = 1{,}4142135$ mit. Aber in Wahrheit lügt der Taschenrechner, denn wenn man das Ergebnis 1,4142135 (oder einen vielleicht vom Rechner mit mehr Dezimalstellen mitgeteilten Wert) mit sich multipliziert, ergibt sich zwar fast, aber eben nur fast und nicht ganz genau, das Produkt 2. Keine Dezimalzahl mit noch so vielen Dezimalstellen nach dem Komma kann mit $\sqrt{2}$ exakt übereinstimmen. Also wissen wir, was $\sqrt{2}$ – jene Größe, die als Verhältnis der Diagonale des Quadrats zur Seite so harmlos in unser Gesichtsfeld tritt – sicher nicht ist: Sie ist keine Dezimalzahl. Nicht hingegen wissen wir, was $\sqrt{2}$ ist.

Man schreibt gerne $\sqrt{2} = 1,41\ldots$, und hinter diesen drei Punkten verbirgt sich der ganze Zauber der Mathematik. Was bedeuten sie? Vielleicht dies: Man kann $\sqrt{2}$ beliebig genau berechnen. Auf zwei Nachkommastellen eben als $\sqrt{2} = 1,41$. Wer will, kann auch eine exaktere Festlegung, zum Beispiel auf sieben Nachkommastellen verlangen und $\sqrt{2} = 1,4142135$ erhalten. Immer jedoch liefern die Berechnungen nur Dezimalzahlen mit endlich vielen Stellen; sie brechen irgendwann ab – selbst wenn dies nach einer Billion Nachkommastellen der Fall sein sollte – und lassen einen hauchdünnen Unterschied zwischen der Größe $\sqrt{2}$ und der Dezimalzahl bestehen.

Richard Dedekind (1831–1916) las $\sqrt{2} = 1,41\ldots$ anders. So, als ob die Größe $1,41\ldots$ so vollendet gegeben wäre wie die Diagonale des Quadrats. Die drei Punkte deutete er so: $\sqrt{2}$ ist eine unendliche Dezimalzahl, d. h., nach der Ziffer 1 und dem Komma folgen unendlich viele Stellen. Die ersten beiden von ihnen lauten 4 und 1 und für die restlichen unendlich vielen stehen die drei Punkte. Der Unterschied zur obigen Deutung klingt wie Haarspalterei, aber er beschert Kalamitäten. Denn würde man mit einer Fülle von unendlich vielen Stellen genauso unbeschwert verfahren, als lägen nur endlich viele

Stellen nach dem Komma vor, so verheddert man sich rasch in Widersprüche. Und mit dem arglosen Rechnen, das wir in der Volksschule mit den ganzen Zahlen und später mit den (endlichen) Dezimalzahlen lernten, wäre es vorbei.

Was tun? Bertrand Russell schlug in seinem monumentalen Werk *Principia mathematica* (1910–13) einen Ausweg vor: Er formulierte ein Regelwerk erlaubter Zeichensetzungen, das ein inhaltliches Sprechen über mathematische Größen ersetzt. Vergleichen wir dies zum besseren Verständnis mit dem Schach: Bei diesem Spiel kämpfen zwei Könige mit Damen, Bauern und anderen Figuren gegeneinander, aber es ist nicht so chaotisch wie im echten Leben, sondern auf klaren Regeln gegründet. Sie weisen akkurat zu, wie man ziehen darf. Wir deuten das Schachbrett als Schlachtfeld, sprechen von Angriff, Verteidigung, Strategie, aber statt echter Könige und bezaubernder Damen halten wir nur Holzfiguren in den Händen.

Ähnlich sollte man, Russell zufolge, die Mathematik des Unendlichen treiben: wie ein nach klaren Regeln formuliertes Spiel, ein „Kalkül". Zwar reden wir von den unendlich vielen Dezimalstellen, die auf 1,41 in der unendlichen Dezimalzahl $\sqrt{2}$ folgen, aber der Kalkül begnügt sich damit, dass wir wissen, wie wir mit den drei Punkten … in der Gleichung $\sqrt{2} = 1,41\ldots$ zu verfahren haben. Im Kalkül sind sie bloß Kreidezeichen auf der Tafel. Und Russell zeigte, dass sein Kalkül quasi pantomimisch das sichere Rechnen mit ganzen Zahlen und vieles mehr – die geheimnisvollen unendlichen Dezimalzahlen eingeschlossen – imitiert.

David Hilbert formulierte daraufhin folgendes Programm: Man bestätige, dass der Kalkül alle wahren mathematischen Aussagen als erlaubte „Spielzüge" nachahmt und uns nie in die Verlegenheit bringt, dass er einen „Spielzug" erlaubt und zugleich verbietet. Man sagt dazu: Der Kalkül ist vollständig und widerspruchsfrei. Ein höchst anspruchsvolles Programm, ist doch Russells Kalkül weitaus komplexer als das Schach. Und Kurt Gödel stellte in seinem Aufsatz *Über formal unentscheidbare Sätze der Principia mathematica und verwandter Systeme* (1931) fest: Es ist zum Scheitern verurteilt. Denn die Aussage „Der Kalkül der Principia mathematica ist widerspruchsfrei" ist, wenn der Kalkül der Principia mathematica widerspruchsfrei ist, innerhalb des Kalküls nicht als erlaubter „Spielzug" herleitbar.

Dieser Unentscheidbarkeitssatz klingt kompliziert. Prägnanter formulierte André Weil Gödels Erkenntnis so: Der liebe Gott existiert, weil die Mathematik – gemeint ist Russells Kalkül – widerspruchsfrei ist, und der Teufel existiert, weil wir es nicht beweisen können.

Rudolf Taschner

Wurzel aus 2 bis zur 443. Stelle nach dem Komma:
1,41421356237309504880168872420969807856967187537694807317667973799073247846210703885038753432764157273501384623091229702492483605585073721264412149709993583141322266592750559275579995050115278206057147010955997160597027453459686201472851741864088919860955232923048430871432145083976260362799525140798968725339654633180882964062061525835239505474575028775996172983557522033753185701135437460340849884716038689997069900481503054402779031645424782

Diese Frage wird von Laien sehr gerne gestellt, und sie ist in der Tat gar nicht so unsinnig, wie es professionelle Mathematiker zuweilen behaupten. Denn wenn Mathematik allein auf Logik gründet, dann sollten alle mathematischen Aussagen eigentlich im

Kann man in der Mathematik noch Neues finden?

Rahmen eines (sehr aufwendigen) Computerprogramms „abgearbeitet" werden können – ähnlich wie man auch theoretisch alle nur denkbaren Schachpartien auflisten könnte. Allein der ins fast Unermessliche reichende Umfang dieser Listen verhindert die praktische Durchführung.

Beim Schach ist die Liste der möglichen Partien so gigantisch, dass ihr allein im Denkmöglichen befindliches Vorhandensein der Originalität von Meisterpartien keinen Abbruch tut. (Anders als beim primitiven „Tic-Tac-Toe", das nur für sehr bescheidene Gemüter interessant ist: Hier kann man die möglichen Spiele ziemlich schnell überblicken.) Und man darf für die Mathematik vermuten, dass die „möglichen Spielzüge" aus einem weitaus umfangreicheren Repertoire zu entnehmen sind als beim Schach. Schon deshalb wird auch in Zukunft Mathematik interessante und originelle Einsichten erlauben.

Der größte Logiker des 20. Jahrhunderts, Kurt Gödel, zeigte sogar noch mehr: Die Tatsache, dass sich die Mathematik mit dem Unendlichen befasst, führt zur Einsicht, dass es unmöglich ist, alle wahren mathematischen Sätze aus einem Computerprogramm zu generieren, das aufgrund vorgegebener Schlussregeln aus willkürlich festgelegten Axiomen der Reihe nach die herleitbaren Sätze generiert (wie ein Schachcomputer – jedenfalls im Prinzip – aus der Anfangsposition des Spiels und den erlaubten Spielzügen alle möglichen Partien auflisten könnte). Insofern besteht eine grundlegende Differenz zwischen der Mathematik und einem komplizierten Spiel wie dem Schach: Die Wahrheit mathematischer Einsichten ist in aller Zukunft unauslotbar.

Vielleicht ist es lehrreich, ein paar noch ungelöste Fragen der Mathematik zu nennen. Die meisten dieser ungelösten Probleme sind nur umständlich zu formulieren und allein für Experten dem Inhalt nach erfassbar, aber es gibt einige (meist uralte) Aufgaben, die noch immer der Lösung harren und die man auch Laien ziemlich rasch auftischen kann: So weiß man noch immer nicht, ob man unendlich viele Primzahlen p benennen kann, für die auch $p+2$ eine Primzahl ist. Dies ist zum Beispiel für die Primzahlen 3, 5, 11, 17 oder – um ein paar exotischere Beispiele zu erwähnen – für die Primzahlen 311, 821, 10006427 der Fall. Ebenso ist unbekannt, ob unter den um 1 vermehrten Quadratzahlen (zu ihnen zählen $2 = 1^2 + 1$, $5 = 2^2 + 1$, $17 = 4^2 + 1$, $101 = 10^2 + 1$) unendlich viele Primzahlen vorkommen (die genannten Zahlen 2, 5, 17, 101 sind tatsächlich Primzahlen).

Eine Zahl wurde von den Pythagoräern „vollkommen" genannt, wenn die Summe ihrer Teiler (von der Zahl selbst abgesehen) mit dieser Zahl übereinstimmt. Die Teiler von 6 sind zum Beispiel 1, 2, 3 (sieht man von 6 ab), und deren Summe beträgt $1 + 2 + 3 = 6$, also ist 6 vollkommen. Die nächste vollkom-

mene Zahl ist 28 (mit den Teilern 1, 2, 4, 7, 14 – wenn man von 28 als Teiler absieht). Bis heute weiß niemand, ob es eine ungerade vollkommene Zahl gibt. Auch die Frage, ob es nur endlich viele gerade vollkommene Zahlen gibt oder nicht, ist noch ungelöst.

Schließlich sei betont, dass die meisten Mathematiker nicht diese Einzelprobleme interessieren, sondern der innere Zusammenhang mathematischer Theorien (die einst gewisse Einzelprobleme zu lösen halfen, danach aber immer mehr an „Selbständigkeit" gewannen). Mathematik ist wie ein Kreuzworträtsel, das mit dem Eintrag eines Wortes an Länge und Breite zunimmt: Jede mathematische Einsicht ist Quell neuer, noch unbeantworteter Fragen.

Rudolf Taschner

Die ersten acht vollkommenen Zahlen:

6	33550336
28	8589869056
496	137438691328
8128	2305843008139952128

Der mittelalterliche Dichter Alkuin (730–804) verfasste ein Gedicht in sechs mal sechs Versen und schrieb dazu:

„Hoc carmen tibi cecini senario numero nobili, qui numerus perfectus est in partibus suis, te optans esse perfectum in sensibus tuis. Cuius numeri rationem, sicut et aliorum, sapientissimus imperator tuae perfacile ostendere potest sagacitati."

„Dieses Gedicht habe ich dir in der edlen Sechszahl gesungen, die vollkommen ist in ihren Teilen, weil ich wünsche, daß du vollkommen seiest in deinen Sinnen. Was es mit dieser wie auch mit anderen Zahlen auf sich hat, wird der allerweiseste Kaiser deinem lernbegierigen Verstande mit Leichtigkeit darlegen können."

In den *Confessiones* des heiligen Augustinus lesen wir die eigenartige Bemerkung zu dieser Frage: „Wenn man mich nicht fragt, weiß ich es, fragt man mich, weiß ich es nicht." Und danach überlegt Augustinus, dass die Vergangenheit *nicht mehr* existiert, denn sie ist ja

Warum ist Zeit das Fundament aller Rhythmen?

bereits vergangen, dass die Zukunft *noch nicht* existiert, denn wir erwarten sie ja erst noch, und dass schließlich die Gegenwart als unfassbar dünner Schnitt zwischen Vergangenheit und Zukunft in ihrem Vorbeiziehen auch nicht Bestand besitzt. So scheint die Zeit zu einem flüchtigen Nichts zu zerrinnen. Physiker fassen den Begriff der Zeit weitaus prosaischer. Sie behaupten, Zeit sei das, was man mit einer Uhr messe. Ihre Antwort ist richtig und falsch zugleich. Sie ist richtig, wenn sie unter einer „Uhr" ein Gerät verstehen, das den Rhythmus wiederzugeben versucht, dem der Zeitbegriff unterliegt. Sie ist aber falsch, wenn sie meinen, mit einer Uhr gelinge es, die Zeit auf einen bloßen geometrischen Begriff zu verkürzen. Wir versuchen, dies genauer zu erklären:

Eine Uhr zeigt die Zeit an, indem ihr Zeiger auf einen Punkt einer Geraden weist. Um diesen Punkt benennen zu können, wurde die Gerade zuvor geeicht, d. h. zwei voneinander verschiedene Punkte wurden willkürlich als „null Uhr" und als „ein Uhr" bezeichnet – die Eintragung der weiteren Markierungen in dieser Skala ergibt sich daraus von selbst. Es ist bloß eine Vereinfachung, wenn in den meisten Uhren diese Gerade auf einen Kreis mit zwölf Markierun-

gen „aufgerollt" wird; das geometrische Bild bleibt bestehen. Auch ein Kalender ist in diesem Sinne nichts anderes als eine etwas anders skalierte Uhr: In ihm sind die Tage die als kurze und die Jahre die als lange Markierungen eingetragenen Einheiten.

Aber das geometrische Bild der Zeit verhindert, den „Lauf der Zeit" zu verstehen. Denn die gerade Linie als solche ist da, die Zeitskala liegt vor uns ausgebreitet. Wir können auf ihr – wenigstens in Gedanken – an eine beliebige Stelle tippen, vorwärts und rückwärts laufen. Was aber bedingt, dass wir immer nur den gegenwärtigen Augenblick, den einen unaufhaltsam vorwärts schreitenden Punkt der Skala, erleben, diesen aber nicht halten können?

Wir kommen diesem Merkmal von Zeit näher, wenn wir die Markierungen auf der geraden Zahlenskala richtig, nämlich als *Zahlen* lesen. Genauer formuliert: wenn wir verstehen, wie wir, als Wesen, die dem „Lauf der Zeit" unterliegen, die zeitlosen Zahlen erfahren.

Wir hören den Schlag der Turmuhr: eins, zwei, drei, vier, fünf, sechs, sieben. Dann herrscht Stille. Sieben ist die Zahl, welche die Turmuhr uns als Zeit mitteilt. *Wir verstehen dies, weil wir zählen können.* Es ist wichtig, dieser scheinbar so banalen Einsicht in ihrer Tiefe nachzuspüren: Auch der siebente Schlag der Uhr klingt wie der erste oder der vierte, aber im Zählen bis sieben vergegenwärtigen wir uns, dass eins oder vier bereits gezählt sind, dass der erste und der vierte Schlag der Uhr bereits der Vergangenheit angehören. Der siebente Schlag der Uhr war der letzte. Dies hätte nicht der Fall sein müssen. Wir wissen um die Möglichkeit, dass auf sieben die Zahl acht folgt, dass allgemein keine Zahl die letzte ist. Wir brechen das

Zählen nicht willkürlich mit sieben ab, wir hören vielmehr, ob die Uhr weiterschlägt und uns zum Weiterzählen zwingt. In diesem Hören vergegenwärtigen wir uns die Erwartung der Zukunft.

Im Zählen erfahren wir, dass Zahlen nicht so einfach verfügbar sind, wie es das zu simple Bild der geradlinigen Skala mit den eingetragenen Markierungen nahe legt. Mit der Nennung einer Zahl verbinden wir geistig die Gesamtheit aller Zahlen, die ihr, beginnend mit eins, vorangingen, und wir wissen, dass auch die eben genannte Zahl, selbst wenn es sich um Leporellos 1003 handelt, nie die letzte ist.

Bei der Zeit ist es ebenso. Im bewussten Erfassen des Augenblicks ist uns klar: Dieser steht nicht für sich isoliert, sondern entspringt aus der Folge der vergangenen und muss keineswegs der letzte sein. So gesehen ist es prinzipiell einerlei, ob wir die Zeit am Schlag des eigenen Pulses, an der Schwingung eines Pendels oder am Aufgang eines Sterns am Himmel in ihrem Fluss zu verfolgen trachten. Zeit manifestiert sich im Fundament aller Rhythmen, in der Basis, auf der alle periodischen Vorgänge gründen: dem Zählen. *Deshalb ist Zeit ein zutiefst menschlicher Begriff, der dem Kosmos aufgeprägt wird.*
Rudolf Taschner

Aus den „Confessiones" des heiligen Augustinus:
„Lass mich, o Herr, meine Hoffnung, noch weiter forschen; lass mein Bemühen nicht gestört werden. Wenn es also eine Zukunft und eine Vergangenheit gibt, so möchte ich gern wissen, wo sie sind. Kann ich das auch noch nicht, so weiß ich doch, dass, wo sie auch sein mögen, sie dort nicht Zukunft oder Vergangenheit sind, sondern Gegenwart. Denn wäre die Zukunft dort auch Zukunft, so könnte sie dort noch nicht sein; wäre die Vergangenheit dort auch Vergangenheit, so wäre sie dort nicht mehr. Mögen sie also sein, wo sie wollen, sie sind dort nur Gegenwart. Wenn wir Vergangenes der Wahrheit gemäß erzählen, so werden aus dem Gedächtnisse nicht etwa die Gegenstände selber, die vergangen sind, hervorgeholt, sondern die in Worte gefassten Bilder der Gegenstände, die diese, da sie an den Sinnen vorüber zogen, gleichsam als Spuren im Geiste zurückließen. Meine Kindheit zum Beispiel, die nicht mehr ist, gehört der Vergangenheit an, die nicht mehr ist; wenn ich ihrer aber gedenke und von ihr erzähle, so schaue ich ihr Bild in der Gegenwart, weil es noch in meinem Gedächtnisse ist. Ob nun bei den Prophezeiungen die Sache sich ähnlich verhält, so dass auch von Dingen, die noch nicht sind, schon existierende Bilder dem Geiste vorschweben, das, mein Gott, weiß ich nicht, ich bekenne es dir. Das aber weiß ich sicher, dass wir sehr oft über unsere zukünftigen Handlungen im Voraus nachdenken und dass diese Überlegung gegenwärtig ist, die Handlung dagegen, über die wir nachdenken, noch nicht ist, da sie in der Zukunft liegt. Wenn wir uns aber an die Sache heranmachen und, was wir vorher überlegten, auszuführen beginnen, dann tritt die Handlung ins Sein, weil sie dann nicht mehr zukünftig, sondern gegenwärtig ist. Was es auch immer für eine Bewandtnis mit jenem geheimnisvollen Vorgefühle haben mag, sehen kann man immer nur, was wirklich ist. Was aber bereits ist, ist nicht zukünftig, sondern gegenwärtig. Wenn man also von einem Schauen in die Zukunft redet, so meint man damit nicht ein Schauen dessen, was noch nicht ist, also ein Schauen der eigentlichen Zukunft, sondern nur ihrer Ursachen und Anzeichen, die bereits sind; diese sind für den Seher nicht zukünftig, sondern gegenwärtig, aus ihnen ersieht er die Zukunft und sagt sie vorher. ..."

es eine „Theorie für Alles"? Was ist die Quantenphysik?
e geht es Schrödingers Katze? Wo um alle Welt ist Atto-
rld? Sind Zeitreisen möglich? Woher kommt der Sauerstof-
serer Atmosphäre? Floss die Donau einst nach Westen?
cknet das Mittelmeer aus? Ein Tier aus einer Halluzination?
en wir im vierten Zeitalter der Erdgeschichte? Gab es am
rdpoltropische Temperaturen? Trifft uns der Fluch der Mam-
Bedrohen nicht-

Gibt es eine „Theorie für Alles"?

Fragen und Antworten aus der Welt der Naturwissenschaften

Können Pflanzer
ter den Pflanzen?
rmung unsere Al-
rbäume? Welcher
örung oder Steu-
ich? Gentechnik –
ür Alles"? Was ist
rs Katze? Wo um
möglich? Woher
nmt der Sauerstoff unserer Atmosphäre? Floss die Donau
st nach Westen? Trocknet das Mittelmeer aus? Ein Tier aus
er Halluzination? Leben wir im vierten Zeitalter der Erdge-
ichte? Gab es am Nordpol tropische Temperaturen? Trifft
der Fluch der Mammuts? Die Wildnis – Feind oder Kul-
gut? Bedrohen nicht-heimische Tiere unsere Fauna und Flo-
Können Pflanzen wandern? Wie gefährlich sind die „Aliens"
er den Pflanzen? Wozu „Rote Listen"? Tötet die Klimaer-
rmung unsere Alpenflora? Natur oder Kultur? Gibt es Mör-
bäume? Welchen Einfluss hat der Mensch auf die Natur –
rung oder Steuermann? Ist nachhaltige Entwicklung mög-
? Gentechnik – Fluch oder Segen? Gibt es eine „Theorie
Alles"? Was ist die Quantenphysik? Wie geht es Schrödin-
Katze? Wo um alle Welt ist Atto-World? Sind Zeitreisen

Eine Gruppe von Wissenschaftlern nimmt an, dass in einer endgültigen, allumfassenden physikalischen Theorie, die nur bis heute noch nicht existiert, für alle Konstanten eindeutige Zahlenwerte folgen. Wir müssten dann akzeptieren, dass unser Universum auf-

Gibt es eine „Theorie für Alles"?

grund der physikalischen Gesetze eben so ist und aufgrund dieser Gesetze auch nicht anders sein kann. Bis jetzt ist es aber trotz größter und aufwändiger Anstrengungen und Bemühungen der Wissenschaftler noch nicht gelungen, eine solche „Theorie für Alles" (engl. *Theory of Everything oder TOE*) zu finden. Der derzeit beste Kandidat ist die so genannte „Stringtheorie" oder auch „Superstringtheorie". Die wichtigste Aussage dieser Stringtheorie ist, dass alle verschiedenen Elementarteilchen unterschiedliche Anregungszustände einer einzigen Art von Objekten, den so genannten Strings, sind. Die Strings der Stringtheorie sind Fäden von der Größe einer Planck-Länge (ca. 10^{20}-mal kleiner als der Durchmesser des Protons!), welche wie Fäden oder Saiten (daher auch der englische Name „string") in einem viel-dimensionalen Raum schwingen: Die Forscher nehmen dabei 10 oder auch 11 Dimensionen an! Je nachdem, mit welcher Frequenz und in welchen der Raumdimensionen die Strings schwingen, sollen diese die unterschiedlichen Varianten der Elementarteilchen darstellen. Letztlich könnte die Stringtheorie eine Vereinigung der beiden wichtigsten theoretischen Säulen der modernen Physik, der Allgemeinen Relativitätstheorie und der Quantenfeldtheorie, ermöglichen.
Die zweite Gruppe von Wissenschaftlern

geht davon aus, dass die physikalischen Grundgesetze auch statistische oder Zufallselemente enthalten, dass also auch eine allumfassende Theorie nicht für die Naturkonstanten eindeutige Zahlenwerte voraussagen würde. Im Prinzip wären dann äußerst viele Universen möglich und es wäre höchst verwunderlich, dass die von uns gemessenen physikalischen Konstanten gerade solche Werte besitzen, dass Leben entstehen konnte. Anfang der achtziger Jahre entwickelten Kosmologen das Modell der inflationären Expansion. Es sollte einige Unzulänglichkeiten der klassischen Urknalltheorie erklären. Es besagt, dass sich das Universum zu Beginn innerhalb eines Bruchteils der ersten Sekunde nach dem Urknall exponentiell aufgebläht habe. Kosmologen haben in letzter Zeit festgestellt, dass im Modell der Inflation auch ein Ensemble von unterschiedlichen Universen erzeugt werden kann, das man als Multiversum bezeichnet. Im Modell der selbst-reproduzierenden ewigen Inflation können nicht nur verschiedene Universen mit unterschiedlichen Parametern existieren, sondern solche Bereiche werden auch bis in alle Ewigkeit immer wieder neu gebildet.

Heinz Oberhummer

In seinem Stück „Die Physiker" geht es Friedrich Dürrenmatt auch um die politischen Auswirkungen physikalischer Entdeckungen:
MÖBIUS ... Es war meine Pflicht, die Auswirkungen zu studieren, die meine Feldtheorie und meine Gravitationslehre haben würden. Das Resultat ist verheerend. Neue, unvorstellbare Energien würden freigesetzt und eine Technik ermöglicht, die jeder Phantasie spottet, falls meine Untersuchung in die Hände der Menschen fiele.

Die Welt war um 1900 physikalisch ziemlich ausgereizt. Jungen Menschen riet man ab, Physik zu studieren. Es wäre schon alles erforscht. Weit gefehlt. Es ging erst richtig los! Mit der Entwicklung der Relativitätstheorie setzte eine wahre Revolution des phy-

Was ist Quantenphysik?

sikalischen, von Newton geprägten Weltbilds ein und mit der Entwicklung der Quantenphysik folgte unmittelbar darauf der nächste Umsturz. Beide Theorien waren dazu geeignet, das bestehende Bild der Welt fundamental in Frage zu stellen.

Beide Theorien sind in unserem Alltag vorderhand nicht zu bemerken, deshalb sind sie bis heute außerhalb wissenschaftlicher Kreise im Detail nicht allzu bekannt. Die Effekte der Relativitätstheorie treten bei sehr hohen Geschwindigkeiten oder bei der Anwesenheit sehr großer Massen auf. Die Effekte der Quantenphysik treten auf atomarem Niveau und darunter auf. Erst Anwendungen wie Laser, Maser, Elektronenmikroskopie oder Supraleitung machen quantenmechanische Effekte in unserer Welt erfahrbar. Die Quantenphysik bringt nun mit ins Spiel:

- Die Heisenberg'sche Unschärferelation: Es ist unmöglich, Ort und Geschwindigkeit eines Teilchens gleichzeitig genau festzustellen. Statt Elektronenbahnen um Atome werden daher Orbitale gezeichnet, Aufenthaltsräume für Elektronen, in denen sie sich mit einer gewissen Wahrscheinlichkeit befinden.
- Die Quantisierung: Einige physikalische Größen wie Energie oder elektrische Ladung können nur in Vielfachen eines kleinsten Einheitswertes auftreten.

- Das Ausschließungsverbot: Elementarteilchen mit denselben Quantenzahlen, die ihren Zustand beschreiben, können nicht zur selben Zeit am selben Ort sein. Das gilt aber nicht für alle Elementarteilchen, woraus sich wiederum herrliche Fragestellungen ergeben.
- Die Verschränkung: Zwei Elementarteilchen, die „verschränkt" sind, sich aber an zwei verschiedenen Orten befinden, sind „geisterhaft verbunden". Beobachtet man das eine, ist unmittelbar der Zustand des anderen festgelegt. Quantenteleportation, Quantenverschlüsselung und Quantencomputer werden damit möglich.
- Die schwierige Messung: Messen stört dermaßen, dass entweder quantenphysikalische Phänomene ganz verschwinden, oder die Messung beeinflusst das Gemessene so stark, dass es gravierend verändert wird.
- Den Welle-Teilchen-Dualismus: Nicht nur Licht ist eine Welle und ein Strom von Teilchen (Photonen) gleichermaßen, sondern auch Materie. Auch Elektronen, Protonen und was auch immer sind Teilchen und Welle zugleich. Manche Experimente zeigen den Teilchencharakter, andere den Wellencharakter.

Die Leistung der Quantenphysik ist beachtlich: Alle bekannten fundamentalen Wechselwirkungen der Materie mit Ausnahme der Gravitation, die durch die Allgemeine Relativitätstheorie erklärt wird, können durch sie beschrieben werden. Und: In der Quantenwelt können Sie durch die Wand gehen oder sonst irgendwelche krummen Sachen machen. Aber geben Sie Acht: Alles ist unvertraut, wir sind dort nicht zuhause!

Lothar Bodingbauer

Der berühmte britische Kosmologe Steven Hawking (* 1942) greift nach eigenen Angaben zur Waffe, wenn er von Schrödingers Katze hört. Nicht um sie zu töten, sondern um denjenigen zu verjagen, der ihm davon erzählt. Er will damit sagen: Schrödingers

Wie geht es Schrödingers Katze?

Katze ist eines der am wenigsten verstandenen Gedankenexperimente der Physik. Gedankenexperimente verwenden Physiker gerne, um einen komplexen Sachverhalt anschaulich darzustellen. Es soll damit etwas gezeigt werden, was schwierig wäre, direkt zu sehen. Man kann auch mit Gedankenexperimenten Widersprüche finden, bevor noch Millionen aus Steuergeldern in experimentelle Realisierungen der Problemstellung fließen.

Das Gedankenexperiment mit Schrödingers Katze soll nun nicht zeigen, wie man einer Katze übel mitspielen kann, sondern wie eigenartig die Naturgesetze der Quantenphysik sind. Schrödingers Katze veranschaulicht diese Gesetze der Quantenwelt – der Welt der kleinsten Teilchen – an einem Beispiel unserer Welt. Diese Gesetze der Quantenwelt muss man zuerst verstehen, bevor man Schrödingers Katze verstehen kann, ohne diese arme Katze zu bedauern.

Der österreichische Quantenphysiker Erwin Schrödinger (1887–1961) beschreibt folgende quantenmechanische Situation: Elektronen, die auf eine Wand mit zwei Löchern losfliegen, hinterlassen auf einem Schirm dahinter ein Muster, das sie nur zustande bringen, wenn sie keine Teilchen, sondern Wel-

len sind. Sie gehen als Welle durch beide Löcher gleichzeitig. Sonderbar, aber so ist das eben. Werden die Elektronen beobachtet, stört das diesen Durchflug so stark, dass sich die Elektronen wieder wie konventionelle Teilchen benehmen. Sie fliegen entweder durch Loch 1 oder durch Loch 2. Die Wellenfunktion kollabiert, sagt man. Beobachten zwingt eine Entscheidung eines vormals überlagerten Zustands herbei.

Schrödingers Katze illustriert genau dieses Doppelspaltexperiment: Eine Katze befindet sich in einer Kiste, in die man nicht hineinsieht. Sie wird mittels eines speziellen Mechanismus in der nächsten Stunde mit 50%iger Wahrscheinlichkeit sterben. Nach Ablauf einer Stunde schauen wir in die Kiste. Die Katze wird beobachtet und in diesem Moment entscheidet sich: lebendig oder tot. Bis dahin, sagt Schrödinger, ist sie wie eine Elektronenwelle, die durch Loch 1 und 2 gleichzeitig geht: Sie ist im überlagerten Zustand von lebendig und tot zugleich.

Greifen Sie jetzt selbst zu einer Waffe? Erinnern Sie sich – natürlich kann eine Katze nicht lebendig und tot zugleich sein. Aber Elektronen können durch Loch 1 und Loch 2 gleichzeitig gehen, und genau das und nicht mehr soll dieses Gedankenexperiment beschreiben.

Lothar Bodingbauer

Der Nobelpreisträger Erwin Schrödinger war ein Tierfreund, sein Gedankenexperiment zeigt nur die Besonderheiten der Quantenwelt

Milli, Mikro, Nano, Piko, Femto, Atto. Was sich wie ein Countdown anhört, sind die physikalischen Stufen hinunter ins Kleinste. Eine Attosekunde ist ein Tausendstel eines Tausendstels eines Tausendstels eines Tausendstels eines Tausends-

Wo um alle Welt ist Atto-World?

tels einer Sekunde: 10^{-18} (skandinav. *atten* = „achtzehn"). Ein Lichtstrahl käme in dieser Zeit nicht einmal eine Bakterienlänge weit, und könnte die Küchenwaage ein Attogramm anzeigen, würde sie das Landen eines Virus registrieren.

Ein Urlaub in Atto-World würde den Bruchteil einer Sekunde dauern und einen faszinierenden Effekt bieten: Sie sehen alles riesig groß. Ein einziges Proton hätte den Durchmesser von 1.600 Attometer! Einige Attosekunden werden benötigt, um in Atomen Energien umzulagern. Chemische Bindungen entstehen in dieser Geschwindigkeit. Alles geht so rasch vor sich, dass einer, der nach Atto-World reist, mit vielerlei technischen Tricks die Zeit auflösen muss, um dieses schnelle Leben dort zu sehen.

Was früher aussichtslos erschien, ist durch die Entwicklung von Elektronik, Optik, Computer und Feinmechanik heute machbar: Attowissenschaftler messen Kräfte im Attonewtonbereich, die nicht ausreichen, um ein Molekül zu heben. Sie entwickeln Reagenzgläser, die einige Attoliter fassen.

Ein normales Blitzlicht dauerte eine Ewigkeit im Vergleich zu den ultrakurzen Lichtblitzen von 650 Attosekunden Dauer, die der Physiker Ferenc Krausz 1997 an der Technischen Universität Wien hergestellt hat. Der Blitz war kurz, doch vier Jahre dauerte es zu bewei-

sen, dass es wirklich passierte. Krausz musste mit seinem Team erst eine Attosekunden-Stoppuhr entwickeln. Heute ist Ferenc Krausz Direktor eines eigenen Forschungsinstitutes, des Max-Planck-Instituts für Quantenoptik in Garching bei München.

Die Ergebnisse seiner ultrakurzen Lichtblitze haben sich zu einem eigenen Forschungsgebiet ausgeweitet: *Electrons in Motion* lautet das Thema. Laserstrahlen werden verwendet, um die Bewegungen einzelner Elektronen zu steuern und sie dabei zu beobachten.

Ein Vielzahl von Anwendungen ergibt sich parallel zum Forschungsfortschritt: Die Chemiker sind interessiert, weil sie hoffen, dadurch die Knüpfung chemischer Bindungen besser zu verstehen. Die Nanotechnologie ist an der Attowelt interessiert, weil sie gezielt in großen Molekülen Umgruppierungen vornehmen will. Viele Krankheiten könnten schneller diagnostiziert werden, da Viren Antikörper aufnehmen und dabei etwas schwerer werden. Ein Traum wäre, Röntgenstrahlen zu erzeugen, die lernen, ihre Empfindlichkeit auf das zu untersuchende Material abzustimmen und das übrige Gewebe zu schonen.

Wem aber nun selbst die Attowelt zu groß ist, der könnte in Zukunft noch tiefer ins Kleine zoomen. Der nächste Schritt ist die Reise in die Zeptowelt. Nukleare Reaktionen finden in 10^{-21} Sekunden statt. Nicht zu vergessen: die Yoktowelt – 10^{-24}. Ein Proton wiegt ungefähr 1,7 Yoktogramm, und das mächtige Top-Quark, ein Elementarteilchen, lebt und stirbt in nur 0,4 Yoktosekunden. Und wie geht's weiter?

Lothar Bodingbauer

Steigen Sie doch einmal in eine Zeiteisenbahn. Der Zug bringt sie nach gestern oder übermorgen, in der ersten Klasse sogar besonders bequem. Sie bekommen gratis eine Zeitung. Von heute? – Nein. Zeitreisen sind heute praktisch nicht möglich.

Sind Zeitreisen möglich?

Ja. Sie sind möglich, theoretisch durchaus. Physiker versuchen die Welt zu erklären. Viele ihrer Ergebnisse leiten sie aus Beobachtungen ab, viele andere aber leiten sich auch aus Berechnungen her. Es gibt mathematische Modelle für die Entstehung des Universums, für den Aufbau der Materie, für den Ablauf der Zeit. In vielen dieser Modelle ist rein mathematisch Platz für eine Umkehrung der Zeit, für eine Zeitreise in die Vergangenheit oder auch für einen spannenden Sprung nach vorne in die Zukunft.

Wir wissen jedoch nicht, wie wir das Experiment aufbauen sollen, mit dem wir diese Zeitreisen beweisen könnten. Es sieht nicht danach aus, als ob sich das bald ändern würde, und es gibt noch eine weitere Sache: Was theoretisch mathematisch möglich ist, muss nicht unbedingt eine erlaubte Lösung in der freien Natur sein. Sie bietet diese Lösung auf dem wirklichen Jahrmarkt der Möglichkeiten vielleicht gar nicht an.

„Wurmlöcher" etwa wären so ein mathematischer Vorschlag der Physiker für Zeitreisen. Sie verbinden zwei Gebiete auf einer Apfeloberfläche miteinander. Es könnte laut Einstein auch ein raum-zeitliches „Wurmloch" geben, irgendwo im Universum – bis jetzt konnten aber „Wurmlöcher" nicht einmal experimentell nachgewiesen werden!

Was heute schon funktioniert, ist die bloße *Dehnung* der Zeit. Sie können sich von Ihren Freunden zeitlich entfernen, indem Sie eine möglichst lange Zeit mit einer möglichst hohen Geschwindigkeit verreisen. Sie bleiben jünger, da nach Einsteins Relativitätstheorie für bewegte Bezugssysteme die Zeit langsamer vergeht. 1971 ließen Josef Hafele und Richard Keating Atomuhren in einem Passagierflugzeug um die Erde fliegen. Ein paar hundert Milliardstel Sekunden betrug der Unterschied, als das Flugzeug zurückkehrte. Die verreisten Uhren waren wirklich jünger. Sollten Sie jedoch eine Zeitmaschine entwickeln, lassen Sie es uns wissen. Seien Sie vorweg schon etwas beruhigt: Physiker glauben, dass es eine Chronologie-Schutzthese gibt. Die physikalischen Gesetze wirken demnach so zusammen, dass Zeitreisen makroskopischer Objekte in die Vergangenheit verhindert werden. Wir werden wohl nicht in die Vergangenheit reisen können, um dem Großvater ein Kondom auszuhändigen, mit der Bitte, es in Zukunft auch zu verwenden!

Lothar Bodingbauer

Von einem weiteren Versuch, eine Zeitmaschine zu konstruieren, berichtet die Homepage der Universität Utah:

„Bereits im Jahr 2000 konnte Steve Mallet zeigen, dass ein im Kreis laufender Laserstrahl zu einer Verzerrung des Raumes, einer Art Strudel in der Umgebung führt. Doch Mallet ging noch einen Schritt weiter. Seine Berechnungen ergaben folgendes: Läuft ein zweiter Laserstrahl dem ersten entgegen und wird die Intensität entsprechend erhöht, dann tauschen Raum und Zeit ihre Rollen. Im Inneren des zirkulierenden Laserstrahls rotiert die Zeit. Menschen könnten in die Vergangenheit zurückkreisen, allerdings nur bis zu dem Zeitpunkt, als der zirkulierende Lichtstrahl erzeugt wurde. ..."

Ohne Pflanzen kein anderes Leben! Der Sauerstoff, den wir zum Leben brauchen, war nicht immer vorhanden. In der ursprünglichen Atmosphäre, die die junge unbelebte Erde einhüllte, befand sich kaum freies O_2, kaum Sauerstoff. Erst mit der Entwicklung

Woher kommt der Sauerstoff unserer Atmosphäre?

des Lebens vor ca. 3,5 Milliarden Jahren und dem Auftreten von einfachsten Pflanzen kam Sauerstoff in die Atmosphäre. Mit der „evolutiven Erfindung" der Photosynthese, der Fähigkeit, sich nicht durch Aufnahme von fremden Energieträgern zu ernähren, sondern ihren Stoffwechsel nur mit Wasser und dem reichlich vorhandenen Kohlendioxid durchzuführen, gaben Pflanzen Sauerstoff an die Umwelt ab – ein Nebenprodukt ihres Stoffwechsels, das sogar als gefährlich anzusehen ist, denn atomarer Sauerstoff (nicht zum Doppel-Molekül O_2 verbunden) wirkt aggressiv oxidierend, wie man beim Rosten von Eisen feststellen kann. 2,1 Milliarden

Jahre alte Eisenerze sind der älteste Beleg für Sauerstoff in der Atmosphäre – das Eisen ist verrostet.

Sauerstoff ermöglicht Leben auf dem Festland. Mehr als 3 Milliarden Jahre produzierten die in den Urozeanen lebenden Pflanzen, zuerst einzellige Blaualgen, später ein- und mehrzellige Grünalgen, Sauerstoff, dann war die Erdatmosphäre im Erdaltertum soweit gesättigt, dass sich eine Schicht von dreifachen Sauerstoff-Molekülen bilden konnte – die Geburtsstunde der Ozonschicht. Diese wiederum ermöglichte als Schutzhülle gegen die „harte" UV-Strahlung der Sonne das Leben auf dem Festland. Der Weg für Pflanzen und Tiere an Land war damit offen. Schon bald war das Land mit Vegetation überzogen und im Karbon, dem Steinkohle-Zeitalter, bildeten farnartige Pflanzen und einfache Nadelbäume flächendeckende Urwälder. In diesem Zeitraum war der Sauerstoffgehalt der Erde mit 35 % weit höher als heute. Im Zeitalter der Dinosaurier, dem Mesozoikum, nahm er beständig ab, um sich in der Erdneuzeit auf unseren heutigen Wert von 21 % einzupendeln.

Franz Stürmer

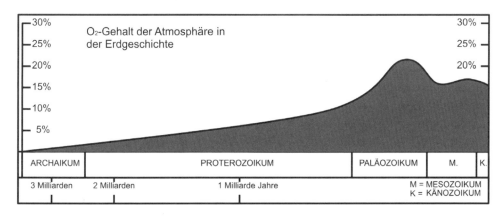

Die Donau ist mit 2.845 km (2.888 km vom Breg-Ursprung) Länge der längste Fluss Mitteleuropas, ihr Einzugsgebiet umfasst 817.000 km². Ihre heutige Lage ist – geologisch gesehen – jedoch sehr jung, ihr Verlauf wechselte in den letzten 15 Millionen Jahren

Floss die Donau einst nach Westen?

mehrmals. So bahnte sie sich erst in den letzten zwei Millionen Jahren ihren Weg durch die Wiener Pforte. Ebenso verlagerte sie in Deutschland ihren Lauf vom Altmühltal und Wellheimer Trockental nach Süden in ihr heutiges Bett. Doch zurück zu den Anfängen der Donau.

Im Mittelmiozän, vor ca. 15 Millionen Jahren, öffnete sich östlich der Böhmischen Masse ein weiter Meeresbereich, die Parathys. Zu dieser Zeit entwässerte ein mitteleuropäisches Flusssystem – quasi eine Rhône-Donau – nach Westen. Der „Rhône-Donau"-Ursprung lag damals westlich von St. Pölten im Mostviertel, wobei die Enns als Zubringer eine wichtige Rolle spielte. Von dort floss sie gegen Westen und prägte erstmals die Täler des oberen Donaulaufes, die sie Jahrmillionen später in entgegengesetzter Richtung durchfließen würde. Über das heutige Saônetal führte der Verlauf dann ins Rhônetal Richtung Mittelmeer.

Mit dem Rückzug der Parathys nach Osten entstand Neuland und damit Raum für ein neues Flusssystem östlich der Böhmischen Masse: Gespeist aus Bächen aus dem südlichen Waldviertel und der „Ur-Traisen", etablierte sich die „Urdonau", die schon im Wiener Becken ins Meer mündete.

Einige Millionen Jahre später, vor 11 Millionen Jahren, war die „Urdonau" schon ein breiter Strom, dessen Lauf sich auf Österreich und das östliche Bayern erstreckte. Die mitteleuropäische Entwässerungsrichtung hatte sich von West nach Ost gedreht. Die „Urdonau" strömte von Westen kommend von Krems über Hollabrunn, um sich bei Mistelbach in den Pannonischen See, das ausgesüßte Restmeer der Parathys, zu ergießen. Mit dem weiteren Rückzug des Sees verlagerte die Donau ihre Mündung auch weiter nach Osten.

Was war der Motor dieser krassen Veränderungen der Entwässerungsrichtung? Ursache ist die Auffaltung der Alpen, in die nicht nur die alpinen Gesteine selbst, sondern auch ihr Vorland und sogar die uralten Landmassen wie die Böhmische Masse einbezogen wurden und dabei Hebungen und Überschiebungen erfuhren.

Franz Stürmer

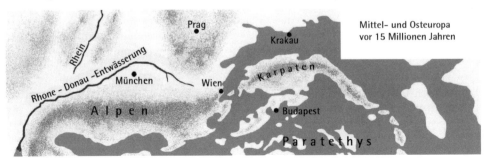

Mittel- und Osteuropa vor 15 Millionen Jahren

Zu Beginn des 20. Jahrhunderts präsentierte der Österreicher Alfred Wegener seine Theorie der Kontinentaldrift. Kontinente sind keine fixen Elemente der Erdoberfläche, sondern gleiten auf dem Erdmantel Millimeter bis Zentimeter im Jahr aufeinander zu

Trocknet das Mittelmeer aus?

oder entfernen sich voneinander. Dadurch öffnen sich Meere oder werden eingeengt, ihr Untergrund zu Gebirgen aufgefaltet.

Das Mittelmeer ist ein Restmeer eines früheren Ozeans, aus dem der alpine Gebirgsgürtel herausgehoben wurde. Dieses Tethys-Meer öffnete sich zwischen dem euroasiatischen Festland und Afrika und wurde im Zuge einer gegen Norden drehenden Bewegung der afrikanischen Kontinentalmasse eingeengt. In mehreren Phasen wurden Meeresablagerungen und Untergrund in den letzten 100 Millionen Jahren hochgeschoben und überschoben und damit zuerst eine Inselkette und schließlich ein zusammenhängendes Gebirge geschaffen: die Alpen.

Nördlich und südlich dieses Gebirgsgürtels blieben vorerst Restmeere erhalten: im Norden die sich vom Indischen Ozean über das Schwarze Meer, die Pannonische Tiefebene bis in das österreichische und bayerische Alpenvorland (eigentlich Molassezone) und das Rhônetal erstreckende Paratethys und im Süden das Mittelmeer. Durch die nach Norden gerichtete Bewegung des afrikanischen Kontinents verlandete die Paratethys früher (vor 5 Millionen Jahren), das Mittelmeer blieb noch erhalten.

Da die Bewegung von Afrika aber noch nicht abgeschlossen ist, wird das Mittelmeer im Laufe der nächsten 50 Millionen Jahren ebenfalls von der Landkarte verschwinden und die Alpen werden weiter aufgefaltet werden. Zeugnisse der noch andauernden Bewegung sind tektonische Erscheinungen wie das Erdbebengebiet Friaul, das im Bereich der Periadriatischen Naht, einer Grenze zweier großer Gesteinseinheiten, liegt, und die Thermenlinie südlich von Wien, deren Lage die Störungszone markiert, an der das Wiener Becken als Zerrungsbecken zwischen Alpen und Karpaten im Zuge der alpinen Gebirgsbildung eingebrochen ist.

Franz Stürmer

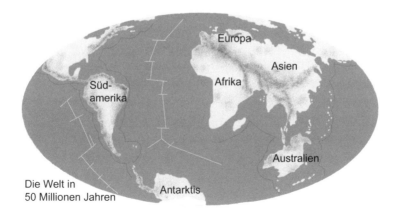

Die Welt in
50 Millionen Jahren

Als Charles D. Walcott 1909 die ersten Fossilien aus den dunklen Schiefern barg, die er nach dem nahen Berg Burgess-Shales (Burgess-Schiefer) benannte, ahnte er die Besonderheit seines Fundes. 15 Jahre später und 65.000 Fossilien reicher war nicht nur er,

Ein Tier aus einer Halluzination?

sondern die gesamte Erdwissenschaft von der Sensation seiner Funde überzeugt. Es waren Reste unbekannter, ja skurriler Tiere. Viele waren keiner der bestehenden Tiergruppen zuzuordnen und Stimmen wurden laut, dass durch diese Funde sogar die Stammesgeschichte umgeschrieben werden müsse. Durch die zumeist fragmentarische und verzerrte Erhaltung und die Unmöglichkeit, die Fossilien mit bekannten Tieren zu vergleichen, waren Rekonstruktionen fast unmöglich, zugleich jedoch auch Ansporn für die Paläontologen.

So auch bei *Hallucigenia*, einem der bekanntesten der viel diskutierten Fossilfunde der Burgess-Schiefer. Die Fundstelle, seit 1981 UNESCO-Welterbe, liegt im Yoho National Park in British Columbia, Kanada, die Burgess-Schiefer werden mit einem Alter von 505–515 Millionen Jahren ins Kambrium (frühes Erdaltertum) eingeordnet. Die ersten Funde zeigten Reste eines Tieres, das wie ein Wesen von einem anderen Stern anmutete: ein wurmartiger Körper, kein erkennbarer Kopf, eine Serie paariger Stacheln auf der einen und eine Reihe von Tentakeln (oder Saugmündern?) entlang der anderen Seite des Körpers. Mit keinem Tier vergleichbar, kein Anhaltspunkt, wo Kopf und Schwanz, wo Bauch- und Rückenseite liegen! 1977 wagte sich der Paläontologe Simon

Conway Morris über die Rekonstruktion des Wesens, das er *Hallucigenia* („aus einer Halluzination geboren") benannte: Er entwarf ein wurmförmiges Tier, das auf den Stacheln über den Meeresboden stakste, wobei die Tentakel auf dem Rücken pendelten.

Mit weiteren Funden wurde das Bild, das Morris entworfen hatte, im wahrsten Sinn des Wortes auf den Kopf gestellt: *Hallucigenia* bewegte sich auf den Tentakeln fort, das vordere Paar dürften Antennen (Fühler) sein und sieben Paar Stacheln ragten wahrscheinlich zu Verteidigungszwecken auf dem Rücken in die Höhe.

Auch die Annahme, die Funde aus den Burgess-Schiefern würden vollkommen neue Tiergruppen darstellen, relativierte sich. Heute gelten die Lebewesen als Vorläufer verschiedener noch heute existierender Tierstämme. So wird *Hallucigenia* heute der Gruppe der Gliedertiere zugeordnet, zu denen auch Insekten, Krebse und Spinnen gehören.

Franz Stürmer

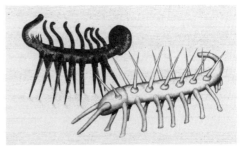

Hallucigenia, links die ursprüngliche Interpretation, rechts die wohl richtige Rekonstruktion mit Stacheln am Rücken

Es liegt in der Natur des Menschen zu systematisieren, zu gliedern. So wurde auch im Zuge der Entwicklung der Geologie versucht, die über 4,5 Milliarden Jahre lange Geschichte der Erde zu gliedern. So wie im Gedicht des römischen Dichters Ovid unter-

Leben wir im vierten Zeitalter der Erdgeschichte?

schied man anfangs vier Zeitalter: das Primär (Erdurzeit und Erdaltertum), das Sekundär (Erdmittelalter, Mesozoikum), das Tertiär (ein Großteil der Erdneuzeit, Känozoikum) und das Quartär (Eiszeitalter und heute). Während die beiden ersten Begriffe schon sehr früh verschwanden, blieben Tertiär und Quartär bis heute in Verwendung.

Bis heute? Eigentlich nicht, denn 2004 strich die CIS, die internationale Kommission für Stratigraphie, beide Begriffe mit der Begründung der schweren Abgrenzbarkeit und der (geologisch) kurzen Zeitspanne des Quartärs von damals 1,8 Millionen Jahren. 2005 erstand durch massive Proteste verschiedener Vereinigungen der Quartärforschung das Quartär wieder und konnte sogar einen Punktegewinn verbuchen, sein Beginn wurde auf 2,59 Millionen Jahre vorverlegt. Damit ist das Quartär ein Teil der Ära des Känozoikums und davon ein Teil der Periode des Neogens. Es beinhaltet somit das Pleistozän (Eiszeitalter) und das Holozän (geologische Gegenwart).

Die geologische Gegenwart (Holozän, früher Alluvium = Anschwemmung, im Gegensatz zu Diluvium = vorsintflutlich, Eiszeitalter) beginnt übrigens 11.784 ± 69 Jahre vor dem Jahr 2000, wie Messungen bei grönländi-

schen Eisbohrkernen ergaben und als Grenzdefinition festgesetzt wurden. Sie wird also mit jedem Jahr länger.

Die heutige geologische Zeittabelle der Geschichte der Erde gliedert sich in Äonen wie das Phanerozoikum (das belebte Zeitalter), dieses in Ären oder Zeitalter (Paläo-, Meso-, Känozoikum), diese wiederum in Perioden wie Kambrium, Jura oder Neogen und diese in Epochen wie Miozän oder Holozän. Weitere Untergliederungen führen bis zur Zone, die oft nur einige Hunderttausend Jahre und weniger dauert und auf dem Auftreten und Aussterben einer Tierart (meist weltweit verbreitete Lebewesen wie Schalen tragende Einzeller oder andere planktonische Formen) basiert.

Oftmals nehmen die Namen nicht nur Bezug auf das Alter (Paläogen, Mesozoikum), sondern leiten sich von wichtigen Fundgebieten und Gesteinen ab, wie Devon von Devonshire, Karbon von Kohlenstoff oder Kreide von den typischen Kreideablagerungen dieser Zeit.

Auch die Datierungen der Grenzen wurden im Lauf der Erforschung immer genauer und änderten sich oft um Millionen Jahre. So „verschob" sich der Beginn des Erdalterums von mageren 200 Millionen Jahren auf über 600, um sich nun auf 542 Millionen Jahre einzupendeln.

Franz Stürmer

Die Beschreibung der Zeitalter in Ovids „Metamorphosen" ist Teil humanistischer Bildungstradition:
„Aurea prima sata est aetas, quae vindice nullo, sponte sua, sine lege fidem rectumque colebat. ..."
„Zuerst ist das goldene Zeitalter entstanden, das ohne Richter freiwillig ohne Gesetz Treue und Recht pflegte."

Die Klimatologie ist eine Wissenschaft, die über ein systematisches Messnetz verfügt, das zurück bis ins 19. Jahrhundert globale Abdeckung besitzt. Seit 1873, dem Gründungsjahr der Weltmeteorologischen Organisation in Wien, wird es international koor-

Gab es am Nordpol tropische Temperaturen?

diniert und damit der physikalischen Tatsache „climate knows no borders" auch administrativ gerecht. Durch den Vorgang der Homogenisierung können Klimazeitreihen präzise genug gemacht werden, um selbst Langfristtrends von weniger als 1 Grad C pro 100 Jahren erkennen zu lassen. Diese Genauigkeit ist auch nötig, denn langfristig bewegen sich die Pendelungen des aktuellen Klimas in einem Bereich von ±1 Grad. Das zeigt z. B. die geglättete Österreichkurve oder die Mittelkurve der Nordhemisphäre in der Abbildung. Die nicht geglättete, dünne, schwarze Kurve der Österreichmittel der Lufttemperatur verdeutlicht aber auch eines der großen Verständnisprobleme in der aktuellen Klimadebatte: Der schleichende Temperaturtrend, der seit mehr als 100 Jahren ansteigend ist, wird von deutlich stärkeren Schwankungen von Jahr zu Jahr überlagert. Diese kurzfristige Variabilität ist regional und lokal viel höher als kontinental bis global. Gerade die kurzfristigen lokalen Schwankungen sind es aber, die wahrgenommen werden, für einen global gemittelten Langzeittrend hat der Mensch kaum ein objektives Sensorium. Er registriert einen heißen Sommer – wie den des Jahres 2003 in Mittel- und Westeuropa – oder einen kalten, schneerei-

chen Winter, wie den 2005/06 in Teilen Österreichs; diese sagen aber nichts über den „Klimawandel" aus, den man erst erkennt, wenn man lange Klimazeitreihen zur Verfügung hat.

Die Abkühlung um etwa 1 Grad von 1790 bis 1850, in einer Zeit, in der es noch keine systematischen Messungen in weiten Teilen der Erde gab, macht deutlich, dass nicht stetige Entwicklungen für das Klima typisch sind, sondern eher Pendelungen in Skalen von Jahren, Jahrzehnten und Jahrhunderten. Eineinhalb Jahrhunderte sind durch globale Messungen abgedeckt, zweieinhalb für wenige Regionen (wie etwa Österreich). Wie aber war das Klima früher?

Dazu muss man auf indirekte Informationen zurückgreifen, auf Proxidaten. Naturgemäß wird unser Wissen immer unschärfer, je weiter wir in die Vergangenheit zurückgehen, einige Grundtatsachen über die letzten 500 Millionen Jahre scheinen jedoch gesichert zu sein. Von den beiden stabilen Zuständen des Erdklimas – einer völlig eisfreien Erde und einer völlig vereisten Erde – war in der Vergangenheit überwiegend ein deutlich wärmeres globales Klima gegeben, ohne Schnee und Eis auch an den Polen. Der andere stabile globale Klimazustand einer völligen Vereisung („snowball earth") trat mit größter Wahrscheinlichkeit nie auf. Der Zeitmaßstab von zig Millionen Jahren wurde regiert von einer langsam intensiver werdenden Sonne, von Vulkanismus und Kontinentaldrift, die den Treibhausgasgehalt der Atmosphäre steuern und für grundlegend unterschiedliche Ozeanströmungen sorgen. Die letzte lange stabile Wärmeperiode herrschte vor 100 bis 200 Millionen Jahren (Jura bis mittlere Kreidezeit). Ein in diesen 100 Millionen Jahren allmählich vom Zehnfachen des heutigen

Wertes auf das Fünffache zurückgehender CO_2-Gehalt wurde durch eine langsam intensiver werdende Sonne ausgeglichen und es war global um 7–8 Grad wärmer als heute. Bei weiter abnehmendem CO_2 und endgültiger Annäherung der Kontinente an ihre heutige Größe, Position und Form ging bis etwa vor 35 Millionen Jahren die globale Temperatur stetig zurück. Dann begann zunächst die Antarktis zu vereisen, vor etwa fünf Millionen Jahren auch Grönland und ab etwa drei Millionen Jahre vor heute zeigten sich erste Festlandvereisungen in Kanada und Skandinavien. Damit war es mit dem stabilen, warmen Langzeitklima vorbei. Durch die „Albedo-Rückkopplung" und eine noch nicht ganz verstandene natürliche positive Rückkopplung über die Treibhausgase wurde plötzlich der an sich schwache Klimaeinfluss der zyklischen Erdbahnänderungen verstärkt. Die Menschheit lebt seit ihrer Entstehung in einem „Eiszeitalter", mit relativ schnellen, extremen Schwankungen. Derzeit überwiegt ein 100.000-Jahreszyklus, der seit 500.000 Jahren besonders stark „ausschlägt", global etwa um 5 Grad, regional um 15 bis 20 Grad. Vor 20.000 bis 25.000 Jahren war der letzte Vereisungshöhepunkt, seit etwa 10.000 Jahren befinden wir uns in einer Warmphase, die von den natürlichen Einflussfaktoren her allerdings ihren Höhepunkt bereits wieder überschritten hat. Seit wenigen Jahrzehnten jedoch scheint die Menschheit nun selbst merkbar in die natürlichen Klimaschwankungen einzugreifen, was die Frage nach dem Klima der Zukunft in ein völlig neues Licht rückt.

Reinhard Böhm

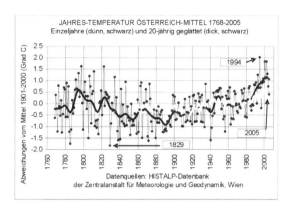

Homogenisierung von Klimamessreihen: Nachträgliche Umrechnung historischer Messdaten auf den aktuellen Zustand einer Messstation durch Entfernung nichtklimatologischer Information, die sich aus Stationsverlegungen, Änderung der Umgebung (etwa Urbanisierung, Entwaldung etc.) von Instrumenten, deren Aufstellungshöhe, der Messzeiten, der Formeln für Mittelwertsbildungen, Beobachterwechsel und einige andere Faktoren mehr ergeben.

Proxidaten: Klimadaten, abgeleitet aus historischen Quellen oder aus klimasensitiven Bestandteilen in natürlichen Archiven wie Baumringe, Eisbohrkerne, Moore, Seesedimente, Tiefseeablagerungen bis hin zur geographischen Verteilung der Vegetation oder von Gesteinsschichten, die die ältesten Klimainformationen beinhalten können.

Kontinentaldrift: Von Alfred Wegener erstmals erkannte, in den 1960er Jahren durch das Modell der Plattentektonik verstandene Wanderung der Kontinentalschollen.

Albedo-Rückkopplung: Schnee und Eis reflektieren wesentlich mehr Sonnen-Einstrahlung (60–90 %) als flüssiges Wasser (5 %) oder die Landoberfläche (5 bis 30 %). Diese positive Rückkopplung schaukelt also Klimaschwankungen auf.

Seit einigen Jahren werden immer mehr Stimmen laut, dass der Menschheit durch den Gasaustritt aus den durch die globale Erwärmung auftauenden Permafrostböden Sibiriens und anderer arktischer Gebiete Gefahr droht. Wie ernst ist diese Gefahr?

Trifft uns der Fluch der Mammuts?

Permafrostböden sind in den frostigen Landschaften zwischen Nordpol und dem 50. Breitengrad zu finden und zeichnen sich dadurch aus, dass sie andauernd gefroren sind. Ihre Mächtigkeit kann bis zu mehreren Hundert Metern betragen und in den kurzen polaren Sommern tauen maximal die oberflächlichen Schichten auf.

Durch die globale Erwärmung beginnen nun – so warnen Wissenschaftler – die Permafrostböden aufzutauen und geben Methan und Kohlendioxid in die Atmosphäre ab. Diese greifen die Ozon-Schicht an und kurbeln den Treibhauseffekt weiter an, was wiederum das Auftauen beschleunigt. Woher kommen diese Gase? Die Permafrostböden enthalten eine Vielzahl organischer Stoffe, die aus dem Eiszeitalter stammen. In den (noch) ewigen Eisböden wurden nicht nur die Reste von Mammuts und Wollhaarigen Nashörnern konserviert, sondern auch die der eiszeitlichen Pflanzenwelt. Teilweise sind diese Reste schon zerfallen, teilweise aber im wahrsten Sinn des Wortes „ohne Ablaufdatum" tiefgefroren. So wurde Mammutfleisch bei ersten Expeditionen an Schlittenhunde verfüttert. Wird nun diese „natürliche Tiefkühltruhe" abgetaut, beginnen die organischen Stoffe zu verwesen und Gase werden ebenso freigesetzt wie auch der durch frühere Verwesung verstärkt im Boden vorhandene Kohlenstoff.

Um welche Mengen handelt es sich dabei? Nach Hochrechnungen ist der Kohlenstoff-Gehalt (hauptsächlich CO_2) der Atmosphäre in den letzten 150 Jahren von 540 auf 730 Gigatonnen (Gt) angestiegen. Jährlich werden durch Industrie, Verkehr und Haushalte ca. 6,5 Gt abgegeben, davon können rund 3 Gt von den Ökosystemen aufgenommen werden. Damit steigt der CO_2-Gehalt kontinuierlich an. Beim Auftauen der weltweiten Permafrostböden werden nach Schätzungen der Wissenschaftler zwischen 90 und 300 Gt jährlich freigesetzt! Eine ungeheure Menge, die den Treibhauseffekt rapide beschleunigt. Mit dem Auftauen der Böden würden dabei aber nicht nur schädliche Gase freigesetzt, sondern auch ganze Landstriche sumpfig und unbewohnbar werden.

Andere namhafte Wissenschaftler verurteilen die in den Medien verstärkt auftretende „Panikmache", wie sie es nennen. Diese sei wirtschaftlich gesteuert und ziele vor allem auf den potentiellen Abbau fossiler Brennstoffe in Sibirien. Sie argumentieren mit der Pufferwirkung der Sümpfe und deren Vegetation, die jetzt schon in den Randbereichen des Permafrosts vorhanden sind. Bei Vergrößerung der Sümpfe durch die Erwärmung werde der Permafrostboden durch Verdunstungskälte geschützt und der Kohlenstoff durch die Pflanzen reduziert.

Franz Stürmer

Menschenwerk ist das Gegenteil von Natur – spätestens seit der Jungsteinzeit, als unsere Vorfahren begonnen haben, sich die Natur untertan zu machen, indem sie in Mitteleuropa die ursprüngliche, natürliche Waldlandschaft zerstörten. Bis in die Neuzeit

Die Wildnis – Feind oder Kulturgut?

ist die Natur der Hauptfeind des Menschen. Die Überwältigung, Vergewaltigung, Zerstörung der Natur ist Kultur. Die ursprüngliche Bedeutung dieses Wortes ist Urbarmachen des Landes, das heißt Ersetzen der Natur durch Äcker, Weideland und Siedlungen. Naturschutz gibt es erst seit Anfang des 20. Jahrhunderts. Etwas älter sind die nordamerikanischen Nationalparke, deren Ziel die Erhaltung kleiner Stücke Naturwildnis war und ist.

Das ursprünglich an den USA orientierte Nationalparkkonzept musste für Europa aufgeweicht werden, weil es wilde Natur hier längst nicht mehr gibt: Unsere Nationalparke dürfen und müssen auch die vom Menschen im Lauf der Jahrhunderte umgestaltete Natur umfassen. Dies ist auch deshalb berechtigt, weil der Mensch bis vor rund 200 Jahren die Vielfalt der Landschaften, Lebensräume und Organismenarten vermehrt hat. Erst die neueste Zeit brachte eine dramatische Verarmung, die immer noch anhält.

„Rote Listen" der bedrohten Pflanzen- und Tierarten machen auf den Rückgang der Artenvielfalt als Folge der Zerstörung von Lebensräumen aufmerksam: In Österreich sind 40 % der wildwachsenden Pflanzenarten mehr oder weniger stark gefährdet, 6 % davon sind vom Aussterben bedroht. Kurzfristige Wirtschaftsinteressen sind meist mächtiger als verantwortungsbewusste längerfristige Planung. Der fortschreitenden Technisierung der Welt und Zerstörung der Natur steht freilich die zunehmende Sehnsucht nach der wilden Natur gegenüber. Mit arger Verspätung hat nun seit wenigen Jahren auch Österreich Nationalparke, weitere sind in Planung. Biosphärenreservate und Naturparke versuchen, Naturschutz und wirtschaftliche, einschließlich touristischer Nutzung zu vereinen. „Die Donauauen sind doch hässliche Wildnis, voll mit Unkraut (Brennnesseln) und Gelsen – wieso sollen sie als Nationalpark geschützt und erhalten werden?" So genannten Feinden des Menschen – und Fischer und Jäger sind Menschen – wie Bartgeier, Fischotter und Luchs wird nun der Lebensraum erhalten bzw. sie werden wiedereingebürgert. Der mühsam wiederangesiedelte Braunbär reißt ein Schaf und zerstört einen Bienenstock – dadurch wird er zum bösen Problembär, er muss, alter Tradition gemäß, abgeknallt oder (mit weniger Tradition) gefangen werden, auf keinen Fall darf er weiter „wüten". Täglich werden Menschen Opfer des Autoverkehrs – natürlich dürfen Autos deswegen nicht abgeknallt werden, sie gehören ja nicht zur wilden Natur, sondern sind höchste kulturelle Errungenschaft. Das Verantwortungsgefühl gegenüber der Natur ist oft noch viel weniger entwickelt als das gegenüber kulturellen Schätzen wie Werken und Werten der Kunst – von der Archäologie über die Architektur bis zur Literatur.

Manfred A. Fischer

Vorkommen und Verbreitung der Tier- und Pflanzenarten werden im zunehmenden Ausmaß durch den Menschen geprägt. Das Schlagwort der „biologischen Homogenisierung", also das durch den Menschen verursachte Zusammentreffen ursprünglich räumlich getrennter Arten, wird in der Wissenschaft und in der Öffentlichkeit vermehrt wahrgenommen.

Bedrohen nicht-heimische Tiere unsere Fauna und Flora?

Für Österreich sind derzeit rund 500 gebietsfremde Tierarten (Neozoen) bekannt, das ist nur wenig mehr als 1 % der insgesamt in Österreich vorkommenden Tierarten. Fast zwei Drittel entfallen dabei auf Insekten, innerhalb derer sind vor allem Käfer und Pflanzenläuse vertreten. Die meisten dieser Arten sind unauffällig und vermutlich auch unproblematisch, einige sind jedoch zu Problemfällen geworden. Der Fasan wird gehegt, die Regenbogenforelle besetzt, die Kastanienminiermotte, der Kartoffelkäfer und der Asiatische Laubholzbockkäfer bekämpft. In allen genannten Fällen stehen wirtschaftliche Interessen im Vordergrund der Beurteilung.

Aber auch für den Naturschutz sind Neozoen bedeutsam. Gebietsfremde Tierarten können mit heimischen Arten in Konkurrenz um Ressourcen treten oder diese direkt schädigen (z. B. fressen), sie können Parasiten und Krankheiten übertragen oder durch Hybridisierung den Genpool verändern. Darüber hinaus sind auch Auswirkungen auf höheren Komplexitätsebenen bekannt – wie z. B. die Veränderung von Räuber-Beute- oder Wirt-Parasit-Beziehungen, von räumlich-struktu-

rellen Lebensraumeigenschaften oder der Einfluss auf evolutionär-genetische Prozesse. Als wichtigste Einfuhrwege von terrestrischen Neozoen nach Österreich sind der unbeabsichtigte Import mit Zier- und Nutzpflanzen, Vorratsprodukten und der Holzimport zu nennen. Neozoen besiedeln in Österreich vor allem Städte sowie land- und forstwirtschaftlich genutzte Standorte. Im aquatischen Bereich ist mit der Errichtung des europäischen Binnenwasserstraßensystems ein für die Verfrachtung von Lebewesen bedeutender Transportweg geschaffen worden.

Prognosen, welche Arten sich in Zukunft ansiedeln werden, sind angesichts der sich ändernden Rahmenbedingungen (z. B. Klimawandel) schwierig. Es ist aber zu vermuten, dass biologische Invasionen und deren Bedeutung für den Naturschutz global und auch in Mitteleuropa zunehmen werden.

Es besteht zwar kein Grund zur Panik, aber noch weniger besteht Anlass zur Sorglosigkeit. Das Vorsorgeprinzip (u. a. keine Freilassung von Tieren, spezielle Regelungen für Holz- und Pflanzenimporte) und ein erhöhtes Maß an Verantwortungsbewusstsein (inkl. der Haftbarmachung im Falle nachweisbarer Schäden) sind notwendige Schritte im Umgang mit Neozoen.

Wolfgang Rabitsch

Asiatischer Laubholzbockkäfer

Pflanzen, die durch ihr Wurzelsystem fest in der Erde, in Felsritzen oder auf Bäumen verankert sind, gelten als immobil, als standortgebundene Lebewesen. Trotzdem breiten sie sich aus, können wandern und neue Lebensräume erobern. Ihr bewegliches Organ,

Können Pflanzen wandern?

das Mittel zur Verbreitung, sind ihre Samen. Damit aber die Samen nicht einfach nur unter der Mutterpflanze zu Boden fallen, besitzen viele Pflanzen ausgeklügelte Mechanismen, um für den Transport ihres Erbguts zu sorgen.

Verfrachtung durch Wind (Anemochorie): Manche Pflanzen folgen dem Prinzip des Salzstreuers: Ihre (offenen oder löchrigen) Samenbehälter sitzen auf einem steifen, federnden Stängel und diese streuen die Samen durch den Wind bewegt aus. Andere Samen besitzen Flugeinrichtungen, die sie „beflügeln" wie beim Ahorn (*Acer*) oder der Flügelnuss (*Pterocarya*), viele Korbblütler (*Asteraceae*) wie der Löwenzahn (*Taraxacum*) besitzen Fallschirme). Auf offenen Flächen nutzen manche Pflanzen den Wind als Antrieb, um im Herbst weite Strecken rollend zurückzulegen. Dabei werden die Samen entlang ihres Weges kontinuierlich verteilt. Sie etablierten sich sogar als Stilmittel in der Filmbranche: Es sind die kugelig gewachsenen blattlosen Gebilde, die in Western durch die verlassenen Städte rollen. Auch in der pannonischen Steppe findet man so einen „Steppenroller", den Feldmannstreu (*Eryngium campestre*).

Verfrachtung durch Wasser (Hydrochorie): Manche Pflanzen nutzen Regengüsse, um ihre Samen weiterzuschwemmen, wie es der Scharfe Mauerpfeffer (*Sedum acre*), ein Heiß-

länder- und Trockenrasenbewohner, zeigt. Üblich ist diese Verbreitung bei Sumpf- und Schwimmpflanzen, deren Samen teilweise sogar Luftsäcke (Seerose, *Nymphea*) besitzen. Auch die Kokosnuss (*Cocos*) besitzt ein Schwimmgewebe und kann damit von Insel zu Insel gelangen.

Verfrachtung durch Tiere (Zoochorie): Hier gibt es zwei Varianten, wie Tiere als Transportmittel genutzt werden können: äußerlich durch Samen mit Haftorganen oder innerlich als nicht verdaubarer Teil der Nahrung. Erstere (Epizoochorie) gibt es wiederum in zahlreichen Ausformungen: Manche Samen bzw. Samenkapseln besitzen Hafthaare oder kleine Häkchen, die bei Berührung an Fell oder Textilien haften bleiben – sehr zur „Freude" von Wanderern und Haustierbesitzern. Typische Vertreter in unseren Breiten sind das Klettenlabkraut (*Galium aparine*), die Nelkenwurz (*Geum*) oder die Klette (*Arctium*). Das Klettenlabkraut kann als gesamte Pflanze „aufreiten", auch Stängel und Blätter besitzen Haftorgane und der Wurzelhals ist dünn und als „Sollbruchstelle" konzipiert. So kann auf dem Fell von Wild- und Haustieren nicht nur ein Samen, sondern die gesamte Pflanze mit vielen Samen über weite Strecken transportiert werden. Die Verbreitung vieler Wasserpflanzen basiert auf der geringen Größe der Samen. Sie bleiben mit Schlamm an den Füßen von Wasservögeln haften und reisen so von Gewässer zu Gewässer. Damit erklärt sich das spontane Auftreten von Wasserlinsen auf isolierten Teichen und Tümpeln. Manche Samen wie die des Wegerichs (*Plantago*) sind schleimig klebrig und bleiben dadurch auf ihrem Träger haften. Eine besondere Methode der Verbreitung hat der Bärlauch (*Allium ursinum*) entwickelt. An seinen Samen befinden sich Nähr- und Lockstoffanhängsel (Elaiosomen), die Ameisen dazu bringen, die Samen in ihren Bau zu tragen. Auch die Samen von Schöllkraut (*Chelidonium*), einigen Primel- und Veilchenarten sowie die des Schneeglöckchens (*Galanthus nivalis*) werden durch Ameisen (*Myrmecochorie*) vertragen.

Innerliche Verfrachtung (Endozoochorie) geschieht mit der Nahrungsaufnahme durch Tiere: Viele Samen sind von einer fleischigen wohlschmeckenden Hülle umgeben und dienen damit verschiedenen Tieren als Nahrung. Die Samen durchlaufen jedoch den Verdauungstrakt zumeist unbeschadet und werden wieder ausgeschieden.

Eigenbewegung – Selbstverbreitung (Autochorie): Manche Pflanzen schleudern ihre Samen mit eigener Kraft über 10 Meter weit. Die Samenhülle wird während der Reife immer mehr durch unterschiedlichen Zelldruck (Turgor) oder Quellung unter Spannung gesetzt, dass sie sich schließlich explosionsartig entlädt. Eine unserer Gartenpflanzen bedient sich dieser Methode: die Balsamine. Schon der Name des in Mitteleuropa wild wachsenden mit ihr verwandten Springkrauts – das Pflänzchen „Rühr-mich-nicht-an" (*Impatiens noli me tangere*) – drückt diese Art der Verbreitung aus, denn oftmals „explodieren" die Samenhüllen bei Berührung. Den Weitenrekord der „Samenschleuderer" hält aber die Spritzgurke (*Ecballium elaterium*). Die Samen können bei Loslösung der Frucht vom Stiel durch die entstandene Öffnung bis zu 12 Meter weit gespritzt werden.

Franz Stürmer

Wann werden gebietsfremde Pflanzenarten, so genannte Neophyten oder „Aliens", gefährlich? Und wem machen sie eigentlich Probleme? Kann und soll etwas gegen die Ausbreitung mancher Neophyten getan werden, oder sind sie nicht eine Bereicherung der

Wie gefährlich sind die „Aliens" unter den Pflanzen?

Landschaft? Diese Fragen werden nicht nur unter Naturschützern und Biologen, sondern auch in der breiteren Öffentlichkeit kontroversiell diskutiert. – Was sind nun die Fakten? Nicht jede neue Art führt gleich zu sichtbaren Auswirkungen auf die besiedelten Lebensräume, viele Veränderungen bleiben bedeutungslos. Am erfolgreichsten sind Arten, die an ihre Lebensräume keine besonderen Ansprüche stellen, die besonders konkurrenzstark gegenüber anderen Arten sind und sich besonders erfolgreich vermehren.

Über 1.000 gebietsfremde Pflanzenarten haben sich im Lauf der letzten Jahrhunderte in Mitteleuropa neu angesiedelt; sie stellen inzwischen über ein Viertel der gesamten Flora. Die große Mehrheit der Neuankömmlinge bleibt unauffällig und selten, aber ca. 30 Neophyten sind für den Naturschutz ein Problem, etwa 15 Arten verursachen wirtschaftliche Schäden im Bereich der Land- oder Forstwirtschaft, ein paar Arten gefährden die menschliche Gesundheit, wie z. B. die allergene Pollen produzierende Beifuß-Ambrosie. Viele der heute gefürchteten Neophyten wurden anfangs als Zierpflanzen eingeführt und über Gärten weiter verbreitet!

Unter den naturnahen Lebensräumen sind Auen und Flussufer besonders von gebietsfremden Pflanzenarten betroffen. Topinambur, Drüsiges Springkraut und Japanischer Staudenknöterich bilden hier oft große Bestände. Eine aktuelle Erhebung zeigt, dass selbst Schutzgebiete wie der österreichische Nationalpark Donau-Auen durch gebietsfremde Arten stark betroffen sind.

Es darf aber nicht vergessen werden, dass der Verlust von Biodiversität in Mitteleuropa nur in relativ geringem Ausmaß Neophyten anzulasten ist. Die Zerstörung naturnaher Lebensräume, Verbauung und die allgegenwärtige Aufdüngung der Landschaft stehen hier an erster Stelle.

Wenn auch in Mitteleuropa somit glücklicherweise kein Anlass zur Hysterie besteht, so gibt es doch gravierende (und meist auch irreversible) Probleme durch manche Neophyten, die sich in Zukunft durch Fernhandel und den zu erwartenden Klimawandel noch vergrößeren werden – mit aus heutiger Sicht kaum abschätzbaren Konsequenzen. Gezielte Maßnahmen wie Importbeschränkungen bei problematischen Arten, Aufklärung und – bei einigen wenigen Arten – auch Bekämpfung sind daher nötig.

Das Thema erfordert sicher viel Sensibilität und darf nicht politisch vereinnahmt werden, um eigene gesellschaftliche (Wunsch-) Vorstellungen zu untermauern. Der Naturschutz kann uns die Frage, wie menschliche Gesellschaften aussehen sollen, nicht beantworten. Eine ausgewogene Darstellung liegt in der gemeinsamen Verantwortung von Forschern und Medien.

Franz Essl

Rote Listen verzeichnen den Gefährdungsgrad wildlebender Organismen eines bestimmten Gebiets. Üblicherweise werden fünf Stufen unterschieden: Ausgestorben (ausgerottet oder verschollen); vom Aussterben bedroht; stark gefährdet; gefährdet; po-

Wozu „Rote Listen"?

tenziell gefährdet. In Österreich sind von den Gefäßpflanzen (das sind alle Pflanzen außer den Algen und Moosen; also Farne, Gräser, Kräuter, Gehölze) rund 40 % aller Arten und Unterarten gefährdet, etwa 1 % ist in den vergangenen 150 Jahren ausgestorben. Dazu kommen rund 20 %, die in einem Teil des Bundesgebiets bedroht sind. Die meisten, nämlich fast ein Drittel, sind Arten von Feucht-Habitaten (Moore, Gewässer, Auen, Feuchtwiesen); am stärksten gefährdet sind hier Arten der Hochmoore, aber auch von nährstoffarmen Gewässern, Auenvegetation und Niedermoorwiesen. An zweiter Stelle folgen mit fast einem Viertel die Pflanzenarten der Trockenrasen (vor allem im pannonischen Gebiet des östlichen Österreich). Rund ein Zehntel sind Arten des Kulturlandes, insbesondere Ackerbeikräuter, bei denen übrigens der Prozentsatz der ausgestorbenen am höchsten ist. Die restlichen gefährdeten Arten verteilen sich auf die übrigen Lebensräume: Magerwiesen (ungedüngte Wiesen), Wälder und alpine Vegetation; in Letzterer ist die Zahl der ausgestorbenen am niedrigsten. – Noch schwerer als die Abnahme der Zahl der Pflanzen- und Tierarten wiegt der Verlust an Lebensräumen (Habitaten, Biozönosen).

Welche Faktoren bedrohen die Vielfalt der Lebensgemeinschaften und den Reichtum der Wildflora? An erster Stelle steht die Zerstörung naturnaher Biotope durch Intensivierung der landwirtschaftlichen Nutzung wie Entwässerung, Düngung und Herbizideinsatz – paradox im Zeitalter landwirtschaftlicher Überproduktion! Nicht unbeträchtlich ist der Stickstoffeintrag aus der industriell und durch die Abgase aus Verkehr und Intensivlandwirtschaft verunreinigten Luft; er bewirkt eine allgemeine Eutrophierung (Überdüngung) der Landschaft. Weiters zu nennen sind Straßen- und Forstwegebau, Gewässerverbauungen, Aufforstung landwirtschaftlicher Brachen (vor allem heute nicht mehr benötigten Grünlandes) und Freizeiteinrichtungen wie Schipisten und Golfplätze.

Das allmählich zunehmende Bewusstsein der Zerstörung der Naturvielfalt, des Verlusts an ökologischen und ästhetischen Werten fördert Bestrebungen, diesen Prozessen Einhalt zu bieten: Naturschutzgebiete, Nationalparke, FFH-Schutzgebiete („Flora-Fauna-Habitat-Richtlinie" der Europäischen Union), Förderungen der Landwirtschaft mit dem Ziel der Extensivierung und Erhaltung wertvoller Biotope (ÖPUL-Programme), aber auch die Touristikwirtschaft durch Schaffung von „Naturparken" sind bemüht, dem Verlust an Landschaftsqualität entgegenzuwirken. – Werden sich die kommenden Generationen an der Vielfalt und Schönheit der Landschaft erfreuen können, oder werden sie uns verfluchen wegen unseres kurzsichtigen Materialismus?

Manfred A. Fischer

Seit der letzten großen Eiszeit, vor etwa 12.000 Jahren, hat sich die Atmosphäre um 4–5 °C erwärmt. Bis 2100, in nur 100 Jahren, wird uns eine Temperaturzunahme von bis zu 6 °C vorhergesagt. Dass diese starke und vor allem extrem rasche Klimaerwär-

Tötet die Klimaerwärmung unsere Alpenflora?

mung drastische Folgen für das Leben auf der Erde haben wird, leuchtet uns allen ein. Besonders in den Alpen, in Gebirgen generell, sind viele Tier- und Pflanzenarten vom Aussterben bedroht, sagen Klimawandelforscher. Warum?

Temperatur ist der bestimmende Klimafaktor, der die artenreichen Lebenssysteme unserer Gebirge organisiert. Sie nimmt mit zunehmender Seehöhe ab. Auf bestimmte Kälte-Schwellenwerte reagiert die Waldgrenze ebenso wie der Übergang von der alpinen Graslandschaft zur Gletscherregion. Viele Alpenpflanzen sind perfekt angepasst an diese – noch – kalten, aber bunten und einzigartigen Lebensräume im Hochgebirge: Die Fläche oberhalb der heutigen Waldgrenze macht in Europa etwa drei Prozent aus. In dieser Zone, und nur dort, leben über 2.500 Pflanzenarten. Das sind 20 % der Flora des Kontinents. Dazu zählen solch attraktive Arten wie Edelweiß und Enzian, wie Steinbrech, Gletscher-Hahnenfuß und Alpen-Mannsschild. Erhöhen wir durch CO_2-Ausstoß die Temperatur, drängen wir diese Lebewesen nach oben. Wärmeliebende Pflanzen aus tieferen Regionen wandern in die Hochlagen ein und verdrängen dort die Kälte-Spezialisten. Diese sind zum Ausweichen nach oben gezwungen, bis ihnen der Raum ausgeht, denn Bergspitzen sind eben nicht höher, als sie sind.

Soweit die Theorie. Was wurde bisher beobachtet? Aus einigen europäischen Gebirgen wie dem Ural, aus Skandinavien und dem Balkan gibt es bereits Befunde über einen Anstieg der Waldgrenze. Detaillierte Untersuchungen aus den Alpen zeigen, dass manche Arten der alpinen Graslandschaft bereits in die darüber liegenden Fels- und Schuttregionen einwandern. Zwar verlaufen diese Vorgänge – nach menschlichem Zeitempfinden – langsam, sie sind für den Bergwanderer kaum wahrnehmbar, und ihre Erfassung erfordert exakte wissenschaftliche Beobachtungsreihen. In geologischen Zeiträumen gerechnet laufen diese Bewegungen aber schneller denn je ab, vermutet man. Stellen wir eine einfache Rechnung an. Heute liegt die Waldgrenze in den Alpen bei durchschnittlich 1.900 Meter. Pro 100 Höhenmetern nimmt die Temperatur um etwa 0,7 °C ab. Sechs Grad Erwärmung könnten eine Verschiebung der Waldgrenze auf 2.750 Meter erzwingen. Das würde die waldfreien Hochzonen der Alpen um 85 % ihrer Fläche reduzieren! Nun ist diese Rechnung eine sehr grobe Verallgemeinerung unter Vernachlässigung anderer Einflüsse wie etwa der Alpwirtschaft. Die Dimension der zu erwartenden Veränderungen mag sie aber verdeutlichen. Viele Gebirgszüge im Alpenraum, die heute noch Raum für bunte Gras- und Felsfluren geben, wären damit nahezu vollständig bewaldet, und das in 100 Jahren. Nun weiß man, dass die meisten Pflanzen aufgrund ihrer Ausbreitungsbiologie mit dieser Geschwindigkeit gar nicht Schritt halten können. Im Grunde ist es aber unerheblich, ob sich diese Szenarien schon 2100 oder erst in einigen hundert Jahren verwirklichen. Stattfinden werden sie.

Tötet die Klimaerwärmung also die Alpenflora? Teilweise ja! Wohl werden sich manche Pflanzenarten noch lange halten können, etwa an Felswänden, die sich aufgrund ihrer Steilheit gar nicht bewalden können. Ein großer Teil der alpinen Flora wird aber zweifellos unter die Räder der Weltveränderung kommen, die wir verursachen. Damit zerstören wir eine Region, die vielfältige Funktionen trägt, für die Wasserversorgung des Tieflandes, für den Tourismus der Gebirgsanrainerstaaten, für die genetische Artenvielfalt der Welt. Und das nicht nur in den Alpen. Der Mensch beeinflusst damit Gebiete, die er selbst noch kaum betreten hat, etwa entlegene Gegenden der Anden, des Himalayas und im Osten Sibiriens.

Michael Gottfried

Vegetationsstufen in den Alpen
- Hügelstufe (kolline Stufe) = bis ca. 500 m; vom Tiefland bis zur oberen Grenze des Weinbaus, umfasst alpine Tallagen
- Untere Bergstufe (submontane Stufe) = bis ca. 1.000 m; Waldstufe mit Buchen, Linden, Eichen, Kastanien
- Obere Bergstufe (hochmontane Stufe) = bis ca. 1.500 m; Waldstufe mit Bergwald aus Buchen, Fichten, Tannen, Föhren
- Subalpine Stufe = bis ca. 2.000 m; Waldgrenze, Krummholz- und Alpenrosenzone, Lärchen, Zirben
- Alpine Stufe = bis ca. 2.500/3.200 m (oberhalb der Baumgrenze); Zwergstrauch- und Grasheidenzone, Latsche, Strauchbuchen, Straucherlen
- Schneestufe (nivale Stufe) = ab 2.500 bis 3.000 m; Pionierrasen, Moose, Flechten

„Ökobewusstsein" scheint allgemein um sich zu greifen, wer aber kennt noch unsere heimischen Pflanzen und Tiere? Sind die Landwirte, also die Maschinisten der industrialisierten Landwirtschaft naturverbunden? Begrünungsmaßnahmen – Rasenansaaten,

Natur oder Kultur?

Baumpflanzungen – werden weithin als „ökologisch" gesehen, dieses „Grün" ist jedoch denkbar naturfern: einige standortfremde Grasarten und Ziersträucher aus dem Baumarkt oder dem Gartenbaubetrieb. Der „unkrautfreie" Kunstrasen, wöchentlich unter Lärm- und Abgasproduktion geschnitten, ähnelt mehr einem Plastikteppich als einer Wiese. Mit Natur hat das alles kaum zu tun. Industriell hergestellte, kommerzialisierte Pseudonatur lässt sich dem naturhungrigen Konsumenten aufdrängen, weil der die echte Natur nicht mehr kennt. Die Meinung, der Garten sei Natur, ist weit verbreitet; denn das Paradies war ein Garten und ist es für viele Menschen auch heute. Soll die Natur also, sofern nicht wirtschaftlich genutzt, zu einem Garten werden oder hat sie einen Eigenwert? Die Landwirtschaft leidet an Überproduktion, unsere Äcker aber sind Hochleistungsäcker, in denen kein „Unkraut" geduldet wird, es könnte ertragsmindernd wirken (die Ausgleichsbrachen dürfen aber von der Natur nicht erobert werden). Die naturnahen Magerwiesen werden zerstört: entweder in artenarmes Intensivgrünland umgewandelt oder durch Aufforstung vernichtet. Die Forstfläche Österreichs wächst dadurch beängstigend (heute bereits 47 % der Landesfläche), was allerdings nicht zu mehr, sondern zu weniger Natur führt – die einst ab-wechslungsreiche Landschaft wird monotonisiert: künstliche Forste anstatt naturnaher Wälder. Feuchtwiesen und Moore werden als wertloses Sumpfland verleumdet (die dadurch verursachte Zunahme der Hochwässer wird als finanziell kalkulierbar in Kauf genommen); bezeichnenderweise gelten „saure Wiesen" als Metapher für Unmoral. – Der naturfernste Fichtenforst gilt vielfach als „grüner" denn die artenreichste Magerwiese – eine Folge von Naturentfremdung, mangelhafter Naturbeobachtung und fehlendem naturkundlichen, ökologischen Wissen, denn Ökologie wird nicht selten als Müllbeseitigung missverstanden.

Unzureichende Naturkenntnis und die archaische Furcht vor der wilden Natur führen zur Überbewertung der Natur aus zweiter Hand: Garten- und Landschaftsarchitekten erzeugen künstliche, maßgeschneiderte „Natur"; selten gewordene, aussterbende Pflanzenarten werden kommerziell feilgeboten; in freier Wildbahn ausgerottete Tier- und Pflanzenarten überleben im Zoo und im botanischen Garten. Auch die wilde Natur erweist sich somit als machbar – Natur aus zweiter Hand. Künstliche Paradiese oder zurück zur Wildnis? Wohl weder noch! Förster, Jäger, Bauern werden zu Naturschützern und Landschaftsarchitekten – des Menschen Habitat ist die gezähmte Wildnis.

Manfred A. Fischer

Einer der letzten „Urwälder" Mitteleuropas: der Rothwald bei Lunz am See

Die Pflanzen, die Jonny Weißmüller in alten Tarzan-Filmen zu verschlingen drohen, gibt es nicht – Bäume, die andere Bäume erwürgen, jedoch schon. Eine der bekanntesten „Würgepflanzen" ist mit einer beliebten Zimmerpflanze verwandt – die Würgefeige.

Gibt es Mörderbäume?

Die Samen der Würgefeige werden von Vögeln vertragen und mit dem Kot ausgeschieden. Fallen sie auf einen Ast eines Baumes oder in eine Astgabel, beginnen sie zu keimen und wachsen in ihrer Jugend als Epiphyten auf den noch unbeschadeten Dschungelbäumen. Ihre Nährstoffe ziehen sie aus dem geringen Substrat, das sich auf den Ästen und in den Astgabeln der Baumriesen ansammelt. Die Feige beginnt auch Luftwurzeln zu treiben, die Richtung Boden wachsen. Treffen sie auf den Stamm des Wirtsbaumes, beginnen sie sich zu verzweigen und miteinander zu verwachsen, sodass sich schließlich ein Netz von Wurzeln um den Stamm ihres Trägers legt. Erst wenn die Luftwurzeln der Feige nach jahrelangem Wachstum den oft weit entfernten Erdboden erreichen und sich verwurzeln, wird der Epiphyt zum schnell wachsenden Baum. Durch den Zugriff auf die Nährstoffe des Bodens folgt ein Wachstumsschub, die Wurzeln umschließen den Wirtsbaum immer stärker. Dadurch wird sein Dickenwachstum gehemmt, die Wasser- und Nährstoffzufuhr eingeengt und schließlich unterbrochen – der Baum wird erwürgt. Im hölzernen Griff der Würgefeige beginnt der abgestorbene Baum zu zerfallen und dient dabei als Nährstoff für die Feige, die nun auf eigenen Wurzeln steht. Der von den Feigenwurzeln umschlossene Bereich des Stammes des Wirtsbaumes bleibt oft leer, zudem werden oft zusätzlich Wurzeln ausgebildet, die die Feige stützen, sodass der Baum eine Bodenfläche von mehreren Hundert Quadratmetern bedecken kann. Würgefeigen können bis zu 30 Meter hoch werden.

Würgefeigen gibt es in mehreren Arten in tropischen Ländern. Eine bekannte Würgefeigenart ist der Banyan-Baum (*Ficus benghalensis*). Die Würgefeigen gehören zur Untergattung *Urostigma*, diese zur Gattung *Ficus*, die wie die Essfeige (*Ficus carica*) und der Gummibaum (*Ficus elastica*) zu den Maulbeergewächsen gehören.

Franz Stürmer

Langsam, aber unerbittlich tötet der Banyan-Baum sein Opfer

„Und Gott segnete sie und sprach zu ihnen: Seid fruchtbar und mehret euch und füllet die Erde und machet sie euch untertan und herrschet über die Fische im Meer und über die Vögel unter dem Himmel und über das Vieh und über alles Getier, das auf Erden

Welchen Einfluss hat der Mensch auf die Natur – Störung oder Steuermann?

kriecht". Dieses aus dem 1. Buch Mose stammende Bibelzitat ist in seiner verkürzten Form „Macht euch die Erde untertan!" zu einem populären Antislogan moderner Natur- und Artenschutzbewegungen geworden, weil es als plakatives Motto die rücksichtslose Ausbeutung der Natur durch den Menschen im christlichen Abendland als offenbar gottgewollt legitimiert. Angesichts der wachsenden Bedrohungspotentiale für die Natur haben radikale Naturschützer denn auch entsprechende Gegenparolen entwickelt: Der Mensch ist eine Störung der Natur! Wahre Natur gibt es nur, wenn sie vom Menschen absolut unbeeinflusst ist!

Bei genauer Betrachtung fällt auf, dass für beide Extreme – der Mensch als Störung bzw. der Mensch als Gestalter der Natur – genügend Beispiele gefunden werden können: So reicht etwa die gegenwärtige Nahrungsmittelproduktion theoretisch aus, um alle Menschen mehr als hinlänglich zu ernähren. Der große Anteil Hunger leidender Menschen ist also kein Produktions-, sondern ein Verteilungsproblem. Andererseits sterben Jahr für Jahr Tier- und Pflanzenarten unwiederbringlich aus und die so genannten

„Roten Listen" bedrohter Arten werden immer länger.

Was bringt also das Konzept hartnäckiger Ausgrenzung des Menschen aus den wenigen noch existierenden Stücken Restnatur tatsächlich? Die mittlerweile schon recht zahlreichen Nationalparks der Welt verfolgen dieses Konzept schon seit beinahe 100 Jahren durch die Einrichtung von Zonen, die für den Menschen vollständig gesperrt sind. Gelegentlich stößt man dann aber auf Phänomene, die zeigen, dass ein gewisser Einfluss des Menschen manchmal sogar unbedingt notwendig ist, um charakteristische Landschaften zu erhalten. Als besonders anschauliches Beispiel seien hier die nährstoffarmen Sandökosysteme der ehemaligen innerdeutschen Zonengrenze erwähnt, die nur durch die intensive Befahrung mit Kettenfahrzeugen entstanden und weiterhin auf regelmäßige Störung angewiesen sind – auch mit Kampfpanzern kann man also zum Naturschutz beitragen.

Es zeigt sich, dass Konzepte der radikalen Ausgrenzung des Menschen bestenfalls für sehr kleine Bereiche funktionieren. Die Einschätzung, wonach auch der Mensch Bestandteil der Natur ist, weist ihm einen konkreten Platz in der Natur zu. Und die einzigartige menschliche Fähigkeit zu erkennen und zu verstehen eröffnet ihm die große Chance, seine Rolle in der Natur stets selbstkritisch zu hinterfragen – an ihm allein liegt es, aus dieser Selbstkritik die richtigen Schlüsse zu ziehen!

Ulrike Bechtold/Harald Wilfing

Der Begriff Nachhaltigkeit geht auf den im 17. Jahrhundert in Deutschland lebenden Forstwirt Hans Carl von Carlowitz zurück, der ihn ursprünglich auf eine bestimmte Bewirtschaftungsweise des Waldes bezog: Einem Wald soll nur so viel Holz entnommen

Ist nachhaltige
Entwicklung möglich?

werden, wie auch wieder nachwachsen kann. Populär im modernen Sprachgebrauch wurde der Begriff ab 1987 durch den Bericht der „Weltkommission für Umwelt und Entwicklung", den berühmten *Brundtlandreport*, so benannt nach der damaligen norwegischen Ministerpräsidentin Gro Harlem Brundtland. Die darin enthaltene Definition von Nachhaltigkeit zielt besonders auf Gerechtigkeit zwischen den Generationen („intergenerative Gerechtigkeit"). Mittlerweile gibt es noch weitere Definitionen mit unterschiedlichen Gewichtungen und Wertungen.

Im die Nachhaltigkeit erweiternden Konzept der so genannten *evolutionability* spielt die Freiheit der Wahl eine große Rolle: Künftige Generationen sollen gleich viel oder mehr Optionen haben als gegenwärtige. Mit Entscheidungen, wie z. B. dem Bau eines Netzes von Autobahnen über ganze Kontinente, werden zukünftige Entscheidungsfreiheiten aber reduziert. Damit erhöhen wir das, was in der Wissenschaft als *path dependencies* bezeichnet wird. Solche „Pfadabhängigkeiten" entstehen dort, wo gegenwärtige Bedingungen von einer Reihe von in der Vergangenheit getroffenen Entscheidungen determiniert werden.

Der Nachhaltigkeitsaspekt, der zukünftigen

Generationen Sicherung der Ressourcen und Wahlfreiheit bezüglich ihrer Lebensbedingungen garantieren will, birgt mehrere Gefahren: Der Menge der Lebenden steht die Menge der künftigen Generationen gegenüber. Den Lebenden, vertreten durch „Macher" und Lobbyisten, stehen jene Stellvertreter gegenüber, die heute für gedachte Nachfahren Partei ergreifen. Die eigenen Nachkommen werden zugunsten der anonymen Menge aller anderen unverhältnismäßig bevorzugt; polemisch formuliert legitimiert heute bereits das erste Kind den Family-Van. In gesellschaftlich-politischen Schlüsselpositionen herrschen Kräfte der Bewahrung über jene der Veränderung: Tief greifender Wandel, etwa in den politischen Administrationen, wird durch selbst perpetuierende Systeme verhindert. Selbst reformfreudige Amtsnachfolger finden sich mit einer Fülle von *path dependencies* konfrontiert, die nur schwer zu durchbrechen sind.

Nachhaltigkeit ist kein Ziel, das auf einer Einbahnstraße erreicht werden könnte. Nachhaltigkeit ist keine Flagge, die suggeriert, dass alle im Gleichklang dasselbe zu wollen haben. Wenn man Nachhaltigkeit hingegen als Bedingung sinnvoller und langfristig tragbarer Maßnahmen, Entwicklungen und Programme betrachtet, stellt sie ein Konzept dar, das vermutlich den einzigen Weg darstellt, das Überleben der Menschheit zu ermöglichen.

Ulrike Bechtold/Harald Wilfing

Die Antwort fällt unterschiedlich aus, je nachdem, um welchen Bereich es geht, wen man fragt und was man mit dem Begriff meint. Denn inzwischen steht der Begriff für die gesamte moderne Biotechnologie, deren Fortschritte immer wieder Kontroversen aus-

Gentechnik – Fluch oder Segen?

lösen: Heilungschance oder Machbarkeitswahn, Innovationsvorsprung oder Dominanz von Großkonzernen? Und warum haben die vielen Studien zu Chancen und Risiken samt allen Gesetzen den Streit nicht beenden können?

Das gezielte Erkennen, Verändern und Übertragen von Genen gilt auch heute noch vielen als neu, die Technik stammt aber aus den 1970er Jahren. Damals war man aus Vorsicht übereingekommen, vorerst bestimmte Experimente zu unterlassen. Als es Sicherheitsrichtlinien gab, ging es rasant voran, bald konnten z. B. veränderte Bakterien menschliches Insulin herstellen.

In den 1980er Jahren kam es zu öffentlichen Debatten über Technikrisiken. Man konnte jetzt Gene gezielt verändern und von einer Art zur anderen übertragen, während bei herkömmlicher Züchtung Individuen nur aus vielen mit zufälligen genetischen Veränderungen auswählt werden können. Drei Themen dominierten die Debatte: die Moral – der Mensch solle nicht Gott spielen –, das Risiko – die Technik sei unabschätzbar –, und die Verteilungsgerechtigkeit – nur große Konzerne würden profitieren. Dagegen stand die Chance auf neue Medikamente und Nutzpflanzen sowie als Leitmotiv die techno-

logische Wettbewerbsfähigkeit. Überdies ließen sich technikspezifische Risiken nicht nachweisen.

Je rosiger die industriellen Perspektiven, desto heftiger wurde die Debatte. Neben der großtechnischen Produktion lehnten viele die Freisetzung von „Gen-Pflanzen" ab. So trat die Gentechnik das Erbe der Kernenergie im Streit um moderne Technik an.

Als einige Länder Gesetze erließen, zog die EG 1990 mit Richtlinien nach. Für den Laborbereich bewährten sie sich, bei Produktzulassungen konnten sich die Mitgliedstaaten aber oft nicht einigen. In den USA trat die „grüne" Gentechnik ihren Siegeszug in der Landwirtschaft an, in Europa stagnierte sie. Obwohl Gentechnik nichts damit zu tun hatte, trugen diverse Lebensmittelskandale (z. B. BSE) zum Misstrauen gegen die Behörden bei. Neue EU-Bestimmungen, die ein Nebeneinander von gentechnischen und konventionellen Sorten erlauben sollen, müssen sich erst bewähren.

Indessen wurde die „rote" Gentechnik in der Medizin zur großen Hoffnung. Neue Medikamente sollten Krebs und Aids heilen, genetische Diagnosen Erbkrankheiten abschaffen – vieles blieb ein Traum, obwohl es Fortschritte gab. So heftig die grüne Gentechnik abgelehnt wurde, so übertrieben waren manche Erwartungen an die rote. Die Entzifferung des menschlichen Genoms 2001 eröffnete zusätzliche Perspektiven, gab aber zunächst mehr Rätsel auf, als sie löste. Die Debatte um die Gentechnik dürfte uns also noch lange begleiten.

Helge Torgensen

es Atlantis wirklich? Gibt es einen Kelten-Code? Wer zahlte
Gallischen Krieg? Was machte Herkules am Großglockner?
es vor tausend Jahren schon eine Millionenstadt? Welche
pflanze verursachte einen Börsenkrach? Warum entstehen
olutionen? Was hat die Frauenbewegung bewirkt und er
cht? Wer war die „Friedens-Bertha"? Gibt es einen Fort
ritt der Zivilisation? Wie können wir mit dem Thema
sterreich und de
Warum muss Ge
rden? Warum lei
r? Was ist Politik?
igung? Warum is
rechts oder links?
Privilegien? Ver
statt der Politik?
wir? Was leister
ist uns die Politik

Gibt es einen Fortschritt der Zivilisation?

**Fragen und Antworten
zu Geschichte und Politik**

rt? Ist Österreich neutral? Allgemeine Wehrpflicht oder Be
sheer? Welche politische Identität haben wir? Wie sollen
wählen? Was ist politische Bildung? Was ist politische Kul
? Was versteht man unter Menschenrechten? Sitzen wir in
Globalisierungsfalle? Welchen Stellenwert haben interna
nale Institutionen wie UNO, IAEA oder WTO? Was tun „Blau
me"? Was sind und was können NGOs? Welche Zukunf
das transatlantische Verhältnis? Sind wir auf dem Weg
einer europäischen Armee? Was sind Kernwaffen und wie
ihre Wirkung? Wer verfügt über Kernwaffen? Was wären
Auswirkungen eines globalen nuklearen Krieges? Gibt e
internationales Netzwerk des Terrorismus? Was sind asym
trische Kriege? Was sind Massenvernichtungswaffen? Wer
Waffen „intelligenter"? Sind Landminen die „idealen

Die Frage ist alt. Zur Zeit des Kaisers Augustus notierte der Geograph Strabon, dass Streit darüber besteht, ob die Erzählung vom Untergang der riesigen Insel Atlantis nur „heiße Luft" (Plasma) sei oder sich auf ein wirkliches Ereignis beziehe.

Gab es Atlantis wirklich?

In die Welt war diese Geschichte durch Platon gekommen. In zwei Dialog-Schriften (vermutlich aus den 50er Jahren des 4. Jahrhunderts v. Chr.), in der Eingangspartie des *Timaios* und im unvollendet gebliebenen *Kritias* (benannt jeweils nach den Hauptreferenten im philosophisch-didaktischen Dialog), entwickelte Platon die Vorstellung zweier unterschiedlicher idealer Staatsformen, die in einer sagenhaften Vorzeit – über 9000 Jahre vor seiner Zeit – existiert haben sollen. Dabei spielt zunächst Athen die Hauptrolle. Dort bestand eine Verfassung, die ganz ähnlich derjenigen war, die schon in der *Politeia*, Platons berühmtem Dialog über Gerechtigkeit und Staatsverfassung, im Gedankenexperiment entwickelt worden war. Seine Tüchtigkeit bewies dieses vorzeitliche Athen mit einem Abwehrsieg über die Könige von Atlantis, die den Rest der Welt, den sie noch nicht beherrschten, unterwerfen wollten. Atlantis war, so die Darstellung Platons, die Hauptstadt eines riesigen Inselreichs und verkörperte einst ebenfalls ideale Verhältnisse unter einer gerechten, von zehn Königen kollegial geführten Regierung. Doch mit zunehmendem Handel und Reichtum nahmen Besitzgier und Expansionsgelüste überhand und verdarben den Charakter der Herrschenden. In der Folge erlitt Atlantis in einem kolossalen Feldzug gegen das vorzeit-liche Athen ein Debakel. – Später dann hätte eine kosmische Katastrophe (wie sie nach Platons Überzeugung in regelmäßigen Zyklen auftreten) sowohl Athen als auch Atlantis innerhalb eines Tags und einer Nacht zerstört: Athen versank im schlammigen Boden, Atlantis im Meer.

Die mit „harten" Methoden arbeitende Forschung kann zwar mutmaßliche Inspirationsquellen für Platon ausfindig machen (einschließlich schwerer Erdbeben und Flutkatastrophen zu Platons Zeit), betont aber die philosophisch lehrhaften Anliegen und die vielen politischen und literarischen Anspielungen in dieser Geschichte. Dessen ungeachtet wird seit Jahrhunderten ein „wirkliches" Atlantis gesucht und an allen möglichen Orten „gefunden": in Inselgruppen des Atlantischen Ozeans selbst, aber auch in Amerika, in nordischen Gefilden (Helgoland), im Mittelmeer (an der Mündung des Guadalquivir, vor den Küsten Zyperns, in Troja oder auf Santorin) wie im Schwarzen Meer, aber selbst in Salzwüsten des Maghreb, im Heiligen Land oder auf Madagaskar – überall lassen sich die Spuren von Atlantis finden, wenn man Platons Text nur lange genug „interpretiert". Das urzeitliche Athen sucht leider niemand. Das war zu „brav", um zu faszinieren. Atlantis dagegen stimulierte nicht nur Schatzsucher-Phantasien, sondern auch etliche abenteuerliche, oft nationalistische oder rassistische Theorien über die Abstammung „wertvoller" Völker und Kulturen vom alten Atlantis: von den Goten Schwedens und den Etruskern bis zu den Ägyptern und den Mayas. Vor allem musste der sagenhafte Kontinent auch als Urheimat der Arier herhalten.

Reinhold Bichler

Leonardo da Vinci war ein Genie. Doch die Kunst, brisante Botschaften verschlüsselt in „harmlosen" Kunstwerken unterzubringen, hatten schon Jahrtausende vor ihm unsere keltischen Urahnen zu einer verblüffenden Meisterschaft entwickelt. Allein mit der

Gibt es einen Kelten-Code?

Kunstfertigkeit ihrer Rede hatten sie ihre antiken Zeitgenossen zur Weißglut gebracht. Der griechische Geschichtsschreiber Diodor, der zur Zeit Cäsars in Rom lebte, nahm die keltischen Druiden z. B. als „einschüchternd und hochmütig" wahr und stellte verärgert fest, dass sie zwar wenig reden, wenn aber einmal, dann in unverständlichen Rätseln und Hyperbeln (übertreibenden Bildern).

Aus religiösen und pädagogischen Gründen war bei den Kelten die Schrift mit einem Tabu belegt, von dem es nur für Händler und Priester Ausnahmen gab. Das gemeinsame Wissen war für Außenstehende unlesbar in den Köpfen der Eingeweihten aufgehoben. Und anstelle von schriftkundigen Schreibtischtätern brachte diese Kultur – von Römern und Griechen beneidete und angefeindete – Künstler des Wortes hervor sowie eine bildhafte Sprache, die sich in verschlüsselten Symbolen, quasi in einem eigenen „Kelten-Code", ausdrückte. Die Kunst der magisch beschwörenden Rede, der nur Eingeweihten verständliche Code und seine laufende Anwendung waren ein starkes gesellschaftliches Bindeglied, für das es einen eigenen Heros gab, nämlich Ogmios, der von den

Römern mit Herkules und Merkur vermischt wurde.

Die geheimnisvollen Worte sind zwar längst verhallt, doch die Codierung mittels blühender Symbolik hat sich auch in der weniger vergänglichen Bildsprache keltischer Kunstwerke erhalten. Vom großen Prunkwagen bis zum kleinen Achsnagel, von der wertvollen Schnabelkanne bis zu Gegenständen des täglichen Lebens, wie Fibeln oder Geschirr: die kunstvoll bearbeitete Hinterlassenschaft unserer keltischen Ahnen ist übersät mit rätselhaft verschlüsselten Botschaften, die bislang nicht oder zumeist falsch interpretiert worden sind. Zwar wäre deren Auflösung –

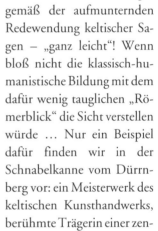

gemäß der aufmunternden Redewendung keltischer Sagen – „ganz leicht"! Wenn bloß nicht die klassisch-humanistische Bildung mit dem dafür wenig tauglichen „Römerblick" die Sicht verstellen würde … Nur ein Beispiel dafür finden wir in der Schnabelkanne vom Dürrnberg vor: ein Meisterwerk des keltischen Kunsthandwerks, berühmte Trägerin einer zentralen, in reicher Symbolik dargestellten keltischen Botschaft! Es geht klar um den Kern des keltischen Mythos, um das weibliche Prinzip im Kreislauf des ewigen Lebens, um Geburt – Tod – (irdische!) Wiedergeburt! Was lesen uneingeweihte Gelehrte: Drei Göttermänner spielen „Fressen und gefressen werden"! Die Zahlen drei, fünf und neun nicht decodiert, die gebärende Vulva nicht erkannt, das Sakrileg umgangen – den Kelten-Code nicht kapiert!

Georg Rohrecker

Wer den blutigen Krieg in Gallien finanzierte, ist „aktenkundig": die antiken römischen Finanzspekulanten, die sich von den Geschäften des Herrn Cäsar beträchtlichen Gewinn versprachen – allen voran der Milliardär Marcus Licinius Crassus. Wer die „Un-

Wer zahlte den Gallischen Krieg?

terwerfung" Galliens schließlich bezahlte, ist auch recht einfach zu beantworten: die Verlierer, die Kelten oder Gallier im heutigen Frankreich, in Belgien und der Schweiz. Und sie bezahlten nicht nur den Privatkrieg Cäsars, den er zu seiner Bereicherung angezettelt hatte, sondern auch gleich noch alle Schulden, die bis dahin von ihm angehäuft worden waren, und den aufwendigen Rest des Diktatorenlebens des „reichsten und verschuldetsten Mannes in Rom" (Theodor Mommsen). Schon im zarten Alter von 22 Jahren war Gaius Julius Cäsar ein derart verschuldeter Mann gewesen, dass auch seine Gläubiger gezwungen waren, den einzigen Ausweg in der Flucht nach vorn zu sehen. Sein erster politischer Job als Quästor von *Hispania ulterior* zeigte dem skrupellosen Hasardeur am Beispiel der Keltiberer nur zu deutlich, dass es Gold und Silber in rauen Mengen gab, das ihm seine auf Bestechung, Stimmenkauf und Spekulation aufgebaute Karriere ermöglichen sollte. Doch bis er an die Goldschätze der Kelten gelangen konnte, hatte der Aufsteiger noch einige Widrigkeiten zu überwinden, zu deren Bewältigung er allerdings passende Geschäftspartner und Geldquellen fand – insbesondere seinen bereits erwähnten Hauptfinanzier Crassus. Aber auch mit dem Dritten im Bunde des mafiosen Triumvirats, mit seinem späteren Hauptkonkurrenten

Pompeius, konnte er z. B. dem ägyptischen König Ptolemaios XII. in der Zwischenzeit Schutzgeld im Gegenwert von einer bis zwei Milliarden Euro abpressen.

Cäsars große Chance kam endlich im Jahr 58 v. Chr., als er die Verwaltung der Provinzen *Illyricum* und *Gallia (!) Cisalpina* in Oberitalien übertragen bekam, zu der ihm schließlich noch die *Gallia Transalpina* in Südfrankreich zugeschanzt wurde, bei deren Besetzung den Römern allein in *Tolosa* (Toulouse) Beute im Wert von 2,5 bis 3,5 Milliarden Euro zugefallen war. Cäsar witterte die Schätze des noch freien Teils von Gallien, die er sich – koste es, was es wolle – zu holen gedachte! Er setzte alles auf eine Karte, borgte sich noch einmal Geld zur Aufstellung einer Privatarmee (vier Privatlegionen neben den vier staatlichen), überfiel ab 58 v. Chr. mit dieser gewaltigen Militärmaschinerie etappenweise die noch freien Gallier Westeuropas und rieb sie völlig auf. Der blutige Krieg hatte sich für den Spekulanten absolut gerechnet. Er bekam nicht nur seine Kosten vielfach herein, sondern deklassierte vermutlich selbst Crassus im Milliardärs-Ranking.

Cäsars Gewinn aus dem Gallischen Krieg war derart gigantisch, dass daneben der Schatz von Toulouse verblasste und er es sich z. B. leisten konnte, in Rom um den „läppischen" Betrag von 25 Millionen Denare – ca. eine Milliarde Euro – ein neues Forum erbauen zu lassen. Cäsar wurde an den Iden des März des Jahres 44 v. Chr. zwar selbst das erste Opfer des Cäsarenwahns, doch für die „ruhmreiche" Vorgeschichte hatten Millionen Gallier entsprechend bezahlen müssen.

Georg Rohrecker

Herakles (lat. Herkules) kam einst weit herum. Bei der heldenhaften Lösung seiner zwölf Aufgaben verschlug es ihn mindestens von Kreta über Arkadien bis zu den Kanarischen Inseln – wenn's nicht sogar weiter nördlich war, z. B. bei der Apfelinsel Avalon,

Was machte Herkules am Großglockner?

wo er den drei (!) Hesperiden aus ihrem Paradiesgarten die goldenen Äpfel des ewigen Lebens klaute. Klingt alles nach sonnigen Destinationen. Aber was sollte er bitte am Großglockner, dem höchsten Berg der Ostalpen, zwischen Eis und Murmeltieren gemacht haben? Und dennoch: Er war eindeutig dort!

Seit 1935 besteht zwischen Mai und Oktober die Möglichkeit, den Tauernkamm auf der imposanten Großglockner-Hochalpenstraße zu bezwingen. Doch beim Bau dieser Straße merkten die Techniker, dass sie dort nicht die Ersten gewesen waren. Das stellten sie nicht erst fest, als beim Ausschachten der Scheitelstrecke nahe dem Hochtor im September 1933 „ein Arbeiter beim Graben auf ein kleines grünes Etwas [stieß], das sich als eine bronzene Herkulesstatue entpuppte". Der Architekt Franz Wallack hatte nämlich bereits bei der Trassierung der von ihm gewählten Strecke im Frühjahr merkwürdige Entdeckungen gemacht: „Als ich die erste Kehre in die Straßenlinie einlegen musste, entdeckte ich, dass hier schon einmal eine Wegkehre gelegen hatte. Als ich dann weiter trassierte, arbeitete ich haargenau auf den Überresten einer alten Weganlage, genau auf der Spur des an manchen Stellen bis zu vier

Meter breiten, alten, verfallenen Wegkörpers. Vor vielen Jahrhunderten, vielleicht sogar vor Jahrtausenden, hatte schon ein anderer trassiert, hatte sich dabei von den gleichen Überlegungen leiten lassen wie ich und die Aufgaben in derselben Weise gelöst."

Wallack hatte tatsächlich die alte Kelten-Straße über den Großglockner, die Scheitelstrecke der kürzesten Verbindung zwischen Salzburg, dem kelt. *Juvavum*, und *Aquileia* entdeckt, deren alte Linienführung „in groben Zügen der heutigen Scheitelstrecke der Großglockner-Hochalpenstraße entspricht". Und es war kein schmaler Saumpfad, sondern eine echte Straße von der Art, wie sie die römischen Besatzer später mit Vorliebe zu ihren Reichsstraßen ausbauten. Der spärlich mit Löwenfell-Überwurf bekleidete so genannte „Herkules vom Hochtor" wurde zum Zeugen für das Alter der Straße.

Ach, Sie meinen, Herkules sei gar kein Kelte gewesen? Da haben Sie zwar Recht – und doch wieder nicht! Der Grüne vom Hochtor ist nämlich kein Römer – und schon gar kein Grieche! Was da oben in unzureichender Kleidung entdeckt wurde, ist dem Äußeren nach eine höfliche Verbeugung vor den römischen Besatzern. Dahinter steckt aber niemand anderer als Belenus, der potente Heros der ostalpinen keltischen Göttinnen-Trinität.

Und ob mit oder ohne Löwenfell: Belenus bot auch die Verbindung ins keltische Juvavum, dem mit Aquileia mythologisch verwandten und später Salzburg genannten Platz – dort befand sich ein zentraler keltischer Heils- und Wiedergeburtskult, der sich vor den heutigen Katakomben abgespielt haben könnte.

Georg Rohrecker

1860 stieß der französische Naturkundler Henri Mouhot in Kambodscha nördlich der Provinzhauptstadt Siem Reap auf dem Weg nach Laos auf beeindruckende, vom Dschungel überwucherte Ruinen. Seine Publikationen lenkten das Interesse der westlichen

Gab es vor tausend Jahren schon eine Millionenstadt?

Welt, vor allem der Franzosen, auf die riesigen versunkenen Tempelanlagen. Nach dem Rückzug von Siam aus Kambodscha 1907 konnten vor allem französische Forscher darangehen, die Anlagen flächendeckend aufzunehmen.

Mouhot hatte Angkor, die einstige Hauptstadt des Reichs der Khmer entdeckt. Basis für diese mittelalterliche Großstadt und den Aufstieg des Khmerreiches war eine ausgeklügelte Bewässerungstechnik, die unabhängig von den periodischen Monsun-Regenzeiten und dem nahen riesigen Tonle-Sap-See bis zu drei (statt einer) Ernten im Jahr ermöglichte. Riesige Wasserreservoirs (Barays) in einer Größe von 8 mal 2 km und ein Netz von Kanälen versorgten die Reisfelder auch in der Trockenzeit mit Wasser. Die damit erreich-

bare Überproduktion erlaubte ein rasches Bevölkerungswachstum, wobei nur ein geringer Teil in der Landwirtschaft beschäftigt war, sondern Soldaten, Arbeiter, Handwerker und Priester den Hauptanteil ausmachten. Damit konnte der Herrscher der Khmer, der Gottkönig, auf ausreichend Truppen, aber auch auf Erbauer der Hauptstadt und Priester als Erhalter der weiträumigen Tempelhallen zurückgreifen.

Im Jahr 802 sagte sich Prinz Jayavarman II. von der Oberhoheit des Königreichs Java los und erklärte alle von Khmer bewohnten Gebiete als sein unabhängiges Khmer-Reich. Unter König Yasovarman I. (889–900) wurde mit dem Bau Angkors begonnen. Nach mehreren Übergriffen durch das Champareich (Vietnam) wurde ab 1113 unter Jayavarman VI. (als Khmer-König Suryavarman 1113–1145) Angkor Wat gebaut.

Unter Jayavarman VII. (1181–1218) erreichte das Khmer-Reich mit einer Ausdehnung über das gesamte Festland von Südostasien seinen Höhepunkt. Um 1200 wurde mit dem Bau einer neuen Inneren Königsstadt begonnen – Angkor Thom. Allein diese von einer Mauer mit von viergesichtigen monumentalen Köpfen gekrönten Toren umgebene Stadt besaß eine Fläche von 10 km². Angkor Wat, der bekannteste Tempel, lag rund 2 km außerhalb und der Dschungeltempel Ta Prohm über 1 km östlich der Stadtmauer.

In den folgenden Jahrzehnten begann der Niedergang des Khmer-Reiches, das zusehends Spielball der Thais und der Cham wurde, und 1432 wurde die einstige Millionenstadt nach Eroberung durch die Thais geplündert, von den Khmer geräumt und dem Dschungel überlassen.

Ruinen der Tempelanlage von Angkor Wat

Franz Stürmer

Ist es möglich, dass drei Tulpenzwiebeln gegen eine Brauerei eingetauscht wurden? Dass die Sorte „Vicekönig" für 24 Wagenladungen Getreide, Schweine, Kühe, Fässer mit Bier und mehrere Tonnen Käse den Besitzer wechselte? In Holland waren in den Jahren

Welche Zierpflanze verursachte einen Börsenkrach?

1629–1636 Preise für Tulpen in dieser Größenordnung gang und gäbe.

Die Tulpe kam Ende des 16. Jahrhunderts über diplomatischen Weg aus der Türkei nach Mitteleuropa, von dort wurde sie in Botanikerkreisen in Europa weitergereicht. Anfänglich missachtet, wurde sie durch Kreuzungsversuche holländischer Züchter, die farbenprächtige Sorten erzielten, zum Kultobjekt der Pflanzenliebhaber. Die Züchter konkurrierten untereinander und versuchten sich durch besondere Blütenformen und -farben ihrer Kreuzungen zu übertreffen. Damit entstand eine große Sortenvielfalt, wobei die Sorten oftmals nur in wenigen Zwiebeln vorhanden waren. Die gesteigerte Nachfrage und die geringe Anzahl der Zwiebeln pro Sorte ließ die Preise rapide in ungeahnte Höhen schnellen. Kostete eine Zwiebel am Anfang der „Tulipomanie" einen Gulden, wurde dieselbe Sorte 1636 mit über 1.000 Gulden pro Zwiebel gehandelt. Eigene Tulpengesetze wurden erlassen, der Handel standardisiert, vielerorts Tulpenauktionen veranstaltet. Teilweise wurden per handkolorierte Kataloge und auf Kaufoption Geschäfte gemacht. Mittlerweile handelten nicht nur Pflanzenliebhaber mit Tulpenzwiebeln, das Tulpenfieber hatte die gesamte Bevölkerung

erfasst. Diese Entwicklung rief natürlich auch Spekulanten auf den Plan, die Tulpenzwiebeln und Kaufoptionen wie Aktien handelten und damit zusätzlich künstliche Höchstpreise erzielten. Interesse aus dem Ausland steigerte den Tulpenwahn, der Ende 1636 seinen Höhepunkt erreichte. Vermögen, Häuser und Grundbesitz wurden in die Züchtungen investiert.

Als im Februar 1637 bei einer Tulpenauktion der Preis für eine Zwiebel um ein Viertel unter den Erwartungen blieb, löste dieser Einzelfall bei den „Tulpenaktionären" eine Welle von Verkäufen aus, die den Markt überschwemmten und die Preise ins Bodenlose fallen ließen. Der Tulpenhandel kam teilweise zum Erliegen, investiertes Vermögen löste sich in Blütenstaub auf.

Franz Stürmer

Nach einer weit verbreiteten Meinung entstehen Revolutionen durch Überdruck: Die Lage der „Unteren" wird immer schlechter, sie geraten immer mehr unter Druck, so dass sie schließlich in einer gewaltsamen Aktion eine Änderung der Verhältnisse anstreben.

Warum entstehen Revolutionen?

Tatsächlich verhält es sich aber anders: Völlig verelendete und verarmte Gesellschaften sind selten zu Revolutionen fähig. – Wie war es denn im klassischen Fall, der Französischen Revolution?

Erstens hatte der Staat ein enormes Finanzproblem. Seit Jahrzehnten waren für die endlosen Kriege (meist gegen England) ungeheure Schulden aufgehäuft worden. Zweitens: Die gebildeten Franzosen waren durchwegs Anhänger der Aufklärung und oft schon Anhänger des Gedankens der Volkssouveränität. Die traditionelle Legitimation des absolut regierenden Königs und der Herrschaft von Adel und Geistlichkeit wurde von ihnen nicht mehr anerkannt. Diese prinzipielle Schwächung der Glaubwürdigkeit der Monarchie wurde – drittens – durch König Ludwig XVI. (1754–1793) beschleunigt, der selbst ein aufgeklärter Herrscher war und vor dem Einsatz von Gewalt zurückschreckte. Die Front der Gebildeten hätte aber nie den revolutionären Druck erzeugt. Dazu bedurfte es – viertens – mobiler, gewaltbereiter Massen, und das waren die Sansculotten, der „Pöbel" von Paris, der seinerseits durch das Ansteigen der Lebensmittelpreise schon 1788 in Unruhe versetzt wurde. Als letzten Ausweg aus der Staatskrise berief Ludwig XVI. die seit 1614 nicht mehr zusammengetretenen Generalstände ein. Für den Dritten Stand, die Vertreter der königlichen Städte und Gemeinden, wurden Abgeordnete gewählt: Eine fünfte Voraussetzung für die Revolution, denn so erfolgte eine landesweite Mobilisierung. Als die Stände im Mai 1789 zusammentraten, erklärten sich die Abgeordneten des Dritten Standes am 7. Juni zur Vertretung der Gesamtnation, zur „Nationalversammlung". Mit der Erklärung der Menschen- und Bürgerrechte, die die Nationalversammlung nach dem Muster der analogen Erklärung der Amerikaner 1776 vollzog (26. Oktober 1789), wurde die Revolution zum großen Symbol für eine neue Stufe der Menschlichkeit. Freiheit, Gleichheit und Brüderlichkeit, die hehren Ideale der Revolution, wurden jedoch von Anfang an begleitet von Orgien der Gewalt der Pariser Revolution (14. Juli 1789 Sturm auf die Bastille), die im *terreur*, der Schreckensherrschaft, 1794 schließlich solche Ausmaße annahm, dass deren Vertreter von den Republikanern selbst gestürzt wurden, die ihrerseits Angst vor der Guillotine hatten. Der König hatte seine Herrschaft schon 1792, seinen Kopf am 21. Jänner 1793 eingebüßt. Einige Elemente der Französischen Revolution begegnen immer wieder: ein grundlegendes Problem der Herrschaftsträger (Finanzprobleme, verlorene Kriege), Eliten, die nicht mehr an das alte Regime glauben, aufsteigende soziale Schichten, die an die Macht drängen, das Versagen des Gewaltapparates, mobilisierbare Massen. Der Zwiespalt zwischen hohen Idealen und Gewalt kennzeichnet z. B. auch die Russische Revolution von 1917. Aber: Jede Revolution wird erst durch eine genaue Analyse ihrer Abläufe verständlich.

Ernst Bruckmüller

Historisch lassen sich zwei „Wellen" der Frauenbewegung unterscheiden. Die erste Frauenbewegung, 18. und 19. Jahrhundert, kämpfte für gleiche politische und bürgerliche Rechte der Frauen, insbesondere für das Wahlrecht sowie für das Recht auf Erwerbs-

Was hat die Frauenbewegung bewirkt und erreicht?

tätigkeit und Bildung. Vieles, wofür die Erste Frauenbewegung eingetreten ist, wofür mutige Frauen kämpften und Verfolgung erlitten (z. B. die französische Revolutionärin und Frauenrechtlerin Olympe de Gouges, die für die „Erklärung der Rechte der Frau und Bürgerin" (1791) ihr Leben am Schafott gab), ist heute Selbstverständlichkeit. Beispiele dafür sind die gleichen politischen Rechte, das Wahlrecht, ebenso wie der rechtlich gleiche Zugang zu Bildungseinrichtungen und zu nahezu allen Berufen (seit kurzem auch zu den Wiener Philharmonikern).

Die zweite (oder auch Neue) Frauenbewegung taucht, beginnend in den 1960/70er Jahren und geprägt vom damaligen gesellschaftspolitisch revolutionären Klima, gemeinsam mit den sozialen Bewegungen auf. Im Mittelpunkt stand die Idee der Selbstbestimmung von Frauen. Zentrale Forderungen waren die Reform der Abtreibungsbestimmungen, die Entprivatisierung häuslicher Gewalt, die Reform von Erziehung und Bildung mit dem Ziel einer geschlechtergerechten Gesellschaft sowie die Etablierung von Gleichstellungsinstitutionen. Neben den

politischen Forderungen und Protesten wurden theoretische Konzeptionen entwickelt, die staatliche Institutionen und gesellschaftliche Hierarchien grundsätzlich in Frage stellten. Die Neue Frauenbewegung hat also höchst kontroverse Debatten hervorgebracht, so etwa das Verhältnis von Gleichheit und Differenz von Frauen und Männern.

Einige der Forderungen, die die Neue Frauenbewegung seit den 1970er Jahren erhob, sind heute realisiert, andere mehr denn je virulent. Realisiert sind in Österreich (ebenso wie in Deutschland) gleiche Rechte im Familienrecht. Für die heutige Generation der jungen Frauen ist es bereits Geschichte, dass eine Ehefrau ihren Ehemann um Erlaubnis zu fragen hatte – so der Buchstabe des Ehe- und Familienrechts – wenn sie einer beruflichen Tätigkeit nachgehen wollte/musste. In Bayern mussten Lehrerinnen noch in den 1950er Jahren ihren Beruf aufgeben, wenn sie heirateten; in Irland sogar bis in die 1970er Jahre, als durch den EU-Beitritt die Rechtslage den Bestimmungen der EU angepasst wurde.

Beide Frauenbewegungen, die alte wie die neue, haben viel für die Gleichstellung der Frau geleistet. Von der Einführung des Frauenwahlrechts über die Öffnung der Universitäten und Arbeitsmärkte für Frauen im Zuge der ersten Welle bis zum Recht auf Abtreibung (wenn auch nicht überall und bis heute nicht unumstritten), der Bekämpfung von Gewalt gegen Frauen und dem Einzug von Frauen in Führungspositionen in Politik und Wirtschaft.

Sieglinde Rosenberger

Bertha von Suttner war die erste Frau und bisher einzige Österreicherin, die den Friedensnobelpreis erhielt. Geboren wurde Bertha Felicita Sophie Kinsky am 9. Juni 1843 in Prag in einer Familie mit langer militärischer Tradition. Ihre Lebensgeschichte ist

Wer war die „Friedens-Bertha"?

faszinierend. Sie vermochte durch ihr eigenes Schicksal den Frauen ein Beispiel zu geben. Bertha von Suttner gelang es eine bedeutende Rolle in einer Zeit zu spielen und weltweit das Wort zu ergreifen, als Frauen noch nichts zu sagen hatten (kein Wahlrecht, kein Zugang zu öffentlichen Ämtern, zu Universitäten etc.).

Zwei Männer spielten eine bedeutende Rolle in ihrem Leben. Artur von Suttner, der jüngste Sohn der Familie, bei der sie als Gouvernante in Wien arbeitete und den sie auch heiratete. Er war sieben Jahre jünger und ihre große Liebe. Schicksalshaft wurde für sie ihre Begegnung mit Alfred Nobel, dem Erfinder des Dynamits, für den sie kurz in Paris als Sekretärin arbeitete. Mit Nobel verband sie bis zu seinem Tod eine tiefe Freundschaft. Er unterstützte ihre Friedensaktivitäten und schuf auf ihre Anregung hin den Friedensnobelpreis. Dieser Preis sollte denjenigen verliehen werden, die am meisten zur Verbrüderung der Völker und Dezimierung der Armeen beigetragen und sich für den Frieden eingesetzt hatten. 1905 erhielt Bertha von Suttner als Vorkämpferin der europäischen bürgerlichen Friedensbewegung für ihre unermüdliche Friedenstätigkeit und ihren lebenslangen Einsatz gegen Gewalt, Krieg und Unterdrückung den Friedensnobelpreis.

Bertha von Suttner hielt als erste Frau öffentliche Vorträge, nicht nur in Europa, sondern auch in Amerika, wohl ausgerüstet mit perfekten Sprachkenntnissen und bestens informiert über die politische Situation und das Spiel der Mächtigen der damaligen Zeit. Ihre Lebensaufgabe sah sie darin „dem Krieg den Krieg zu erklären" und den Frieden zu erhalten. Viele Jahre schrieb sie Bücher und Artikel unter einem männlichen Pseudonym, da, wie sie meinte, in wissenschaftlichen Kreisen gegen die Denkfähigkeit der Frauen zuviel Vorurteil herrschte.

1889 erschien ihr elftes Buch, das ein sensationeller Erfolg wurde und sie über Nacht berühmt machte: *Die Waffen nieder!* Es stellt eine Anklageschrift gegen die Greuel des Krieges dar durch eine schonungslose und realistische Schilderung des Schlachtfeldes von Königgrätz, wo 1866 eine der blutigsten Schlachten des 19. Jahrhunderts stattfand. Dieses Buch brachte ihr weltweite Anerkennung. Leo Tolstoi beispielsweise verglich ihr Buch mit *Onkel Toms Hütte*.

Von dieser Zeit an widmete sich Bertha von Suttner voll und ganz der Friedensarbeit. Streitigkeiten zwischen den Völkern und Ländern sollten nicht mehr mit Waffengewalt, sondern durch Verhandlungen und Schiedsgerichtsverfahren geregelt werden. Bertha von Suttner wurde zur Symbolfigur der Friedensbewegung ihrer Zeit und stellte ihr ganzes Leben in den Dienst der Idee, eine friedlichere Welt zu schaffen. Es gelang ihr, die Massen für den Friedensgedanken zu gewinnen. Sie gründete eine österreichische Friedensgesellschaft, zu deren Präsidentin sie gewählt wurde, sowie eine deutsche und eine ungarische Friedensgesellschaft. Sie war Mitbegründerin des internationalen Friedensbüros in Bern sowie Mitorganisatorin der ersten

Haager Friedenskonferenz 1899. Sie gab eine Friedenszeitschrift heraus und nahm an Weltfriedenskongressen teil, wie zum Beispiel an jenem in Rom 1891, wo sie als erste Frau das Wort ergreifen konnte.

Bertha von Suttner kann als Vorkämpferin nicht nur der europäischen Friedensbewegung, sondern auch der Friedensforschung angesehen werden. Sie trug wesentlich dazu bei, sich gegen die alte Ordnung aufzulehnen, die den Krieg als unvermeidliche Erscheinung in der Geschichte ansah. Mit ihrer ganzen Persönlichkeit und all ihren Kräften und ihrem Wissen kämpfte sie gegen den Krieg und für den Frieden. Sie starb am 21. Juni 1914. Ihre letzten Worte waren: „Die Waffen nieder, sagt es vielen, sagt es vielen …". Nur sieben Tage nach ihrem Tod fielen die Schüsse in Sarajewo und der Erste Weltkrieg begann, der vier Jahre dauern sollte und weit mehr als zehn Millionen Tote forderte.

Bertha von Suttners Bemühungen waren aber dennoch nicht umsonst. Viele Rechte der Frauen, für die sie gekämpft hat, sind heute verwirklicht und Selbstverständlichkeit. Wesentliche Institutionen der Friedenssicherung und der internationalen Zusammenarbeit gehen auf Anregungen Bertha von Suttners zurück. Es sind dies zum Beispiel der Haager Schiedsgerichtshof, der Völkerbund, die Interparlamentarische Union (IPU) und die Stiftung des Friedensnobelpreises. Auch die Gründung der Vereinten Nationen und die Schaffung der Europäischen Union entsprechen ihrem Gedankengut. Man kann nur hoffen, dass all ihre Bemühungen, für die sie gekämpft und gelebt hat, nicht in Vergessenheit geraten.

Sigrid Pöllinger

Zunächst einmal: Was ist „Zivilisation"? Nach Norbert Elias ist der Prozess der Zivilisation jene gravierende Veränderung der Scham- und Peinlichkeitsstandards, die seit der frühen Neuzeit zu beobachten ist. Dadurch wurde etwa das Essen mit den Fingern,

Gibt es einen Fortschritt der Zivilisation?

das Rülpsen und öffentliche Erbrechen ebenso wie das Erzählen von Zoten oder das unmäßige Trinken an der Tafel langsam zurückgedrängt. Diese Bewegung war Teil der „Verhöflichung" des Adels. Sie ging von den Höfen des Absolutismus aus und verbreitete sich langsam in andere adelige und bürgerliche Milieus. Dort bildeten sich im 17. Jahrhundert aus ökonomischen und religiösen Gründen (zuerst und besonders bei Calvinern) neue Standards des alltäglichen Verhaltens heraus: ein genauerer, rechenhafter Umgang mit der Zeit, durchgehende Arbeitsamkeit und steter Fleiß. Die stetige Beobachtung solcher Verhaltensweisen ebenso wie der daraus resultierende Erfolg brachten zunehmend Sicherheit darüber, dass man zu den von Gott Auserwählten zählte. In diesem Sinne bedeutet „Zivilisation" eine lang anhaltende Verhaltensänderung, die zu einem immer rücksichtsvolleren Umgang der Menschen miteinander führen sollte, gleichzeitig aber zur Entstehung unserer modernen Arbeitsgesellschaft, in der die schlimmste Plage „Arbeitslosigkeit" heißt.

Ein weiterer Zivilisationsbegriff bezieht die technischen Innovationen mit ein, die das Leben seit etwa 150 Jahren in vieler Hinsicht immer mehr erleichterten. Schließlich wird auch der europäische Sozialstaat mit seiner umfassenden Absicherung gegen bedrohliche Situationen als bedeutender Fortschritt empfunden.

Gleichzeitig mit den unleugbaren Fortschritten der „Zivilisation" ist ein gegenläufiger Trend zu beobachten, was die Achtung vor der Unverletzlichkeit des menschlichen Lebens betrifft. Während frühere Jahrhunderte eine nur kurze Lebenserwartung und zahlreiche Todeskrankheiten kannten, stieg im 20. Jahrhundert zwar die Lebenserwartung, gleichzeitig gab es aber noch nie so viel an gewaltsamer Lebensverkürzung, sei es in den Lagern Stalins, in den Massenvernichtungseinrichtungen der Nationalsozialisten, auf den „killing fields" im Campuchea der Roten Khmer oder in Rwanda. Sehr vergröbert handelt es sich bei den Getöteten um Menschen, die sich der jeweils herrschenden Tendenz des „Fortschritts" (zugunsten der „russischen Arbeiterklasse", zugunsten der „arischen Rasse" usw.) widersetzten oder als deren Feinde definiert wurden. Mit dem Tod dieser Menschen sollte offensichtlich ein wachsendes Glücksbefinden der „anderen", der glücklichen russischen „Werktätigen" oder deutschen „Arier" oder der klassenbewussten Kambodschaner erreicht werden. Die Opferzahl aller dieser Massaker ist unbekannt, sie liegt aber sicher bei weit über 20 Millionen Menschen (konservativste Schätzung!) und übertrifft daher jede historisch bekannte Scheußlichkeit (von den Schlächtereien Tamerlans bis zu den Hexenprozessen) um ein Vielfaches. Ob der Fortschritt der Zivilisation notwendig von diesem Wachstum an Grauen begleitet wird? Das entzieht sich einer seriösen Antwort.

Ernst Bruckmüller

Die Frage hat mehrere Dimensionen. Beginnen wir mit der – relativ – leichtesten. Trotz einer sehr aktiven Szene, die politisch am rechten Rand anzusiedeln ist, wird wohl kaum jemand ernsthaft eine Wiederbelebung des Nationalsozialismus wünschen, obwohl

Wie können wir mit dem Thema „Nationalsozialismus" heute umgehen?

gewisse Bestandteile nationalsozialistischer Weltanschauung, wie Ablehnung, ja gewaltsame Ausgrenzung von Mitmenschen wegen ihrer „rassischen" Andersartigkeit, nicht selten wahrgenommen werden können.

Dennoch, die ungeheuren Dimensionen, auch die ungeheure Anmaßung des Nationalsozialismus, setzen wohl einer echten „Wiedergeburt" enge Grenzen. Ungeheure Dimensionen: man denkt da sofort an die Verfolgung und Tötung von Millionen Menschen wegen ihrer jüdischen Herkunft. Aber auch Roma, Russen, Polen und Serben erlitten ausschließlich wegen ihrer ethnischen oder „rassischen" Zugehörigkeit schlimme Verfolgungen. Der Aberwitz eines Vorhabens, das Millionen Menschen einfach ausmerzen, weitere Millionen auf die Stufe von Sklavenarbeitern herabwürdigen wollte, ist auffällig. Dabei ist es niemals gelungen, diese unterstellten Unterscheidungen der verschiedenen menschlichen „Rassen" in der Tat „wissenschaftlich" nachzuweisen.

Nun haben auch Dschingis Khan, Tamerlan, Stalin und die Roten Khmer Menschen massenhaft getötet. Doch warum das programmatische Sammelsurium aus Vorurteilen und Gewaltbereitschaft in einem der am höchsten industrialisierten Staaten Europas politisch erfolgreich werden konnte, wird immer etwas rätselhaft bleiben. Das schwer erklärliche Phänomen, dass eine hoch gebildete und differenzierte Gesellschaft wie die deutsche der 1930er Jahre einem halbgebildeten Scharlatan wie Adolf Hitler auf den Leim gehen konnte, wird die Forschung immer wieder beschäftigen. Hingegen war der Nationalsozialismus an der Macht nicht nur ein Terrorregime auf der Basis einer absurden Weltanschauung, sondern bot seinen Anhängern, aber auch großen Teilen der Bevölkerung, einen bescheidenen Wohlstand und – vor allem – das nationale Hochgefühl, nach der Demütigung von 1918/19 sei Deutschland wieder mächtig und gefürchtet. Auf eine Sicherung der materiellen Basis achtete das Regime bis tief in den Krieg hinein. Die Versorgung der „arischen" Deutschen fast bis 1945 erfolgte durch die Ausplünderung der besetzten Gebiete und durch die Aneignung von (nicht nur, aber besonders, jüdischen) Vermögenswerten aus fast ganz Europa.

Wie also umgehen mit diesem denn doch einzigartigen Phänomen? Für Menschen aus dem ehemaligen Zentrum nationalsozialistischer Herrschaft und den Gebieten größter Zustimmung zu ihr, insbesondere also aus Deutschland (und Österreich), geziemt sich, neben den vielen Weisen der Erinnerung, des Gedenkens und des forschenden Zugriffs, eine gewisse fragende Demut. Denn wie konnte dies Unerhörte geschehen, hier in der Mitte Europas, in der Generation unserer Eltern und Großeltern? Und – wie hätten wir uns verhalten?

Ernst Bruckmüller

Adolf Hitler kam in Deutschland im Jänner 1933 an die Macht, in Österreich am 13. März 1938. Im Weg an die Macht existiert ein entscheidender Unterschied zwischen Deutschland und Österreich. Im Deutschen Reich verhalfen die konservativen

Österreich und der Nationalsozialismus – Opfer oder Täter?

Eliten (die Umgebung Hindenburgs usw.) Hitler zur Macht. In Österreich trugen die konservativ-katholischen Eliten, zentrale Gefolgschaft der Ständestaatsdiktatur von Dollfuß und Schuschnigg, den Staatswiderstand gegen den Nationalsozialismus. Aus diesen Kreisen kamen daher auch viele Opfer des Nationalsozialismus. Später wurden nicht wenige von ihnen Politiker in der Zweiten Republik, wie Leopold Figl.

Österreich als erstes Opfer der Aggressionspolitik Hitlers: Erster Akt: die „Tausend-Mark-Sperre", eine Zwangsabgabe von 1.000 Reichsmark für alle deutschen Österreich-Reisenden, um den österreichischen Fremdenverkehr zu schädigen. Dann: die Unterstützung der Gewalttaten der österreichischen Nationalsozialisten, die nicht wenigen Menschen und am 25. Juli 1934 dem Bundeskanzler Engelbert Dollfuß das Leben kosteten. Der Putsch scheiterte, Hitler änderte die Strategie, an die Stelle der offenen Aggression trat Unterwanderung. Im Juli-Abkommen von 1936 geriet Österreich bereits in eine gewisse Abhängigkeit vom Reich. Im Februar 1938 wurde Schuschnigg mit wilden Drohungen Hitlers konfrontiert. Als er in letzter Sekunde versuchte, das Ruder herumzureißen und eine „Volksbefragung" für den 13. März 1938 ansetzte, konterte Hitler mit Ultimatum und Einmarschdrohung. Schuschnigg trat am 11. März zurück. Es begann die Machtübernahme durch die österreichischen Nationalsozialisten. Am Morgen des 12. März marschierten deutsche Truppen ein und am 13. März wurde der „Anschluss" Österreichs an das Deutsche Reich verkündet.

Daneben steht die Täter-Geschichte: Schon am 12. März begannen die Drangsalierungen von Juden durch österreichische Mitbürger. Am 1. April 1938 wurden Vertreter des Ständestaatsregimes, Mitglieder der jüdischen Gemeinden und Sozialisten ins Konzentrationslager Dachau deportiert. Ab April mussten Menschen, die nach den „Nürnberger Gesetzen" als Juden galten, ihr Vermögen deklarieren, das ihnen später weggenommen wurde („Arisierungen").

In Österreich gab es zwischen 1938 und 1945 besonders viele Mitglieder der NSDAP, besonders viele Mitglieder der SS und eine erfolgreiche Gestapo. Bei der europäischen Judenverfolgung taten sich aus Österreich stammende Täter hervor. Warum? Deutschnationale Selbstdefinition und verbreiteter Antisemitismus boten dem österreichischen Nationalsozialismus gute Entwicklungsmöglichkeiten. An den „Anschluss" als Ausweg aus den Problemen der 1930er Jahre glaubten auch viele Nicht-Nazis. „Rassisches" Überlegenheitsgefühl bot eine tolle Kompensation für persönliches Versagen. Die Politik

des Reiches (Rüstungsinvestitionen, Zuteilung von „Judenwohnungen") verbesserte die Lebenssituation vieler Menschen. Die relativ gute Lebensqualität in Deutschland und Österreich auch während des Krieges war die Kehrseite einer Ausbeutung großer Teile Europas, ebenso wie der (versuchten) Ausrottung der Juden.

Ist der Staat für die Täterschaft jener unter seinen Staatsbürgern verantwortlich, die zwischen 1938 und 1945 Täter waren? Wohl kaum. Aber für die Verfolgung der Täter und für die Entschädigung der Opfer wohl schon. Die Bilanz bleibt zwiespältig.

Ernst Bruckmüller

Deutsche Soldaten werden am 12. März 1938 von der Innsbrucker Bevölkerung begrüßt.

Eigentlich sollte die Geschichte irgendwann „fertig" geschrieben sein. Irgendwann müssen doch alle Quellen auf dem Tisch liegen, irgendwann sind, nach hunderten von Napoleon-, Hitler- und Ghandi-Biographien alle historischen Bücher geschrieben, alle The-

Warum muss Geschichte immer wieder neu geschrieben werden?

men erschöpft. Aber das ist nicht so. Der Geschichte gehen die Themen nie aus.

Beginnen wir mit einer einfachen Feststellung: Der Mensch ist das einzige Lebewesen mit einem komplexen Erinnerungsvermögen, er ist das Wesen mit Gedächtnis. Im Normalfall reicht dieses Gedächtnis bis in die eigene Kindheit zurück. Mit Hilfe von Erinnerungen der Eltern und Großeltern kommt man auf drei Generationen, also auf etwa 90–100 Jahre. Das menschliche Gedächtnis ist aber auch neugierig. Es will wissen, was davor lag. Die Forschung nach den Ahnen ist ein wichtiges Motiv historischen Forschens. Nicht nur einzelne Personen, auch menschliche Verbände, nationale Gesellschaften, Herrscher und Ideologien waren und sind eifrig bemüht, für ihre Existenz und besondere Bedeutung historische Argumente zu finden. So dient in den Schulbüchern die Demokratie der Athener als Vorbild für die moderne Demokratie – aber das war sie nicht (Unterschiede z. B.: nur die freien Männer waren berechtigt; offene Besprechung unter freiem Himmel; Amtszeiten extrem kurz; viele Beamte durch das Los bestimmt, nicht gewählt). In der Tat befruchtet die Suche

nach wirklichen oder möglichen Vorgängern die Geschichte immer aufs Neue: Die jungen Nationen des 19. Jahrhunderts suchten ihre Vorgänger gerne im Mittelalter, Sozialisten und Kommunisten machten sich auf die Suche nach Sklaven-, Bauern- und sonstigen Aufständen als Vorläufer der erwarteten Revolution der Arbeiterklasse.

Auch ohne diese Vorfahrensuche steht Geschichte immer in einem sehr direkten Zusammenhang mit der jeweiligen Gegenwart. Als mit der Industriellen Revolution im 19. Jahrhundert die „sociale Frage" brennend wurde, entstanden Nationalökonomie und Soziologie und mit ihnen die Wirtschafts- und Sozialgeschichte. Der Nationalismus brachte die Nationalgeschichten hervor, die Frauenbewegung die Frauengeschichte, die Umweltbewegung die Umweltgeschichte und die allgegenwärtige Befassung mit Sexualität die Geschichte der Sexualität. Natürlich gibt es inzwischen eine Geschichte der Alltagskultur, der Kleidung, des Wohnens, des Essens, des Verkehrs …

Außerdem entsteht Geschichte immer wieder neu. Bereits das gestrige Geschehen ist unwiederbringlich vorbei und kann allenfalls mehr oder weniger gut aus den vom Gestern geschaffenen Quellen rekonstruiert (manche sagen auch bewusst: nach unseren Fragestellungen „konstruiert") werden. Daneben tauchen auch auf längst erforschtem Terrain immer wieder neue, unbekannte Quellen auf. Aber fast noch wichtiger als die neuen Quellen sind die neuen, von der jeweiligen Gegenwart beeinflussten Fragestellungen. Denn jede Generation will immer Neues und Anderes von „ihrer" Vergangenheit wissen. Der Mensch kann der Neugier seines Gedächtnisses nicht entrinnen.

Ernst Bruckmüller

Eine provokante, aber durchaus nahe liegende Frage: Warum brauchen moderne Gesellschaften wissenschaftlich ausgebildete Damen und Herren, die meist in etwas muffigen Archiven oder (etwas helleren) Bibliotheken sitzen, in Computer oder Lesegeräte

Warum leistet sich die moderne Gesellschaft Historiker?

starren oder verzweifelt mit einer unlesbaren Schrift aus dem 17. Jahrhundert kämpfen? Und warum werden die meisten von ihnen als Archiv-, Museums- oder Universitätsbedienstete von öffentlichen Körperschaften, von Stadtgemeinden, (Bundes-)Ländern oder dem Bund ernährt? (Wir sprechen hier nicht von den als Journalisten oder freiberufliche Schriftsteller Tätigen, die sich ja sozusagen als „marktfähig" erwiesen haben.)

Die erste Antwort lautet: Eine moderne, arbeitsteilige, staatlich verfasste Gesellschaft braucht Spezialisten für die Aufbewahrung und Aufbereitung dessen, was von vielen Generationen her der jeweiligen Gegenwart als Grundlage für das „kollektive", „kulturelle" Gedächtnis (so die beiden Begriffe von Maurice Halbwachs und Jan Assmann) hinterlassen wurde. Die „Speicher des Gedächtnisses" sind die systematisch gesammelten Bestände der großen Bibliotheken und Museen. In den Archiven hingegen wird das aufbewahrt, was von der Tätigkeit von Kirchen und Klöstern, Grundherrschaften, Adelsfamilien, Ämtern und Behörden aller Art und aller Ebenen, Unternehmungen etc. an Schriftgut übriggeblieben ist. Das ist zuweilen recht zufällig,

denn immer schon hat man angesichts der Menge von anfallendem Papier großzügig „skartiert", also ganze Bestände aussortiert und vernichtet. Zur Ordnung und Aufbereitung dieser bibliothekarischen, archivalischen und musealen Bestände bedarf es historisch geschulter Fachleute, die von den Materialien und Schriften sowie deren Archivierung und Musealisierung etwas verstehen.

Die zweite Antwort ist mit der Antwort auf die Frage nach der immer neu zu schreibenden Geschichte (siehe S. 137) eng verknüpft: Jede Gesellschaft „leistet sich" eine Historikerzunft, weil sie sich von ihr die jeweils auf dem neuesten Stand der Forschung stehende „eigene" Geschichte erwartet – also die jeweilige „gültige" Nationalgeschichte. Und darüber hinaus erfordert das explodierende historische Interesse eben eine rasche Ausweitung eines neuen Personals, das diesen Interessen forschend und schreibend dienen kann. Nicht wenige Mitglieder der Historikerzunft verstehen sich aber auch als Mitglieder jenes kritischen intellektuellen Potentials, das moderne Gesellschaften ebenso auszeichnet wie fortschreitende Arbeitsteilung und immer neue Legitimationsanforderungen. Freilich – für die Kritik zahlen die jeweils Regierenden nicht so rasend gerne. Und die Einbeziehung der Historiker in jene Gruppe von Intellektuellen, die die Fragen der Zeit auch in den Tageszeitungen erörtern, ist zwar in England, Frankreich, Italien und Deutschland ziemlich üblich, in Österreich aber noch entwicklungsfähig. Wir brauchen mehr Historiker, die allgemein verständlich in den Tageszeitungen über die spannenden Themen der Zeit aus der Sicht der Historie schreiben können! Die wird man sich immer gerne leisten.

Ernst Bruckmüller

Politik galt ursprünglich als Staatskunst und die Lehre von der Verfassung. Nach einer anderen Erklärung hat Politik die Aufgabe, in einer Gesellschaft Entscheidungen zu treffen, an die sich die Bürger halten (müssen) und so das Zusammenleben in einem

usw. Von Interesse ist, über welche Inhalte wann, warum und wie diskutiert wird und welche Ergebnisse sich dabei abzeichnen.

Peter Filzmaier

Was ist Politik?

Gemeinwesen zu regeln. Genauso hätte Wirtschaft die Aufgabe der Versorgung dieser Gesellschaft mit Gütern und Dienstleistungen, und Medien müssen für die Gesellschaft Kommunikationskanäle bereitstellen. Aus politikwissenschaftlicher Sicht besteht Politik aus einem institutionellem Rahmen *(polity)*, dem politischen Prozess *(politics)* und einzelnen Politikfeldern bzw. -bereichen *(policies)*.

Der Handlungsrahmen *polity*, in dem Politik abläuft, ist als Verfassung und in entsprechenden Gesetzen, Rechtsverordnungen oder Satzungen fixiert. Diese sind das Ergebnis von politischen Entscheidungen, die als Auseinandersetzung um die Durchsetzung von Interessen und die Erringung von Macht ablaufen.

Mit dem Begriff *politics* wird der politische Prozess eingefangen, also das Ringen um die Durchsetzung bestimmter machtpolitischer oder inhaltlicher Ziele. Dabei kommt es zum Kräftemessen zwischen einzelnen Politikern und/oder Gruppierungen (Parteien usw.). Typisch als Prozessverlauf ist die Artikulation von Interessen bis hin zum Beschluss eines Gesetzes oder auch einer zivilgesellschaftlichen Übereinkunft.

Policy bezeichnet den inhaltlichen Aspekt von Politik. Dazu zählen etwa Ziele in der Schul-, Landwirtschafts-, Verkehrspolitik

Politik ist die Summe der Mittel, die nötig sind, um zur Macht zu kommen und sich an der Macht zu halten und um von der Macht den nützlichsten Gebrauch zu machen, (…) Politik ist also der durch die Umstände gebotene und von dem Vermögen (virtu) des Herrschers oder des Volkes sowie von der spezifischen Art der Zeitumstände abhängige Umgang mit der Macht.

Niccolò Machiavelli (um 1515)

Der Sinn von Politik ist Freiheit.

Hannah Arendt

Diejenigen, die zu klug sind, sich in der Politik zu engagieren, werden dadurch bestraft, dass sie von Leuten regiert werden, die dümmer sind als sie selbst.

Platon

Politik ist der stets neu zu schaffende Kompromiss von Macht und Vernunft.

Carl Friedrich von Weizsäcker

Politik ist unblutiger Krieg, und Krieg ist blutige Politik.

Mao Tse-Tung

Wer Politik betreibt, erstrebt Macht.

Max Weber

Wo Politik ist oder Ökonomie, da ist keine Moral.

Friedrich Schlegel

Ob es sich nun um medizin-ethische Probleme oder die Organisation des Gesundheitswesens handelt: Das menschliche Leben wird heutzutage immer öfter zum Gegenstand der Politik.

Das war durchaus nicht immer so, zumindest

Was ist Biopolitik?

wenn man dem französischen Philosophen Michel Foucault (1926–1984) Glauben schenken darf. Diesem zufolge ging es der Politik bzw. dem Souverän, unabhängig davon, ob es sich um einen absolutistischen Herrscher oder eine demokratisch entscheidende Volksversammlung handelte, lange Zeit mehr um Landgewinn und die Organisation des öffentlichen Lebens, während die private Sphäre der Bürger und ihre biologischen Lebensfunktionen nicht von Interesse waren.

Im Laufe des 17. und vollends im 18. Jahrhundert begann sich der Staat jedoch plötzlich für das nackte Leben seiner Bürger zu interessieren. Staatliche Krankenhäuser und Irrenanstalten wurden etabliert, Hygienevorschriften erlassen und die Fortpflanzung und Vermehrung der Staatsbürger zu einem primären Anliegen des Staates. Das Leben als solches wurde zum Gegenstand und zur Ressource der Politik.

Der italienische Philosoph Giorgio Agamben (* 1942) geht davon aus, dass das nackte Leben immer schon den eigentlichen Gegenstand der Politik darstellte, denn Bürger eines Staates zu sein bedeutet, wie das bereits der Philosoph Thomas Hobbes (1588–1679) festgestellt hat, dem Souverän das Gewaltmonopol zuzugestehen und selbst auf jegliche Gewaltausübung zu verzichten. Das heißt

aber auch, dass Staatsbürger zu sein bedeutet, dem Staat ausgeliefert zu sein, insofern der Souverän es ist, der die „Macht über Leben und Tod" ausübt, wie es Foucault definiert. Dass ein wesentliches Merkmal der Politik in dieser Macht des Souveräns über das Leben seiner Bürger besteht, zeigt sich etwa in der Bestimmung der allgemeinen Wehrpflicht im Kriegsfall, der zumindest erwogenen Rechtfertigung von Folter oder der andiskutierten Möglichkeit, entführte Passagiermaschinen mitsamt den unschuldigen Passagieren abzuschießen, wenn damit „Schlimmeres" verhütet werden könnte. An all diesen Beispielen wird deutlich, dass der Staat, „gegründet um des Überlebens willen" und „bestehend um des guten Lebens willen", wie es bei Aristoteles (384–322 v. Chr.) heißt, immer auch eine dunkle Seite hat, denn die schützende Macht über das Leben beinhaltet immer auch die Verfügung über dasselbe und damit die Möglichkeit zu töten. Freilich bleibt mit Agamben zu hoffen, dass es eine Alternative zu dieser auf der Idee der Souveränität gründenden Politik gibt. Wie dieses Gemeinwesen jenseits staatlicher Strukturen aussehen soll, bleibt allerdings ein Aspekt, den auch Agamben im Dunkeln belässt.

Martin G. Weiß

Thomas Hobbes: für ihn ist der Souverän Herr über Leben und Tod

Im politischen Alltagsverständnis wird oft nur die Wahlbeteiligung als politische Beteiligung verstanden und manchmal sogar mit der Demokratiequalität gleichgesetzt. Eine hohe Wahlbeteiligung wird als positiv gesehen, deren Absinken als Indikator für eine

Was ist politische Beteiligung?

steigende Politikverdrossenheit gewertet.

Doch Vorsicht: Oft steigt die Wahlbeteiligung gerade bei großen Konflikten und Krisen, während sie bei einer subjektiv hohen (Lebens-)Zufriedenheit der Bürger sinken kann. Genauso falsch wäre es allerdings, das automatisch anzunehmen und sich bei einer extrem niedrigen Wahlbeteiligung nicht rechtzeitig Gedanken über eine mögliche Politikverdrossenheit und die Demokratiequalität zu machen. Anderenfalls würde den politischen Akteuren eine allzu billige Rechtfertigung für das Phänomen geboten werden, dass in Wahlen zunehmend die Nichtwähler zur größten Gruppe werden.

Zu unterscheiden ist jedoch zwischen Politiker-, Parteien- und Medienverdrossenheit. Viele Bürger sind durchaus an Politik interessiert und lehnen trotzdem das traditionelle politische System und insbesondere „alte" Parteien mit wenig flexiblen Strukturen ab. Darüber hinaus stellt selbstverständlich die Wahlbeteiligung nur einen Faktor der politischen Beteiligung dar.

Immer mehr Bürger artikulieren und formieren ihre politischen Anliegen auf zivilgesellschaftlicher Ebene, etwa in sozialen Bewegungen (Umwelt-, Frauen-, Studentenbewegung usw.). Genauso sind alle Formen der öffentlichen Meinungsäußerung von Leserbriefen in Zeitungen über Aktivitäten in gesellschaftlichen (Nicht-Regierungs-)Organisationen bis zu Versammlungen und Demonstrationen ein Ausdruck der politischen Beteiligung.

In den letzten Jahren ist vor allem das Internet zum Forum politischer Beteiligung geworden. Es bietet die Möglichkeit, quasi basisdemokratisch mit theoretisch gleichen Chancen für alle Bürger Meinungen zu veröffentlichen. Realpolitisch dominieren freilich im Internet ebenfalls jene Akteure, die in den klassischen Medien am präsentesten sind. Politische Beteiligung kann daher nicht durch eine bloße Zählung von Partizipationsversuchen gemessen werden, sondern muss im engeren Sinn als reale Chance, auch das Ergebnis politischer Entscheidungsprozesse beeinflussen zu können, verstanden werden.

Nach dieser Definition verfügt in modernen Demokratien wie Österreich lediglich ein verhältnismäßig kleiner Teil der Bevölkerung über Beteiligungsmöglichkeiten, so dass die Demokratiequalität kritisch zu sehen ist.

Peter Filzmaier

Die zwölf Volksbegehren in Österreich mit der größten Zahl an Eintragungen:

1982	Konferenzzentrum-Einsparung	1.361.562
1997	Gentechnik-Volksbegehren	1.225.790
2002	Veto gegen Temelin	914.973
1975	Schutz des menschlichen Lebens	895.665
1969	40-Stunden-Woche	889.659
1964	Rundfunk-Volksbegehren	832.353
2002	Sozialstaat Österreich	717.102
1997	Frauen-Volksbegehren	644.665
2004	Pensions-Volksbegehren	627.559
2002	Volksbegehren gegen Abfangjäger	624.807
1996	Tierschutz-Volksbegehren	459.096
1980	Pro-Zwentendorf-Volksbegehren	421.282

Wir verwenden den Begriff der österreichischen Demokratie mit großer Selbstverständlichkeit – welche Anforderungen bestehen aber tatsächlich an eine Gesellschaft bzw. an ein politisches System, das sich zu Recht als demokratisch bezeichnen kann?

Warum ist Österreich eine Demokratie?

Für Österreich völlig außer Streit steht lediglich ein Minimum, das demokratische Verfassungsstaaten zu erfüllen haben, nämlich zwei Grundprinzipien bzw. allgemeine Voraussetzungen: Das erste Prinzip betrifft die Kontrolle der politischen Entscheidungsträger, insbesondere durch das Volk mittels allgemeiner, freier und gleicher Wahlen. Bereits hier könnte man diskutieren, ab welchem Mindestalter (16 oder 18 Jahre in einzelnen Ländern bzw. auf Bundesebene) das geschieht.

Zu ergänzen ist jedenfalls eine ebenfalls bestehende interne Kontrolle dieser Entscheidungsträger, zumeist durch die klassischen Staatsgewalten der Gesetzgebung (Legislative), der Verwaltung bzw. Vollziehung (Exekutive) und der Gerichtsbarkeit (Judikative) sowie deren Trennung bzw. wechselseitige Kontrolle.

Das zweite Grundprinzip umfasst gemeinsame politische Rechte für alle Bürger sowie die Wahrung der elementaren Menschenrechte durch die Gesellschaft, etwa den Schutz persönlicher Freiheit und genauso die Meinungs-, Presse-, Religions- oder Versammlungsfreiheit usw.

Weitere Kriterien für eine Demokratie sind, dass a) die liberal-demokratischen Prinzipien nicht auf den staatlichen Bereich im engeren Sinn beschränkt bleiben, sondern darüber hinaus eine sozial gerechte Güterverteilung in Erwägung gezogen wird, und b) dass eine Demokratisierung gesellschaftlicher Teilsysteme, etwa der Familie, der Schule und der Arbeitswelt, gefördert wird.

Mit anderen Worten: Demokratie bezieht sich auf die Einrichtungen des politischen Systems, muss jedoch notwendigerweise auf das gesellschaftliche Alltagsverständnis erweitert werden. Die parlamentarische Demokratie ist ohne eine zivile Demokratie in Familie, Schule oder Arbeitswelt instabil, erst demokratische Umgangsformen sorgen für Stabilität.

Zweifellos ist Österreichs Demokratie einerseits auch in diesen Bereichen durchaus führend, wenn man die Schuldemokratie und innerbetriebliche Demokratie in den Arbeitsbeziehungen als Beispiele anführt. Andererseits sind realpolitisch bestehende Demokratiedefizite erkennbar, wie die keinesfalls vollständige Gleichstellung der Geschlechter oder Ungleichheiten in den realen Möglichkeiten politischer Beteiligung zwischen Eliten und benachteiligten Bevölkerungsgruppen.

Peter Filzmaier

Entwicklung des Wahlrechts in Österreich:
1848 Einführung des Zensuswahlrechts
1873 Kurienwahlrecht in der österreichischen Reichshälfte der Monarchie
1882 Herabsetzung der Steuerleistung zur Wahlteilnahme
1896 Schaffung einer allgemeinen Wählerklasse
1907 allgemeines Männerwahlrecht
1919 allgemeines und gleiches Wahlrecht für Männer und Frauen

Die Ideologie bzw. Programmatik und sozialstrukturelle Zusammensetzung der Parteien – und genauso ihrer Mitglieder und Wähler – führte zur Unterscheidung in faschistische und kommunistische, sozialdemokratische und christlich-konservative sowie liberale Parteien.

Was ist politisch rechts oder links?

Ähnliche Voraussetzungen führen in verschiedenen Ländern zur Entwicklung verwandter Parteien, die als Parteifamilien auch staatenübergreifend organisiert sind. Die Institutionalisierung erfolgte zunächst durch grenzüberschreitende Parteibündnisse (Sozialistische Internationale usw.). Im Europäischen Parlament sind die Fraktionen nicht nach Staaten, sondern als überstaatliche Parteigruppen organisiert.

Sozialdemokratische Parteien entstanden in mehreren Ländern Europas parallel als Repräsentanten der Arbeiterschaft, bestimmte ideologische Grundwerte (Solidarität usw.) und Themen (etwa soziale Gerechtigkeit) waren länderübergreifend zentraler Bestandteil der Programme. Dasselbe gilt für christlich-konservative Parteien und das Bürgertum mit christlichen Grundwerten. Interessant sind vergleichende Analysen von Parteiprogrammen und -themen und/oder Wählerschaften, inwiefern es heute in den einzelnen Ländern neue Übereinstimmungen bzw. Abweichungen gibt (Stichworte *catch all-parties*, Parteienverdrossenheit bzw. verminderte Parteiidentifikation, Wechselwähler usw.). Traditionell ist die Kategorisierung von Parteien anhand eines Links-rechts-Schemas.

Linke Parteien sind egalitär und an Interventionen des Staates, rechte Parteien libertär (nicht liberal!) und marktwirtschaftlich orientiert. Der Gegensatz lässt sich am besten anhand der Parteienposition zu Fragen der Wirtschafts- und Sozialpolitik und des Widerspruchs von sozialer Gleichheit und Gerechtigkeit bzw. individueller Freiheit verdeutlichen. Rechte Parteien vertrauen auf das Konzept des freien Wettbewerbs – auch auf eine *invisible hand* als Regulativ dieses Wettbewerbs bzw. des freien Marktes – und lehnen eine zentralistische Einflussnahme des Staates weitgehend ab. Demgegenüber betonen linke Parteien die Notwendigkeit staatlicher Regelungen, um gleiche Chancen für alle zu schaffen.

Hinzu kommt eine Kategorisierung nach der Parteiorientierung an materialistischen und postmaterialistischen Werten. Materialistische Werte sind Wirtschaftswachstum, innere Sicherheit, militärische Stärke usw. Als postmaterialistische Werte gelten u. a. Partizipationsrechte, persönliche Freiheiten und eine intakte Umwelt.

Peter Filzmaier

Wahlplakate aus der Ersten Republik, ein Spiegel der Kluft zwischen links und rechts

Der Soziologe Max Weber (1864–1920) definiert Macht als Chance, auf einen Befehl jedweden Inhalts Gehorsam zu finden, egal worauf diese Chance beruht. Herrschaft ist demzufolge institutionalisierte Macht. In Diktaturen beruht eine solche Macht auf

Wer hat politische Macht?

Gewalt bzw. deren Androhung. In Demokratien werden vom Volk Vertreter gewählt, die mit zeitlich und inhaltlich limitierter sowie kontrollierter Macht ausgestattet sind. In der Regel impliziert diese Macht, allgemein verbindliche Entscheidungen zu treffen und für deren Nicht-Befolgung Sanktionen zu verhängen.

Formal lässt sich daher die Frage nach den politischen Machtträgern mit den Staatsgewalten beantworten. Die Legislative, d. h. das Parlament und die Landtage bzw. Gemeinderäte, die Exekutive – Bundes- und Landesregierungen sowie Bürgermeister – und die Gerichtsbarkeit auf allen Ebenen sind mit Machtpotential versehen. Die österreichische Bundesverfassung gibt zugleich Grenzen der Macht vor. Eine Sonderstellung mit nach dem Verfassungstext weit reichender Macht, die politisch beschränkt ist, nimmt der Bundespräsident ein. Innerhalb der Staatsgewalten kommt nicht nur den obersten Repräsentanten (etwa Bundeskanzlern und Ministern) ein hoher Stellenwert zu, da beispielsweise Gesetzentwürfe in der Bürokratie von Beamten ausgearbeitet werden.

In der Verfassungswirklichkeit muss die Frage nach der Macht ungleich komplexer verstanden werden. Politische Entscheidungsprozesse verlaufen keinesfalls nur zwischen Regierung und Parlament – in Österreich

kommt dabei mehr den Parteien als den einzelnen Abgeordneten Bedeutung zu –, sondern werden im vorparlamentarischen Raum mitbestimmt. Über dortige Einflussmöglichkeiten verfügen die Sozialpartner als mächtigste Interessengruppen.

Realpolitisch könnte daher die Frage nach der politischen Macht weniger mit einem Hinweis auf die drei Staatsgewalten als durch ein Dreieck *(iron triangle)* zwischen den einflussreichsten Parteipolitikern (die Parteiobmänner bzw. Klubobleute), führenden Vertretern der Arbeitgeber- und Arbeitnehmerorganisationen (Industriellenvereinigung, Gewerkschaftsbund, Wirtschafts- und Arbeiterkammer) und führenden Spitzenbeamten beantwortet werden.

Neben den Partei- und Interessenorganisationen als intermediäre Gruppen spielen zweifellos die Massenmedien eine große Rolle. Der ORF als elektronisches Leitmedium und führende Tageszeitungen können durch ihre Themensetzungsfunktion *(agenda setting)* den politischen Akteuren Handlungsnotwendigkeiten aufzeigen.

Peter Filzmaier

Die „Grenzen der Macht" – Artikel 52 Abs. 1 der österreichischen Bundesverfassung:
„Der Nationalrat und der Bundesrat sind befugt, die Geschäftsführung der Bundesregierung zu überprüfen, deren Mitglieder über alle Gegenstände der Vollziehung zu befragen und alle einschlägigen Auskünfte zu verlangen sowie ihren Wünschen über die Ausübung der Vollziehung in Entschließungen Ausdruck zu geben."

In engem Zusammenhang mit der Politikfinanzierung steht die Alltagsmeinung, dass Politiker nicht nur zu viel Geld verdienen, sondern auch über zahlreiche Privilegien verfügen würden. In Österreich sind Politikergehälter seit 1997 im Bezügebegrenzungsge-

Haben Politiker Privilegien?

setz geregelt und basieren auf einer Gehaltspyramide. Die Politikerpensionen und die Abfertigungen für Politiker wurden abgeschafft.

Die Bezüge der Politiker orientieren sich an ihrem Aufgaben- und Verantwortungsbereich. Ausgangspunkt für die Gehaltspyramide ist der Bezug eines Nationalratsabgeordneten in der Höhe von 14-mal jährlich 7.905,02 Euro (2006). Ein Minister erhält 200 % dieses Betrags, der Nationalratspräsident 210 %, der Bundeskanzler 250 % und der Bundespräsident 280 %. Der Bezug eines Bundesrates beträgt 50 % des Grundgehalts. Auch für Vizekanzler, Klubobleute, Europaabgeordnete, Landesräte, Landtagsabgeordnete und Bürgermeister sind entsprechende Prozentsätze festgelegt, wobei im Bereich der Länder und Gemeinden der Prozentsatz lediglich als Obergrenze gilt.

Ein scheinbares Privileg ist, dass nach dem Ende der Amtszeit bis zu sechs Monate eine Gehaltsfortzahlung erfolgt. Dadurch soll jedoch u. a. verhindert werden, dass Politiker mit Auslaufen ihres Mandats und parallelen Bemühungen um die spätere Berufsausübung in unvereinbare Abhängigkeiten geraten. Aus demselben Grund gibt es für Klubobleute im Nationalrat sowie Regierungsmitglieder das absolute Verbot, ein anderes Einkommen zu beziehen, was für einfache Abgeordnete nur für Vielfachbezüge aus öffentlichen Mitteln gilt.

Ebenso ist die parlamentarische Immunität eine Schutzbestimmung. Nach dem Geschäftsordnungsgesetz des Nationalrats dürfen Abgeordnete wegen der in Ausübung ihres Berufes geschehenen Abstimmungen niemals, wegen der in diesem Beruf gemachten mündlichen oder schriftlichen Äußerungen nur vom Nationalrat verantwortlich gemacht werden. Die Abgeordneten dürfen außerdem wegen einer strafbaren Handlung – den Fall der Ergreifung auf frischer Tat bei Verübung eines Verbrechens ausgenommen – nur mit Zustimmung des Nationalrates verhaftet oder behördlich verfolgt werden. Das soll, auch historisch zu verstehen, die Unabhängigkeit der politischen Mandatare gegenüber rechtlicher Willkür garantieren.

Zusammenfassend kann gesagt werden, dass Österreichs Politiker im internationalen Vergleich gut verdienen, zweifelhafte Privilegien jedoch in der jüngeren Vergangenheit großteils abgeschafft wurden.

Peter Filzmaier

Politikerbezüge in Österreich:
Brutto-Monatsbezüge in Euro ab Juli 2006

Bundespräsident	22.134,10
Bundeskanzler	19.762,60
Vizekanzler	17.391,00
Nationalratspräsident	16.600,50
Bundesminister	15.810,00
Landeshauptleute (Obergrenze)	15.810,00
Landesrat (Obergrenze)	14.229,00
Klubobmann (Nationalrat)	13.438,50
Nationalratsabgeordneter	7.905,02
Landtagsabgeordneter (Obergrenze)	6.324,00
Bundesrat	3.952,50

Das grundsätzliche Vertrauen der Staatsbürger in politische Institutionen ist ein zentraler Bestandteil jeder Demokratie. In Österreich wie auch im internationalen Vergleich verfügen neben dem Bundespräsidenten – mit einem Vertrauensverlust zur Amtszeit

Vertrauen wir der Politik?

von Kurt Waldheim und Thomas Klestil, die stark in tagespolitische Auseinandersetzungen involviert waren, jedoch einem (Wieder-)Anstieg unter dem als neutraler geltenden Heinz Fischer – nicht unmittelbar am politischen Wettbewerb beteiligte Institutionen (Gerichte, Polizei, Bundesheer sowie allgemein Behörden) über das meiste Vertrauen. Im Regelfall ist dieses Vertrauen stabil, d. h., es wird von einer klaren Mehrheit getragen, selbst wenn es Anlassfälle für eine kurz- oder mittelfristige Verärgerung geben sollte.

Wettbewerbsorientierte Institutionen (Parteien, Parlament und Regierung) erscheinen hingegen genauso wie Interessengruppen und Medien wenig vertrauenswürdig. Ihnen wird oft nur von einer Minderheit vertraut. Mangelndes Vertrauen prägt auch die vorherrschende Stimmung gegenüber der Europäischen Union und ihren Institutionen. Unter den 25 EU-Mitgliedsländern sind die österreichischen Vertrauenswerte für die EU im Schlussfeld angesiedelt.

Personenbezogen werden für Politiker in regelmäßigen Abständen von Medien bzw. Meinungsforschungsinstituten Vertrauenssalden veröffentlicht, die sich als Differenz der positiven und negativen Antworten zur Frage „Vertrauen Sie …?" errechnen. Seit Beginn der Amtszeit von Heinz Fischer 2004

führt üblicherweise der Bundespräsident, während sich der Bundeskanzler im Mittelfeld befindet. Allerdings kommt es anders als beim Institutionenvertrauen relativ kurzfristig zu starken Schwankungen.

Aufgrund des parteibezogenen Listenwahlrechts anstatt von personenbezogenen Mehrheitswahlen sind die individuellen Auswirkungen eines negativen Vertrauenssaldos in Österreich auch gering, solange parteiintern keine Konsequenzen gezogen werden. In den USA hingegen gilt für einen Abgeordneten die Wiederwahl als unwahrscheinlich, wenn eine Mehrheit seiner Politik nicht zustimmt bzw. ihm nicht vertraut.

Im Vergleich mit anderen Berufsgruppen verfügen Politiker generell über einen sehr niedrigen Vertrauensgrad. Sowohl in Österreich als auch in Europa sind helfende Berufe (Ärzte, Krankenschwestern und Pflegepersonal, aber auch Feuerwehrleute usw.) führend, während Politiker gemeinsam mit Autohändlern, Immobilienmaklern und Prostituierten am unteren Ende der Skala rangieren.

Peter Filzmaier

Vertrauen gegenüber der Europäischen Union (Eurobarometer 2006):

Ungarn	70 %	Dänemark	55 %
Griechenland	63 %	Luxemburg	54 %
Slowenien	63 %	Malta	53 %
Belgien	61 %	Spanien	50 %
Zypern	61 %	EU-25	48 %
Tschechische Rep.	60 %	Niederlande	48 %
Slowakei	60 %	Österreich	43 %
Polen	58 %	Lettland	43 %
Irland	57 %	Deutschland	41 %
Portugal	57 %	Frankreich	41 %
Litauen	57 %	Finnland	41 %
Italien	56 %	Schweden	39 %
Estland	56 %	Großbritannien	31 %

Theoretisch sind drei Modelle des Verhältnisses von Politik und Massenmedien denkbar: Autonomie, Instrumentalisierung oder Symbiose. Die Autonomie entspricht der Vorstellung von einer öffentlichen Akzeptanz der Medien als kontrollierende vierte

Regieren die Medien statt der Politik?

Gewalt des Staates und einem entsprechenden Selbstverständnis der Medieninhaber und -manager, Chefredakteure und Programmverantwortlichen, Journalisten usw.

Die Instrumentalisierung stellt die Beeinflussung der Medien durch die Politik bzw. umgekehrt in den Mittelpunkt: Dazu zählen in Österreich das Medien- und Rundfunkgesetz, der öffentlich-rechtliche Status des ORF und die Kompetenzen seines Kuratoriums, das Regionalradiogesetz ebenso wie indirekte Beeinflussungsversuche der Medienberichterstattung durch Politiker und Parteien. Nehmen Medien sich umgekehrt politischer Themen an, ist die Politik gezwungen zu reagieren.

Das Symbiose-Modell führt zu einem Zusammenwachsen des Medien- und des politischen Systems. Das politische System und die Politiker agieren immer medialer, d. h., Handlungsweisen werden durch das Kriterium medialer Eignung determiniert; das Mediensystem agiert immer politischer, d. h., Medien verstehen sich nicht als Vermittler, sondern als Gestalter der politischen Kommunikation.

Im politischen Wettbewerb wird Medienpräsenz häufig wichtiger als der Kontakt mit Wählern gesehen. Die Qualität der Medien-

beeinflussung durch Politiker, Parteien und Politikberater ist dramatisch angestiegen, so dass eine Instrumentalisierung der Medien mit psychologischen Inszenierungen, die Emotionen wecken sollen, anstatt von Inhalten, die informieren können, droht. Insbesondere Wechselwähler, d. h. vor allem auch Wähler mit wenig Wissen und geringem Interesse an der Politik, sind durch Unterhaltung und Informationen *(infotainment)* ansprechbar.

Medien können sich der Beeinflussung nicht entziehen, weil sie zunehmend privatisiert und kommerzialisiert werden und daher von ökonomischen Aspekten (Auflagen/Reichweiten, Quoten, Werbe- und Public-Relations-Geldern usw.) abhängig sind. Parallel dazu sinkt die journalistische Ethik der Politikberichterstattung. Eine staatliche und/oder supranationale Kontrolle ist weder zu befürworten noch im Zeitalter der technologischen Innovationen (Stichwort Internet) organisierbar. Regulative beschränken sich daher auf Minimalverbote der Politik oder relativ wirkungslose Selbstkontrollen der Medien. Demokratien werden dadurch nicht in ihrem Bestand gefährdet, verlieren aber an Qualität.

Peter Filzmaier

Marktanteile österreichischer Tageszeitungen 2005:

Kronen Zeitung	44,9 %
Kleine Zeitung	12,2 %
Kurier	11,3 %
Der Standard	5,9 %
OÖN-OÖ Nachrichten	5,0 %
Die Presse	4,8 %
TT-Tiroler Tageszeitung	4,8 %
SN-Salzburger Nachrichten	4,3 %
VN-Vorarlberger Nachrichten	3,0 %
Wirtschaftsblatt	1,5 %

In Demokratien regeln Verfassungen die Verteilung bzw. Begrenzung der Macht politischer Institutionen. Zumeist geschieht das durch eine Trennung der Staatsgewalten in Gesetzgebung (Legislative), Vollziehung (Exekutive) und Gerichtsbarkeit (Judikative).

Welche politischen Institutionen brauchen wir?

In Österreich ist die Gesetzgebung Sache des Parlaments (der Bundespräsident beurkundet lediglich das verfassungsgemäße Zustandekommen), die Vollziehung Aufgabe der Bundesregierung mit den Ministerien als Hilfsorganen, und die Judikative leistet die Funktion einer unabhängigen Gerichtsbarkeit mit drei Höchstgerichten (Verfassungs- und Verwaltungsgerichtshof, Oberster Gerichtshof).

Allerdings sind Regierung und Parlamentsmehrheit – mit Ausnahme einer Minderheitsregierung – identisch, die meisten Gesetze gehen auf Regierungsvorlagen zurück. Gesetzentwürfe werden in den Ministerien ausgearbeitet, d. h., Legislative und Exekutive sind in der Verfassungswirklichkeit weniger stark getrennt. Hinzu kommt, dass realpolitisch ein Grundkonsens der Institutionen bestehen muss. Der Bundespräsident wäre beispielsweise in der Ernennung einer Regierung frei, ohne zugrunde liegende Parlamentsmehrheit könnte diese jedoch am nächsten Tag mittels Misstrauensvotum gestürzt werden.

Die Regelungen für das Zusammenwirken der Staatsgewalten bewirken demzufolge meistens eine Ergänzung der Gewaltenteilung durch ein System der wechselseitigen Kontrolle und eines *„mix up"* von Zuständigkeiten. Von entscheidender Bedeutung sind zudem Mechanismen zur Vermeidung einer Handlungsunfähigkeit des politischen Systems durch wechselweise Blockaden der Staatsgewalten. Solange im Parlament etwa das Bundesfinanzgesetz nicht beschlossen ist, wird das jeweilige Vorjahresbudget monatsweise fortgeschrieben, um den Staat für Einnahmen und Ausgaben zu ermächtigen.

Ein Fall, in dem das nicht gelungen ist, war der Streit über die Zahl zweisprachiger Ortstafeln in Kärnten, welche der Verfassungsgerichtshof ab einem slowenischen Bevölkerungsanteil von etwa 10 Prozent als gerechtfertigt ansah. Der Kärntner Landeshauptmann weigerte sich jedoch, das Urteil umzusetzen.

Zusätzlich zur horizontalen Gewaltenteilung von Legislative, Exekutive und Judikative gibt es in föderativen Systemen eine vertikale Gewaltenteilung zwischen Bund und Ländern. In den Kompetenzartikeln der österreichischen Bundesverfassung wurden jene Bereiche festgelegt, die Ländersache sind. Im Parlament ist der Bundesrat als Länderkammer aber dem Nationalrat kompetenzmäßig nachgeordnet.

Peter Filzmaier

Das Parlament, hier werden die Gesetze beschlossen

Parteien entstehen a) als Reaktion auf Konfliktlinien einer Gesellschaft, d. h., Auseinandersetzungen von Gruppen können zu Parteigründungen führen. Typisches Beispiel sind die Grünen als Konsequenz des Konfliktes zwischen Wirtschaft und Umwelt. Oft

Was leisten Parteien und Interessengruppen?

sind Parteien b) die Reaktion auf Modernisierungsprozesse, d. h., sie vertreten durch die gesellschaftliche Entwicklung und deren Folgen entstandene Interessen. Sozialistische Parteien waren Konsequenz der industriellen Revolution, welche mit der Arbeiterschaft eine neue Klasse entstehen ließ. Ebenso gründen sich Parteien c) in Krisensituationen und/oder bei institutionellen Veränderungen. So entstand in Italien 1993/94 nach Korruptionsskandalen ein Parteien- und Wahlsystem.

Parteien leisten, wie auch Interessengruppen, die Funktion der Interessenaggregation, d. h., es werden Einzelinteressen zu allgemeinen Interessen zusammengefasst, verstärkt artikuliert und im politischen Prozess durchzusetzen versucht. Der Unterschied zu den Interessengruppen ist, dass Letztere die Politik einer Regierung beeinflussen wollen, ohne dieser anzugehören. Parteien hingegen wollen Teil der Regierung werden, um Politik zu gestalten.

Parteien sind – durch ihre Kontrollfunktionen auch als Opposition – für das Staatsganze verantwortlich, Interessengruppen zunächst den von ihnen vertretenen Anliegen. Innerhalb der Interessengruppen gibt es allerdings a) *self-oriented interest groups*, welche Ziele

anstreben, die unmittelbar den Mitgliedern Nutzen bringen – beispielsweise Gewerkschaften –, und b) *public interest groups*, die öffentliche Interessen propagieren (etwa Umweltorganisationen).

In Staaten mit einer hohen Akzeptanz des Parteiensystems bzw. starken Parteien haben Interessen, die nicht von den Parteien vertreten werden, eine deutlich geringere Chance öffentlich artikuliert und in Entscheidungen umgesetzt zu werden. Das gilt auch für Österreich, wobei als zusätzliche Besonderheit die Grenzen zu Interessengruppen oft unklar sind.

Korporatismusmodelle, insbesondere das Modell der österreichischen Sozialpartnerschaft, und das Beispiel der personellen und institutionellen Verflechtung österreichischer Kammern und Verbände mit politischen Parteien zeigen, dass eine Verbindung durchaus gegeben ist. Die Sozialpartnerschaft der Arbeitgeber- und Arbeitnehmervereinigungen ist ein zentraler Faktor des politischen Systems in Österreich, obwohl es keine verfassungsmäßige Verankerung als Element des politischen Systems gibt.

Peter Filzmaier

DIE SOZIALPARTNER

WIRTSCHAFTSKAMMER ÖSTERREICH
BUNDESARBEITSKAMMER
ÖSTERREICHISCHER GEWERKSCHAFTSBUND
LANDWIRTSCHAFTSKAMMER ÖSTERREICH

AUSTRIA

Es gibt das Gefühl „Politiker bekommen zuviel Geld!" In derart vereinfachter Form ist das falsch, weil Politik durch allgemein verbindliche Entscheidungen unser menschliches Zusammenleben regelt. Demzufolge ist sie ein sehr wertvolles Gut. Die Alltagsmei-

Wie viel ist uns die Politik wert?

nung einer konsequenten Weigerung, der Politik für das Gemeinwohl viel Geld bereitzustellen, ist im Grunde Ausdruck einer geringen Demokratiebereitschaft.

Vorstellungen, Politik dürfe grundsätzlich kein öffentliches Geld kosten, sind genauso gefährlich. In den Anfängen des deutschen und österreichischen Parlamentarismus im 19. Jahrhundert wünschte man sich Abgeordnete von Verdienst und Vermögen. Honorige Personen, nur ihrem Gewissen verpflichtet, sollten Politiker werden. In Wirklichkeit hatte die Vorenthaltung jeder Bezahlung auch dafür zu sorgen, dass Sozialisten es sich mangels privater Finanzbasis überlegen mussten, ins Parlament zu gehen.

Aufgrund der Gefahr, dass Politiker und Parteien etwa durch hohe Spenden fremden und undemokratischen Einflüssen ausgesetzt sind, hat man sich in Österreich heute für eine überwiegend öffentliche Politikfinanzierung entschieden. Im Unterschied dazu gibt es beispielsweise in den USA eine mehrheitlich private Politikfinanzierung, in Parlamentswahlen für den US-Kongress sogar ausschließlich.

In Summe betrug in Österreich die staatliche Parteienförderung einschließlich der politischen Akademien 2006 knapp 25 Millionen

Euro bzw. fast 30 Euro pro Staatsbürger. In Relation zur Bevölkerungszahl ist Österreich damit im internationalen Vergleich führend.

Zum allgemeinen Begriff der Politikfinanzierung sind weitere Aufwendungen öffentlicher und privater Gelder für unmittelbar an der politischen Willensbildung beteiligte Personen und Organisationen zu addieren, d. h. etwa Gehälter für Abgeordnete oder Parteispenden.

Zu beachten ist, dass die Finanzierung der Parteien und von politischen Funktionären die Abhängigkeit von großen privaten Geldgebern mindert, zugleich aber aufgrund des eingangs erwähnten Vorurteils der Verschwendung von Steuergeldern die Bindung an einfache Bürger erschwert. Ein weiteres Problem ist, dass die politischen Eliten im Parlament bzw. Landtag selbst über alle Regelungen der Politikfinanzierung bestimmen. Wer über eigene finanzielle Interessen entscheidet, ist jedoch üblicherweise befangen. Als Kontrollmechanismus fungiert neben der Verfassung und Urteilen des Verfassungsgerichtshofes lediglich die öffentliche Meinung.

Peter Filzmaier

Parteienförderung in Österreich 2005:

Partei	Euro
ÖVP	6.160.668,02
SPÖ	5.347.074,84
FPÖ	1.623.904,72
Grüne	1.548.512,56

Förderung der Parteienakademien 2005:

Politische Akademie (ÖVP)	3.531.724,00
Dr. Karl Renner-Institut (SPÖ)	3.188.508,40
Freiheitliche Akademie	1.438.108,84
Grüne Bildungswerkstatt	1.403.787,28

Österreich ist durch das Bundesverfassungsgesetz über die immerwährende Neutralität vom 26. Oktober 1955 ein neutrales Land. Als man 1955, zum damaligen Zeitpunkt überraschend, mit dem Abschluss des Staatsvertrags am 15. Mai seine volle Souveränität

Ist Österreich neutral?

wiedererlangte, galt die später beschlossene Neutralität als politischer Preis, aber auch als Mittel zum Zweck, die Unabhängigkeit zu erhalten.

In weiterer Folge wurde die Neutralität als Identifikationsmerkmal und als Garant für Sicherheit und wirtschaftlichen Fortschritt gesehen. Auf internationaler Ebene wurde die auf ihrer Grundlage praktizierte Außenpolitik geschätzt sowie letztlich zum unverkennbaren Markenzeichen Österreichs in der internationalen Politik. Bewährungsproben bestand die militärische Neutralität beispielsweise im Ungarnaufstand 1956 und dem „Prager Frühling" 1968.

Kritik gab es erstmals Ende der 70er Jahre seitens der damaligen Oppositionspartei ÖVP an der Gleichsetzung der Außenpolitik mit Neutralitätspolitik. Bereits durch die Koalitionsregierung von SPÖ und FPÖ kam es – nicht zuletzt wirtschaftlich und technologisch begründet – zur weiter verstärkten Hinwendung zu Westeuropa. Die große Koalition von SPÖ und ÖVP gelangte zu einer dementsprechend „realistischen Neutralitätspolitik".

1989 waren es das Ansuchen um Mitgliedschaft bei der EG und das Ende des Ost-West-Konflikts, die dazu beigetragen haben, dass Österreich seine Neutralitätspolitik bewusst extensiver als bislang handhabe. Es

wurde die Notwendigkeit erkannt, die Neutralität in Richtung auf eine verstärkte internationale Solidarität zu verändern. Aus dem Verständnis, immerwährend neutral zu sein, wurde die Sichtweise einer differentiellen Neutralität entwickelt. Das ermöglichte die Teilnahme Österreichs an der EU und an ihrer seit dem Maastricht-Vertrag intendierten Gemeinsamen Außen- und Sicherheitspolitik (GASP), obwohl in dieser die Beteiligung an Sanktionen gegenüber Drittstaaten Voraussetzung ist.

Erwähnt werden muss, dass trotz zunehmend gegenteiliger Ansichten von Fachleuten – im bisherigen Verständnis der Experten würde eine Neutralität mit keinem Sicherheitssystem nach dem Ende des Ost-West-Konflikts kompatibel sein – in nahezu allen Meinungsumfragen sich eine klare Mehrheit der Bevölkerung (über zwei Drittel) für eine Beibehaltung der gegenwärtigen Neutralitätsform ausspricht, so dass bislang kein politischer Akteur Initiativen für eine auch formelle Änderung ergreifen wollte.

Peter Filzmaier

Bundesverfassungsgesetz vom 26. Oktober 1955 über die Neutralität Österreichs:
„Artikel I.
Zum Zwecke der dauernden Behauptung seiner Unabhängigkeit nach außen und zum Zwecke der Unverletzlichkeit seines Gebietes erklärt Österreich aus freien Stücken seine immerwährende Neutralität. Österreich wird diese mit allen ihm zu Gebote stehenden Mitteln aufrechterhalten und verteidigen.
Österreich wird zur Sicherung dieser Zwecke in aller Zukunft keinen militärischen Bündnissen beitreten und die Errichtung militärischer Stützpunkte fremder Staaten auf seinem Gebiete nicht zulassen."

Die allgemeine Wehrpflicht entstand in Europa im Laufe des 18. und 19. Jahrhunderts und ersetzte schrittweise die angeworbenen Söldnerheere des 16. und 17. Jahrhunderts. Dies war verbunden mit der zunehmenden Verantwortung des Bürgers für

Allgemeine Wehrpflicht oder Berufsheer?

das Gemeinwesen (und damit auch für die Verteidigung). Durch die möglichst weitgehende Ausschöpfung des „Wehrpotenzials" im Zuge der allgemeinen Wehrpflicht war es in den beiden Weltkriegen möglich, Massenheere ins Feld zu stellen. Die numerische Überlegenheit konnte dabei die oft unvollständige Ausbildung der Soldaten kompensieren.

In Friedenszeiten – nach 1918 und erneut nach dem Ende des Ost-West-Konflikts 1989/91 – stellte sich die Frage, ob die allgemeine Wehrpflicht noch zeitgemäß wäre. Staaten mit anderen Traditionen (Großbritannien, USA, Kanada) schafften die Wehrpflicht bald nach 1945 ab oder setzten sie aus; nach 1991 folgten viele Staaten in Europa (Frankreich, die Niederlande, Spanien usw.). In Deutschland und in vielen neutralen Staaten hingegen (Österreich, Schweden, Finnland) war man dazu bisher (noch) nicht bereit – u. a. spielte dabei auch die Frage nach der Stellung eines Berufsheeres in einer demokratischen Gesellschaft eine Rolle. In Österreich wurde der Wehrdienst mit Anfang 2006 von acht auf sechs Monate verkürzt. Die allgemeine Wehrpflicht gilt aber weiter, obwohl in allen politischen Parteien Stimmen für eine Umstellung auf ein Berufs- oder Freiwilligenheer laut wurden.

Mit dieser Diskussion eng verbunden ist die Frage nach der grundsätzlichen Stellung des Militärs in der Gesellschaft. Vielfach wird das Militär nicht bloß als Instrumentarium zur Verteidigung gesehen, sondern als „Erziehungsfaktor für die Jugend" (Bundeskanzler Julius Raab 1958) bzw. in einem gewissen Maß auch als Integrationsfaktor für (Kinder von) Migranten. Durch die Möglichkeit der Ableistung eines Zivildienstes bei humanitären Organisationen (in Österreich seit 1975) betrifft die Frage der Wehrpflicht nicht mehr nur das Militär. Gelegentlich wurde daher die Möglichkeit einer allgemeinen „Bundesdienstpflicht" (die auch für Mädchen gelten könnte) angedacht.

Für das aktuelle Einsatzspektrum des Bundesheeres würde die Abschaffung der allgemeinen Wehrpflicht in zwei Bereichen wesentliche Änderungen bringen. Im Inland sind für Assistenzeinsätze (z. B. bei Naturkatastrophen, aber auch bei Sportveranstaltungen usw.) Personalreserven notwendig, die derzeit durch die allgemeine Wehrpflicht zur Verfügung stehen. Bei Auslandseinsätzen kommen rund zwei Drittel der Soldaten aus dem Miliz- bzw. Reservestand. Durch ihr etwas höheres Alter und verschiedene zivile Berufserfahrungen tragen diese Soldaten gerade bei Friedenseinsätzen wesentlich zum Erfolg und zum Ansehen der österreichischen Truppen bei. Eine vollständige Umstellung auf ein Freiwilligen- bzw. Berufsheer würde daher auch bei der Durchführung der aktuellen Einsätze massive Änderungen bewirken.

Erwin Schmidl

Sind wir Gemeinde- oder Landesbürger, Österreicher, EU-ropäer oder Weltbürger? Während jeweils rund 95 oder mehr Prozent sich ihrem lokalen, regionalen oder nationalen Umfeld verbunden fühlen, fehlt es den Österreichern weitgehend an einer europäi-

Welche politische Identität haben wir?

schen Identität. Ein Drittel gibt an, zur EU überhaupt keinen Bezug zu haben, obwohl aufgrund der modernen Kommunikationstechnologien und einer zunehmenden Reisetätigkeit sogar die Weltbezüge im Steigen begriffen sind. Unabhängig von Reisen ist allerdings die geringe private und berufliche Mobilität der Österreicher – Wohnorts- und/oder Berufswechsel sind seltener als anderswo – dafür mitverantwortlich.

Offensichtlich ist, dass es politisch keine geographisch eindeutig zuordenbare Identität gibt, sondern ein komplexer Zusammenhang des politischen Selbstverständnisses der Bürger besteht. Wenn jemand sich gleichermaßen (und gleichzeitig) als Wiener und Österreicher sowie Europäer verstehen kann, bedeutet das eine Abweichung vom klassischen Identitätsverständnis in der Philosophie.

Zugleich jedoch zeigt nicht zuletzt die Debatte um den EU-Beitritt der Türkei, dass keine Identität umhin kommt Grenzen zu ziehen, d. h. festzulegen, wer dazugehört und wer nicht. Trifft man solche Entscheidungen nicht, haben politische Gemeinschaften wie die EU mit Identitätsproblemen zu kämpfen. Oft wird sogar eine kollektive Identität, die es neben dem individuellen Zugehörigkeits-

gefühl gibt, durch einen tatsächlichen oder konstruierten Außenfeind gestärkt.

So erhöht sich das theoretisch durch die Mitgliedschaft zur supranationalen EU abnehmende österreichische Nationalbewusstsein durch die mehrheitliche Ablehnung der EU. Identifikations- und Integrationseffekte („Wir Österreicher!") sind die Folge und können im politischen Wettbewerb von Parteien durch nationale Aussagen genützt werden. Auf Landesebene versuchen Politiker ebenfalls oft mit dem Slogan „Wir gegen Brüssel!" oder auch „Wir gegen Wien!" in Wahlkämpfen zu punkten.

Bezeichnenderweise sind politische Symbole wie Fahnen und Hymnen fast ausschließlich als nationales Element – etwa bei Fußballspielen oder Siegerehrungen von anderen Sportveranstaltungen – präsent, während die EU-Symbole eine vergleichsweise untergeordnete Rolle spielen bzw. weniger bekannt sind. Je größer eine politische Gemeinschaft, desto mehr sind Identität stiftende Symbole und Medien erforderlich, während im lokalen Bereich Identität durch persönliche Kontakte entsteht.

Peter Filzmaier

Europäische, nationale, globale Identität der österreichischen Bevölkerung (Eurobarometer 2005):
„18 % fühlen sich oft, 39 % manchmal, 40 % nie als EuropäerInnen – 5 % fühlen sich oft, 30 % manchmal, 60 % nie als WeltbürgerInnen – 88 % sind stolz, ÖsterreicherInnen zu sein; 60 % sind stolz, EuropäerInnen zu sein – 44 % der ÖsterreicherInnen denken, dass sie sich in der Zukunft als ÖsterreicherInnen und EuropäerInnen fühlen (EU25: 48 %); 44 % nur als ÖsterreicherInnen (EU25: 41 %). 2 % glauben, dass sie sich ausschließlich als EuropäerInnen fühlen werden. Das entspricht dem EU-Schnitt."

Wahlen werden als Ausdruck der Demokratie gesehen. Drei Fragestellungen stehen im Mittelpunkt:

Nach welchem Wahlsystem wird gewählt? Bei einer – relativen oder absoluten – Mehrheitswahl gewinnt der im Wahlkreis erstplat-

Wie sollen wir wählen?

zierte Kandidat das jeweilige Mandat. Beispiele sind Großbritannien, die USA und Frankreich. Weil nach dem Prinzip *The Winner Takes All* nur der Wahlsieger profitiert und alle Verlierer nichts bekommen, entsteht höchstwahrscheinlich ein Zweiparteiensystem mit klaren Mehrheitsverhältnissen.

Das Verhältniswahlrecht, in dem für Parteilisten gestimmt wird, lässt ein Vielparteiensystem entstehen, das die Gefahr einer Zersplitterung in sich birgt. Viele Klein- und Kleinstparteien können die Entscheidungsfähigkeit des Parlaments beeinträchtigen. Der Vorteil von Mehrheitswahlen ist demnach Effizienz, in Verhältniswahlen zählt das Gerechtigkeitsargument, dass jede Partei ihrem Stimmenanteil entsprechend eine anteilige Mandatszahl erhält.

Der Verhältnisgrundsatz kann beschränkt werden, so durch eine Mindestprozent-Klausel in der Bundesrepublik Deutschland und Österreich, wobei aufgrund von Direkt- und Grundmandaten trotzdem Parteien mit weniger als fünf bzw. vier Prozent der Stimmen in das Parlament einziehen können. In der Bundesrepublik Deutschland kann eine zweite Stimme für einen Politiker abgegeben werden. In Österreich sind Vorzugsstimmen möglich, aufgrund derer Politiker auf den Listen vorgereiht werden.

Wer ist wahlberechtigt? Obwohl für Demokratien das allgemeine und gleiche Wahlrecht – für Frauen und Männer nach einem gesetzlichen Mindestalter – unbestritten ist, gibt es Neuentwicklungen: Sollen nur Staatsbürger, in einem Staat wohnhafte EU-Bürger oder alle Steuerzahler in einem politischen System aktiv und/oder passiv wahlberechtigt sein? Infolge von Migrationsbewegungen sowie in der EU mit ihren Freiheiten der Niederlassung und der Arbeitsplatzwahl steigt die Zahl von Personen, die den Gesetzen eines Staates unterworfen sind, ohne an deren Zustandekommen beteiligt zu sein.

Wie hoch ist die Wahlbeteiligung? Moderne Demokratien sind mit dem Phänomen einer rückläufigen Wahlbeteiligung konfrontiert. In Österreich lag die Wahlbeteiligung in Nationalratswahlen zuletzt bei etwa 80 Prozent, ein im internationalen Vergleich sehr hoher Wert. In einzelnen Landtagswahlen betrug jedoch die Wahlbeteiligung nur rund 60 Prozent, in den Wahlen zum Europäischen Parlament 2004 gar nur 42 Prozent.

Peter Filzmaier

Wahlbeteiligung bei der Europawahl 2004:

Land	%	Land	%
Belgien	90,81	Lettland	41,34
Luxemburg	90,00	Finnland	39,40
Malta	82,37	Niederlande	39,30
Italien	73,10	Großbritannien	38,90
Zypern	71,19	Portugal	38,60
Griechenland	63,40	Ungarn	38,50
Irland	59,70	Schweden	37,80
Litauen	48,38	Tschech. Republik	28,32
Dänemark	47,90	Slowenien	28,30
Spanien	45,10	Estland	26,83
Deutschland	43,00	Polen	20,87
Frankreich	42,76	Slowak. Republik	16,96
Österreich	42,43		

Politische Bildung kann als Summe von Schlüsselkompetenzen verstanden werden, welche über die klassische Institutionenlehre hinausreichen und vermittelt werden sollen: Zunächst geht es selbstverständlich um die Weitergabe von Faktenwissen. Dazu zählen

Was ist politische Bildung?

Kenntnisse über Demokratiemodelle und unsere Verfassung, über die Organisation von Parlament, Regierung und Justiz sowie deren wechselseitige Macht und Kontrolle, aber auch über Parteien und Interessengruppen, Wahlen, Massenmedien usw. Hinzu kommt das Wissen über Grund- und Menschenrechte sowie über zeitgeschichtliche Entwicklungen. Gesetzgebung und andere politische Entscheidungsprozesse müssen sowohl in ihrem formalen Ablauf bekannt sein, als es auch eines Verständnisses der realpolitischen Zusammenhänge bedarf.

Hinzu kommt die Unterstützung der Entwicklung von politischen Einstellungen und Meinungen. Dazu zählen das Interesse an gesellschaftlichen und politischen Fragestellungen, der Aufbau einer österreichischen politischen Identität unter Bezugnahme auf ein demokratisches Gemeinschafts-/Staats-, Politik- und Bürgerverständnis, die Anerkennung demokratischer Grundregeln und die Toleranz gegenüber abweichenden Meinungen bzw. Einstellungen.

Die politische Meinungsbildung ist zugleich Voraussetzung für die Teilnahme am politischen Diskurs. Weil politische Bildung in Demokratien stets die Partizipationsfähigkeit fördern soll, muss sich politische Beteiligung als reelle Chance verstehen, die Entscheidungen der Politik zu beeinflussen.

Wer die Baugesetze der österreichischen Bundesverfassung oder auch nur die Zahl der Nationalratsabgeordneten nach Parteien aufsagen kann, ist deshalb weder sonderlich politisch noch sonst gebildet, sondern bestenfalls ein Fachidiot. Politische Bildung bedeutet daher genauso die Anregung von geistigen und sozialen Fähigkeiten, um das gelernte Faktenwissen im privaten und beruflichen Alltag anwenden zu können, also etwa Toleranz gegenüber Mitbürgern praktisch zu leben.

Soziale Kompetenz kann aber nur im Zusammenwirken mit dem gelernten Faktenwissen wirksam werden. „Sind wir alle nett zueinander!" ist ein ehrenwerter Grundsatz, doch gehört zu seiner Umsetzung das Wissen, wo Menschenrechtsverletzungen eingeklagt und geahndet werden. Entscheidend ist die Bereitschaft Verantwortung zu übernehmen, Urteilsfähigkeit zu entwickeln und unter vorgegebenen und/oder eigenständig entwickelten Politikoptionen auszuwählen. In Konfliktfällen sind friedliche Lösungen des Widerspruchs anzustreben.

Peter Filzmaier

Beispielfragen aus dem Skriptum zur Vorbereitung auf die Prüfung zur Erlangung der österreichischen Staatsbürgerschaft:
„Wann wurde die Europäische Menschenrechtskonvention in Österreich in den Verfassungsrang gehoben?
Wen binden Gleichheitsgrundsätze und Diskriminierungsverbote?
Welche Institution wurde zur Umsetzung der tatsächlichen Gleichstellung von Frauen und Männern geschaffen?
Ist der ‚Ehrenmord' (die ‚Blutrache') in Österreich verboten und strafbar?"

Der Satz „Österreich hat keine politische Kultur!" zeigt, dass sich die wissenschaftliche Definition vom Alltagsgebrauch des Begriffs unterscheidet. In Letzterem wird in der Regel dem politischen Mitbewerber ein Mangel an politischer Kultur unterstellt (Stillosigkeit,

Was ist politische Kultur?

Verstöße gegen demokratische Gepflogenheiten, schlechte Umgangsformen usw.).

Politische Kultur aus neutraler Sicht ist die Orientierung politischen Handelns an Werten, Einstellungen und Meinungen. Es handelt sich um Ansichten einzelner Menschen, die als gemeinsame Eigenschaften der Mehrheit wirksam werden und so den Staat beeinflussen. Politische Kultur ist – im Unterschied zur Staatsorganisation als objektivem Rahmen – die subjektive Dimension eines politischen Systems.

Indikatoren sind Faktoren, anhand derer ich Werte, Einstellungen und Meinungen der Bevölkerung messen kann – u. a. als Graduierungen der Wahlbeteiligung, der Parteiidentifikation, des Vertrauens in politische Institutionen, aber auch der Zufriedenheit in einem Staat.

Werte sind ein grundsätzlicher Handlungsmaßstab, d. h. abstrakt und nicht auf spezifische politische Situationen bezogen, daher sehr stabil. So ist die Anerkennung der politischen Unabhängigkeit der Justiz ein Grundwert moderner Demokratien. Eine Konkretisierung des Wertes erfolgt im Anlassfall, etwa durch politische Angriffe auf den Verfassungsgerichtshof in Österreich nach einem vom Kärntner Landeshauptmann Jörg Haider nicht akzeptierten Urteil über zweisprachige Ortstafeln.

Einstellungen werden aus Werten abgeleitet und bezeichnen die positive oder negative Beurteilung von Institutionen bzw. Personen. Sie sind konkret und situationsabhängig, jedoch meistens mittelfristig konstant. Typische Einstellungen lassen sich neben der allgemeinen Demokratiezufriedenheit durch Vertrauensquoten (*trust in government*-Index) für institutionelle Akteure (Parlament, Regierung, Gerichte sowie Interessenvertretungen, Medien, Kirchen usw.) messen.

Meinungen sind situationsabhängige Äußerungen und daher spontan, emotional und unreflektiert. Demzufolge sind sie leicht veränderbar. Typisch sind Meinungsumfragen zu aktuellen Ereignissen, etwa für/wider den Ankauf von Abfangjägern für das österreichische Bundesheer oder für/wider Transitregelungen in der Verkehrspolitik.

Im Regelfall führen Meinungsänderungen nicht sofort zu einem Einstellungs- und Wertewechsel, doch besteht ein Zusammenhang: Veränderungen von Meinungen können einen Einstellungswechsel bewirken, der wiederum einen Wertewandel auslöst.

Peter Filzmaier

Aus der Entscheidung des Verfassungsgerichtshof vom 12. Dezember 2005 über die Aufstellung zweisprachiger Ortstafeln in Kärnten:

„Die teilweise heftigen Diskussionen über die gewählten topographischen Bezeichnungen in der Volksgruppensprache (...) machen sogar vor den in der Ortsnamenverordnung bereits festgeschriebenen Namensformen nicht halt. So hat beispielsweise die slowenische Bezeichnung für die Ortschaft Windisch-Bleiberg ‚Slovenji Plajberg' im Zuge der Aufstellung der zweisprachigen Ortstafeln für diese Ortschaft im Mai des heurigen Jahres von Seiten der Volksgruppenvertreter heftigen Widerspruch ausgelöst. ..."

Mit dem Begriff Menschenrechte werden im politischen und wissenschaftlichen Sprachgebrauch meist jene prinzipiellen Freiheitsansprüche bezeichnet, die jedes auf der Welt lebende Individuum allein aufgrund seines Menschseins in Anspruch neh-

Was versteht man unter Menschenrechten?

men kann und die von den staatlich verfassten Gesellschaften rechtlich gesichert werden müssen. In einem solchen Sinn verstanden sind Menschenrechte „natürliche", „vorstaatliche", „angeborene" und unveräußerliche Rechte jedes Einzelnen. Sie unterscheiden sich von „Bürgerrechten" dadurch, dass sie nicht auf eine bestimmte Staatsangehörigkeit hin beschränkt sind, sondern auf alle (auch Nicht-Staatsbürger) auf einem bestimmten Staatsgebiet lebenden Menschen angewandt werden müssen. Mit der Gründung der UNO im Jahr 1945 wurde die Entwicklung eines universalen Menschenrechtsschutzes in die Wege geleitet, der bereits in Artikel 1/Zi. 3 sowie im Artikel 55 der UNO-Charta niedergelegt wurde. Eine Definition der Menschenrechte wurde erstmals am 10. Dezember 1948 in der „Allgemeinen Erklärung der Menschenrechte", einer völkerrechtlich nicht verbindlichen Resolution der UN-Generalversammlung sowie in den beiden 1966 verabschiedeten und 1976 in Kraft getretenen (und daher völkerrechtlich verbindlichen) Pakten über wirtschaftliche, soziale und kulturelle sowie über bürgerliche und politische Rechte niedergelegt, die heute von knapp 150 Staaten ratifiziert worden sind. Darüber hinaus hat die UNO eine ganze

Reihe anderer Abkommen geschlossen, um die Achtung der Menschenrechte zu fördern. Zu diesen Abkommen gehören unter vielen anderen ein Abkommen gegen den Völkermord aus 1948, gegen Sklaverei und Sklavenhandel von 1953, gegen Zwangsarbeit von 1957, gegen die Apartheid 1973, gegen Rassendiskriminierung 1966 usw. Staaten sind verpflichtet, in regelmäßigen Abständen über die innerstaatliche Durchführung der in den Menschenrechtsverträgen niedergelegten Verpflichtungen zu berichten. Diese Berichte werden von einem internationalen Expertengremium geprüft und mit Vertretern der Staaten besprochen. Gerade in jüngster Zeit wurde die lange Jahre bestehende UN-Menschenrechtskommission durch den effektiveren und permanent tagenden Menschenrechtsrat, der in Genf angesiedelt ist, ersetzt. Nur Europa und Amerika, mit inhaltlichen Abstrichen auch Afrika, haben regionale Instrumente entwickelt, um den Schutz der Menschenrechte und ihre rechtliche Durchsetzung sicherzustellen. In Europa wurde 1950 die Konvention zum Schutz der Menschenrechte und Grundfreiheiten gegründet, die amerikanische Menschenrechtskonvention stammt aus dem Jahr 1969. Beide sehen juristische Verfahrensregeln vor, die es jedem einzelnen Europäer und Amerikaner ermöglichen, den Menschenrechtsgerichtshof anzurufen, wenn der innerstaatliche Rechtsweg erschöpft ist. Afrika hat mit der „Banjul-Charta der Menschenrechte und Rechte der Völker" von 1981 ebenfalls ein regionales Instrument des Menschenrechtsschutzes geschaffen, der eine starke gruppenrechtliche Komponente aufweist. Eine Individualbeschwerde ist jedoch nicht möglich.

Otmar Höll

Kaum ein anderer Begriff hat eine ähnlich steile Karriere hinter sich wie der Begriff der „Globalisierung". Innerhalb von nicht einmal 20 Jahren hat sich seine Verwendung im Alltagsleben der Menschen, in den Medien, auf dem Parkett der Politik oder auch in der

Sitzen wir in der Globalisierungsfalle?

wissenschaftlichen Diskussion um ein Vielfaches gesteigert. Der Ausgangspunkt der „Globalisierung" liegt in der Grenzen überschreitenden Wirtschaft. Globalisierung ist ein historischer Prozess und zur gleichen Zeit das „Produkt" menschlicher Innovationen und technologischen Fortschritts. Er bezieht sich auf die mit enormer Geschwindigkeit zunehmende Verflechtung nationaler Wirtschaften fast auf der ganzen Welt, insbesondere im Bereich von Außenhandel und Kapitalströmen. Der Ausdruck bezieht sich auch auf die grenzüberschreitende Bewegung von Menschen (als Migranten, Arbeitskräfte, aber auch als Terroristen oder Kriminelle) und Wissen (Know-how, Technologie). Es gibt auch breitere kulturelle, politische, ökologische und sicherheitspolitische Dimensionen der Globalisierung, die alle zusammen dazu geführt haben, dass die Welt von heute sehr viel näher zusammengerückt ist, gleichsam zu einem „gobal village" geworden ist, und dass sie ganz anders funktioniert als noch vor fünfzehn oder zwanzig Jahren. Im Grunde genommen gibt es so etwas wie die „Globalisierung" aber schon viel länger. Man hat das Phänomen meist nur anders

bezeichnet, und zwar lange Zeit als „Internationalisierung". Bereits gegen Ende des 19. Jahrhunderts waren Staaten wie Großbritannien oder die Niederlande in ihren Außenhandels- oder andere Staaten in ihren transnationalen Finanzaktivitäten ähnlich stark oder sogar stärker verflochten als heute. Heute sind aber Außenhandel und Finanzdienstleistungen viel weiter entwickelt und tiefer integriert als zur damaligen Zeit. Spezifisch in unserem heutigen Zusammenhang ist die Integration der Finanzmärkte, die erst durch die modernen Möglichkeiten der globalen Vernetzung mit Computern ermöglicht wurde.

Das 20. Jahrhundert, vor allem nach dem Zweiten Weltkrieg, war gekennzeichnet von einem unvergleichbaren Wirtschaftswachstum in einigen Teilen der Welt – vor allem in den nördlichen Industriestaaten –, wodurch sich das weltweite Bruttosozialprodukt insgesamt pro Kopf fast verfünffacht hat. Von dieser Entwicklung haben aber die nördlichen Staaten viel mehr profitiert als die ehemaligen Kolonien im Süden.

Die gegenwärtige Globalisierung bietet einerseits große Möglichkeiten für weltweite Entwicklung, und v. a. multinationale Konzerne profitieren von den vielfältigen Möglichkeiten der Auslagerung ihrer Produktion in Niedriglohnländer und von niedrigen ökologischen und sozialen Standards in vielen Staaten. Globalisierung betrifft real noch nicht alle Staaten und sie verläuft alles andere als ausgeglichen. Einige Länder integrieren sich schneller in die Weltwirtschaft als andere und profitieren auch mehr als die anderen. Es gibt Gewinner und Verlierer in diesem Prozess. Die Länder, denen es gelungen ist, sich zu integrieren, weisen meist ein schnelleres Wachstum und oft auch einen geringeren Prozentsatz an Armen auf. Am Weltmarkt orientierte Politiken haben Dynamik und größeren Wohlstand für einen Teil Ostasiens, v. a. für China, gebracht. Diese Region zählte noch vor 40 Jahren zu den ärmsten der Welt. Mit steigendem Lebensstandard wurde es auch in einigen Staaten möglich, Fortschritte bei der Demokratie sowie in anderen Fragen wie Umwelt-, Arbeits- und Sozialstandards zu erzielen.

In vielen Ländern Afrikas und in einigen Staaten Lateinamerikas stagnierte dagegen das Wachstum oder war sogar rückläufig. So nahm dort die Armut zu und in vielen Fällen, insbesondere in Afrika, wurden die Probleme noch durch ungünstige Umweltbedingungen wie Dürrekatastrophen, epidemische Krankheiten (Aids) und Kriege verschlimmert.

Die Finanzkrisen in scheinbar erfolgreichen Schwellenländern in den 1990er Jahren haben auch eindeutig gezeigt, dass die Chancen der Globalisierung nicht ohne Risiken sind. Diese Risiken ergeben sich zum Teil aus unsicheren Kapitalströmen (spekulativen Kapitalanlagen) und teilweise durch die Risiken sozialer, wirtschaftlicher und ökologischer Katastrophen, die durch Armut verursacht werden. Armut zählt indirekt auch zu jenen zentralen Ursachen, die den „globalisierten" Terrorismus entstehen haben lassen.

Otmar Höll

Neben den knapp 200 Staaten des gegenwärtigen internationalen Systems sind im 20. Jahrhundert zunehmend internationale Organisationen zu wichtigen Akteuren der internationalen Politik geworden. Ihr Ziel ist es vorrangig, die notwendige Zusammenar-

Welchen Stellenwert haben internationale Institutionen wie UNO, IAEA oder WTO?

beit der Staaten in der immer enger vernetzten Welt effektiver und effizienter zu gewährleisten. Man unterscheidet zwischen internationalen Regierungsorganisationen (IGOs), die grundsätzlich durch völkerrechtliche Verträge geschaffen worden sind und über eigene Organe und Kompetenzen verfügen, und den internationalen Nicht-Regierungsorganisationen (INROs oder INGOs). Diese sind Zusammenschlüsse von mehreren organisierten gesellschaftlichen Akteuren aus mindestens drei Staaten, die grenzüberschreitend zusammenarbeiten und meist, wie etwa Greenpeace (Umwelt) oder Amnesty International (Menschenrechte), sich bestimmten international relevanten Problembereichen widmen. Internationale Organisationen sind eine besondere Form der Steuerung von internationaler Zusammenarbeit, die durch zunehmende Verflechtung der Staaten in ökonomischer, politischer und gesellschaftlicher Hinsicht erforderlich sind. IGOs sind Völkerrechtssubjekte, ähnlich wie Staaten, d. h., sie verfügen über eine Organisationsfunktion nach innen und nach außen und haben Rechtssubjektivität. Sie sind von den Mitgliedstaaten ermächtigt, in bestimmten Politikbereichen im Namen dieser Mitglieder tätig zu werden.

Zu den wichtigsten internationalen Institutionen zählen etwa die UNO, die Internationale Bank für Wiederaufbau und Entwicklung (IBRD), der Internationale Währungsfonds (IMF), die Welthandelsorganisation (WTO) und die Internationale Atomenergieorganisation (IAEA). Die UNO, die gegenwärtig 191 Mitglieder aufweist, ist zweifellos die größte und wichtigste internationale Organisation. Sie wurde 1945 gegründet. Sie ist die einzige internationale Organisation, der alle (friedfertigen) Staaten beitreten können (universelle Reichweite) und in der alle grundlegenden Weltprobleme bearbeitet werden können. Nach den Erfahrungen mit dem nach dem Ersten Weltkrieg gegründeten Völkerbund wurde mit der UNO ein neuer Versuch zur dauerhaften friedlichen Regulierung des internationalen Systems geschaffen. Zum ersten Mal wurde in der 111 Artikel umfassenden Charta der Vereinten Nationen die Gewaltdrohung und Gewaltanwendung in zwischenstaatlichen Beziehungen verboten. Die UNO verfügt über sechs Organe, deren wichtigstes der Sicherheitsrat ist, in dem 15 Staaten (fünf davon permanente Mitglieder, die mit Vetorecht ausgestattet sind) über die Möglichkeit verfügen, Sanktionen gegenüber Staaten zu verhängen, die sich gravierender Verletzungen der Charta schuldig gemacht haben. Im Laufe ihres mehr als 60-jährigen Bestandes ist immer wieder der Ruf nach Reformen laut geworden, da die Vereinten Nationen noch immer mit Entscheidungsstrukturen arbeiten, die zur Zeit ihrer Gründung für etwa 50 Mitgliedstaaten geschaffen wurden. Auch wenn es den Vereinten Nationen nicht gelungen ist, die hoch

gesteckten Erwartungen (u. a. kollektive Sicherheit zu gewährleisten, Entwicklungsanstöße für die Dritte Welt zu geben, Konflikte beizulegen) voll zu erfüllen, sind sie für die internationale Politik von einzigartiger und unverzichtbarer Bedeutung. In den letzten Jahren werden sie verstärkt durch die nach dem Kalten Krieg einzig übrig gebliebene Supermacht, die USA, unter Druck gesetzt.

Die IBRD (die so genannte Weltbank) wurde gleichzeitig mit dem Internationalen Währungsfonds 1944 ins Leben gerufen. Sie geht auf amerikanische Pläne zurück, die nach Ende des Zweiten Weltkriegs auf eine multilaterale Neuorientierung der internationalen Wirtschaftsbeziehungen gerichtet waren. Während es ursprünglich Aufgabe der Weltbank war, mit Kredithilfe beim Wiederaufbau (der europäischen Staaten nach dem Zweiten Weltkrieg) und später bei der wirtschaftlichen Entwicklung der Staaten im Süden mitzuwirken, war und ist es Aufgabe des Internationalen Währungsfonds, das Funktionieren des internationalen Währungssystems sicherzustellen. Gemeinsam mit der Welthandelsorganisation (WTO), die in den frühen 1990er Jahren aus dem GATT (General Agreement on Tariffs and Trade) entstanden ist, bilden diese drei Organisationen das wichtigste globale Instrument für die Liberalisierung des Welthandels und des Weltfinanzsystems.

Die Internationale Atomenergieorganisation (IAEA), die ihren Sitz in Wien hat, hat die Aufgabe, die friedliche Nutzung der Atomenergie der Mitgliedstaaten zu überwachen. In den letzten Jahren ist sie immer stärker in die Diskussion der internationalen Öffentlichkeit aufgrund ihrer Rolle bei der Suche nach dem Vorhandensein von Massenvernichtungswaffen im Irak in den 1990er Jahren und in jüngster Zeit aufgrund ihrer Rolle im Konflikt der Staatengemeinschaft mit dem Iran wegen möglicher Urananreicherung gekommen. Im Jahr 2005 wurde der IAEA und ihrem Generalsekretär Mohammed El-Baradei der Friedensnobelpreis zuerkannt.

Die internationalen Organisationen sind mit Völkerrechtssubjektivität ausgestattet, die internationalen Nicht-Regierungsorganisationen hingegen unterstehen internationalem Privatrecht. Auch in Zukunft wird vermutlich die Zahl der internationalen Organisationen weiter ansteigen, weil die Staatenwelt immer enger und in vielen sozioökonomischen Bereichen verflochten ist und sie die einzige Möglichkeit darstellen, gemeinsame Probleme effizient zu lösen. Auch wenn internationale Organisationen und ihre Arbeit immer wieder kritisiert werden, liegt es nicht so sehr an ihnen selbst, sondern an den Mitgliedstaaten, für notwendige Reformen bzw. für geeignete institutionelle Strukturen und Entscheidungsprozesse Sorge zu tragen und damit ihre wichtigen und unverzichtbaren Leistungen für die Staatenwelt anzupassen bzw. zu verbessern.

Otmar Höll

Wichtige internationale Organisationen:

	Gründung	Hauptsitz
Regierungsorganisationen:		
UNO	1945	New York
BRD & IMF	1944	Washington, DC
WTO	1994	Genf
IAEA	1957	Wien
Nicht-Regierungsorganisationen:		
Greenpeace	1971	Amsterdam
Amnesty International	1961	London

Internationale Friedensoperationen („Peace Operations", „Peace Support Operations", PSO) entstanden im 19. Jahrhundert gleichzeitig mit dem internationalen Staatensystem. Gemeinsam sind ihnen fünf Kriterien:
– internationales Mandat,

Was tun „Blauhelme"?

– multinationale Zusammensetzung,
– Ziel der Bewahrung/Wiederherstellung eines Status quo oder der geordneten Überleitung in einen neuen Zustand (z. B. einer ehemaligen Kolonie in die Unabhängigkeit),
– Einsatz nicht zum Gebietsgewinn, sondern im Interesse des Gastlandes,
– möglichst geringer Schaden und/oder angemessener (maßvoller) Einsatz von Gewalt.

Man unterscheidet zwischen
– Operationen in Konflikten zwischen Staaten („klassisches Peacekeeping", d. h. der Einsatz unbewaffneter Beobachter oder leichtbewaffneter Truppen, um einen Waffenstillstand abzusichern) und
– Operationen in innerstaatlichen Konflikten.

In Letzteren sind die Aufgaben komplexer und umfassen neben der militärischen Präsenz zivile und polizeiliche Komponenten (Aufrechterhaltung der Ruhe und Ordnung, Aufbau einer neuen Polizei und Gerichtsbarkeit, Flüchtlingsrückführung, Demobilisierung und Reintegration von Truppen, Wahlen usw.). Je nach dem Grad der Gewaltanwendung spricht man daher von erweitertem bzw. robustem Peacekeeping („wider peacekeeping", „robust peacekeeping" oder „peace enforcement"). Diese drei großen

Gruppen („klassisches", „erweitertes", „robustes Peacekeeping") werden gelegentlich fälschlich als „Generationen" bezeichnet – es handelt sich um drei Typen, die sich parallel entwickelten und weiter alle drei von Bedeutung sind.

Neben den Vereinten Nationen, in deren Rahmen nach 1945 die wichtigsten Friedensoperationen stattfanden, sind auch andere internationale Organisationen und Ad-hoc-Koalitionen in Friedensoperationen involviert – im Sommer 2006 befanden sich weltweit rund 150.000 Soldaten, Polizisten und Zivilisten in rund 50 Missionen im Friedenseinsatz, davon rund die Hälfte in Operationen der Vereinten Nationen. Friedenstruppen tragen ihre jeweilige nationale Uniform mit dem Abzeichen der UNO, EU usw. und oft auch einheitlichen (blauen) Kopfbedeckungen („Blauhelme", „blaue Barette", „Blaumützen").

Seit dem Ende des Kalten Krieges wird dem „Peacebuilding", der Friedenskonsolidierung, besonderes Gewicht beigemessen. Gerade in internen Konflikten (Bürgerkriegen, „ethnischen Konflikten") ist es nicht damit getan, die Kämpfe zu beenden, vielmehr geht es darum, den Frieden nachhaltig zu konsolidieren. Lösungen können nicht von außen erzwungen werden – entscheidend sind die Akteure vor Ort. Die internationale Gemeinschaft kann nur die Voraussetzungen bzw. Rahmenbedingungen verbessern.

Erwin Schmidl

Mit dem Begriff NGO (aus dem Englischen, *Non-Governmental Organisations*) meint man auf Dauer organisierte Assoziationen, d. h. Zusammenschlüsse von Menschen, die nicht auf Gewinn orientiert, nicht von staatlichen Institutionen organisiert oder

Was sind und was können NGOs?

politisch abhängig sein dürfen und die auf freiwilliger Basis meist problembezogene Aktivitäten setzen. Ihr Aktivitätsbereich reicht vom Sport- über den Kleintierverein bis zu großen politischen und international agierenden Einrichtungen wie Amnesty International, Greenpeace oder Global 2000. Meistens zeichnen sich diese Organisationen dadurch aus, dass ihre Zielvorstellungen von jenen offizieller Regierungen abweichen. In den letzten 30 Jahren haben derartige Organisationen in Folge der weltweiten Internationalisierung bzw. Globalisierung immer mehr an Bedeutung gewonnen. In einem normativen, positiven Verständnis von NGOs zählen sie zu jenem Teil der so genannten „internationalen Zivilgesellschaft", die sich vor allem für Bereiche einsetzt, die in der offiziellen Politik vernachlässigt werden. In einem nicht normativen Verständnis von NGOs gehören zu dieser Institutionengruppe aber auch terroristische Gruppen oder Gruppierungen im Rahmen der organisierten Kriminalität.

Seit mehr als 30 Jahren – auslösend war die erste Welt-Umweltkonferenz 1972 in Stockholm – haben Internationale NGOs (INGOs) immer mehr zu Fragen und Problemen des internationalen Systems Stellung genommen. Nicht selten haben sie dabei die Zusammenarbeit mit IGOs (International Governmental Organisations wie die Vereinten Nationen, die Weltbank oder die Welthandelsorganisation) gesucht. In ihrem Selbstverständnis sind sie aber eher als „Gegen- oder Parallel-Elite" zu nationalstaatlichen Vertretern zu sehen. Da sie in der Zwischenzeit große Erfahrungen machen konnten, bilden die INGOs heute eine Art paralleler Konferenz-Diplomatie („Second-Track Diplomacy"), die bei der Lösung spezifischer fachlicher internationaler Probleme nicht selten größere Kompetenzen als Diplomaten aufweisen können. Zudem wirken INGOs auch als spezifische Konfliktmanagement-Agenturen, die nicht selten auch mediative Aufgaben aufgrund ihrer multinationalen Zusammensetzung übernehmen können. In den 1980er Jahren gelang es den Entwicklungs-NGOs, nachhaltig Einfluss auf die Programmgestaltung der Weltbank und des Internationalen Währungsfonds auszuüben, wovon die Programmatik der 1990er Jahre dann auch tatsächlich geprägt war. Bis heute ist es den INGOs immer wieder gelungen, die internationale Öffentlichkeit über verschiedene Medien (Presse, TV, Internet) über allgemeine politische Probleme zu informieren und zu aktivieren. Sie nützen das öffentliche Interesse einer nationalen oder internationalen Öffentlichkeit, um das politische Handeln von Staaten in ihrem Sinn zu beeinflussen.

Otmar Höll

Die transatlantischen Beziehungen zwischen den Vereinigten Staaten und Westeuropa waren in der Zeit des Kalten Krieges eine selbstverständliche Konstante des guten Verhältnisses „des Westens" gegenüber der „sowjetischen Bedrohung". Zwar waren die

Welche Zukunft hat das transatlantische Verhältnis?

Beziehungen über die ganze Periode partnerschaftlich, dennoch lag die Führungsposition auf Seiten der Vereinigten Staaten. Vom alten Selbstverständnis ist heute allerdings wenig zu bemerken. Konflikte und Interessendivergenzen werden sowohl im wirtschaftlichen wie im sicherheitspolitischen und militärischen Bereich sichtbar und so scheint aus heutiger Sicht die Zukunft des Verhältnisses zwischen den USA und der EU ungewiss, sicher ist nur, dass diese Beziehungen weiterhin von globaler Bedeutung sein werden.

Erste Divergenzen traten bereits kurz nach dem Fall der Berliner Mauer im Jahr 1989 auf, das gesamte internationale System begann sich tiefgreifend zu verändern. Diese Veränderungen machten auch vor dem lange Zeit tragenden Element des transatlantischen Verhältnisses, der Nordatlantischen Verteidigungsgemeinschaft (NATO), nicht Halt. Für viele Experten schien das Weiterbestehens der NATO begrenzt, da ihr das Feindbild, die Sowjetunion, abhanden gekommen war. Tatsächlich hat sich der politische Schwerpunkt des transatlantischen Verhältnisses in den vergangenen 15 Jahren von der NATO weg zur EU hin entwickelt. Meinungsdifferenzen zwischen der EU und den USA bestehen nicht nur hinsichtlich der Frage militärischer Intervention (Stichwort „regime change" im Irak oder anderswo auf der Welt). Unterschiede bestehen auch im wechselseitigen Verständnis und im Umgang mit dem Völkerrecht und internationalen Organisationen, im Besonderen mit den Vereinten Nationen, aber auch hinsichtlich wichtiger Fragen wie jener des internationalen Strafgerichtshofes, in Fragen der Biotechnik und Ökologie (Stichwort Kyoto-Protokoll – Reduktion von CO_2-Emmissionen), des Umgangs mit dem Problem der globalen Armut und – insbesondere – der wirksamsten Form der Bekämpfung des internationalen Terrorismus. Zu den wichtigsten Herausforderungen in diesem Jahrhundert zählen die Fragen einer gewissen Verteilungsgerechtigkeit zwischen Nord und Süd, des Umgangs mit den globalen Ressourcen, insbesondere den fossilen Brennstoffen, aber auch der Bekämpfung des internationalen Terrorismus. Für die meisten dieser wichtigen Fragen werden diesseits und jenseits des Atlantik unterschiedliche Antworten gegeben. Während sich die EU und die europäischen Staaten allgemein stärker für die Autorität internationaler Organisationen, die Stärkung des Völkerrechts und internationaler Standards einsetzen als für ein multilaterales Vorgehen und vorrangig auf Verhandlungslösungen setzen, scheint für die gegenwärtige US-Regierung der Verzicht auf die – zugegebenerweise mehr Zeit benötigenden – Verhandlungslösungen und statt dessen das Vertrauen auf einseitige (oder im Verbund mit einigen befreundeten Staaten) interventionistische Lösungen (auch ohne Rücksichtnahme auf die UNO) im Vordergrund zu stehen.

Otmar Höll

Im Zuge der europäischen Einigung sollte die Europäische Verteidigungsgemeinschaft (EVG, 1952) eine europäische Armee bilden. Ihre Umsetzung scheiterte allerdings 1954, als die französische Nationalversammlung die Ratifizierung verweigerte.

Sind wir auf dem Weg zu einer europäischen Armee?

Seit 1970 entstand die Europäische Politische Zusammenarbeit (EPZ) als erster Versuch einer Koordination der Außenpolitiken der EG-Mitglieder. Mit dem EU-Vertrag von Maastricht (1992, in Kraft seit November 1993) wurde die Gemeinsame Außen- und Sicherheitspolitik (GASP) als zweite der „drei Säulen" der Europäischen Union geschaffen. Im Rahmen der GASP wurde ab 1998 die Westeuropäische Union (WEU, entstanden 1948 bzw. 1954) als militärische Komponente in die EU integriert; 2000 beschloss der Europäische Rat in Nizza eine Europäische Sicherheits- und Verteidigungspolitik (ESVP). Diese sollte es der Europäischen Union ermöglichen, bei Krisen in der Nachbarschaft (wie im ehemaligen Jugoslawien ab 1991) frühzeitig stabilisierend einzugreifen.

Bereits 1997 wurden im Amsterdamer EU-Vertrag die „Petersberg-Aufgaben" (Maßnahmen zur Konfliktverhütung und Krisenbewältigung, z. B. Friedenseinsätze, wie sie 1992 vom Ministerrat der WEU auf dem Petersberg bei Bonn beschlossen worden waren) in die EU übernommen. Auf den Europäischen Räten von Köln und Helsinki wurde 1999 das Ziel festgelegt, bis 2003 bis zu 60.000 Soldaten und 5.000 Polizisten einsatzbereit zu haben („Helsinki Headline Goal" – dieses Ziel wurde noch nicht erreicht). Ergänzend wurde 2004 beschlossen, 13 mobile Kampftruppen (EU Battle Groups) in Stärke von je 1.500 Mann für rasche Kriseninterventionen zu bilden.

An entsprechenden Strukturen verfügt die EU über das Politische und Sicherheitspolitische Komitee (PSK) unter Aufsicht des Rates, den Militärausschuss (EUMC) und den Militärstab (EUMS). Innerhalb des NATO-Hauptquartiers besteht eine EU-Planungszelle, um NATO-Ressourcen für EU-Einsätze zu nutzen.

Die älteste EU-Mission ist die seit 1991 bestehende Beobachtermission ECMM/EUMM im ehemaligen Jugoslawien. Seit 2003 waren kleinere EU-Missionen in Mazedonien („Concordia", „Proxima") und im Kongo („Artemis") im Einsatz. Derzeit führt die EU die Polizeimission in Bosnien-Herzegowina (EUPM) und die Beobachtermission AMM in Aceh (Indonesien). Seit Dezember 2004 wird die militärische Friedenstruppe in Bosnien-Herzegowina als EUFOR (Operation Althea, benannt nach einer griechischen Göttin) durch die EU geführt.

Seit 1987 besteht eine deutsch-französische Brigade (Kommando in Straßburg, 1991 einsatzbereit). 1992/93 wurde unter Beteiligung Deutschlands, Frankreichs, Belgiens, Spaniens und Luxemburgs das Eurokorps geschaffen, das seit 1995 in einer Stärke von bis zu 50.000 Mann der EU und der NATO zur Verfügung steht. 2004/05 übernahm das Eurokorps für sechs Monate die Führung der internationalen Friedenstruppe in Afghanistan (ISAF).

Erwin Schmidl

Kernwaffen – auch „Nuklearwaffen" oder „Atomwaffen" genannt – gehören zu den Massenvernichtungswaffen (ABC-Waffen) und beziehen ihre zerstörerische Kraft aus der Kernspaltung, bei der ein schwerer Atomkern in meist zwei Bruchstücke gespalten

Was sind Kernwaffen und wie ist ihre Wirkung?

wird, oder aus der Kernfusion, bei der zwei leichte Atomkerne verschmelzen. In beiden Fällen werden Energien frei, welche die größten Explosionen von herkömmlichem Sprengstoff um das Tausend- bis Millionenfache übertreffen, wobei Kernfusionsbomben (Wasserstoffbomben) noch einmal eine tausendfach größere Sprengkraft als Kernspaltungsbomben besitzen. Die Militärs unterscheiden zwischen „strategischen" Kernwaffen, die im Kriegsfall gegen das zivile Hinterland eingesetzt werden, und „taktischen" Kernwaffen, die gezielt im Kampf gegen eine feindliche Armee ihre furchtbare Wirkung entfalten sollen.

Kernwaffen wurden bis jetzt bei kriegerischen Auseinandersetzungen nur zwei Mal durch die USA über Hiroshima und Nagasaki eingesetzt. Dabei kamen rund 130.000 Menschen sofort ums Leben, während Hunderttausende durch die Strahlenkrankheit noch Jahre und Jahrzehnte danach starben. Nur ein einziger moderner nuklearer Sprengkopf hat weitaus mehr Vernichtungspotential als von vielen Menschen angenommen. Er besitzt eine Sprengkraft von 250.000 Tonnen Dynamit. Dies würde etwa 60-mal der

Bombardierung von Dresden im Zweiten Weltkrieg entsprechen, die allein 30.000 Menschenleben gefordert hat (etwa 2 Monate lang täglich eine Bombardierung dieser Größenordnung). Die Sprengkraft eines solchen nuklearen Sprengkopfs entspricht der Größe eines Fußballfelds bis zur Höhe des Wiener Stephandoms voll bepackt mit Dynamit. Als Vergleich: Um ein 10-stöckiges Haus zu sprengen, braucht man nur einen einzigen Zementsack gefüllt mit Dynamit. Kernwaffen sind die bei weitem am meisten zerstörerische und todbringende Technologie, die jemals auf unserem Planeten entwickelt wurde; ihr Einsatz kann zur existenziellen Bedrohung für die Menschheit werden. Die Auswirkungen der Explosion eines nuklearen Sprengkopfs wären in mehrfacher Hinsicht schrecklich: Druckwelle, Licht- und Wärmestrahlung, radioaktiver Niederschlag. Als Beispiel betrachten wir einen einzigen nuklearen Sprengkopf mit einer Sprengkraft von 1 Megatonne TNT: In einem Bereich von etwa 6 km werden die Gebäude weitgehend zerstört und die meisten Einwohner durch die Druckwelle (starke Druckschwankungen, orkanartige Winde) getötet. Die Lichtstrahlung bewirkt Erblindung, wenn man in Richtung der Explosion blickt. Die enorme Hitzeeinwirkung – bei der Explosion werden Temperaturen von 200 bis 300 Millionen Grad erzeugt! – führen zu Verbrennungen dritten Grades innerhalb von 12 km. Die direkte radioaktive Strahlung ist innerhalb von etwa 2,5 km absolut tödlich. Etwa noch einmal so viele Personen wie unmittelbar durch die direkten Auswirkungen sterben dann durch die Strahlenkrankheit teilweise Jahrzehnte später.

Heinz Oberhummer

Der Blick auf die Staaten mit den derzeit größten Kernwaffenarsenalen macht es notwendig, kurz auch die Geschichte der „Atombombe" zu streifen: Bereits im Dezember 1941, kurz nach dem Angriff der Japaner auf Pearl Harbor, begannen die USA mit der

Wer verfügt über Kernwaffen?

Entwicklung der Atombombe („Manhattan-Projekt"); die wissenschaftliche Leitung wurde dem Physiker J. Robert Oppenheimer anvertraut, unterstützt wurde er von zahlreichen herausragenden Forschern, unter ihnen Edward Teller, Victor Weisskopf, Hans Bethe und Felix Bloch. Nach einem erfolgreichen Test am 16. Juli 1945 in der Nähe von Los Alamos (Trinity-Test) setzten die USA erstmals Atombomben im Krieg ein: Am 6. August 1945 wurde über Hiroshima die Atombombe „Little Boy" abgeworfen, am 9. August 1945 erfolgte über Nagasaki die Explosion von „Fat Man". Etwa 350.000 Menschen starben entweder sofort oder an den Spätfolgen der radioaktiven Strahlung.
Über 2.000 Atombombenversuche wurden zwischen 1945 und 1996 durchgeführt, bis 1996 das internationale Testverbot für Kernwaffen in Kraft trat. Die heute vorhandenen Kernwaffen der USA, Russlands, Chinas, Frankreichs und Großbritanniens, also der „offiziellen Atommächte", stammen hauptsächlich aus der Zeit des Kalten Krieges (1945–1990), die geprägt war von einem beispiellosen Wettrüsten („Gleichgewicht des Schreckens").
Das geheim gehaltene Kernwaffenarsenal von Israel ist vermutlich zumindest so groß

wie das von China, Frankreich oder Großbritannien. Würde Israel in einem Krieg in die Enge getrieben, würde es wahrscheinlich auch Kernwaffen einsetzen. Etwa 95 % aller Kernwaffen befinden sich derzeit in den Händen der USA und Russlands. Faktische Atommächte sind weiters Indien und Pakistan; von Nordkorea und dem Iran wird vermutet, dass sie zumindest die Absicht haben, Kernwaffen zu entwickeln. Ägypten, Südafrika, Brasilien, Argentinien, der Irak und Libyen haben ihre Kernwaffenprogramme wieder aufgegeben.

Die Gefahr des Einsatzes von nuklearen Sprengköpfen durch Terroristen kann zwar nicht ganz ausgeschlossen werden, aber die Entwicklung nuklearer „Kofferbomben" ist nur Staaten mit hoch entwickelter Nukleartechnologie möglich. Die Sprengkraft eines solchen Koffers mit einem Gewicht von nur etwa 30 kg und der Größe von 60 x 40 x 20 cm (Handgepäck im Flugzeug) läge in der Größenordnung von etwa 1.000 kg Dynamit (Tankwagen voll mit Dynamit). Allerdings besteht die Gefahr, dass gewisse Kreise in Staaten, die Nuklearwaffen besitzen oder entwickeln, diese auch Terroristen überlassen könnten.

Eine so genannte „schmutzige Bombe" wäre für einen terroristischen Einsatz sehr wohl geeignet. Sie besteht aus herkömmlichem Sprengstoff, das mit radioaktivem Material wie Cobalt-60 oder Caesium-137 aus medizinischen oder anderen nuklearen Beständen verseucht ist. Manche Experten behaupten, die freigesetzte Radioaktivität würde höchstens ein paar Menschen schaden. Allerdings müssten auch enorme Folgeschäden durch Angst und Panik befürchtet werden.

Heinz Oberhummer

Wenn alle Kernwaffen der Erde zum Einsatz kämen, könnte man die Menschheit mehrfach auslöschen. Kernwaffen sind die bei weitem zerstörerischste und todbringendste Technologie, die jemals auf unserem Planeten entwickelt wurde. Trotz der drasti-

Was wären die Auswirkungen eines globalen nuklearen Krieges?

schen Verringerung der Atomwaffen nach dem Ende des Kalten Krieges gibt es noch immer etwa 30.000 nukleare Sprengköpfe auf unserer Erde mit der unvorstellbaren Zerstörungskraft von insgesamt 7,5 Milliarden Tonnen Dynamit.

Man kann sich unter dieser Zahl nur schwer etwas vorstellen, deshalb soll hier ein Vergleich durchgeführt werden: Wenn das gesamte derzeitig vorhandene nukleare Arsenal der Welt eingesetzt wird, kommt auf jeden Erdbewohner etwa die Sprengkraft von einer Tonne Dynamit. Der Einsatz des gesamten nuklearen Arsenals auf der Welt würde also die gleiche Sprengkraft haben, wie wenn jeder einzelne Erdbewohner einen Lieferwagen voll bepackt mit herkömmlichem Sprengstoff zur Zündung bringen würde!

Als Folge eines globalen nuklearen Kriegs würden die durch Explosionen und Großbrände aufgewirbelten Staub- und Russpartikel die Sonneneinstrahlung entscheidend vermindern. Dadurch käme es zum so genannten „nuklearen Winter". Der Temperaturrückgang würde in unseren Breiten während einiger Wochen bis Jahre etwa 11 bis 22

Grad betragen und einen Großteil der Menschen, Tiere und Pflanzen vernichten.

Die Herausgeber des *Bulletin of the American Scientists* an der Universität Chicago haben eine symbolische Uhr für den Weltuntergang *(Doomsday Clock)* eingerichtet, welche anzeigt, wie viele Minuten der Menschheit noch bleiben, bis sie sich selbst in einem nuklearen Krieg vernichtet. Die Zeiger dieser Uhr werden je nach Bedrohung in jeder Ausgabe der Zeitschrift neu eingestellt. Im Jahre 2006 stand der Zeiger auf 7 Minuten vor 12. Die kleinste Bedrohung war im Jahre 1991 gegeben mit 17 Minuten vor Mitternacht – die USA und Russland ratifizierten damals den Vertrag zur Reduzierung der Kernwaffen. Die größte Bedrohung bestand im Jahre 1951 – innerhalb von 9 Monaten testeten die USA und die Sowjetunion die erste Wasserstoffbombe. Leider steigt die Bedrohung durch Kernwaffen seit dem Jahre 1991 wieder ständig an, da einzelne Staaten wie der Iran oder Nordkorea noch immer die atomare Aufrüstung anstreben. Die Bestrebungen zur Abrüstung bzw. Rüstungsbegrenzung stoßen hier auf hartnäckigen Widerstand.

Wenig bekannt ist auch, dass bei Unfällen mit Kernwaffen zwischen 1950 und 1980 nach Schätzungen der Umwelt-Organisation „Greenpeace" etwa 50 Atombomben verloren gegangen sind: US-Bomber warfen so ihre tödliche Fracht bei Notlandungen einfach in den Ozean. Die Bomben kamen zwar nicht zur Zündung, ihr spaltbares Material (Plutonium) stellt aber eine enorme Bedrohung für die Umwelt dar: Bereits die Inhalation von einem Millionstel Gramm Plutonium kann Krebs auslösen!

Heinz Oberhummer

Jährliche Berichte des US-amerikanischen Außenministeriums zur Entwicklung des internationalen Terrorismus weisen auf die überraschende Tatsache hin, dass sich die Charakteristik des internationalen Terrorismus im Vergleich mit dem vergangener Jahr-

Gibt es ein internationales Netzwerk des Terrorismus?

zehnte signifikant verändert hat. So ist etwa die Zahl von Terroranschlägen weltweit paradoxerweise zurückgegangen. Allerdings wird das gleichzeitig wachsende Zerstörungspotential, über das Terroristen verfügen, betont. Die Zahl religiös motivierter Terroranschläge nimmt zu, die Vernetzung von Terrororganisationen sowie die Bedeutung nicht-staatlicher Unterstützung ist ebenfalls im Steigen begriffen. Diese Daten zeigen auch, dass Terroristen mit relativ weniger Anschlägen eine immer höhere Anzahl an Opfern verursachen. Auch ist die Bereitschaft und Fähigkeit von Terrorgruppen, massivste Zerstörungen zu verursachen, ebenfalls gestiegen, was nicht allein auf das beinahe weltweit agierende Netzwerk Al'Qaida zurückzuführen ist.

Bereits in den 1990er Jahre wurde von der damals latenten Gefahr des „transnationalen Terrorismus" ausgegangen: Vor allem in Afghanistan ausgebildete Kämpfer könnten als „Söldner" in unterschiedlichen Terrornetzwerken aktiv werden. Seit den Anschlägen des 11. September 2001 in den USA wird dieser Tendenz, dass international agierende Terroristengruppen sich zu Netzwerken zusammenschließen, erhöhte Aufmerksamkeit geschenkt. Allein in den 1990er Jahren sollen dort nach Schätzungen 50.000 bis 70.000 Kämpfer aus etwa 55 Ländern ausgebildet worden sein, die sich in der Folge global verstreuten. Die von Bin Laden 1988 gegründete Terrororganisation Al'Qaida bildete ein eigenes transnationales Netzwerk, das wiederum mit zahlreichen anderen Gruppen Kontakte unterhält. Zu den mit Al'Qaida verbundenen Organisationen zählt etwa der ägyptische Aljihad, der auch im Jemen, Pakistan, Afghanistan, im Libanon und in Großbritannien präsent sein soll; weitere Kooperationsorganisationen wie etwa Jamaatul-Mudschaheddin und andere operieren im Bereich von Pakistan und Kaschmir. Kontakte sollen auch zu der auf den Philippinen tätigen Gruppe von Abu Sayyaf, zu palästinensischen Gruppen im Libanon, Somalia, Jemen und in vielen anderen islamischen Staaten unterhalten werden.

Man sollte sich diese internationalen Netzwerke jedoch nicht als straff und hierarchisch durchorganisierte Konzernstrukturen vorstellen. Die Zusammenarbeit zwischen derartigen Gruppen und Netzwerken kann unterschiedliche Formen annehmen, die von rein ideologischer oder logistischer und finanzieller Unterstützung über gemeinsame Ausbildung bis hin zur Planung und Arbeitsteilung bei Terroranschlägen reichen kann. Es scheint auch so zu sein, dass in den letzten Jahren eine stärkere Verzahnung zwischen mehr innerstaatlich aktiven Terrorgruppen mit den international agierenden Terrornetzwerken erfolgt ist. Man geht davon aus, dass der *nationale/lokale* Terrorismus nach wie vor weltweit die dominierende Form terroristischer Aktivitäten darstellt und als eine der wichtigsten Quellen für den internationalen

Terrorismus und die internationale Verknüpfung von Netzwerken gesehen werden muss. Insofern gilt der Nah-Ost-Konflikt (insbesondere der Palästina-Konflikt) als sowohl tatsächlicher als auch ideologischer Angelpunkt des internationalen (islamischen) Terrors. Das für viele überraschende Ergebnis des 2006 veröffentlichten Untersuchungsberichts der britischen Regierung über den Terroranschlag in London aus dem Jahr 2004, dass eine Beteiligung von Al'Qaida nicht gegeben gewesen sei, zeigt, dass das Ausmaß und die Reichweite internationaler Terrornetzwerke nicht überschätzt werden darf. Vielmehr scheinen Osama Bin Laden und die Al'Qaida für gewisse terrorbereite Gruppierungen auf der gesamten Welt eine Vorbildfunktion übernommen zu haben. Auch muss bei präziser Betrachtung zwischen internationalem und transnationalem Terrorismus unterschieden werden. Der internationale Terrorismus beschränkt sich darauf, durch Anschläge in der westlichen Öffentlichkeit Aufmerksamkeit für lokale Konflikte zu erreichen. Der transnationale Terror hat hingegen den Westen selbst zum Gegner. Al'Qaida etwa geht es, wie es scheint, darum, den Einfluss des Westens und insbesondere der Vereinigten Staaten in der arabischen und islamischen Welt zurückzudrängen und gleichzeitig eine große globale Konfliktlinie zwischen den „Ungläubigen" und den „Rechtgläubigen" zu konstruieren. Während der internationale Terrorismus typischerweise durch Ad-hoc-Kooperationen zwischen unterschiedlichen Gruppierungen gekennzeichnet ist, die eher aus pragmatischen Überlegungen zusammenarbeiten, bemüht sich der transnationale Terrorismus um eine möglichst homogene Anhängerschaft und um bestimmte ideologische „Messages". Die

Ideologie übt dabei eine doppelte Funktion aus: Sie ist einerseits Handlungsanleitung für jeden Einzelnen und gleichzeitig verbindendes Element für die Mitglieder der Gruppe, da sie Symbole und Werte vorgibt, die von allen anerkannt sind. Religiöse Inhalte bieten sich deshalb an, da sie von vielen und ohne Ansehen nationaler Herkunft geteilt und akzeptiert werden.

Eine Bekämpfung des transnationalen wie des internationalen Terrorismus kann nicht allein mit militärischen Mitteln, sondern muss auf verschiedenen Ebenen erfolgen und sie muss vor allem auf die tiefer liegenden Ursachen rückgebunden werden. Es wird auch darauf ankommen, das staatliche und gesellschaftliche Umfeld von Terroristen von der Sinnlosigkeit und Verantwortungslosigkeit der Unterstützung derartiger Organisationen zu überzeugen.

Otmar Höll

Islamistische Terrororganisationen:
Al'Qaida (arab. „Stützpunkt")
Al-Jihad al-Islami (Islamischer Heiliger Krieg)
Al-Jama'at al-Islamiyya (Gemeinschaft der Muslime)
Harkat-ul-Mujaheddin (Kaschmirische Freiheitsbewegung)
Jihad Islami
Islamische Armee Aden
Abu-Sayyaf-Separatisten (südliche Philippinen)
Separatistengruppen in Indonesien und Malaysia
Groupe Islamique Armé – GIA (Islamische Bewaffnete Gruppe) in Algerien

Vor allem seit 1999 (NATO-Luftkrieg gegen Jugoslawien) und dann im „Krieg gegen den Terror" seit 2001 tauchte der Begriff „asymmetrischer Kriege" auf. Damit wird die Fähigkeit des Gegners bezeichnet, die technologische Überlegenheit des Westens

Was sind asymmetrische Kriege?

(Stichwort „Revolution in Military Affairs", RMA) geschickt zu unterlaufen.

Obwohl der Begriff neu ist, ist das Phänomen „asymmetrische Kriegsführung" wohl so alt wie der Krieg selbst – der in der Bibel geschilderte Kampf Davids gegen Goliath ist letztlich auch ein solcher. Gerade in Aufständen und Bürgerkriegen, zuletzt eben auch bei terroristischen Anschlägen, kann es kleinen Gruppen immer wieder gelingen, gegen an sich überlegene Gegner Erfolge zu erzielen. Erleichtert wird das in der gegenwärtigen Situation durch zwei Entwicklungen:

– Die Vorstellung, durch hochtechnisierte Aufklärung und Informationstechnologie den menschlichen Einsatz (und damit das Risiko von Verlusten) gering zu halten bzw. auf kleine, professionelle Streitkräfte zu beschränken, erhöht die Verwundbarkeit gerade im technischen Bereich.

– Die Bedeutung der medialen Berichterstattung („CNN-Effekt") erhöht die Wirkung auch kleiner Anschläge durch die weltweite Aufmerksamkeit. Vor allem terroristische Anschläge wirken in erster Linie durch die Berichte darüber, nicht durch die Schäden selbst (so tragisch die dadurch verursachten Opfer an Menschenleben auch sind).

In vielen Bereichen ähneln die Phänomene

der asymmetrischen Kriegführung jenen früherer Kolonialkriege oder der Bekämpfung von Partisanen. Zum Schutz der eigenen verwundbaren Bereiche muss eine möglichst „pro-aktive" Bekämpfung der Gegner, ein Einsatz entsprechender menschlicher Ressourcen anstelle der Abstützung auf rein technische Aufklärung, vor allem aber das Anbieten einer politischen Alternative treten, um die meist kleinen Gruppen von Kämpfern zu isolieren und ihre Unterstützung durch die Masse der Bevölkerung zu verhindern. Allerdings zeigte sich immer wieder, dass die Umsetzung dieser Grundsätze in der Praxis nicht leicht ist. Die Kämpfe der UN-Interventionstruppen gegen die Milizen in Somalia 1992–94, der Kampf der israelischen Armee gegen palästinensische Aufstände oder die Lage im Irak ab 2003 sind Beispiele für die Probleme, denen sich gerade hoch technisierte Armeen im Kampf gegen vergleichsweise „primitive" Aufständische gegenübersehen.

Erwin Schmidl

David tötet Goliath, Miniatur in einer Wiener Weltchronik-Handschrift aus der zweiten Hälfte des 15. Jahrhunderts

Als Massenvernichtungswaffen (englisch „Weapons of mass destruction", MWD) werden atomare, biologische und chemische Waffen (ABC-Waffen) bezeichnet, deren Auswirkungen so groß sind, dass sie den vom Kriegsvölkerrecht gebotenen Ein-

Was sind Massenvernichtungswaffen?

schränkungen der Gewaltanwendung auf gegnerische Kombattanten nicht folgen. Allerdings wurde von Kritikern bemerkt, dass auch konventionelle Kampfmittel in der Vergangenheit massive Zerstörungen und Verluste unter der Zivilbevölkerung bewirkt haben (etwa Bombardements von Städten im Zweiten Weltkrieg). Gelegentlich wird von CBRN-Waffen gesprochen (Chemical, Biological, Radiological and Nuclear), um die gesamte Bandbreite derartiger Waffen anzudeuten.

Atombomben wurden bisher lediglich 1945 (Hiroshima und Nagasaki) eingesetzt, doch zeigten Unfälle wie die Explosion des Reaktors von Tschernobyl (1986), welche Folgeschäden durch radioaktive Strahlung entstehen können. Zu den biologischen Waffen gehört der Einsatz bestimmter Krankheitserreger und Bakterien (etwa Milzbrand oder Pockenstämme). Chemische Waffen sind z. B. die im Ersten Weltkrieg eingesetzten Giftgase (Chlorgas, Gelbkreuz usw.). Aufgrund ihrer Wirkungen wurden sie bereits 1925 durch das Genfer Protokoll betreffend das Verbot der Anwendung von chemischen Waffen und bakteriologischen Mitteln verboten; dieses Verbot wurde im Zweiten Weltkrieg von allen Staaten respektiert und die – vorhandenen – chemischen Waffen wurden nicht eingesetzt.

Nach dem Zweiten Weltkrieg wurden chemische und teilweise auch bakteriologische Waffen gelegentlich eingesetzt, etwa von Saddam Hussein zur Bekämpfung kurdischer und anderer Aufständischer im Irak. Gelegentlich werden auch die von den USA in Vietnam eingesetzten Entlaubungsmittel („Agent Orange") wegen ihrer giftigen und krebserregenden Nebenwirkungen zu den chemischen Kampfstoffen gezählt.

Zur Begrenzung der Verfügbarkeit nuklearer Waffen wurde bereits 1968 der Non-Proliferationsvertrag (NPT) unterzeichnet, der derzeit von 186 Staaten ratifiziert ist. Die Nichtweitergabe von Nuklearwaffen, die Abrüstung bestehender Waffen und die Möglichkeit der friedlichen Nutzung der Atomkraft (die von der UN-Atombehörde IAEA mit Sitz in Wien überwacht wird) gelten als die drei „Säulen" dieses Vertrags. Neben den fünf ständigen Mitgliedern des Sicherheitsrates (USA, Russland, Frankreich, Großbritannien und China) verfügen Indien und Pakistan sowie wahrscheinlich Nordkorea und Israel über nukleare Waffen. Die Gefahr einer Weitergabe an terroristische Gruppen ist weiter aktuell. 2003 war die Vermutung, dass der Irak über Massenvernichtungswaffen verfüge, eine der Begründungen für den alliierten Feldzug (Operation „Iraqi Freedom").

Erwin Schmidl

Die Atomwaffenarsenale reichen aus, um die Welt mehrfach zu zerstören:

Land	Gefechtsköpfe	Land	Gefechtsköpfe
USA	10.240	Großbritannien	185–200
Russland	8.400	Israel	75–200
China	400–600	Indien	30–35
Frankreich	348–350	Pakistan	24–48

Ausgehend von der aktuellen Diskussion in den US-amerikanischen Streitkräften ist viel von einer „militärischen Revolution" („Revolution in Military Affairs", RMA) die Rede. Hintergrund ist die Entwicklung neuer Waffen und Konzepte vor allem in vier Bereichen:

Werden Waffen „intelligenter"?

– Präzisionswaffen („Precision Strike"): Die Fernsehbilder des Golfkrieges 1991 oder des NATO-Luftkrieges gegen Jugoslawien 1999 vermittelten das Bild eines „Cyber-Krieges", der in erster Linie mit Präzisionswaffen wie Cruise Missiles geführt wurde, die sich selbst ins Ziel lenkten. Diese Waffensysteme wurden ab den 1970er Jahren entwickelt, um das konventionelle Übergewicht des Warschauer Paktes auszugleichen, dabei aber die Gefahr der totalen Zerstörung zu umgehen, die ein Einsatz von Nuklearwaffen mit sich gebracht hätte. Allerdings sind Präzisionswaffen kein Ersatz für konventionelle Streitkräfte; angesichts der hohen Kosten ist die Zahl derartiger Waffen begrenzt.

– Rasche Verlegbarkeit von Truppen („Dominating Maneuver"): Die Entwicklung der Transportmittel ermöglicht den raschen Transfer an praktisch jeden Ort der Welt. Einem potenziellen Gegner kann damit über die tatsächlich verfügbaren Kräfte hinaus signalisiert werden, dass er sich einer Übermacht gegenübersieht.

– Informationstechnologien („Information Warfare"): Die Entwicklung in diesem Bereich ermöglicht eine schnelle und umfassende Information der eigenen Seite sowie die elektronische Aufklärung der gegnerischen Absichten.

– Militärische Nutzung des Weltraums („Space Warfare"): Nachrichten- und Aufklärungssatelliten sowie in Zukunft vielleicht auch Transportmöglichkeiten im Weltraum sollen eine weltweite Dominanz der USA gewährleisten.

Zusammengenommen könnten diese vier Bereiche eine Änderung der Kampftechnik bewirken, die früheren „militärischen Revolutionen" vergleichbar wäre. Darunter waren beispielsweise die militärische Nutzung des Pferdes in der Antike, die Erfindung der Steigbügel (die die Ausnutzung der Wucht des Aufpralls der Lanze ermöglichten) im frühen Mittelalter, die Entwicklung der Feuerwaffen am Beginn der Neuzeit, die Nutzung der Eisenbahnen und der Telegraphie im 19. Jahrhundert oder die Einführung der Flugzeuge im frühen 20. Jahrhundert.

Allerdings ist umstritten, ob die genannten vier Entwicklungsbereiche wirklich zu einer derart „revolutionären" Erneuerung der Kriegstechnik führen werden. Viele der angerissenen Möglichkeiten befinden sich noch im Entwicklungsstadium. Die Überlegenheit etwa im Bereich der Informationstechnologien (IT) kann durch geschickt agierende Gegner unterlaufen werden (Stichwort „asymmetrische Kriegsführung").

Kritiker führen außerdem an, dass die Vorstellung einer durch diese „militärische Revolution" gegebenen Überlegenheit, verbunden mit der Aussicht auf geringere eigene Verluste sowie reduzierte Begleitschäden („Kollateralschäden") durch intelligente Waffensysteme, die Bereitschaft heben könnte, einen Krieg zu beginnen.

Erwin Schmidl

Landminen sind Explosivkörper zum Schutz militärischer Stellungen. Sie werden im Boden vergraben und durch den Druck eines darüberfahrenden Fahrzeugs bzw. einer Person oder durch die Berührung einer Auslösevorrichtung zur Explosion gebracht. Grundsätz-

Sind Landminen die „idealen Soldaten"?

lich werden größere (gegen Panzer usw.) und kleinere Minen (gegen Personen) unterschieden. Anti-Personenminen sollen nicht töten, sondern verletzen – zur psychologischen Abschreckung und weil die Versorgung eines Verwundeten mehr Ressourcen bindet als die Bergung eines Toten.

Militärisch werden derartige Minen nach genauen Plänen verlegt und können daher vergleichsweise sicher geräumt werden. Dies war beispielsweise bei den Minen möglich, die von kommunistischer Seite zwischen 1948 und 1989 entlang des „Eisernen Vorhangs" verlegt worden waren.

Nach dem Zweiten Weltkrieg wurden Landminen zunehmend von „antikolonialen Freiheitsbewegungen" – etwa im südlichen Afrika – und in Bürgerkriegen verwendet. Einer Angabe zufolge wird ein Drittel der amerikanischen Verluste in Vietnam Landminen zugeschrieben. Minen sind billig und – wie es ein Khmer-Rouge-Führer formulierte – „die idealen Soldaten: sie schlafen nie und treffen immer!" Derartige Minen werden meist ohne Plan verlegt, oft in Verbindung mit Sprengfallen. Inzwischen sind weltweit über 100 Millionen Landminen planlos verlegt und stellen zusammen mit Blindgängern usw. („Unexploded Ordnance", UXO) ein enormes Gefahrenpotenzial dar. In Ländern wie Bosnien-Herzegowina sind weite Landstriche abseits asphaltierter Straßen nicht begehbar. Allein in Afghanistan sollen über zehn Millionen Minen verlegt sein.

Die Räumung ist mühsam und gefährlich – eine Person kann maximal 20 bis 50 Quadratmeter pro Tag vollständig durchsuchen. Viele neuere Minen bestehen großteils aus Plastik und sind daher mit Metalldetektoren nicht zu finden. Es gibt auch Modelle, die nach der Auslösung hochgeschleudert werden und dann in der Luft explodieren, um eine möglichst weite Trefferwirkung zu erzielen.

Nicht geborgene Minen sind auch nach Jahrzehnten noch gefährlich. Es wird geschätzt, dass monatlich 800 Menschen durch Minen getötet und noch mehr verletzt werden. Besonders Kinder sind gefährdet.

Angesichts der Gefahren, die von Anti-Personen-Minen ausgehen können, formierte sich in den 1990er Jahren eine Protestbewegung („International Campaign to Ban Landmines"), deren Initiatorin Jody Williams 1997 den Friedensnobelpreis erhielt. Im Dezember 1997 wurde in Ottawa die Konvention gegen die Verwendung, Lagerung, Herstellung und Verbringung von Anti-Personen-Minen unterzeichnet, die mit 1. März 1999 in Kraft trat. Die Unterzeichnerstaaten verpflichten sich zur Offenlegung ihrer Bestände und Zerstörung vorhandener Anti-Personen-Minen innerhalb von vier Jahren. Diese *Mine Ban Treaty* wurde inzwischen von 154 Staaten unterzeichnet und von 151 Staaten ratifiziert (Stand April 2006).

Erwin Schmidl

Ethik bezeichnet die philosophische Betrachtung und sittliche Beurteilung menschlichen Wollens und Handelns. Die besondere Herausforderung des Militärs, im staatlichen Auftrag Gewalt anzuwenden bzw. zu töten, führte schon früh zur Frage nach den

Was ist militärische Ethik?

ethischen Grundlagen. Bereits 1526 fragte der sächsische Feldobrist Assa von Krams Martin Luther, „ob Kriegsleute auch in seligem Stande sein können", was dieser in der gleichnamigen Schrift bejahte: Zwar „scheint [der Krieg] ein ganz unchristliches Werk zu sein und durchaus wider die christliche Liebe. Betrachte ich es aber, wie es die Rechtschaffenen schützt, Weib und Kind, Haus und Hof, Gut und Ehre, und dadurch den Frieden erhält und bewahrt, so findet sich's, wie köstlich und göttlich das Werk ist."

Damit ist auch die Bandbreite und Vielschichtigkeit der Frage nach „militärischer Ethik" abgesteckt, eng verbunden mit der Frage nach dem „gerechten Krieg" („bellum iustum"). Für einen Verteidigungskrieg gilt die Rechtfertigung im Sinne der Notwehr jedenfalls als gegeben. In der Praxis wird zwischen dem „ius ad bellum", der Berechtigung zum Kriegführen, und dem „ius in bello", dem gerechtfertigten Handeln im Krieg, unterschieden.

Im Sinne der „Einhegung des Krieges" sind bestimmte Kampfmittel und Techniken verboten und ist die Anwendung von Gewalt nur gegen als solche gekennzeichnete Kombattanten erlaubt. Allerdings ist diese Unterscheidung gerade in Bürgerkriegen und mit

Mitteln des Terrors geführten Auseinandersetzungen der Gegenwart oft nicht klar möglich.

Militärische Ethik soll in diesen Fragen Hilfestellung bieten. Dies ist nicht nur deshalb wichtig, weil der militärische Bereich vom Alltag deutlich abgehoben ist, sondern weil militärische Mittel auch die Entscheidung über das Leben selbst betreffen (können). Eine streikende Postverwaltung ist unangenehm, ein putschendes Militär viel unangenehmer (Joh. Christoph Allmayer-Beck). Daher steht das Militär auch in einer besonderen Verpflichtung dem Staat und der Gesellschaft gegenüber („Primat der Politik").

Für die österreichische Sicherheits- und Verteidigungspolitik gilt der Grundsatz des konsequenten Eintretens für die weltweite Achtung der Menschenrechte und des Völkerrechts; UN-Charta und Menschenrechtskonvention gelten in Österreich mit Verfassungsrang. Sie setzen auch den Rahmen für die militärische Ethik.

Gerade die Unmöglichkeit der klaren „Schwarz-Weiß-Zeichnung" von Gut und Böse in den zahlreichen Konflikten der Gegenwart fordert – auch und gerade von Soldaten im Friedenseinsatz – die bewusste Präsenz entsprechender Richtlinien, wie sie eben durch die militärische Ethik formuliert werden. Besonders wichtig ist diese Frage für Offiziere im Sinne ihrer Führungsverantwortung.

Erwin Schmidl

Vor allem seit dem Ende des „Kalten Krieges" ist verstärkt von „militärischen Privatunternehmen" („Private Military Companies", PMC) die Rede, die weltweit zum Einsatz kommen. Unternehmen wie „Sandline" (UK) oder „Executive Outcomes" (Südafri-

Wird der Krieg in Zukunft privatisiert?

ka) spielten in den Konflikten der 1990er Jahre – etwa in Sierra Leone oder Angola – eine wichtige Rolle, indem sie im Auftrag der jeweiligen Regierungen Konflikte beruhigten.

Hintergrund ist die (nicht neue) Ausgliederung bisher staatlicher Kompetenzen in vielen Bereichen, vom Straßenbau über die Post bis zur Sicherheit. Von der Überwachung von Kurzparkzonen bis zu Wachdiensten werden bisher polizeiliche Aufgaben privaten Unternehmungen übertragen. Begünstigt wird dies nicht zuletzt durch die zunehmende Vermischung von „privatem" und „öffentlichem" Raum (Beispiel: Einkaufszentren und Shopping Malls sind private Räume, die der Öffentlichkeit zur Verfügung stehen). In den USA besteht bereits ein Verhältnis von 3 : 1 zwischen privaten Sicherheitsdiensten und Polizei. In Europa ist es noch umgekehrt, doch ist die Zahl privater Sicherheitsdienste auch hier im Zunehmen.

Der modische Trend zur Ausgliederung betrifft auch das Militär. Die deutsche Bundeswehr hat bereits das Management des Fahrzeugparks als eigenes Unternehmen organisiert. In den USA ist diese Entwicklung bereits weiter fortgeschritten – was u. a. zur Folge hat, dass zahlreiche private „Contractors" zusammen mit militärischen Kontingenten in Einsätzen Schlüsselaufgaben übernommen haben. Ihre rechtliche Stellung (früher sprach man von „Wehrmachtsgefolge") ist unklar.

Auch Wachdienste für militärische Anlagen und für internationale und humanitäre Organisationen sowie der Personenschutz etwa für Diplomaten werden immer mehr durch Privatunternehmen übernommen. Bei den für die alliierte Präsenz im Irak genannten Zahlen von Zehntausenden Angehörigen privater Sicherheitsdienste handelt es sich allerdings in der Masse um unterstützendes Personal, das lokal rekrutiert wurde (wie Fahrer oder Übersetzer) und nur zum kleinen Teil um tatsächliche „Kämpfer".

Im militärischen Bereich wurden private Unternehmen zunehmend für Ausbildungs- und Trainingsprogramme herangezogen (etwa der kroatischen Streitkräfte durch US-Unternehmen vor den Offensiven gegen die serbisch besetzten Gebiete 1995). In einzelnen Fällen kam es auch zu militärischen Einsätzen in Konflikten, wie etwa der eingangs erwähnten „Sandline" in Sierra Leone. Im Irak wurde auch der Einsatz privater Unternehmen in der Grauzone zwischen Personenschutz bzw. Wachdiensten und der Nachrichtenbeschaffung registriert.

Dies wurde vielfach als Gefahr kritisiert: Private Unternehmen entziehen sich der Kontrolle durch Regierungen bzw. nationale Parlamente. Manche Beobachter orteten den Zerfall staatlicher Strukturen und die „Rückkehr der Condottieri". Befürworter wiederum verwiesen auf die hohe Effizienz derartiger Unternehmen.

Erwin Schmidl

Das zwanzigste Jahrhundert war nicht nur das Jahrhundert der Durchsetzung der rechtlich verpflichtenden Achtung der Menschenrechte, es war auch das Jahrhundert historisch einzigartiger Gewaltkonflikte und Genozide zwischen Staaten, unterschiedlichen

„Vergangenheitsbewältigung" – ein internationales Anliegen?

Stämmen und Ethnien sowie zwischen verschiedenen Religionen. Ein kurzer Blick auf die Geschichte dieser Konflikte zeigt, dass nur in jenen Fällen, in denen eine Aussöhnung zwischen den Konfliktparteien tatsächlich gelungen ist, der Ausbruch weiterer Gewaltkonflikte auf Dauer verhindert werden konnte. Der Umgang mit einer belasteten nationalen Vergangenheit weist in verschiedenen Fällen ein breites Spektrum auf, das von kollektiver Verdrängung bis zur symbolischen, manchmal auch zur offiziellen Entschuldigung durch Vertreter von historisch verantwortlichen Regierungen reicht.

Positive Beispiele finden sich schon in der näheren Umgebung Österreichs: Deutschland, das allein im letzten Jahrhundert zweimal für den Ausbruch von Weltkriegen verantwortlich war und das in Form des Naziregimes für den millionenfachen Genozid an Juden, Roma, Sinti und anderen unerwünschten Minderheiten und Personen verantwortlich war, hat durch bewusste, von den USA auch eingeforderte „Re-Education"-Programme gesellschaftliche Aufarbeitung in Form von politischer Bildung, breiter öffentlicher Diskussion und im Rahmen der Schulerziehung die nötige gesellschaftliche Akzeptanz geschaffen. Diese Grundlage erst hat es dem sozialdemokratischen Regierungschef Willy Brandt gegen Ende der 1960er Jahre ermöglicht, die „neue Ostpolitik" einzuleiten, die in seinem Aufsehen erregenden Kniefall vor dem Mahnmal des 1943er Aufstandes im jüdischen Warschauer Ghetto am 7. Dezember 1970 gipfelte. Positiv als Beispiele der Bewältigung sind die Einrichtungen von Wahrheitskommissionen in Südafrika und in einigen lateinamerikanischen Staaten wie El Salvador und anderen zu nennen. Ziel von Wahrheitskommissionen ist es, dass Täter und Opfer bzw. deren Angehörige in öffentlichen Verfahren miteinander sprechen und die Täter ihre Tat einbekennen müssen und sich entschuldigen. In der Regel können sie dadurch einer Verurteilung im eigenen Land entgehen. In einigen Fällen, in denen es nach Bürgerkriegen, Genoziden oder sonstigen Gewalttaten im Land selbst nicht möglich war, die Vergangenheit positiv aufzuarbeiten, wurden von der Staatengemeinschaft oder den Vereinten Nationen internationale Tribunale eingerichtet, wie etwa jenes für Jugoslawien in Den Haag oder für Ruanda nach den Gewalttaten im Jahr 1994 in Arusha/Tanzania. Des Völkermords oder sonstiger Verbrechen gegen die Menschlichkeit Beschuldigte werden wie in nationalen Strafverfahren einem internationalen Gerichtsverfahren unterworfen.

Mit der Schaffung des internationalen Strafgerichtshofes (IStGH – „Statut" von Rom aus dem Jahr 1998, das 2002 in Kraft trat und dem die USA bislang nicht beigetreten sind) hat die Staatengemeinschaft einen weiteren bedeutsamen Schritt getan, Völkermord, Verbrechen gegen die Menschlichkeit und Kriegsverbrechen, die im nationalen Rahmen nicht geahndet werden (können), systematisch der internationalen Gerichtsbarkeit zu unterwerfen und abzuurteilen. Der IStGH ist eine unabhängige internationale Organisation, die ihren permanenten Sitz in der holländischen Hauptstadt Den Haag hat.

In vielen anderen weiter zurückliegenden Fällen, wie etwa Japans Kriege gegen China 1894/95 und 1937–1945, japanische Greueltaten während der Kolonialzeit in Korea 1910–1945, Massaker an den Armeniern in der Türkei 1915–1917 und 1919–1921, blieb der „Umgang" mit einer Vergangenheit der massiven Gewaltakte der historischen „Verdrängung" anheim gestellt. Ähnliches gilt auch in der jüngeren Vergangenheit für Staaten wie Kambodscha, in dem die Roten Khmer ihres Führers Pol Pot für Millionen Tote in den 1970er und 1980er Jahren verantwortlich waren, die im Wesentlichen ungesühnt blieben.

Österreich liegt im Übrigen in seiner Vergangenheitsbewältigung der Zeit des Nationalsozialismus im Mittelfeld positiver und negativer Beispiele. Hier hat erst die „Affäre Waldheim" 1986 zu einem sehr späten gesellschaftlichen Reflexionsprozess geführt, aber eine große Zahl von Verbrechern kam durch Versäumnisse der Politik und der Justiz in der Zweiten Republik ohne Sühne davon.

Otmar Höll

Der Nürnberger Prozess: die NS-Führungsspitze auf der Anklagebank

Der Versuch, Europa zu vereinigen, wurde nicht erst nach dem Ende des Zweiten Weltkriegs gleichsam neu „erfunden", sondern derartige Projekte existierten schon im 19. und in der ersten Hälfte des 20. Jahrhunderts. Der europäische Integrationsprozess

Wer hat die EU erfunden?

der Zeit nach dem Ende des Zweiten Weltkriegs, der in den 1990er Jahren über Zwischenstufen schließlich zur Europäischen Union geführt hat, begann tatsächlich bereits in den frühen 1950er Jahren, v. a. als Projekt der Versöhnung der jahrhundertelang erbitterten Gegner, ja Kriegsfeinde, Frankreich und der Bundesrepublik Deutschland. Es war der französische Außenminister Robert Schuman (1948–1952), der gemeinsam mit seinem engsten Berater Jean Monnet eine auf funktionalistischen Vorstellungen basierende Initiative zur Gründung der „Europäischen Gemeinschaft für Kohle und Stahl" (EGKS) ergriff, die eine Kontrolle der deutschen Schwerindustrie und damit die friedliche Einbindung Deutschlands in Westeuropa sicherstellen sollte. Im Jahr 1952 wurde die EGKS als gemeinsames Projekt von sechs Staaten (Frankreich, BRD, Italien und die Beneluxländer) Realität und fünf Jahre später durch den Vertrag über die Europäische Wirtschaftsgemeinschaft sowie den Euratom-Vertrag in Rom ergänzt. Aus den ursprünglich drei getrennten Organisationen wurden 1967 die europäischen Gemeinschaften und damit auch eine institutionelle Vereinfachung erreicht. Nach dem Jahrzehnt der Stagnation in den 1970er Jahren mussten sich die europäischen Gemeinschaften einer wachsenden globalen Herausforderung v. a.

seitens der USA, aber auch Japans stellen, die nach der Überwindung der Weltwirtschaftskrise (1973/74–1981) auf die dritte industrielle (i. e. elektronische) Revolution zwar verspätet, aber dennoch in den 1980er Jahren aktiv reagieren mussten. Die damit wieder entdeckte Integrativ- und Erweiterungsdynamik der europäischen Gemeinschaft führte über die Vertragsrevision durch die Einheitliche Europäische Akte (EEA) schließlich zum 1993 in Kraft getretenen Vertrag über die Europäische Union (dem sog. Maastricht-Vertrag), der zur bekannten Drei-Säulen-Struktur der Europäischen Union führte. Die erste Säule, welche die integrativen und supranationalen Agenden der Europäischen Union betrifft, umfasst die Bereiche der „alten" europäischen Gemeinschaft (EGKS, EWG und Euratom), die zweite Säule umfasst die gemeinsame Außen- und Sicherheitspolitik und die dritte Säule die Zusammenarbeit in Justiz- und inneren Angelegenheiten. Die zweite und die dritte Säule sind zwischenstaatlich und daher vom Konsens der Mitglieder getragen, nur die erste Säule ist integrativ und supranational. Aus der Sechsergemeinschaft wurde im Jahr 2004 ein Staatenverbund, der nun aus 25 Mitgliedstaaten mit einer Bevölkerungszahl von mehr als 450 Millionen und einem Territorium, das sich über knapp 4 Millionen km² erstreckt, besteht. Das Bruttoinlandsprodukt (BIP) der Mitgliedstaaten zusammen beträgt rund ein Viertel des weltweiten Bruttosozialprodukts, der Welthandelsanteil liegt bei rund einem Fünftel. Damit ist die Europäische Union gegenwärtig global der größte Wirtschaftsraum. Dennoch kann man von dieser politischen Einheit „sui generis" (eigener Art) zwar von einem wirtschaftlichen Riesen, aber von einem politischen (und militärischen) Zwerg sprechen. Die Stärken der Europäischen Union liegen sicher in ihrer wirtschaftlichen Größe und auch in den Möglichkeiten ihrer zukünftigen wirtschaftlichen Entwicklung, dennoch verfügt die EU weiterhin über keine konsistente gemeinsame Außen- und Sicherheitspolitik und v. a. über keine gemeinsame Verteidigung. Damit ist sie auch (noch) nicht im Stande, den hohen Erwartungen der Staatengemeinschaft hinsichtlich ihrer internationalen Problemlösungskapazität (Konfliktbeilegung, Friedensschaffung, glaubwürdige Mediation in Konflikten u. ä.) gerecht zu werden. Das interne Problem der EU besteht nicht nur in einem oft und vielfältig diskutierten demokratischen Defizit, sondern nicht zuletzt auch darin, dass es nicht nachhaltig gelungen ist, die europäischen Bürger von der Notwendigkeit und Sinnhaftigkeit der institutionalisierten und auf Vertiefung und Erweiterung der Integration beruhenden Dynamik zu überzeugen.

Nach dem vorläufigen Scheitern des Verfassungsvertrages durch die ablehnenden Referenden in Frankreich und in den Niederlanden ist noch nicht absehbar, wie die weitere Entwicklung der Union voranschreiten wird. Diese wird sich aller Voraussicht nach verzögern. Es liegt an den europäischen Organen und ihren Vertretern wie auch an den politischen Eliten der Mitgliedstaaten, ihren Bürgern die Bedeutung der Weiterführung des Integrationsprozesses klar zu machen, die nicht so sehr auf einer inneren institutionellen Logik beruht, sondern vor allem auf den Herausforderungen der sich dynamisch entwickelnden internationalen Umwelt.

Otmar Höll

Die Europäische Union (EU) ist weder ein Bundesstaat wie die USA, noch ist sie lediglich eine internationale Organisation, also (nur) eine Institution der besseren Zusammenarbeit von Regierungen, wie die UNO. Sie ist in der Tat einzigartig (man sagt, sie ist

Wie funktioniert die EU?

eine politische Einheit „sui generis" (eigener Art). Die Mitgliedstaaten, welche die EU bilden, geben einen Teil ihrer Hoheitsrechte an die gemeinsamen Einrichtungen der EU ab, um so gemeinsam an Stärke und internationalem Einfluss zu gewinnen, über die keiner von ihnen allein verfügen könnte. Diese gemeinsamen Gremien sind die *Kommission*, der *Ministerrat* und das *Europäische Parlament*. Neben diesen gibt es noch den Wirtschaft- und Sozialausschuss, den Ausschuss der Regionen, für Rechtskonflikte den Europäischen Gerichtshof und zur finanziellen Kontrolle den Rechnungshof sowie die Europäische Zentralbank. Auch einen Ombudsmann gibt es. Trotz dieser Institutionen, die man auch in demokratisch verfassten Staaten findet, ist die EU nicht wirklich demokratisch verfasst, weil es u. a. keine Gewaltentrennung gibt, weil das Parlament nicht die alleinige gesetzgebende Funktion hat und weil EU-Bürgern keine direkten Rechte gegenüber Brüssel eingeräumt werden.

In der Kommission wird die meiste alltägliche administrative Arbeit erledigt. Sie verfügt über etwa 20.000 Beamte. Sie verwaltet das Budget und wacht über die Einhaltung der EU-Verträge. Sie besitzt Fachausschüsse zur Beratung technischer Detailfragen, erstellt Entwürfe für Richtlinien und andere Entscheidungen. Diese gehen dann zur Entscheidung in den Ministerrat. Nach dessen Zustimmung gehen sie wieder zurück in die Kommission, die nun als ausführendes Organ fungiert. Die Kommission kann entweder selbst die Initiative ergreifen und Vorschläge für den Ministerrat zur Entscheidung erarbeiten, oder der Ministerrat kann die Kommission zur Vorbereitung bestimmter Entscheidungen beauftragen.

Das Parlament hat keine alleinige legislative Funktion, in einigen (immer mehr) Angelegenheiten dürfen die Parlamentarier mitentscheiden, in anderen müssen sie angehört werden, in wieder anderen werden sie nicht einmal gefragt. Sie dürfen keine Initiativen für neue EU-Richtlinien ergreifen und manchmal können sie den Vorlagen nur zustimmen oder sie ablehnen.

Die eigentliche Entscheidungsgewalt liegt bei den Vertreterinnen und Vertretern der Mitgliedstaaten, den Fachministern im Ministerrat, oder in sehr wichtigen Angelegenheiten liegt diese bei den Staats- und Regierungschefs höchstpersönlich, dann tagt dieses Gremium als „Europäischer Rat", der alleine Grundsatzentscheidungen von größerer Tragweite für die Union treffen kann. Die Staaten haben im Ministerrat unterschiedlich viele Stimmen, große mehr als kleine. Noch darf die EU sich nicht selbst Geld etwa über eigene Steuern verschaffen, sie bekommt lediglich etwa 1 % des BIPs der Mitgliedsländer als Budget. In geringem Ausmaß erhält sie Einnahmen aus Zöllen. Die ursprüngliche Europäische Gemeinschaft (EG) war zu Beginn ein rein wirtschaftlicher Zusammenschluss von nur sechs Staaten (Frankreich, Deutschland, Italien und den drei Beneluxstaaten) und hatte einen gemeinsamen Binnenmarkt zum Ziel. Weil hiermit noch keine politischen Absichten verbunden wa-

ren, reichte es, wenn die Staaten mit einem Veto das Zustandekommen eines für sie nachteiligen Beschlusses verhindern konnten. Die Möglichkeit des Vetos hat auch dazu geführt, dass die Interessen der kleineren Mitglieder in Kompromissen berücksichtigt werden mussten. Das hat lange relativ gut funktioniert. Mit 15 Teilnehmern (seit 1995) wurde es schon schwieriger. Es fand zunehmend ein „Kuhhandel" – wechselseitige Unterstützung in Abstimmungen – statt, Sachthemen wurden weniger auf ihre eigene Sinnhaftigkeit hin, sondern aufgrund politischer Opportunität beurteilt; die Verhandlungen dauerten dadurch immer länger. So wurde beschlossen, für einige weniger wichtige Sachgebiete das Vetorecht abzuschaffen und durch eine qualifizierte Mehrheit zu ersetzen. Tatsächlich blieb v. a. in wichtigen Angelegenheiten (wie etwa der Außen- und Sicherheitspolitik, in Steuer- und Energiefragen) das Vetorecht der einzelnen Länder erhalten. Durch die Erweiterung der Union auf 25 Mitglieder (und in Zukunft sollen noch weitere dazukommen) sind die Entscheidungsverfahren eigentlich nicht mehr effizient genug. Daher wurde versucht, in einem großen, bunt zusammengesetzten „Verfassungsvertrags-Konvent" die Aufgaben der EU und ihre Entscheidungsstrukturen zu verbessern. Zwar wurde dieser tatsächlich relativ erfolgreich abgeschlossen und von den Regierungsvertretern auch unterzeichnet, aber in Frankreich und den Niederlanden hat die Bevölkerung diesem Verfassungsvertrag nicht zugestimmt, und daher ist sein endgültiges Schicksal ungewiss. Sicher ist allerdings, dass die EU effizientere Entscheidungsstrukturen benötigt.

Otmar Höll

Brauchen wir Zuwanderung? Wo immer in Europa diese Frage gestellt wird, löst sie heftige und überaus kontroversielle Diskussionen zwischen Politikern, in den Medien und in der Bevölkerung aus. In Umfragen vielfach belegt ist, dass die meisten Bürger von EU-

Wozu brauchen die Staaten Europas Zuwanderung?

Staaten die Meinung vertreten, die Zuwanderung sollte eingebremst, wenn nicht sogar gänzlich gestoppt werden. Bereits in den 1990er Jahren ist Fremdenfeindlichkeit zu einem zunehmenden Problem geworden, haben rechtsgerichtete Parteien in Frankreich, Deutschland, Dänemark, Österreich und anderen EU-Staaten erheblich an Zulauf gewonnen. Zuwanderer werden oft pauschal für eine Reihe von Negativphänomenen in unserer Gesellschaft hauptverantwortlich gemacht: für Arbeitslosigkeit, Lohndumping, stark steigende Kriminalität und Wohnungsmangel. Es ist jedoch anzuzweifeln, ob diese Missstände ohne Zuwanderer im Land nicht auch auftreten würden.

Da das Thema der Zuwanderung extrem stark emotional besetzt ist, ist es überaus schwierig, objektiv darüber zu diskutieren. Österreich und die meisten EU-Staaten haben sich von ihrem Selbstverständnis her niemals als Einwanderungsländer definiert. Dies spiegelt sich sowohl in den Einstellungen ihrer Bürgerinnen und Bürger als auch in der Politik wider.

Wozu also braucht Europa Zuwanderung? Die Antwort ist simpel: Wir brauchen sie aus wirtschaftlichen und aus demographischen Gründen. Aus wirtschaftlichen deshalb, weil sich bereits seit dem Zeitalter der Gastarbeiterwanderung eine klare ethnische Nischenbildung auf den Arbeitsmärkten der meisten europäischen Länder herausgebildet hat. Zahlreiche Wirtschaftsbranchen könnten ohne die Beschäftigung von Migranten nicht mehr existieren. Klassische Beispiele dafür sind das Baugewerbe, die Hotellerie und Gastronomie, das Reinigungsgewerbe, das Gesundheitswesen, teilweise aber auch der Lebensmitteleinzel- und der Gemüsehandel. Groß ist auch das Kontingent an „schwarz", weil nicht offiziell beschäftigten Migrantinnen in Privathaushalten als Haushaltshilfen, Altenpflegerinnen und Kindermädchen. Bosnische Bauarbeiter, serbische Hausbesorger, philippinische Krankenschwestern, türkische Bedienerinnen sowie polnische Serviererinnen erbringen wichtige Leistungen für die Wirtschaft. Sie könnten durch inländische Arbeitskräfte nicht in ausreichendem Maß ersetzt werden. Und welche Inländerin, welcher Inländer möchte heute noch gerne als Bedienerin, als Büglerin oder als Fensterputzer tätig sein?

Ein weiteres Argument, das klar für Zuwanderung spricht, liegt in der demographischen Entwicklung. Geburtenrückgang und steigende Überalterung in ganz Europa bedürfen eines Ausgleichs.

Natürlich soll daneben nicht verschwiegen werden, dass Zuwanderung auch Probleme schafft: auf dem Arbeitsmarkt, im Bildungssektor sowie durch die Wohnkonzentration von Unterschichtmigranten in bestimmten Stadtvierteln.

Kommen immer jene Menschen in die EU, die auf den europäischen Arbeitsmärkten auch wirklich gebraucht werden? Die Antwort fällt ein wenig unsozial aus, ist aber ein klares Nein. Zwar kommen – und dies war bei allen Migrationsströmen in der Menschheitsgeschichte der Fall – zumeist junge Menschen, denn diese sind mobiler und ein Ortswechsel „rechnet" sich für sie noch. Aber viele verfügen nicht über die Qualifikationen, die in Zeiten steigender Arbeitslosigkeit auf dem EU-Arbeitsmarkt gebraucht werden.

Die Lösung liegt also in einer planvoll organisierten Zuwanderungspolitik. Hier können die Zuwanderungspolitiken klassischer Einwanderungsländer als Vorbilder herangezogen werden. Nach Kanada, in die USA oder nach Australien darf nicht einwandern, wer immer die Lust dazu verspürt, sondern es werden ausschließlich Fachleute mit bestimmten Qualifikationen und Bildungsabschlüssen gesucht. Dies möge Europa als Vorbild dienen!

Josef Kohlbacher

Ausländeranteil in den EU-Mitgliedstaaten (Eurostat 2004):

Land	%	Land	%
Belgien	8,3	Malta	2,8
Dänemark	5,0	Niederlande	4,3
Deutschland	8,9	Österreich	9,4
Estland	20,0	Polen	1,8
Finnland	2,0	Portugal	2,3
Frankreich	5,6	Schweden	5,3
Griechenland	8,1	Slowakei	0,6
Großbritannien	4,7	Slowenien	2,3
Irland	7,1	Spanien	6,6
Italien	3,4	Tschechien	1,9
Lettland	22,2	Ungarn	1,3
Litauen	1,0	Zypern	9,4
Luxemburg	38,6		

Die Globalisierung der Ökonomie ist eng gekoppelt mit einer Globalisierung der Migration. Die in den 1960er Jahren einsetzende Gastarbeiterwanderung war eine Süd-Nord-Wanderung, die aufgrund der Nachfrage der europäischen Volkswirtschaften des Nordens

Steht Europa im Spannungsfeld zwischen Ost-West- und Süd-Nord-Wanderung?

nach Arbeitskräften in Gang gesetzt wurde. Das ursprüngliche Konzept der Rotation, also der Rückkehr der Gastarbeiter in ihre Heimatländer und deren Austausch durch andere, hat sich als unrealistisch herausgestellt. Die Gastarbeiter blieben, holten ihre Familien nach und bildeten so die Basis für eine wachsende Immigrantenbevölkerung.

Die Süd-Nord-Wanderung ist nach wie vor eine wichtige Komponente der gesamteuropäischen Migration, hat aber ihre Einzugsbereiche ganz wesentlich ausgedehnt. Nach Nordafrika und sogar tief in den schwarzen Kontinent hinein, in den Vorderen Orient, nach Pakistan, Indien und Bangladesh. Diese Länder liegen zwar im Osten, sind aber zugleich Länder der südlichen Hemisphäre. Es sind heute auch nicht mehr Gastarbeiter, sondern Asylwerber und Wirtschaftsflüchtlinge, die auf ein besseres Leben in Europa hoffen.

Die Ost-West-Migration setzte in großem Umfang nach dem Fall des Eisernen Vorhangs ein, die zahlenmäßigen Dimensionen der jährlichen Ost-West-Wanderung nach Deutschland überschritt in den frühen 1990er

Jahren die Millionengrenze, jene nach Öster-reich die Marke von 100.000 – eine Massen-zuwanderung noch nie dagewesenen Ausma-ßes. Europa begann sich durch verschärfte Asyl- und Fremdengesetze gegen diesen An-sturm abzuschotten, worauf sich die reguläre Ost-West-Wanderung stark reduzierte.

Beide Wanderungsströme weisen – bei aller Ähnlichkeit – aber auch wesentliche Unter-schiede auf. Stammten die Gastarbeiter zu-meist aus ländlichen Regionen des Balkans und der Türkei, so kommt der typische Ost-West-Migrant aus dem urbanen Bereich. Wichtig ist auch der Unterschied hinsichtlich des Bildungsniveaus und der Qualifikations-struktur: Die Gastarbeiter wiesen in der Re-gel nur Pflichtschulbildung auf, ihr berufli-ches Ausbildungsprofil war sehr bescheiden. Polnische, slowakische oder russische Mi-granten sind in der Regel gut ausgebildet und weisen oft hohe berufliche Qualifikationen auf. Führten bereits die Gastarbeiter ein „Le-ben in zwei Gesellschaften" (Elisabeth Lich-tenberger), so gilt dies umso mehr für slowa-kische Tages- oder polnische Wochenpend-ler. „Arbeiten im Westen, leben im Osten", lautet ihre Devise. Werfen wir einen Blick in die Zukunft: Viel wird davon abhängen, in-wieweit es gelingt, die West-Ost-Disparitä-ten hinsichtlich des Lebensstandards abzu-bauen. Angesichts geringer Fertilität in ganz Osteuropa dürfte aber mit keiner Massen-migration zu rechnen sein. Anders bei der Süd-Nord-Wanderung: Rapides Bevölke-rungswachstum, ökonomische Unterent-wicklung und politische Krisen werden etwa die Migration aus Schwarzafrika in die EU zu einem nur schwer lösbaren Problem werden lassen.

Josef Kohlbacher

Der amerikanische Politikwissenschaftler Samuel P. Huntington prägte das seither in der öffentlichen Debatte präsente Schlagwort vom „Kampf der Kulturen" in seinem 1996 erschienenen gleichnamigen Buch (*The Clash of Civilizations*). Seine Hauptthesen: In

Kampf der Kulturen – Schlagwort oder Realität?

der Welt nach dem Kalten Krieg sind die wichtigsten Unterscheidungen zwischen Völkern nicht mehr ideologischer, politi-scher oder ökonomischer, sondern kulturel-ler Art. Die wichtigsten Gruppierungen von Staaten sind nicht mehr die drei Blöcke der 1950er bis 1980er Jahre (Osten – Westen – Dritte Welt), sondern die sieben oder acht großen „Kulturen" der Welt. Huntington unterscheidet sieben solcher „Kulturen": die „sinische" (chinesische), die japanische, die hinduistische, die islamische, die westliche, die lateinamerikanische und die (schwarz-) afrikanische. Nun ist dieses Modell keines-wegs besonders neu, es spielte in der Traditi-on europäischen Geschichtsdenkens – etwa bei Oswald Spengler oder Arnold Toynbee – traditionell eine erhebliche Rolle. Neu ist hingegen, dass Huntington in den Grenzen der Kulturen die entscheidenden Konfliktli-nien des späten 20. und des 21. Jahrhunderts sieht. Die möglichen Konfliktursachen sind überaus vielfältig. Doch das Grundmuster ist überschaubar:

– Die Integration der Welt („Globalisie-rung") geht weiter, der Austausch von Menschen und Gütern rund um die Welt floriert. Diese Bewegung ging primär vom „Westen" aus und führte gleichzeitig zu seiner ungeheuren Dominanz auf weiten Teilen der Erde. Er erzeugt aber nicht die oft zitierte „eine Welt".

– Gegen diese Dominanz erhebt sich vielfacher Widerstand, der wesentlich kulturell begründet erscheint. Es ändert nichts an der Sache, dass der Widerstand gegen den Westen Mobiltelefone, Computer und Kalaschnikows verwendet.

– Doch sind die Nicht-Westler keine Einheit. Neben dem noch dominanten, aber jetzt und in Zukunft deutlich schwächer werdenden Westen existiert eine Mehrzahl selbst miteinander konkurrierender „Kulturen".

– Schon in den 1990er Jahren haben zahlreiche Konflikte an Kulturgrenzen zu erheblichen Problemen geführt, wie der Krieg in Bosnien nur zu eindrucksvoll gezeigt hat.

– Diese Konflikte können gefährlich eskalieren, wenn der Westen nicht bereit ist, für sich eine neue Rolle in der multikulturellen, aber auch multipolaren Welt zu formulieren.

– Die neuen beherrschenden Ideologien heißen nicht mehr Liberalismus, Sozialismus, Kommunismus oder christliche Demokratie. Diese verfallen mit der Entwestlichung der Welt. An ihre Stelle treten religiöse und andere kulturelle Bindungen und Loyalitäten.

Der 11. September 2001 zeigte, was an Sprengkraft im „Kampf der Kulturen" liegt. Hypothesen wie die Huntingtons bieten einen interessanten Interpretationsansatz, der den politischen Akteuren helfen soll, adäquate Reaktionsweisen auf die neue Realität der kulturell mehrfältigen Welt zu suchen.

Ernst Bruckmüller

Die Bevölkerung Europas wird sprachlich, ethnisch und konfessionell zwar immer vielfältiger, „mit der Toleranz gegenüber anderen Kulturen ist es in Europa aber nicht weit her" – zu diesem Resultat gelangte die Europäische Stelle zur Beobachtung von Rassis-

Wie tolerant ist Europa gegenüber Einwanderern?

mus und Fremdenfeindlichkeit (EUMC). Nun ist dieses Resultat zwar nicht positiv zu bewerten, deutet aber auch nicht zwingend auf einen drohenden „Kampf der Kulturen" hin. Ablehnende Einstellungen manifestieren sich, wie Sozialwissenschafter bereits oftmals nachgewiesen haben, nicht mit Notwendigkeit in diskriminierendem Verhalten. Die Ergebnisse unterstrichen allerdings auch, dass zahlreiche Europäer viel weniger tolerant gegenüber den „Anderen", im konkreten Fall Migranten, sind, als viele vorgeben. Auch in der Studie des EUMC zeigt sich ein Unterschied zwischen Fern- und Nahbild, denn 79 % gaben an, im persönlichen Umgang mit Migranten keine Probleme zu haben.

Zuwanderer werden in unterschiedlichen sozialen Kontexten in divergierendem Ausmaß akzeptiert. Formalisierte und eher distanzierte Kontakte in der Arbeitswelt klappen in der Regel weitgehend reibungslos. Solange Migranten beruflich also jene Nischen ausfüllen, die der einheimische Arbeitsmarkt ihnen zuweist – nämlich auf untergeordneten Ebenen der Beschäftigungshierarchie – werden sie stillschweigend akzeptiert. Weniger friktionsfrei sind die Beziehungen im Wohnumfeld sowie im Freizeitbereich. Dabei besteht ein starker Zusammenhang mit den Herkunftsländern: Während Italiener, Spanier und Kroaten kaum auf Ablehnung stoßen, fällt die Distanzierung gegenüber Polen, Serben und Arabern deutlich stärker aus. Die vehementeste Ablehnung wird türkischen oder nigerianischen Nachbarn entgegengebracht. Toleranz und Intoleranz sind also keine einheitliche Kategorie.

Toleranz hat auch viel mit dem Bildungsniveau und dem Lebensalter zu tun. Ältere Menschen sind in der Regel, aber natürlich nicht immer, in ihren Einstellungen gegenüber Immigranten ablehnender. Fremdenfeindliche Ressentiments sind auch unter Personen mit Pflichtschulabschlüssen weit häufiger anzutreffen als unter Universitätsabsolventen.

Die ethnisch und kulturell pluralistische Gesellschaft ist in Europa längst Realität. In Deutschland etwa ist jede fünfte Ehe bereits binational, d. h. zwischen Partnern unterschiedlicher nationaler Herkunft geschlossen. Von den deutschen Schülerinnen und Schülern weist bereits mehr als ein Fünftel einen Migrationshintergrund auf, in den Großstädten sind die Anteile noch viel höher. Diese multikulturelle Realität rückgängig machen zu wollen ist daher illusionär. Toleranz kann aber auch keine Einbahnstraße sein. Von Migranten ist ebenso einzufordern, die Wertvorstellungen der lokalen Bevölkerung sowie die Rechtsnormen des Aufnahmelandes zu akzeptieren und sich daran zu orientieren. In ganz Europa dringend vonnöten ist auf beiden Seiten eine Kultur des gegenseitigen Respekts, die andere Lebensweisen anerkennt und nicht nur duldet.

Josef Kohlbacher

Gewalttätige Jugendliche, brennende Autos und zerstörte Infrastruktureinrichtungen – Medienberichte aus den Vororten französischer Städte haben die Öffentlichkeit aufgerüttelt. Sie waren sichtbarer Ausdruck für ein Phänomen, das weltweit in allen größeren

Warum tun sich in den Großstädten immer mehr soziale Klüfte auf?

Städten in Erscheinung tritt, aber dem vor allem in Europa bislang nur wenig Beachtung geschenkt wurde: Segregation. Darunter ist die Entmischung sozialer und ethnischer Gruppen zu verstehen, die zu einer räumlichen Trennung der Wohngebiete führt. In den USA gehört Segregation seit dem 19. Jahrhundert zur Normalität urbanen Wohnens. Nahezu jede größere Stadt besitzt dort „ihr" Schwarzenghetto, ein „Little Italy" oder ein polnisches Wohnviertel.

Tatsache ist, dass die Gegebenheiten auf dem Wohnungsmarkt und das Einkommen in einem hohen Ausmaß bestimmen, wo in der Stadt sich jemand ansiedelt. Segregation ist primär eine räumliche Auswirkung sozialer Ungleichheit – und die sozialen Klüfte in den europäischen Städten vertiefen sich zusehends. Zwar war das Konzept des „melting pot" auch in der Blütezeit der amerikanischen Wirtschaft eine Mär, denn weder haben sich alle Zuwanderergruppen kulturell völlig assimiliert, noch wurde ihnen im Wirtschafts- und Beschäftigungssystem jemals Chancengleichheit zugestanden. Der sagenhafte Aufstieg vom Tellerwäscher zum Millionär blieb ganz wenigen vorbehalten. Dass aber in Europa solch tief greifende soziale und ethnische Konflikte auftreten, wie man sie eben aus US-amerikanischen Städten gewohnt ist, ist eine relativ neue Entwicklung.

Hierzu tragen mehrere Faktoren bei: die Entwicklung auf dem Arbeitsmarkt, das Auseinanderklaffen der Einkommensschere, die stärkere Zuwanderung und der Abbau vordem relativ dichter sozialer Netze in den Wohlfahrtsstaaten Europas. In den Großstädten, die stets in der Geschichte Brennpunkte sozialer Entwicklungen waren, treten diese Negativphänomene besonders deutlich zutage. Beschäftigungsabbau in vielen Branchen und Arbeitslosigkeit führen notwendigerweise zu ökonomischer und sozialer Schlechterstellung. Ältere Arbeitslose, Frauen und Jugendliche stellen per se „Problemgruppen" auf dem Arbeitsmarkt dar. Die Kluft zwischen hohen und niedrigen Einkommen hat sich nach Jahren einer gewissen Annäherung im Verlauf der letzten Dekaden nachweislich vertieft. Dazu tritt das Problem der Zuwanderung. Wer arbeitslos und noch dazu „ausländischer" Abstammung ist, der findet noch schwerer eine Lehrstelle als andere. Dies gilt für algerischstämmige Jugendliche in Frankreich ebenso wie für junge Türken in Deutschland oder Österreich. Zudem haben viele europäische Staaten die Geisteshaltung des Neoliberalismus als eine Grundlage ihrer Wirtschaftspolitik internalisiert – und dies wirkt sich auch auf die Sozialpolitik aus. Die politischen Entscheidungsträger sind der Meinung, man könne sich ein dichtes soziales Netz nicht mehr „leisten". Wer hier am falschen Platz spart, der wird in Zukunft aber die negativen Auswirkungen des Sozialabbaus zu spüren bekommen.

Josef Kohlbacher

Das Wort „Ghetto" bezeichnete ursprünglich ein von den übrigen Vierteln der Stadt durch Mauern abgetrenntes Wohnviertel der jüdischen Bevölkerung, in dem diese zunächst eher freiwillig, später dann gezwungenermaßen lebte. Dem Ghetto wohnt zu

Sind Ghettos eine unausweichliche Folge der Immigration?

Recht ein negativer Beigeschmack inne. Ghettoisierung mag dort akzeptabel sein, wo sie wirklich freiwillig erfolgt. In der sozialen Realität ist dieses Phänomen in den Städten der Gegenwart aber sehr häufig auf soziale und ökonomische Ausschließungsprozesse zurückzuführen. Migranten leben in Ghettos, weil Wohnraum in „besseren" Stadtvierteln für sie unerschwinglich ist. Zahlreiche Befragungen unter Zuwanderern haben europaweit den Nachweis erbracht, dass zwar nicht alle, aber viele Migranten lieber nicht in ethnischen Wohnvierteln, sondern mit Einheimischen durchmischt wohnen wollen. Dies vielfach auch um der sozialen Kontrolle zu entgehen, welche die ethnische Community in Ghettos auf den Einzelnen, besonders auf Frauen, ausübt.

Ghettoisierung ist auch aus integrationspolitischen Gründen negativ zu bewerten. Studien haben ergeben, dass viele von den in türkischen Wohnghettos deutscher Städte lebenden Kindern zum Zeitpunkt ihrer Einschulung kaum über deutsche Sprachkenntnisse verfügen – sie leben ja auch in einem rein türkischen Umfeld! Dies schmälert ihren Schulerfolg aber außerordentlich. Diese in

Deutschland geborene und häufig bereits die dritte Zuwanderergeneration repräsentierende Gruppe verfügt heute vielfach über weit schlechtere Deutschkenntnisse als türkische Schüler der „Gastarbeiterära" der 1960er und 1970er Jahre. Ghettos können aber auch konfessionellen und ideologischen Fundamentalismus fördern, der in abgeschotteten Wohnvierteln lange im Verborgenen gedeihen kann. Auf jeden Fall hemmen sie die Integration in das lokale Bildungssystem sowie in den örtlichen Arbeitsmarkt.

Ghettos haben aber auch positive Effekte. Sie stellen eine Infrastruktur zur Verfügung, die exakt den Bedürfnissen ihrer Bewohner entspricht: Lebensmittelgeschäfte, Videotheken und Textilläden, die genau jene Waren verkaufen, die von einer bestimmten Migrantengruppe nachgefragt werden.

In vielen europäischen Metropolen wird der Versuch unternommen, zu starke Ghettoisierungsprozesse durch wohnungspolitische Maßnahmen zu vermeiden. Dies mit unterschiedlichem Erfolg. Während sich in Berlin-Kreuzberg bereits ein türkisches Ghetto etabliert hat, welches in der Tat die größte türkische Stadt außerhalb der Türkei ist, wird durch eine umsichtige Wohnungsbelegungspolitik in schwedischen und niederländischen Städten eine Verstärkung der Ghettoisierung hintangehalten. In Wien können die Gemeindebauten, die ja über die ganze Stadt verteilt sind und billigen Wohnraum zur Verfügung stellen, als ein wichtiges Instrumentarium gegen Ghettoisierung angesehen werden. Zuwanderung muss also, dies beweist die Wiener Situation, nicht notwendigerweise mit Ghettobildung einhergehen. Es liegt primär an der urbanen Wohnungspolitik, hier ausgleichende Strategien zu verfolgen.

Josef Kohlbacher

Nach dem Auseinanderbrechen der Sowjetunion 1991 fehlt der russischen Föderation eine für alle Staatsbürger akzeptable Bewertung des Charakters des neuen Staates. Mehr als 25 Millionen Russen befanden sich plötzlich außerhalb der neuen Landesgrenzen der

Ist Russland ein europäischer Staat oder eine asiatische Zentralmacht?

russischen Föderation, die meisten davon in der Ukraine und in Kasachstan. Von Anfang an sah sich der als „gemeinsamer Staat der Russen und Russinnen" verstandene Rechtsnachfolgestaat der Sowjetunion mit einer großen Reihe von sozioökonomischen Problemen konfrontiert. Auch heute ist der nichtrussische Bevölkerungsanteil mit 20 % noch immer hoch und dezentralistische Tendenzen der Regionen und Republiken trugen zusätzlich zu einer geringen Stabilität des Staatsganzen bei. Russlands politisches Institutionengefüge ist auch unter seinem jetzigen Präsidenten, Wladimir Putin, eher ein Faktor der internationalen Instabilität geblieben, die Entfaltung rechtsstaatlicher und demokratischer Institution wurde und wird durch die autoritäre Verfassung von 1993 behindert. Bis 1997 war das Bruttoinlandsprodukt kontinuierlich zurückgegangen, eine Trendumkehr setzte erst nach 1999 ein. Dennoch ist das Leistungsvolumen der russischen Wirtschaft vergleichsweise gering, insbesondere das Pro-Kopf-Einkommen liegt weit hinter den führenden OECD-Mitgliedstaaten zurück. Zudem ist ein großer Teil der wirtschaftlichen Erfolgsgeschichte seit 1999 auf die hohen Weltmarktpreise für Energie zurückzuführen und die Einkommen sind sehr ungleich zwischen verschiedenen Bevölkerungsschichten verteilt. Tatsächlich stellt Russland als Land mit den größten Ölreserven außerhalb der OPEC die wichtigste auch zukünftige Quelle für eine wirtschaftliche und politische Verbesserung im Innenverhältnis als auch nach außen dar. Die meisten anderen Faktoren für einen möglichen politischen Bedeutungsgewinn, wie etwa die Entwicklung des Humankapitals, entwickelten sich auf Grund eines dramatischen Rückgangs der Bevölkerung negativ. Das militärische Potenzial Russlands, in der sowjetischen Zeit die faktische Grundlage des Supermachtsanspruchs des Staates, ist in den vergangenen Jahren und Jahrzehnten ebenfalls dramatisch zurückgegangen. Auf Grund der beschränkten finanziellen Möglichkeiten hat sich Russland nahezu vollständig darauf beschränkt, die nukleare Schlagkraft im Wesentlichen zu erhalten, und seine militärischen Kapazitäten kaum modernisiert. Dementsprechend langsam geht auch die politische und staatliche institutionelle Konsolidierung voran, der demographische Rückgang und eine verschleppte Militärreform sind wichtige Faktoren eines eingeschränkten außen- und sicherheitspolitischen Spielraums des heutigen Russlands. Dies alles hat dazu geführt, dass der außenpolitische Einfluss Russlands in der engeren Nachbarschaft zwar weiterhin besteht, eine darüber hinausgehende Position als globaler Akteur ist nicht mehr gegeben. Russland konnte seine Beziehungen gegenüber der Europäischen Union meist stabiler gestalten als jene zu den USA. Diese haben sich aber nach den Terroranschlägen vom 11. September 2001 deutlich verbessert. Aufgrund seiner wirtschaftlichen

Verflechtung mit der europäischen Union strebt Russland eine vertragsrechtlich unterstützte Annäherung gegenüber der Union an, versteht sich aber selbst als Zentrum und Motor eines eigenen Integrationsraumes, der weitgehend auf den Bereich der ehemaligen Mitgliedstaaten der UdSSR beschränkt ist. Aus diesem Umstand leitet Russland den Anspruch ab, gleichberechtigter strategischer Partner der Europäischen Union, der USA und – zunehmend – auch Chinas zu sein. Das Verhältnis gegenüber China ist aber dadurch belastet, dass es China in Zukunft gelingen könnte, Russland im wirtschaftlichen Bereich deutlich zu überholen und zu einer zumindest regionalen Hegemonialmacht aufzusteigen.

Eine allgemeine Einschätzung der Bedeutung Russlands muss darauf bedacht nehmen, dass Russland auf Grund seiner Größe, seines Humankapitals und seiner Ressourcenausstattung sowie seiner engen Verflechtung mit dem gesamten OECD-Raum auch in Zukunft von großer Bedeutung sein wird. Russland benötigt die OECD und ihre Mitgliedstaaten dringend, um die notwendigen Modernisierungsschritte setzen zu können, die OECD-Mitgliedstaaten wiederum sind auch in Hinkunft auf innerstaatliche Stabilität Russlands und v. a. auch auf den großen Ressourcenreichtum Russlands (inbesondere seine energetischen Ressourcen) angewiesen. Es wird nicht zuletzt an den Fähigkeiten russischer Politik liegen, die innerstaatliche Entwicklung voranzutreiben, um als ein stabiles Gemeinwesen jene Fähigkeiten auszubilden, deren es bedarf, um ein gleichrangiger Partner der Europäischen Union, der USA und in Zukunft auch von Staaten wie China und Indien sein zu können.

Otmar Höll

Die Staaten und Völker Südosteuropas sind über Jahrhunderte an der Grenze zwischen Europa und dem Orient gelegen, die Region war Austragungsort vieler blutiger Kämpfe zwischen dem habsburgischen und dem Osmanischen Reich. Dieses Faktum hemmte in

Wohin driften die Länder Südosteuropas?

vielfältiger Weise seine wirtschaftliche und soziale Entwicklung. Auch im 20. Jahrhundert war die Region Schauplatz blutiger Kriege und gewaltsamer Auseinandersetzungen. Seit dem Auseinanderbrechen Jugoslawiens in den 1990er Jahren hat sich eine Reihe neuer Staaten gebildet und dieser Prozess ist noch nicht abgeschlossen. Unter den verschiedenen Regionen Europas zählt Südosteuropa sicherlich zu den ärmsten.

Die Europäische Union hat 2003 bestätigt, dass die Zukunft des Westbalkans in der Europäischen Union liegt. Für Bulgarien und Rumänien, wahrscheinlich auch für Kroatien und Mazedonien, die beide bereits Kandidatenstatus haben, scheint diese europäische Zukunft nicht mehr allzu fern. Für Serbien (mit dem Kosovo), Montenegro, Bosnien-Herzegowina und Albanien, dürfte eine Mitgliedschaft in der Europäischen Union noch länger auf sich warten lassen. In allen Staaten der Region liegen die Probleme hauptsächlich in dem zum Teil noch gewaltsam sich äußernden ethnischen Konfliktpotenzial, im bis in die Staatsapparate hineinreichenden Wirken mafioser Verhältnisse und in Strukturen der organisierten Kriminalität, deren Vertreter eher an der Aufrechterhaltung des Status quo als an einer europäi-

schen Zukunft interessiert sind. Vor allem die Staaten des Westbalkans durchlaufen gegenwärtig eine schwierige Phase, die Abstimmung über die Unabhängigkeit Montenegros von Serbien ging am 21. Mai 2006 positiv über die Bühne, der Status Kosovos ist noch immer unklar, und in Bosnien-Herzegowina mangelt es noch immer an notwendigen Verfassungsstrukturen und an der konkreten Bereitschaft der Teilrepubliken zur echten Zusammenarbeit. Dennoch konnten in allen Staaten eine Reihe wichtiger Fortschritte erzielt werden. Die großen Probleme der wirtschaftlichen Instabilität, hohe Arbeitslosigkeit, fehlende Sicherheit und daher auch fehlende ausländische Investitionen bleiben aber an der Tagesordnung. Es scheint evident, dass alleine die Aufrechterhaltung einer Mitgliedschaftsperspektive in der Europäischen Union die nachhaltige Stabilisierung und Reformbereitschaft in den Staaten fördern und erwirken kann. Aus der Sicht der Europäischen Union besteht kein Zweifel, dass Südosteuropa zum europäischen Raum gehört, dennoch bestehen zahlreiche Hindernisse für einen Beitritt, nicht zuletzt die Aufnahmebereitschaft der EU selbst. Diese macht eine Lösung der Institutionenfrage und eine Reform der EU unumgänglich. Aller Voraussicht nach ist nicht zu erwarten, dass für die Staaten des Westbalkans eine gemeinsame zeitgleiche Beitrittsperspektive gegeben werden kann. Es wird auf die Bereitschaft jedes Einzelstaates ankommen, die notwendigen Voraussetzungen für ein Mitglied in der EU zuerst im eigenen Land zu schaffen. Als eine wichtige Vorbedingung für die Aufnahme insgesamt könnte sich die Notwendigkeit der wirtschaftlichen Re-Integration der ganzen Region erweisen.

Otmar Höll

Die Hauptmotivation zur Entwicklungshilfe bzw. Entwicklungszusammenarbeit war einerseits die Solidarität bzw. die „Hilfe" des reichen Westens an den armen Süden, andererseits waren es machtpolitische Erwägungen, den Einfluss der Sowjetunion zurückzu-

Macht Entwicklungszusammenarbeit Sinn?

drängen und die Anbindung jener Staaten an das westliche System sicherzustellen. Entwicklungspolitik ist begrifflich weiter gefasst und bezieht sich auch auf die Gesamtheit aller Maßnahmen, mit der eine normative bestimmte Entwicklung angestrebt wird, wie im Bereich des internationalen Handels- und Währungssystems und internationale investitions- und finanzpolitische Maßnahmen. Entwicklungszusammenarbeit wird meist enger definiert, sie bezeichnet direkte finanzielle, technische oder personelle Ressourcen- oder Finanztransfers.

Ursprünglich galten Entwicklungshilfe bzw. Entwicklungszusammenarbeit als jene probaten Mittel, mit denen es den „unterentwickelten" Gesellschaften des Südens innerhalb einer gewissen Zeit gelingen sollte, das Wirtschafts- und Wohlstandsniveau der nördlichen Staaten zu erreichen.

Gemessen an den ursprünglichen Erwartungen und Hoffnungen sind die bisherigen Ergebnisse als enttäuschend zu bezeichnen. Dort, wo in den Staaten des Südens Wachstum erzielt werden konnte, wurde es zumindest teilweise durch die Bevölkerungsentwicklung wieder mehr als wettgemacht. Oder sie kam nur einer relativ kleinen, privilegierten Bevölkerungsschicht zugute. Das Volu-

men der Entwicklungszusammenarbeit ist gemessen an anderen Formen der wirtschaftlichen Zusammenarbeit zwischen Nord und Süd (etwa Handel, Ausgaben für Rüstung der Dritte-Welt-Staaten, die Höhe des Zinsendienstes der zum Teil überschuldeten Entwicklungsländer und ähnlichen Indikatoren) vergleichsweise gering. Aber wenn auch die bisherige Form der Entwicklungszusammenarbeit einer berechtigten Kritik unterzogen werden muss, wird diese insbesondere für die ärmsten Bevölkerungsschichten in den Entwicklungsländern weiterhin für notwendig erachtet. Im Jahr 2000 hat die UNO-Millenniumskonferenz acht neue Zielvorgaben für das Jahr 2015 beschlossen, die u. a. darauf abzielen, die weltweite Armut zurückzudrängen, die Rolle der Frauen und der Kinder zu verbessern, die ärgsten epidemischen Krankheiten zu bekämpfen oder auszurotten und die Ausbildung der Menschen im Süden wesentlich zu verbessern.

Wenn bisher die Kluft zwischen den Zielen und den Ergebnissen in den vergangenen 50 Jahren noch zugenommen hat, so muss doch klar sein, dass Unter- bzw. Fehlentwicklung und die Hoffnungslosigkeit breiter Bevölkerungsschichten in den Entwicklungsländern nicht nur Anlass für zukünftige Massenmigration in die Industriestaaten sein kann, sondern dass diese Situation eine der Hauptursachen für den Zulauf fundamentalistischer und radikalisierter Gruppierungen in der Dritten Welt ist. Es liegt also im Eigeninteresse der Industriestaaten, den Menschen in den Entwicklungsländern nachhaltig eine reale Verbesserung ihrer Lebenschancen zu ermöglichen.

Otmar Höll

In mehr als 30 der 53 afrikanischen Staaten sind Millionen Menschen von Hungersnöten bedroht. Aktuell sind davon 18 Millionen Menschen in Ostafrika, zwölf Millionen im Süden des Kontinents und ca. neun Millionen Menschen in Westafrika, insgesamt also

Warum hungert Afrika?

knapp 40 Millionen Menschen von Hungerkatastrophen betroffen. Die Ursachen liegen zum Teil in seit vielen Jahren andauernder Trockenheit. Schlechte Wasser- und Gesundheitsversorgung verschlimmern die Probleme häufig noch zusätzlich. Meistens sind es auch die Regierungen, die zu spät reagieren, oder die mangelnden Investitionen in die Infrastruktur und Wasserversorgung. Auch fehlt es häufig an einer genügenden Informations- und Schulungsarbeit für die ländliche Bevölkerung, die mit den sich rasch wandelnden klimatischen Bedingungen oft überfordert ist. Weitere Gründe liegen aber nicht nur in der schlechten Politik der Regierungen, sondern auch an der subventionierten Konkurrenz aus dem Norden, die Nahrungsmittel zu derartig günstigen Preisen anbietet, dass die afrikanischen Bauern nicht mit diesen gestützten Preisen konkurrieren können und als Folge die eigene Produktion einstellen (müssen). Zwar hat eine Reihe von afrikanischen Regierungen die Notwendigkeit erkannt, ihre Landwirtschaft zu fördern, allerdings wurde hier erst ein Anfang gemacht. Der notwendige Aufbau von Bewässerungssystemen, um der verheerenden Auswirkung von Dürreperioden gegenzusteuern, wurde in der Vergangenheit durch Fehlplanungen oft zunichte gemacht, die Überschuldung vieler afrikanischer Staaten erschwert derartige Maßnahmen natürlich. Heute setzt man wieder vermehrt auf kleine Projekte und vermeidet den Bau von riesigen Staudämmen, die sich nicht selten als ökologisches und politisches Desaster erwiesen haben. Es gibt auch viele Experten, welche die Nahrungsmittelhilfe der westlichen Staaten als Teil des Problems sehen. Nicht selten wird durch die regelmäßig fließende Nahrungshilfe den Landwirten der Anreiz genommen, die eigene landwirtschaftliche Produktion auszubauen bzw. zu verbessern. Erst seit kurzem ist man dazu übergegangen, die Nahrungsmittelhilfe auf akute Katastrophenfälle zu beschränken. Ein weiterer nicht zu unterschätzender Grund für die schlechte Ernährungslage in Afrika sind Kriege und Gewaltkonflikte. Es sind meist die Bauern, die von diesen Konflikten als erste betroffen sind. Zudem hat auch die Immunschwächekrankheit Aids in einigen Ländern verheerende Folgen nach sich gezogen.

Da in vielen Staaten die nationalen Regierungen mit den Problemen des Hungers überfordert sind, liegt es an der internationalen Staatengemeinschaft, sich kurz und mittelfristig dieses Problems anzunehmen. Langfristig ist aber das effizienteste Mittel der Ausbau der staatlichen und zivilen Strukturen vor Ort, um zukünftigen Hungerkatastrophen vorzubeugen. Und nicht zuletzt ist das Problem des Hungers in Afrika ein Problem der internationalen Medienberichterstattung. Ihre Dringlichkeit wird erst von der internationalen Gemeinschaft als solche erkannt, wenn der so genannte CNN-Effekt einsetzt, d. h., wenn die internationalen Medien – aus welchen Gründen auch immer – aus den Krisengebieten Berichte und Bilder von hungernden Kindern zeigen.

Otmar Höll

Auch wenn die realen Verhältnisse in vielen afrikanischen Staaten nicht wesentlich schlechter sind als in anderen Staaten der Dritten Welt, so gilt Afrika für viele Politiker und Experten im Norden nahezu als „verlorener Kontinent": Ein Großteil der ärmsten

Hat Afrika noch eine Chance?

Staaten der Welt befindet sich dort, zudem gilt es als Hort korrupter staatlicher Eliten, des Stammesmords, des Hungers und der Hoffnungslosigkeit, nicht zuletzt wegen des hohen Anteils von HIV-positiven Menschen in der Bevölkerung. Laut Berichten der Weltbank leben mehr als 60 % der HIV-Infizierten weltweit in der Sub-Sahara-Region, das sind rund 26 Millionen Menschen. Für die „große Weltpolitik" gilt Afrika als relativ unbedeutsam. Noch in den 1980er Jahren hatte der bekannte Philosoph Ralf Dahrendorf gemeint, sollte Afrika untergehen, wir im Westen würden nichts davon merken. Wie falsch diese Bemerkung war, geht daraus hervor, dass schon gegenwärtig immer mehr Afrikaner, auch illegal, nach Europa drängen und die Tendenz sicher verstärkt würde, sollte sich die Situation für große Teile der afrikanischen Bevölkerung weiter verschlechtern. Tatsächlich lag für lange Zeit der schwarzafrikanische Subkontinent am Rande weltpolitischer Überlegungen. Zwar ist die ehemalige Kolonialmacht Frankreich vielfach in Westafrika präsent und versucht, ihre wirtschaftlichen und politischen Interessen nach Kräften zu wahren. Die USA und die Europäische Union haben in den letzten Jahren entdeckt, dass Afrika schon aus humanitären Gründen nicht sich selbst oder der Organisation Afrikanischer Staaten (OAU) überlassen

werden kann. Zu sehr lauert in vielen Teilen des Kontinents die Gefahr des gewaltsamen ethnischen Separatismus, der eine der vielen traurigen Hinterlassenschaften des europäischen Kolonialismus darstellt. Wenn sich separatistische Bewegungen mit der Erwartung auf die Verfügungsgewalt über wertvolle Rohstoffe verbinden, wie dies bereits in der Vergangenheit oft der Fall gewesen ist, wie etwa im südlichen Teil des Kongos, in Nigeria, aber auch im Sudan, dann könnte die Zukunft des afrikanischen Kontinents in einem Szenario liegen, wovon der Kontinent bislang verschont geblieben ist: Eskalierung ethnischer Konflikte bis hin zu großen zwischenstaatlichen Kriegen. Dass aber auch eine Entwicklung zum Positiven nicht ausgeschlossen ist, zeigen einige wenige Beispiele auf – meist wird von neun bis zehn Staaten gesprochen, u. a. Südafrika, Botswana, Gambia und Ghana. Entscheidend wird sein, ob es gelingt, die meist im Interesse der eigenen Ethnien tätigen Regierungen zur Verantwortung für das gesellschaftliche Ganze zu bewegen, oder nicht. Es liegt also vorrangig bei den afrikanischen Regierungen selbst, ihre Zukunft positiv zu gestalten. Aber die internationale Gemeinschaft ist zur partnerschaftlichen Unterstützung unumgänglich, nicht zuletzt hinsichtlich der am höchsten verschuldeten Staaten.

Otmar Höll

Afrika ist traditionell ein reicher Kontinent. Reich an Menschen, reich an Bodenschätzen, reich an Wäldern, Mineralien, Edelsteinen und energetischen Ressourcen. Dass dieser „Reichtum" des Kontinents in der Geschichte immer wieder von Nicht-Afrikanern ver-

Wohin geht der Reichtum Afrikas?

marktet wurde, hat jahrhundertelange Tradition. Man könnte nach all dem, was wir nach vielen Jahren der Kolonialisierung, des Sklavenhandels und der Ausbeutung des Kontinents durch Europäer, Amerikaner, Araber und anderen wissen, annehmen, dass die Armen Afrikas nicht ausschließlich deshalb arm sind, weil sie faul sind oder weil ihre Regierungen korrupt sind, sondern weil andere sich ihrer Reichtümer bemächtigt haben, weil es meist andere waren, die den Reichtum des Kontinents für sich in Anspruch nahmen. Wer davon profitierte, waren vor allem die Europäer, genauer gesagt die Kolonialmächte, die ohne die Zerschlagung der indischen Textilindustrie und ohne die Übernahme des Gewürzhandels, ohne den Handel an indigenen Völkern bzw. die Sklaverei in Afrika, ohne die Nutzung des Dreieckshandels zwischen Afrika, Europa und Asien nicht in der Lage gewesen wären, die industrielle Revolution in Europa und den USA so rasch und effizient zu schaffen. Es war nicht zuletzt die Übernahme der Rohstoffe und der Märkte in Afrika, die den Wohlstand des Nordens mit geschaffen hat und gleichzeitig die Armut des afrikanischen Kontinents begründete. Gleichzeitig mit der Anhäufung von Reichtum im Norden hat die Ausbeutung des Kon-

tinents Tod, Armut und Umweltzerstörung verursacht. Hauptsächlich war und ist das Geschäft mit den Reichtümern des afrikanischen Kontinents, sei es im Bereich von Erzen, von Diamanten, von Rohöl oder von kostbaren exotischen Hölzern, in der Hand europäischer, japanischer oder US-amerikanischer Konzerne. Ähnliches gilt für die Vermarktung von Frühgemüse, von Baumwolle, Erdnüssen oder anderen in den heißen Gegenden besonders gut gedeihenden Obst- und Gemüsesorten, auch sie sind im Eigentum westlicher Konzerne. Das Diamantengeschäft in den Minen Südafrikas, Botswanas oder anderer Staaten ist meist in den Händen niederländischer, belgischer oder US-amerikanischer Eigentümer. Wo Gewinn und Reichtum lockten, dort wurden von den europäischen Kolonialmächten Infrastrukturen wie Bahnen oder Straßen errichtet. Man denke an Staaten wie Mosambik, Liberia oder Niger, bei denen gerade dies in Form von „Stichbahnen" und „Stichstraßen" zutrifft. Die Ausbeutung der Rohstoffe steht im Vordergrund, die Infrastruktur, die für die Entwicklung von Menschen zuständig ist, wurde sträflich vernachlässigt. Die andere Seite der Medaille sind hunderte Millionen von Armen, Hungernden und Besitzlosen, die nicht arm sind, weil sie kein Geld haben, sondern weil sie keinen Zugang zu Ressourcen erhalten. Wenn es den reichen Staaten wirklich ernst wäre, die Armut nachhaltig zu bekämpfen, müssten sie daran gehen, jene ungerechten und brutalen Systeme der Reichtumserzeugung zu beenden, die auch noch heute bestehen und von denen der Norden weit mehr profitiert als die Staaten und Menschen Afrikas.

Otmar Höll

Seit dem Reformparteitag der kommunistischen Partei Chinas im Jahr 1978 hat ein rasanter Prozess der Modernisierung im Inneren und der kontinuierlichen Öffnung Chinas nach außen eingesetzt. Das Ergebnis dieses Reformkurses war ein überdurch-

Ist China ein erwachender Wirtschafts- und Politriese?

schnittlich starkes und anhaltendes Wachstum der chinesischen Wirtschaft, das zwischen 1985 und 2005 durchschnittlich knapp 10 % jährlich ausmachte; ein scheinbar unaufhaltsamer Aufstiegsprozess scheint damit in Gang gesetzt. China wurde – nicht zuletzt wegen seiner geringen Lohnrate und niedrigen Umweltstandards – zu einem der bevorzugtesten Investitions- und Produktionsstandorte weltweit. Anders als in Russland ist mit dem Wachstumsprozess aber auch eine tief greifende Restrukturierung der Wirtschaft in Gang gekommen. Der Anteil der Landwirtschaft ist deutlich zurückgegangen, der Anteil der Industrie leicht gesunken und der Anteil des Dienstleistungssektors hat stark dazugewonnen. Die Außenhandelsverflechtung ist v. a. mit der Europäischen Union, den USA und Japan enorm angestiegen. Seit 2001 WTO-Mitglied, hat sich China auch den Zugang zu ausländischen Märkten, ausländischem Finanzkapital und Knowhow gesichert. Mit seinen 1,3 Milliarden Einwohnern ist China innerhalb weniger Jahre zum bedeutendsten neuen Absatzmarkt für ausländische Produkte geworden. Die rasch wachsende Wirtschaft Chinas hat gleichzeitig zu einer starken Nachfrage nach Rohstoffen, v. a. nach Energie, Eisenerzen

und Metallen geführt. China ist daher auch an stabilen Verhältnissen in jenen Regionen interessiert, aus denen es Energie bezieht. Die wachsende Bedeutung des Landes führte zu einer gewaltigen Steigerung der politischen Rolle Chinas nicht nur in der Region Süd-, Südost- und Ostasien, sondern hat China den Ruf als zukünftige neue Super- oder Hegemonialmacht in Ostasien eingebracht. Dieses wirtschaftliche Erstarken ist aber auch mit einer steigenden militärischen Aufrüstung verbunden, die in Nordostasien und bei den Nachbarn Indien, Pakistan und Japan zu einer gewissen Besorgnis geführt hat.

Die sozio-ökonomische Modernisierung Chinas birgt allerdings auch die Gefahren einer gewissen inneren Destabilisierung in der Zukunft in sich. Nicht nur erfolgt das Wachstum des BIP in einem hohen Ausmaß asymmetrisch, es hat auch zu sozialen Verwerfungen und regionalen Ungleichgewichten und zu wachsenden Einkommensunterschieden zwischen Stadt und Land, v. a. aber den Küstenregionen rund um Shanghai und Hongkong einerseits und der zentralchinesischen Region andererseits, mit hoher Arbeitslosigkeit und zunehmender Korruption, geführt. Ob unter diesen Vorzeichen die Autorität des kommunistischen Parteiapparates nachhaltig aufrecht erhalten werden kann oder ob China von zentrifugalen Tendenzen bedroht ist, wird sich zeigen. Das Verhältnis Chinas gegenüber Russland, Indien, Japan, aber auch den in der Region präsenten USA wird nur dann nicht zu erhöhten Spannungen oder Konflikten führen, wenn alle Seiten bereit sind, einen gewissen Machtausgleich und multilateralen Konsens zu finden.

Otmar Höll

Der Nahost-Konflikt reicht mit seinen historischen Wurzeln weit in das Osmanische Reich zurück. Andererseits ist er eng mit der zionistischen Einwanderung in Palästina im Verlauf des 20. Jahrhunderts verknüpft. Grund für diese Einwanderung war das jahr-

Hat die Nahost-Frage eine Chance auf friedliche Lösung?

hundertealte Problem der Unterdrückung und teilweise blutigen Verfolgung von in der Diaspora lebenden Juden in Europa, welche schon auf das erste nachchristliche Jahrhundert zurückgeht. Vor mehr als hundert Jahren hatte der Wiener Journalist Theodor Herzl das Ziel der Errichtung eines eigenen jüdischen Staates in die Wege geleitet. Diese Einwanderung erfolgte in Form von Landnahme durch Kauf, wobei die dort lebenden palästinensischen Bauern auch vertrieben wurden, und bildete die Grundlage für den ersten Konflikt zwischen den Siedlern und den dort ansässigen Palästinensern. Nach dem Ende des britischen Mandats über Palästina und dem gescheiterten UN-Teilungsvorschlag in einen arabischen und einen jüdischen Staat, wobei Israel etwa 57 Prozent des Territoriums zugestanden wurden, kam es zum ersten Krieg im Jahr 1948, dem noch weitere folgen sollten. Nach vielen gescheiterten Friedensversuchen, nach zwei Volksaufständen (die erste Intifada von 1987 bis 1992 und die zweite ab Herbst 2000), dem offensichtlichen Scheitern der so genannten Roadmap des Nahost-Quartetts USA, UNO, EU und Russland, die die Etablierung eines unabhängigen Palästinenser-Staates bis 2005 vorsah, und der nicht enden wollenden

Gewalt von beiden Seiten scheint auch heute die Frage einer friedlichen Lösung weiter entfernt denn je. Da der Nahost-Konflikt aber in seiner Bedeutung die internationale sicherheitspolitische Großwetterlage in enormem Ausmaß beeinflusst, muss eine derartige Lösung im Interesse aller Staaten sein.

Die Schwierigkeit einer wirksamen Lösung liegt letztlich auch darin, dass im israelisch-palästinensischen Konflikt einander widersprechende gesellschaftliche Narrative (wörtlich „Erzählung", entspricht etwa „Tradition") zweier Gesellschaften aufeinander treffen, die, jede in ihrer besonderen Art traumatisiert, Anspruch auf dasselbe, ihnen durch die Vorsehung „verheißene" Territorium stellen. Beide halten wechselseitig die andere Seite für die alleinige Ursache und daher schuldig für das eigene Leid, wobei beide das unsägliche Leid der anderen Seite vollständig negieren bzw. ausblenden. Eine nachhaltige Lösung dieses vielschichtigen Konflikts scheint nur durch eine langsame, aber nachhaltige Veränderung dieser Narrative und durch einen komplexen Prozess der Versöhnung auf allen gesellschaftlichen Ebenen, die den Einsatz der internationalen Staatengemeinschaft erforderlich macht, möglich zu sein. Darüber hinaus könnte es von Vorteil oder sogar notwendig sein, eine politisch nachhaltige Lösung in einem multinationalen integrativen Prozess anzusteuern, der arabische Nachbarstaaten in einen umfassenden, wirtschaftliche und (sicherheits-)politische Dimensionen berücksichtigenden Prozess, ähnlich dem europäischen, mit einbezieht.

Otmar Höll

Ehrlich gesagt, kann man diese Frage nicht wirklich für alle Zukunft beantworten. Es spricht aber vieles dafür, dass das so sein wird. Gegenwärtig gibt es seit dem Ende des Kalten Krieges und damit dem Ende der Bipolarität nur noch einige wenige Staaten, die sich als

Stirbt der klassische Kommunismus mit Fidel Castro?

„kommunistisch" oder als „Volksrepublik" bezeichnen. Unter anderen gehören neben Kuba dazu China, Vietnam, Nordkorea und Myanmar/Burma. Der Wegfall eines eigenen, wenn auch nicht sehr effektiven kommunistischen „Weltmarktes" in Form des RGW bzw. COMECON, des Rates für gegenseitige Wirtschaftshilfe, durch den Zusammenbruch der Sowjetunion und der osteuropäischen Staaten hat selbst ein so riesiges Land wie China schon 1978 veranlasst, seine Wirtschaftspolitik nach und nach zu liberalisieren. Heute zählt China zu jenen Staaten, die sich am erfolgreichsten in einer globalisierten Welt behaupten konnten. Ähnliches gilt – mit Abstrichen – auch für Vietnam. Selbst Nordkorea versucht seine Abschottung vom „kapitalistischen" Weltmarkt durch verstärkte Kontakte mit Südkorea und in Zukunft aller Voraussicht nach mit wirtschaftlichen Anpassungen an den freien Weltmarkt zu begegnen. Auch Kuba versucht dies, aber wegen des bestehenden Boykotts der USA ist Kuba nicht sehr erfolgreich. Eine andere Frage ist, ob in diesen Staaten die kommunistischen (Einheits-)Parteien in der Lage sein werden, langfristig ihr politisches

Monopol über Staat und Gesellschaft aufrechtzuerhalten, da diese in der Folge von wirtschaftlicher Liberalisierung auch mit den gesellschaftlichen Konsequenzen – letztlich dem Verlust der kulturellen Hegemonie und damit auch der politischen Akzeptanz und Disziplin – zu kämpfen haben werden. In Lateinamerika hat das Kuba Fidel Castros in jüngster Zeit durch die Bildung einer Freihandelszone mit den sozialistisch regierten Ländern Bolivien und Venezuela seine Isolierung vielleicht ein wenig erleichtert und ein politisches Zeichen gesetzt. Auch überraschende demokratische Wahlsiege linker Kandidatinnen und Kandidaten in Lateinamerika in der jüngeren Zeit können als ein Zeichen verstanden werden, dass der „Sozialismus" als Idee und als politische Kraft nicht tot ist. Ob dies aber reicht, um selbst den „klassischen Kommunismus" (in seiner totalitären Form) wieder zu beleben, darf bezweifelt werden. Zu sehr ist sein Ansehen durch die im Gefolge seines Scheiterns in Osteuropa veröffentlichten Verbrechen diskreditiert und sind seine strukturellen Unzulänglichkeiten deutlich geworden.

Otmar Höll

Fidel Castro und Nikita Chruschtschow, 1959

ist Schönheit? Was prägt unsere Sprache? Werden Zeichen
Bilder zur neuen Weltsprache? Wird Richtigschreiben zu
r Kunst, die niemand kann? Wird Deutsch zu einer zen-
istischen Sprache? Ist Deutsch eine sterbende Weltsprache?
bt das österreichische Deutsch aus? Gibt es eine Wieder-
urt der Dialekte? Wodurch sind Massenmedien mächtig?
nungsvielfalt trotz Medienkonzentration? Können Journa-
riff Pressefreiheit
, zählt nicht? Was
ohne PR? Müssen
das Internet eine
und Zeitung aus-
bildenden Kunst?
warten? Wo steht
bildende Kunst in
100 Mio Euro? Ist
esetzen gehorcht

Warum kostet ein Bild von Klimt hundert Millionen Euro?

Fragen und Antworten zu Kunst und Kultur

Kunstmarkt? Warum ist der Kunstmarkt so undurchschau-
Kann man Kunst national pushen? Kann man Kunst in-
ational pushen? Warum sollen Architektur, Landschaft und
a zusammenpassen? Kann man Architektur als Laie be-
en? Worin besteht Wohnqualität? Wachsen die Hochhäu-
in den Himmel? Wieweit wird unsere Landschaft durch
uselbauer" verschandelt? Was ist anonyme Architektur?
weit soll der Denkmalbegriff gehen? Wo sind die Grenzen
Denkmalschutzes? Ist das Theater in der Krise? Was ist
ern am Theater? Gibt es ein politisches Theater? Was betet Regietheater? Werktreue – ein überholter Begriff? In
cher Zeit spielt das, was wir auf der Bühne sehen? Men-
ndarstellung und Theater – eine verlorene Illusion? Ist der
og auf dem Theater noch möglich? Führt der Medien-Mix

„Schön ist, was gefällt", lautet ein gängiger Ausspruch, und in gewisser Hinsicht bildet diese Einsicht auch den Ausgangspunkt von Immanuel Kants (1724–1804) ästhetischer Theorie. Nur, warum gefällt uns etwas, warum finden wir etwas schön? Kant bringt

Was ist Schönheit?

zunächst das Beispiel eines schönen Pferdes und fragt sich, weshalb wir es, wenn wir es sehen, als schön empfinden. Dabei kommt er zu einer interessanten Erkenntnis: Wir finden das Pferd schön, weil es nützlich ist, weil es seinen Zweck erfüllt. Heute würde Kant wohl sagen, ein bestimmtes Auto erscheine uns schön, weil es schnell und sicher fährt. Diese Schönheit, die eigentlich Zweckmäßigkeit ist, ist Kant zufolge aber lediglich eine „anhängende Schönheit" und nicht das, was das Wort Schönheit eigentlich meint. Denn wenn wir etwa von einem Kunstwerk sagen, es sei schön, dann meinen wir gerade nicht, es erfülle einen bestimmten Zweck, sondern es sei in sich selbst schön, ohne an einen „anhängenden" Zweck zu denken. Und doch erscheint uns ein gelungenes Kunstwerk als in sich geschlossen, Kant sagt als „zweckmäßig", obschon es offensichtlich keinen Zweck erfüllt. So gelangt Kant zu seiner Definition des Kunstschönen als einer „Zweckmäßigkeit ohne Zweck", denn das Kunstwerk scheine, als ob es einen Zweck erfülle, ohne dass man diesen angeben könne.

Die Eigentümlichkeit, zweckmäßig zu erscheinen, ohne dass ein tatsächlicher Zweck angegeben werden könnte, teilen die Kunstwerke, Kant zufolge, mit der Natur. Denn auch die Natur scheint Zwecke zu verfolgen, obschon wir wissen, dass sie lediglich das

Produkt einer zufälligen Evolution ist. Wir sagen zum Beispiel, die Blumen würden ihre Farbenpracht entwickeln, um die sie bestäubenden Insekten anzulocken, also als ob sie einen Zweck verfolgten. Von Zwecken kann man Kant zufolge aber nur dort reden, wo menschliche Vernunft am Werk ist, die die Fähigkeit besitzt, Zwecke zu setzen. Nach Kant kann man eine solche zwecksetzende Vernunft hinter der Natur auf rationale Weise aber nicht erkennen. Was bleibt, ist die seltsame Übereinstimmung zwischen Naturprodukten und Kunstwerken hinsichtlich des Charakters der Zweckmäßigkeit ohne Zweck. Diese Analogie liegt nach Kant nun darin begründet, dass der Künstler seine Kunstwerke nicht bewusst plant, wie etwa der Handwerker. Der Handwerker setzt zunächst den Zweck, den sein Produkt erfüllen soll, und realisiert es dann in ständigem Hinblick auf diesen. Demgegenüber wird das zwecklose Kunstwerk dem Künstler gleichsam von der Natur „eingegeben", wie es bei Kant heißt. Darin besteht Kants berühmte Definition des Künstlers als eines „Genies", d. h. als eines Menschen, durch den „die Natur der Kunst die Regel gibt".

Aber warum erscheinen uns Kunstwerke als schön? Weil sie Wohlgefallen in uns erzeugen. Allerdings nicht ein sinnliches Wohlgefallen, wie es das Angenehme erzeugt, sondern ein geistiges Wohlgefallen, insofern das Kunstwerk nach Kant unseren Geist anregt, indem es als Darstellung einer „ästhetischen Idee", also „eines Inhalts, der nicht in Worte gefasst werden kann", zu „unendlich vielen Überlegungen" Anlass gibt. In diesem Sinne wird Friedrich J. W. Schelling (1775–1854) später sagen, das Kunstwerk sei die endliche Darstellung des Unendlichen.

Martin G. Weiß

Die Sprache verändert sich im Gleichschritt mit der kulturellen Entwicklung einer Sprachgemeinschaft: Neue Kommunikationsbedürfnisse führen zu neuen Ausdrucksformen. Demgegenüber sind Veränderungen im rein grammatischen Bereich in den letzten

Was prägt unsere Sprache?

beiden Jahrhunderten eher geringfügig. Auffällig sind Veränderungen in der Aussprachenorm: Die alte, um 1900 beschriebene Norm der deutschen Bühnenaussprache, die sich an der norddeutschen Theaterpraxis orientierte und damals schon mehr eine anzustrebende Idealnorm war, wird zunehmend durch eine umgangssprachliche, wenn auch größtenteils überregionale Sprechlautung ersetzt. Dieser Vorgang ist bis in die neueste Zeit zu beobachten und gilt auch für sprechstilistische Eigenschaften: Die Zeit der hochpathetischen Bühnenaussprache am Wiener Burgtheater, wie sie zu Beginn des 20. Jahrhunderts üblich war und noch 1955 die Aufführung von Grillparzers *König Ottokar* kennzeichnete, ist nun endgültig zu Ende. Die Grenze zwischen gesprochener und geschriebener Sprache beginnt in manchen Kommunikationsbereichen undeutlich zu werden: Sprechsprachliche Formen dringen in Texte ein, die früher durchwegs literatursprachlich gestaltet wurden. Hier kann man erkennen, dass die Hinwendung zu den Lesern und die emotionelle Ausgestaltung der Inhalte in vielen Bereichen die Kommunikation sichern und damit die Texte besser lesbar machen. Damit ist aber manchmal auch eine weniger strukturierte Sprachgestaltung verbunden, die im Bereich der wissenschaftlichen Texte problematisch sein kann. Auf literatur-

sprachlichem Gebiet sind sprachliche Veränderungen bisher nicht auffällig, doch haben die experimentelle Literatur und manche literarischen Richtungen wie etwa der Expressionismus neue Sprachformen geschaffen, die ins Stilrepertoire der geschriebenen Sprache eingedrungen sind und die Formen der expressiven Ausdrucksmöglichkeiten vermehrt haben. Auch hier ist der Einfluss der gesprochenen Sprache deutlicher bemerkbar als noch zu Beginn des 20. Jahrhunderts. Während im Bereich der gesprochenen Sprache auch dialektal gefärbtes Hochdeutsch den Status einer Prestigevarietät erlangt hat, sind umgekehrt die Dialekte v. a. im Zentrum und im Norden des deutschen Sprachgebiets im Rückzug. Statt ihrer bilden sich regionale Umgangssprachen heraus.

Eine zunehmende Quelle sprachlicher Neuerungen sind Sprachformen der Subkultur: Jugendsprache, Chat, SMS in der mobilen Telefonie und andere Sondersprachen kennzeichnen eigenständige sprachliche Bereiche mit hoher Funktionalität, aus denen immer wieder Elemente zunächst als expressive Formen und dann mit bestimmter Stilwirkung in die Standardsprache eindringen und auf längere Sicht verallgemeinert werden können. Hier spielen die Medien, v. a. Presse und Rundfunk, eine entscheidende Vermittlerrolle. Emotionell-expressive Sprachformen werden noch mehr durch das Fernsehen verbreitet (Talkshows); hier bereiten auch bundesdeutsche Synchronisierungen von Spielfilmen eine Übernahme bundesdeutscher („deutschländischer") Sprachmerkmale und -formen vor. Alle diese Neuerungen sind zunächst auf ihren ursprünglichen, eigenständigen Funktionsbereich beschränkt und führen daher nicht zu einem Sprachwandel oder gar Sprachverfall im Allgemeinen. Doch können sie immer wieder mit entsprechender stilistischer Funktion auch in standardsprachlichen Umgebungen eingesetzt werden, was sich letztlich auch auf die Standardsprache selbst auswirken kann. Das gilt auch für von der Standardsprache abweichende Sprachformen im E-Mail-Verkehr (Kleinschreibung, wenig Interpunktion, wenig Orientierung an der Rechtschreibnorm, Elemente mündlicher Rede, spezielle Grußformen, Emoticons wie ☺): Sie beschränken sich meist genau auf diesen Kommunikationsbereich. Überdies gelten auch in manchen Bereichen wie z. B. in der Wirtschaftskommunikation heute noch streng die herkömmlichen Normen der Briefkommunikation.

Im Wortschatz gehören Übernahmen aus den Fachsprachen (v. a. Computer, Politik, Medizin, Wirtschaft, Informationstechnologie) und zunehmendes Eindringen von Fremdwörtern aus dem Angloamerikanischen zu den prägenden Tendenzen in der deutschen Sprache. Viele Prestigeformen gehören zum expressiven Wortschatz und werden daher von der Sprachgemeinschaft oft abgelehnt, sind aber deswegen nicht generell störend. Doch in manchen Bereichen gelingt die Verständigung nicht, etwa dann, wenn der entsprechende Fachbereich in das alltägliche Leben eintritt (z. B. computersprachlich *file*) oder wenn Fremdwörter verschleiernde Wirkung haben (*stranded costs*, eine Art Strafsteuer für unrentable Investitionen im Energiebereich für den Konsumenten). Auch abstrakte Benennungen wie *Beziehung* und *Partnerschaft* werden sinnentleert verwendet, sind aber vielleicht gerade deswegen funktionelle Vokabeln unserer Zeit, weil in ihnen gesellschaftliche Veränderungen ihren passenden Ausdruck finden.

Richard Schrodt

Sprache dient vor allem zur Darstellung, zur Information über Tatsachen und Sachverhalte – seien sie auch fiktiv, nur angenommen, erwünscht oder erhofft. Texte haben den Vorteil, dass sie auch komplexe Tatsachen und Sachverhalte darstellen können: In

Werden Zeichen und Bild[zur neuen Weltsprache?

Erzählungen, Berichten, Handlungsanweisungen und Gesetzestexten werden Grunderfordernisse des menschlichen Lebens zur Sprache gebracht. Nicht überall ist aber ein ausformulierter Text kommunikativ sinnvoll: Statt *Sie befinden sich im 1. Stock* genügt auch *1. Stock* oder *1*; statt *Der Aufzug fährt aufwärts* genügt auch *Aufwärts* oder ↑, v. a. dann, wenn nur der beschränkte Raum einer Taste zur Verfügung steht.

Verbale Kommunikation hat eben nicht nur Vorteile: Sie erlaubt es zwar, komplexes Geschehen auch komplex und damit in allen Einzelheiten darzustellen, aber oft ist eine solche komplexe Darstellung überflüssig, weil es nur um einzelne relevante Handlungs- und Geschehensmomente geht: *1. Stock, aufwärts,* ↑. Je fester das von einer Sprachgemeinschaft geteilte Weltwissen ist, je umfassender die gemeinsamen Vorannahmen und Voraussetzungen über unser Handeln sind, desto weniger muss verbal ausgedrückt werden. Ein Pfeil → in einem Stiegenhaus ist ein selbstverständliches Zeichen für den Weg zum Ausgang oder für den Fluchtweg und wird schneller verstanden als ein ausformulierter Satz: Jede verbale Formulierung wie etwa *Nach rechts geht es zum Ausgang* oder *Nach rechts verlassen Sie bei Notfällen das Ge-*

bäude am schnellsten und sichersten enthält überflüssige Information – und setzt sich damit selbst angesichts unserer an Informationsangeboten (über-)reichen Zeit in einen deutlichen Nachteil.

Ein Pfeil ist tatsächlich selbsterklärend: Er hat Spitze und Schaft und zeigt dadurch eine Richtung, ein Ziel an, das meist erstrebt oder erreicht werden soll. Ähnlich funktionieren auch ● und ■. Durch die kulturelle Internationalisierung wird auch zunehmend an stillen Orten aus tschechisch *muži* und *žena* ⚊ und ⚊ . Symbole sind hingegen vereinbarte Erkennungszeichen, die ein entsprechendes Wissen voraussetzen. Das mathematische Zeichen für das Integral Σ steht für eine bestimmte Rechenoperation und wird nur von Menschen mit entsprechender Bildung verstanden; es kann aber unter Umständen auch zum Symbol für „Mathematik" werden und so z. B. einen Raum oder einen Gegenstand bezeichnen, der etwas mit Mathematik zu tun hat. Solche Symbole sind fast allgemein verständlich, auch wenn man nicht (mehr) genau weiß, was eine Integralrechung ist. Vereinbarte, normierte Symbole sind Piktogramme: Sie finden sich in öffentlichen Räumen, wo sich Menschen verschiedener Sprachen begegnen und wo eine Sprache kommunikativ nicht ausreichen würde. Ein mit der Spitze abwärts oder aufwärts zeigendes Flugzeug führt alle richtig zum Anflugoder Abflugbereich. Behördlich normiert und daher weitgehend international verständlich sind auch die Verkehrszeichen. Wie so oft in der Sprache geht auch hier der Wandel in den Sachbereichen an der Zeichennorm vorbei: In „Achtung, Bahnübergang" fährt eine Dampflok aus Großvaters Zeiten, in „Einfahrt für Automobile verboten" sieht man noch oft ein Museumsauto

vom Beginn des 20. Jahrhunderts, und das entsprechende Zeichen für Motorradfahrer zeigt einen Motorradfahrer mit wehendem Schal und ohne Helm.

Der Abbau der verbalen Kommunikation ist freilich nicht immer unproblematisch, nämlich dort, wo die Situation zu komplex und das vorausgesetzte Wissen unsicher ist. So war in einem Stiegenhaus einer Wiener Behörde das Zeichen →← angebracht; hier hätte man sich eine verbale Darstellung des Gemeinten gewünscht.

Richard Schrodt

Da haben von 1996 bis zum Schuljahr 2005/06 in Österreich pro Jahr fast hunderttausend Schüler und unzählige erwachsene Anwender die so genannte neue Rechtschreibung von 1996 erlernt – in Deutschland waren es rund zehnmal so viele Menschen.

Wird Richtigschreiben zu einer Kunst, die niemand kann?

Und da hat dann eine seit Jahrzehnten nicht mehr gekannte Auseinandersetzung mit Sprache stattgefunden, weil über Schreibung und Rechtschreibung bewusst und unbewusst viel Sprachreflexives in den Köpfen der Lernenden stattgefunden hat. Aber nun kommt das Absurde, und es ist ein unwahrscheinlicher Eklat in der Bildungsgeschichte, der Rechtschreib-GAU schlechthin: Da wird trotz internationalem Übereinkommen und nach einem Jahrzehnt Einführung in die neue Rechtschreibung diese wenn zumindest nicht ganz gekippt, so doch noch gekappt. Dabei muss man feststellen, dass es eigentlich ja drei Rechtschreibreformen in diesen zehn Jahren waren, 1996, 2004 und 2006, nur wurde die erste Nachreform von 2004 in Österreich nicht wirklich wahrgenommen, noch ein Glück für die Bevölkerung. Des Kaisers neue Kleider, ja wie sehen sie nun aus? Ob *Leid* und *Not tun* oder *leidtun* und *nottun,* ob *zu Eigen* oder *zu eigen,* ob *kennenlernen* oder *kennen lernen* oder beides – hat sich dieser Streit um des Kaisers Bart wirklich ausgezahlt? Wenn jetzt jeder bis über die Ohren genug hat von Rechtschreibreformen, wird das von nachhaltigem Schaden sein,

denn auf absehbare Zeiten wird es keine Veränderung mehr geben, obwohl dringend notwendig. Wer (politisch) das Sagen hat, hat eben auch das Schreiben! Was ist nur aus den Visionen zur deutschen Orthografie geworden! Ich würde mit allen Beteiligten gerne Rechtschreibtests machen, weil ich überzeugt bin, nachweisen zu können, dass es nahezu niemandem möglich ist, die rechtschreibsensiblen Gehirnwindungen so zu pervertieren, dass sie einem so komplizierten Regelsystem entsprechen, wie es der deutschen Sprache nun aufgebunden worden ist. Und man darf nicht vergessen: Die größten Probleme sind noch gar nicht angefasst, noch ist es niemandem gelungen, die Großschreibung abzuschaffen und das scharfe s zu eliminieren (dies immerhin der Schweiz – doch eigentlich war die Einheitlichkeit der Schreibung in den deutschsprachigen Ländern und Regionen Ziel der Reform). Ich prophezeie deshalb den totalen Verlust des Stellenwerts der Rechtschreibung. Die Schreibung wird nur mehr jene Beachtung finden, die sie verdient, weil man mit ihr so unpraktisch umgegangen ist: Über die Köpfe der Menschen (und der verständlicherweise hoffnungslos überforderter Lehrkräfte) hinweg entschieden, wird sie in Resignation und Bedeutungslosigkeit versinken, keine pädagogischen Kniffs können sie wiederbeleben. Die Effizienzschreibung schneller E-Mails und die Schreibe privater Weblogs werden die Rechtschreibregeln durchfluten, und endlich wird die Rechtschreibwirklichkeit siegen. Tut not – tut leid.

Herbert Fussy

„Relativiert sich die Rechtschreibung von selbst? Scheitert sie schon am eigenen Synonym *Orthographie* an der Diskrepanz zwischen Lautung und Schreibung? *Orthografie* ja, *Ortografie* nein." (H. F.)

Den meisten Menschen ist bewusst, dass innerhalb des deutschen Sprachgebiets so verschiedene Dialekte gesprochen werden, dass sie teilweise kaum gegenseitig verständlich sind. „Hochdeutsch", „Schriftdeutsch" oder auch „Standarddeutsch" – die drei Be-

Wird Deutsch zu einer zentralistischen Sprache?

zeichnungen bedeuten annähernd dasselbe – gilt aber gemeinhin als einheitlich. Es dient ja auch dazu, die Dialektunterschiede zu überbrücken und überregionale Verständlichkeit zu gewährleisten.

In den letzten Jahren wurde jedoch sogar die Vorstellung von der Einheitlichkeit des Hochdeutschen als Mythos entlarvt. Der vor Ort als korrekt geltende öffentliche Sprachgebrauch, die Standardsprache also, ist in den verschiedenen deutschsprachigen Ländern unterschiedlich, und zwar mündlich wie schriftlich. Mögen auch Freunde des Einheitsdeutschs bei dieser Feststellung in Österreich einen *Knödel*, in Deutschland einen *Kloß* und in der Schweiz einen *Klumpen* im Hals verspüren; eine Tragödie sind die Sprachunterschiede nicht. Sie wurden in den letzten Jahren von einem aus allen deutschsprachigen Ländern zusammengesetzten Forscherteam sorgfältig aufgearbeitet und im Jahr 2004 im *Variantenwörterbuch des Deutschen* publiziert. Sein Untertitel lautet: *Die Standardsprache in Österreich, der Schweiz und Deutschland sowie in Liechtenstein, Luxemburg, Ostbelgien und Südtirol.* Die standardsprachlichen Besonderheiten der deutschsprachigen Länder und teilweise auch Regionen (Nord- gegenüber Süd-

deutschland, Ost- gegenüber Westösterreich) sind besonders auffällig im Wortschatz und in der Aussprache, finden sich aber teilweise auch in der Grammatik und im Sprachgebrauch (z. B. Anrede mit Titel).

In Österreich werden die Besonderheiten des eigenen Hochdeutschs am konsequentesten gepflegt, als Ausdruck nationaler Identität, nicht zuletzt mit Hilfe des eigenen *Österreichischen Wörterbuchs*. Den Schweizern sind die Eigenheiten ihres „Schweizerhochdeutschs" weniger wichtig, da ihnen der auch in der Öffentlichkeit verwendete Dialekt (Schwyzerdütsch) als deutlicheres Zeichen ihrer nationalen Eigenständigkeit dient. Die Deutschen schließlich legen auf ihre sprachlichen Merkmale überhaupt keinen gesteigerten Wert. Sie mussten sich auch nie von anderen deutschsprachigen Ländern in ihrer nationalen Eigenständigkeit bedroht fühlen. Ihre standardsprachlichen Besonderheiten, vor allem die der Norddeutschen, sind kein bewusster Ausdruck nationaler Identität, sondern einfach das Ergebnis der Entwicklung des Hochdeutschen auf niederdeutscher Grundlage.

Hoch- oder Standarddeutsch gliedert sich also in mehrere nationale und regionale Zentren. Dass die deutsche Sprache deshalb „zentralistisch" wird, also unter Betonung solcher Zentren auseinander treibt, ist eine unbegründete Sorge. Eher werden infolge der immer intensiveren wirtschaftlichen und kulturellen Beziehungen zwischen den deutschsprachigen Ländern die nationalen und regionalen Sprachbesonderheiten eingeebnet, wenn sie nicht bewusst gepflegt werden. Diese beeinträchtigen übrigens nicht die überregionale Kommunikation, sondern beleben und verschönern sie.

Ulrich Ammon

Dieser Kassandraruf ist in den letzten Jahren öfter zu hören. So hat der deutsche Dramatiker Rolf Hochhuth verschiedentlich medienwirksam prophezeit, dass von der Kultur der deutschsprachigen Länder nur die unsterbliche Musik bleibt und die Literatur al-

Ist Deutsch eine sterbende Weltsprache?

lenfalls, soweit sie ins Englische übersetzt wird; die deutsche Sprache aber sei dem Untergang geweiht. Auf solche Gedanken kann kommen, wer die äußere Sprachgeschichte der letzten hundert Jahre, vor allem die Reichweite des Deutschen, aus der Vogelperspektive überblickt und die heutige Allgegenwart des Englischen erlebt. Jedoch tendieren Folgerungen aus solchen Pauschaleindrücken leicht zu Übertreibungen.

Richtig ist, dass Deutsch – als Folge der aggressiven Politik des größten deutschsprachigen Landes im 20. Jahrhundert – wichtige Teile seiner einstigen Weltstellung eingebüßt hat. Dies gilt besonders für seine Geltung als Weltwissenschaftssprache, als welche es vor dem Ersten Weltkrieg gleichrangig neben Englisch stand. Viele anderssprachige Naturwissenschaftler publizierten auf Deutsch, und für alle waren deutsche Lesekenntnisse unverzichtbar. Allerdings ist es dem Französischen ähnlich ergangen; einstmals sogar vorrangig vor dem Englischen, ist es in seiner Weltstellung ebenfalls weit dahinter zurückgefallen. In der Wissenschaft, der Wirtschaft, der Diplomatie und anderen Handlungsfeldern hat die Globalisierung die Einsprachigkeit zugunsten des Englischen in der internationalen Kommunikation gefördert.

Von einem „Sterben" des Deutschen kann allerdings allenfalls hinsichtlich seiner Rolle als Weltsprache die Rede sein. In den deutschsprachigen Ländern selber ist die deutsche Sprache höchst lebendig – und in ihrem Bestand auch nicht durch die oft bekrittelten Anglizismen (Entlehnungen aus dem Englischen) bedroht. Diese verändern zwar den Wortschatz und teilweise auch die Struktur des Deutschen; jedoch bedeutet dies keineswegs den Untergang der deutschen Sprache. Deutsch war schon zuvor im Grunde eine Mischsprache, die durch Entlehnungen aus dem Lateinischen, Italienischen, Französischen und anderen Sprachen üppig bereichert wurde. Vermutlich bleibt der deutschen Sprache sogar ein Rest ihrer Weltstellung noch lange Zeit erhalten. Nach wie vor wird Deutsch nämlich in über hundert Ländern rund um die Welt an Schulen und Hochschulen gelehrt und gelernt – wenn auch meist nur als Wahlfach. Die Gesamtzahl derjenigen, die Deutsch als Fremdsprache lernen, hat sich in den letzten Jahren sogar erhöht, auf rund 17 Millionen. Und auch aus so entfernten Regionen wie Kanada oder Australien wird neuerdings berichtet, dass sich das Interesse am Deutschlernen stabilisiert. Totgesagte leben eben länger.

Ulrich Ammon

Fast 17 Millionen Menschen weltweit lernen Deutsc als Fremdsprache:

Europäische Union	7.430.387
übriges Europa (ohne Russland)	1.321.866
Gemeinschaft Unabhängiger Staaten	5.904.155
übriges Asien	668.486
Afrika	572.874
Amerika	651.419
Australien und Neuseeland	169.514

Geht's den Austriazismen wirklich an den Kragen? Sind die Besonderheiten der Sprache in Österreich, der typische Wortschatz, die spezielle Aussprache, die grammatischen Sonderausprägungen, die charakteristische Phraseologie und alle sonstigen Eigenheiten

Stirbt das österreichische Deutsch aus?

des österreichischen Deutsch gefährdet? Was sind die größten Bedrohungen, und wo liegen die Chancen zur Eigenständigkeit? Was die Jahre 1938 bis 1945 überdauert hat, ja in dieser Zeit sogar zunehmend Symbol und Instrument innerer Abgrenzung wurde, was in den Jahren danach ausideologisiert und mit der oft gestellten Frage „Ist das Österreichische eine eigene Sprache?" überbewertet wurde, ist seit einigen Jahren ziemlich im Umbruch. Mediale und ökonomische Einflüsse wirken sich immer deutlicher auf die österreichische Varietät aus, „Aufweichungen" von innen durch grenzüberschreitende Jugend- und Werbesprache und modische Trends, chic zu sprechen, und das heißt halt oft auch „ausländisch", auf jeden Fall nicht „national", das alles bewirkte in jahrzehntelangem Bombardement zahlreiche Veränderungen in der österreichischen Sprachlandschaft. Doch sprachliche Entwicklungen sind fast immer dynamisch antagonistisch. Trotz starker Internationalisierung – ob innerhalb einer Sprachgemeinschaft oder in der weltweiten Kommunikation –, auch das Phänomen der Gegenbewegung, der Trend zu Regionalisierung, ist global. Nahe Liegendes wird verfremdet, Fremdes wird eingemeindet, die Frankfurter werden zu Wienern und die Wiener zu Frankfurtern. Und der österreichische Wortschatz, die Zahl der Austriazismen, nimmt sie ab oder zu? Vieles vom typischen Kennwortschatz veraltet und verschwindet, aber durch zahlreiche Neuzugänge wird der Schwund wieder wettgemacht, vor allem aus geopolitischen, administrativen und kulturellen Impulsen. Die landesbezogenen Termini liegen naturgemäß in Führung: Es gibt eben nur eine *Wiener Südosttangente,* einen *Semmering(basis)tunnel,* eine *Pyhrnautobahn.* Neue Organisationen, neue Bildungsangebote, neue Unterrichtsfächer usw., usw. führen zu neuen Benennungen, und manchmal heißen sie eben nur in Österreich so. Nur hier gibt es eine *Landesbzw. Bezirkshauptfrau,* nur hier heißen die Capos *Orts-, Bezirks-* oder *Dorfkaiser.* Sagen *Gendarmerie* und *Postenkommando* adieu, sitzt der *Wachkörper* eben in *Stadtpolizeikommandos.* Verwaltungssprache und Fachsprachen erfinden sich ständig neue Begriffe: *Zugendbahnhof, Volksgruppenbeirat, Haftfreigänger, Personalisten, Blaulichtsteuer* und *Bürgerkarte.* Zumindest solange es die *Chefarztpflicht* gibt, gibt's auch Österreichisches. Der Amtsschimmel im neuen Kleid wiehert genauso gut, die Sager des Volkes blühen nicht nur bei den Sportreportern, die alpenbis donauländische Sprachkreativität funktioniert bestens. Auch wenn die sprachliche Zukunft Österreichs noch keine *gmahte Wiesen* ist – die Zeichen stehen zwar auf Veränderung, aber nicht auf Konkurs: Wir werden sprachlich gut überleben – *no na net!*

Herbert Fussy

Unter den Austriazismen finden sich originelle Wortschöpfungen, aber auch vermeintlich „Ausländisches": gefinkelt, E-Card, Kasnocken, Verhackert, sich vertschüssen

Seit rund 170 Jahren wird das Aussterben der Dialekte beklagt – und doch gibt es sie immer noch. Es ist zweifellos richtig, dass mit dem Aufkommen der städtischen Umgangssprachen seit der 2. Hälfte des 18. Jahrhunderts, dem sozialen Aufstieg der Stadtbewoh-

Gibt es eine Wiedergeburt der Dialekte?

ner zu breiten mittleren Bürgerschichten seit dem Ende des 19. Jahrhunderts und der starken Mobilität im 20. Jahrhundert sich der Dialektgebrauch eingeschränkt hat. Waren es zunächst die höheren und dann die mittleren Sozialschichten in den Städten, so nahm dann die zunehmend nicht mehr landwirtschaftlich tätige, vielfach pendelnde Landbevölkerung besonders in Mittel- und Norddeutschland, die mehr oder minder dialektgefärbten Umgangssprachen der Städte auf. Im oberdeutschen Raum Süddeutschlands und Österreichs aber bewirkten Stadtdialekte wie in Stuttgart, München und Wien die Ausbildung von durch sie geprägten Regionaldialekten im größeren Umland. Mangels normativer Fixierung sind die bloß mündlich gebrauchten Dialekte wandelbarer. Daher setzen sich stadtdialektale Eigenheiten bei der jüngeren ländlichen Generation durch, so dass ländliche Aussprachen und Wörter, letztere besonders mit entsprechenden Sachen und Gegenständen, abkommen. Dieser heute schnellere Wandel als früher lässt den Eindruck des Aussterbens entstehen. Als Folge begann in Mittel- und Norddeutschland schon vor vierzig Jahren die Sammlung und Aufzeichnung solch abkommenden dialektalen Sprachgutes in Wörter-

büchern, was nun auf den oberdeutschen Raum übergreift. Man befürchtet den Untergang der arteigenen Sprache und, verbunden mit der Auflösung der ursprünglichen dörflichen Gemeinschaften und ihren einst alle betreffenden charakteristischen Lebens- und Brauchtumsformen im kulturellen Wandel, den Verlust der Identität in einer immer gleichartiger werdenden Welt.

Solche Besinnungen auf den Dialekt und seine Aufzeichnung lösen höchstens einen stärkeren Gebrauch des Dialekts bei jenen aus, die ihn sprechen. So finden sich z. B. in Stuttgart in Ämtern Aufschriften, die darauf hinweisen, dass man hier *Dialekt schwätzen* darf, was in dieser Situation bisher nicht üblich war. Es tritt aber kein Dialektlernen und -sprechen bei jenen ein, die es nicht schon von Kindheit auf beherrschen, und ein gesellschaftlich längst eingespieltes Sprachverhalten je nach Gesprächspartner und Situation lässt sich nicht leicht ändern. So beherrschen in Österreich zwar 79 % Dialekt und sprechen ihn auf dem Land durchschnittlich 62 %, während die Beherrschung in der Großstadt Wien 72 %, der Gebrauch aber nur 35 % ausmacht. Dort aber konzentriert sich der Dialektgebrauch wieder auf die Unterschicht mit 57 %, während in der Mittelschicht mit 61 % und in der Oberschicht mit 59 % die Umgangssprache dominiert, wozu bei Letzterer noch 14 % Standardsprache hinzukommen. So gibt es nur eine Rückbesinnung auf den Dialekt und eine heute gesellschaftlich breitere Verwendung in Situationen, wo dies früher nicht üblich war, von jenen, die von Kindheit auf einen Dialekt beherrschen und dadurch für sich keine gesellschaftlichen Benachteiligungen befürchten.

Peter Wiesinger

Die Formel von der Macht der Medien geht leicht von den Lippen. Früher, als es noch kein Fernsehen gab, sprach man von der Großmacht Presse; Adolf Hitler glaubte an die Macht des Rundfunks, und Josef Goebbels soll den Film die siebte Großmacht ge-

Wodurch sind Massen-
medien mächtig?

nannt haben. Heute sind sich alle einig: Fernsehen und *Kronen Zeitung* (in Österreich) bzw. *Bild-Zeitung* (in Deutschland) sind die mächtigsten Medien. Auf der anderen Seite wird die Arbeit der Massenmedien in besonderer Weise grundrechtlich geschützt. Indem sie Meinungs- und Meinungsäußerungsfreiheit ausschöpfen, sollen sie durch Kritik und Kontrolle zum Gelingen des politischen Geschehens beitragen. Das Vertrauen in diese Vorgabe beruht auf der Annahme, dass vom Handeln der Massenmedien Wirkungen ausgehen. Die kommunikationswissenschaftliche Wirkungsforschung orientiert sich an zwei Grundfragen: Was machen die Medien mit den Menschen? Und: Was machen die Menschen mit den Medien? Die Antwort auf die erste Frage schien lange Zeit einfach zu sein: Die Botschaften der Massenmedien beeinflussen offensichtlich die Meinungen und Einstellungen, das Wissen, aber auch das Verhalten von Menschen. Erst um die Mitte des 20. Jahrhunderts kamen Zweifel auf: Wenn es um wichtige Entscheidungen geht, orientieren sich viele Menschen lieber an ihren Mitmenschen („opinion leader") als an Massenmedien; zudem setzen sie ihr Vorwissen – auch ihre Vorlieben und Vorurteile – als Filter ein, und sie lassen manche Medien-

botschaft gar nicht erst in sich eindringen, weil sie ihr inneres Gleichgewicht stören könnte. Das sind schon Antworten auf die Frage 2: Menschen machen etwas mit den Angeboten der Massenmedien, je nachdem, ob und wie sie diese für sich gebrauchen können. In ihren Meinungen und Einstellungen lassen sie sich allenfalls bestärken, nicht aber zur völligen Umkehr bewegen. Gegen die ursprüngliche Lehre von den starken Medien sprach eine Reihe von Forschungsergebnissen, die diese angeblich direkt wirkende Stärke in Zweifel zogen, also: schwache Medien.

Über beide Positionen werden immer wieder neue Forschungen angestellt. In jüngerer Zeit können drei Ergebnisse als gesichert gelten:

– Beide Beobachtungen – starke wie schwache Medienwirkungen – sind offensichtlich zutreffend; es hängt von den Voraussetzungen einerseits bei den Medien und andererseits beim Publikum ab, welche Entwicklung überwiegt.

– Starke Medienwirkungen treten besonders dann ein, wenn die Rezipienten (= Empfänger von Medienbotschaften) wenig Vorwissen zum jeweils angesprochenen Thema und überdies wenig zusätzliche Informationsmöglichkeiten haben.

– Wenn Medien schon nicht direkt auf das Verhalten wirken, so geben sie doch die Themen vor, über die öffentlich gesprochen wird, – nicht selten auch, wie darüber gesprochen wird. Weil sie das können, wird die bloße Existenz von Massenmedien als Machtpotential erlebt, geschätzt, gefürchtet.

Michael Schmolke

Nachdem Meinungs- und Meinungsäußerungsfreiheit zu den Grundlagen einer demokratischen Gesellschaft gehören, liegt es nahe, auch die Meinungsvielfalt als solche für ein hohes Gut zu halten. Denn Demokratie beruht auf dem Austausch von Meinungen,

Meinungsvielfalt trotz Medienkonzentration?

aus deren Diskussion abschließend ein Konsens oder doch eine Mehrheit hervorgehen soll. Um Meinungsvielfalt öffentlich wirksam werden zu lassen, bedarf es geeigneter Publikationsmöglichkeiten. Das sind normalerweise die Massenmedien, also Presse, Radio und Fernsehen. Was aber geschieht, wenn sich z. B. Tageszeitungen, die auf die politische Grundlinie ihres Eigentümers und/oder Herausgebers festgelegt sind, bestimmten Meinungen verschließen? Oder wenn es in einem Land zu wenige Zeitungen gibt, als dass alle Standpunkte überhaupt eine Chance bekommen können? Oder wenn es, wie dies in Österreich sehr lange (bis 1995) der Fall war, nur eine Rundfunkanstalt gibt, die Radio- und Fernsehprogramme als Monopolbetrieb ausstrahlt?

Diese Fragen wurden heiß diskutiert, als in den 1960er Jahren in Österreich wie in Deutschland die Zahl der redaktionell voll selbständigen Tageszeitungen zu sinken begann. Während das in Deutschland generell galt, riefen in Österreich zwei Erscheinungen besorgte Aufmerksamkeit hervor: das Verschwinden der (in Deutschland bereits Mitte der 1970er Jahre verschwundenen) Parteizeitungen und die wachsende Auflagenkonzentration. Das heißt: Immer größere Anteile der

Gesamtauflage der Tagespresse sammelten sich bei nur drei Titeln: der *Neuen Kronen Zeitung* (2002: 43 %), der *Kleinen Zeitung* (12 %) und dem *Kurier* (11 %).

Damit geriet die kommunikationspolitische These von „Außenpluralismus" und „Binnenpluralismus" ins Wanken. Außenpluralismus, das heißt: eine hinreichend große und im Gewicht ihrer Auflagen nicht zu unterschiedliche Zahl von Zeitungen sichert die Meinungsvielfalt so, dass sich aus der Vielfalt der Stimmen ein Konzert der Meinungen ergeben sollte. Binnenpluralismus bezieht sich auf die Meinungsvielfalt im Falle von Radio- und Fernsehmonopolen. Da kleine und mittlere Länder nach dem Zweiten Weltkrieg jahrzehntelang davon ausgehen mussten, dass Radio- und Fernsehfrequenzen aus technischen Gründen knapp bleiben würden, ließen sie lediglich die Gründung weniger Rundfunkanstalten zu. Diesen aber wurde durch Rundfunkgesetze die Pflicht auferlegt, bei der Gestaltung ihrer Programme die Meinungsvielfalt zu berücksichtigen sowie die Ausgewogenheit der Programme und die Unabhängigkeit der Programmgestalter zu gewährleisten.

Inzwischen haben sich die Gewichte verschoben: Bei den Radio- und Fernsehanbietern gibt es infolge der Gründung der privaten (vorläufig noch) keine Konzentration, sondern Ausweitung. Bei der Tagespresse scheint die Konzentration zwar gebremst zu sein: es gibt seit mehreren Jahren stets etwa 15 (bis 17) Tageszeitungen in Österreich, und es treten sogar Neugründungen hinzu. Die hohe Auflagenkonzentration bei wenigen Titeln enthält jedoch die Gefahr, dass bestimmte Themen nur mit bestimmten Akzentsetzungen verbreitet werden.

Michael Schmolke

Journalisten sollen die Gesellschaft mit neuen Informationen versorgen, politische, soziale und künstlerische Entwicklungen begleiten, erklären und durch kritische Kommentierung kontrollieren. Die Gesellschaft erwartet von ihnen nicht nur „Neuigkeiten",

Können Journalisten unabhängig sein?

sondern auch Hintergrundinformationen. Um solchen Erwartungen entsprechen zu können, sollten Journalisten ihre Arbeit in einem Freiraum leisten dürfen, der den Freiraum anderer Berufsfelder deutlich übertrifft. Sie nehmen für sich selbst in Anspruch, „unabhängig" zu arbeiten oder jedenfalls arbeiten zu wollen. In der Realität der Berufsausübung ist diese Unabhängigkeit jedoch vielfältig eingeschränkt. Einerseits ist die Freiheit der journalistischen Arbeit durch das Grundrecht der Pressefreiheit (Medienfreiheit) in ganz besonderer Weise geschützt; zusätzlich genießen Journalisten spezifische Privilegien: Sie brauchen z. B. – auch vor Gericht – ihre Informanten nicht preiszugeben („Redaktionsgeheimnis"), und sie haben in vielen Ländern einen gesicherten Anspruch auf Information durch öffentliche Behörden. Andererseits sind sie nicht nur den für ihr Berufsfeld geschaffenen Gesetzen (Pressegesetze, Rundfunkgesetze, Mediengesetze etc.) unterworfen, sondern auch der Selbstkontrolle ihres Berufsstandes. In vielen Ländern gibt es „Presseräte", die Leitlinien für sachlich und ethisch korrektes Berufshandeln („Ehrenkodex", in Österreich „Grundsätze für die publizistische Arbeit") aufstellen. Der Verdacht, dass Journalisten nicht wirklich unabhängig sein könnten, ergibt sich jedoch viel stärker aus der Vermutung, dass die jeweiligen publizistischen Arbeitgeber aus politischen oder wirtschaftlichen Gründen die Tätigkeit der Journalisten zu beeinflussen versuchen. Zeitungsverleger bzw. -herausgeber und Rundfunk- oder Fernsehintendanten sind, um ihre Unternehmen wirtschaftlich erfolgreich führen zu können, auf bezahlte Werbung angewiesen, die mit Hilfe ihrer Medien transportiert wird. Die Annahme liegt nahe, dass sie die inhaltliche Linie ihres Blattes oder Senders wirtschaftsfreundlich gestalten wollen. Ähnliches gilt für den Fall, dass ein Medium sich einer politischen Partei zuordnet.

Um Journalisten von direktem Druck halbwegs freizuhalten, werden in vielen Medienunternehmen vornehmlich zwei Regelungen angewendet: die Richtlinienkompetenz und die „Gewissensklausel". Der Eigentümer/Verleger/Herausgeber/Intendant erlässt *allgemeine* Richtlinien für die inhaltliche Linie seines Mediums; er darf sich jedoch nicht mit Einzelweisungen in die redaktionelle Arbeit einmischen. Der Journalist akzeptiert mit dem Eingehen eines Arbeits- oder sonstigen Auftragsverhältnisses die Richtlinien, kann aber nicht genötigt werden, Manuskripte zu verfassen, die seiner „Überzeugung in grundsätzlichen Fragen" widersprechen. Prinzipielle Regelungen dieser Art können in „Redaktionsstatuten", aber auch gesetzlich (in Österreich etwa im Mediengesetz) verankert sein.

Michael Schmolke

Von Pressefreiheit ist heutzutage immer dann die Rede, wenn sie irgendwo auf der Welt in Gefahr gerät. Das „Irgendwo" liegt meist in Diktaturen oder in Ländern, die noch keine gefestigten demokratischen Strukturen haben aufbauen können. Das

Was meint der Begriff Pressefreiheit heute?

1950 gegründete International Press Institute (IPI) zeigt jedoch in seinem Jahresbericht regelmäßig auf, dass Einschränkungen oder Verletzungen der Pressefreiheit auch in Staaten mit gesicherter demokratischer Grundordnung vorkommen, wo die Pressefreiheit in der Regel im Grundrechtekatalog der Verfassungen verankert ist.

Der Begriff Pressefreiheit stammt aus den Zeiten, als die Freiheit, Meinungen drucken und verbreiten zu dürfen, erst erkämpft werden musste, also z. B. 1791 in den USA, 1789 in Frankreich oder 1848/49 im Deutschen Bund. Da damals gedruckte Medien (Zeitung, Zeitschrift, Buch) die einzigen Massenmedien waren, sprach man von Press-, also Druck-Freiheit. Heute umfasst der Begriff mehr, nämlich die Meinungs- und Meinungsäußerungs- sowie generell die Publikationsfreiheit aller Massenmedien, also der Presse, des Rundfunks (Hörfunk und Fernsehen) und des Films; ferner die Informationsfreiheit, d. h. das Recht, sich aus allgemein zugänglichen Quellen ungehindert zu unterrichten. Von Medienfreiheit oder Kommunikationsfreiheit zu reden, wäre treffender, als bei der umgangssprachlichen Pressefreiheit zu bleiben. In Österreich gelten für die Presse der Artikel 13 des Staatsgrundge-

setzes von 1867 und das Zensurverbot der Nationalversammlung von 1918, für den Rundfunk das Rundfunkverfassungsgesetz von 1974 und für alle Medien der Artikel 10 der Europäischen Menschenrechtskonvention von 1950. Diese hat seit 1964 in Österreich Verfassungsrang und schützt generell Meinungsäußerungsfreiheit und Informationsfreiheit. In Deutschland finden wir die Meinungsfreiheit zusammen mit Presse-, Rundfunk- und Filmfreiheit und dem Zensurverbot im Artikel 5 des Grundgesetzes von 1949 abgesichert.

Wenn in der ersten Hälfte des 19. Jahrhunderts in vielen Ländern Europas nach der Pressefreiheit gerufen wurde, so war damit die Aufhebung der staatlichen Zensur gemeint. Diese gab es in Gestalt der Vorzensur und der Nachzensur (Repressivzensur). Im ersten Falle mussten Manuskripte *vor* der Drucklegung einem Zensor vorgelegt, im zweiten konnten bereits erschienene Bücher, Zeitungen oder Zeitschriften nachträglich verboten und die Autoren bzw. verantwortlichen Herausgeber bestraft werden. Pressefreiheit im ursprünglichen Sinne war also eine Freiheit dem Staat gegenüber. Nachdem sie erkämpft war, zeigte sich, dass es auch innerhalb der im 20. Jahrhundert größer und komplizierter werdenden Medienunternehmungen Bedrohungen gab: Die wirtschaftlichen und/oder politischen Funktionsträger (Eigentümer, Verleger, Leiter der Werbeabteilungen, Intendanten) erwiesen sich meist als die Stärkeren, wenn es darum ging, ob ein bestimmtes Thema aufgegriffen oder ein Manuskript veröffentlicht werden durfte. Journalisten fanden sich schon in den 1920er Jahren in der Forderung nach „innerer Pressefreiheit" zusammen: Sie wollten im Rahmen herausgeberischer Richtlinien frei formulieren dürfen oder jedenfalls nicht gegen die eigene Überzeugung schreiben müssen. Nach 1968 wurde erneut die Forderung nach innerer Pressefreiheit erhoben. Sie verlangte jetzt nach einer wirtschafts- und staatsunabhängigen Rechtsstellung der Journalisten, vergleichbar der Position der öffentlich-rechtlichen Rundfunkanstalten.

Reden wir heute von Pressefreiheit, so müssen wir wissen, dass dabei nicht nur die Presse gemeint ist, sondern alle öffentlichen Massenmedien, dass nicht nur Meinungs- und Meinungsäußerungsfreiheit gemeint sind, sondern auch die Freiheit, sich ungehindert zu informieren. Und dass schließlich für die Verwirklichung der Meinungsfreiheit die Freiheit von (äußerer) Zensur nicht genügt, sondern dass auch innerhalb der Medienorganisationen ein ausreichendes Maß an Freiheit gesichert sein müsste.

Michael Schmolke

In Johann Nestroys Revolutionsstück „Freiheit in Krähwinkel" (1848) wird die Zensur angeprangert:
„Die Zensur is die jüngere von zwei schändlichen Schwestern, die ältere heißt Inquisition. – Die Zensur is das lebendige Geständnis der Großen, daß sie nur verdummte Sklaven *treten,* aber keine freien Völker *regieren* können. – Die Zensur is etwas, was tief unter dem Henker steht ..."

Artikel 10, Abs. 1 der Europäischen Menschenrechtskonvention von 1950:
„Jede Person hat das Recht auf freie Meinungsäußerung. Dieses Recht schließt die Meinungsfreiheit und die Freiheit ein, Informationen und Ideen ohne behördliche Eingriffe und ohne Rücksicht auf Staatsgrenzen zu empfangen und weiterzugeben. Dieser Artikel hindert die Staaten nicht, für Radio-, Fernseh- oder Kinounternehmen eine Genehmigung vorzuschreiben."

Man geht nichtsahnend über den Markt, freut sich, einen Bekannten zu sehen, und das Gespräch beginnt: „Du warst gestern im Fernsehen!" Oder: „Ich habe von dir schon wieder in der Zeitung gelesen." In den Medien präsent zu sein bedeutet Prestige-Ge-

Wer nicht in den Medien präsent ist, zählt nicht?

winn, gesellschaftliche Aufwertung. Ein spezialisierter Zweig von Medienreportern lebt davon, Menschen in den Massenmedien zu präsentieren. Einen Orden oder Titel verliehen zu bekommen bereitet erst dann volles Vergnügen, wenn die Verleihung auch öffentlich gezeigt wird, am besten im Fernsehen. Superstar-Sendungen ziehen Jugendliche in Massen an, weil sie die Chance eröffnen, „ins Fernsehen zu kommen".

Man könnte darüber hinwegsehen, wären nicht inzwischen die gleichen Abläufe zu einem wesentlichen Mechanismus politischen Handelns aufgestiegen. Waren ungefähr bis zum Ersten Weltkrieg die Wahrung von Geheimnissen oder die ebenso höfliche wie verschleiernde Sprache der Diplomatie Instrumente der Staatskunst, so ist seit der Mitte des 20. Jahrhunderts die bewusste Nicht-Geheimhaltung, mehr noch die gezielte Herstellung von Öffentlichkeit, zur Erfolgstaktik zielstrebiger Politiker geworden. Was sie für ihre Wähler tun, ist nur die Hälfte wert, wenn es nicht auch öffentlich gezeigt wird, und deshalb sehen wir nicht mehr nur den zuständigen Verkehrsminister, sondern gleich ein halbes Dutzend Politiker scheinbar einträchtig bei der Eröffnung eines Autobahn-Teilstücks das Band durchschneiden.

Politiker wissen, dass geschickter Umgang mit Journalisten entscheidend für den Erfolg bei der nächsten Wahl und damit für ihre Karriere sein kann. Der österreichische Bundeskanzler Bruno Kreisky, dem dieses Talent in die Wiege gelegt war, galt als „Medienkanzler".

Auf den ersten Blick ist dieses enge Verhältnis zwischen Politik und Massenmedien konstruktiv, denn Demokratie und Öffentlichkeit gehören wesentlich zusammen. In den Anfängen war man damit zufrieden, dass die Sitzungen der Parlamente öffentlich stattfanden. Inzwischen sind jedoch fast alle Lebensgebiete politischen Entscheidungen unterworfen, und das politische Handeln ist sehr kompliziert geworden. Mit Recht verlangen die Bürger Transparenz; sie zu schaffen, ist – unter anderem – Aufgabe der Journalisten.

Auf den zweiten Blick erkennt man, dass die Nähe zwischen Politikern und Journalisten auch Probleme schafft. Sie sind miteinander eine Art Symbiose eingegangen, eine Lebensgemeinschaft, in welcher die eine Seite ohne die andere nicht mehr auskommt. Dies hat zu einer für mediendurchsetzte Demokratien typischen Umverteilung von Macht geführt: Die Medien sind in wesentlichen Teilen ihrer politischen Berichterstattung und Kommentierung auf das tägliche Zeugnis der Herrschenden angewiesen – die Herrschenden aber auf das Zitiert- oder Abgebildetwerden in den Medien. Auf diese Weise partizipieren jedenfalls Hoch-Reichweiten-Medien an der Macht. Aus der repräsentativen Demokratie, in welcher die gewählten Abgeordneten das Volk vertreten, ist eine „präsentative Demokratie" geworden.

Michael Schmolke

Die Antwort ist leicht: Qualität, die Quote bringt, zählt am meisten. Damit könnten alle zufrieden sein. Aber noch immer wüsste niemand genau: Was ist eigentlich „Qualität"? Was ist „Quote"? In unserer Umgangssprache handelt es sich um zwei Schlagworte, die

Was zählt: Qualität oder Quote?

wir den Massenmedien, genauer: dem Fernsehen zuordnen. (Jetzt müssen wir einen Umweg machen, um am Ende die Rolle der „Quote" erklären zu können.)

Das Fernsehen, so glauben immer noch viele Menschen, müsse uns „Qualität", d. h. qualitativ hochwertige Sendungen, bieten. Dieser Anspruch stammt aus der Zeit, als Fernsehprogramme in vielen Ländern Europas, jedenfalls aber in Deutschland und Österreich, nur von öffentlich-rechtlichen Rundfunkanstalten ausgestrahlt werden durften, d. h. von Sendern, denen, ohne dass sie staatliche Einrichtungen waren, durch Gesetze ein gesellschaftlicher Programmauftrag erteilt worden war. Um diesen zu erfüllen, konnten sie gute Programme machen, ohne auf Werbeeinnahmen schielen zu müssen.

Völlig verändert hat sich die Situation, als – in Europa seit Mitte der 1980er Jahre – private Radio- und Fernsehanbieter hinzukamen. Sie bekommen nichts von den Gebühren ab, sondern müssen sich gänzlich aus Werbeerlösen finanzieren. Das heißt: Auftraggeber aus Industrie und Wirtschaft, die ihre Werbebotschaften (Werbespots) mittels Radio oder Fernsehen zum Publikum transportiert haben wollen, müssen dem Transporteur (dem Sender als Werbeträger) die

Werbezeit bezahlen. Sie sind interessiert daran, dass viele Menschen von ihrer Werbung erreicht werden. Das gelingt besonders gut, wenn die Werbeeinschaltungen in ein Programm-Umfeld eingebettet werden, das möglichst viele Zuhörer oder Zuseher findet. Die Platzierung in einem solchen attraktiven Umfeld ist teuer. Um den höheren Preis rechtfertigen zu können, brauchen die Sender das Argument der Quote.

„Quote" ist messbar, und sie wird – im Auftrag der Sender – ständig in zwei Fragerichtungen gemessen: Erstens, wie viele Hörer/Seher erreichen wir an einem Tag, zu einer bestimmten Tageszeit, in einer Stunde, in einer Minute, mit einer bestimmten Sendung (Reichweite, ausgedrückt in Zuseherzahlen oder Prozentwerten) – und zweitens, welchen Anteil hat der Sender an der Zahl der Zuseher, die in einer bestimmten Zeitspanne tatsächlich vor den Empfangsgeräten sitzen (Marktanteil; Angaben in Prozent).

In der Konkurrenz der privaten Anbieter sind jene Sender gut platziert, die eine starke Quote präsentieren können: hohe Reichweiten- und Marktanteilswerte. Mit welcher Art und Qualität von Programmen sie diese erzielen, kann ihnen mehr oder weniger gleich sein; denn sie haben keinen gesellschaftlichen Programmauftrag. Jahrzehntelange Publikumsforschung hat gezeigt, dass die große Mehrheit der Zuseher auf Qualität im Sinne von Seriosität und Bildung weniger Wert legt als auf attraktive, spannende und problemlos konsumierbare Unterhaltung. Notgedrungen müssen hier auch die öffentlich-rechtlichen Anbieter mithalten, wenn sie „Quote machen" wollen, denn auch sie leben heute zu einem guten Teil von Werbeerlösen. Qualität im alten Sinne ist seltener geworden.

Michael Schmolke

PR ist die Abkürzung des amerikanischen Begriffs *Public Relations*, also öffentliche Beziehungen. PR-Arbeit, die Pflege solcher Beziehungen, wird mit dem deutschen Wort Öffentlichkeitsarbeit ganz gut übersetzt. Öf-

Geht nichts mehr ohne PR?

fentlichkeitsarbeit wird dann richtig verstanden, wenn z. B. eine Organisation die vielfältigen Beziehungen zu ihrem Umfeld, d. h. zu ihren Kunden, zu Aktionären, Regierungsstellen, zu ihrer Standortgemeinde und nicht zuletzt zu ihren eigenen Mitarbeitern systematisch koordiniert und pflegt: „Beziehungsmanagement" sagt die noch junge PR-Wissenschaft dazu; dessen wichtigstes Instrument ist die Kommunikation mit dem Umfeld. Über diesen Bemühungen steht das Bestreben der Organisation, ihre eigenen Ziele möglichst unbehindert verfolgen zu können. PR-Kommunikation wird also – ähnlich wie Werbekommunikation – eine informierende und eine überredende Komponente haben. Daraus leiten sich drei Missverständnisse ab, unter denen das Ansehen der PR-Arbeit zu leiden hat:

– der Verdacht, verkappte Werbung zu sein,
– der (in der Regel erfolgreiche) Versuch, Profi-Journalisten PR-Texte und -Bilder für den redaktionellen Gebrauch unterzujubeln, und
– nur in Krisen-Situationen wirklich nötig und nützlich zu sein: „Feuerwehr-PR".

Aus der Sicht der reinen PR-Lehre sind das Fehlentwicklungen; aber in der real existierenden Medienwelt sind sie oft genug zu beobachten. In wissenschaftlichen Untersuchungen wurde nachgewiesen, dass manche

Tageszeitungen über die Hälfte ihrer Inhalte direkten oder indirekten Anstößen aus der PR-Arbeit verdanken.

Wenn man weiß, dass das so ist und dass dort, wo bei PR-verdächtigen Texten ehrlicherweise der Hinweis auf einen Produktionskostenbeitrag oder – statt des Autorenkürzels – mindestens die Buchstaben P.R. zu finden sein müssten, möge man sich auch den guten Seiten der Öffentlichkeitsarbeit zuwenden. Mit ihrer Hilfe können Grünlandschützer und Industriebetriebe aufeinander zugehen, Bürgerinitiativen und Kommunalpolitiker zum wechselseitigen Einlenken bewegt, sozialpolitische Maßnahmen halbwegs verständlich und die Notwendigkeit karitativen Engagements einsichtig gemacht werden.

Schon im 19. Jahrhundert haben sich Politiker der Öffentlichkeitsarbeit bedient. Zeitungen wurden mit versteckten Subventionen auf die Linie der Regierung gebracht, und mit gezielten Falschmeldungen wurden Kriege angezettelt. Was heute Pressestelle oder Medienreferat heißt, trug damals unverdächtige Bezeichnungen. Die Beeinflussung von Journalisten und Massenmedien war massiv. Heute sollen die Medienreferate der Politiker und Regierungsstellen nicht nur aktiv deren Tätigkeiten ins Licht rücken, sondern auch der Umsetzung des Rechts auf Information dienen, wie es in modernen Verfassungen verankert ist. Die Entstehung und das immer noch anhaltende Wachstum der PR-Branche hat inzwischen fast alle Lebensgebiete erfasst. Journalisten und Massenmedien werden mit Informationen überschüttet, die sie früher selbst hätten einholen müssen und deren Wert wegen ihrer interessengeleiteten Herkunft besonders sorgfältig geprüft werden muss.

Michael Schmolke

Der Unmut über zu viel Werbung entzündet sich am Hausbriefkasten, der von buntbedrucktem Glanzpapier überquillt, oder an den vielen Werbespots, die in den privaten Fernsehprogrammen den Krimi an den spannenden Stellen unterbrechen. Inzwischen

Müssen wir uns so viel Werbung bieten lassen?

werden auch Telefon und Fax als Werbemittel missbraucht, und unter unseren E-Mails finden wir, oft als „spam" gekennzeichnet, jede Menge Werbemitteilungen.

Die Zeitungen, besonders die Wochenendausgaben, enthalten nicht selten mehr Anzeigen- als Textseiten, und ehe wir sie lesen können, müssen wir sie von zusätzlichen Werbebeilagen befreien. Zwei- oder dreimal in der Woche finden wir Blätter im Briefkasten, die so aussehen wie Zeitungen oder Zeitschriften. Wir haben sie nicht bestellt, sie kosten nichts, sie bringen uns einige Seiten Lesestoff, in der Hauptsache aber ebenfalls Werbung: offen in Form von Anzeigen, versteckt in Textbeiträgen, die so aussehen, als seien sie von Journalisten geschrieben. Der überwiegende Teil der Werbeflut fällt unter „unerwünscht" und wandert in den Papierkorb. Muss das alles so sein?

Werbung erfüllt zwei Hauptfunktionen: Sie informiert über das Waren- und Dienstleistungsangebot und sie versucht, potentielle Käufer zum Kauf oder zur Inanspruchnahme einer Dienstleistung zu überreden. Werbung war überflüssig in Zeiten, als Waren nur produziert wurden, wenn ein Kunde einen Auftrag erteilt hatte. Werbung ist überflüssig, wenn die Nachfrage größer ist als das Angebot, also in Notzeiten. Sobald das Angebot größer ist als die Nachfrage, wird der Anbieter für sein Produkt zu werben beginnen. Insofern ist bereits der klassische Wochenmarkt (als ganzer) eine Werbebotschaft.

Die in fast allen Werbebotschaften enthaltenen Informationen sollen dem Verbraucher zu einem Überblick über das Angebot verhelfen. Sie enthalten zum Teil sehr nüchterne Fakten, z. B. wann es wo was gibt und auch – sehr wichtig bei Sonderaktionen – in welcher Zeitspanne es etwas besonders billig gibt. Die Information über den Preis enthält bereits Momente der Überredung. Denn wo die gleiche Sache von vielen Herstellern parallel angeboten wird, entscheidet man sich bei Alltagswaren nach dem Preis und nur noch bei Hochpreis- oder Luxusgütern nach der Marke. Sie soll dem erworbenen Gut einen Beiwert verleihen, der jenseits des eigentlichen Warenwertes liegt und den Käufer als einen Menschen mit Geschmack und gutem Einkommen ausweist.

Viele – meist, aber nicht nur – hochpreisige Güter werden in der Werbebotschaft mit nicht-materiellen Beiwerten ausgestattet: Wer ein Kabrio kauft, erwirbt auch ein Stück blauen Himmel, und wer eine Weltreise bucht, die große Freiheit.

Es ist unbestritten, dass Werbung in einem Wirtschaftssystem, das für einen offenen und globalen Markt wirbt, unabdingbar ist, denn sie stellt die Verbindung zwischen Anbieter und Nachfrager her. Neuen Produkten öffnet sie den Weg in den Markt.

Aber die eingangs beschriebene Überfülle an Werbung verringert ihre Wirkungschancen: Zu viel Werbung verlangt von den Käufern mehr Auswahlarbeit, als sie zu leisten bereit sind. Der Papierkorb schafft Abhilfe.

Michael Schmolke

Wenn man unter Revolution die grundstürzende Veränderung politischer und gesellschaftlicher Verhältnisse versteht, so sollte man von Kommunikationsrevolutionen nur dann sprechen, wenn die Kommunikationssysteme der menschlichen Gesellschaft durch

Ist das Internet eine Kommunikationsrevolution?

neue Erfindungen/Entwicklungen durchgreifend verändert werden. Das Aufkommen der Schrift, die Drucktechnik, die elektrische Telegraphie, die Kinematographie, die drahtlose Kommunikation in all ihren Nutzungsformen (besonders: Radio und Fernsehen) bewirkten solche durchgreifenden Veränderungen von weltgeschichtlicher Bedeutung. Neuerdings beschert uns das, was wir der Kürze halber Internet nennen, also die vernetzte bzw. vernetzbare elektronische Übermittlung digitalisierter Kommunikationsinhalte, eine vor 50 Jahren kaum vorstellbare Ausweitung unserer Kommunikationsmöglichkeiten. Die Änderungen sind so radikal, dass man sie als Kommunikationsrevolution begreifen muss.

Das Internet nutzt und vereinigt in sich alle bisher entwickelten Kommunikationsverfahren, die auf technischen Grundlagen beruhen. Auf seiner für Eingabe und Empfang entwickelten Oberfläche in Form eines Bildschirms, kombiniert mit Lautsprechern, kann es die Produkte aller vor der Internet-Zeit üblichen Medien darstellen, also Buch-, Zeitungs- und Zeitschriftenseiten, Bilder aller Erzeugungsvarianten sowie Geräusche und Töne aller Art.

Das Verwirrende am Internet ist weniger die

Vielfalt seiner Nutzungsmöglichkeiten, woran sich das Publikum schnell gewöhnt hat, sondern sein Potenzial, Kommunikation nahezu gleichzeitig in verschiedenen Auftrittsformen zu betreiben: Ein elektronischer Brief, geschrieben von einer Person an eine bestimmte andere Person, kann bei entsprechender Adressierung „an alle" gerichtet werden. Das Prinzip des „an alle" ist eigentlich das Prinzip des Rundfunks, wo allerdings ein Knopfdruck genügt, um das zum Zeitpunkt des Knopfdrucks „für alle" auf Sendung Befindliche hör- oder sehbar zu machen. Im Internet bedarf es gezielter Zuwendung, und so bleibt die Frage offen, ob die für Radio und Fernsehen typische Art der „Öffentlichkeit" der räumlich verstreuten, aber stets gleichzeitigen Teilnehmerschaft erreicht werden kann. Die Tatsache, dass bestimmte im Internet verbreitete Botschaften (z. B. aus dem Themenfeld Terrorismus) als Quelle für Nachrichtenagenturen und Journalisten dienen und von ihnen über konventionelle Massenmedien verbreitet werden, deutet auf massenmediale Qualitäten des Internet. Auch hat, obwohl in vielen Industriestaaten mehr als 50 Prozent der Bevölkerung Zugang zum Internet haben, die Verschmelzung von konventioneller Radio-/Fernsehtechnik mit der Internet-Technik noch nicht wirklich begonnen. Eine gravierende Schwachstelle des Internet und generell der digitalisiert-elektronischen Informationsübermittlung ist vorerst noch die Anfälligkeit für das Eindringen von Außenstehenden (z. B. „Hacker") in Übertragungswege und Datenbestände. Internetkommunikation ist revolutionär schnell und vielseitig, aber nicht so geheim wie ein versiegelter Brief und nicht so wirklich öffentlich wie eine Radio- oder Fernsehsendung.

Michael Schmolke

Schon in den sechziger Jahren des 20. Jahrhunderts gab es Befürchtungen, dass Buch und Zeitung aussterben könnten. Nicht – wie heute – vom Internet sah man die Printmedien bedroht, sondern vom damals neuen Medium Fernsehen. Es werde einerseits die

Werden Buch und Zeitung aussterben?

Aufmerksamkeit der Unterhaltungssuchenden für sich vereinnahmen und andererseits die Erlöse aus der Werbung abschöpfen, von denen insbesondere Zeitung und Zeitschrift existenziell abhängig sind.

Die ungünstigen Prognosen sind nicht eingetroffen. Zwar ist der Markt der Printmedien stark konzentriert worden, d. h., zahlreiche kleinere und schwächere Zeitungs- und Zeitschriften-, aber auch Buchverlage haben aufgeben müssen oder sind von größeren geschluckt worden. Insgesamt aber ist der Markt – parallel zur Entfaltung des Fernsehens – stärker geworden. Die Buchproduktion schrumpft nicht, der – insgesamt kaum noch überschaubare – Zeitschriftenmarkt ist vielfältiger als je zuvor, und bei den Tageszeitungen ist zwar die Zahl der redaktionell und/oder wirtschaftlich voll selbständigen Blätter kleiner geworden, die Gesamtauflage aber ist über Jahrzehnte hin immer noch ein wenig gestiegen und hat sich auf hohem Niveau konsolidiert. In Österreich wurden im Jahr 2004 durchschnittlich 2 Millionen Zeitungen verkauft, in Deutschland 22 Millionen. Das sind zwar kleinere Zahlen als zu Boom-Zeiten (z. B. 1990 in Österreich ca. 2,2, in Deutschland ca. 26 Millionen), aber sie deuten keineswegs auf ein Aussterben hin.

Ob die seit Jahren zunehmende Verbreitung des Internet und die dadurch bedingte Vermehrung der Zugänglichkeit von Lesestoff in nicht mehr überschaubaren Mengen direkte Auswirkungen hat, lässt sich nur für die jüngere Generation erkennen: Jugendliche und junge Erwachsene lesen weniger (und seltener!) Zeitung als noch vor 20 Jahren.

Worauf beruht die stabile Attraktivität von gedrucktem Lesestoff? Bestimmte Merkmale des Materials, aber auch der Inhalte und der Anordnung der Inhalte machen bedrucktes Papier unschlagbar. Von den Abmessungen (Fläche, Umfang, Gewicht) her sind Bücher, Zeitungen und Zeitschriften in der Regel so beschaffen, dass man sie bei sich tragen kann. Die Inhalte von Zeitungen (oft auch von Zeitschriften) sind so angeordnet, dass man ihre Gesamtheit mit wenigen Blicken – also nahezu gleichzeitig – überschauen kann. Das vereinfacht die Auswahl des im Moment bevorzugten Lesestoffs ebenso wie die Tatsache, dass es kein zwingendes Nacheinander beim Rezeptionsvorgang gibt. (Radiohören und Fernsehen kann man nur im zeitlichen Ablauf; auch die Internet-Nutzung setzt zwischengeschaltete Suchvorgänge voraus.)

Alle drei wichtigen Printmedien haben den kaum zu überschätzenden Vorteil, dass sie nicht als unendlicher Informationsfluss, sondern in fertig zubereiteten Portionen geliefert werden, verbunden mit der Aussicht, dass die nächste Portion zuverlässig und in regelmäßigem Abstand geliefert werden wird (Periodizität). Die Tageszeitung besticht zudem durch die Kürze des Einzelbeitrags und die (scheinbare) Universalität der ausgewählten Inhalte; jedes Thema *kann* vorkommen. Zudem verweigert sie die Möglichkeit, sich mit Hilfe von Links vom Hundertsten ins Tausendste verführen zu lassen – sie zwingt zur Rezeptionsökonomie.

Ein vielfach übersehener Vorteil von Printmedien ist schließlich die Möglichkeit, zum Urheber der Inhalte (Autor, Nachrichtenagentur) zurückzufinden. Selbst wenn eine Meldung falsch (oder gefälscht) ist, kann man in der Regel die Person herausfinden, die für das Falsch-Sein verantwortlich ist. Das gilt zwar auch für viele, aber längst nicht für alle Internet-Inhalte.

Es spricht also manches für die Annahme, dass der Menschheit mit der Entwicklung des in sich abgeschlossenen oder periodisch erscheinenden „Druckwerks" ein großer Wurf gelungen ist. Buch, Zeitung und Zeitschrift werden so bald nicht aussterben.

Michael Schmolke

Ist die Zeit des Mediums Buch abgelaufen?
Buchschätze in der Stiftsbibliothek Admont

Zahlen und Fakten zur Frankfurter Buchmesse 2005:
rund 285.000 Besucher aus aller Welt
7.225 Aussteller (davon 165 aus Österreich)
70 National- und Gemeinschaftsausstellungen aus 101 Ländern
168.790 Quadratmeter Ausstellungsfläche
rund 380.000 Buchtitel, davon rund 100.000 Neuerscheinungen

In erster Linie wird die Entwicklung der Kunst ohne Zweifel von denen bestimmt, die sie schaffen, von den Künstlern und Künstlerinnen. Sie können in den Ländern der freien Welt entscheiden, was sie machen und wie sie es machen. Aber sie sind von vielen

Wer bestimmt die Entwicklung der bildenden Kunst?

Faktoren abhängig. In erster Linie von den Galerien, die sie vertreten und von den Sammlern, die bereit sind, ihre Werke zu erwerben (soweit sie überhaupt dazu bereit sind). In zweiter Linie von den Museen, die gewillt sind, die Künstler und Künstlerinnen in Gruppen- oder Themenausstellungen aufzunehmen, ihnen eine größere Einzelausstellung oder Retrospektive zu gewähren (oder auch nicht zu gewähren). In dritter Linie von den Medien. Die Aufmerksamkeit, die die bedeutenden Medien (Fernsehen, Illustrierte, Magazine, überregionale Presse usw.) einem neuen oder auch schon halbwegs vertrauten Namen widmen, der Platz, den sie ihm einräumen, ist von entscheidender Wichtigkeit. Dagegen fällt die Stimme einer ernsthaften und fundierten Kritik nur dann ins Gewicht, wenn sie von den entscheidenden Medien – z. B. den überregionalen Tages- und Wochenzeitungen – entsprechend transportiert und verbreitet wird.

Alle diese Faktoren sind untereinander vernetzt und beeinflussen sich gegenseitig. Eine einzelne der genannten Gruppen (gar ein Einzelner in einer solchen Gruppe) wird wenig ausrichten, wenn die anderen nicht „mit-

ziehen“. Dennoch sei die Bedeutung einer dieser Gruppen hervorgehoben, denn sie wird oft unterschätzt. Gemeint ist die der Sammler. Aber vielleicht ist hier der Plural nicht gerechtfertigt, und wir sollten gar nicht von „den Sammlern“ sprechen. Denn „die Sammler“ könnten, konkret Einzelfall für Einzelfall betrachtet, unterschiedlicher kaum sein. Sie spiegeln unsere Gesellschaft, wenn nicht in ganzer Breite, so doch in vielen Facetten. Sie verkörpern mehr als andere Gruppen die ökonomischen Grundlagen der Kunstszene und bestimmen weitgehend das Geschehen der Märkte und Messen, wo die Arbeiten der Künstler und Künstlerinnen aufgenommen und bewertet werden. In einer Zeit, in der die staatlichen oder kommunalen Museen über immer geringere Mittel verfügen, sind deren Leiter und Leiterinnen in wachsendem Maße auf das Wohlwollen der Sammler angewiesen.

Es bleibt etwas Unwägbares, das sich allen Einflüssen entzieht. Eine Arbeit, von wem immer sie kommt, muss den „Nerv der Zeit“ treffen. Tut sie es nicht, werden alle Initiativen, sie ins Gespräch zu bringen, vergeblich bleiben. Aber auch wenn sie potentiell viele Menschen ansprechen könnte, muss sie, um wirksam zu werden, bekannt werden. Wenn wir nichts von ihr wissen, nützt alle auf sie gewendete Anstrengung nichts.

Wieland Schmied

Am „Nerv der Zeit“? Besucher bei der Biennale Venedig

Es ist eine unabweisbare Erfahrung, die wohl jeder macht, der die Entwicklungen der Kunst heute intensiv verfolgt und mit den unterschiedlichsten Menschen darüber spricht: viele sind über diese Entwicklungen höchst unglücklich, sei es weil sie von ihnen

Was dürfen wir von der bildenden Kunst erwarten?

zuviel erhofft oder etwas ganz anderes erwartet hatten. Sie hegten Erwartungen und Hoffnungen, die von der Kunst nicht erfüllt werden konnten, und wurden enttäuscht. Nun sind unsere Wünsche, unsere Erwartungen und Hoffnungen auf diesem Gebiet in der Regel durch das geprägt, was Kunst uns in der Vergangenheit geboten hat. Die immer schneller verlaufenden Entwicklungen der Kunst, die wir mit einem gewissen Erstaunen (wenn nicht Erschrecken) beobachten, scheinen sich zunehmend von unserem Verständnis zu entfernen. Ihnen zu folgen bereitet uns wachsende Schwierigkeiten. Wohl keiner (oder keine), der (die) eine *documenta* in Kassel (sie findet alle fünf Jahre statt) oder eine venezianische Biennale besucht und sich dort auch nur flüchtig umgesehen hat, wird diese rasanten Entwicklungen leugnen und behaupten wollen, ihm (ihr) sei alles, was er (oder sie) gesehen hat, sofort eingängig gewesen.

Heute ist der Betrachter eines Bildwerkes nicht mehr in der Rolle eines Auftraggebers, der im Herbst des Mittelalters und in der beginnenden Neuzeit als Besteller des Bildes dem Künstler den Sinn und den Gehalt auf-

gab, den er sich, visuell meisterlich realisiert, von diesem geliefert zu bekommen erhoffte. Sondern es verhält sich umgekehrt: der Betrachter (wie der potentielle Käufer) erwartet, dass der Künstler (die Künstlerin) im Bild (was immer es darstellt oder nicht darstellt) auch den Sinn – eine neue, eigene, unvernutzte Variante des Sinns – mitliefert. Und zwar nicht nur den Sinn des Bildes, sondern mehr, eine – wenngleich immer fragmentarische – Erklärung der Welt und ihrer Zusammenhänge, eine Deutung des Sinns unserer Existenz, den Versuch einer „Sinngebung". Diese mag der Betrachter annehmen oder ablehnen, aber er erwartet sie, und er ist enttäuscht, wenn er sie nicht erhält.

Diese Erwartung ist ins beinahe Grenzenlose gestiegen. Sie erhofft in unseren Zeiten des Umbruchs (wenn sie sich nicht der totalen Verzweiflung anheim gibt) in der Kunst eine neue Renaissance und im Künstler einen Universalisten. Sie gibt ihm einen gewaltigen Anspruch vor, einen Anspruch, der vielleicht noch über den des Renaissance-Künstlers hinausgeht. In nur oberflächlich erforschtem Gelände unterwegs, ist der Künstler heute Spurensucher, Philosoph, Feldforscher und mehr: er ist der geniale Amateur, der überall eingreift und Anstöße gibt.

Was dürfen wir also von der Kunst erwarten? Nur ausnahmsweise kann sie Ruhe vermitteln und Trost spenden. Fast immer bedeutet sie eine Herausforderung. Sie zwingt uns, indem wir uns auf sie einlassen, zu wachsen.

Wieland Schmied

Die bildende Kunst hat in den letzten Jahrzehnten des vergangenen Jahrhunderts ihr Gesicht – und mehr noch: ihr inneres Wesen – mehrfach und gründlich verändert. Sie unterlag rascheren Verwandlungsprozessen als die anderen Künste (Literatur, Musik,

Wo steht die bildende Kunst heute?

Architektur), obwohl auch diese gewiss nicht stehen geblieben sind.

Eine Feststellung muss voranstehen, wenn wir über den Stand der bildenden Kunst heute sprechen. Ohne uns groß darüber Gedanken zu machen, meinen wir damit immer den Stand der Künste in den Industrienationen der „westlichen Welt", in den großen europäischen Ländern, in den Vereinigten Staaten von Amerika, vielleicht noch in Japan, eben das, was sich in den Zentren New York, London, Paris, Köln, Berlin, Mailand, vielleicht noch Tokio abspielt. Künstler oder Künstlerinnen, die beachtet werden wollen, übersiedeln ganz oder für einen Teil des Jahres in eine dieser Hauptstädte, um dort zu arbeiten.

Diese Situation hat sich vor anderthalb Jahrzehnten radikal zu ändern begonnen. Einerseits wird unser vertrauter „Eurozentrismus", der Europa als das Maß aller Dinge nimmt, zunehmend in Frage gestellt, andererseits ist ein ständig wachsendes Interesse für das zu beobachten, was sich in den Ländern des ehemaligen Ostblocks, die für unseren Blick hinter dem „Eisernen Vorhang" verborgen waren, ereignet hat und weiterhin ereignet, nicht nur in Polen, Tschechien, Ungarn, sondern ebenso in Russland, der Ukraine, den

baltischen Staaten, den Ländern des Balkans. Aber auch die Kunst des heutigen China, die sich (mit Einschränkungen) frei entfalten kann, findet bei uns mehr und mehr Beachtung.

Niemals zuvor in der Kunstgeschichte gab es eine solche Vielfalt unterschiedlicher, ja gegensätzlicher Strömungen und Richtungen – es wäre wohl zu viel, dabei immer von „-ismen" zu sprechen. Nicht nur auf den ersten Blick erscheint die Situation der Kunstszene durch ihre Fülle in sich widersprüchlich. Ist eine Spielart der Kunst denkbar, die es nicht gibt? Ohne Zweifel hat sich der erweiterte Kunstbegriff durchgesetzt. Schon die Herstellung eines auf Kommunikation angelegten Umfeldes, in dem Aufklärung intendiert wird, kann als Kunstwerk gelten. Das Wort „Jeder ist ein Künstler" erfährt immer wieder neue Deutungen.

In einer so geprägten Situation der Kunst sind Rückgriffe auf die vielfältigen Tendenzen der Moderne nicht zu vermeiden – doch wäre es zu simpel, dabei von einfachen Wiederholungen zu sprechen. Jede neue Variation vorangegangener Tendenzen macht an ihnen bisher unbekannte Facetten sichtbar – oder bemüht sich zumindest darum. Das Wort von der Postmoderne deutet auf die freie Verfügbarkeit der Errungenschaften der Moderne. Innovationen, wie sie der Geist der Avantgarde verlangte, scheinen nur noch begrenzt möglich. Wenn sich Rückgriffe und Varianten fast zwangsläufig einstellen, ist es unvermeidbar, dass periodenweise (wie gerade im Augenblick, da diese Zeilen geschrieben werden) das Laute, Spektakuläre, Effektvolle dominiert, versucht die Kunstszene doch sich gegen die Intensität der Massenmedien zu behaupten.

Wieland Schmied

Wir wissen nicht, wohin der Weg der bildenden Kunst führt – sie ist immer für einige Überraschungen gut. Wer etwas anderes behauptet und mit Sicherheit angeben will, wohin die Reise der Kunst geht, hat die Wahrheit bestimmt nicht auf seiner Seite. Aber wir

Wohin geht die bildende Kunst in Zukunft?

können einige Anhaltspunkte namhaft machen, die uns eine ungefähre Vorstellung davon geben, in welche Richtung dieser Weg der Kunst in etwa führen kann.

Kunst beginnt nie *ex nihilo*. Sie geht immer von einer Situation aus, die ihre unterschiedlichen Entwicklungsstränge (es gibt immer mehr als nur einen einzigen) zuletzt erreicht haben. Sie entwickelt – wenn auch zuweilen in Sprüngen – Gegebenes fort. Dabei liebt sie es, uns immer wieder das Gegenteil dessen vor Augen zu stellen, was im Augenblick die Szene beherrscht. Wir können deshalb von einer Wellenbewegung sprechen, die ihre Fortentwicklung (die nicht mit Fortschritt gleichgesetzt werden darf) maßgeblich prägt. Das gilt für die Abfolge der „-ismen" und „Bewegungen" genauso wie für ihre verschiedenen Disziplinen. Auf eine Periode (mag sie nun ein Jahrzehnt, länger oder in zunehmendem Maße auch kürzer dauern), in der die Malerei als führend empfunden wird, folgt eine, in der man die Malerei totsagt, auf diese wieder eine, in der die Malerei (vielleicht mit verändertem Gesicht) „aufersteht" und aufs Neue vorherrscht, usw. Töricht, wer am Beginn einer dieser immer schneller aufeinander folgenden Perioden annimmt, die zuletzt eingetretene werde in alle Zukunft fortdauern.

Die so genannten „neuen Medien" (Happening, Performance, Video, Installationen, Computerkunst, Arbeiten mit Fotografie) werden innerhalb der Kunst eine wachsende Rolle spielen – allein selig machend werden sie wohl nie sein können. Daneben wird es immer – diese Voraussage sei gewagt – Malerei, Zeichnung, Skulptur geben, mag die Bedeutung, die diesen „traditionellen" Medien zugemessen wird, von Periode zu Periode auch höchst unterschiedlich sein. Manche der „neuen Medien" (wie Video und Computerarbeiten) spiegeln die Möglichkeiten wider, die dem Künstler, der Künstlerin an die Hand gegeben sind, und können Außerordentliches leisten. Demgegenüber darf sich die Übung der „traditionellen" Medien darauf berufen, einem tief verwurzelten Bedürfnis menschlicher Äußerung und Kommunikation zu entsprechen.

Jedenfalls darf festgehalten werden: Die Entwicklung der Kunst ist nie geradlinig verlaufen und war nie berechenbar. Indes sich die Naturwissenschaften in logisch aufeinander folgenden Schritten konsequent (und darum mehr oder weniger voraussehbar) weiterentwickelten, verlief die Entwicklung der Künste anders. In den Naturwissenschaften konnte jeder Forscher auf den Leistungen seiner Vorgänger aufbauen, in der Kunst setzt zwar auch das Werk jedes neuen Künstlers das seiner Vorgänger voraus, die Art seiner Reaktion darauf aber wird immer ungewiss bleiben. Das ist einer der Reize, die die Kunst noch immer besitzt.

Wieland Schmied

Im Rahmen eines Restitutionsverfahrens, das international Aufsehen erregte, wurden Anfang 2006 fünf Gemälde von Gustav Klimt an die Erben von Adele Bloch-Bauer zurückerstattet. In zahlreichen Kommentaren, dass die Republik Österreich diese Wer-

Warum kostet ein Bild von Klimt hundert Millionen Euro?

ke nun auf legalem Wege wieder zurückkaufen solle, wurde meist ein Wert von 200 Mio. Euro genannt. In der Endphase der Diskussion kam aber auch schon mal der Preis von 300 Mio. Euro aufs Tapet.

Wie sind solche Beträge möglich? In dem konkreten Fall wurden Stimmen laut, das internationale Medienecho habe einen entsprechenden Beitrag zur Wertsteigerung der fünf Klimt-Bilder geleistet. Das stimmt, aber nur zum Teil, denn nur mit Publicity kann man die Preise von Kunstwerken nicht in solche Höhen treiben. So hing *Das Massaker der Unschuldigen* von Rubens jahrzehntelang unbemerkt in einem oberösterreichischen Kloster, bevor es im Juli 2002 bei Sotheby's um 76,7 Mio. Dollar versteigert wurde.

Natürlich war auch diese Versteigerung eine Sensation und ging durch die Weltpresse, allerdings erst nach der Versteigerung des Bildes. Die Weltöffentlichkeit als „Maßstab" für den Wert solcher Kunstwerke spielt sicher eine Rolle, denn nur ein Kunstwerk, das „weltberühmt" ist, kann solche „weltmeisterlichen" Preise erzielen. So wie geografisch die Top 100 deutlich höhere Preise erzielen als die „Masse" der Künstler, so erzielen welt-

weit nur die Top 100 aller Jahrhunderte (bzw. aller Kunstepochen) Spitzenpreise im sieben-, acht- oder sogar neunstelligen Bereich. In neunstellige Dimensionen konnte vor dem Verkauf des restituierten Klimt-Gemäldes *Adele Bloch-Bauer I* um kolportierte 135 Mio. Dollar an Ronald Lauder bislang übrigens nur Pablo Picasso mit seinem Bild *Junge mit der Pfeife* vorstoßen. Es erzielte im Mai 2004 bei Sotheby's einen Zuschlag von 104 Mio. Dollar.

Für das Zustandekommen solcher Preise ist letztlich nicht nur die Leidenschaft einzelner Sammler entscheidend, sondern vielmehr die Werthaltigkeit für einen Investor. Denn es sind kaum noch Museen oder Privatsammler, die sich solche Werke leisten können, sondern eher Investoren, die den Kunstmarkt zur Diversifikation ihres Vermögens heranziehen. So wird das Vermögen von Ronald Lauder vom US-Magazin *Forbes* auf 2,7 Mrd. Dollar geschätzt. Und bei dieser Finanzkraft spielt es gar keine Rolle, ob ein Werk von Klimt um 100 oder 135 Mio. Euro eingekauft wird. Wichtiger ist die Werthaltigkeit dieser Werke über alle Krisenzeiten hinweg.

Hubert Thurnhofer

Die höchsten Preise, die für Gemälde bisher bezahlt wurden (in Millionen US-Dollar):

G. Klimt: Adele Bloch-Bauer I	135,0
P. Picasso: Junge mit Pfeife	104,2
P. Picasso: Dora Maar mit Katze	95,0
V. van Gogh: Porträt des Dr. Gachet	82,5
A. Renoir: Au Moulin de la Galette	78,1
P. P. Rubens: Massaker der Unschuldigen	76,7
V. van Gogh: Selbstbildnis ohne Bart	71,5
P. Cezanne: Stillleben mit Vorhang, Krug und Obstschale	60,5
P. Picasso: Frau mit verschränkten Armen	55,0
V. van Gogh: Schwertlilien	53,9

Der Vergleich von Kunstwerken mit Aktien wird häufig gebracht. Wenn man Galeristen dazu befragt, so verweisen sie garantiert darauf, dass Kunst eine gute Geldanlage ist. Wenn man sie jedoch konkret über das Potenzial an Wertsteigerung der jeweiligen

Ist das Bild eine Aktie an der Wand?

Kunstwerke befragt, so verweisen sie lieber darauf, dass der „wahre Wert" bzw. der „eigentliche Mehrwert" im Kunstgenuss liege. Konkreter wird da schon ein Vergleich des Artprice-Index mit dem Weltaktien-Index. Demnach ist der Weltaktien-Index von Anfang 1990 bis Ende 2005 trotz massivem Einbruchs von 2000 bis 2003 um insgesamt 168 Prozent gestiegen. Der Artprice-Index ist im gleichen Zeitraum, nachdem er sich von 1990 bis 1992 praktisch halbiert hatte, erst in den vergangenen zwei Jahren wieder gestiegen, unterm Strich bleibt für die vergangenen 15 Jahre ein schwaches Plus von vier Prozent.

Die Frage, ob sich die Preise bei Aktien und Kunstwerken parallel oder gegenläufig entwickeln, ist bislang unentschieden. „Alle verfügbaren Statistiken zeigen bis jetzt, dass Kunst als Anlagemedium auf lange Sicht mit den Finanzmärkten positiv korreliert", meint Petra Arends, Executive Director Art Banking der UBS. Dagegen hält der Art Consultant Thomas Gonzáles: „Die von der Börse enttäuschten Großanleger, die schon seit Beginn der 80er Jahre die Wertzuwächse am Kunstmarkt beobachtet hatten, investierten nun (Anm: nach dem Börsencrash 1987) verstärkt in Kunst. ... Die Preise im Kunst-

markt stiegen deshalb innerhalb weniger Monate ins Unermessliche und das Marktvolumen verdreifachte sich im Zeitraum von 1987 bis 1989 auf ca. 4,5 Milliarden Dollar." Grundsätzlich ist der Kunstmarkt eher mit dem Aktienmarkt als mit anderen Märkten vergleichbar. Während sich der Preis eines Autos aus Produktionskosten und dem Markenwert rational berechnen lässt und deshalb auch vergleichbare Produkte in einem vergleichbaren Preissegment liegen, können sowohl im Aktienmarkt als auch im Kunstmarkt irrationale Faktoren zu gewaltigen Preisausschlägen führen – Preissprünge, die im Automobilmarkt wohl kaum möglich wären. Selbst ein Ferrari übersteigt kaum den zehnfachen Preis eines Mittelklassewagens. Dagegen können Aktien wie Google innerhalb weniger Monate einen Börsenwert erreichen, der den Wert alteingesessener Weltkonzerne übertrifft. Ebenso können Shooting Stars der Kunstwelt in kürzester Zeit von 0 auf 100 durchstarten.

Diese Ausreißer, die natürlich auch nach unten möglich sind, sollte man aber nicht überbewerten. Wer nicht nur mit einer einzigen „Aktie" an der Wand spekuliert, sondern sein Portfolio an Künstlern und Kunstwerken so breit streut wie sein Aktienportfolio, der hat gute Chancen, dass der Wert seines Portfolios schneller steigt, als wenn er sein Geld auf das Sparbuch legen würde. Insofern sind Aktien und Kunstwerke durchaus vergleichbar. Auf jeden Fall ist die Wahrscheinlichkeit, dass ein Kunstwerk seinen ökonomischen Wert behält bzw. den einmal bezahlten Preis beim Weiterverkauf übertrifft, höher als beim Kauf eines Autos, dessen Wert bereits nach dem ersten gefahrenen Kilometer rapid zu sinken beginnt.

Hubert Thurnhofer

Es wäre einfach, den Kunstmarkt wie jeden anderen Markt zu beschreiben: Angebot und Nachfrage bestimmen den Preis. Ein Vergleich mit dem Automobilmarkt zeigt, dass diese Formel allerdings im Kunstmarkt zu kurz greift. Etwa zwanzig Hersteller auf dem

Welchen Gesetzen gehorcht der Kunstmarkt?

internationalen Automarkt decken vom Kleinwagen bis zum Luxuswagen alle Klassen ab. Durch den Wettbewerb pendelt sich der Preis für eine bestimmte Klasse auf einem bestimmten Niveau ein. Damit hat der Kunde beim Autokauf objektive Vergleichsmöglichkeiten, wenn er seine Kosten-Nutzen-Rechnung anstellt. Er kennt in der Regel alle Marktteilnehmer und kauft schließlich zu einem für ihn nachvollziehbaren Preis. Solche Vergleichsmöglichkeiten und ein primärer Nutzwert fallen allerdings beim Kunstkauf weg, die Preisbildung kann daher nicht auf Angebot und Nachfrage reduziert werden.

Was sind dann die wesentlichen Kriterien der Preisbildung bei Kunstwerken? Für seine bevorzugte Automarke ist der Kunde bereit, einen gewissen Aufpreis zu zahlen, auch wenn er ein vergleichbares Produkt bei einem anderen Hersteller günstiger bekommen könnte. Emotionale Faktoren wie das Image einer Marke können sogar den Kaufausschlag geben, trotzdem bleibt dieses Entscheidungskriterium nur eines von mehreren. Beim Kunstkauf dagegen ist das Image der Marke – d. h. der Name des Künstlers – meist ausschlaggebend für den Kauf und immer ausschlaggebend für den Preis seiner Arbeiten.

Für eine bestimmte Marke ist der Kunstliebhaber und -sammler oft sogar bereit Preise zu zahlen, die in anderen Märkten unmöglich wären. Preise, die man zu Recht als „abgehoben" bezeichnet.

Gerne wird von Marketmakern wie Galeristen, Kuratoren, Museumsdirektoren und Sammlern darauf hingewiesen, dass die Qualität der Kunstwerke für ihre Bewertung im Vordergrund stehe. Tatsache jedoch ist, dass qualitativ gleichwertige Arbeiten unbekannter Künstler deutlich günstiger zu haben sind als die von bekannten Stars. Tatsache ist auch, dass ein und dieselbe Arbeit eines Künstlers zu einem Vielfachen des ursprünglichen Preises wiederverkauft wird, nachdem er berühmt wurde. Es ist daher der Schluss zulässig, dass das Werk an sich nur eine geringe Bedeutung für die Preisbildung spielt. Wesentlich wichtiger für die Preisbildung sind Faktoren, die sich auf den Künstler als Marke beziehen, wie seine Ausbildung und Biografie, sein nationales und internationales Rating. Kurz: all das, was die Ökonomie heute unter dem Begriff „Marketing" zusammenfasst, ist wesentlich für die Preisbildung und für die Verkaufserfolge eines Künstlers.

Hubert Thurnhofer

„Markennamen" auf dem Kunstmarkt –
Österreichs Top 10 in einer aktuellen Rankingliste:
1. Maria Lassnig (geb. 1919)
2. Franz West (geb. 1947)
3. Arnulf Rainer (geb. 1929)
4. Günter Brus (geb. 1938)
5. Hermann Nitsch (geb. 1938)
6. Erwin Wurm (geb. 1954)
7. Bruno Gironcoli (geb. 1936)
8. Herbert Brandl (geb. 1959)
9. Valie Export (geb. 1940)
10. Siegfried Anzinger (geb. 1953)

Einflussreiche Marketmaker würden be-
streiten, dass man mit gewöhnlichen Marke-
ting-Methoden oder gar mit Marketing-
Tricks einen Künstler „machen" kann. Der
Direktor des Bonner Kunstmuseums, Dieter
Ronte, meint etwa: „Der ökonomische Wert

Warum ist der Kunstmarkt so undurchschaubar?

von Kunst ergibt sich als ein Konsens von
Experten und Kunstkennern, der nicht dik-
tiert werden kann und sich nur langsam aufbaut." Und weiter: „Der wirtschaftliche Wert
eines Kunstwerks oder des Œuvres eines
Künstlers steht und fällt mit seiner Glaubwürdigkeit. Glaubwürdigkeit kann man
nicht fabrizieren. Sie wächst im Laufe der
Zeit allmählich heran".

Die Bewertung eines Kunstwerkes wird laut
Ronte ausschließlich von Insidern vorge-
nommen, die dafür „eigene Codes und Sprachen" entwickelt haben. Wer diese Codes
nicht beherrscht, kann auch den Bewertungsprozess nicht nachvollziehen und schon gar
nicht an dem Bewertungsprozess teilnehmen.
Wenn Ronte vom „ökonomischen Wert"
spricht, so intendiert er, dass der durch
Glaubwürdigkeit induzierte ökonomische
Wert identisch sei mit dem künstlerischen
Wert des jeweiligen Werkes. In dieser Vermischung von zwei völlig unterschiedlichen
Wertesystemen liegt die Hauptursache für
die von vielen Beobachtern als undurchschaubar empfundenen Gesetze des Kunst-
markes.

Um den Kunstmarkt zu verstehen, muss man
den Begriff „Bewertung" analysieren und differenzieren. Die Bewertung eines Gebrauchtwagens etwa führt nach allgemein üblichen
Kriterien zu einem Preis, den in der Regel
zwar Fachleute vorgeben, den Laien aber jederzeit nachvollziehen können. „Preisbildung" und „Bewertung" sind in diesem Falle
Synonyme, d. h., der Preis bildet den Wert
des Gebrauchtwagens ab. Preisbildung und
Bewertung eines Kunstwerkes sind dagegen
– auch wenn sie irrtümlich meist synonym
verwendet werden – zwei völlig unterschiedliche Prozesse: Der Wert wird durch den
Schöpfungsprozess des Künstlers hervorgebracht, dieser Wert an sich kann sich auch
nicht ändern. Ändern kann sich nur der Preis
für jedes Kunstwerk, d. h., ändern kann sich
nur der Wert für den Käufer.

Anders gesagt: Aus der primären künstlerischen Wertschöpfung entwickelt sich eine
sekundäre ökonomische Wertschöpfungskette, sofern der Künstler den Markteintritt
geschafft und einen breiten Zugang zum
Markt gefunden hat. Preis und Wert des
Kunstwerkes sind dabei völlig unterschiedliche Dinge, deshalb wäre es richtig, im ökonomischen Kontext von der „Preisbildung"
der Kunstwerke anstatt von deren „Bewertung" zu sprechen. Die Marketmaker – dazu
zählen auch die Museumsdirektoren, die sich
gerne als marktunabhängige, übergeordnete
Instanzen sehen, in Wahrheit aber sehr viel
Geld bewegen – können mit ihren Marke-
ting-Aktivitäten wie Publikationen, Ausstel-
lungen und Kunstmessen sehr viel bewegen
und investieren dafür entsprechend viel Zeit
und Geld. Somit ist das Marketing für die
Bewertung eines Kunstwerkes zwar unerheblich, für die Preisbildung jedoch wichtiger als
in jedem anderen Markt.

Hubert Thurnhofer

Anders als im Automobilmarkt, wo eine kleine Anzahl internationaler Konzerne den Weltmarkt bestimmen, wird der Kunstmarkt meist von „Nationalhelden" dominiert. Man könnte überspitzt sogar sagen: Es gibt keinen Kunstmarkt, aber es gibt viele Kunstmärkte.

Kann man Kunst national pushen?

Wie in einem dieser Kunstmärkte Künstler gepusht werden, lässt sich an dem „Kunst Guide" der österreichischen Wochenzeitschrift *Format* nachvollziehen. Hier werden Jahr für Jahr „Österreichs 100 beste Künstler" mit „Österreichs erfolgreichsten Künstlern" gleichgesetzt, wobei die Milchmädchenrechnung „künstlerische Bedeutung + kommerzieller Erfolg + Zukunftspotenzial = Rang des Künstlers" offenbar von keinem der Jurymitglieder in Zweifel gezogen wurde.

In dem „Kunst Guide" wird nirgends die Vorauswahl der 316 Künstler erläutert, die angesichts von 3.000 bis 4.000 arrivierten Künstlern in Österreich ziemlich willkürlich erscheint. Nirgends erläutert wird auch die Auswahl der 49 Jury-Mitglieder, 50 Prozent unter ihnen Galeristen, die mit diesem Rating klar erkennbare Eigeninteressen verfolgen. So darf man sich nicht wundern, dass die „Top 100" durch die Bank von eben diesen Galerien vertreten werden. Ein intensives Naheverhältnis pflegen diese Galerien auch zu den Wiener Kunstuniversitäten. So hat oder hatte gut die Hälfte der „Top 50" an der Akademie oder an der Angewandten eine Professur.

Ob die Akademie ein Garantieschein für dauerhafte Werthaltigkeit der Künstler-Profes-

soren ist, darf bezweifelt werden, denn die in den 1970er Jahren marktdominanten und die Akademie dominierenden Künstler, die als „Phantastische Realisten" österreichische Kunstgeschichte geschrieben haben, scheinen in dem Ranking von 2006 nicht mehr auf, obwohl viele von ihnen noch leben. Dagegen dürfen die längst verstorbenen Künstler Rudolf Schwarzkogler, Fritz Wotruba und Georg Eisler in dieser Liste nicht fehlen. Kurios, aber wahr: 18 Prozent der 100 wichtigsten lebenden Künstler sind laut Format-Rating tote Künstler. Symptomatisch: Eine Hildegard Joos, die Jahrzehnte ihres langen Lebens buchstäblich am Hungertuch nagen musste, wurde überhaupt erst wahrgenommen, nachdem sie verstorben war. Ihr Tod brachte ihr im Jahr 2005 gleich den Sprung auf Platz 73, ein Jahr später ist sie dem Vergessen schon wieder sehr nahe und konnte sich mit Platz 98 gerade noch unter den Top 100 halten.

Lehmden, Fuchs, Brauer, Hutter und Co. zählen demnach weder zu den besten, noch zu den erfolgreichsten österreichischen Künstlern der Gegenwart. Die einzige phantastische Ausnahme bildet Rudolf Hausner auf Rang 81. Für ihn könnte gelten: Nur ein toter Phantast ist ein guter Phantast. Dessen Tochter Xenia, die schon lange international reüssierte, aber in Österreich bislang selten zu sehen war, konnte sich mit einer Ausstellung im Kunsthaus Wien wieder in Erinnerung rufen und siehe da, sie landete damit als Neunominierung im Jahr 2006 auf Rang 74. Die Frage, ob man Kunst national pushen kann, ist damit einfach zu beantworten: Ja, man kann, wenn man sich in den richtigen Juroren-Kreisen bewegt.

Hubert Thurnhofer

Man kann sich den Kunstmarkt als Pyramide vorstellen. Die Spitze der Pyramide, der Olymp, wird bevölkert von den Top 100 dieser Welt. „Von den 100 gefragtesten Künstlern waren im Jahre 1979 50 aus den USA, 11 aus Deutschland, 12 aus England,

Kann man Kunst international pushen?

9 aus Frankreich und 4 aus Italien. Von 100 Künstlern stammten also 86 aus westlichen Ländern, vor allem den USA. 1997 stammten von den 100 der gefragtesten Künstler nur noch 40 aus den USA, jedoch 28 (!) aus Deutschland, 8 aus Großbritannien, 6 aus Frankreich und 5 aus Italien. Wiederum waren 87 Künstler aus der westlichen Welt", so Thomas Gonzáles in seinem Beitrag für den Sammelband *ArtInvestor*. Der Kunst-Olymp ist also eine durchwegs kapitalistisch geprägte Welt, wobei aus den USA nicht nur die finanzkräftigsten Käufer, sondern auch die potentesten Künstler stammen.

Direkt unter dem Olymp finden sich die Top 100 aller Länder dieser Welt. Dies sind – bei knapp 200 Staaten – rund 20.000 Künstler weltweit. Unter der Ebene der 200 x 100 finden sich die arrivierten Künstler, das sind deutlich mehr als die jeweiligen Top 100. Als arriviert kann man jene Künstler bezeichnen, die den Markteintritt über eine Galerie geschafft haben. In Österreich sind das mindestens 3.000 Künstler, in Deutschland sicher mehr als 5.000. Selbst wenn man pro Land „nur" 2.000 arrivierte lebende Künstler als Schätzwert annimmt, so summiert sich diese Zahl weltweit auf 400.000. Die unverblümte Frage: „Ist dieser Künstler bekannt?", die Ga-

leristen gerne mit einem wegwerfend verachtenden Blick beantworten, ist so gesehen nicht unberechtigt. Zumal die Kunstmarktpyramide noch wenigstens zwei Ebenen tiefer geht: Die Ebene, auf der sich Coming-up und verkanntes Genie wie Fuchs und Hase gute Nacht sagen und darunter die Ebene, wo Künstler aller Art zu Hause sind, die nach dem ersten Aquarellkurs bereits künstlerische Ambitionen entwickeln, aber meist doch nur Waren aller Art produzieren.

Aber zurück zu den ersten drei Ebenen der Kunstmarktpyramide: Die Realität, die von den Marketmakern gerne ignoriert oder bewusst verschwiegen wird, ist die exorbitant große Zahl von rund 500.000 arrivierten Künstlern weltweit, die alle an und für sich als Marke wahrgenommen werden wollen. Man muss nicht weiter begründen, dass es wahrnehmungspsychologisch unmöglich ist, auch nur ein Prozent dieser Marken einem breiteren Publikum bekannt zu machen. Damit wird verständlich, dass selbst die „Nationalhelden" der jeweiligen Kunstmärkte nur sehr selten einen breiten internationalen Durchbruch schaffen. So wie die Durchlässigkeit von der dritten auf die zweite Ebene der Kunstmarktpyramide innerhalb eines Landes sehr gering ist, so ist auf Grund der vorherrschenden nationalen Interessen auch die internationale Durchlässigkeit auf den einzelnen Ebenen sehr gering. Kunst international zu pushen ist daher schwierig, aber nicht unmöglich, sofern man zu den Hohepriestern des Kunst-Olymps gute Kontakte pflegt.

Hubert Thurnhofer

Wenn das Konstruktionsprinzip anonymer Architektur als Ergebnis einer baulichen Evolution aus Klima und verfügbarem Baustoff unter wirtschaftlichem Energieverbrauch bezeichnet werden kann, so trifft dies weitgehend auch für die traditionelle Kunstarchi-

Warum sollen Architektur, Landschaft und Klima zusammenpassen?

tektur zu. Solange kein günstiges Massentransportmittel zur Verfügung stand, wurde stets getrachtet, Baumaterial aus der Umgebung heranzuziehen. Obwohl klimabedingtes Bauen bis heute ein Gebot der Vernunft ist, war es so lange eine Notwendigkeit, als nicht (beliebig) Energie zur Stabilisierung nicht klimagerechten Bauens zur Verfügung stand. Aber Landschaft und Klima wirkten sich auch auf die Standortwahl der Architektur aus, bedenkt man Rücksichtnahme auf mögliche Naturereignisse wie Hochwasser, Erdrutsche, Lawinen. Derartige Bauten werden als Bestandteil der Landschaft und ihre lokale und regionale Ausdrucksform empfunden. Letztlich hat sich durch die Berücksichtigung der Faktoren von Klima und Landschaft auch die Beachtung eines Maßstabes der Architektur ergeben, der sie sich zwangsläufig in die Landschaft einfügen ließ. Schon mit der Eisenbahn als billigem Massentransportmittel sind im 19. Jahrhundert (vor allem Repräsentations-)Bauten entstanden, die sich durch importiertes Baumaterial von der übrigen Architektur unterscheiden und in manchen Fällen bis heute ein Fremdkörper geblieben sind. Was das Baumaterial

betrifft, haben moderne, industriell hergestellte Baustoffe und ihre fast beliebige Verfügbarkeit der Architektur viel von ihrem regionalen Kontext genommen. Aber erst die scheinbar beliebig für Heizung und Klimatisierung zur Verfügung stehende Energie hat ermöglicht, überall absolut nicht dem jeweiligen Klima entsprechende Architektur zu verwirklichen. Damit geht eine Egalisierung des Bauens einher, welche die einst so reiche regionale architektonische Differenzierung Europas zu zerstören droht.

Analysiert man die Prinzipien neuer Energiesparhäuser, so treffen deren Grundsätze bezogen auf die damals verwendeten und möglichen Baustoffe auch auf traditionelle regionale Architekturformen zu. Sieht man einmal von der langfristig gesundheitsschädlichen Wirkung vollklimatisierter Bauten ab, so stellt sich auch die Frage nach dem subjektiven Wohlbefinden der Benutzer von Architektur. Hier wird in fast allen Untersuchungen der traditionellen Bauform der Vorzug gegeben, die mit Landschaft und Klima im Einklang steht.

Allein schon die mit der globalen Erwärmung zusammenhängenden Probleme müssten als Begründung dafür ausreichen, warum Architektur, Landschaft und Klima zusammenpassen sollen.

Franz Neuwirth

In Harmonie mit der Landschaft? Otto Wagners Jugendstilvilla am Stadtrand von Wien

Die Medien haben es sich angewöhnt, Laien – oft in entscheidender Position – zur Beurteilung so ziemlich jeden Themas zu ermuntern. Die Ergebnisse dieser Praxis sind im Bereich der Architektur letztlich auch nicht mehr oder weniger subjektiv als die Bewer-

Kann man Architektur als Laie bewerten?

tung durch Fachleute. Bei Architektur gibt es darüber hinaus sogar eine befugte Parteistellung des Laien – nämlich dann, wenn er Benutzer von Architektur ist. Es soll daher gar nicht so sehr auf den Ausbildungsgrad des Beurteilenden, sondern auf die jeweilige Fragestellung eingegangen werden:

Bei *historischer Architektur* liegt einmal bereits eine Auslese vor, da abgesehen von zufälligen Zerstörungen man in der Vergangenheit eher das Schlechte und Unbrauchbare gegen Neues ausgewechselt hat. Andererseits liegt über historische Architektur bereits oft eine absolute Beurteilung vor, die bei persönlicher Nutzung des Objektes nicht Stand hält oder sich bei näherer Betrachtung als Klischee herausstellt. So entpuppt sich etwa die Villa Rotonda von Palladio, zu der als palastartige Ikone der Baukunst aufzuschauen man Generationen von Architekten gelehrt hat, bei näherer Betrachtung als Filigranbauwerk mit nur ein Fuß dicken Mauern, bei dem alle Gewölbe, die Kuppel und die Giebelvorbauten aus Holz, die Gesimse nur an den Ecken aus Stein und die Säulen aus verputzten Ziegeln sind. Dieses Manko stellt sich aber als noch größerer Vorzug heraus, wenn man den geringen materiellen Aufwand des Architekten für den derart erzielten Effekt bedenkt.

Für historische Architektur galt ein gewisser Formenkanon. Und das Plagiat war, wenn schon kein Vorzug, so doch kein Makel.

Bei der Beurteilung von *Projekten* liegen die Dinge schon anders. Der begüterte Bauherr von früher ist zumeist einem Gremium gewichen, dessen Vertretern – häufig Laien mit oder ohne Geschmack – vor allem zumeist gemeinsam ist, dass sie selbst kein Geld haben, sondern über fremdes Geld bestimmen. Da es keinen gültigen Formenkanon mehr gibt und selbst der leiseste Anschein von Plagiat ein Makel ist, weicht die formale Gestaltung von Architektur manchmal in Formen aus, die dem Laien nicht mehr die Beurteilung ermöglichen, ob das geforderte Raumprogramm erfüllt wird. Gerade Laien können durch einen prominenten Architektennamen leicht über funktionale Mängel eines Projektes oder die schlichte Nichterfüllung der Ausschreibung hinweggetäuscht werden.

Mit bereits bestehender *zeitgenössischer Architektur* hat es der Laie bereits wieder leichter. Wohl gibt es keinen gültigen Formenkanon mehr, aber selbst der Laie merkt, ob Architektur von Meisterhand bis ins letzte Detail durchdacht und durchkonstruiert ist oder ob ab einem gewissen Maßstab die Ausführung dem Zufall oder den jeweiligen Professionisten überlassen blieb. Dazu zählen auch die Benutzerfreundlichkeit und – in zumeist auf Klimatisierung angewiesenen Bauten – ein Gefühl des Wohlbefindens. Bei zeitgenössischen Ergänzungen zu historischen Altbauten wird die Wahrung des Maßstabes und der Grad des Unterordnens des Neuen unter das gemeinsame Ganze entscheidend sein. Auf keinen Fall sollte sich der Laie von Namen blenden lassen und an des „Kaisers neue Kleider" glauben.

Franz Neuwirth

Wohnqualität wird einerseits durch das Objekt und seine Umgebung bestimmt, also durch bautechnisch-architektonische und soziologisch-städtebauliche Faktoren, und ist andererseits physiologisch und psychologisch bedingt.

Worin besteht Wohnqualität?

Größe und Gliederung der Wohneinheit müssen dem Wohnbedarf der Benutzer entsprechen. Der Ablauf der Wohnfunktionen der Benutzer soll reibungslos gewährleistet sein. Natürliche Belichtung und Belüftung sowie Temperatur sollen den Wohngewohnheiten der Benutzer entsprechen; soweit dafür Energie erforderlich ist, soll diese ökonomisch vertretbar sein. Dass Baumaterial und Raumklima nicht gesundheitsschädigend sind, sollte sich von selbst verstehen. Die Wohneinheit soll keiner Lärmbelastung ausgesetzt sein und Lärmentwicklung erlauben, ohne andere zu stören. Versorgung mit Energie und Wasser, Entsorgung von Abfällen sowie leichte Erreichbarkeit sollen gewährleistet sein. Letztlich soll die Wohneinheit sicher sein. In welcher Form ein Objekt diese Kriterien erfüllt und ob es dazu zusätzlicher Einrichtungen bedarf, hängt davon ab, wie viele Wohneinheiten es enthält, wobei die Bandbreite der Möglichkeiten vom Einfamilienhaus bis zum Wohnhochhaus reicht. Städtebaulich sind für die Wohnqualität vor allem die Verkehrsanbindung (öffentlicher oder Individualverkehr), die Lage der Einkaufsmöglichkeiten, die medizinische Versorgung, das Freizeitangebot sowie die Entfernung zu Schule und Arbeitsplatz maßgeblich. Zumindest auf einer der drei Ebenen Wohneinheit, Wohnobjekt und städtebauliche Einheit soll eine Identifikationsbildung möglich sein.

Die Gewichtung dieser Faktoren kann unterschiedlich sein bzw. können einzelne Faktoren komplementär gesehen werden. So wird bei geringer Lärmbelastung schlechtere Erreichbarkeit akzeptiert, eine starke Identifikation mit dem Wohnobjekt erübrigt eine städtebauliche Identifikation, und eine etwa durch Dachausbau erzielte besondere Aussicht wiegt die zur Temperierung erforderlichen Energiekosten auf. Dazu kommen noch subjektive Faktoren wie besonderer Wert, besondere Ausstattung etc.

Die meisten dieser Kriterien sind bei historischer Architektur und ihrem historisch gewachsenen urbanen Umfeld in einer für die Wohnqualität bewährten komplementären Abwägung gegeben. Allfällige Defizite der Wohnqualität bei zeitgenössischer Architektur werden vielfach durch verbesserte Ver- und Entsorgung sowie günstige Verkehrslage wettgemacht. Ebenso lässt die Erfüllung modischer Trends und suggerierter Wohnbedürfnisse, also subjektiver Vorgaben, vielfach über damit verbundene Defizite bei der Erfüllung objektiver Qualitätskriterien hinwegsehen. Auch die etwa von Häuselbauern mit zum Teil untauglichen Mitteln selbst vollzogene Umsetzung solcher Leitbilder lässt subjektiv die damit verbundenen Defizite an Wohnqualität in den Hintergrund treten. Letztlich ist auch die Zeit als Qualitätsfaktor nicht außer Acht zu lassen, die dem individuellen Benutzer einer Wohneinheit zur Gewohnheit gewordene Situation.

Franz Neuwirth

Ob in der bildenden Kunst etwa bei Pieter Brueghels Gemälde des Turmbaus zu Babel, ob in der historischen Architektur zum Beispiel mit den Zikkurats (Hochtempel) des Zweistromlandes oder den Geschlechtertürmen italienischer Altstädte, ob in der Archi-

Wachsen die Hochhäuser in den Himmel?

tekturtheorie oder nicht umgesetzten Entwürfen (etwa Adolf Loos' Hotel in Form einer Säule), stets findet sich der Traum des Menschen vom in den Himmel wachsenden Bau, mit dem er sich – Gott oder sich selbst zu Ehren – über alle anderen erhebt. Nur in wenigen Fällen ist die extreme Höhenentwicklung durch Funktion (Leuchtturm von Alexandria) oder Raumnot begründet. Mit der Technik des Industriezeitalters eröffneten sich diesem Traum neue Perspektiven, aus denen bis heute immer neue Superlative hervorgegangen sind, deren Gestaltung sich immer mehr von der Architektur entfernt und eher einer überdimensionalen Skulptur gleicht. Stand bei den früheren Hochhäusern noch das Prinzip „form follows function" Pate, so ist dieser Grundsatz längst dem Dogma einer um jeden Preis innovativen Gestaltung gewichen, bei der Identität vor Funktion rangiert.

Fast immer ist das Hochhaus eine urbane Bauform – es benötigt gleichsam die niedrigere Architektur zu seiner Selbstdarstellung. Im Stadtgrundriss früher (besonders in Zeiten totalitärer Regime) zumeist mit Axialbezug angeordnet, hat sich das Hochhaus immer mehr zur Betonung von Verkehrskonzentrationen entwickelt. Städtebaulich wirken daher die meisten Hochhäuser durch ihre amorphe Konzentration, innerhalb derer sich das Einzelobjekt architektonisch entweder durch noch größere Höhenentwicklung oder als immer gewagtere Skulptur zu behaupten trachtet.

Dem suggerierten Vorteil der Ökonomie des Grundstücksbedarfs stehen (zumeist von der öffentlichen Hand getragene) erhöhte Folgekosten für Ver- und Entsorgung, urbane Infrastruktur und Sicherheit entgegen. Die zur Klimatisierung von Hochhäusern erforderliche Energie ist als ebenso großer ökologischer Nachteil quantifizierbar, wie die dadurch beeinträchtigte Befindlichkeit der Benutzer und daraus resultierende Folgen nicht quantifizierbar sind. Die nicht aufgezeigte und konsequent gehandhabte Kostenwahrheit führt dazu, dass sich das Hochhaus als Immobilie zur (rasch) Gewinn bringenden Kapitalinvestition eignet.

Innerhalb eines urbanen Bereiches mit vorwiegend niedrigerer Bebauung bildet ein Hochhaus nicht nur architektonisch einen neuen Akzent, sondern stellt auch einen sozioökonomischen Einfluss auf die Umgebung dar. Liegt sein Standort innerhalb oder am Rand einer gewachsenen Altstadt, sind die Auswirkungen zumeist negativ. Für historisch gewachsene (und etwa als UNESCO-Welterbestätten geschützte) Altstädte stellen Hochhäuser nicht nur im Nahbereich, sondern auch bei entfernten Standorten eine optische Beeinträchtigung dar, die eine entsprechende Berücksichtigung der Stadtplanung erfordert.

Franz Neuwirth

Es ist verwunderlich, dass unsere teils „überregulierte" Gesellschaftsordnung gerade auf dem Neubausektor bei Fragen der optisch ästhetischen Gestaltung „unterreguliert". Dort, wo schon bei kleinsten Niveauunterschieden etwa Handläufe und Gitter vorge-

Wieweit wird unsere Landschaft durch „Häuselbauer" verschandelt?

schrieben sind, bei betrieblicher Nutzung bestimmte Raumhöhen nicht einmal um Millimeter unterschritten werden dürfen und sogar denkmalgeschützte Objekte im Wahn der rein quantitativen Umsetzung von Bauvorschriften etwa mit überdimensionierten Belichtungselementen verschandelt werden müssen, spielt es offensichtlich keine Rolle, wenn etwa nicht fertig gestellte Tirolerhäuser mit 3/8-Erkern mit Butzenscheiben und Betonbögen über von Kunststoffbalustern gezierten und von Gipslöwen bewachten Terrassen im Licht von Plastiklaternen aus dem Supermarkt über Jahre im fahlen Inkarnat ihrer unverputzten Rohziegelwände dastehen, bis sie von heranwachsendem Grün wohltuend verhüllt werden. Es ist wenigstens zu hoffen, dass derartige Bauten in den Augen künftiger Generationen als eine Form der anonymen Architektur akzeptiert werden.

Solche Werke von „Häuselbauern" entstehen häufig ohne berufene Planer und Handwerker unter Verwendung von Halbfertigprodukten und versuchen Idealvorstellungen des Landhauses umzusetzen, denen sie bei drei Meter Bauwich (= Mindestabstand, den ein Objekt von der Grundgrenze einhalten muss) schon allein der zur Verfügung stehenden Grundgröße wegen nicht entsprechen können. Bei gerechtfertigtem Stolz über die erbrachte Leistung steht dennoch der Wohnwert oft in keinem Verhältnis zum Aufwand. Schuld trifft in erster Linie nicht die „Häuselbauer", sondern diejenigen, welche die rechtlichen Voraussetzungen für eine solche Bebauungsweise schaffen und deren Ergebnisse legalisieren.

Aus dem Flugzeug lässt sich an klaren Tagen selbst aus Reiseflughöhe anhand des Vergleichs der Siedlungsstruktur etwa in der Grenzregion zwischen Oberösterreich und Bayern erkennen, ob man sich über Österreich oder Deutschland befindet: Grund dafür ist, dass in Deutschland im Gegensatz zu Österreich erste Bauinstanz und Erstellung des Flächenwidmungsplanes nicht der Gemeinde, sondern den Kreisbauämtern obliegen. Als Ergebnis dessen stehen dichte, klar vom Naturraum abgegrenzte Neubaugebiete und verdichtete Ortskerne auf deutscher Seite oft aufgelockerten Ortskernen und wesentlich freier in den Naturbereich hineinwachsenden Siedlungsstrukturen auf österreichischer Seite gegenüber.

Die seinerzeit in Österreich erfolgte Überantwortung der Baukompetenz von den Gebietsbauämtern an die Gemeinden hat sich in vielen Fällen als nachteilig erwiesen: Dort, wo die damit beabsichtigte eigenverantwortliche Gestaltung des Gemeindegebietes verantwortungsvoll wahrgenommen wurde, funktioniert sie großartig, aber dort, wo dies nicht der Fall war, sind die Folgen katastrophal. Selbst wenn die Bürgermeister in Baufragen fachlich kompetent wären (was nicht zu sein ihnen niemand verübeln wird), birgt die Doppelfunktion des Bürgermeisters als politischer Mandatar und als erste Bauinstanz einen furchtbaren Interessenkonflikt, dessen Auswirkungen auf das Ortsbild landauf, landab zu sehen sind.

Wie in anderen Bereichen unserer heutigen Gesellschaft auch sind die Ergebnisse zu großer Freiheit nicht immer schön anzusehen. Vielfach hat dann die Allgemeinheit für die Behebung derart verursachter Fehler wieder aufzukommen. Manche der heute in jedem Fremdenverkehrsprospekt gepriesenen und bewunderten Altstädte verdanken ihr Erscheinungsbild den für heutige Begriffe drastischen und unvorstellbaren Bebauungsvorschriften und Einschränkungen ihrer Entstehungszeit. So wurden Anzahl und Größe der Fenster, Breite der Tore, Höhe der Häuser und ihre Ausschmückung genauestens vorgeschrieben (abgesehen davon gab es sogar Kleiderordnungen für die verschiedenen Stände). Als Kompromiss zwischen beiden Extremen wäre bereits hilfreich, bei begrenzter Grundstückgröße bestimmte Strukturen offener Bebauung auszuschließen und die Fertigstellung der Objekte zu befristen.

Franz Neuwirth

Favelas: anonyme Architektur in südamerikanischen Armenvierteln

Wesen der *traditionellen anonymen Architektur* ist ihr Zustandekommen ohne Architekten bzw. ohne professionelle Planer und unter Berücksichtigung größter Wirtschaftlichkeit aus einer lokalen Bautradition heraus. Historische anonyme Architektur lässt

Was ist anonyme Architektur?

sich zeitlich, funktional, regional bzw. lokal differenzieren. Unabhängig von Klima und Topographie ist generell die wechselseitige Berücksichtigung nachstehender Faktoren zu beobachten:

Bei der Wahl des *Standortes* werden überlieferte Erfahrungswerte für Naturereignisse (wie Hochwasser, Erdrutsche, Lawinen etc.) berücksichtigt. Maßgeblich für die Wahl des Standortes sind Erreichbarkeit, Versorgungsmöglichkeiten, Sicherheit und – bei bäuerlichen Bauten – Expansionsmöglichkeit. Abgesehen von diesen logistischen Parametern werden auch soziologische (etwa Rangordnung, Erbfolge, Traditionen u. ä.) und wirtschaftliche Faktoren wie zum Beispiel der Bodenpreis berücksichtigt.

Das *Konstruktionsprinzip* ist das Ergebnis einer baulichen Evolution aus Klima und verfügbarem Baustoff, das mit seinem wirtschaftlichen Energieverbrauch zumeist in positivem Gegensatz zu neuzeitlichen Konstruktionsformen steht. Die Herstellung erfolgt als Eigenbau mit oder ohne Nachbarschaftshilfe, allenfalls unter Hinzuziehung lokaler Handwerker.

Die *traditionelle Form* ist aus der Konstruktion organisch entwickelt und an die Nutzung angepasst, wobei durchaus modische Einflüsse oder lokale Regulative mitbestimmend sein können. Die Größe von Wohnbauten ist zumeist durch die Familie definiert, bei Wirtschaftsbauten durch ihre zumeist handwerkliche Betriebsform. Dabei können die Veränderung sozioökonomischer Grundlagen (etwa Veränderung des Haushaltes von Groß- zur Kleinfamilie), die Berücksichtigung neu entstandener funktionaler Bedürfnisse, die erleichterte Verfügbarkeit arbeitssparender neuzeitlicher Baumaterialien oder im Zuge einer überregionalen Kommunikation zugänglich werdende Beispiele relativ rasch zu Veränderungen führen.

Vor allem in der 2. Hälfte des 20. Jahrhunderts sind zwei Formenbereiche neu entstanden, die nur zum Teil den Grundsätzen der traditionellen anonymen Architektur folgen, deren Beurteilung als anonyme Architektur jedoch ansteht:

– *Favelas* oder wie auch immer bezeichnete Bauten in Armutsvierteln im Randbereich der Großstädte, die von den wirtschaftlich schwächsten Teilen der Bevölkerung errichtet werden, entstehen ohne Architekten und unter Berücksichtigung größter Wirtschaftlichkeit vor allem unter Verwendung von Abfallprodukten. Die vorstehend entwickelten Faktoren wie Wahl des Standortes und Konstruktionsprinzip treffen nicht zu.

– Auch die von den so genannten *„Häuselbauern"* errichteten Bauten entstehen ohne Architekten unter Berücksichtigung größter Wirtschaftlichkeit. Ihre Form leitet sich von Idealvorstellungen ab, denen diese Bauten oft weder in Funktion noch Erscheinungsbild entsprechen. Es mangelt ihnen hinsichtlich Form und Konstruktion zumeist an einer regionalen Identität.

Franz Neuwirth

Der Denkmalbegriff hat in den letzten 30 Jahren einen inhaltlichen Wandel erfahren. Dieser wird schon dadurch deutlich, dass immer öfter vom Kulturerbe statt vom Denkmal die Rede ist. Damit wird der Übergang vom Schutz des Einzelobjektes zur nachhal-

Wie weit soll der Denkmalbegriff gehen?

tigen Entwicklung der Stadt- und Kulturlandschaft umschrieben. Diese Erweiterung des Denkmalbegriffs ist nicht willkürlich erfolgt, sondern die Reaktion auf die zunehmende Gefährdung immer weiterer Kategorien des Kulturgutes durch eine immer raschere wirtschaftliche Entwicklung.

Der traditionelle Schutz unbeweglicher Denkmale konzentrierte sich bis in die 70er Jahre (auch in Österreich) auf das historisch, künstlerisch oder sonstig kulturell bedeutsame Einzelobjekt, das vor Zerstörung oder unangemessener Veränderung geschützt werden sollte. Das Augenmerk galt dabei mehr den künstlerisch gestalteten Bereichen als der Erhaltung amorpher Strukturen.

Der von der Charta von Venedig 1964 definierte und mit dem so genannten „Europäischen Denkmalschutzjahr" 1975 propagierte Ensembleschutz sollte die durch zunehmenden Individualverkehr und rege Neubautätigkeit im urbanen Bereich wachsende Bedrohung der optischen Integrität von Einzeldenkmalen und ihres gewachsenen Zusammenhangs abwenden. Dieser Ensemblebegriff stellt einen höheren Wert dar, als ihn die darin enthaltenen Einzeldenkmale für sich in Anspruch nehmen könnten (in Österreich durch das Denkmalschutzgesetz, Altstadterhaltungsgesetz u. a.). Weiters wurde postuliert, Denkmal- und Ensembleschutz möglichst frühzeitig in die jeweiligen Planungsinstrumente zu integrieren.

Mit der Einführung der Kulturlandschaft als Unterkategorie des Kulturgutes nach der UNESCO-Konvention zum Schutz des Kultur- und Naturerbes der Welt wurde der Denkmalbegriff in den 90er Jahren neuerlich erweitert. Damit wurde der Sprung vom Ensemble zur Kulturlandschaft vollzogen, die einen höheren Wert darstellt als die Summe der in ihr erhaltenen Einzeldenkmale, Ensembles und Naturbereiche.

Fand der Denkmalschutz beim Einzeldenkmal noch mit dem Verbot von Veränderung und Zerstörung, also mit reaktiven Normen das Auslangen, und beim Ensemble mit der so genannten *conservation intégrée*, so benötigt die nachhaltige Entwicklung der Stadt- und Kulturlandschaft eine aktive Gestaltung nach qualitativen Prinzipien, zu deren Koordinierung mit der Erhaltung des Kulturerbes die entsprechende politische Willensbildung unabdingbar ist.

Die traditionellen Berufe der Denkmalpflege (Handwerker, Architekt, Archäologe, Restaurator) und das bisherige Instrumentarium des Denkmalschutzes decken nur mehr einen Teil der heute zum Schutz des Kulturerbes notwendigen Bereiche ab. Es stellt sich die Frage, ob sich die Denkmalpflege auf ihre traditionellen Instrumente beschränkt oder aber diese adaptiert und sogar neue Instrumente entwickelt, um diesem umfassenden Begriff des Kulturerbes gerecht zu werden.

Franz Neuwirth

Bedingt durch die zunehmende Gefährdung immer neuer Kategorien des Kulturgutes hat sich der Denkmalbegriff, d. h. der Begriff des zu schützenden Kulturgutes, in den letzten 30 Jahren vom Einzeldenkmal über das Ensemble bis hin zur Kulturland-

Wo sind die Grenzen des Denkmalschutzes?

schaft entwickelt. Fand der Denkmalschutz beim Einzeldenkmal noch mit dem Verbot von nachteiliger Veränderung und Zerstörung, also mit reaktiven Normen, das Auslangen und beim Ensemble mit der frühzeitigen Integration in die Planungsinstrumente, so ist es bei der Stadt- und Kulturlandschaft mit Denkmalschutz und Erhaltung allein nicht getan. Um eine nachhaltige Entwicklung der Kulturlandschaft zu gewährleisten, bedarf es einer aktiven Gestaltung nach qualitativen Prinzipien, zu deren Koordinierung mit der Erhaltung des Kulturerbes die entsprechende politische Willensbildung unabdingbar ist.

Die UNESCO-Konvention zum Schutz des Kultur- und Naturerbes der Welt ermöglicht im Bereich des Kulturerbes die Eintragung von Einzelobjekten, Ensembles und Kulturlandschaften von weltweit außergewöhnlicher Bedeutung in eine bei der UNESCO in Paris aufliegende Welterbeliste. Nun gibt es etwa in Österreich wie auch in manchen anderen Staaten keine eigene Gesetzgebung zum Schutz des Welterbes. So ist zumeist Denkmalschutz von Welterbestätten für Einzelobjekte und Ensembles möglich, jedoch der Schutz der damit verbundenen unbebauten Freiräume und mehr noch der Kulturlandschaft bedarf unterschiedlichster gesetz-

licher Regelungen auf na-
tionaler, regionaler und
lokaler Ebene.

Aus dieser Situation ergibt
sich die Notwendigkeit eines in alle Planungsinstrumente integrierten Schut-
zes der Welterbestätten.
Dieser fehlt in dem Maß,
als die den unterschiedlichen gesetzlichen Mög-
lichkeiten entsprechenden
verschiedenen Planungs-
instrumente noch nicht
durch so genannte Mana-

*Denkmalschutz in Verbindung mit moderner Architektur:
die ehemaligen Gasometer in Wien-Simmering*

gementpläne zum Schutz des Welterbes koordiniert wurden. Dementsprechend reicht
im frühen Projektstadium der Rahmen zur
Beurteilung von (zumeist Hochhaus- oder
Neubau-)Vorhaben mit Auswirkungen auf
das Welterbe „von zuträglich bis störend"
und ermöglicht Alternativlösungen, woge-
gen sich in der Endphase meist nur mehr die
Frage nach „erlaubt oder verboten" stellt.
Dies erklärt, warum dem Welterbe nicht zu-
trägliche Neubauprojekte bis zur Genehmi-
gungsebene entwickelt werden können, bevor ihre mangelnde diesbezügliche Eignung
erkannt wird.

Wenn auch der Schutz von Welterbestätten
eine nachhaltige Entwicklung nicht ausschließt, so erfordert ihre Erhaltung besondere Rücksicht. Die anlässlich des 2005 in Wien
abgehaltenen internationalen Kongresses
„Welterbe und zeitgenössische Architektur"
bestätigte Lehrmeinung gesteht im anlässlich
dieses Kongresses beschlossenen *Wiener Me-
morandum* bei entsprechender Qualität,
Maßstab und Quantität zeitgenössische Elemente im historischen Bestand zu – ja fordert
sie sogar. Der Begriff des „weltweit einzigar-

tigen" Welterbes setzt andererseits jedoch
zwingend auch die Akzeptanz einer Situation
voraus, wo die Qualität des Altbestandes die
Aufnahme von Neuem ausschließt oder die
Kapazität dafür bereits ausgeschöpft ist.

Obwohl die Welterbestätten auf Wunsch der
jeweiligen Gebietskörperschaften eingereicht
und mit deren Zustimmung in die Welterbeliste eingetragen wurden, finden die für ihren
Schutz erforderlichen Nutzungs- und Pla-
nungsbeschränkungen oft nicht die erforderliche politische Unterstützung oder nur soweit, als sie durch bestehende gesetzliche Bestimmungen unvermeidlich oder durch die
öffentliche Meinung opportun geworden
sind – Letzteres meist erst nach Sanktionsan-
drohungen der UNESCO.

Franz Neuwirth

Die Frage nach der Krise des Theaters ist nicht neu. Robert Musil etwa brachte sie in den 1920er Jahren mit der „Bildungskrisis" in Verbindung und konstatierte für das Theater seiner Zeit vorwiegend „Effekttraditionen", „Gegnerschaft gegen den sogenann-

Ist das Theater in der Krise?

ten Intellektualismus", „Unintelligenz der Bühnendichtung", „antiliterarische Einstellung", „Psychotechnik der Reklame". An den „Untergang" des Theaters – wie ihn Theaterdirektoren damals prognostizierten – glaubte Musil übrigens nicht.

Spricht man von der gegenwärtigen Krise des deutschsprachigen Theaters, so erhebt sich die Frage, ob der Begriff Krise, dem immer auch ein Wendepunkt innewohnt, angemessen ist oder ob nicht eher von „Zerstörung" zu sprechen sei. Begrifflich ließe sich zwischen einer strukturellen und einer inhaltlichen Krise unterscheiden, obwohl in vielem ein Zusammenhang gegeben ist. In Deutschland sind Schließungen von Theatern, Etatkürzungen, Personalabbau als Phänomene einer strukturellen Krise zu erkennen, dazu kommen Zuschauerschwund sowie Bedeutungsverlust des Theaters im öffentlichen Bewusstsein; da aber fangen die Fragen zur inhaltlichen Krise an. Kürzungen von Budgets sind in Österreich – wenngleich nicht in dem Ausmaß – ebenfalls ein Thema geworden; aber auch da, wo die Uhren anders gehen und man mit hohen Besucherzahlen Erfolge vorzeigen möchte, ist die inhaltliche Krise, die sich im Geistigen wie im Handwerklichen zeigt, erkennbar.

Ansammlungen negativer Schlagworte wie Textzertrümmerung, Spaßtheater, Eventkul-tur, Antiintellektualismus, Formalismus kennzeichnen zwar dominierende Phänomene, bringen die Krise aber kaum zur Sprache. Wie alle Verallgemeinerungen enthalten sie ihr Wahres und Falsches, sie treffen auf vieles zu, aber zugleich lässt sich immer einwenden, dass auch ganz anders Theater gespielt wird. Markanter als Veranstaltungen zum Thema Theaterkrise, in denen einmal Nostalgie bemüht, dann wieder eine neueste Ästhetik ausgerufen wird, ist das verbreitete Phänomen des Verstummens oder des Sich-Abwendens angesichts der Entwicklung des Theaters. Der Wille, sich die Reflexion nicht austreiben zu lassen, mündet also hier nicht wie üblich in Kritik, sondern in ein bewusstes Distanzhalten.

Die Gleichgültigkeit gegenüber dem Konkreten, von der viele Inszenierungen geprägt sind, lässt denn auch mögliche Fragen als die Fragen von gestern erscheinen, als noch gefragt werden durfte, worum es eigentlich gehe. Lange schon liegt die Möglichkeit bereit, etwas, was man nicht versteht, für interessant zu halten. Wer dennoch von der Krise sprechen möchte, könnte vielleicht auch nach Verbindungen zur Krise der Gesellschaft suchen und etwas entdecken. In krisenhaften Situationen treten Magier auf, die der Menge – manchmal ohne es selbst zu erkennen – die raffinierte Kunst der Anpassung ans Gegebene oder den großen Rückschritt in moderner Gestalt verkünden, modisch gewandete Jasager mit Ungeheuern im Musterkoffer.

Peter Roessler

Der Anspruch, dass Theater modern sein soll, kann einer Haltung entspringen, die der Gegenwart kritisch zugewandt ist und sich nicht mit konservierten Lösungen zufrieden gibt. Wenn hierbei Unvollkommenes und Einseitiges entsteht, so liegt darin vielleicht

Was ist modern am Theater?

eine Notwendigkeit, im besten Fall aber eine Möglichkeit, etwas zu entdecken, an das angeknüpft werden kann. Die Rede gegen das moderne Theater überhaupt erwächst aus dem Wunsch, dass alles so bleibt, wie man es zu kennen glaubt, und ist eingebettet in eine Verklärung der Vergangenheit. Ausrufungen des modernen Theaters finden sich in zahlreichen wesentlichen Theaterprogrammatiken; wurde dabei Neu gegen Alt oder auch Jung gegen Alt gesetzt, nahm solches mitunter die Form des Generationskonflikts an. Die Bedeutung des Neuen könnte sich jeweils daran erweisen, ob die Proklamation über den Moment hinausreicht und Probleme der Menschheit betrifft.

Als modern wird derart Verschiedenes und in sich Widersprüchliches bezeichnet, dass es nicht sinnvoll ist, diesen Begriff nur als positives Etikett zu vergeben, ohne zu fragen, was mit den Inhalten und Formen erzählt wird. Ähnliches gilt für den Terminus Moderne, der inzwischen gerne willkürlich an allerlei Phänomene geheftet wird. Eine generelle Verbeugung verbietet sich mit Blick auf die Geschichte, denn der Mythos des „Neuen" oder „Modernen" hat sich allzu oft mit irrationalistischen und inhumanen Ideologien verbunden.

Das Bild vom ständigen Fortschritt, bei dem das Neue dem Alten auf jeden Fall überlegen sei, besitzt keine Entsprechung in der Realität des Theaters. Daher hat hier der beliebte Begriff der Innovation, der aus dem Bereich der Technik entlehnt ist, seine Problematik, insbesondere wenn er einem negativ definierten Begriff der Tradition starr entgegengesetzt wird. Tradition wiederum wäre positiv gefasst nichts Erstarrtes oder Konventionelles, sondern etwas, aus dem man Impulse für das Neue in Gegenwart und Zukunft gewinnen könnte.

Die gängige Forderung, dass Theater innovativ zu sein hat, meint meist nicht den essentiellen Bezug zur Gegenwart, sondern bezieht sich auf formal auffällige Novitäten, die ebenso rasch verschwinden wie sie ausgerufen wurden. Der Manierismus zahlreicher zeitgenössischer Inszenierungen hat in diesem Zwang zum Neuen ohne Inhalt seinen Grund, das lässt die Grenze zur Logik der Werbung verschwimmen, beraubt das Theater seiner weiten Möglichkeiten zur Widersetzlichkeit und schlägt um in einen Konformismus.

Peter Roessler

Vom Biedermeier in die Gegenwart versetzt: Ferdinand Raimunds „Verschwender" am Wiener Burgtheater

Eine kurze Antwort wäre, dass Theater als öffentliche Veranstaltung immer politisch sei, auch dort, wo solches von den Akteuren nicht beabsichtigt ist. Aber damit ist die Frage nach den jeweiligen Inhalten noch nicht berührt. Wenn es um die Suche nach einem

Gibt es ein politisches Theater?

Theater geht, bei dem sich die öffentliche Wirksamkeit mit der Behandlung großer gesellschaftlicher Stoffe verbindet, werden stets Aischylos und Shakespeare als unerreichbare Vorbilder genannt und dabei mitunter einer Romantisierung unterworfen. Anders als diese konnten Erwin Piscator (der 1929 sein Buch *Das politische Theater* veröffentlichte) und Bertolt Brecht nicht mehr von einem positiven Bezug zu einem bestehenden Gemeinwesen ausgehen; Perspektive ihrer Theaterarbeit wurde die Überwindung der bestehenden Verhältnisse. Die Frage nach dem politischen Theater ist heute ohne Kenntnisnahme der vielfältigen Leistungen eines Theaters im Exil, zu dem auch Piscator und Brecht gehörten, nicht angemessen zu erörtern. Zahlreiche von den Nationalsozialisten aus Deutschland und Österreich vertriebene Theaterleute hatten sich in den Ländern ihres Exils mit ihrem humanistischen Theater gegen die Barbarei des NS-Regimes behauptet.

Vieles, was in den siebziger Jahren des 20. Jahrhunderts an politischem Theater – als dieses in aller Munde war – versucht wurde, scheint vergessen zu sein, nicht zuletzt von manchen Beteiligten selbst. Auch jene raren Versuche harren noch ihrer Wiederent-

deckung, die nicht auf Bekenntnisse beschränkt waren, sondern einen differenzierten Begriff des Politischen entfalteten. Dazu gehört auch der damals wohl als unbequem empfundene Zweifel, ob politisches Theater denn überhaupt möglich sei; dieser muss heute nicht in die schicke Kapitulation führen. Trügerische Gewissheit schöpfen dagegen mittlerweile die verbliebenen Ausrufungen des politischen Theaters alten Stils aus der bloßen Erzeugung des Medienskandals; sie haben – wie bei Claus Peymann – nur einen Helden und sind nicht darauf ausgerichtet, dass andere an sie anknüpfen.

In jüngster Zeit tauchte die Frage nach dem politischen Theater erneut auf; sie mag von den drängenden und nicht mehr zu übersehenden sozialen Problemen erzeugt worden sein. Der Wunsch, das Theater aus seiner Selbstbezüglichkeit zu befreien, scheint aber in der Form einer belanglosen Debatte zu verharren, in der es auch um ganz anderes gehen könnte. Währenddessen wird in der Praxis – wie vieles im Kulturbetrieb – Politisches als Markenzeichen behandelt, das im Zirkus der Werbung Aufmerksamkeit erzeugen soll. So sind die Ereignisse, die als politisches Theater neuen Stils angekündigt werden, mit ihren formalisierenden Sensationen mehr Teil der marktförmigen Beliebigkeit einer Modenschau, in der es auch laute und bunte Auftritte geben muss. Nicht Kritik ist dann der Antrieb solchen Theaters, sondern das schrille Überbieten dessen, was die Gesellschaft ohnehin schon ausmacht.

Peter Roessler

Erwin Piscator in „Das politische Theater" (1929):
„Unser Ziel ist die Aufhebung des bürgerlichen Theaters, weltanschaulich, dramaturgisch, räumlich, technisch."

Der Beruf des Regisseurs ist an der Wende vom 19. zum 20. Jahrhundert entstanden und gehört zu den jüngsten Professionen in der langen Geschichte des Theaters. Seine Aufgabe lag fortan in der künstlerischen Verantwortung für eine von ihm konzipierte und

Was bedeutet Regietheater?

erarbeitete Inszenierung. Der Regisseur, dieses neue Wesen in einer alten Kunst, wurde gleichermaßen zum Motor wie zum Ausdruck einer enormen Umwälzung des Theaters. Mit Konstantin S. Stanislawski, Max Reinhardt, Leopold Jessner, Erwin Piscator und vielen anderen sind bedeutende Leistungen des Theaters verbunden, nicht zuletzt die Durchsetzung zeitgenössischer Dramatik. Eine Ablehnung des Regisseurs gab es von Beginn an – oft deshalb, weil man seine Funktion nicht verstand und ihn für überflüssig hielt. Die Bedeutung für die Arbeit des Schauspielers etwa war für das Publikum kaum erkennbar und sollte es oft auch gar nicht sein. Theater ist also immer zugleich Regietheater, da es mit den Möglichkeiten und Fähigkeiten des Regisseurs untrennbar verbunden bleibt.

Aber es gab früh auch Kritik daran, dass auf Effekte getrimmte Regie-Einfälle Handlung und Sinn des Stückes verstellten. Solche Erscheinungen kann man jedoch nicht pauschal dem Beruf des Regisseurs anlasten. Die schärfste Kritik wurde oft von Regisseuren selbst formuliert: Fritz Kortner etwa kritisierte das „Überrumpelungstheater". Der moderne Streit um das Regietheater geht auf die 60er und 70er Jahre des 20. Jahrhunderts

zurück, hier wurde der Begriff geprägt und musste für allerlei herhalten – diffus war damit bald eine ganze Generation von Regisseuren bezeichnet. Das oft im abwertenden Sinn gebrauchte Schlagwort vom Regietheater war zum Kampfbegriff geworden, der allerdings verdeckte, dass hier unterschiedlichste Richtungen gemeint waren: die kritische Lesart von Stücken ebenso wie Pop-Art, Agitprop oder symbolgetränkte Mystifikation.

Kann mit der negativen Verwendung des Wortes Regietheater die Absicht verbunden sein, Denken und kritische Haltung auf dem Theater zu schmähen, so zielt der Begriff gerade in jüngerer Zeit auf hierzu gegenteilige Phänomene. Gemeint ist dann meist jene Arbeitsweise von Regisseuren und Regisseurinnen, die sich in der Erzeugung leerer Originalität erschöpft, die Dramen zum Steinbruch degradiert oder nach stets neuen Effekten zur Erzeugung medialer Aufmerksamkeit sucht. Bezeichnet wird damit auch das Phänomen, dass Theaterdirektionen zunehmend wie Leitungen von Festivals agieren, indem sie nur Regie-Namen und Regie-Handschriften einkaufen, die wie Mode-Labels wirken. Während diese Entwicklung als Regietheater kritisiert wird, lösen sich hier aber die Aufgaben von Regie zugunsten eines Arrangements beliebiger Attraktionen auf.

Peter Roessler

Max Reinhardt gilt als einer der Pioniere moderner Regiearbeit

Traditionell ist die Forderung nach Werktreue an die „Klassiker" gebunden, nicht nur in jüngster Zeit geht es dabei oft um Schiller, letztlich aber um nahezu alle Autoren – mit Ausnahme der zeitgenössischen. Die Inszenierung möge, so wird gewünscht, dem Drama entsprechen.

Werktreue – ein überholter Begriff?

ma entsprechen. Dieser Wunsch kann jedoch verschiedene Richtungen einschlagen und viele davon führen nicht aus dem Irrgarten heraus. Die Treue der Regie gegenüber dem dramatischen Werk wird gerne an Kriterien überprüft, die überwundenen Stufen der älteren Aufführungsgeschichte entstammen oder gar der Annahme folgen, die Inszenierung könne so sein, wie man zur Entstehungszeit des Stückes gespielt habe. Auch die Illusion, jedes Drama ließe sich ohne Änderungen, Verbesserungen und „Striche" – kurzum ohne Erstellung einer „Fassung" – auf die Bühne bringen, kann sich mit der Forderung nach Werktreue verbinden. Bereits in den 20er und 30er Jahren des 20. Jahrhunderts gab es zudem den bildungsbürgerlich inspirierten Wunsch, die „Klassiker" vor dem Zugriff von Regisseuren zu bewahren, die einen radikalen Gegenwartsbezug herzustellen versuchten.

In der Polemik gegen die Werktreue wiederum werden die problematischen Argumente ihrer Anhänger häufig zum Anlass genommen, Regisseure zu diskreditieren, denen es wesentlich um das Drama geht. Eine Regiearbeit, die sich dem Stück verpflichtet weiß, wird dann mit dem negativ gemeinten Begriff des „Literaturtheaters" bezeichnet und als

überholt dargestellt. Zum Ideal gerät dabei weniger ein Theater ohne Drama, als ein Theater, dessen Kunstwert sich mit der Entfernung der Inszenierung vom jeweiligen Stück vergrößert. Propagiert wird auch eine Umdeutung der Begriffe, indem zwischen Werktreue, die doch wichtig sei, und Texttreue, die man nicht mehr benötige, unterschieden wird. Aber das Werk ist der Text, und die Auflösung des Textes führt auch zur Auflösung des Werkes, da dann nur mehr Segmente zu erkennen sind. Die Norm, mit einem Text alles nur Erdenkliche anstellen zu müssen, um auf einer unbestimmten Höhe der Zeit zu sein, kann totalitäre Züge annehmen: Die Befreiung von den vermeintlichen Fesseln der „Literatur" (übrigens kein neuer Gedanke) schlägt dann das Theater in die Fesseln der Inhaltslosigkeit.

So deutlich die Rollen im Konflikt um die Werktreue verteilt sind, so undeutlich bleibt der Begriff selbst. Er hatte von jeher eine schwankende Bedeutung, die seine Berechtigung in Frage stellte. Trifft er jedoch auf seine erklärten Gegner, kann er plötzlich feste Gestalt annehmen und die Arroganz gegenüber dem Text als Ignoranz entlarven. Nicht die private Attitüde, sondern die immer neue Suche nach Sinn und Substanz des Werkes wäre dann bedeutsam – und diese muss nicht unkritisch sein. Der Begriff Werktreue mag fragwürdig bleiben, das Problem, das er benennt, ist aber keineswegs überholt.

Peter Roessler

Theater findet in der Gegenwart statt, aber es spielt nicht immer in der Gegenwart. Welche Rolle die Geschichte dabei übernimmt, ist nicht festgelegt. Ein Drama kann in der Zeit angesiedelt sein, in der es geschrieben wurde; Ibsens *Nora* etwa spielt in den 70er

In welcher Zeit spielt das, was wir auf der Bühne sehen?

Jahren des 19. Jahrhunderts. Die Handlung eines Stückes muss aber keineswegs mit dessen Entstehungszeit zusammenfallen, man denke an die Historiendramen Shakespeares. Dieser hatte den historischen Stoff übrigens sehr frei und auf seine eigene Zeit bezogen behandelt, womit gleich zwei geschichtliche Zeiten ins Spiel kamen, die aber als eine erlebt wurden.

In welcher Zeit eine Inszenierung spielt, mag vom Drama abhängen, ist aber heute zunächst offen und muss von der Regie entschieden werden: Es kann die vom Stück vorgegebene oder eine andere historische Epoche, die Gegenwart oder eine Kombination verschiedener Zeiten sein. Die Absicht, etwas „zeitlos" zu inszenieren, lässt sich nicht verwirklichen, denn alles, was wir auf der Bühne zu sehen bekommen, erzählt – ob beabsichtigt oder nicht – von einer bestimmten Zeit, es gibt keine „zeitlosen" Räume, Kostüme oder Requisiten.

Die Tendenz geht dahin, Stücke aus allen Epochen nur mehr in einem gegenwärtigen Ambiente spielen zu lassen und Geschichtliches höchstens mit einigen Zeichen zu zitieren. Das aber ist kaum die gedankliche

Leistung einer Vergegenwärtigung des Historischen, sondern Ausdruck eines nicht vorhandenen geschichtlichen Bewusstseins. Was einmal gegen die Konvention des bloß rekonstruierenden Historismus angetreten war, ist inzwischen selbst zur Konvention geworden. *Minna von Barnhelm* im Balkan-Krieg bringt die historische Handlung nicht zu Orten der Gegenwart, sondern in die Unverbindlichkeit. Darüber hinaus gibt es eine Konjunktur von Schauplätzen, in die alte Dramen unterschiedslos verlegt werden: Einmal ist es der Wartesaal oder der Hinterhof, dann wieder das Wohnzimmer mit Plastikstühlen. Es scheint dabei weniger um Vergegenwärtigung, als um den Nachweis der Teilhabe an optischen Trends zu gehen.

Ein schöpferischer Umgang mit dem Geschichtlichen war für das Theater stets eine mögliche Quelle inhaltlichen Reichtums. So wird es immer wieder von der Einförmigkeit befreit, wenn nicht ein Katalog heutigen Designs, sondern menschliche Situationen im Zentrum stehen, die zwar aus konkreten geschichtlichen Konstellationen erwachsen, aber auf gegenwärtige Probleme beziehbar sind. Die Annahme, historische Räume oder Kostüme würden dabei den Bezug zur Gegenwart verhindern, ist schon deshalb unbegründet, da dieser letztlich immer von den Zuschauern selbst hergestellt werden muss.

Peter Roessler

Person, Figur, Rolle, Charakter, Gestalt – alle diese Begriffe stehen im Zusammenhang mit der Darstellung des Menschen im Drama und auf dem Theater, sie bedeuten manchmal gleiches, unterscheiden sich dann wieder voneinander und haben sich vor allem im

Menschendarstellung und Theater – eine verlorene Illusion?

Laufe der Geschichte verändert. Es ist ein Unterschied, ob Aristoteles oder Lessing, Schiller oder Brecht über den Charakter schreiben. Ein Schauspieler kann eine Rolle spielen, indem er eine Figur darstellt, die – man denke an Beckett – vom Autor nicht unbedingt als Person gedacht sein muss, durch die Gestaltung auf der Bühne aber zu einem Menschen wird. Die Frage nach dem Menschen wirft immer weitere Fragen auf, alles scheint in Bewegung zu geraten, und durch Definitionen wird man schwerlich Antworten erhalten.

„Es geht um den Menschen", ist eine Antwort, die von Theaterleuten auf die Frage nach ihrer Arbeit öfters gegeben wird. Vielfach geht es dabei aber nur um schöne Worte, die Bühne bevölkern edle Subjekte ohne sozialen Zusammenhang, sie bilden eine Fassade der versöhnten Menschlichkeit, die vor die Wirklichkeit gestellt wird. Nicht wenige Gegner eines solchen Theaters lehnen die Darstellung von Menschen überhaupt ab. Zwar lassen sie noch Schauspieler auf der Bühne agieren, diese sollen aber ausdrücklich keine Menschen spielen, sondern – wie etwa bei René Pollesch – als „Sprechmaschinen"

auftreten, die in einem „Schreiwettbewerb" Sätze aus verschiedensten Bereichen von sich geben. Argumentiert wird damit, dass es in der Wirklichkeit keine handelnden Menschen mehr gäbe. Während also die einen bloß Subjekte jenseits der Gesellschaft konstruieren, treiben die anderen mit der Subjektlosigkeit ihr ästhetisches Spiel. Gemeinsam verbleiben sie in einem Theater ohne Welt, auch wenn die einen nostalgisch und die anderen in der Maske von Rebellen auftreten. Mitunter wird verächtlich vom „Menschentheater" geschrieben, wenn damit ausgedrückt werden soll, dass ein Theater nicht auf dem Laufenden ist. Vielleicht aber hat dieses Theater selbst laufen gelernt und es werden an ihm gerade Fragen gestellt, zum Beispiel nach den Personen, Figuren, Charakteren, Gestalten sowie nach der Welt, in der diese leben und in der wir leben. Wenn die Krise des Menschen, die immer auch eine Krise der Gesellschaft ist, auf der Bühne nicht einfach ignoriert oder verdoppelt, sondern in die Darstellung aufgenommen wird, dann kann das Theater eine Weite erhalten, die in der unendlichen Erkundung menschlicher Situationen in gesellschaftlichen Zusammenhängen liegt. Die Frage nach dem Menschen wird dann als eine fundamentale Frage des Theaters erkennbar, denn in ihr verbirgt sich zugleich auch die Frage nach der weiteren Existenz des Theaters.

Peter Roessler

Meister der Menschendarstellung: Hans, Hermann, Hugo und Helene Thimig

Jahrhundertelang hatte der Dialog seine selbstverständliche Bedeutung für Drama und Theater, aber am Ende des 19. Jahrhunderts geriet er in eine Krise. Es lag an den enormen Veränderungen im Zusammenleben der Menschen, dass es immer schwieriger

Ist der Dialog auf dem Theater noch möglich?

wurde, Dialoge, die doch Ausdruck des persönlichen und sozialen Verhältnisses zwischen Menschen sind, zu schreiben. Hieraus erwuchsen jedoch auch neue Möglichkeiten, von denen man vorher gemeint hatte, dass sie für das Drama nicht in Frage kämen und nur der Epik, also Roman und Erzählung, vorbehalten seien: Stücke, bei denen die Handlung ganz aus der Sicht einer Person gestaltet war; Erzähler, die für das Publikum den Zusammenhang herstellten; Montagen gleichzeitig ablaufender szenischer Vorgänge und Bertolt Brechts „Episches Theater", in dem der Dialog durch das Epische nicht verloren ging, sondern gesteigert wurde.

Wenn heute Autoren und Autorinnen Werke für die Bühne verfassen, die keine Dialoge mehr enthalten, so kann das mit dem Prozess der „Episierung" in Verbindung gebracht werden. Wichtiger als diese nur im Formalen verharrende Feststellung wäre aber die Frage, ob sich darin noch die Anstrengung erkennen lässt, die einst treibender Impuls gewesen ist – nämlich der Darstellung menschlicher Existenz ihre Form zu verleihen. Die epischen Theatertexte sind demnach auch keine einheitliche Gattung, sondern ein Spektrum, das von personenbezogenen Monologen bis zu anonymisierten Wort- und Satz-Collagen

reicht. In der Beurteilung dieser Phänomene wird eine differenzierte Einschätzung oft dadurch verfehlt, dass der Abschied vom Dialog als höchster Stand einer Entwicklung gewertet und das Drama nur mehr als eine abgestorbene Möglichkeit des Theaters behandelt wird. Die Ablehnung des Dialogs wird historisch ausgeweitet und meist damit begründet, dass er in der modernen Welt keine Relevanz mehr hätte. Auch in Inszenierungen alter Stücke wird der Boden des Dialogs häufig zugunsten einer installierten Bilderwelt verlassen. Demgegenüber hat Achim Benning die große geschichtliche Bedeutung des Dialogs dargestellt, die bis in unsere Gegenwart reicht, und auf den Widerspruch verwiesen, dass der Begriff des „Dialogs" im gesamten öffentlichen Leben – wiewohl in deformierter Form – eine Konjunktur erfahre, während er sich auf unseren Bühnen „schwer angeschlagen und als abgetakeltes Relikt aus fernen Zeiten diffamiert" auf dem Rückzug befinde. Das Interesse des Publikums für den Dialog auf der Bühne ist unverkennbar vorhanden. In den letzten Jahren entstanden zudem wieder Stücke, die über den Dialog eine Geschichte erzählen. Als Vorbilder hierfür werden im deutschsprachigen Raum häufig die englischen und amerikanischen Dramen genannt. Auch in den Versuchen, erneut an Methoden dokumentarischen Schreibens anzuknüpfen, spielt der Dialog eine Rolle. Die Restauration des Dialogs erfolgt gegenwärtig allerdings oft über Anleihen an den rührseligen und schablonenhaften Dialogen von Fernsehserien.

Peter Roessler

Filmprojektion und Fernseher auf der Bühne sind trotz ihrer Verbreitung noch immer mit einer Aura von Zukunft verbunden. Von dieser Konvention borgen auch Inszenierungen, die sonst in Konventionen der älteren Art verfangen sind. Die Frage, ob man die

Führt der Medien-Mix in die Zukunft des Theaters?

Medien denn überhaupt mischen soll, wäre im Zusammenhang mit dem Theater falsch gestellt, denn dieses ist im Unterschied zu Film und Fernsehen kein Medium, sondern durch die auftretenden Schauspieler ein menschlicher Vorgang, der sich niemals in derselben Weise wiederholen lässt, der einmalig bleibt und nicht aufbewahrt werden kann.

Die Frage könnte also eher lauten, in welcher Weise der Einsatz von Medien der Theateraufführung nutzen kann. Dabei wird man zunächst auf ein historisches Beispiel gelenkt: Erwin Piscator setzte den Film für sein Politisches Theater sowohl illusionistisch, um das Bühnenbild zu erweitern, als auch kommentierend, um dem szenischen Vorgang Informationen hinzuzufügen, ein. Alfred Polgar aber befand angesichts dieses gemeinsamen Auftritts von Theater und Film, dass hier zwei Magier gegeneinander zaubern würden und „der Film dem Theater ins Mund-, das Theater dem Film ins Bildwerk" pfusche. Ein heutiger „Intermedialer" würde vermutlich darauf antworten, dass es ihm genau darum ginge, nämlich um das gegenseitige Brechen der „Medien". Es wäre dann wohl auch nur mehr vom ästhetischen Einsatz der Medien die Rede: Ob gleichwertig oder hierarchisch,

ob mit oder ohne Videokamera, in welchem Rhythmus, ob rück- oder vorlaufend, begehbar oder streng autonom. Andere Kriterien anzuwenden als die gesetzten käme einer Blasphemie gleich.

Die reale Zukunft der Verbindung von Theater mit Film- und Videoprojektion bleibt offen; gegenwärtig lassen sich zwei Typen unterscheiden, sie haben ihre eigene Problematik, können aber ineinander übergehen. Erstens ein mehr additives Verfahren, das der Aufführung eines Stückes einige auffällig platzierte Bildschirme hinzufügt, wobei oft das Setting wesentlicher wird als der menschliche Vorgang auf der Bühne, der zu einer Aktion unter vielen schrumpft. Die Vorstellung wird über die Magie des Medienparks verkauft. Zweitens ein zur Performance verdichtetes Event, das an besonderen Orten zelebriert wird, unausgesprochen dem Gedanken des Gesamtkunstwerks folgen und allerlei Heilsversprechen enthalten kann. Uneingeweihte mögen sich darin wie in einem technisch gut ausgestatteten Esoterikshop fühlen; der hyperrationale Einsatz der Technik, dirigiert von einem Meister der Kunst, wird dabei zur verschlungenen Straße in den Irrationalismus. Die Freiheit des zuschauenden Subjekts, seine Aufmerksamkeit zwischen den Medien und den sich im Raum bewegenden Akteuren zu zerstreuen, ist wie die Freiheit der Konsumenten; sie dürfen sich etwas aussuchen, mit dem sie auf der Stelle treten, das ihnen aber immerhin Zukunft verheißt.

Peter Roessler

Um es kurz zu machen: Wir brauchen Literatur gar nicht. Wir brauchen sie nicht so, wie wir Licht, Luft, Erde, Feuer, Wasser und die Kranken- und Pensionsversicherungsanstalt brauchen. Das „noch" verrät die Annahme, dass es einmal eine Epoche gab, in der man

Wozu brauchen wir noch Literatur?

Literatur gebraucht hat. Sicher, Literatur hatte einmal einen anderen Stellenwert. In der Antike hieß es, Homer hätte Griechenland erzogen, und von da an wurde der Literatur ein privilegierter Platz in vielen Bildungssystemen angewiesen. Und es war, im Nachhinein ist das feststellbar, ein Erfolg, denn die großen kulturellen Leistungen der Völker lassen sich literarisch belegen: Die Literaturen der Griechen, Römer, Europas einschließlich der Russlands, Indiens, der Länder des ehemaligen Commonwealth und des französischen Kolonialreiches – sie dienten und dienen der Identitätsstiftung großer oder kleiner Gemeinschaften. Was wäre die Steiermark ohne Rosegger, was wäre Spanien ohne Cervantes? Es gab zwischendurch auch Epochen, die ganz gut ohne Literatur auskamen, ich weiß aber nicht, ob es Epochen sind, in denen ich gerne gelebt hätte, wie etwa die Völkerwanderung. Es gab Epochen, in denen Literatur zum unverzichtbaren Bildungsgut gehörte und einen privilegierten Zugang zur Welt zu sichern schien, wie etwa das 19. Jahrhundert. Selbst der Triumphzug der Naturwissenschaften hat der Bedeutung der Literatur keinen Schaden zugefügt, und Albert Einstein wusste wohl, was er tat, als er Hermann Broch zu seinem *Tod des Vergil* (1945) gratu-

lierte und erklärte, dass hier Dinge so gesagt seien, wie sie eben nur ein Dichter sagen könne. Musil, der fürwahr im mathematischen Denken geschult war, sagte der Literatur auch nicht Adieu; sie müsse einfach da sein, weil es Dinge gebe, die man nicht mit der Sprache der exakten Wissenschaften und auch nicht mit den „Zwitterreizen" des Essays fassen könne. Es fragt sich, ob nicht diese Sonderstellung der Literatur im Bildungssystem ihr schadete und ob sie nicht durch diese Zurichtung für pädagogische Zwecke höchst fragwürdig wurde. Schiller wurde sicher dadurch schwer beschädigt, dass er für die moralische Aufrüstung der Jugend missbraucht wurde. Es geht nun darum, vom Missbrauch wieder zum Gebrauch zurückzukehren. Wir sollen uns für die Literatur selbst entscheiden können, als mündige Subjekte. Wir brauchen die Alternativen, die uns die Literatur anbietet, ob die Texte nun von Karl May oder Ingeborg Bachmann stammen. Wenn die Freiheit für diese Entscheidung in einem autoritären Regime genommen wird, dann wird klar, wofür Literatur gut sein kann. Der Zeugnisse dafür gibt es unzählige. Aber so weit soll es nicht kommen.

Wendelin Schmidt-Dengler

Peter Rosegger: unverzichtbarer Bestandteil der kulturellen Identität der Steiermark

Man könnte auch fragen: Warum müssen wir immer noch die *Odyssee*, den *Hamlet*, den *Don Quixote*, die *Madame Bovary*, die *Anna Karenina*, den *Ulysses* lesen? Es geht um das Problem des Kanons. Kanon heißt „Richtschnur", ein Begriff aus der Bodenvermes-

Warum müssen wir in der Schule immer noch den „Faust" lesen?

sung, im übertragenen Sinne also die Leitlinie. Schon die Gelehrten von Alexandria verwendeten Kanons für die Auswahl, die sie trafen, ja treffen mussten. Man wollte die Schüler zur Lektüre anleiten, und so suchte man nach dem, was Bestand haben sollte und womit sich die Auseinandersetzung lohnte. Diesen Prozess der Kanonbildung gibt es in nahezu allen literarischen Kulturen, und so gibt es einen Kanon der Weltliteratur und Kanons der einzelnen Nationalliteraturen, ja jeder, der sein Leben als ein Leseleben versteht, wird sich seinen privaten Kanon zurechtlegen (müssen). Alle benötigen so einen Kanon; man stelle sich vor, jemand würde ohne eine solche Anweisung in eine Bibliothek oder in eine Buchhandlung geschickt und er müsste sich von Band zu Band durchfressen! Wenn er Glück hat, nicht aufgibt, die Bücher nach Autorennamen alphabetisch angeordnet sind und er dieser Ordnung folgt, braucht er schon ziemlich lange, bis er zu Goethe und dann zu Shakespeare oder Tolstoi kommt. Man verlangt nach Übersicht; dass diese gerade im Bereich der Literatur anfechtbar ist, versteht sich von selbst. Gute Leser werden sich immer gegen den

Kanon stellen, der ihnen zugemutet wird, und ihren Gegenkanon aufstellen; aber ohne Kanon gäbe es keinen Gegenkanon. Der amerikanische Gelehrte Harold Bloom hat in seinem Buch *The Western Canon* (1994) eine griffige Einteilung geschaffen und die ganze Literatur in Werke eingeteilt, die im Zusammenhang mit Shakespeare zu sehen sind, und in solche, die gegen ihn aufbegehren. Das ist ebenso eindrucksvoll, wie es falsch ist, aber man hat wenigstens ein Modell. Ohne solche werden wir nicht auskommen, wenn wir Literatur vermitteln wollen. Der Erfolg der Sendung *Das literarische Quartett* gründete nicht zuletzt darin, dass Marcel Reich-Ranicki sich nicht scheute, stets Werke in den Kanon aufzunehmen oder rauszuschmeißen. Um zum *Faust* zurückzukommen: Man soll ihn lesen, weil man, so man sich auf eine sorgfältige Lektüre einlässt, immer neue Seiten entdeckt, weil das Buch witzig, gelehrt, ironisch, tiefsinnig und an den zentralen Stellen nicht erklärbar und doch faszinierend ist, so dass ein Menschenleben nicht hinreicht, um das Ganze zu erfassen. Und ein solches Werk gehört in den Kanon, in den offiziellen wie in den privaten.

Wendelin Schmidt-Dengler

Faszinierend in seiner Vielfalt – Goethes „Faust":
„Habe nun, ach! Philosophie,
Juristerei und Medizin
Und leider auch Theologie –
Durchaus studiert, mit heißem Bemühn.
Da steh ich nun, ich armer Tor,
Und bin so klug als wie zuvor!
Heiße Magister, heiße Doktor gar
Und ziehe schon an die zehen Jahr
Herauf, herab und quer und krumm
Meine Schüler an der Nase herum –
Und sehe, dass wir nichts wissen können!"

Die Lyrik hat, und das ist nicht zu bezweifeln, in den deutschsprachigen Ländern schon bessere Zeiten gesehen. Das gilt, wenn nicht alle Anzeichen trügen, auch für die ganze westliche Welt. Daran hat auch die Einführung eines Tages der Lyrik nichts ge-

Ist Lyrik überhaupt noch zeitgemäß?

ändert; so als ob man dem Produkt damit auf die Beine helfen könnte, wie man es bei der Milch mit dem Weltmilchtag versucht hat. Die Verkaufszahlen der Lyrik sind niederschmetternd. Doch wird fast jeder, der sich auf die Herstellung literarischer Texte einlässt, sich auf diesem Gebiet versuchen. Das hat seine guten Gründe. Das Gedicht ist eine Herausforderung, die darin besteht, ein angestrengtes Verhältnis zur Sprache herzustellen. Es geht darum, lyrische Texte mit der Signatur einer Überstrukturierung zu versehen, die umso stärker wirkt, je weniger sie sich aufdrängt. Das gilt für die formal perfekte Lyrik eines Horaz wie auch für den einfachen Ton der Gedichte eines Eichendorff. Gerade die Kunst des Einfachen zeichnet die großen Lyriker aus, und ein Gedicht wie *Der Mond ist aufgegangen* von Matthias Claudius macht bewusst, dass gute Gedichte einfach und kompliziert zugleich sind. Das Problem der Lyrik liegt vor allem in der Bildlichkeit; und diese unterliegt Abnutzungserscheinungen. „Ein Pferd, ein Pferd für'n gutes Bild!" rief schon Heinrich Heine, der als einer der Ersten die Krise der Lyrik witterte. In Goldschnittbänden verkümmerte sie zum Kitsch. Die Unschuld der romantischen Bilderpracht konnte nicht wieder gewonnen werden; das lyrische Inventar, dessen wichtigste Versatzstücke der Mond, das Waldesrauschen, die Ruine, der stille Fluss und die fernen Berge waren, hatte ausgedient. Mit Recht rügte Gottfried Benn jene, die ihre Gedichte so schrieben, als hätte sich die Welt nicht verändert und als würde die Wiederkehr der Jahreszeiten schon die Stimmigkeit des Gedichts garantieren. Wer den Wandel des lyrischen Bildes (W. Killy) von den Anfängen bei Sappho und Alkaios über Walther von der Vogelweide und Shakespeare bis zu Georg Trakl, Paul Celan und Ernst Jandl beobachtet, bekommt einen sehr eindrucksvollen Überblick über das Zeitgemäße der Lyrik. Gerade in dieser Gattung wird die Substanz einer Epoche am ehesten evident. Das Gedicht immunisiert sich gegen das nur Zeitgemäße, indem es dieses im Doppelsinne aufhebt. In diesem Sinne immunisiert auch das Gedicht gegen die Zeit, und wenn es ein gutes Gedicht ist, so ist es die echte Alternative zu einer Sprache, die dem alltäglichen Gebrauch und vor allem dem Missbrauch durch die Macht unterworfen ist.

Wendelin Schmidt-Dengler

Die große Kunst des Einfachen:

Johann Wolfgang von Goethe:
Wanderers Nachtlied

Über allen Gipfeln
Ist Ruh',
In allen Wipfeln
Spürest Du
Kaum einen Hauch;
Die Vögelein schweigen im Walde.
Warte nur! Balde
Ruhest du auch.

Das lateinische Wort „ars" meint beides, nämlich Handwerk und Kunst, und so erhebt sich die Frage, ob es überhaupt sinnvoll ist, zwischen Handwerk und Kunst zu scheiden. Doch macht die Trennung Sinn. Wir sprechen von Kunsthandwerk, so als ob wir

Ist Literatur Handwerk oder Kunst?

dieses seinem Wesen nach von der Kunst trennen müssten, so als ob mit Kunst etwas ungleich Substantielleres gemeint sei. Das Kunsthandwerk dient dem Gebrauch, während sich das Kunstwerk der Verwertbarkeit zu widersetzen scheint. Dass manches Kunsthandwerk manchem Kunstwerk in seiner Fertigung überlegen ist, ist klar. Das Kunsthandwerk ist überdies erlernbar, und Komposition, Malerei und Bildhauerei werden allenthalben gelehrt. Wo bleibt die „Fachhochschule" für Literatur? Die Frage steht immer noch im Raum, trotz der Kurse für *Creative writing* an Universitäten in den Vereinigten Staaten, trotz einiger Schulen, an denen das Handwerk des Schreibens erlernt werden kann, so etwa in Leipzig; aber auch in Wien gibt es eine „Schule für Dichtung". Die Skepsis in Bezug auf die Erlernbarkeit sitzt tiefer als in Bezug auf Musik oder bildende Kunst. In jedem Falle scheint es heftige Widerstände zu geben, das unverwechselbar Individuelle, das sich in der Literatur ausdrücken soll, in dem Sinne für machbar zu halten, in dem es das Kunsthandwerk ist. Ein Gedicht, in dem man seine innersten Gefühle und Gedanken gestaltet, über Auftrag, ja als Hausaufgabe zu schreiben, ist nur jenen gegönnt, denen nichts peinlich ist. Doch erfordert Literatur auch technische Fertigkeiten, ob es sich um Lyrik, um Drama

oder um Episches handelt. Sich mit den literarischen Verfahren vertraut zu machen, Versformen zu üben, einen Kriminalroman richtig aufzubauen, dramatische Spannung zu erzeugen – das alles kann geübt werden. Herauskommen wird in den meisten Fällen nicht viel mehr als artiges Kunsthandwerk. Im Technischen um Vollkommenheit bemüht zu sein, ist Voraussetzung jeder ernsthaften literarischen Arbeit. Diese scheint man aber in der Gruppe kaum oder nicht leisten zu können. Hier ist jeder auf sich angewiesen. Musil sprach von der „schaurigen Kunst der Isolation". So hilfreich die Programme der Lehrgänge für das Schreiben auch sein mögen, wer Literatur herstellen will, muss auch den Willen zum Autodidakten haben und sich an den bedeutenden Werken als kritischer Leser bewähren. Der Ratschlag des Horaz an die Adepten der Poesie ist mit Modifikationen noch heute gültig: Tag und Nacht die Meisterwerke der griechischen Dichter lesen. Nur wer sich einer solchen Herausforderung zu stellen vermag, wird Kunst und nicht nur Kunsthandwerk produzieren.

Wendelin Schmidt-Dengler

Nestroys Zettelträger Papp meint das literarische Handwerk besser zu verstehen als Friedrich Schiller: „Die Schillerischen Stück haben alle durch die Bank einen schlechten Schluss. Z. B. nehmen wir den ‚Don Carlos': ‚Ich habe das meinige getan, tun Sie das Ihrige.' Ist das ein Ausgang für ein honettes Stück? Nach meiner Bearbeitung heiratet der Don Carlos die Prinzessin Eboli; Herzog Alba macht den Brautführer, und die Marquisin von Montican, die sie im 2. Akt nach Frankreich fortschummeln, die kommt als Kranzeljungfer zurück. Das ganze schließt dann mit einem fröhlichen Auto-Kaffee."

Gibt es sichere Kriterien, mit deren Hilfe wir die Qualität eines literarischen Textes messen können? Ja, sagte Max Bense 1963 und hatte sofort einen Koeffizienten parat, der angeblich nur für gute Prosa galt. So ernst dürfte er das selbst nicht genommen haben,

Was zeichnet gute literarische Texte aus?

und dieser Koeffizient ist schon längst vergessen. Können wir die Literatur nur nach subjektiven Kriterien beurteilen? Gibt es keine objektiven Wertmaßstäbe? Müssen wir die Bewertung einem Urteil überlassen, das wir mit dem Attribut „geschmäcklerisch" abqualifizieren? Weinverkostung und Literaturverkostung – ist das vergleichbar? Können die sprachlichen Qualitäten eines Textes nach einer festen Werteskala bestimmt werden? Wohl kaum, doch ist die sprachliche Gestaltung der wichtigste Indikator; allerdings muss der Kritiker die ästhetische Funktion der einzelnen Textelemente genau bestimmen können und auch mit den Abweichungen von der Sprachnorm richtig umgehen können. Es dauert oft lange, bis sich das Gehör für die Leistung gelungener Innovationen einstellt. Die Kritik ist gut beraten, wenn sie sich auf die Sprache einlässt, um ihre Urteile zu fundieren. Dass hier die Vorstellungen auseinander gehen, braucht nicht zu verwundern, ja gerade die Kontroverse um einen Text ist ein guter Indikator für Qualität. Je nachhaltiger und intensiver die Diskussion um ein Werk ist, umso mehr an Qualität wächst ihm zu. Je mehr Widerstand es der Interpretation entgegensetzt, umso mehr festigt es seinen Rang. Das gilt für die

Antigone des Sophokles wie für Shakespeares *Hamlet*, für Goethes *Faust* und Celans Lyrik. Die Unzahl der Interpretationen, die z. B. zu Kafkas Werken vorliegen, ist weniger ein Zeichen der Ratlosigkeit der literaturwissenschaftlichen Bemühungen, als ein deutlicher Beweis für die Güte des Objekts, an dem sich die gelehrten Köpfe abarbeiten. In guten Texten ist ein Konfliktpotential gelagert, das weit über die formalen und inhaltlichen Vorzüge hinausweist. Je genauer wir ein Gedicht von Hölderlin oder Rilke ansehen, umso fremder und zugleich anziehender wird es. Der Rang eines Werkes ergibt sich nicht aus den Blitzurteilen der Kritiker, sondern aus einem oft über Jahrhunderte währenden Prozess. Man kann gegen den Kanon aufbegehren, doch wird man bei emotionslosem Herangehen den Dramen des Aischylos, den Komödien Molières und Nestroys oder den Romanen Dostojewskis zumindest den Respekt nicht versagen können. Zu bedenken ist freilich auch, dass nach dem trefflichen Wort Lichtenbergs bei einem Zusammenstoß von einem Kopf mit einem Buch es nicht immer das Buch ist, das hohl klingt.

Wendelin Schmidt-Dengler

Max Benses texttheoretischer „Hauptsatz" aus dem Werk „Programmierung des Schönen":
„Damit ästhetische Kommunikation überhaupt eintritt, muss die Komplexität der Information größer 1 sein."

Weiters heißt es in diesem Werk:
„Was gemacht werden soll, ist Literatur; was gemacht wird, ist Text. Dass auch hier das ästhetische Moment im artistischen eingeschlossen ist und die Kunst nur ein wahrscheinlicher Zustand ist, wenn das Machen den Zufall streift, grenzt das Handwerk gegen die Schöpfung ab."

Von der Kreativitätstheorie her gesehen, die heute als relativ verbindlich für mehrere menschliche Intelligenzen in Anspruch genommen wird (Howard Gardner), hat jeder Mensch ein gewisses Potential an Begabung, das, in einer aufsteigenden Rangskala aufge-

Ist jeder musikalisch begabt?

führt, ca. ein Drittel einer genial veranlagten Person abdeckt.

Dies gilt natürlich auch für die Musik. Begabung ist nicht genetisch allein verstehbar, wenn auch einzelne Faktoren (absolutes Gehör) durch Sozialisation nur schwer erreicht werden. Infolge der früh beginnenden Sozialisation im Mutterleib (ab der 24. Gestationswoche) nimmt der menschliche Embryo den musikalischen Umraum, gleichgültig ob fremd oder eigen erzeugt (singende Mutter), akustisch wahr. Sofern die embryonale Umgebung mit Bewegungen (Tanz) verbunden ist, setzt die haptische Erfahrung im Mutterleib sogar früher ein.

Die Kreativitätstheorie geht davon aus, dass diese differenzierten Grundbegabungselemente von einem aufmerksamen Elternhaus oder (noch besser) von aufmerksamen, frühkindlich eingesetzten Bildungsapparaten (Kindergärten, Vorschule …) entdeckt und gezielt gefördert werden können. Heute wissen wir, dass je mehr musikalische Anreize dem Kleinkind übermittelt werden, desto mehr Reaktionen darauf erfolgen. Dies gilt sowohl für die Übernahme von Sprachmelodien und Rhythmen als auch für die Imitation von Formmodellen oder die spielerische Nachahmung beim Lernen eines Instruments.

Musikalisches Handeln ist also eine interak-

tive Tätigkeit, die in allen Differenzierungen immer neu angegangen werden muss. Da aufgrund der unauflöslichen Verknüpfung von Genetik und Sozialisation keine genauen Grenzen zu ziehen sind, wird die musikalische Entwicklung als „geleitete Teilnahme" gekennzeichnet. Je besser die Experten sind, mit denen das Kind altersgemäß arbeitet, desto näher kann es dem Standard der lehrenden Musiker kommen.

Da in jeder bislang bekannten menschlichen Kultur, historisch wie gegenwärtig, Musik eine entscheidende Rolle spielt, sollte dieses Förderungsmodell von Musikalität auch für jedes Kind verfügbar sein, was derzeit energische Verbesserungen in den Krippen, Kindergärten, Horten und Preschools verlangte, ebenso wie eine radikal andere Bildungspolitik in den Schulen bis hin zu den Universitäten.

Manfred Wagner

Die uneingeschränkte Antwort lautet ja. Jeder Mensch ist dank einer spezifischen Grundbegabung imstande, ein Musikinstrument zu lernen, aber nicht jeder kann jedes lernen. Und sicher ist, dass das Lernen zu einem möglichst frühen Zeitpunkt (meistens

Ist es sinnvoll, ein Musikinstrument zu erlernen?

zwischen 3. und 10. Lebensjahr) nachhaltigere Erfolge einfährt als spätere Versuche der Aneignung. Heute sagen alle Daten aus den Wissenschaften, dass jedenfalls mehr Vorteile als Nachteile für eine Befassung mit einem Instrument (inklusive Stimme) sprechen. Abgesehen von den Berufskarrieren, für die dann bestimmte Hochbegabungen von Nöten sind, die aber selbst unter besten Ausgangsbedingungen niemand garantieren kann, bringt Hörerfahrung jedem Menschen spezifische Erlebnisse, die dann umso intensiver ausfallen, wenn man Musik selbst erzeugt, also Töne, Klänge, Akkorde, Rhythmen, was auch immer. Allerdings ist es ein Irrtum zu glauben, dass je mehr an musikalischen Parametern vom einzelnen Instrument erzeugt würde, desto positiver die Resultate in einer Art Additionsverfahren ausfallen würden. Demnach müssten ja Computer oder Synthesizer nach der Orgel die derzeit wirkungsmächtigsten Instrumente aufgrund ihrer Möglichkeiten sein.

Die Erlebnisqualitäten beim Erlernen eines Musikinstruments sind verschiedene: individuelle als Nachweis des eigenen Vermögens, wettbewerbliche, was bereits in einer Vorform beim Erlernen des Musikinstruments mit Hilfe eines Lehrers (was die Norm dar-

stellt) erfahren wird, soziale im Zusammenspiel mit anderen Instrumentalisten, was spezifische auch sonst brauchbare und nutzbringende Sozialfaktoren unterstützt (Pünktlichkeit, Genauigkeit, Rücksichtnahme, Respekt, Nachsicht, Übereinstimmung von Selbstbild und Fremdbild, Disziplin, spezifische Körperbeherrschung …).

Musik baut nicht nur bei den Hörern, sondern auch beim Spieler selbst Spannungen ab, erzwingt eine Folge von Spannung und Entspannung, dient dem Selbstbewusstsein, lenkt von Problemen ab und vermittelt so etwas wie den Eindruck eines ganzheitlichen Eins-Seins mit einer projizierten Sphärenharmonie. Darüber hinaus ermöglicht sie dem individuellen Produzenten von Tönen, seine eigenen Glücksgefühle nicht nur besser zu spüren, sondern auch besser zu kommunizieren, wie die Aussagen zahlreicher prominenter Interpreten belegen. Der Violinvirtuose Gidon Kremer machte die Bemerkung, dass Musik nicht nur die Seele adle, sondern auch den zu ihrer Entstehung notwendigen Körperteil: die Hände der Streicher, Hände und Füße der Pianisten, Lippen und Lungen bei den Bläsern, das Gesicht und den Körper der Sänger. Für alle gilt das Zusammenspiel vieler (oft unbewusst betätigter) Muskeln des gesamten Körpers unter dem Prätext der Tonerzeugung.

Manfred Wagner

Die Vokabeln „to hear" und „to listen to" verdeutlichen im Englischen besser als im Deutschen die beiden Kategorien menschlichen Hörens, denen man ununterbrochen ausgesetzt ist und die dennoch Verschiedenes bewirken.

Nützen oder schaden uns „Musikkonserven"?

Das bloße Hören ist realiter gesprochen ein Zufallsprodukt, weil unsere gesamte Umwelt inzwischen irgendwie klingend auftritt, also von Musik durchsetzt ist, und selbst Autohupen, Handyläuten und Liftansagen ein Töne-Tohuwabohu produzieren, das ununterbrochen auf den Hörapparat einwirkt. Man überprüfe nur einmal an sich selbst, wie oft man tagsüber diesem Tonterror ausgeliefert ist.

Andererseits ist das genaue Zuhören zur echten Konzentrationsfrage geworden, ja mehr noch, wegen musikalischer Unbildung zu einer Abfrage des Gehörten gegenüber einem vorhandenen Text, was in der Regel den Vergleich mit festgeschriebenen Musikaussagen braucht. Wir sind allesamt kaum mehr in der Lage, die einzelnen Angebote an sich mit vorhergegangenen Vergleichen der gleichen Musik spontan zu korrelieren.

Natürlich kann man auch von dem Aspekt des Gefallens ausgehen, mit den dubiosen Vokabeln von „schön", „angenehm", „spannend" etc. operieren und sich auf willkürliche Details einlassen.

Das 20. Jahrhundert hat mit seinen Speichermöglichkeiten eine Art „Controlling" durch Maschinen geschaffen, die bei der Aufarbeitung zur Verfügung stehen und, gleichgültig ob Rundfunk, Aufnahme, Fernsehfilm, Schallplatte, Kassette, CD, DVD, Video, MP3 und neuerdings Computer, zumindest Interpretationsbelege festhalten, wie dies vormals nicht möglich war.

So entwickelt sich eine Art Diagnostik durch historische Vorlagen. Es werden Übereinstimmungen von ästhetischen Haltungen mit politischen Vorgaben sichtbar (Internationalität und Polykulturalität). Es entwickeln sich Annäherungen an Ideologien (Feminismus, Liberalität), aber auch an andere Kulturproduktionen (wie Film, Fernseh- und Computerwelt). Man streift an Marktwelten (Werbung), ja verschieden ausgeprägte Kapitalismussysteme (Privatfestivals, Touristik) und sucht nach wie vor Anschlussverfahren an bereits vorhandene Traditionen. Allerdings sollte man sich davon keine Wunder versprechen. Wir haben es nach wie vor schwer, den historischen Kontext festzumachen, in dem eine Produktion aufgezeichnet wurde. Die Markterweiterung, wie sie neuerdings gereinigte, digitalisiert bearbeitete Aufnahmen von Musik selbst ältester Aufnahmedaten versprechen, nützt wenig.

Unsere gespeicherte Schallwelt ist also nur grob diagnosefähig mit allen Vorbehalten gegenüber technischer Manipulation, geschnittener Studioaufnahme und digitaler Unsicherheit. So wie kluge Denker mit der Digitalisierung der Fotografie das Ende des Fotozeitalters beschreiben, könnte in einer Art Analogie durch die neue digitale Aufnahmetechnik auch das Ende der realen Aufzeichnungswahrheit prognostiziert werden.

Manfred Wagner

Die Unterscheidung von E-Musik (ernster Musik) und U-Musik (Unterhaltungsmusik) ist nur im deutschen Sprachraum üblich und gilt auch hier nur bedingt. Hatte Mozart noch sein gesamtes musikalisches Schaffen „zur Unterhaltung" geschrieben und Beetho-

Seit wann sprechen wir von E-Musik und U-Musik?

ven wie Schubert große Teile ihres Lebenswerkes diesem Genre gewidmet, so dürfte erst das 20. Jahrhundert den Unterschied für alle hör- und sichtbar gemacht haben. Bis zum Ende des 19. Jahrhunderts gab es in der jeweiligen Zeit nur eine zeitgenössische Sprachlichkeit von Musik, die zwar verschieden je nach Zweck und Verwendung differenziert wurde, aber an der grundsätzlichen Kompositionsweise nichts änderte.

Andere Trennungsgründe wurden später ebenfalls maßgeblich:

– ein Markt, der sich mit ausweitendem Notendruck ein breiteres Absatzfeld schaffen musste;

– die Demokratisierung, die der Musikausübung vor allem in der Tanzmusik neue Schichten eroberte;

– die (industriell bedingte) Trennung von Arbeit und Freizeit mit ihren verschiedenen Ansprüchen;

– die Zerstörung des traditionellen Tanz- und (Volks)-Liedgutes;

– die Verwertungsgesellschaften, die den „E-Musikern" von sich aus mehr Verwertungsgeld zurechneten als den „U-Musikern".

Der Begriff E-Musik wird meistens als Synonym für ernste Kunstmusik, die auch „ernst zu nehmen" ist, oder als „kulturell wertvolle" Musik (mit der Zuspitzung auf autonome Musik) hoch gewertet. Die Zuschreibung ist demnach eine wertende, allerdings genremäßig oder gemäß dem Kompositionsstandard abgesichert. Natürlich gibt es auch Unterhaltungsmusik, die aufgrund der kompositorischen Qualität der E-Musik nahe steht.

Ab den 1920er Jahren pendelte sich das kompositorische Niveau von Unterhaltungsmusik grosso modo auf eine Höhe ein, die (gemessen an den Faktoren Melodik, Harmonik und Rhythmik) dem Kompositionsstandard einfacher Musiken um 1830 entsprach. Es bleibt eine simple Dur/Moll-Simplizität. In der Regel überschreitet man nicht die Stufen der Kadenzformel (harmonisch I-IV-V, vielleicht VI), wobei (wie im „Volksmusik-Pop") sich gelegentlich Dreiviertel-, Sechsachtel- und Zweivierteltakte hineinschmuggeln, Metrum ist der einfache Viervierteltakt ohne differenzierte Betonungsqualität (Beat). Die Texte sind oft simpel und dümmlich, viel Kitsch und falsche Grammatik fallen auf. Alles, was Modernität (= Zeitgenössisches) ausmacht, verbirgt sich meistens im elektronisch verfremdeten oder raffiniert zusammengemixten Begleitgetue, ebenso oft in einer an die Schmerzgrenzen reichenden Lautstärke – aber auch einer globalen Verbreitung. Damit wird U-Musik zu einem primär gesellschaftlichen Faktor, der von den Medien generell bedient, manchmal auch gesteuert wird (MTV, Viva, gotv …).

Manfred Wagner

Auch wenn wir keine verlässlichen Daten zur Verfügung haben, kann man annehmen, dass zeitgenössische E-Musik wahrscheinlich nur von einem sehr geringen Bruchteil der Gesellschaft gehört wird. Darauf weisen die Programmgestaltungen der meisten Veran-

Warum hören so wenige Menschen zeitgenössische E-Musik?

staltungen, die Platzierungen in den Programmschienen der Medien, die gering aufgelegten Konzertabonnements, die niedrigen Verkaufszahlen von Speichermedien hin. Allgemein weiß man sehr wenig über das Neue und seine Repräsentanten.

Abgesehen von persönlichen Abneigungen im großen Feld üblicher Vorurteile bieten sich einige Erklärungsversuche für dieses Phänomen an. Zwei Faktoren überwiegen jedoch alle anderen an Schwergewichtigkeit: die fehlende musikalische Bildung, die vor allem den Kleinkindsektor vernachlässigt und später nicht mehr aufgeholt werden kann, und die fundamentale Trennung von E- und U-Musik.

Zentraleuropa erlebte ausgehend vom deutschen Nationalismus, der sich seit Herder und Fichte philosophisch lautstark regte (über Hitler hinaus bis heute wirkungsmächtig!), einen katastrophalen Paradigmenwechsel. Dessen Zielsetzung war eine neue Aufgabenstellung für Musik: sie als Transporteur außermusikalischer Stimmungen zu verwenden, sie also auf Wirkungskategorien der Emotionen anzusetzen und im Sinne von Filmmusik zu schalten; das Alte, Überkom-

mene und Vertraute, vor allem in Form der Volksmusik, zu usurpieren; und Modernität nicht im Sinne einer formalen, also musikalischen Innovation zu begreifen, sondern als Propagierung des Nationalen mit Rückgriff auf dessen Mythen. Man entschied sich daher für die Präferenz historischer Musik und andererseits für die verharmlosende Unterhaltungsmusik. Man setzte auf die Interpretation der Vergangenheit statt auf das Neue, also letztlich auf die Musealisierung des kulturellen Erbes. Das Publikum war und ist (politisch animiert!) mit der neuen ästhetischen Präferenz voll einverstanden und sucht gar nicht erst nach musikalischen Innovationen. Gegenläufig bildeten sich feine, exklusive, neue Musikzellen, die sich langsam etablierten, aber oft nur ihren wissenden Mitgliedern vorbehalten sind. Da andererseits die Massenmedien weder im Hörfunk noch in den Fernsehprogrammen die zeitgenössische Musik der Gegenwart in irgendeiner Form auf Schiene gebracht haben, verstärkt sich der Effekt der Nichtinformation als Hauptargument für die Verweigerung.

Manfred Wagner

Ernst Kreneks Zwölftonmusik hat noch immer wenig Anhänger

Wie oft im 20. Jahrhundert, glaubte man, dass die Findung eines neuen Instrumentariums die alten auflösen respektive verdrängen würde. Das wurde dem Film als Nachfolger des Theaters nachgesagt, dem Musical als Konsequenz der Oper, dem Computer als

Wird die Rolle der elektronischen Musik überschätzt?

Ersatz für das Buch, der elektronischen Musik als Ablösung der instrumental erzeugten. Aber selbst in der Popkultur ist keine Rede davon, dass die „alten Klangerzeuger" Stimme, Gitarre, Keyboard, Bass etc. verschwinden.

In der ernsten Musik gab es zwei divergente Zielsetzungen. Die Pariser Schule um Pierre Schaeffer setzte aufgenommenes Klangmaterial aus dem Alltag (Autolärm, Telefonklingel, Regen …) ein und komponierte mit Collagentechnik „musique concrète".

Die Kölner Schule (Herbert Eimert, Karl-Heinz Stockhausen, Gottfried Michael Koenig u. a.) glaubte an die Synthese und strukturierte abstrakt elektronische Musik zu einem sinnvollen „Klanggemisch". Zielsetzung war, Klänge zu schaffen, die mit traditionellen Musikinstrumenten nicht mehr herzustellen waren. Absicht war nicht die Abfolge von Akkorden, sondern die Erzeugung eines ganzen Stückes als Klang. Koenig nannte als Ziel: „… die in Konturen gesetzte bewegte Farbe, melodische, harmonische und rhythmische Verläufe sollten übergehen in einen Farbfluss."

Seit 1965 wird Life-Elektronik immer mehr

zur Selbstverständlichkeit. Elektronische Musik nimmt also die Rolle eines spezifischen Parts innerhalb einer Aufführung ein. Das kann in Verschmelzungsform erfolgen, indem Mikrofone und Lautsprecher Rückkoppelungen herstellen, jedenfalls ähnlich wie in der Pop- und Rockmusik, die semantisch deutlichere Aussagen der Komponisten stützen. Es sieht so aus, als wäre das Experimentierstadium irgendwo an die Grenzen des Interesses gestoßen und die Verfestigung der elektronischen Klangerzeuger in der E-Musik unwichtiger geworden, in der U-Musik aber gleich wichtig geblieben. Hier stellt sich das spannende Phänomen ein, dass die E-Musiker vielleicht im Gegensatz zu den Künstlern anderer Genres die Ausreizung begriffen und abgeschlossen haben und zur Normalisierung im Gebrauch von elektronischen wie konkreten Klangereignissen zurückgekehrt sind.

Manfred Wagner

Karl-Heinz Stockhausen: Pionier der elektronischen Musik

Abgesehen davon, dass der Terminus „authentisch" an sich höchst fragwürdig ist, weil bei genauer Betrachtung immer in einer neuen Zeit nach der Etablierung des bisher Unbekannten der Vorsatz „Post-" an die zuvorliegende Epoche angehängt werden könnte

Kann man historische Musik authentisch aufführen?

(wie der fadenscheinige Ausdruck „Postmoderne"), trifft er für Interpretation, verstanden als Übereinstimmung mit dem (historischen) Text, keinesfalls zu. Denn keiner der zeitgenössischen Interpreten – gleichgültig ob als Instrumentalist, Sänger, Dirigent, Regisseur oder was immer – kann sich seiner Zeit, seiner Gegenwart mit ihren Ansprüchen und ihren Befindlichkeiten entziehen. Er schafft niemals Historizität wirklich zu realisieren, sondern höchstens ausformulierte Anklänge an sie. Es gelingt auch deswegen ganz und gar nicht, das Phänomen Authentizität für das historische Werk einzubringen. Authentisch ist nur die Interpretation und authentisch ist der (davon getrennt) geschriebene oder gedruckte Text. Niemals aber ist authentische Identität von Interpretation und Text erreichbar.

Authentizität der Vorlage ist in der Interpretation unmöglich, weil ein Interpret sich niemals in die Vergangenheit „zurückbeamen" kann. Er ist ja auch nicht imstande, eine von ihm vollzogene Ausdeutung nur ein zweites Mal in der gleichen Gestalt zu wiederholen. Auch wenn Komponisten größtes Interesse darauf richteten, dass ihr Text möglichst nach ihrer Intention wiedergegeben würde, wofür sie, wie Giuseppe Verdi, unendlich viele und eindringliche Vorschriften in die Partitur eindruckten, so wussten sie, dass eine völlige Deckung mit ihrer eigenen Sicht niemals der Fall sein könne.

Authentizität ist demnach nicht Werktreue im buchstäblichen Sinn und daher auch kein Schlagwort der Interpretation, weder in der Vergangenheit noch in der Gegenwart, weswegen alle billigen Kopierversuche von Uraufführungen, Erstaufführungen, Nachstellungen etc. obsolet sind. Weil Mozart als Komponist dies beispielsweise selbst genau wusste, konnte er für sich beliebige Interpretenwechsel, aus welchen Gründen auch immer, gut ertragen. Authentisch können Interpreten nur mit sich selbst sein, wobei jede neue Aufführung folgerichtig auch eine andere Authentizität in sich birgt.

Manfred Wagner

Spinett aus dem 18. Jahrhundert

Dirigenten, Regisseure und Interpreten müssen imstande sein, eine glaubwürdige Geschichte zu erzählen. Sie haben das Publikum darüber aufzuklären, dass es um eine musikalische Auseinandersetzung mit einem spezifischen Thema geht, das allseits verständlich und relativ nachvollziehbar ist.

Wie soll man Opern aufführen?

Wen Oper wirklich interessiert und wer nicht blind (und taub!) in seinen eigenen Klischees verharrt, muss jede Neuinszenierung, ja geradezu jede Aufführung aus dem Blickwinkel des Ersterlebnisses sehen.

Opern heute zu inszenieren und musikalisch umzusetzen bedeutet demnach vor allem, frei zu sein für jene Wahrheiten, die irgendwo mit des Komponisten Vorlage stimmig zusammengehen in Richtung eines aktuellen oder (idealiter!) zeitlosen Verständnisses. Ohne Zweifel hängt die Fähigkeit, neue Geschichten zu erfinden, auch mit einer neuen Textrezeption zusammen. Dies bedeutet, dass viele der neuen Realisierungsversuche ihre Vorlage oft im Text schon haben, in Nebenbemerkungen, in Bühnenanweisungen, auch in (wegen bislang vollzogener Striche) unbekannten Passagen.

Dies bedeutet keineswegs, zu einer konzertverdächtigen Aufstellung oder sklavisch treuer Befolgung historischer Regieanweisungen gezwungen zu werden, wie es reaktionäre Wagner-Fans nach wie vor fordern. Selbst die Bühne unterwirft sich aktuellen Bewertungskriterien. Heute führen Bühnenbildner selbst Regie, und das Bühnenbild korreliert oft mit der aktuellen bildenden Kunst. Die eingesetzten elektronischen Medien erzeugen die Attraktion eines faszinierenden Anschauungsobjekts, das den Konkurrenzen von Film und Fernsehen, Computer (und globaler Reiseerfahrung!) standzuhalten vermag. Das Licht ist ein extrem spar-, aber wirksamer Faktor als Gestaltungselement, weil es jedem Raum eine bestimmte Aura vermitteln kann.

Die zunehmende Leere des Bühnenraums verursacht kaum Kosten und gibt neue Gestaltungsräume ab.

Diese Standards irritieren erwartungsgemäß das konservative Theaterpublikum alten Schlages. Sie erzeugen aber bei jüngeren Publikumsschichten neue Aufmerksamkeit. Das ernsthafte moderne Regietheater versucht, die Deutung des Stückes für heute zu erklären und einer klaren musikalischen Sprache eine klare szenische Artikulation zur Seite zu stellen. Es sind Geschichten, die unserer Gesellschaft abgeschaut sind und die wir aus Erfahrung kennen. Und wenn wir sie nicht persönlich erfahren haben, so können wir meistens unsere Vorstellung dahin bemühen.

Manfred Wagner

Verdis „Nabucco" in einer Freiluftaufführung in Gars/Kamp

Mozarts Musik zu mögen, behaupten 50 % der Erwachsenen Zentraleuropas, während nur 15 % dies von klassischer Musik sagen. Selbst Kinder und Jugendliche assoziieren mit Mozart einen bestimmten Musikstil. Alle Schichten wissen von ihm und ebenso viele

Warum ist Mozart der populärste Komponist auf der Welt?

Menschen aus anderen, fremden Kulturen. Es muss etwas in dieser Musik verborgen liegen, was Menschen auf der ganzen Welt anspricht. Die Frage der Popularität kann wissenschaftlich jedenfalls nicht beantwortet werden. So bleiben denn begründete Vermutungen, die auf jenen Mozart abzielen, der ganz Europa bereiste und überall Neues für sich aufsog; der Freimaurer und damit wesentlicher Träger der Aufklärung war; der alle Musikgenres vom Tanz bis zum Requiem optimal bediente; dessen Kompositionen Musiker gleich welchen Standards gerne spielen.

Einiges wissen wir noch: dass seine Musik wie keine zweite beide Gehirnhälften in einem Ausmaß aktiviert, das sonst unbekannt ist; dass Melodien und Rhythmen auf genau jene Hirnregionen einwirken, die für Sehnsucht, Freude und Trauer zuständig sind; dass sich das Gehirn verändert, wenn es dauerhaft und intensiv mit Musik konfrontiert wird; dass Musizieren das Aggressionshormon Testosteron senkt, bei beiden Geschlechtern das Stresshormon Cortison ausschüttet und Oxytocin, das soziale Bindungen (und Sexualität!) fördert, verstärkt wird; dass durch die

Musik Mozarts Entspannungen und harmonische Gefühle ausgelöst werden.

Und – dass Mozarts Musik einfach nicht zerstört werden kann. In dem akustischen Müll, der Stunde um Stunde über die Menschen gestülpt wird und dem zu entgehen selbst Verweigerern kaum gelingt, nimmt sich Mozarts Musik wie ein Hoffnungsschimmer aus einer anderen Sphäre aus. Sie ist zweifellos für viele ein therapeutisches Gegenmittel. Das hat nicht nur mit der Leichtigkeit zu tun, sondern auch mit den konstruktiven humanadäquaten Baumodellen, kompositorisch so perfektioniert, dass man sie versteht, an die individuelle Substanz des Humanen erinnert wird und an das Potential, das in einem selbst schlummert.

Wir wissen also von allen wissenschaftlichen Untersuchungen, dass Mozarts Musik tatsächlich das menschliche Gehirn weit mehr als alle anderen Faktoren anregen kann (Mozarteffekt!), was sich nicht nur auf Intelligenz und soziale Disziplin auswirkt, sondern vermutlich auch auf der Ausschüttung von Glückshormonen beruht.

Manfred Wagner

Für immer unerreichbar? Das musikalische Genie Wolfgang Amadeus Mozart

Weder – noch, müsste die Antwort lauten, wenn man das heutige Deutschland oder das heutige Österreich meint. Mozart hatte von beiden modernen Staatswesen keine Ahnung. Die Frage ist daher, weil an den Betroffenen nicht mehr zu richten, sinnvoll nicht

War Mozart Deutscher oder Österreicher?

zu stellen. Etwas anders sieht es aus, wenn man danach fragt, was „Deutscher" oder „Österreicher" im 18. Jahrhundert bedeutete. Damals war „deutsch" oder „teutsch" die Bezeichnung einer Sprache und einer Sprachgruppe, die keine politische Einheit bildete – es gab damals keine deutsche Staatsbürgerschaft. Man verstand diese „Deutschen" jedenfalls deutlich abgegrenzt von den „Welschen" oder von den Engländern usw. Und es gab das „Heilige Römische Reich Deutscher Nation", einen Verband von etwa einem halben Dutzend größeren und zahllosen kleineren mehr oder weniger souveränen geistlichen und weltlichen Fürstentümern, Reichsstädten und den Territorien der Reichsritterschaft. Das Erzstift Salzburg (das Land des Erzbischofs von Salzburg) war ebenso Teil dieses Reiches wie das Erzherzogtum Österreich, das zur Zeit Mozarts von Maria Theresia (1740–1780), Joseph II. (1780–1790) und Leopold II. (1790–1792) regiert wurde. Maria Theresias Mann, Franz I., war ebenso wie seine Söhne Joseph und Leopold auch Kaiser jenes Heiligen Römischen Reiches. Mozart selbst bezeichnet sich in Selbstaussagen immer wieder als „Deutscher", eben um seine Herkunft aus dem alten Reich zu kennzeichnen, seine

sprachliche und mentale Zuordnung. Musikalisch war er von Italien ebenso beeinflusst wie von München, Mannheim, Paris oder London. Ein pathetisches Deutschtum im Sinne des Deutschnationalismus lag ihm fern. Seit 1781 lebte Mozart in Wien, hier entstanden seine meisten Werke, hier wurde er auch 1787 kaiserlicher Kammermusikus. Als Bewohner von Wien und Kulturproduzent für das „Haus Österreich" war er wohl auch Österreicher (im damaligen Sinne). Mozart war also nach Begriffen des 18. Jahrhunderts Salzburger, Deutscher und Österreicher.

Ernst Bruckmüller

In halb Europa zuhause? Wolfgang Amadeus Mozart war viel auf Reisen:

1756 am 27. Jänner in Salzburg geboren
1762 erste Kunstreisen: München und Wien
1763 Reise nach Deutschland und Frankreich
1764 von Frankreich nach England
1765 wieder in Frankreich und Holland
1766 Rückkehr nach Salzburg
1767 Reise nach Wien
1769 erste der drei großen italienischen Reisen
1771 zweite Reise nach Italien
1772 dritte Italienreise
1778 Tod der Mutter in Paris
1779 Rückkehr nach Salzburg, wo Mozart zum „Hof- und Domorganisten" ernannt wird
1781 Entlassung aus dem erzbischöflichen Dienst, Übersiedelung nach Wien
1785 Freundschaft mit Joseph Haydn
1787 Reise nach Prag, wo sein „Figaro" hohe Anerkennung findet
1791 Uraufführung der „Zauberflöte" nach schwerer Krankheit stirbt Mozart am 5. Dezember

Dass Interpreten populärer sein dürften, hängt sicher auch mit deren häufigen Auftritten in der Medienwelt zusammen. Es scheint aber auch das Resultat einer historischen Entwicklung zu sein, die sich fast kontinuierlich mit sinuskurvenartigen Veränderungen

Warum sind Interpreten oft bekannter als Komponisten?

durch das gesamte letzte Jahrtausend zog. Die mediale Personifizierung, gleichgültig ob aus Identifikationsgründen (Logocharakter!) oder der Unfähigkeit, Gestalter auf Personen einzugrenzen, deren Tätigkeit man zwar irgendwie kennt, hat den reproduzierenden Künstler mit dem Schöpfer seines Materials, gleich welchen Metiers und gleich welcher Qualitätsstufe, gleichgeschaltet. Hier wird noch deutlicher, dass die Veröffentlichung, das mediale Vorkommen, allein entscheidend für die Bekanntheit sind, dass keinerlei Unterschiedsdimensionen als Einschätzungskategorien angewendet werden, dass dafür aber auch ein umfassender Bildungs- und Wertungshorizont fehlt.

Gerade auf dem musikalischen Sektor, der heute ohnehin fast immer mit Bildlichkeit verbunden ist, ist in der Qualifizierung der Rezeption ein Stillstand der Beliebigkeit eingetreten, der geradezu besinnungslos den schalen Scheinangeboten folgt und aufgrund der technischen Innovationen dem Konsumenten eine Souveränität vorspiegelt, die er aufgrund fehlender Beurteilungskriterien gar nicht besitzt.

Demnach ist auch die strikte Trennung von Hochkultur, Bürgerkultur, Staatskultur, Landeskultur, Arbeiterkultur oder Fremdkultur methodisch unbrauchbar, obwohl bestimmte Rezeptionsergebnisse undifferenziert dafür sprächen.

Sinnvoller ist daher, die Geschichte der (gespeicherten) Interpretationen von der politischen Szene her zu begreifen, diese gesellschaftspolitisch zu beschreiben und damit die geistigen Strömungen der Kunst/Kultur, die letztlich die Produktion steuern, offenzulegen.

Grob gefasst wären dies seit den ersten Schallaufzeichnungen: eine spezielle Wiener Moderne, die sich sehr wohl von der formalen Pariser Szene unterscheidet und bis in die späten 1920er Jahre hineinreicht, eine deutsch-nationalistische Phase, die vom Ende der 1920er Jahre bis in die 1950er Jahre währt und im Nationalsozialismus (wo Österreich allerdings nicht als souveräner Staat bestand) seinen Höhepunkt erfährt, sowie die Geschichte der Zweiten Republik, die allerdings künstlerisch erst ab den späten 1960er Jahren zum Tragen kam und nach 2000, so scheint es zumindest, sich selbst neu formieren wird müssen.

Manfred Wagner

Interpreten als „kulturelle Einrichtung"
(Pressemeldung):
„Die ‚drei Tenöre' Luciano Pavarotti, Placido Domingo und José Carreras sind nach Ansicht des Bundesgerichtshofs eine ‚umsatzsteuerbefreite kulturelle Einrichtung'. Für ihre Auftritte in Deutschland musste der Konzertveranstalter Matthias Hoffmann deshalb auch keine Umsatzsteuer bezahlen, entschied der BGH. (...)
Das Straßburger Gericht entschied nun laut BGH, ‚dass auch ein Gesangssolist eine Einrichtung im Sinne der Mehrwertsteuer-Richtlinie sein könne'."

Die Globalisierung einer spezifischen amerikanisch orientierten Popmusik ist Tatsache. Sie ist Ausdruck eines imperialistischen, auf Konsum, „Fun" und Oberfläche ausgerichteten substanzlosen Müll-Sounds, der die Ohren verstopft und das Denken einnebelt.

Was bewirkt die Globalisierung für die Musik?

Auch in den Konzert- und Opernprogrammen ist vermutlich eine Art Globalisierung, sprich Uniformität des Niveaus, eingetreten. Globalisierung aber könnte auch eine Bereicherung darstellen: wenn der Einzelne entscheiden kann, wo er sich gerade akustisch aufhalten möchte, oder wenn er etwas von anderen Musikkulturen erfahren möchte. Da aber das Bedürfnis für Ästhetik nicht nur ein angeborenes, sondern auch gerade in unserer Zeit ein gesellschaftlich prestigeträchtiges ist, treten viele Produzenten zur Befriedigung an: Werbung, Lifestyle, Marketing, Massenmedien, Agenturen bis zum populistisch Volkstümlichen. Verschiedene Lobbys besetzen diesen Markt, wobei die von vielen prognostizierte Kulturkampf-Diskussion als politisches Mittel genutzt wird. Inzwischen werden aber am Rande diskutiert: *Multikulturalität* als eine politische Vokabel. Sie ist als solche zur Waffe in den Mündern divergenter politischer Standpunkte verkommen. Sie wird einerseits als verschwommene utopische Wunschkategorie einer allgemeinen Weltkultur verstanden, andererseits als gefährliche Drohung zur Abwehr fremder (ethnisch anderer) Identitäten benutzt.

Polykulturalität ist wahrscheinlich jenes Phänomen, das wir als anpeilbare Situation eines emanzipierten Nebeneinanders noch immer nicht wahrhaben wollen. Da Kunst per se polykulturell ist, bedeutet dies in allen Gesellschaften und zu allen Zeiten, dass sie keine Rücksicht auf politische, nationale, regionale oder kontinentale Grenzen nehmen muss. Dieses (globale) Nebeneinander in der Kunst spielt also die viel wichtigere Rolle als Nivellierung und Vermischung. Ein wichtiger Punkt ist demnach die Ausbildung einer regionalen Differenzierung gegenüber einer globalen Angleichung.

Wenn die Annahme des Paradigmenwechsels von der Industrie- zur Informationsgesellschaft stimmt, wird unter dem Aspekt der individuellen Kreativität, die jedem Menschen nicht nur in der Zeit der Erwerbsarbeit, sondern auch in jener erwerbslosen Daseins abverlangt wird, auch eine Veränderung des Umgangs mit Musik eintreten. Man könnte hoffen, dass Musik damit wieder auf jene Position in der menschlichen Gesellschaft zurückkehrt, welche sie vor dem Industriezeitalter einnahm: als audielle Sinnenbefriedigung auf einem von Spezialisten hergestellten und angebotenen Niveau für funktionale Notwendigkeiten, spezifischen Lustgewinn und den Erwerb persönlichen Glücks.

Manfred Wagner

Die erfolgreichsten Popmusiker in der österreichischen Hitparade (Singles):

Interpret	Hits	Zeitraum
Madonna	42	1985–200
Michael Jackson	31	1980–200
Scooter	30	1994–200
Bee Gees	26	1967–200
Rolling Stones	26	1965–200

Populäre Musik hat sich lange Zeit neben dem Kunstbetrieb entwickelt, wobei immer wieder Verbindungen zwischen den beiden Sphären zustande kamen. Vor allem im Zuge der „Pop Art"-Bewegung der 1960er Jahre, in der populäre Musik bisweilen in das aner-

In welchem Verhältnis steht populäre Musik zu Kunst und Gesellschaft?

kannte Kunstschaffen (vor allem in bildender Kunst und Film) einbezogen wurde, konnten Berührungsängste abgebaut werden. Seither gibt es immer wieder Überschneidungen, doch nach wie vor sind Pop-Welt und Kunst-Welt vor allem hinsichtlich ihres Publikums klar abgegrenzte Bereiche. Wesentlich bedeutsamer war und ist der Einfluss populärer Musik auf die Gesamtgesellschaft, da sie als Musik der Massen immer vor den entsprechenden zeitlichen und örtlichen Rahmenbedingungen betrachtet werden muss.

Ein eigenständiges Popularmusikleben entwickelte sich in Europa im 18. Jahrhundert zuerst in den Städten. Ballmusik und musikalische Lustspiele sowie für den Hausgebrauch popularisierte Klavierauszüge aus klassischer Musik und Volksmusik waren damals beim Bürgertum ebenso beliebt wie Umzüge und Platzkonzerte mit Märschen und Ouvertüren sowie Arienkonzerte aus der Oper und später die Operette. Die Arbeiterschaft hingegen unterhielt sich (vor allem in England) in Trinkhallen („music halls"), wo auf einer Bühne aktuelle Ereignisse musikalisch dargeboten wurden. Ende des 19. Jahrhunderts wurde die Globalisierung des Mu-

siklebens durch einen europäischen Boom amerikanischer Tänze eingeleitet, und noch vor dem Zweiten Weltkrieg machten Musical, Kabarett und der Tonfilm einem breiten Publikum die Welt des Schlagers zugänglich. Nachdem unter nationalsozialistischer Herrschaft US-amerikanisches Kulturgut verpönt war, verhalf der entsprechende Nachholbedarf in den 1950er Jahren Jazz und Rock 'n' Roll zu großer Beliebtheit. Populäre Musik wurde von nun an zu einer bestimmenden gesellschaftlichen Kraft, da sie Jugendlichen eine Möglichkeit bot, sich über eigenen Musikgeschmack von den kulturellen Werten der Eltern zu emanzipieren. Zwar gab es immer auch angepasste Formen populärer Musik, doch die Veränderungen des Alltags, die Wurzeln gesellschaftlicher Umbrüche wurden von Rock 'n' Roll, Beat, Folk und Rockmusik begleitet. Elvis Presley, die Beatles, Bob Dylan, die Rolling Stones und viele andere trugen dazu bei, dass populäre Musik ein Ausdruck jugendlichen Lebensgefühls wurde. „Flower Power" und alle Jugendkulturen danach waren musikalisch eingebettete Bewegungen, die von der Politik nicht mehr ignoriert werden konnten. Das Stilmosaik, das sich ab den 1970er Jahren aus der Rockmusik entwickelt hat, ist längst unüberschaubar geworden und verändert permanent in immer kürzeren Zyklen sein Aussehen. Neben jenen Formen populärer Musik, die „Rock" bereits im Namen führen (wie z. B. Punkrock) haben vor allem Soul/Funk, Reggae, Disco, New Wave, Heavy Metal und Grunge sowie elektronische Musik wie Hip-Hop, House und Techno weltweiten Einfluss erlangt und Millionen von Jugendlichen Idole und Ideale beschert.

Michael Huber

Da es das Wesen populärer Musik ist, von vielen Menschen konsumiert zu werden, lassen sich mit ihrem Verkauf hohe Umsätze erwirtschaften. Geld war also von Beginn an ein Thema, bei Johann Strauß, der mit seinem Orchester erfolgreiche Konzertreisen

Welche Rolle spielt Geld in populärer Musik?

unternahm, ebenso wie hundert Jahre später beim legendären Woodstock-Festival, das einer Geschäftsidee zweier Nichtmusiker entsprang.

Die Möglichkeiten, Musik zu verkaufen, verändern sich permanent. Im 19. Jahrhundert beantworteten Musikverlage die neue Nachfrage nach leicht zu spielender (und leicht zu konsumierender) Musik mit einem entsprechenden Angebot an Notendrucken. Die Entwicklung musikalischer Speichermedien (Tonträger) beförderte dann die Verbreitungsmöglichkeiten in neue Dimensionen: Sehr zur Freude der Erzeuger von Musikschränken und Schallplatten konnte jetzt auch ohne jegliche musikalische Kompetenz Musik (ab)gespielt werden. Mit der Entwicklung des Rundfunks schließlich waren Verbreitung und Popularisierung nicht einmal mehr an Transport und Handel gebunden; trotzdem ist populäre Musik bis heute vor allem Tonträgermusik und als solche immer auch als Ware interessant, die gewinnträchtig verkauft werden kann.

Produktionen aus dem Bereich populärer Musik machen heute etwa 90 % des Gesamtrepertoires im weltweiten Tonträgermarkt aus, der von wenigen multinationalen Schallplattenkonzernen beherrscht wird.

Diese bestimmen das Marktgeschehen mit weltweiten Vertriebsnetzen und einer Konzentration auf wenige Stars, von denen immer wieder Neues in jeweils kurzen Zeitspannen möglichst gewinnträchtig vermarktet wird. Um von der Ware Musik profitieren zu können, müssen allerdings bestimmte ökonomische Strukturen vorhanden sein, die alleine wiederum jedoch keine Erfolgsgarantie bieten: Massenproduktion erfordert Industrialisierung und Arbeitsteilung, massenhafte Vermittlung erfordert das Erschließen von Vertriebswegen, massenhafter Konsum erfordert die Angleichung von Lebensbedingungen und Bedürfnissen. Da Letzteres nur bedingt möglich ist, gestaltet sich das Musikgeschäft sehr risikoreich: Nur die allerwenigsten Werke erfahren eine große Zuhörerschaft, 80 bis 90 % aller veröffentlichten Tonträger verkaufen zu geringe Stückzahlen, um auch nur ihre Produktionskosten wieder einzuspielen. Die Musikindustrie orientiert sich daher stark an der Nachfrage, wobei deren Entwicklung schwer einzuschätzen, der Musikgeschmack der Massen stark gesellschaftlichen Moden unterworfen ist. Auch bei großem Werbeaufwand bleibt fast immer ungewiss, wie der Markt auf ein neues Produkt reagieren wird. Der Beginn des 21. Jahrhunderts ist zudem von einer schweren Krise der Schallplattenindustrie geprägt, die daraus entstand, dass mit der Entwicklung von Internet und MP3 das Beziehen von Musik als reine Dateninformation ohne Tonträger möglich wurde. Umgekehrt profitieren davon Computer- und Telekommunikationsbetriebe, die es rechtzeitig verstanden haben, auf die neuen Möglichkeiten und Bedürfnisse der Musikkonsumenten mit entsprechenden Angeboten zu reagieren.

Michael Huber

Das Hören populärer Musik ist jene Beschäftigung, mit der Jugendliche in den Industrieländern den überwiegenden Teil ihrer Freizeit verbringen, was auch daran liegt, dass sich diese ganz hervorragend als Mittel zur Befriedigung zweier zentraler Bedürfnisse

Was haben bestimmte Musikrichtungen mit der Ausbildung von Gruppenidentitäten zu tun?

eignet: Abgrenzung und Einbindung. Heute erfolgt im Jugendalter die Vermittlung von Orientierungen und Wissen statt in familiären Beziehungen immer mehr im Freundeskreis, da Eltern und Geschwister oft als nicht vorhanden, nicht vertrauenswürdig oder

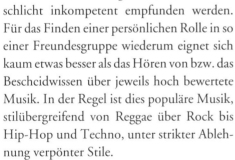

schlicht inkompetent empfunden werden. Für das Finden einer persönlichen Rolle in so einer Freundesgruppe wiederum eignet sich kaum etwas besser als das Hören von bzw. das Beschcidwissen über jeweils hoch bewertete Musik. In der Regel ist dies populäre Musik, stilübergreifend von Reggae über Rock bis Hip-Hop und Techno, unter strikter Ablehnung verpönter Stile.

Was alle (historischen wie aktuellen) Jugendmusikstile gemeinsam haben, ist ihr Potential einen Rahmen zu bieten, der Jugendlichen das Eingebundensein in soziale Netzwerke ermöglicht. Die Verständigung über entsprechende Gemeinsamkeiten zwischen Individuen erfolgt in der Regel über den Lebensstil, der sich in Kleidung, Verhaltensweisen und

Konsum äußert. Im alltäglichen Miteinander wirken diese Äußerlichkeiten wie eine nonverbale mit spcziellen Symbolen durchsetzte Sprache, die oft nur von Gleichgesinnten (richtig) verstanden wird. Besonders groß ist im Bereich der Jugendkultur die Bedeutung musikalischer Symbole, wobei zu beobachten ist, dass nicht mehr die Musik an sich als vorherrschendes Thema entscheidend ist, sondern viele Aspekte der hinter dem jeweiligen Musikstil stehenden Lebenswelt erlebt und gelebt werden. So ist die globale Verbreitung von Hip-Hop-Musik auch damit erklärbar, dass deren „Philosophie" weltweit bei Jugendlichen auf positive Resonanz stößt: intensive Pflege eines Freundes-Netzwerks, Vereinbarkeit von Individualität und Gruppenzugehörigkeit, Vereinbarkeit von ökonomischem Erfolg und künstlerischer Glaubwürdigkeit, Respekt und Toleranz im Umgang mit anderen, spielerisches Aushandeln von Konkurrenz und Konflikten sowie eine Affinität zu Trendsportarten wie Skaten und Basketball.

Populäre Musik wirkt also in der Jugendkultur als Massenmedium, sie vermittelt Bedeutungen und Identifikationsmöglichkeiten, und das nicht nur durch ihre Inhalte, sondern auch durch ihre Begleiterscheinungen. Musik ist immer dann sehr erfolgreich, wenn es ihr gelingt, ein Lebensgefühl zu vermitteln, einen Lebensstil zu repräsentieren. Die bewusste Entscheidung für eine bestimmte Musik bedeutet oft zugleich die Auswahl eines bestimmten Freundeskreises, die Aneignung bestimmter Symbole, die Übernahme eines bestimmten Lebensstils.

Michael Huber

Die Herkunft des Wortes „Jazz" ist unklar, es ist ein Hilfsbegriff für ein komplexes musikalisches Gebilde, das Ende des 19. Jahrhunderts aus der Vermischung afrikanischer und europäischer Traditionen entstand. Eine Eingrenzung des Jazz über die musikalische

Was ist Jazz?

Form ist schwer möglich, da die Gestaltungsmittel sich immer wieder und ohne Regeln verändert haben und noch verändern. Vier Eigenarten haben sich jedoch in der großen Stilvielfalt als konstant erwiesen:
– hoher Stellenwert der Improvisation;
– Kommunikation der einzelnen Gruppenmitglieder über das Spiel;
– der Rhythmus (*swing*) als treibende Kraft, oft in komplexen Variationen;
– Streben nach Ausdruck der individuellen Persönlichkeit durch Unverwechselbarkeit im Spiel.
Der improvisatorische Charakter des Jazz ermöglicht die Entwicklung individueller Stile und direkte, spontane Interaktion zwischen den Musikern. Der *swing* (nicht zu verwechseln mit dem Stilfeld „Swing"!) gibt den Grundrhythmus an, die darüber gespielten Melodien akzentuieren oft Töne zwischen den Beats, wodurch innerhalb eines beständigen Zeitrahmens komplexe Verschiebungen und Phrasierungen entstehen.
Was den Jazz gegenüber anderen Musikgenres auszeichnet, ist seine einzigartige Stilvielfalt bei gleichzeitigem Bezug in der Ausdrucksform auf einige wenige Traditionen. Eine seit den 1950er Jahren abgeschlossene Stilistik wird mit viel Risikobereitschaft und Lust zur Regelverletzung immer wieder neu interpretiert. Unterschiedliche Bedeutung

der einzelnen oben genannten Jazzelemente bzw. deren Verhältnis zueinander prägen die Jazzgeschichte. Die Entwicklung erfolgte dabei immer über Hören und neu Interpretieren, nicht über Noten-Lesen und Imitieren von Spielweisen. So kam es zur stetigen Herausbildung neuer Stile: Ragtime, New-Orleans-Stil, Dixieland, Chicago-Stil, Swing, Bebop, Cool Jazz, Hard Bop, Third Stream, Free Jazz, Fusion. Seit den 1980er Jahren ist keine abgrenzbare stilistische Neuentwicklung mehr feststellbar, stattdessen eine Parallelentwicklung von einerseits konservierender Wiederaufnahme und andererseits undogmatischem Eklektizismus klassischer Stile.
Zusammenfassbare Stilistiken oder Strömungen waren jedoch nie so entscheidend wie einzelne Persönlichkeiten, die sich durch Innovationsgeist, Kunstfertigkeit und Musikalität auszeichneten – etwas, das vielen abgeht, die vorgeben, Jazz zu spielen, wo sie doch nur dessen Klischees wiedergeben. Entscheidend ist hier schon auch das Was, aber viel mehr noch das Wie. Jazz ist mehr eine Geisteshaltung als ein Stil, er war von Beginn an Protestmusik, Protest gegen Engstirnigkeit, gegen Freiheitsberaubung, gegen Kategorisierung. Dass der Begriff „Jazz" als stilübergreifender Genrebegriff von vielen Musikern abgelehnt wird, ist nur konsequent: Jazz war immer die durch Musik ausgedrückte Weigerung, sich auf Standards festlegen und gleichschalten zu lassen.

Michael Huber

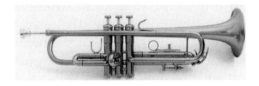

Die spätmodernen Produktionszusammenhänge verlangen disziplinierte Menschen, die sich der rationalen Organisation und den beschleunigten Handlungsmustern während der Arbeit unterordnen. Dieses „Weniger" an spontanem Lebensgenuss soll daher in der

Sind Konsumwelten Religionsersatz?

Freizeit durch exklusive Waren und Dienstleistungen ausgeglichen werden. In Westeuropa verfügen die Haushalte nun seit Jahrzehnten über genügend Geld, um Konsum jenseits der Nützlichkeit von Waren oder Dienstleitungen als lustvolle und identitätsstiftende Freizeitbeschäftigung zu betreiben. Ein „Mehr" für Leute, die rein materiell betrachtet schon alles haben, stellt sich als Erlebnis dar, welches aus dem Ambiente der Verkaufssphären, den ästhetischen Verpackungen und den vorgefertigten Tagträumen entsteht, in denen die Konsumenten imaginär mitspielen dürfen. Freizeitgenüsse in künstlichen Erlebniswelten und paradiesischen Urlaubsenklaven oder bei Einkaufsspektakeln konnten auf diese Weise Leitbildfunktionen übernehmen, die der Berufs- und Arbeitswelt weitgehend abhanden gekommen sind.

Schon seit Jahrtausenden dienen Marktplätze und -straßen mit den dafür vorgesehenen Bauwerken dem menschlichen Austausch. Vor dem Zeitalter der Massenproduktion umfasste das verfügbare Warensortiment jedoch einen Bruchteil des heutigen. Daher stellten Jahrmärkte und Messen, wo zahlreiche Produkte zusammenflossen, eine Herausforderung an jene einfach lebenden Menschen dar, die oft nur einmal im Jahr mit

einem so großen Warenangebot konfrontiert wurden. Verkaufsveranstaltungen galten als festlicher Ausnahmezustand, der sich vom Alltag abhob.

Doch in den übersättigten Gesellschaften der reichen Industrienationen haben Einkaufswelten und Shopping Malls das ganze Jahr rund um die Uhr für individuelle Ausstiege aus dem Alltag geöffnet. Dabei hat die Tätigkeit des Begutachtens von Waren mittlerweile oft nicht einmal mehr den Erwerb zum Ziel. Vielmehr geht es um das genussvolle Schauen, Betrachten und Berühren, das Schwelgen zwischen der Realität des Bedarfs und des Kontostandes. Während einerseits Single-Haushalte, Job-Hopping und Patchwork-Familien zunehmen, wachsen andererseits Bedürfnisse nach hautnahen Kontakten zu emotionell Gleichgestimmten in der Menge. Multisensitiv inszenierte, aber dennoch risikolose warenförmige Erlebnisse sollen dem entsprechen. Doch das Überangebot an aufregender Ablenkung erhöht gleichzeitig die Reizschwelle. Daher wachsen auch die Bedürfnisse nach „ruhigen" Erlebnissen, die der Markt nun unter dem Schlagwort „Wellness" anbietet: Erlebnisse unter der Haut. Marktforscher kündigen bereits eine Trendwende in Richtung Authentizität an. Erlebnisse sollen als Erfahrung Spuren in der Persönlichkeit hinterlassen, um Sinn zu generieren. Zu fragen bleibt, ob der Markt tatsächlich die Sinnfrage beantworten kann.

Gabriele Sorgo

In Zeiten der Brüchigkeit und des beschleunigten Wechsels sozialer Beziehungen liegt es nahe, den archimedischen Punkt dort zu suchen, wo man seine unveränderliche Basis zu haben glaubt: in der Beziehung zu sich selbst und zu seinem Körper. Dabei haben die

Was steckt hinter Körperkult und Wellness?

Trends in den letzten Jahrzehnten gewechselt. Waren es in den 1980er Jahren noch die Aerobic- und Joggingausrüstungen, so warb der Markt in den 1990ern unerbittlich für Fitness-Studios, Tai-Chi-Gruppen und das zugehörige Outfit. Im dritten Jahrtausend ist nun Wellness angesagt. Dieser optimistisch klingende Begriff, eine Wortkreation aus Well-Being und Fitness, steht für Sportlichkeit, Selbstbewusstsein und Individualismus. Obwohl der Wellness-Diskurs auf Ganzheitlichkeit setzt, geht es bei der Wellness-Praxis weniger darum, sich als Teil des Kosmos und der Umwelt zu fühlen, sondern eher darum, aus einem umfangreichen Körperpflegeangebot das individuell Beste für sich herauszufinden. Allein das Individuum soll wieder „ganz" werden. Denn als Kompensation zur „Wüste" des Alltags und zu den spezialisierten Anforderungen in der Arbeit begibt man sich dann in eine oasenartige Reparaturwerkstätte, wo das fragmentierte Ich wieder zusammengesetzt werden soll.

Längst haben Freizeitforscher festgestellt, dass Wellness in Zusammenhang mit dem gleichzeitigen Boom des Erlebniskonsums steht. Dort geht es um kurzfristige Ausstiege aus dem Alltag, die aber keiner weiteren Verarbeitung bedürfen: Erlebnisse ohne Erfahrung. Die ekstatische Verzückung bei Massenveranstaltungen wird als ebenso entspannend erlebt wie das Eintauchen in die eigene Sinnlichkeit im Whirlpool. Letzteres ist aber leichter zu kontrollieren als die Stimmung bei Massenveranstaltungen: Das Körperereignis scheint gesichert und kann scheinbar warenartig abgeholt werden. Aufgrund der durchrationalisierten Lebenswelt suchen die Menschen zusätzlich zur Arbeit und zur Freizeitkultur eben auch noch individuelle Ziele, um an ihnen zu wachsen oder zu scheitern. Daher wird der Körper zur Sinnressource und bietet sich als Experimentierfeld für Selbsterfahrung an. Asketische Maßnahmen wie das Marathonlaufen oder eine Fastenkur konnten bisher jedoch nicht mit einem berechenbaren Genuss locken. Bei Wellness geht es nun weniger darum, dass man die Grenzen seines Körpers auslotet, um ein Erfolgserlebnis zu haben, sondern eher darum, dass man mit erprobten Entspannungstechniken neue Leistungskraft tankt. Diese Selbstführung statt der Selbstüberwindung erwächst aus der neuen Verantwortung des Individuums für seine Gesundheit, die nicht mehr an staatliche Institutionen delegiert werden soll. Gesundheit und Fitness werden so zum vorzeigbaren Produkt des Selbst, das damit seinen Marktwert zu erhöhen und sein Selbstbewusstsein zu stärken vermag.

Gabriele Sorgo

Der bürgerliche Sport wollte zunächst rational, nicht religiös sein, doch schon nach kurzer Zeit traten im Massensport religiöse Elemente und ein kultischer Charakter der Inszenierung auf, die den Schluss zulassen, dass in einer zunehmend säkularisierten Ge-

Ist der Sport eine Religion?

sellschaft der Sport Funktionen einer Massenreligion übernimmt. Wenn dann Fußballfans den Lieblingsverein als ihre Religion bezeichnen, liegen sie damit gar nicht so falsch.

So behauptete Pierre de Coubertin, Schöpfer der modernen Olympischen Spiele, damit ein „sportliches Evangelium" mit sakralem Charakter zu kreieren. Der olympische Gedanke schaffe „eine Religion mit Kirche, Dogma, Kultus" und beinhalte intensive religiöse Gefühle, die therapeutische Wirkung entfalten können. Die Sportler und Sportlerinnen wären die Jünger dieser Religion. Fast 70 Jahre später wiederholte IOC-Präsident Avery Brundage diese Sichtweise: Olympia sei die universale, moderne, dynamische, integrative und für die Jugend attraktive Religion des 20. Jahrhunderts.

Die Inszenierung von Sportveranstaltungen untermauert deren quasi-religiöse Liturgie. Der Festcharakter lässt kultische Elemente erkennen. Zeremonien und Rituale, die für den Sport selbst keineswegs notwendig wären, umrahmen und prägen jedes Ereignis: Das olympische Feuer und das Schwören des Eides verstärken diesen Eindruck, obwohl im

Sport nicht nur bei den Eröffnungsfeiern von Großereignissen religiöse Gesten zelebriert werden. Ein Gott fehlt allerdings in diesen Feiern. Es ist auch nicht der Sport, dem die Verehrung gilt. Vielmehr feiern sich die Menschen im Sport selbst.

Analog der Religion bietet der Sport auch Sinngebung für das menschliche Leben. Wie der sonntägliche Kirchbesuch und die liturgischen Feste dienen auch regelmäßige Veranstaltungen und große Sportevents als Strukturierung des Lebens. Sporthelden nehmen die Funktion der verehrten Heiligen ein, während die Stadien mit ihren Flutlichtmasten als moderne Kathedralen fungieren können. Jedes Spiel ist eine Prüfung für den Anhänger, Ablass oder sogar Erlösung bieten der Sieg und schließlich der Titel. Doch auch für die Aktiven bietet der Sport religiöse Momente, wenn sie Authentizität erleben, den Körper als letzte Selbstvergewisserung begreifen oder das Laufen als meditative Schulung auffassen.

Aktuelle Entwicklungen des Sports verstärken noch den Eindruck des Religiösen. So zielt der Trendsport vermehrt auf ekstatische Erfahrungen und Grenzerlebnisse, die bislang nur bei wenigen Sportarten wie beim Bergsteigen und Marathon erlebt werden konnten. Die Suche nach dem „Kick" wird oft zum entscheidenden Element des Sports, der so das Verlangen nach Transzendenz unterstützt. Dennoch: Der Sport ist keine Religion, auch wenn er wie eine Religion inszeniert wird und viele ihrer Aufgaben übernimmt. Aber er feiert eben die Menschen selbst und ihre Leistungen, nicht einen Gott, dem er dies verdankt.

Matthias Marschik

Was wie ein Phänomen der letzten etwa 30 Jahre klingt, erweist sich bei genauerer Betrachtung als Begleiterscheinung des modernen Sports, genauer gesagt des Massensports. Überall dort, wo eine bestimmte Sportart zum Massenphänomen wurde, wa-

Warum prügeln sich Jugendliche bei Fußballspielen?

ren Ausschreitungen, auf dem Rasen wie auf den Zuschauerrängen, unabdingbare Begleiterscheinung. In Europa und Südamerika wurde speziell der Fußballsport zur Bühne verbaler, nicht selten auch gewalttätiger Konfrontationen.

So wurde in Österreich schon um 1920 die „Verrohung" des Fußballs beklagt, und selbst unter den restriktiven Bedingungen des Nationalsozialismus kam es in Wien ständig zu anti-preußischen Ausschreitungen auf den Sportplätzen. Auch später waren verbale wie tätliche Streitigkeiten an der Tagesordnung, ehe in den 1960ern ein neues Phänomen auftauchte: Jugendliche Fans organisierten sich, sammelten sich hinter den Toren, machten sich durch Embleme ihres Vereins und durch Transparente kenntlich und feuerten lauthals ihr Team an.

Neben die Fans, deren Ziel primär der „Support" ihres eigenen Teams im Stadion war, traten die (erstmals im Italien der 1960er Jahre entstandenen) Ultràs, die die Unterstützung ihres Vereins erweiterten und auch vor Gewalt gegen andere Gruppen nicht zurückschreckten, wenn sie der Meinung waren, dass dies dem eigenen Klub nützen

könnte, oder wenn sie glaubten, dessen Ehre verteidigen zu müssen. Für Ultràs ging nichts über ihren Verein und sie entsprachen vielfach dem klassischen Bild des Fußballrowdies aus der Unterschicht mit einer starken Anfälligkeit für rechts- (selten auch links-)extreme Ideologien.

In den 1980ern entstanden dann in England erste Gruppen von Hooligans. Ihr Ziel war das Ausleben von Gewalt und eine Ästhetik der Aggressivität, für die der Verein nur mehr äußerer Anlass war. Oft besuchten sie gar nicht mehr die Matches, sondern suchten im Vor- und Umfeld der Stadien nach dem „Kick", den sie aus der kollektiven Gewalt zogen. „Hools" stammten aus unterschiedlichen Schichten und zeichneten sich durch das Tragen teurer und prestigeträchtiger Markenkleidung (und eben nicht von Vereinsdevotionalien) aus. Ihr Handeln war von einem strengen Ehrenkodex (keine Waffengewalt, Angriffe nur gegen gegnerische Hooligans) gekennzeichnet.

Was den Umgang mit gewaltbereiten Jugendgruppen im Umfeld des Fußballs in den letzten Jahren enorm erschwerte, ist das Faktum, dass sich – nicht zuletzt aufgrund oft ungerechtfertigter Überwachungsmaßnahmen und Polizeiübergriffe – die Grenzen zwischen den Gruppen verwischten. Als weit effektiver erwies sich die Zusammenarbeit mit den Fans und Ultràs, deren Einbindung in die Vereinsarbeit und das Ernstnehmen ihrer Bedürfnisse, weil sich diese beiden Gruppen, auch wenn ihnen eine potentielle Gewaltbereitschaft nicht abzusprechen ist, doch klar von exzessiver und unmotivierter Gewalt der „Hools" distanzieren.

Matthias Marschik

Es ist eine alte, nichtsdestoweniger bis heute gängige soziologische Theorie, den Sport als Abbild, als Mikrokosmos der Gesellschaft zu betrachten. Demnach spiegelt das sportliche Geschehen im Kleinen die großen sozialen Entwicklungen wider, die im Sport mit Ver-

Verändert sich Sport mit der Gesellschaft?

zögerung, dafür mitunter besonders deutlich auftreten. Verändert sich aber die Gesellschaft oder wechseln auch nur einzelne ihrer Parameter, hätte das unmittelbare Auswirkungen auch auf den Sport, der ein Subsystem der Gesellschaft darstellt.

Dieses Modell wird bis heute von Verbänden, Vereinen und Journalisten bevorzugt angewendet, doch es macht den Sport weniger bedeutsam, als er ist, es marginalisiert seine Bedeutungen. Denn die Abbild-These stimmt höchstens zum Teil: Überall dort, wo der Sport oder eine Sportart zum Massenphänomen wurde, entwickelte sich eine „Eigenweltlichkeit" des Sports, die ihn von anderen Vorgängen auf dieser Welt abkoppelte. Der Sport kann genuine Bedeutungen und Normen entwickeln, gesellschaftliche Vorgänge nachvollziehen, aber auch vorwegnehmen oder zu ihnen quer liegen.

Nennen wir zwei Beispiele, ein konkretes und ein abstrakteres: Österreich versuchte, aufbauend auf die Opferthese, nach 1945 möglichst rasch seine Wiederaufnahme in die internationale Staatengemeinschaft zu erringen. Was auf politischer Ebene aber erst 1955 gelang, erfolgte im Sportgeschehen ansatzweise schon ab 1945, endgültig dann bei den Olympischen Winterspielen in St. Mo-

ritz; genau diese nationale Bedeutung des Sports erweist sich heute in Zeiten der Globalisierung und transnationaler Zusammenschlüsse als enorm wirkmächtig: Auf wohl keinem anderen gesellschaftlichen Feld wird so sehr an nationale Gefühlslagen appelliert wie im Sport.

Den Sport als Eigenwelt zu denken, bedeutet nun keineswegs, ihm Unabhängigkeit von Politik und Ökonomie zu unterstellen. Doch obwohl der Sport von diesen Ebenen maßgeblich beeinflusst wird, ist er dennoch nicht von ihnen definiert oder bestimmt. So wie wir zwischen Politik und Wirtschaft zwar intensive gegenseitige Abhängigkeiten, aber keine Bestimmung des einen durch das andere konstatieren können, bildet auch der Sport ein Teilsystem der Gesellschaft, das eigenständige Tendenzen und Entwicklungen zulässt, auch wenn es ohne deren andere Teile undenkbar ist.

Dass der Sport so häufig als gesellschaftlicher Mikrokosmos gesehen wird, anstatt ihn auf der gleichen Stufe wie Politik, Wirtschaft – oder Wissenschaft – anzusiedeln, entspricht letztlich dem Wunschdenken von Politikern und Ökonomen, die den Sport gerne in verstärktem Maß kontrollieren würden. Dass dem nicht so ist, haben besonders die Sportfans längst erkannt. Denn wäre der Sport tatsächlich nur Abbild, er würde wohl niemanden so wirklich interessieren und könnte die „Massen" nicht begeistern, die den Sport gerade wegen seiner Andersartigkeit lieben.

Matthias Marschik

Franz Klammer, nationales Sportidol

Auf den ersten Blick ist es völlig klar: Wenn sich zwei Teams zusammenfinden, um auf einem Stück Rasen ein Spiel gegeneinander auszutragen, oder wenn einige Menschen beschließen, auf einer vorher vereinbarten Strecke auszuprobieren, wer diese Distanz

Ist Sport „unpolitisch"?

schneller bewältigt, dann hat das mit Politik nichts zu tun. Sport gehört, wie das Kino, zum Bereich von Unterhaltung und Vergnügen. Das bestätigen nicht nur (fast) alle Sportler und Sportlerinnen, für die Sport mit Politik nichts gemein hat, sondern auch die Medien: Schon in der Zeitung stehen die Sportberichte ganz am anderen Ende von Politik und Wirtschaft.

Auch auf den zweiten Blick ist es völlig eindeutig: Politik dominiert und verwendet den Sport und sportliche Anlässe nachhaltig für ihre Interessen. Das galt und gilt vor allem, aber keineswegs nur, für autoritäre Regime wie den Nationalsozialismus, Faschismus oder für realsozialistische Staaten. Überall auf der Welt sollen sportliche Erfolge nationale Überlegenheit demonstrieren, Sportindustrien ankurbeln und den Tourismus beflügeln; sportliche Großereignisse bringen Renommee und Arbeitsplätze. Sportliche Erfolge sollen indirekt aber auch gesellschaftliche Werte und Normen wie Leistung und Einsatz, Jugendlichkeit und hegemoniale Geschlechtlichkeit transportieren und verstärken. Die große Zahl von Politikern, die sich auf den Ehrentribünen von Sportstadien tummeln, um an der Authentizität der Veranstaltung zu partizipieren, verdeutlicht noch die Nähe von Sport und Politik.

Wie ist dieser Konnex mit der behaupteten Politikferne des Sports zu vereinbaren? Das geschieht über den Umweg der Unterhaltung: Alle am Sport Beteiligten, also die Aktiven wie das Publikum, die Funktionäre, Sponsoren und auch die Politik, wollen sich das Vergnügen des Sporttreibens oder der Sportrezeption nicht nehmen lassen. Deshalb wird zwar im Umfeld des Sports, in Zeitungsglossen und TV-Magazinen, in Vereinssitzungen und selbst noch am Weg zu den Sportereignissen, viel über seine politischen und ökonomischen Verquickungen gesprochen und geschrieben, doch beim Sportereignis selbst wird dieses Wissen ausgeblendet.

Nur so kann das Vergnügen am Sport aufrechterhalten werden. Dem Zuschauer würde die Rezeption keinen Spaß mehr machen, müsste er dauernd an die unterschiedlichen Budgets der Vereine oder daran denken, dass der olympische Bewerb, den er gerade betrachtet, eigentlich nur wegen der politischen und ökonomischen Folgen stattfindet. Und den Athleten würde es verdrießen, müsste er ständig daran denken, dass sein Sieg primär ökonomische Ursachen und politische Folgen hat. Also sind alle am Sport Interessierten stillschweigend übereingekommen, während des Spiels oder Rennens nicht über die Rahmenbedingungen zu reden. Und seien wir ehrlich: Uns allen bereitet ein solcher unpolitisch konstruierter Sport viel mehr Freude.

Matthias Marschik

Die Frage klingt nach Gesundheitsmedizin und wird oft in diesem Sinn beantwortet. Zum einen wird auf die moderne Zeit verwiesen, in der immer mehr Berufe eine sitzende Tätigkeit mit sich bringen und zur Bewältigung des Alltags immer weniger phy-

Wie viel Sport braucht der Mensch?

sische Aktivität nötig ist. Sport wird daher als Ersatz für körperliche Arbeit zur Ertüchtigung des Körpers und seines Muskelapparates gesehen. Zum anderen hätten medizinische Untersuchungen zahlreiche Belege erbracht, dass der Bewegungsmangel in unserer Kultur zu einem großen Risikofaktor geworden sei. Sport könne daher Krankheiten vorbeugen und Leiden heilen. Bei Herz-Kreislauf-Krankheiten und selbst in der Krebstherapie könne Sport massive positive Wirkungen entfalten, daneben könne er aber auch die „Seele" therapieren, psychische Leiden lindern und den Geist jung erhalten.

Die simple Gleichung, wonach Sport äquivalent wäre mit Gesundheit, wird oft angezweifelt. Mit Hinweis auf Spitzensportler wird argumentiert, ein hohes Maß an Leistungsfähigkeit bringe keineswegs mehr körperliches Wohlergehen: Einen kräftigen Kreislauf, eine große Muskelmasse oder viel physische Ausdauer mit Gesundheit gleichzusetzen, entspreche dem verkürzten biologisch-funktionalen Menschenbild der Schulmedizin. Die Fitness- (und auch die Wellness-)Bewegung wiederum sei vom Fitness-Center über die Sportartikel-Industrie bis zum Home-Shopping von ökonomischen Interessen bestimmt.

Seine gesundheitsfördernden und seine wirtschaftlichen Bedeutungen sind dem Sport trotz mancher Relativierungen kaum abzusprechen, daneben werden ihm jedoch oft noch zwei weitere Funktionen, eine erzieherische und eine gesellschaftlich-soziale, zugeschrieben. Doch auch diese beiden Aufgaben bleiben nicht unwidersprochen: Die soziale Ebene werde durch den zunehmenden Eventcharakter des Spitzen- und die Individualisierung des Breitensports unterminiert, die erzieherische Ebene sei durch den Körperkult im Nationalsozialismus ebenso fraglich wie durch den enormen Leistungsdruck des bürgerlichen Sports.

Bedenken wir zudem, wie kurz die Ära des Sports – gut 100 Jahre – erst dauert, dann wird klar, dass der Mensch den Sport (im engen Wortsinn) überhaupt nicht benötigt. Dass wir ihn dennoch brauchen, ihm verschiedene Funktionen in unserem Leben gegeben haben, ihn als selbstverständlich erachten und glauben, ohne Sport nicht mehr existieren zu können, qualifiziert den Sport als wesentliches kulturelles Phänomen moderner Gesellschaften – und das wiederum bedeutet nichts weniger, als dass der Sport alle Aufgaben erfüllen kann, die wir ihm zuschreiben. Braucht der Mensch den Sport? Ja. Und zwar eine ganze Menge davon, als Gesundheitsförderung, als Erziehungsmittel, als Förderung von Sozialkontakten, aber ebenso als Wertelieferant, als Unterhaltung und als Wirtschaftsfaktor.

Matthias Marschik

Die Geschichte des Sports im 20. Jahrhundert zeigt, dass bisher noch jede „magische Grenze", die man als Maximum menschlicher Leistungsfähigkeit betrachtete, irgendwann im Laufe der Jahre übertroffen wurde. Das gilt sowohl für Sportarten, in denen die

Lassen sich die Grenzen der Leistung unendlich erweitern?

Leistung in Zentimetern, Gramm oder Sekunden objektiv festgestellt werden kann, als auch für jene, in denen die Bewertung nach Toren oder Punkten erfolgt. Der Leistungshorizont des Menschen ist also sicher nicht – oder noch nicht – erreicht.

Ebenso deutlich ist jedoch, dass die Entwicklungskurve etwa von Weltrekorden nicht linear ansteigt, sondern zunehmend flacher verläuft. Es wird immer schwieriger, Bestleistungen noch weiter zu steigern. Das für die Ausdauer verantwortliche Herz-Kreislauf-System des Menschen sei bereits weitgehend ausgereizt, meinen Sportmediziner; hier lassen sich, unter Beibehaltung bisheriger Doping-Richtlinien, nur mehr wenig Fortschritte erzielen. Weiterentwicklungen ließen sich eher im Bereich der Muskulatur erwarten, vor allem durch eine Perfektionierung des Zusammenspiels von Belastung und Regeneration.

Am ehesten sind Fortschritte am psychischen Sektor zu erwarten, zum einen im Bereich der Überwindung und Willensstärke, zum anderen bei der Bündelung von psychischer Energie auf den Wettkampfzeitpunkt und schließlich auch bei der Stressbewältigung.

Eine Quelle ständiger Steigerungen findet sich auch im Bereich von Technik und Material: Technische Neuerungen (wie etwa die Revolutionierung der Hochsprung-Technik in den 1960er Jahren oder der V-Stil beim Skispringen) lassen ebenso massive Leistungssteigerungen erwarten wie Verbesserungen am Materialsektor (die Einführung der Tartan-Laufbahnen oder der Carving-Ski).

Immer wieder versucht die Sportwissenschaft, Grenzen menschlicher Leistungsfähigkeit im Sport zu berechnen; so liegt der vermutete „Grenzwert" im 100-Meter-Lauf der Männer etwa bei 9,6 Sekunden, also knapp zwei Zehntelsekunden unter dem derzeitigen Weltrekord. Damit sei das Potential des menschlichen Körpers ausgereizt. Der Mensch und sein Sport geraten demnach allmählich an ihre Grenzen, eine grenzenlose Verbesserung sei nicht vorstellbar.

Für die Idee des modernen Sports stellt eine solche Begrenzung ein schwieriges Problem dar, lebt doch der Sport nicht zuletzt von ständigen Steigerungen und Rekorden. Ohne neue Bestleistungen scheint die Faszination des Sports gefährdet und so werden immer wieder Schritte sichtbar, das Rekorddenken fortzusetzen: Viele Sportarten werden auch Frauen zugänglich gemacht, die dann für einige Jahre für neue Weltrekorde sorgen, oder es werden neue Sportarten kreiert, die dann wieder Bestleistungen erlauben. Aber auch die Veränderung von Regeln oder Geräten, wodurch die alten Rekorde hinfällig werden, sorgen für neue Bestleistungen. Denn der Erfindungsreichtum des Menschen ist noch lange nicht an Grenzen gestoßen.

Matthias Marschik

Doping kennt als Maßnahme zur sportlichen Leistungssteigerung keine Grenzen, weder nach unten noch nach oben. Nach „unten" bedeutet, dass alle Sportler und Sportlerinnen ihre Körper manipulativ beeinflussen, und sei es nur durch Müsliriegel, Trauben-

Wo sind die Grenzen des Dopings?

zucker, Kopfwehtabletten oder Aspirin den Blutfluss verändert. Nach „oben" bedeutet, dass die Medizin eine Unzahl an Mitteln bereithält, körperliche wie psychische Fähigkeiten des Menschen langfristig (durch Hormone) oder auch für die Dauer eines Wettkampfes (durch Stimulanzien, Narkotika oder Blutdoping) zu erweitern.

Die Trends bei Gen-, Transplantations- und Reproduktionstechniken zeigen, dass wir erst am Anfang möglichen „Dopings" stehen und – in einem pervertierten Wortsinn – kein „natürliches" Limit manipulativer Leistungssteigerung existiert. Grenzen des Dopings sind daher weder bei den Substanzen noch im Körper zu finden, sondern nur dort, wo die Dopinggesetze sie ziehen und die Nachweisbarkeit endet. Ist Doping im Bodybuilding sogar Voraussetzung des Erfolgs, wird es etwa bei Olympischen Spielen streng kontrolliert. Zugleich zeigt ein Blick auf den Sport, dass erstens überall gedopt wird und zweitens die Analysen des Dopings stets der Entwicklung neuer Substanzen hinterherhinken. Die Grenzen des Dopings sind also eine Frage von Ethik und Moral.

Die Ethik bezüglich des Dopings beruht auf den Idealen von Fairness im Sport. Sie gelten trotz divergierender Interpretationen doch

global und in allen Sportarten. Ethik ist die Grundlage der sportlichen Regeln und also auch der Grenzen des Dopings. Moral dagegen bedeutet, die Ideale des Sports praktisch umzusetzen. Die aktuelle Dopingdiskussion ist seit Jahren eine lediglich moralische. Dafür spricht schon die weit verbreitete Definition, die nicht ethisch argumentiert, sondern Doping lediglich als Einnahme verbotener Mittel bezeichnet und in der Folge die Substanzen auflistet, die durch die jeweiligen Sportverbände bestimmt werden.

Nicht die Ethik, aber die Sportmoral gerät mit den Prämissen des Sports in Konflikt, die ständig Sensationen und Rekorde verlangen und nur den Sieger feiern. Im Zweifelsfall entscheiden sich Nationen und Verbände, Vereine und Sportler für den Sieg und selten für die Moral. Die Konsequenz ist, dass alle Beteiligten zwar gegen das Doping reden, aber mit Doping arbeiten. Statt die Verabreichung etwa von EPO zur Vermehrung roter Blutkörperchen einzustellen, wurden Geräte zur Eigenmessung angeschafft, um den Grenzwert nicht zu überschreiten oder Sportler rechtzeitig vor einer Kontrolle aus dem Bewerb zu nehmen.

Weil ethische Kriterien hintangestellt werden und moralisch der Sieg mehr zählt als fairer Sport, ist die Frage nach den Grenzen des Dopings klar zu beantworten: Nicht der Sport setzt die Grenzen, sondern die internationale Anti-Doping-Agentur und die Effizienz ihrer Messmethoden.

Matthias Marschik

Auswahl verbotener Substanzen:
Amiloride, Betamethason, Clenbuterol, Hydrochlorothiazide, Furosemide, Metaboliten von Methyltestosteron, Metaboliten von Norandrosterone, Metandienon, THC

Die frühen Beschreibungen der Wettkämpfe in Olympia bezeugen die Anwesenheit von Bürgern der verschiedenen Provinzen, die sich zum Kultfest *panegyris* („festliche Versammlung des ganzen Volkes") trafen, um neben religiösen Handlungen gesellig bei

Waren die Griechen die besseren Sportler?

Speis und Trank zusammenzusitzen. Dabei wurden Tanz und Gesang gepflogen, aber auch friedliche athletische Wettkämpfe veranstaltet, an denen natürlich nur freie Männer teilnehmen durften. Während der Festlichkeiten ruhten alle innergriechischen Kampfhandlungen und eine Zeit lang wurden die Auseinandersetzungen sogar stellvertretend durch sportliche Kämpfe entschieden.

Doch regten sich schon im 7. Jahrhundert v. Chr. kritische Stimmen: Durch ihr einseitiges Muskeltraining seien die Athleten für die wichtigen Aufgaben eines Bürgers, Nahrungsbeschaffung und Kriegsdienst, kaum zu gebrauchen. Abgesehen davon seien sie wegen der zahllosen Wettkämpfe ohnedies kaum einmal zu Hause anzutreffen. Noch schärfer formulierte es der Dramatiker Euripides im 5. Jahrhundert, indem er einen seiner Bühnencharaktere sagen ließ: „Griechenland kennt viele Übel, am schlimmsten aber ist das Volk der Athleten". Er tadelt die einseitige Übung einzelner Muskeln, wodurch der übrige Körper wie das Gehirn vernachlässigt werde. Euripides verurteilt aber auch die Politiker, die dieses Treiben aus populistischen

Gründen zuließen, und das Publikum, das diese Scharlatane auch noch bewundere.

Etwa 100 Jahre später empfahl Diogenes, die kümmerlichen Darbietungen der Athleten durch Wettkämpfe zwischen Tieren zu ersetzen; um Christi Geburt schließlich jammerte Vitruv, selbst die weisesten Bücher fänden kaum Leser, würde die Masse der Menschen doch ihre Zeit statt mit der Lektüre lieber mit der Bewunderung für Sportler verbringen.

An der enormen Begeisterung für die Athleten änderte dies jedoch nichts, sodass viele Politiker sich selbst an Wettkämpfen beteiligten oder zumindest auf den Tribünen präsentierten, wo sich auch Gelehrte einfanden, die dort vor oder nach den Wettkämpfen ihre Thesen verkündeten, unter anderem auch die Forderung, den Körper statt durch einseitige Höchstleistungen lieber durch leichte gymnastische Übungen zu trainieren.

Berücksichtigt man weiter, wie chauvinistisch der griechische Sport sein konnte, wenn Athleten aus anderen Gegenden an den Wettkämpfen teilnahmen, und wie kurz (maximal 100 Jahre) der „olympische" Gedanke gepflogen wurde, Streitigkeiten statt durch militärische Konfrontationen durch sportliche Wettkämpfe zu entscheiden, lässt das eine klare Lösung der Frage zu, ob die Griechen „bessere" Sportler waren. Und bedenkt man, dass auch Gladiatorenkämpfe, die ja meist mit dem Tod eines Kontrahenten endeten, unter den antiken Sport zu subsumieren sind, fällt die Antwort noch eindeutiger zugunsten des reglementierten modernen Sportlebens aus.

Matthias Marschik

Die Biologie ist stets auf der Suche nach besonderen körpereigenen Stoffen, die die physische Leistungsfähigkeit des menschlichen Körpers steigern. Tatsächlich wurden nicht nur Hormone und Enzyme entdeckt, die etwa die Bildung roter Blutkörperchen be-

Warum laufen Afrikaner und Afrikanerinnen schneller?

schleunigen oder Muskelfasern rascher wachsen lassen, sondern es ließ sich auch nachweisen, dass die Beschaffenheit diverser Rezeptoren etwa die Aufnahmefähigkeit von Sauerstoff maßgeblich beeinflusst. Viele Vorgänge im Körper sind allerdings noch kaum erklärbar und Biologen vermuten, dass etwa 100 verschiedene Gene dazu beitragen, außerordentliche sportliche Leistungen zu ermöglichen.

Auch wenn in den Medien aus der Erforschung eines neuen Wirkfaktors schon oft auf die Entdeckung des „Sport-Gens" geschlossen wurde, gab es noch kaum Meldungen über die Existenz eines „Lauf-Gens", obwohl die enorme Dominanz schwarzer Läufer und Läuferinnen über alle Strecken, vom Sprint bis zum Marathon, immer eklatanter wird. Selbst bei Europameisterschaften dominieren inzwischen oft eingebürgerte meist schwarz- und mitunter auch nordafrikanische Läufer und Läuferinnen. Dennoch beschränkt sich die medizinische Forschung vorerst auf äußerliche Befunde.

So hätte man bei Athleten aus Nord- und Ostafrika im Schnitt eine größere Lungenkapazität und mehr „langsame" Muskelfasern

feststellen können, weshalb sie besonders prädestiniert für Langstreckendistanzen seien; Westafrikaner würden hingegen eine größere Muskelmasse und mehr „schnellere" Muskelfasern aufweisen, was sie explosiver mache. Deshalb wären sie besonders auf kürzeren Strecken erfolgreich.

Dass trotz intensiver Forschungen bislang keine verifizierbaren Resultate vorliegen, lässt vermuten, dass die Versuche, physische und genetische Differenzen zu finden, wahrscheinlich doch dem eurozentristischen Wunsch der „Weißen" geschuldet sind, einerseits alles naturwissenschaftlich erklären zu können und andererseits Entschuldigungen oder zumindest Erklärungen für die eigene Unterlegenheit zu finden.

So sind es vermutlich doch kulturelle Faktoren, die für die eklatante Überlegenheit schwarzer Läufer und Läuferinnen sorgen: Es sind technische und taktische Vorzüge, im entscheidenden Moment noch zuzusetzen und zu explodieren, aber auch Tempowechsel einzulegen, die die Konkurrenten auf Dauer zermürben. Und es ist das Resultat jahrelanger Selbstverständlichkeit einer laufenden Fortbewegung, der Einfluss berühmter Vorbilder und Idole und nicht zuletzt das Wissen darum, dass die Leichtathletik eine der ganz wenigen Chancen darstellt, sei es dem als bedrückend erlebten Afrika oder den US-amerikanischen Slums zu entkommen, finanziellen Wohlstand und sozialen Aufstieg zu erreichen. Dafür lohnt es sich, die eigenen physischen wie psychischen Grenzen zu überschreiten.

Matthias Marschik

Im britischen Sportgeschehen ab den 1870er Jahren, im kontinentaleuropäischen Sport etwa ab der Wende vom 19. zum 20. Jahrhundert wurde es erstmals praktiziert: Sportvereine begannen, ihre Aktiven (zunächst illegal) zu entlohnen, Spieler von anderen Vereinen

Bestimmt das Geld den Sieger?

zu kaufen und Ausrüstungsgegenstände (etwa die neuesten Fußballschuhe) zu beschaffen. Finanziert wurde dies zum Teil über Sponsoren, zum Teil über die Einplankung der Sportplätze, wodurch es möglich wurde, ein Entree einzuheben. Diese beginnende Ökonomisierung des Sports führte dazu, dass sich Erfolg kaufen lässt bzw. dass der Sieg von finanziellen Faktoren abhängt.

Natürlich investierte nicht nur ein einzelner Verein oder Verband in den Sport, sondern es waren viele von ihnen, die auf diese Weise reüssieren wollten. Und kaum hatte sich einer einen entscheidenden Vorteil erworben bzw. „erkauft", zogen andere wieder nach und egalisierten den Vorsprung oder versuchten ihn noch zu übertrumpfen. Kein sportkonnotierter Bereich wurde dabei ausgelassen und diese Entwicklung wurde mit Abweichungen und Unterbrechungen, aber auch mit massiven Schüben der Ökonomisierung und Professionalisierung bis heute prolongiert, wenn auch, etwa nach Sportarten und Regionen, differenziert.

Die Investitionen in den Sport beschränkten sich bald nicht mehr auf Spielertransfers, höhere Gehälter oder Verbesserungen des Materials. Unter intensiver Einbindung von Industrie, Politik, Werbewirtschaft und Wissenschaft wurden bessere Trainer verpflichtet und vorteilhaftere Trainingsbedingungen ge-

schaffen, neue Ausbildungsmethoden entwickelt oder die Nachwuchsarbeit intensiviert. Eine bessere psychische und physische Betreuung beruhte ebenso wie eine professionellere Ernährung primär auf finanziellen Ressourcen, die es auch erlaubten, Fortschritte in der Sportmedizin zu nutzen oder Einfluss auf die Sportpolitik zu nehmen. Sogar der Heimvorteil lässt sich, siehe die Veranstaltung von Großereignissen, erkaufen.

Weil viele Vereine, Verbände und Sportorganisationen enorme Summen in das Gewinnen investieren, lässt sich generell sagen: Geld bestimmt nicht den Sieger, aber es legt fest, in welcher „Liga" man spielt. Der Begriff Liga ist hier sowohl wörtlich wie im weiteren Sinn gemeint, dass die finanzielle Basis festschreibt, welche Vereine, Teams oder Sportler für den Sieg überhaupt in Frage kommen. Freilich besteht die enorme Faszination des Sports darin, dass innerhalb dieser „Ligen" zumeist, aber eben nicht immer der bestdotierte Verein, der bestausgerüstete Sportler den Sieg davonträgt, weil bei bestimmten Verhältnissen das teuerste eben doch nicht das beste Material ist, weil Faktoren wie Begeisterung oder Erfahrung nicht erkauft werden können oder selbst der beste Skiläufer einmal einfädeln und der beste Fußballer das Tor verfehlen kann.

Matthias Marschik

Die teuersten Fußballer-Transfers
(Ablösesumme in Millionen Euro):

Zinedine Zidane	Real Madrid	73
Luis Figo	Real Madrid	60
Hernán Jorge Crespo	Lazio Rom	55
Gianluigi Buffon	Juventus Turin	54
Andrej Shevchenko	FC Chelsea	51
Gaizka Mendieta	Lazio Rom	48

wann ist mein Computer ein Mensch? Können Compute
ichte schreiben? Warum spielen Computer so gut Schach
r so schlecht Go? Wieso verstehen Diktiersysteme, was wi
en? Wie funktionieren sprechende Computer? Warum
rsetzen Übersetzungscomputer so schlecht? Liegt die Zu
ft im Computernetz? Was können Roboter, was könne
nicht? Wie beeinflussen Science Fiction und Technik ein
n der Menschheit
erts überschätzt

Ab wann ist mein Computer ein Mensch?

Fragen und Antworten zur Zukunft der Technik

im Alltag? Wann
ehmen? Führt uns
e in die Sackgasse:
nik ersetzen? Wie
Welche Rolle spiel
? Was heißt „End
echnik"? Worum
leiben technische
astrophen für immer im Gedächtnis? Was sind „Weiße Ele
en"? Kleidung – selbst genäht oder Made in China? Wa
lt die Technik mit unseren Nahrungsmitteln an? Komm
auf die „Oberfläche" an? Welche Werkstoffe bringt un
Zukunft? Was haben Beton und Grießpudding gemeinsam
rum wird Wäsche gebügelt? Wie fährt das Auto von mor
? Kann die Natur ein Vorbild für die Technik sein? Gibt e
rgie, die nie ausgeht? Welche Risiken erwachsen uns au
Mikrotechnik? Was leistet die Nanotechnologie? Ab wann
nein Computer ein Mensch? Können Computer Gedichte
eiben? Warum spielen Computer so gut Schach, aber sc
echt Go? Wieso verstehen Diktiersysteme, was wir sagen
funktionieren sprechende Computer? Warum übersetzer
rsetzungscomputer so schlecht? Liegt die Zukunft im Com

1950 entwickelte der britische Mathematiker Alan Turing (1912–1954) einen einfachen Test, um festzustellen, wann ein Computerprogramm im menschlichen Sinne des Wortes als intelligent und mit Bewusstsein begabt angesehen werden müsse: Stellen

Ab wann ist mein Computer ein Mensch?

wir uns vor, wir säßen vor einem Computerterminal und sollten über Bildschirm und Tastatur mit einem unbekannten Gesprächspartner „chatten". Abwechselnd wird nun dieses Terminal mit einem anderen Menschen oder mit einem Computerprogramm verbunden und wir sollen im Gespräch herausfinden, ob sich auf der anderen Seite des Terminals ein Mensch oder eine Maschine befindet; wenn es uns nicht gelingt zu sagen, wer der Mensch und wer die Maschine ist, hat Letztere den Turing-Test bestanden. Bisher hat noch kein Computerprogramm diese denkbar einfache Hürde genommen. Turing nahm an, spätestens im Jahr 2000 würde man Maschinen konstruieren können, die diesen Test bestehen. Doch vielleicht ist dieser Test gar nicht geeignet, das Vorhandensein von Intelligenz bzw. Bewusstsein zu beweisen. 1980 versuchte der amerikanische Philosoph John Searle (* 1932) anhand eines Gedankenexperiments aufzuzeigen, dass wir von einem Programm, das den Turing-Test bestünde, noch lange nicht mit Sicherheit sagen könnten, dass es intelligent sei, denn es könnte uns auch auf völlig mechanische Weise scheinbar sinnvolle Antworten liefern, wie Searle anhand eines „intelligenten" chinesischen Zimmers beweist: Nehmen wir an, in

einem Raum befindet sich eine Person, die keinerlei Chinesischkenntnisse besitzt; nun reicht ihr ein chinesischer Muttersprachler durch einen Schlitz in der Wand einen Zettel mit einer Frage in chinesischen Schriftzeichen herein. Die Person im Zimmer versteht zwar kein Wort Chinesisch, ist aber mit einem Handbuch in ihrer eigenen Sprache ausgerüstet, in der ihr genau vorgeschrieben wird, dass sie, je nachdem, welche Schriftzeichen sich auf dem hereingereichten Zettel befinden, bestimmte andere Zeichen auf einen anderen Zettel schreiben und herausreichen soll. Der Chinese erhielte so von diesem „chinesischen Zimmer" intelligente Antworten auf seine Fragen, ohne dass das Zimmer verstehen würde, was es tut. Nach Searle ließe sich daher das hypothetische Bestehen des Turing-Tests analog hierzu rein zeichentheoretisch erklären, ohne annehmen zu müssen, das sinnvolle Antworten produzierende Programm sei intelligent oder habe gar Bewusstsein.

Grundsätzlich könnte man so aber wohl auch die im weitesten Sinne des Wortes mechanischen Vorgänge in unserem Gehirn beschreiben, nur dass wir wissen, dass wir Bewusstsein haben. Oder anders gewendet: Selbst wenn sich das Vermögen eines Programms, den Turing-Test zu bestehen, mechanisch erklären ließe, könnten wir doch nie sicher sein, ob es nicht doch auch Bewusstsein besitzt, denn ob die physische Grundlage aus Kohlenstoff, wie beim Menschen, oder aus Silizium, wie beim Computer, besteht, spielt keine Rolle: Rein vom Phänomen her könnten wir nicht unterscheiden, ob auf der anderen Seite des Terminals ein Mensch sitzt oder eine künstliche Intelligenz, die ebenso bewusst ist wie wir.

Martin G. Weiß

Die Antwort auf diese Frage klingt, als ob sie von Radio Eriwan käme: Im Prinzip ja, aber … Zwar gibt es schon seit einigen Jahrzehnten computergenerierte Gedichte, es stellt sich aber einerseits die Frage, wie gut diese Gedichte sind, andererseits, ob der

Können Computer Gedichte schreiben?

Computer diese Gedichte „selbständig" produziert hat … Über die Qualität von Gedichten kann man bekanntlich streiten, es gibt ja auch bei menschlichen Poeten unterschiedlichste Ansichten über ihr Werk. Interessanter ist die Frage der Selbstständigkeit. In der Künstlichen-Intelligenz-Forschung hat sich über die Jahre die Auffassung des Intelligenzbegriffs verlagert, so galt früher noch Schachspielen als Intelligenzleistung, spätestens seit dem Auftauchen von Deep Blue, Fritz und all den anderen Schachprogrammen aber wird exzellentes Computerschach fast schon als Selbstverständlichkeit angesehen. Immer mehr wird der Schwerpunkt bei Intelligenz daher auf Kreativität gelegt, etwa bei Programmen, die Musik interpretieren können oder eben auch Gedichte schreiben.

Wie produziert nun ein Computer Gedichte? Die ersten Programme waren sehr einfach und erzielten trotzdem interessante Ergebnisse. Eines der ersten dieser Programme erzeugte Haikus, also japanische Kurzgedichte mit jeweils 17 Silben. Das Verfahren war höchst einfach: Das Programm setzte sortierte Wörter mit den korrekten Silbenzahlen nach Wortklassen in eine vorgegebene Schablone, aber ansonsten nach dem Zufallsprinzip ein. Auch heute noch werden oft einfache Verfah-

ren angewendet, um manchmal eindrucksvolle Ergebnisse zu erzielen. Anlässlich der Fußball-WM 2006 schrieb ein Computer-Gedichtgenerator zu jedem Match ein Gedicht, das auf einem von Hans Magnus Enzensberger beschriebenen Verfahren beruht: Der Computer kombiniert geschickt per Zufall ausgewählte Textfragmente, so dass potentiell eine Vielzahl von nicht vorhersehbaren Gedichten entstehen kann.

Die Forschung auf dem Gebiet der automatischen Texterzeugung ist aber nicht bei diesen einfachen Verfahren stehen geblieben. Neuere Ansätze erzeugen Gedichte mit dem „Generate and Test-Verfahren", mit Methoden des „Case Based Reasoning" oder mit evolutionären Algorithmen. Letzteres Verfahren hat sogar seinem Autor, Hisar Manurung, im Jahr 2003 den Doktortitel der angesehenen Universität von Edinburgh verschafft.

Manurung stellt in seiner Arbeit drei Kriterien auf, denen ein akzeptables Gedicht erzeugendes Programm genügen soll: Grammatikalität, Sinnhaftigkeit und Poetizität. Sein Verfahren erfüllt die Forderungen zumindest in einem eingeschränkten Sinn. Generell ist aber zu sagen, dass die Computerlinguistik heute mit der Erzeugung grammatikalisch korrekter Äußerungen zwar wenig Probleme hat, da auf dem Gebiet der Computermorphologie und -syntax in den letzten Jahren große Fortschritte gemacht wurden, die Sinnhaftigkeit stellt aber nach wie vor ein Problem dar, da Semantik nicht so exakt formalisierbar ist. Was aber die Poetizität betrifft, muss man wohl das alte Sprichwort zitieren: Schönheit liegt im Auge des Betrachters …

Ernst Buchberger

Zwei Brettspiele haben durch Jahrtausende hindurch die klügsten Köpfe der Menschheit angezogen: Schach und Go, Letzteres vor allem in Japan, China und Korea. Während aber gute Schachprogramme mittlerweile Meisterniveau und mehr erreichen, werden

Warum spielen Computer so gut Schach, aber so schlecht Go?

die besten Go-Programme noch immer bereits von mäßigen Klubspielern geschlagen. Warum?

Das von Spielcomputern angewendete Verfahren ist im Prinzip einfach: Man betrachtet für jeden Zug alle möglichen Folgezüge und so weiter, bis ein Endzustand, also Gewinn oder Niederlage, erreicht ist. Die graphische Notation dieser Analyse wird als Spielbaum bezeichnet. Dabei bilden die möglichen Züge die Äste des Baumes, der sich immer weiter verzweigt. Durch Rückverfolgung, ausgehend vom Endzustand, kann der jeweils optimale Zug herausgefunden werden – es ist der, der bei jedem möglichen Zug des Gegners wieder zu einer Gewinnsituation führt.

Für nicht-triviale Spiele ist aber dieser Spielbaum zu groß. Bei einem Spiel, bei dem in jedem Moment 10 Züge möglich sind und das im Schnitt 30 (Halb-)Züge dauert, bräuchte selbst ein superschneller Computer, der eine Milliarde Züge in einer Sekunde berechnen könnte, für die Berechnung des Spielbaumes mehr als 10 hoch 21 Sekunden, also mehr als eine Billion Jahre. Man beschneidet daher den Spielbaum („pruning") derart, dass schlecht erscheinende Züge nicht

weiter verfolgt werden. Ein Zug gilt dabei als schlecht, wenn er zu einer für den Spieler als ungünstig erachteten Spielsituation führt, beim Schachspiel also z. B. Figurenverlust ohne entsprechende Kompensation wie drohendes Matt etc. Diese Einschätzung wird von einer Bewertungsfunktion durchgeführt.

Beim Schach gibt es in einer typischen Stellung 36 mögliche Züge zur Auswahl, im Go sind es im Durchschnitt 250 Züge. Selbst wenn man Symmetrien berücksichtigt, ist daher der Spielbaum weit größer als beim Schachspiel, nicht nur die Zugmöglichkeiten, sondern auch die Zuganzahl betreffend (viele Schachpartien sind schon nach 40 oder 50 Zügen beendet, Go-Spiele dauern oft 200 und mehr Züge). Vor allem ist es aber im Go-Spiel wesentlich schwieriger, gute Bewertungsfunktionen zu finden, da sich lokale Veränderungen oft in weit entfernten Teilen des Brettes auswirken und es keine exakte Theorie dazu gibt.

Das Schachspiel ist offensichtlich für den Computer geeigneter, da er im Wesentlichen mit intensiver Suche, gestützt durch einfache Bewertungen, erfolgreich ist – fehlendes Verständnis wird durch Rechenleistung kompensiert. Beim Go-Spiel, das mehr auf der Erkennung von Mustern basiert, führt ausgedehnte Suche allein nicht zum Erfolg. Ist Go daher das intelligentere Spiel? Zumindest sind wir noch nicht in der Lage, die Überlegungen menschlicher Go-Spieler auf dem Computer erfolgreich zu simulieren, und anders ist das Spiel im Gegensatz zu Schach auch für den Computer nicht zu gewinnen.

Ernst Buchberger

Genau genommen sollten wir nicht von „Verstehen" sprechen, sondern von „Erkennen", der Fachbegriff lautet „Spracherkennung", auf Englisch „Speech Recognition". Der Computer „versteht" nicht wirklich, was gesagt wird, er ist aber in der Lage, dem in

Wieso verstehen Diktiersysteme, was wir sagen?

Form von Schallwellen vorliegenden Sprachsignal Wörter zuzuordnen. Auch wenn im Forschungsbereich an „verstehenden" Computern gearbeitet wird, die die Bedeutung des Gesagten miteinbeziehen, sind die üblicherweise von Diktiersystemen angewendeten Verfahren einfacher.

Das Problem ist trotzdem komplex genug. Vom akustischen Signal her gesehen „klingen" unterschiedliche Wörter oft sehr ähnlich. Zusätzlich werden die Wörter beim flüssigen Sprechen meist nicht durch deutliche Pausen voneinander abgegrenzt gesprochen, sodass es auch ein Problem darstellt, zu erkennen, wo ein Wort aufhört und wo das nächste beginnt. Die so genannte Einzelworterkennung, bei der die Wörter klar voneinander getrennt gesprochen werden, ist erfolgreicher als die Erkennung von zusammenhängend gesprochenen Sätzen. Ein weiterer Unterschied ist der zwischen sprecherabhängiger und sprecherunabhängiger Erkennung. Verschiedene Menschen sprechen ein und dasselbe Wort oft sehr unterschiedlich aus. Wenn es nun möglich ist, das System auf einen bestimmten Sprecher zu trainieren (wenn also z. B. das Diktiersystem immer von derselben Person benutzt wird), ist die Erkennungsrate deutlich höher.

Bei der Spracherkennung wird meist ein statistisches Verfahren eingesetzt (*Hidden Markov Model*). Dabei wird das Sprachsignal mit Lautteilen verglichen, die in verschiedene Teile zerlegt und gespeichert sind, wobei Vokale aufgrund ihres Frequenzspektrums leichter erkannt werden als Konsonanten: p, t und k beispielsweise unterscheiden sich nur sehr wenig voneinander. Etwas vereinfacht gesagt gibt das akustische Modell an, mit welcher Wahrscheinlichkeit einzelne Segmente einen bestimmten Laut ergeben, und das Wortmodell, mit welcher Wahrscheinlichkeit diese Laute ein bestimmtes Wort ergeben.

Unterschiedliche Wörter werden oft gleich ausgesprochen, wie etwa „mehr" und „Meer", man nennt dies Homophonie. Spracherkennungsprogramme verwenden Bi- oder Trigrammstatistiken, die die Auftretenswahrscheinlichkeit von Wortfolgen aus zwei oder drei Wörtern darstellen. Diese Statistiken werden aus großen Textmengen gewonnen und bilden das so genannte Sprachmodell. Damit kann das Homophonieproblem oft gelöst werden, da z. B. „mehr Geld" häufiger vorkommt als „Meer Geld".

Einzelworterkenner mit eingeschränktem Wortschatz arbeiten manchmal schon hundertprozentig fehlerfrei, bei Diktiersystemen ist beim derzeitigen Stand der Technik schon eine Fehlerwahrscheinlichkeit unter 10 Prozent ein großer Erfolg.

Ernst Buchberger

Einige Problemfälle für elektronische Worterkennung:

bis – Biss	Boot – bot
Fähre – faire	fiel – viel
frisst – Frist	Graf – Graph
Häute – heute	Ihre – Ire
isst – ist	Kain – kein

Auch wenn oft das Gegenteil geglaubt wird: Deutsch wird nicht so gesprochen, wie es geschrieben wird. Sprachwissenschaftler wissen: Der Unterschied zwischen „Haken" und „Hacken" liegt nicht nur in der Rechtschreibung – es handelt sich dabei um zwei ver-

Wie funktionieren sprechende Computer?

schiedene A-Laute. Wie „sch" gesprochen wird, weiß jeder, aber manchmal ist es doch anders, wie z. B. bei Verkleinerungsformen wie Häschen, Häuschen usw.

Ein Vorlesesystem muss zunächst den Wörtern ihre Aussprache, d. h., aus welchen Lauten sie zusammengesetzt sind, zuordnen. Das kann mittels Regeln oder auch durch Nachschlagen in einem Aussprachewörterbuch geschehen. Die scheinbar einfachste Möglichkeit, die Aussprache aller Wörter abzuspeichern, ist nicht zielführend: Erstens benötigt man außer der Stammform (z. B. *gehen*) auch abgeleitete Formen (*gehe, gehst, geht, ging* …), was die Wörterbücher sehr groß machen würde. Zweitens gibt es immer wieder neue Wörter, die nicht im Wörterbuch zu finden sind. Meist wird daher eine Kombination aus Wörterbuch und Regelwerk verwendet.

Sobald die Einzellaute bekannt sind, kommt der nächste Schritt: die tatsächliche Aussprache der Wörter. Es gibt zwei Möglichkeiten: automatische Erzeugung der Laute oder ihre Gewinnung durch das Zerstückeln menschlicher Sprachaufnahmen und Zusammensetzen der gewünschten Wörter aus einer Datenbank dieser Bestandteile, wobei aus Qualitätsgründen oft letztere Variante gewählt wird. In der Datenbank müssen sich natür-

lich aus Flexibilitätsgründen Aufnahmen von Stimmen sowohl männlicher als auch weiblicher Sprecher finden; außerdem ist durch die Aufnahme ein bestimmtes Sprechtempo vorgegeben.

Die Aussprache von Einzelwörtern reicht jedoch noch nicht; bei der Aussprache von Sätzen sind die Betonung im Satz und die Satzmelodie ebenfalls zu berücksichtigen. Dies wird durch Veränderung der so genannten Sprachgrundfrequenz und die Steuerung der Dauer der einzelnen Halbsilben erreicht. Einer der Gründe, warum frühere Syntheseprogramme oft so blechern und monoton geklungen haben, hängt mit einer schlechten Steuerung der Sprachgrundfrequenz zusammen. Heutige Sprachsyntheseprogramme erreichen oft schon sehr gute Verständlichkeit, an der Natürlichkeit wird aber noch gearbeitet.

Ernst Buchberger

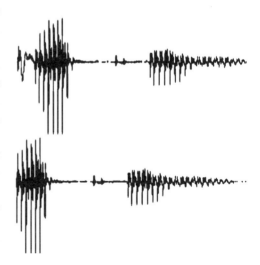

Die graphische Darstellung zeigt deutliche Unterschiede zwischen ähnlich klingenden Wörtern: oben „packen", unten „backen"

Computer sind in den letzten Jahren immer leistungsfähiger geworden und die von ihnen verwendeten Programme immer besser. Trotzdem scheint bei Übersetzungsprogrammen kein merkbarer Fortschritt stattgefunden zu haben. Womit hängt das zusammen?

Warum übersetzen Übersetzungscomputer so schlecht?

Das Hauptproblem liegt in der Vieldeutigkeit der menschlichen Sprache. Wir alle kennen mehrdeutige Wörter – ist mit „Schloss" die Burg oder die Schließvorrichtung gemeint? Je nachdem lautet die Übersetzung ins Englische „castle" oder „lock". Auch Sätze oder Satzteile können mehrdeutig sein. Oft bemerken wir die Mehrdeutigkeit gar nicht, etwa die des kleinen Wörtchens „mit": „Ich fahre mit Maria ins Schwimmbad" und „Ich fahre mit dem Bus ins Schwimmbad". Aber: Maria kommt mit ins Bad, der Bus bleibt draußen. Das wirkt sich auf die Übersetzung aus: „with Mary", aber „by bus".

Die in der Frühzeit der automatischen Übersetzung angewandte Methode – die Wort-für-Wort-Übersetzung – kann nicht funktionieren: Wähle ich jeweils eine Lesart beliebig aus, ist die Wahrscheinlichkeit, die richtige zu finden, gering. Wähle ich hingegen alle, gibt es eine kombinatorische Explosion: Bei einem Satz mit 10 Wörtern beispielsweise, von denen jedes nur 3 Bedeutungen hat, ergäben sich 3 hoch 10, also rund 60.000 unterschiedliche Lesarten.

Heutige Übersetzungscomputer arbeiten mit unterschiedlichen Methoden, die alle ihre Probleme aufweisen. Im Unterschied zu mathematischen Problemen, für die es exakte Lösungsvorschriften, so genannte Algorithmen, gibt, existieren für die automatische Übersetzung nur Näherungslösungen. Eine Methode stellt das „transferbasierte Verfahren" dar, bei dem der Text der Ausgangssprache analysiert wird und die entstehenden Strukturen in Strukturen der Zielsprache übergeführt werden (Transfer), woraus dann der Text in der Zielsprache generiert wird. Das so genannte „Interlingua-Verfahren" ist ähnlich, nur dass dabei die Analyse sehr tief durchgeführt wird, bis man zu einer Art Zwischensprache, der Interlingua, gelangt, die man sich als Art Universal- oder Logiksprache vorstellen muss, die unabhängig von der Ausgangs- oder Zielsprache ist. Diese enthält alle Informationen, die für die Generierung des Zieltextes nötig sind, sodass der Transferschritt entfallen kann. Neuere Übersetzungscomputer verwenden statistische oder beispielbasierte Verfahren. Bei Letzteren werden aus einer großen Anzahl abgespeicherter Beispielübersetzungen Teile neu kombiniert. Der Sinnzusammenhang kann aber nicht automatisch erkannt werden.

Ein wichtiger Unterschied besteht natürlich zwischen literarischen Übersetzungen, wo es nicht nur auf den Inhalt, sondern auch auf die elegante Form des Ausdrucks ankommt, und technischen oder informativen Übersetzungen, bei denen es hauptsächlich um den Inhalt geht. Kein vernünftiger Mensch würde sich etwa einfallen lassen, Goethes *Faust* mit dem Computer zu übersetzen. Bei einer maschinellen Übersetzung einer fremdsprachigen Webseite aber kann eine schlechte Übersetzung trotzdem ausreichend sein, um die benötigten Informationen zu erhalten.

Ernst Buchberger

Die Zukunft des Computers bringt sein Verschwinden. Das Gerät, das seit gut zwanzig Jahren die Schreibtische prägt, entwickelt sich zunehmend zur unsichtbaren Infrastruktur im Hintergrund. Im Vordergrund verbleiben lediglich Endgeräte, die permanent

Liegt die Zukunft im Computernetz?

Zugang verschaffen zum Internet, das kennzeichnend ist für den Computer der Zukunft. Der Zugang erfolgt entweder über schlichte Steckdosen in der Wohnung oder mit Hilfe von „Handys", „Personal Digital Assistents" („PDAs") oder „Laptops" über unsichtbare Funkportale im öffentlichen Raum – so genannte „Hot Spots". Multimediatauglich, erlauben die Endgeräte zu telefonieren und zu mailen, aber auch Bilder herzustellen und zu versenden. Mit ihrer Hilfe kann der Besitzer seine persönlichen Texte verfassen, allerlei Information aus Archiven und Bibliotheken im Internet beziehen und sogar Transaktionen abwickeln – vom Einkaufen samt Bezahlen über die Erledigung von Behördenwegen bis hin zur Kartenreservierung bei der Eisenbahn. Das Internet ist auch der zentrale Ort künftiger Medienunterhaltung und bietet interaktives Radio und Fernsehen, Filme und Musik auf Bestellung oder aber Ausflüge in virtuelle Spielwelten mit fiktiven und echten Mitspielern. Darüber hinaus eröffnet es Möglichkeiten, die Büroarbeit kabellos und mobil zu erledigen – sofern es überhaupt noch ein Büro gibt, denn viele Firmen sparen die hohen Betriebskosten ein und stellen ihren Mitarbeitern statt Büroarbeitsplätzen Laptops samt Netzzugang zur Verfügung.

Eine zentrale Facette dieses globalen Computernetzwerks bildet der persönliche Identifizierungscode, kurz „ID", der sich auf einem Chip im Handy, im PDA oder auf einer Wertkarte befindet. Jeder Teilnehmer erhält durch die ID eine Adresse im globalen Netzwerk, unter der er erreicht werden kann, gleichzeitig aber auch eine Registriernummer zur Abrechnung kostenpflichtiger Dienste. Solche IDs fungieren aufgrund ihrer Einzigartigkeit auch als persönliche Schlüssel – etwa zu privaten im Internet gespeicherten Dateien. Sie können freilich ebenso als elektronische Auto- und Wohnungsschlüssel dienen – am besten und sichersten in Verbindung mit elektronischem „Fingerprint". Mit Hilfe einer solchen ID ist es ferner möglich, von auswärts via Handy die Heizung zu regulieren oder das sensorgesteuerte Garagentor zu öffnen, sobald man sich ihm nähert. Einer der Väter des PC, Bill Gates, hat die Vision vom mitdenkenden „Cyber Home" entworfen, in dem die Bedienung zahlreicher Geräte mehr oder weniger automatisch erfolgt. Diese Vision stößt freilich an Grenzen: Die durch und durch elektronisierte Wohnung, gespickt mit Sensoren, die auf Stimmen, Bewegungen und vielleicht sogar irgendwann auf Gemütslagen der Bewohner reagieren, verspricht wenig Heimeligkeit und droht bei einem simplen Stromausfall völlig außer Betrieb gesetzt zu werden. Ganz zu schweigen von der Anfälligkeit des Internet für Viren und Würmer oder der Angreifbarkeit durch „Hacker", die es lahmzulegen oder für ihre Zwecke auszubeuten versuchen.

Mirko Herzog

Seit Jahrhunderten existiert die Vision des Menschen, eine Kopie seiner selbst zu erschaffen. Die Automatenbauer des 18. Jahrhunderts haben versucht, mechanische Wesen zu konstruieren, die lebendige Organismen nachahmen. Seit dem 20. Jahrhundert

Was können Roboter, was können sie nicht?

wird dieses Ziel auch mit elektronischen Mitteln verfolgt; das Grundbestreben, Tiere und Menschen zu kopieren, bleibt aber dasselbe. Elektronikkonzerne forschen nach Lösungen, wie sich Maschinen auf zwei Beinen fortbewegen, mit Händen greifen oder mit technischen Sinnesorganen Umweltreize wahrnehmen und im Computerhirn verarbeiten können. In der Herstellung seiner perfekten Kopie, dem Androiden, versucht der Mensch – gottgleich – ein Geschöpf nach seinem Ebenbild zu erschaffen. Das Ebenbild soll freilich nicht völlig gleichgestellt sein, sondern als Arbeiter – „Roboter" – gute Dienste leisten – ob als umsichtige Haushaltshilfe, als immer verfügbarer Spielkamerad oder als furchtlose Kampfmaschine. In Umgebungen, die dem Menschen unzugänglich sind – etwa am Meeresgrund oder im Weltall –, kann ohnehin nur der Roboter arbeiten. Dabei soll er die ihm zugewiesenen Aufgaben möglichst eigenständig verrichten, wofür er mit einer Art von Intelligenz ausgestattet werden muss. Dies führt zur zentralen Frage, ob ein Roboter irgendwann eigenes Denken entwickeln und sich über seine menschlichen Schöpfer erheben kann? Die vom Science-Fiction-Autor Isaac Asimov beschriebenen Wesen sind jedenfalls vorsorg-lich speziellen Robotergesetzen unterworfen, wonach sie nie etwas zum Schaden der Menschen tun dürfen.

Die Realität jenseits der Science-Fiction ist nüchterner, die Gefahr selbständig denkender Maschinen vergleichsweise gering. Neben den spektakulären mechanischen Figuren in Menschengestalt, die sich auf verkabelten Beingliedmaßen bewegen und mit diversen Sensorhänden fühlen, mit Hilfe leuchtender Elektronenaugen sehen und durch komplexe Programme auf bestimmte Situationen reagieren können, kennt die Wirklichkeit vor allem Industrieroboter, wie sie seit den 1960er Jahren eingesetzt werden. Sie bestehen meist nur aus nachgebauten Körperteilen, wie Armen, die monotone Arbeitsschritte in der Fließbandfertigung erledigen. Oft ist es sogar schwer, in ihnen einen Roboter zu erkennen, zumal die Frage, was einen Roboter – im Unterschied zum bloßen Automaten – eigentlich ausmacht, kaum eindeutig zu beantworten ist. Im Mindesten ist ein Roboter eine Maschine, die Tätigkeiten automatisch verrichtet; Tätigkeiten jedoch, im Zuge derer eigenständige Entscheidungen zu treffen sind. Diese Eigenständigkeit ist in letzter Konsequenz freilich auch nur eine Frage der Programmierung, hinter der wieder ein Mensch steckt, der sich das jeweilige Programm ausgedacht hat. Echtes eigenständiges Denken ist selbst modernsten Robotern nicht möglich, weshalb sie genau genommen auch nicht mehr als komplexe Automaten darstellen. So gesehen bleibt die alte Vision vom Ebenbild des Menschen weiterhin eine solche.

Wolfgang Pensold

Im Begriff „Science-Fiction" verbinden sich Naturwissenschaften und dichterische Darstellung. Im Unterschied zu Märchen oder zur „Fantasy" spielen ihre Geschichten zwar in einem wunderbaren Universum, das aber grundsätzlich mit der „realen" Welt vereinbar zu sein scheint. Science-Fiction bedient

Wie beeinflussen Science-Fiction und Technik einander?

bar zu sein scheint. Science-Fiction bedient sich einer Sprache, die ihre Begriffe aus der Technik und den exakten Wissenschaften entlehnt.

Ein früher Vorläufer des Genres war der Roman *Frankenstein* von Mary Shelley, der 1818 erschien. Als Begründer der modernen Science-Fiction gilt aber der aus Luxemburg stammende Hugo Gernsbacher, der seit 1926 in den USA die Zeitschrift *Amazing Stories* herausgab. Später tauchten Science-Fiction-Themen auch im Kino, im Fernsehen und schließlich in Computerspielen auf. Viele bedeutende Science-Fiction-Autoren waren zum einen ausgebildete Naturwissenschafter, zum Beispiel der Biochemiker Isaac Asimov und der Mediziner Stanislaw Lem; zum anderen zählten die Angehörigen technischer Berufe von Anfang an zu den begeistertsten Lesern von Science-Fiction-Texten. Ein Beispiel für die vielfachen Anregungen zwischen Science-Fiction und Technik bzw. Naturwissenschaften liefert die frühe Raketentechnik. Der Russe Konstantin Ziolkowski entwickelte als erster Pläne für mit flüssigem Treibstoff angetriebene Raketen, mit denen der Weltraum erkundet werden sollte.

1903 veröffentlichte er eine wissenschaftliche Arbeit zu diesem Thema, die jedoch unbeachtet blieb. Um Interesse für seine Forschungen zu erwecken, verfasste Ziolkowski literarische Texte, darunter einen Zukunftsroman. Seit Mitte der 1920er Jahre entstanden Vereine zur Förderung des Raketenbaus; zu den ersten Vorsitzenden des deutschen „Vereins für Raumschifffahrt" zählte der Techniker Hermann Oberth. Er beriet den Regisseur Fritz Lang bei den Dreharbeiten zu dessen Film *Die Frau im Mond* (1929).

Ein weiterer Beleg für die vielfältigen Verbindungen zwischen Science-Fiction und real existierender Technik ist die Suche nach außerirdischer Intelligenz. Schon um 1900 äußerten prominente Elektrotechniker wie Guglielmo Marconi und Nicola Tesla die Idee, mittels Radiowellen eine Verständigung mit anderen Weltraumbewohnern zu versuchen. In den 1950er Jahren griff Frank Drake diese Ideen auf; er arbeitete an einem Radioteleskop in Green Bank (West Virginia, USA). 1961 fand dort eine Tagung zu diesem Thema statt, an der neben vielen anderen Wissenschaftern auch der Astronom Carl Sagan teilnahm. Damals wurde die Kurzbezeichnung SETI für „Search for Extra-Terrestrial Intelligence" geprägt. Drake und Sagan machten bald darauf Karriere und richteten eine SETI-Arbeitsgruppe ein, die sich jahrzehntelang mit diesem Thema befasste; Letzterer verfasste auch populärwissenschaftliche Bücher, in denen er unter anderem eine mögliche Kolonisation des Planeten Mars beschrieb. Bis heute liefern die Forschungsergebnisse von Astronomie und neuerdings vermehrt von Nano-, Gen- und Biotechnologie immer wieder Anregungen für spekulative Science-Fiction-Geschichten.

Hubert Weitensfelder

Wo Technik und ihre Auswirkungen zur Sprache kommen, zählt diese Frage zu den beliebtesten überhaupt; dies belegen auch zahlreiche Erscheinungen auf dem Buchmarkt. Die Liste möglicher „Innovations-Highlights" ist beträchtlich. Man mag dazu

Was sind die wichtigsten Erfindungen der Menschheit?

den Buchdruck zählen, der die Verbreitung von Wissen revolutionierte, oder die Dampfmaschine, die als „Motor" der Industrialisierung diente; das Auto, das nicht nur einer enormen Zahl von Menschen eine zuvor ungeahnte Mobilität ermöglicht, sondern in vielerlei Weise unsere Lebenswelt prägt. Nicht zu reden vom Computer, der unwiderruflich Einzug in unseren Alltag gehalten hat – ob wir dies wollen oder nicht.

Wir neigen dazu, den zeitlichen Rahmen für Erfindungen auf wenige Jahrhunderte und ihre geographische Verteilung auf Europa und Nordamerika einzuschränken. Sind nicht jene Erfindungen besonders wichtig, die uns seit sehr langer Zeit begleiten? Zu ihnen zählen die Techniken des Feuermachens ebenso wie die Entwicklung des Rades und die Metallerzeugung. Betrachten wir den Krieg als den „Vater aller Dinge", so werden wir das gezielte Töten auf Distanz mittels Pfeil und Bogen oder das Schießpulver ins Zentrum unserer Aufmerksamkeit rücken. Wer die Instrumente der Naturwissenschaften als besonders folgenreich empfindet, mag die optischen Linsen (einschließlich der Brille), das Fernrohr und das Mikroskop nennen. Andere zählen „Geheimtipps" wie den Steigbügel oder das Segel zu ihren Favoriten.

Bleibt die Frage, was uns eigentlich an Geschichten über Erfindungen so fesselt. Weniges ist uns an vorindustriellen Gesellschaften so fremd wie die Vorstellung, dass ihre Mitglieder nicht systematisch nach Verbesserungen suchten, sondern sich mit dem Bestehenden zufriedengaben und Neuerungen sogar oftmals erbittert bekämpften. Erfindungen sind in hohem Maß geeignet, Geschichte zu dramatisieren, und entsprechen einem Bedürfnis, in der Entwicklung der Menschheit Qualitätssprünge wahrzunehmen. Sie regen zum Nachdenken über anonym gebliebene Tüftler und ihre Motive an. Nicht zuletzt aber faszinieren die namentlich bekannten Erfinder und Erfinderinnen selbst: In vielen Fällen sind es unangepasste Querdenker oder auch Exzentriker, die zäh für die Realisierung ihrer Ideen kämpfen, belohnt und betrogen werden, triumphieren oder resignieren, den Zufall gegen sich wissen oder ihn für sich nutzen. Und auch wenn diese Geschichten oft nicht ganz wahr sind, so sind sie doch gut erfunden.

Hubert Weitensfelder

Technischer Fortschritt seit der Urgeschichte:

500.000 v. Chr.	Gebrauch des Feuers
450.000 v. Chr.	Faustkeil
40.000 v. Chr.	Schiff
25.000 v. Chr.	Nähnadel aus Knochen
12.000 v. Chr.	Feuer durch Feuersteine
8.000 v. Chr.	Ackerbau
7.000 v. Chr.	Tongefäße
5.000 v. Chr.	Gewebe
4.000 v. Chr.	hölzernes Rad
4.000 v. Chr.	hölzerner Pflug
3.000 v. Chr.	Bronze
3.000 v. Chr.	Töpferscheibe
3.000 v. Chr.	Segelschiff

Erfindungen der letzten Jahrzehnte unterscheiden sich von den früheren in einigen wichtigen Punkten. Zum einen sind die Erfinder und Erfinderinnen in vielen Fällen namentlich bekannt. Ferner hat sich im Allgemeinen der Zeitraum zwischen einer Inno-

Werden die Erfindungen des 20. Jahrhunderts überschätzt?

vation und ihrer Verbreitung stark verkürzt. Das bedeutet, dass in kurzer Zeit viele Millionen oder gar Milliarden Menschen von den Folgen einer Erfindung profitieren – oder auch darunter zu leiden haben. Darüber hinaus stammen Erfindungen nun vielfach nicht mehr überwiegend aus dem Umfeld der mechanischen Technik (wie etwa die Turbine oder die Nähmaschine), sondern aus dem Gebiet der Naturwissenschaften. Oft könnten sie ohne deren Instrumente und Methoden gar nicht realisiert werden. Somit erfährt der Begriff der „Erfindung" eine wesentliche Erweiterung. Dazu kommt, dass neuere Erfindungen fast in jedem Fall mit dem Gedanken ihres Schutzes durch ein Rechtssystem verbunden sind; sie sind also ohne Patente und die damit verbundenen Auseinandersetzungen um Priorität und Geltungsbereich gar nicht mehr denkbar.
Wenn wir das 20. Jahrhundert genau mit dem Jahr 1901 beginnen lassen, fällt auf, dass eine Reihe wichtiger Innovationen, die wir als modern empfinden, in ihren Ursprüngen eigentlich weiter zurückreichen, zum Beispiel Auto und Flugzeug, Eismaschine und Glühbirne, Kino und Radio. Dennoch bleibt für

das vergangene Jahrhundert genug übrig: das Penicillin und die „Pille", die Atomkernspaltung, das Strahltriebwerk und die Rakete mit Flüssigstoffantrieb, Laser und Solarzelle, das Fernsehen, der Computer und das Internet. Zu den unheimlichsten und folgenschwersten Erfindungen zählt das Klonen von Tieren, das 1995 zum Patent angemeldet wurde. Wir neigen zum einen dazu, Erfindungen der jüngeren Zeit danach zu beurteilen, wie sie unser eigenes Leben beeinflusst haben. Zum anderen ist ihre Einschätzung darüber noch nicht abgeschlossen; das eine oder andere, das wir heute für sehr bedeutend halten, kann in wenigen Jahren schon überholt oder verschwunden sein. Und manches, was wir erst am Rand wahrzunehmen beginnen, birgt möglicherweise ein Potenzial, das sich erst im 21. Jahrhundert erschließen wird.

Hubert Weitensfelder

Bedeutende Erfindungen im 20. Jahrhundert:

1901	Motorflug
1902	Klimaanlage
1904	Radar
1906	Sprachübertragung per Funk
1921	Insulin
1928	Penicillin
1929	Fernsehen
1930	Stahltriebwerk
1933	Elektronenmikroskop
1942	Kernreaktor
1943	Künstliche Niere
1945	Atombombe
1948	Transistor
1954	Solarzelle
1957	Satellit
1960	Laser
1969	Silizium-Mikroprozessor
1981	Übertragung von Genen

Täglich haben wir es mit einer Unzahl verschiedener Dinge zu tun. Schätzungen zufolge können Erwachsene 30.000 verschiedene Gegenstände voneinander unterscheiden; zwei Drittel davon stehen im alltäglichen Gebrauch. Manche Objekte sind im Lauf der

Wo begegnen uns unscheinbare Erfindungen im Alltag?

Zeit aus unserem Leben verschwunden, zum Beispiel die Lichtputzscheren, früher ein wichtiges Requisit zum Reinigen von Kerzendochten. Andere, wie die „Post-it"-Notizzettel, sind vor einiger Zeit neu aufgetaucht. Unscheinbare Gegenstände vermitteln bisweilen den Eindruck, sie seien immer schon da gewesen und hätten sich nie verändert. Das trifft mit Einschränkungen auf die Sicherheitsnadel zu, die bereits 1849 patentiert wurde und im Prinzip ihr Aussehen bewahrt hat, oder auf die Büroklammer, die ihre heutige Form in den 1930er Jahren erhielt. Dass auch gewöhnliche Gebrauchsgegenstände Ziel von Verbesserungen sein können, fällt uns im Allgemeinen dann ein, wenn wir uns über sie ärgern, etwa über umständlich zu reinigende Knoblauchpressen oder Ringverschlüsse von Alu-Dosen, die beim Öffnen abbrechen. Bei solchen Gelegenheiten tritt eine Gruppe von Menschen auf den Plan, die man als „Alltags-Erfinder" bezeichnen könnte. Sie nehmen mangelnde Funktionstüchtigkeit zum Anlass, nach besseren Lösungen zu suchen. Zu den Ergebnissen solcher Überlegungen zählen zum Beispiel die Erfindung von Reißverschluss und Kugelschreiber.

Vorläufer des Reißverschlusses waren einfache Schließsysteme wie Knöpfe oder Ösen. Seit dem Ende des 19. Jahrhunderts wurden vielfach Haken zur Kleiderschließung verwendet. Auf dieser Grundlage experimentierte der aus Schweden stammende Gideon Sundback in den USA mit Metallhaken auf einer Kette, die mit Hilfe eines Schiebers in gleichgeformte Haken auf einer anderen Kette griffen. Die Bestandteile eigneten sich gut für die Massenproduktion, und 1913 reichte Sundback ein Patent auf einen Reißverschluss ein. Die Verschlüsse wurden zunächst für Fliegermonturen und Rettungswesten verwendet. Zum Zweck besserer Bewerbung erhielten sie 1923 die Bezeichnung „Zipper" und verkauften sich alsbald in großer Zahl.

Noch jüngeren Datums ist der Kugelschreiber, ein Schreibstift mit einer beweglichen Kugel an der Spitze; zu seinen Erfindern zählten um 1940 der ungarische Journalist László Bíró und sein Bruder. Ein großes Problem war die gleichmäßige Zufuhr von Tinte zur Spitze des Geräts, um ein gleichmäßiges Schriftbild zu gewährleisten. Zu den weitgehend unbekannten Pionieren dieser Methode zählte der aus Wien stammende Techniker Friedrich Schächter; er entwickelte mit dem Amerikaner Paul C. Fisher einen Kugelschreiber, der im schwerkraftlosen Raum funktioniert und daher auch auf Weltraummissionen gute Dienste leistet.

Hubert Weitensfelder

Fast immer irrt, wer längerfristige Prognosen stellt. Wenn man sich damit hilft, vergangene – nunmehr also überprüfbare – Vorhersagen zu bemühen, und eine Analogie zur Gegenwart versucht, dann wird offenkundig, dass technische Innovationen stets von der

Wann wird die Technik des Menschen Arbeit übernehmen?

Zusicherung begleitet sind, menschliche Arbeit zu übernehmen und über kurz oder lang überflüssig zu machen. Tatsächlich wird die menschliche Arbeit aber in kaum einem Bereich endgültig ersetzt. Sie wird häufig nur verlagert – qualitativ, organisatorisch und geographisch.

Ein Bereich, in dem es aus Sicht aller Betroffenen wünschenswert wäre, wenn die Arbeit endgültig von der Technik übernommen werden könnte, ist die Hausarbeit, weil sie nämlich nicht entlohnt wird. Das Versprechen, das die Technik dafür anbietet, heißt „intelligentes Haus". Gemeint ist ein Haushalt, in dem mittels eines elektronischen Steuerungsnetzwerkes alltägliche Aufgaben der Bewohner sowie verschiedenste Sicherheitsfunktionen automatisiert werden. Die zukünftigen Möglichkeiten sind in jeder Hinsicht offen, was durch so genannte lernende Software gewährleistet sein soll. Teillösungen wie selbstfahrende Staubsauger und Rasenmäher lassen Hoffnungen in die Zukunft als gerechtfertigt erscheinen. Dass diese Geräte sich nicht so recht durchsetzen, ist jedoch ein Hinweis darauf, dass sie (noch) nicht der Erwartung gemäß arbeiten. Der

Rasenmäher hat mit unorthodoxen Gartenanlagen Probleme, und neben dem Roboter-Staubsauger benötigt man, weil er nicht in jeden staubigen Winkel findet, erst recht ein Zweitgerät. Wenn man sich die Anwendung solcher Geräte nur im eigenen privaten Bereich vorstellt, kann man ansatzweise die Schwierigkeiten ermessen, die sich einer „intelligenten" Nutzung in den Weg stellen. In einer gewachsenen Wohnumgebung ist diese Technik, sei sie auch noch so ausgereift, schwer umzusetzen. Das „intelligente Haus" funktioniert eigentlich nur, wenn es mitsamt dem Umfeld von Grund auf neu gestaltet wird. Aber auch dann wird es schwierig sein, das wunschgemäß überaus komplexe System den sich laufend ändernden Alltagserfordernissen anzupassen. Der Aufwand dafür wird mit „lernender Software" allein nicht zu erbringen sein.

Das soll nun nicht heißen, dass die Arbeit, so wie wir sie heute im Haushalt verrichten – vom Wäsche Waschen über das Kaffee Kochen bis hin zur Krankenpflege –, nicht innerhalb einer kalkulierbaren Frist von der Elektronik und Mechanik geleistet werden kann. Neben einem ganz konkreten und noch auf lange Sicht hinaus nicht von jedermann bezahlbaren Preis wird dafür aber trotz aller künstlicher Intelligenz auch ein größerer Energieeinsatz und eine ausgefeilte Logistik mit Wartungs- und Organisationsaufwand erforderlich sein, um die Systeme laufend an die sich ständig ändernden Anforderungen zu adaptieren. Diese Arbeit werden Menschen leisten müssen, die gewissermaßen die Tradition von Dienstboten fortsetzen, auch wenn ihr Selbstverständnis ein ganz anderes sein wird und sie nicht direkt in den Haushalt eingebunden sein werden.

Christian Stadelmann

Als technischen Fortschritt bezeichnet man die Verbesserung der technischen Möglichkeiten einer Gesellschaft. Erinnert man sich an die technische Entwicklung der letzten Jahrzehnte, kann leicht der Eindruck entstehen, dass wir uns auf einem vorgegebenen

Führt uns technischer Fortschritt auf der Einbahnstraße in die Sackgasse?

Weg befinden, der stetig neue Techniken in einer bestimmten Abfolge für uns bereithält: Das Telefon wurde zuerst schnurlos, dann mobil und zuletzt zum multimedialen Allzweck-Gerät mit Fotoapparat und MP3-Player. Es scheint nur eine Frage der Zeit, bis es etwa auch als Video-Beamer eingesetzt werden kann. Die Entwicklung neuer Techniken erfolgt aber nicht linear, nach einem vorgegebenen Schema, an das sich die Menschen anpassen müssen. Im Gegenteil: Techniken entstehen immer im Kontext gesellschaftlicher Bedingungen auf der Basis schon vorhandener Techniken. Was als fortschrittlich gilt, also als Verbesserung definiert wird, hängt von verhandelten Werten der Gesellschaft ab – technischer Fortschritt reagiert auf gesellschaftliche Bedürfnisse. In westlichen Industriegesellschaften waren beispielsweise die Leitlinien technischer Entwicklung in den letzten beiden Jahrhunderten vornehmlich durch Ökonomie und Militär geprägt – man strebte die Förderung von Wirtschaftswachstum und militärischer Schlagkraft an. Während dieser relativ kurzen Zeitspanne wurde die materielle Basis der Erde durch den Einsatz neuer Techniken so stark verändert, dass nach heutigem Ermessen die Lebensgrundlage zukünftiger Generationen gefährdet ist. Zugleich ist spätestens seit dem Beginn der 1970er Jahre klar, dass die – erst durch Technik nutzbare – energetische Basis der Industriegesellschaft, also fossile Energieträger wie das Erdöl, endliche Ressourcen darstellen. Mehr noch: es wurde deutlich, dass man sich damit in eine Abhängigkeit begeben hat, die sich nicht so einfach rückgängig machen lässt. Würde man das Auto verbannen, so würden wir wohl kaum wieder im 19. Jahrhundert landen. Ohne größere Krise könnte die Industriegesellschaft einen solchen Eingriff in eines ihrer Fundamente – die Mobilität – nicht überstehen.

In diesem Sinne verlaufen technische Entwicklungen – wie die Geschichte selbst – immer auf einer Einbahnstraße: Sie lassen sich nicht rückgängig machen. Diese Straße muss aber nicht in einer Sackgasse aus verbrauchten Ressourcen auf einem verschmutzten Planeten enden. Der veränderte Blickwinkel auf die Natur hat in den letzten Jahrzehnten dazu beigetragen, den technischen Fortschritt in eine Richtung zu lenken, die ökologische Probleme, wenn auch nicht beseitigt, so zumindest stärker berücksichtigt.

Jakob Calice

Wird das Mobiltelefon zum Allzweckgerät der Zukunft?

Wenngleich man sich über den Zeitpunkt nicht einig ist – fossile Energieträger werden uns irgendwann nicht mehr zur Verfügung stehen. Und selbst wenn die Vorkommen unendlich wären, würde der weiterhin steigende Verbrauch zu einer Bedrohung unserer

Können „sanfte Technologien" harte Technik ersetzen?

Umwelt durch die Klimaerwärmung führen. Die Industriegesellschaft könnte damit in zweifacher Hinsicht die Basis ihres materiellen Wohlstandes verlieren. Daher sucht man nach technisch nutzbaren alternativen Energieträgern, die in großen Mengen vorhanden sind und deren Nutzung die Umwelt nicht belastet. Allen voran diskutiert man zurzeit den vermehrten Einsatz von Atomkraftwerken zur Energiegewinnung. Sie haben allerdings zwei große Nachteile: Unfälle sind zwar unwahrscheinlich – treten sie aber doch ein, dann haben sie verheerende Folgen. Dazu kommt das Problem des strahlenden Atommülls, der sich kaum über lange Zeiträume sicher lagern lässt. In den letzten Jahren sind daher vermehrt Stimmen für den Umstieg auf so genannte „sanfte Technologien" laut geworden. Diese umfassen alle technischen Möglichkeiten, erneuerbare Energien zu nutzen, ohne die Umwelt allzu stark zu beeinträchtigen – beispielsweise die Wind- und Sonnenenergie. Hackschnitzelheizungen etwa, also die Wärmeerzeugung aus Sonnenlicht über den Umweg von biogenem Material, setzt nur von den Hölzern zuvor gebundenes CO_2 frei. Da Pflanzen aber im Gegensatz zu fossilen Energieträgern an die (begrenzte) Oberfläche der Erde gebunden sind, müssten alleine für die Deckung des heutigen Wärmebedarfs ungeheure verheizbare Waldflächen zur Verfügung stehen – man setzt daher auf eine dezentrale kombinierte Energieversorgung, d. h., Wärme und Strom werden dort erzeugt, wo sie benötigt werden.

Strom- und Wärmeverbrauch machen aber nur einen kleinen Teil des Gesamtenergieverbrauchs aus; Treibstoffe lassen sich kaum durch Strom ersetzen. Wenn man also ganz auf fossile Energieträger und Atomenergie verzichten möchte, muss man den Energieverbrauch senken, was ohne eine Änderung unseres Lebensstils langfristig nicht möglich ist. Dieser Ansatz wird in der Nachhaltigkeitsdiskussion Suffizienz genannt. Suffizienz zielt auf ein „genügsames" Leben ab, womit nicht ein Leben in Armut gemeint ist, sondern die Besinnung auf Qualitäten wie Zeit, Ruhe und Freiheit abseits des Konsums. In kleineren Projekten wird dieser Gedanke schon heute umgesetzt. Da aber Zeit und Ruhe für viele Menschen weit weniger Wert haben als Konsum und Komfort, werden diese Initiativen oft eher als Gruppen realitätsferner Aussteiger angesehen denn als Propheten einer nachhaltigen Zukunft.

Jakob Calice

Das Postulat der Nachhaltigkeit, das mit der UN-Konferenz für Umwelt und Entwicklung 1992 in Rio de Janeiro zum Programm erhoben wurde, zielt in erster Linie auf eine Veränderung im Umgang mit der natürlichen Umwelt ab: Wir sollen so wirt-

Wie vertragen sich Technik und Nachhaltigkeit?

schaften, dass wir die Bedürfnisse zukünftiger Generationen nicht beeinträchtigen. Das bedeutet, dass lebensbedingende Faktoren wie Boden, Luft und Wasser erhalten werden, klimatologische Auswirkungen begrenzt und natürliche Ressourcen vorausblickend genutzt werden sollen. Was aber diese Vorgabe konkret heißt und wie sie umgesetzt werden kann, darüber scheiden sich die Geister – auch in Bezug auf den Technikeinsatz. Sind nicht viele Nachhaltigkeitsprobleme auf den Einsatz von Technik zurückzuführen? Geht das Erdöl nicht erst seit seiner systematischen technischen Nutzung aus und verschmutzt unsere Atmosphäre? Wäre nicht daher durch weniger Technik und einen bescheideneren Lebenswandel Nachhaltigkeit zu erzielen? Andererseits haben technische Innovationen auch dazu geführt, natürliche Ressourcen effizienter zu nutzen und den Schadstoffausstoß durch angepasste Technologien zu begrenzen. Optimistische Ansätze sehen sogar das Potential, durch Technik einen technosphärischen Materialkreislauf herzustellen, der sich natürliche Stoffkreisläufe zum Vorbild nimmt. Der Natur entnommenes Material könnte dementsprechend in mehre-

ren technisch ermöglichten Zyklen wieder verwendet, zuletzt in ein naturnahes unschädliches Material umgewandelt an die Natur abgegeben werden. Außerdem könnte Technik es ermöglichen, erneuerbare Energieträger wie Solar- oder Windenergie effizient zu nutzen und so das Problem des Erdölverbrauchs zu lösen. Allzu sehr sollte man sich auf Technik aber nicht verlassen – das bemerkte schon der Club of Rome, der mit seiner Studie zu den *Grenzen des Wachstums* 1972 eine breite Umweltdiskussion anstieß. Technik per se ist weder nachhaltig noch nicht nachhaltig. Worauf es ankommt, ist die gesellschaftliche Einbettung. Spielt der Umweltschutz eine gesellschaftliche Rolle, dann wird wie in den letzten Jahrzehnten in entsprechende (Umwelt-)Techniken investiert. Da damit noch lange kein Ende des Nachhaltigkeitsproblems in Sicht ist, muss das Ziel Nachhaltigkeit die Rolle eines Rahmenkonzepts für die Technikgestaltung einnehmen. Die bloße Abschätzung von Folgen technischer Innovationen genügt dabei nicht – der Innovationsprozess selbst müsste von der Vorstellung geleitet sein, zu einer nachhaltigen Entwicklung beizutragen. Das gilt auch für die Verwendung der Neu-Entwicklungen, denn bisher wurden ressourceneffizientere Technologien in der Regel durch erhöhten Konsum (über-)kompensiert (Rebound-Effekt). Seit der Einführung der Gasetagenheizung wird beispielsweise wesentlich mehr geheizt als zu Zeiten der Kohleheizung. Effizientere und umweltschonende Techniken allein führen also nicht automatisch zu einer Umweltentlastung.

Jakob Calice

Mit der wachsenden Bevölkerung und dem technologischen Fortschritt steigt zugleich der Bedarf an Rohstoffen. Nicht nur die Menge der abgebauten Stoffe wächst rasch, auch die Vielfalt der eingesetzten Materialien erhöht sich. Von 1900 bis 2000 hat sich die

Welche Rolle spielt die Technik bei der Rohstoffnutzung der Erde?

Weltbevölkerung vervierfacht, während der Energieverbrauch um das 17fache und der Verbrauch an Metallen gleich um das 37fache zugenommen haben. Heute werden in den Industrienationen pro Kopf jährlich bis zu 20 Tonnen Rohstoffe verarbeitet. Auch die moderne Informations- und Kommunikationstechnologie hat bislang nicht zur erwarteten „Entmaterialisierung" geführt. Ein Computer beispielsweise enthält mehr als 20 verschiedene mineralische Rohstoffe; um sie zu gewinnen, müssen mehrere Tonnen Gesteinsmaterial bewegt und bearbeitet werden. 1972 prognostizierte der Club of Rome in seiner Studie *Die Grenzen des Wachstums*, dass ein Großteil der Erdöl- und Erdgasreserven bis zum Jahre 2000 verbraucht sein würden. Dass dies nicht der Fall ist, hat einerseits mit einer effizienteren Energienutzung, vor allem nach den Ölpreis-Schocks von 1973 und 1979, zu tun, andererseits mit verbesserten Methoden der Prospektion, wie der 3-D-Seismik, der Erschließung vorher kaum zugänglicher Lagerstätten durch die Off-shore-Technik und einer besseren „Entölung" der Lagerstätten. Würde der Ölpreis weiter steigen, könnte – allerdings mit gravierenden

Auswirkungen auf die Umwelt – noch auf „nicht konventionelles" Erdöl in den riesigen Ölschiefer- und Ölsandvorkommen zugegriffen werden.

Auch die pessimistischen Prognosen über die baldige Erschöpfung der Vorräte an Metallerzen scheinen sich nicht zu bewahrheiten: Einerseits sind durch Recycling und neue Werkstoffe zusätzliche Reserven entstanden. Wenn zum Beispiel das Kommunikationsnetz unter den urbanen Zentren auf Glasfaserkabel umgestellt wird, stellen die nicht mehr benötigten Kupferkabel eine nicht unbeträchtliche „abbauwürdige" Reserve dar. Andererseits wurden neue riesige Erzlagerstätten in bisher kaum zugänglichen Gegenden entdeckt. Zu den wichtigsten zählen die so genannten „schwarzen Raucher", ca. 350 °C heiße Quellen am Meeresgrund, die einen beträchtlichen Nachschub an Sulfiderzen, vor allem von Kupfer, Eisen, Zink, Blei, Zinn und Molybdän, aber auch von Edelmetallen wie Gold und Silber liefern. Der Abbau dieser Erze ist zurzeit – abgesehen von den verheerenden Umweltauswirkungen – vor allem aufgrund der niedrigen Rohstoffpreise nicht wirtschaftlich. Aber Bergbauunternehmen experimentieren bereits mit ferngesteuerten Bohr- und Sprenganlagen sowie Baggern und konstruieren Rohre, durch die dann der dünnflüssige Schlamm aus zerkleinertem Erz an die Oberfläche gepumpt werden kann.

Andreas Vormaier

Erdölförderung in Millionen Tonnen pro Jahr:

Land	1970	1980	1990	2000	200⸍
Saudi-Arabien	188,4	496,4	341,3	439,8	487,⸍
Russland	318,0	543,0	516,2	323,0	456,⸍
USA	475,3	482,2	414,5	351,8	327,⸍
Iran	191,3	76,6	161,4	193,3	197,⸍

Die Begriffe aus dem Bereich der Umwelttechnik bezeichnen zwei verschiedene technische Strategien, bereits verursachten oder aber drohenden Umweltkrisen zu entkommen. Beide Ansätze verbindet die Erkenntnis, dass die natürliche Umwelt vor drohen-

Was heißt „End-of-Pipe-Technologie", was „angepasste Technik"?

der Zerstörung geschützt werden muss. Da aufgrund der Selbstbindung an die Technik ein Ausstieg nicht möglich ist, sind weitere Technologien nötig. Sie unterscheiden sich jedoch im Einsatz:

Unter dem Begriff Umwelttechnik sind die auf die Umwelt reagierenden Verfahren und technischen Reaktionen subsumiert. Die gesetzlichen Auflagen, die als politische Reaktion auf sichtbare Umweltprobleme zu verstehen sind, mit den daraus folgenden Genehmigungs- und Betriebsauflagen für Änderung oder Errichtung wie auch zur Sanierung von Anlagen führten dazu, dass technischer Umweltschutz zu einer der wichtigsten Wachstumsbranchen der letzten Jahrzehnte geworden ist.

Die weitaus häufigere und seit einigen Jahren vertraute Strategie ist die Substitution oder so genannte „End-of-the-Pipe-Technology". Zugrunde liegt der Gedanke, bereits entstandene oder permanent entstehende Schäden technisch zu reparieren oder sie auf ein „überschaubares Risiko" zu konzentrieren. Darunter versteht man prozessnachgeschaltete Maßnahmen, wie etwa das Recycling oder die Filterung dessen, was „am Ende des Roh-

res" herauskommt. Die Reduktion auf derartige Lösungen führt jedoch häufig zu einer Verlagerung des Problems von einem Umweltbereich in den anderen; Beispiele sind etwa nicht-recyclebare Rückstände nach aufwändigen Mülltrennungs- oder -verbrennungsverfahren. Da diese Strategien dem Gesamtproblem selten gerecht werden und zu immer kostspieligeren Maßnahmen führen, lässt sich ein Wandel zu einer Technik hin beobachten, die mit den Begriffen „integrierter Umweltschutz" oder „angepasste Technologien" benannt wird.

„Angepasste Technologien" nennt man jene technischen Lösungen, die neue Schäden vermeiden sollen, also nachträgliche Reparaturen nicht mehr nötig machen. Der Umweltschutz wird bereits bei der Auswahl von Einsatzstoffen, Verfahrenstechniken und Arbeitsabläufen berücksichtigt. Dazu ist es nötig, Kriterien für die Verträglichkeit eines Technikeinsatzes festzusetzen und mögliche Folgen in die Planung mit einzubeziehen (Technikfolgenabschätzung). Statt universell gültiger Lösungen wird eine neue Technologie auf das bestimmte soziale und natürliche Umfeld „angepasst". Zu den Beispielen zählen etwa im Energiebereich Windräder, Sonnenkollektoren, Hackschnitzel- und Pelletsfeuerung (= CO_2-neutral) oder Biogasanlagen.

Lisa Noggler

Seit dem 19. Jahrhundert haben die Möglichkeiten technischen Handelns eine Ausweitung erfahren, die zuvor undenkbar war. Als Konsequenz dieser Entwicklung stellten sich erstmals Fragen nach der Endlichkeit von Ressourcen auf der Erde und nach den

Worum geht es bei der Technikfolgenabschätzung?

Folgen, welche die Ausschöpfung technischer Möglichkeiten für die ganze Menschheit nach sich zieht.

In den 1960er Jahren begann der Fortschrittsoptimismus in den Vereinigten Staaten, dem technisch höchstentwickelten Land der Welt, langsam zusammenzubrechen. In diese Zeit fallen die Anfänge der Technikfolgenabschätzung (TA). Dabei ging es zunächst darum, die Abgeordneten des US-Kongresses mit Informationen zu versorgen, um ihnen technikrelevante politische Entscheidungen zu erleichtern. 1972 wurde zu diesem Zweck ein „Office of Technology Assessment" eingerichtet.

Heute nimmt die Technikfolgenabschätzung eine Reihe von Funktionen wahr. Nach wie vor leistet sie Vorarbeiten und liefert Unterlagen für politische Entscheidungen. Ihre Ergebnisse dienen der Frühwarnung vor technikbedingten Gefahren, aber auch der Früherkennung technischer Nutzungspotenziale. Sie trägt dazu bei, technikbedingte Konflikte durch Schlichtungsverfahren und sozial verträgliche Technikgestaltung zu bewältigen, und regt gesellschaftliche Lernprozesse im Umgang mit und zur Aneignung von Technik an. Oft geht es dabei um Themen, die nicht nur in Fachkreisen sehr kontrovers dis-

kutiert werden, wie Automatisierung in der Fertigungstechnik und ihre Folgen, nachhaltige Energieversorgung, Gen- und Klontechnik oder um die Folgen des Internet.

Dabei geht die Technikfolgenabschätzung interdisziplinär vor und setzt eine Vielfalt von Methoden ein, zum Beispiel Expertenbefragungen, Fallstudien, Computersimulationen, die Entwicklung von Szenarien oder bestimmte Verfahren der Bürgerbeteiligung an umstrittenen technikrelevanten Entscheidungen. In einem typischen Ablaufschema für eine entsprechende Studie wird zunächst ein Problem definiert und die zu behandelnde Technologie beschrieben. Sodann wird versucht, die zukünftige Entwicklung dieser Technologie abzuschätzen. Der Kreis der möglicherweise Betroffenen wird beschrieben und soziale Entwicklungen werden prognostiziert. Dann erfolgt eine Identifikation, Analyse und Bewertung von Folgen der erörterten Technologie wie auch eine Aufstellung von Optionen für die Politik. Schließlich werden die Resultate möglichst allgemein verständlich vermittelt.

Hubert Weitensfelder

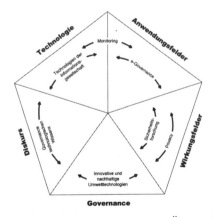

Technikfolgenabschätzung am TFI der Österreichischen Akademie der Wissenschaften

Im Unterschied zu Naturkatastrophen sind technische Katastrophen hausgemacht, vom Menschen und seinen technischen Aktivitäten verursacht. Zu den klassischen technischen Katastrophen zählen Tankerunglücke – eine Begleiterscheinung des weltweiten

Bleiben technische Katastrophen für immer im Gedächtnis?

Hungers nach Erdöl, der jährlich mit fast 4 Milliarden Tonnen Rohöl gestillt wird. Supertanker mit einer Ladekapazität von bis zu 500.000 Tonnen Erdöl sind die größten beweglichen technischen Objekte der Erde. Einige Tankerkatastrophen, etwa die der Tanker *Torrey Canon* 1967 bei Cornwall, *Amoco Cadiz* 1978 an der bretonischen Küste oder *Exxon Valdez* 1989 an der ökologisch besonders sensiblen Küste Alaskas, blieben in Erinnerung. Im „Normalbetrieb" – vor allem durch das Auswaschen der Tanks – gelangt allerdings mehr Erdöl ins Meer als durch Tankerunfälle.

Ob technische Katastrophen ins kollektive, von Medienberichten geprägte Gedächtnis eingehen, kann nicht allein mit dem Ausmaß der dadurch verursachten menschlichen Tragödien erklärt werden. Entscheidend dürfte eher sein, ob ein technisches Prestigeprojekt damit gescheitert ist und welcher sozialen Schicht die betroffenen Menschen angehört haben.

Berühmt wurde die *Titanic*, ein riesiges Passagierschiff für den Transatlantikverkehr zwischen England und den USA. Sie galt 1912 als technisches Meisterwerk. Die Unterglie-

derung in sechzehn wasserdichte Abteilungen brachte ihr den Ruf ein, unsinkbar zu sein. Als sie aber auf ihrer Jungfernfahrt mit einem Eisberg kollidierte, versank sie innerhalb von zwei Stunden und 40 Minuten im Nordatlantik. 1.504 Menschen starben, darunter viele prominente Reisende der Luxusklasse. Während die *Titanic* als Inbegriff einer technischen Katastrophe gehandelt wird und Thema zahlreicher Romane, Sachbücher und Filme ist, ist die *General Slocum*, ein Ausflugsschiff vom East River, dessen Brand acht Jahre vorher 1.100 Menschen, vor allem Frauen und Kindern armer deutscher Einwanderer, das Leben kostete, nur sehr wenigen bekannt, obwohl diese Katastrophe das Ende eines New Yorker Stadtteils, „Klein-Deutschland", bedeutete.

Auch die Raumfähre *Challenger*, die 1986 aufgrund defekter Dichtungsringe zwischen zwei Treibstofftank-Abschnitten explodierte, wurde zum Mythos einer Katastrophe der Technik; weniger wegen der sieben Astronauten, die dabei ums Leben kamen, als wegen des Schadens am US-amerikanischen Selbstbild als führende Nation in der Weltraumforschung.

Im Vergleich dazu ist der Unfall in einer Chemiefabrik von Union Carbide/Dow Chemical in Bhopal, Indien, weniger im Gedächtnis geblieben. 1984 wurden dort 40 Tonnen Methylisocyanat in die Atmosphäre freigesetzt und trieben als Giftgaswolke dicht über dem Boden durch ein angrenzendes Elendsviertel. 1.600 Menschen starben sofort, bis heute ist die Zahl der Todesopfer auf über 20.000 gestiegen. Ein Fünftel der 500.000 Menschen, die dem Giftgas ausgesetzt waren, sind erblindet oder leiden an unheilbaren chronischen Krankheiten.

Andreas Vormaier

Die Entwicklung der Technik im 19. und 20. Jahrhundert führte zu Großvorhaben, die neue Dimensionen annahmen. Solche Megaprojekte betrafen zum Beispiel die Errichtung von Wolkenkratzern, den Bau von auf dem Reißbrett geplanten Städten, ferner

Was sind „Weiße Elefanten"?

Kanäle und Deiche, Straßen- und Bahnverbindungen, Brücken und Tunnels, Staudämme und Elektrizitätswerke sowie die Umleitung von Flüssen und die Schaffung künstlicher Meere. Viele solcher Pläne wurden über Jahrzehnte hartnäckig verfolgt; jene, die scheiterten oder schließlich ein klägliches Ende nahmen, wurden im Nachhinein als „Weiße Elefanten" bezeichnet.

Eines der ehrgeizigsten Großprojekte plante seit 1927 der Münchner Architekt Herman Sörgel (1885–1952). In seiner „Atlantropa"-Phantasie beabsichtigte er die künstliche Verkleinerung des Mittelmeers. Zu diesem Zweck sollten bei Gibraltar und bei Gallipoli am Schwarzen Meer riesige Dämme gebaut werden. Davon versprach sich Sörgel ein großes Energiepotenzial durch Wasserkraft sowie Landgewinne am Mittelmeer, dessen Wasserspiegel um 100 bis 200 Meter abgesenkt werden sollte. Millionen Arbeitslose könnten, so Sörgel, bei den Bauten Beschäftigung finden, das Mittelmeer würde zu einer Brücke zwischen Europa und Afrika und, als Gegengewicht zu Amerika und Asien, einen neuen Großraum bilden. In Afrika selbst sollten durch die Abriegelung von Flüssen Binnenmeere im Tschad- und Kongobecken entstehen, die dort unter anderem ein für Europäer günstigeres Klima schaffen würden. Bis zu seinem Tod bei einem Autounfall 1952 hielt Sörgel an seinen Plänen fest.

Ein anderes Projekt sollte unter den Bedingungen eines totalitären Staates realisiert werden. 1950 beschloss der Ministerrat der UdSSR den „Großen Stalin'schen Plan zur Umgestaltung der Natur". In dessen Rahmen regte der Wasserbauingenieur Mitrofan Michailowitsch Dawydow an, die ostsibirischen Ströme Irtysch, Ob und Jenissei, die „nutzlos" ins Eismeer flossen, aufzustauen und nach Süden umzuleiten. Durch die Turgaisenke im Südosten des Urals sollte das überschüssige Wasser schließlich in den Aralsee und das Kaspische Meer münden. Ferner sollten ein „Sibirisches Meer" mit ca. 250.000 km² Fläche sowie Wasserstraßen und Kanälen mit Tausenden Kilometern Länge entstehen. Dawydow versprach die Bewässerung großer Wüsten und Steppen, enorme Energiegewinne durch Kraftwerke, eine Milderung des kontinentalen Klimas in Sibirien und im kaspischen Raum sowie eine Steigerung der Ernten. Die notwendigen Erdbewegungen sollten unter anderem mit atomaren Sprengsätzen bewerkstelligt werden. Diese Pläne wurden erst 1986 offiziell aufgegeben. Einige Großprojekte, die schließlich realisiert wurden, richteten große Schäden an; so überschwemmte der Assuan-Stausee in Ägypten viele Dörfer und trug wesentlich zur Versalzung des Nilbetts bei. Die ambitionierten Pläne regten aber auch die Phantasie an und trugen dazu bei, die Möglichkeiten großtechnischer Anlagen realistischer einzuschätzen und sich über ihre Folgen mehr Gedanken zu machen.

Hubert Weitensfelder

Kleidung schützt uns vor Frost und Regen, Wind und Sonne, vor Verletzungen und neugierigen Blicken. Als unsere zweite Haut reguliert sie das Verhältnis zwischen uns und der Umwelt und hält vor allem jene Wärme zurück, die der Körper benötigt.

Kleidung – selbst genäht oder Made in China?

Die Textilherstellung war jener Gewerbezweig, der am frühesten von der industriellen Revolution erfasst wurde; sie hat diese auch wesentlich mitbestimmt. Maschinen zum Spinnen, Weben, Wirken und Nähen zählten seit dem 18. Jahrhundert zu den beeindruckendsten technischen Errungenschaften. Ihre Einführung wurde vielfach erbittert bekämpft, da sie viele Arbeitsplätze kosteten.

Neben der Herstellungstechnik wechselten auch die verwendeten Fasern: Vor der Industrialisierung bestanden 70 Prozent der Kleidung aus Wolle und 30 Prozent aus Leinen. Sie wurden in hohem Maß von der Baumwolle abgelöst. Diese eignete sich nämlich besser für den Maschineneinsatz, war – obwohl sie importiert werden musste – kostengünstiger, hautfreundlich, weich und geschmeidig sowie einfach zu pflegen. Zu Beginn des 20. Jahrhunderts wurden schon 80 Prozent der Textilien aus Baumwolle gefertigt. Bis heute ist Baumwolle die wichtigste Faserpflanze. Sie wird in riesigen Monokulturen angebaut, ist daher anfällig gegen Schädlinge und benötigt intensive Düngung. Nicht weniger als ein Fünftel der weltweit verbrauchten Düngemittel und Insektizide werden auf Baumwollfeldern eingesetzt. Um

1900 tauchten auch erstmals künstliche Fasern auf dem Markt auf: Die Viskose, durch chemische Prozesse aus Baumwollabfällen und Holz gewonnen, erlebte in den 1920er und 1930er Jahre eine Glanzzeit. In den 1950er Jahren revolutionierten erste synthetische Chemiefasern den Textilmarkt: „Nylons" ersetzten nun teure Damenstrümpfe aus Naturseide. Sie vergilbten allerdings rasch.

Heute sind die meisten Arbeitsplätze der europäischen Textilindustrie nach Asien abgesiedelt, wo niedrige Löhne und lange Arbeitszeiten zur Preisdrückung dienen. Obwohl Textilien seit langer Zeit in Massen produziert werden, ermöglichen sie eine Vielfalt wie kaum ein anderes Konsumgut. Dazu tragen unter anderem 7.000 Textilhilfsmittel sowie mehr als 4.000 Farben und Farbhilfsmittel bei. Nichts eignet sich so gut wie Kleidung, Individualität und Stil auszudrücken. Das Bedürfnis nach Schutz und Wärme ist inzwischen jenem nach Abwechslung gewichen: Eigentlich würden Textilien ihre Funktion sieben bis zehn Jahre lang bewahren, ehe sie abgenutzt sind. Zehn bis fünfzehn Prozent der gekauften Kleidung werden jedoch nie oder nur einmal getragen und sind damit eine reine Fehlinvestition.

Hubert Weitensfelder

Kleidungsexport aus China in Milliarden Dollar:

Jahr	Mrd. $	Jahr	Mrd. $
1986	4,05	1996	25,03
1987	5,79	1997	31,80
1988	6,99	1998	30,04
1989	8,16	1999	30,07
1990	9,66	2000	36,07
1991	12,24	2001	36,65
1992	16,70	2002	41,30
1993	18,44	2003	52,06
1994	23,73	2004	61,85

Seit frühester Zeit wird Technik genutzt, um Nahrung zuzubereiten: Mit Feuer werden Speisen erhitzt, Werkzeuge dienen zum Schneiden und Zerkleinern. Um in Zeiten zu überleben, in denen nicht genügend Pflanzen und Tiere zur Verfügung standen, entwickel-

Was stellt die Technik mit unseren Nahrungsmitteln an?

ten unsere Vorfahren Techniken zur Haltbarmachung, wie Trocknen, Räuchern, Salzen und Kühlen. Käse und Wein fungierten als frühe „Konserven", da sie länger halten als Milch und unvergorener Traubensaft. Seit dem 19. Jahrhundert wurde auch die Herstellung von Lebensmitteln industrialisiert: Den Anfang machten Maschinen, die das mühselige Kneten von Teig und das Rühren von Flüssigkeiten übernahmen. Die Entwicklung von Kältemaschinen und Massentransportmitteln ermöglichte die Versendung von Lebensmitteln über große Strecken, und Schlachthöfe mit Fließbandbetrieb versorgten mit rationellen Mitteln eine ständig wachsende Bevölkerung.

Heute lebt in den Industrieländern ein großer Teil der Menschen in Verhältnissen, die sich frühere Zeitgenossen als „Schlaraffenland" erträumten: Tendenziell sind Lebensmittel überall verfügbar, und dies zu jeder Jahreszeit. Am Einkommen gemessen, geben wir heute deutlich weniger für Ernährung aus, die Palette des Gebotenen ist riesig, die Produkte sehen gut aus, sind appetitlich verpackt, nach Inhaltsstoffen gekennzeichnet, oft lange haltbar und je nach Wunsch mehr oder weniger hochwertig. Darüber hinaus legen Gesetzgeber strenge Qualitätsbestim-

mungen fest, und Behörden sowie Verbraucherschutzorganisationen kümmern sich um deren Einhaltung.

Für all das zahlen wir aber einen hohen Preis. Denn in den letzten Jahrzehnten hat unsere Nahrung einen tiefgreifenden Wandel erfahren, zum Teil verursacht durch unsere „unersättlichen" Bedürfnisse wie auch durch den Einsatz moderner Technik. 300 Lebensmittel-Zusatzstoffe und die zehnfache Zahl von Aromastoffen lassen uns daran zweifeln, ob wir denn noch essen, was wir zu essen glauben. Auf den Markt drängt „functional food", eine Gruppe von Nahrungsmitteln mit Zusatzfunktion (wie etwa Powerdrinks); dies können Vitamine sein, aber auch Zusätze, die wie Arzneimittel wirken. „Design food" wiederum wird nach einem Baukastenprinzip synthetisch hergestellt, wobei der Inhalt aus preiswerten Rohstoffen besteht, mit einer Reihe von Zutaten an Aromen, Geschmackverstärkern oder Farbstoffen. Dazu zählen Fleischersatz auf Basis von Pilzeiweiß, preiswerte Nachahmungen teurer Meeresfrüchte und Knabberartikel. Nicht zu reden von der aufkeimenden Gentechnik an Pflanzen und Tieren, gesundheitsgefährdenden „Turboschweinen" und dem Rinderwahnsinn. Allerdings: Technische Entwicklungen spiegeln in vielerlei Hinsicht die Bedürfnisse des Konsums wider; und man sollte die Bedeutung kritischer Verbraucher für die Entwicklung des Angebots nicht unterschätzen.

Hubert Weitensfelder

Lebensmittel-Zusatzstoffe:
Farbstoffe, Aroma- und Geschmacksstoffe, Geschmacksverstärker, künstliche Süßstoffe, Konservierungsstoffe, Oberflächenbehandlungsmittel Antioxidationsmittel, Emulgatoren …

Unsere Welt, wie wir sie sehen und ertasten, besteht aus Oberflächen. Diese definieren sich dadurch, dass sie sich gegenüber einer anderen Umgebung abgrenzen, und werden daher auch als Grenzflächen bzw. als Flächen bezeichnet, die zwei Phasen trennen.

Kommt es auf die „Oberfläche" an?

In der Technik spielt die Manipulation bestehender und die Schaffung neuer Oberflächen eine wichtige Rolle. Zwecke sind zum einen der Schutz vor Beschädigung, zum anderen die Verschönerung von Flächen. Beispiele dafür sind die Beschichtung von Holz mit Furnier oder das Überziehen von Metallen mit dünnen Schichten anderer Metalle als Schutz vor Korrosion bzw. um ein edleres Metall vorzutäuschen. Jahrhundertelang wurden zum Beispiel Metallgefäße der aufwändigen und gesundheitsgefährdenden Feuervergoldung unterzogen, wobei Quecksilber zum Einsatz kam. Um 1840 wurde diese Technik durch die elektrochemische Galvanisierung abgelöst. Andere Überzüge werden mit Hilfe von Email, Lacken, Firnissen oder Kunststoffen erzeugt. In jüngerer Zeit hat die Forschung die Natur als Vorbild für die Gestaltung von Oberflächen entdeckt. Einige Tiere, zum Beispiel kleine Fluginsekten oder Schmetterlinge, weisen auf ihren Körpern selbstreinigende Oberflächen auf; da sie ihre Glieder nicht selbst

säubern können, verhindern sie damit, dass anhaftender Schmutz ihre Flügel immer schwerer macht und so das Fliegen erschwert. Pflanzen haben viele Arten von Oberflächen entwickelt, darunter Haare, Dornen, Schuppen, Widerhaken, Borsten und Rillen. Rund 300 Pflanzenarten verfügen über extrem wasserabweisende, selbstreinigende Oberflächen, wobei sie zum Beispiel Wachse einsetzen. Lotospflanzen lassen Regenwasser gänzlich abperlen und erscheinen immer sauber. Dies verhindert auch, dass sich schädliche Mikroorganismen wie Viren, Pilze, Bakterien oder Algen festsetzen. Das Studium dieser Pflanzen ermöglichte die Herstellung ähnlicher Substanzen, die unter anderem als Anstrich für Fassaden und für Dächer Verwendung finden. Heute gibt es weltweit rund 400.000 Gebäude mit selbstreinigenden „Lotus"-Oberflächen nach dem Vorbild der Natur.

Hubert Weitensfelder

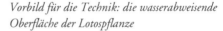

Vorbild für die Technik: die wasserabweisende Oberfläche der Lotospflanze

Viele Jahrtausende lang dominierte in der Geschichte der Menschheit der Gebrauch natürlicher Werkstoffe wie Stein, Holz oder Horn; die Nutzung von Metallen leitete dann einen großen Umbruch ein. Welche Bedeutung den Werkstoffen beigemessen

Welche Werkstoffe bringt uns die Zukunft?

wird, zeigt sich daran, dass ganze Zeitalter nach ihnen benannt sind, nämlich die Stein-, Bronze- und Eisenzeit. Seit dem frühen 20. Jahrhundert werden Werkstoffe systematisch auf ihre Eigenschaften untersucht. Die Entwicklung der Naturwissenschaften ermöglicht es, ihre atomaren und molekularen Strukturen besser zu erkennen und gezielt zu beeinflussen.

Heute werden Werkstoffe in Metalle, Gläser und Keramiken, Polymere (Kunststoffe) und Verbundwerkstoffe unterteilt. Letztere bestehen aus mehreren Stoffen unterschiedlicher Gruppen und weisen deutlich andere Eigenschaften auf als die Ausgangssubstanzen. Metalle werden zum einen in ihrer reinen Form, zum anderen aber auch in ihren Mischungen (Legierungen) erforscht. Das wichtigste Gebrauchsmetall, Stahl bzw. Eisen, ist nach wie vor Gegenstand intensiver Untersuchungen. Derzeit sind im Handel rund 2.000 genormte Stahlsorten erhältlich, die für spezielle Anwendungen vorgesehen sind.

Besonders vielseitig ist auch Glas einsetzbar; Spezialgläser schützen vor radioaktiver Strahlung, hitzefeste Gläser finden sich in den meisten Laboratorien, Glaslinsen in Weltraumteleskopen ermöglichen den geschärften Blick ins All. Seit einiger Zeit werden „intelligente" Gläser hergestellt: Gläserne Hausfassaden könnten in Zukunft selbsttätig Licht und Klima in den Räumen regeln, bei Zerbrechen Alarm auslösen und, mit einer photovoltaischen Beschichtung versehen, sogar Solarenergie gewinnen.

Traditionelle Keramiken sind sehr wärmebeständig, aber auch recht bruchempfindlich. Die Entwicklung von Hochleistungskeramiken hat ganz neue Eigenschaften ermöglicht; so ist gebranntes Zirconiumdioxid mit einem geringen Anteil an Yttriumoxid zwar ein Keramikwerkstoff, lässt sich aber plastisch ähnlich wie ein Metall verformen und ist beinahe unzerbrechlich.

Kunststoffe bilden eine junge Werkstoffgruppe, ihre Anfänge reichen bis ins 19. Jahrhundert zurück. Auch sie ermöglichen eine Reihe bemerkenswerter Anwendungen; so könnten in Zukunft Fernseher aus flexiblen Plastikfolien hergestellt werden, die sich nach Gebrauch einfach wieder zusammenrollen lassen. Noch in den Anfängen steckt die Manipulation und Erzeugung von Substanzen auf atomarer Ebene, deren Eigenschaften sich besonders genau definieren lassen. Diese „Nano-Werkstoffe" werden im 21. Jahrhundert viele und überraschende Anwendungen finden.

Hubert Weitensfelder

Werkstoff mit Zukunft: Nanotubes

Bis gegen Ende des 19. Jahrhunderts sind Messverfahren, die nach naturwissenschaftlichen Kriterien angelegt sind, kaum in der Küche eingesetzt worden. Es ist nicht nach (Kilo-)Gramm, Litern und Minuten gekocht worden, sondern vor allem nach der sinnli-

Was haben Beton und Grießpudding gemeinsam?

chen Wahrnehmung und individuellen Erfahrung. Die Menge der Koch- und Backzutaten hat man vielleicht noch mit einem Hohlmaß taxiert, die Kochzeiten sind aber nach Gefühl oder, wenn es genauer sein hat müssen, durch das Aufsagen standardisierter Gebete bemessen worden. Das hat zweifachen Nutzen erbracht …

Empirisches Wissen anstelle von Normierungen einzusetzen war auch insofern sinnvoll, als die Koch- und Garzeiten der Zutaten aufgrund regionaler klimatischer und topographischer Unterschiede durchaus verschieden sein konnten. Heute ist die Küche ein Ort der objektiven Maßeinheiten und der Zeitdisziplin. Wir würden uns empören, wenn ein Kochbuch mit nur vagen Mengenangaben operieren würde. Und wenn ein Rezept eine bestimmte Zahl an Eiern verlangt, ist es durchaus gerechtfertigt zu sinnieren, ob große oder kleine gemeint sind.

Die Bauwirtschaft hat eine vergleichbare Entwicklung durchgemacht. Grundstoffe wie Sand, Stein und Holz, die je nach Region sehr unterschiedlich beschaffen sein können, sind den jeweils besonderen Eigenschaften gemäß verwendet und nach den Regeln des Ausprobierens und der Erfahrung kombiniert worden. Heute gelten Ö- und Deutsche Industrienorm, die in ihrer Detailliertheit beredtes Zeugnis für eine Sicherheit verheißende Einheitlichkeit ablegen. Unter der Voraussetzung, dass Mischungsverhältnis und Korngrößen stimmen, lässt sich berechnen und beweisen, wie viel von welcher Sache notwendig ist, um die gewünschte Tragfähigkeit und Dauerhaftigkeit der Bauelemente sicherzustellen.

Da treffen nun tatsächlich Beton und Grießpudding zusammen, denn die physikalischen Gesetze, die für das Gelingen des einen bürgen, gelten ähnlich für das andere. Werner Gruber vom Institut für Experimentalphysik in Wien hat die Parallelen bei der Herstellung von Baustoffen und Speisen an den Beispielen von Beton und Grießpudding untersucht. Für den Beton vermengt man Zement mit Wasser und Sand. Durch Hydratisierung lösen sich die Zementkörner im Wasser bis zu einem bestimmten Stadium auf, die Zementmoleküle verzahnen sich, das Wasser wird gebunden und ein harter Stein bleibt übrig. Wenn das Mischungsverhältnis nicht stimmt, wenn beispielsweise zuviel Wasser beigegeben wird, bilden sich Wassereinschlüsse. Der Beton verliert an Festigkeit.

Beim Grießpudding entspricht der Grieß dem Zement und dem Sand, die Milch dem Wasser. Dazu kommen des Geschmacks wegen Salz und Zucker. Die Milch löst Stärkemoleküle aus dem Grieß, die sich mit der Flüssigkeit verzahnen. Dadurch wird der Pudding fest. Grießpudding schmeckt besser, Beton ist tragfähiger, aber bei der Herstellung sind die gleichen physikalischen Gesetze wirksam. Für das Verständnis ist das interessant, für die Praxis ist es unerheblich.

Christian Stadelmann

Das Bügeln ist ein selbstverständlicher Bestandteil der Wäschepflege. Als solcher ist es kaum hinterfragt, auch wenn die jeweils individuelle Handhabung sehr unterschiedlich ausfallen kann. Tatsächlich ist die Frage nach den Gründen für das Bügeln zu unterschied-

Warum wird Wäsche gebügelt?

lichen Zeiten auch unterschiedlich beantwortet worden. Es steht beispielhaft für Hygienestandards, die nicht zwangsläufig objektiven Kriterien unterworfen sind, sondern auch gesellschaftliche Übereinkünfte mit Ablaufdatum sein können.

Eine wichtige Begründung ist schon im 19. Jahrhundert gewesen, dass durch das Bügeln die Fasern niedergelegt und abgedichtet werden, dass dadurch also der Schmutz nicht so leicht hängen bleibt. Damals waren auch modische Erklärungen beteiligt: Durch Bügeln hat man die Kragen von Herrenhemden zum Glänzen gebracht, ein Kniff, von dem man zu Anfang des 20. Jahrhunderts abgekommen ist. Nun zielten die Argumente, wenn sie ästhetisch motiviert waren, nur noch darauf ab, eine faltenfreie Wäsche zu bekommen. Das galt nicht nur für die Oberbekleidung, sondern auch für Unter- und Bettwäsche. Als Visitenkarte der Büglerin galt nicht nur das öffentliche Auftreten jener, deren Wäsche sie pflegte, sondern auch ihr Wäscheschrank.

Nach 1900 sind hygienische Gründe wichtig geworden. Wenn man die Wäsche heiß bügelt, so die Überlegung, dann werden Krankheitserreger abgetötet. Dieser Gedanke war zugleich den damals neuen Erkenntnissen der Bakteriologie und der Angst vor den gefährlichen Infektionskrankheiten der Zeit –

vor allem vor der Tuberkulose – verpflichtet. Das Argument mutet aus heutiger Perspektive angesichts dessen, dass damals der überwiegende Teil der Wäsche ohnehin gekocht wurde, seltsam an. Tatsächlich ist es auch bald wieder in den Hintergrund getreten.

Das Bügeln selbst ist nichtsdestoweniger unhinterfragt geblieben. Über kein anderes strombetriebenes Haushaltsgerät freuten sich die Hausfrauen mehr als über das elektrische Bügeleisen. Mit dessen Einführung war das umständliche, oft schmutzige Hantieren mit dem Kohle- oder Stageleisen endlich vorbei. Um 1930 verfügten 40 Prozent der stromversorgten Haushalte über ein Bügeleisen. Demgegenüber blieb die Verbreitung anderer elektrischer Haushaltsgeräte deutlich zurück: Haartrockner gab es in 6 Prozent, E-Herde in 1 Prozent und Waschmaschinen in 0,3 Prozent der Haushalte.

Das Hygieneverhalten ist seit der Mitte des 20. Jahrhunderts dadurch gekennzeichnet, dass die Kleidung immer häufiger gewechselt wird, insgesamt also immer mehr Wäsche zum Waschen und Bügeln anfällt. Dementsprechend hat die für das Bügeln aufgewendete Zeit stark zugenommen, die wiederum verstärkt durch technische Lösungen eingespart werden soll: Bügelfreie Wäsche und immer ausgefeiltere Dampfbügeleisen, Bügelstationen und Bügelpuppen sollen bei weniger Arbeit bessere Ergebnisse liefern.

Wenn gefragt wird, *warum* Wäsche gebügelt wird, sind zeitlos objektive Kriterien nicht namhaft zu machen; dagegen ist eine weithin gültige Übereinkunft, *dass* Wäsche gebügelt wird.

Christian Stadelmann

Sie werden erstaunt sein – mit hoher Wahrscheinlichkeit immer noch mit Verbrennungsmotoren. Falls „morgen" die nächsten zwanzig, dreißig Jahre bedeutet, ist das Entwicklungspotential von Benzin- und Dieselmotor so groß, dass konventionelle Technik

Wie fährt das Auto von morgen?

die Vorgaben zukünftiger Verbrauchs- und Abgasnormen erfüllen kann.

Vom Wachstum des Marktes werden jedoch alle Fortschritte in Abgasreinigung und Motormanagement wieder zunichte gemacht. So prognostiziert der Energiekonzern British Petrol ein Wachstum des Fahrzeugbestands von derzeit rund 800 Millionen Autos weltweit auf rund zwei Milliarden Fahrzeuge im Jahr 2050 – mit den entsprechenden Folgen für Energiebedarf und Umwelt. Grund genug, um über alternative Antriebe nachzudenken. Es zeichnen sich zwei Entwicklungslinien ab. Die eine setzt auf Innovationen im Motorenbau und den Einsatz alternativer Kraftstoffe, die andere propagiert den Elektroantrieb. Das Hybridauto (siehe Abbildung) versucht die Vorteile beider Systeme zu verbinden.

Die Schadstoffemissionen von Erdgas, Biodiesel oder Kraftstoffen aus Pflanzenöl („Pöl") sind geringer als die von Benzin und Diesel. Ölpflanzen (meist Raps) wandeln H_2O und CO_2 mit Hilfe von Sonnenenergie in Öl um. Dieses wird in einer Raffinerie zu Rapsmethylester verarbeitet. Als nachwachsender Rohstoff bindet der Raps Kohlendioxid und verhält sich nahezu CO_2-neutral.

Saubere Luft verspricht der Wasserstoffmotor – aus seinem Auspuff entströmt nur Wasserdampf. Die Probleme liegen in der Herstellung und Speicherung des reinen Wasserstoffs. Die Herstellung mittels Elektrolyse von Wasser erfordert einen hohen Energieaufwand, Wasserstoff aus fossilen Energieträgern bedeutet wieder Freisetzung von Kohlendioxid. Ähnlich das Dilemma beim Transport: Hochdruckgasflaschen reduzieren die Reichweite, die Verflüssigung bei minus 253 °C verbraucht große Mengen an (elektrischer) Energie.

Elektroautos sind während der Fahrt emissionsfrei, geräuscharm und können einen Teil der Antriebsenergie beim Abbremsen zurückgewinnen. Im günstigsten Fall erhalten sie den Strom von der Sonne, in unseren Breiten zumeist aus der Steckdose. Die Verwendung von Bleiakkus und die Nutzung des Stromnetzes schmälern den Umweltbonus. Von der Automobilindustrie wird die Brennstoffzelle propagiert. In dieser findet eine direkte Umwandlung chemischer in elektrische Energie statt, hier reagieren Wasserstoff und Sauerstoff und erzeugen neben Wasser theoretisch 1,23 Volt pro Zelle an elektrischer Spannung. Um eine höhere Spannung zu erzielen, werden mehrere Zellen in Reihe geschaltet. Das Hauptproblem ist aber wie gesagt die Herstellung von Wasserstoff, andere Brennstoffe sind entweder hochgiftig oder unwirtschaftlich.

Eine ideale Lösung für die Probleme des Individualverkehrs ist nicht in Sicht, vielleicht sollte man die Frage anders stellen: nicht nach dem „Auto", sondern nach der „Mobilität von morgen".

Dietmar Linzbacher

Dass Tiere und Pflanzen technische Leistungen erbringen, ist unbestritten. Biber errichten Dämme, Vögel bauen Nester, Termiten schaffen bis zu zehn Meter hohe Gebilde. Pflanzen wiederum zeichnen sich vielfach durch Leichtbauweise, Wasserleitung und

Kann die Natur ein Vorbild für die Technik sein?

die Reparatur schadhafter Stellen aus. Mit diesen Errungenschaften der Natur und ihrer Anwendbarkeit für die Technik befasst sich eine eigene Wissenschaftsdisziplin, die „Bionik". Das Wort setzt sich aus den Begriffen „Biologie" und „Technik" zusammen. Die Bionik vereint Wissenschaftler aus mehreren Disziplinen, aus Biologie, Chemie, Physik und Ingenieurswesen. Das Forschungsgebiet erweckte schon früh das Interesse des Militärs. 1960 sponserte die „Wright Air Wing Development Division" ein Symposium in Dayton im US-Bundesstaat Ohio, das heute als Ursprung dieser Disziplin gesehen wird. Erforscht wurden unter anderem die Fähigkeiten von Tieren, sich in der Luft, zu Wasser sowie auf dem Land schnell zu bewegen und dabei Informationen zu sammeln und auszuwerten. Der Vogelflug diente als Vorbild für die Entwicklung von Schwenkflugzeugen, und die Beobachtung von Schwärmen führte zur Erkenntnis, dass Kampfflugzeuge in enger Geschwaderformation viel Treibstoff sparen können. Darüber hinaus lieferte die Körperform von Delphinen und Pinguinen Anregungen für das Design von U-Booten und Torpedos.

Vorläufer der bionischen Forschung wussten ihre Naturstudien schon früh wirtschaftlich zu nutzen: Michael Kelly aus De Kalb (Illinois, USA) ließ sich zum Beispiel von den dornigen Osagesträuchern inspirieren, mit denen die Farmer Viehherden einzäunten; 1868 beantragte er ein Patent zur Erzeugung von Stacheldraht. Der deutsch-böhmische Flugpionier Igo Etrich nahm um 1900 die Samen einer exotischen Kürbisart zum Vorbild für die Flügelform seines Apparats. Raoul Heinrich Francé orientierte sich an der Samenkapsel von Mohnpflanzen, als er sich 1920 die Idee zu einem neuartigen Salzstreuer schützen ließ. Und der Schweizer Erfinder Georges de Mestrel nahm die Kletten, die immer wieder an seinem Hund haften blieben, zum Anlass, 1951 ein Patent auf einen Klettverschluss anzumelden.

Bis heute sind die Techniken des Klebens und Haftens ein wichtiger Forschungsbereich der Bionik; denn in der Natur erfolgen Verbindungen häufig mit klebenden Substanzen, zum Beispiel durch Proteine oder Harze. Insekten und auch größere Tiere wie Geckos setzen klebende und mechanische Techniken ein, um sich an Wänden und Decken, aber auch an glatten Glasscheiben fortzubewegen, wobei sie kleinste Unebenheiten nutzen. Die Erforschung solcher Vorgänge dient als Vorbild für die Fügetechnik; dort gewinnen Klebstoffe zunehmend an Bedeutung und verdrängen das Nieten und Schweißen.

Hubert Weitensfelder

Menschen nehmen chemisch gespeicherte Energie in Form von Nahrungsmitteln zu sich. Zusätzlich benötigen sie so genannte „Energiedienstleistungen" wie Licht, Wärme, Bewegung oder Kommunikation, die die Nutzung von „Energieträgern" wie Kohle

Gibt es Energie, die nie ausgeht?

und Erdöl oder der Bewegungsenergie von Wind und Wasser notwendig machen. Letztendlich basiert jedwede landwirtschaftliche, handwerkliche oder industrielle Produktion auf der Nutzung von Energieträgern.

Das Problem ist, dass heute mehr als zwei Drittel der bereitgestellten Energie von fossilen Energieträgern stammen: aus Kohle, Erdöl und Erdgas. Diese sind über Jahrmillionen aus pflanzlichen und tierischen Überresten entstanden und tun das im Prinzip auch heute; nur leider mehrere hunderttausendmal weniger schnell, als sie verbraucht werden.

Zwar wird das Erdöl nicht in einigen Jahrzehnten plötzlich aus sein, doch in zehn bis zwanzig Jahren könnte das „Entnahmemaximum" erreicht sein. Und wenn bei steigender Nachfrage immer weniger Erdöl gefördert werden kann, wird der Ölpreis stark ansteigen.

Auf eine Energiequelle, die nicht so schnell versiegt, glaubte man in den 1950er Jahren mit der Entwicklung der Kernenergie gestoßen zu sein. Zwar sind die abbauwürdigen Uranvorkommen auch begrenzt, aber der Neutronenregen bei der Spaltung von Uran-235-Isotopen würde in den Brennstäben wiederum spaltbares Plutonium erbrüten. Es könnte also bei der Nutzung der Kernkraft mehr „Brennstoff" erzeugt werden, als verbraucht wird. Mit solchen Brüter-Reaktoren

gab es allerdings beträchtliche technische Schwierigkeiten, ebenso mit der Handhabung des hochgiftigen und potenziell atombombentauglichen Plutoniums. Zudem ist bis heute nicht geklärt, wo die hoch radioaktiven Spaltprodukte über Tausende Jahre hinweg sicher gelagert werden könnten.

Faszinierend schien auch die Möglichkeit, aus Fusion der „leichten" Atomkerne von Wasserstoff und Lithium Energie zu gewinnen, so wie es im Inneren der Sonne geschieht. Wasserstoff und Lithium sind auf der Erde so reichlich vorhanden, dass die Energieversorgung der Menschen für alle absehbaren Zeiten gesichert wäre. Wiederum stehen dem aber technische Probleme im Weg, und diese scheinen auch noch immer größer zu werden: Während man 1955 glaubte, binnen 20 Jahren erfolgreich zu sein, rechnen heute die Wissenschaftler mit noch mindestens 50 Jahren, bis der Einsatz Strom liefernder Fusionsreaktoren möglich sein wird.

Näher am Ziel der „Energie, die nicht ausgeht" ist man da mit der Nutzung von so genannten „erneuerbaren" Energieträgern. Damit sind vor allem jene Energieformen gemeint, die direkt oder indirekt auf die Sonneneinstrahlung zurückgehen und sich so immer wieder neu bilden: Solarthermie und Photovoltaik, Wind- und Wasserkraft sowie Biomasse. Allerdings heißt „Energie, die nie ausgeht" nicht „Energie, die unbegrenzt vorhanden ist": Ein nachhaltiges Energiesystem mit erneuerbarer Energiebereitstellung ist nur bei einer massiven Einschränkung des Verbrauchs möglich.

Andreas Vormaier

Die Technikentwicklung der jüngeren Vergangenheit ist gekennzeichnet durch stetige Miniaturisierung. Die Mikroelektronik des 20. Jahrhunderts hat völlig neue Dimensionen erschlossen, zu deren Symbol der Mikrochip geworden ist. Die im Mikrometerbe-

Welche Risiken erwachsen uns aus der Mikrotechnik?

reich liegenden Strukturen sind noch mit optischen Mikroskopen sichtbar. Gegenwärtig steht die Entwicklung an einer neuen Schwelle – der Nanotechnik. Um den Faktor Tausend kleiner, ist die damit erreichte Molekülebene nur noch mit Hilfe von Elektronenmikroskopen wahrnehmbar. Das, was geschieht, ist nur indirekt anhand von Stromflüssen oder über chemische Reaktionen von Indikatorsubstanzen („Marker") zu erkennen. Eine Dimension der ferneren Zukunft bildet die Quantentechnologie, die Zugang schafft zur Welt der Atome und Elementarteilchen. Für die Erschließung solcher ökonomisch viel versprechenden Dimensionen werden exorbitant hohe Forschungsinvestitionen getätigt.

Immer tiefer dringt die Naturwissenschaft in die Ordnung der Bausteine der Welt ein, was freilich oft an das Bild vom Zauberlehrling erinnert, der die gerufenen Geister nicht mehr los wird. Atome werden mit Teilchen beschossen, damit sie zerfallen und Energie freisetzen, oder aber, damit neue, in der Natur nicht vorkommende Elemente mit nutzbringenderen Eigenschaften entstehen. Für das Nachgeben gegenüber der Versuchung der Atomkraft ist jedoch ein hoher Preis zu zahlen. Die Folgen eines Atomreaktorunfalls

sind irreversibel, radioaktive Verstrahlung bleibt auf Jahrtausende hinaus bestehen, was auch für den Atommüll gilt, der beim alltäglichen Betrieb anfällt. Ähnliches ist für die Pharmaindustrie zu konstatieren, die durch Erzeugung neuer Moleküle nach neuen Wirkstoffen sucht. Die erzeugten Wirkstoffe können unbekannte Folgewirkungen haben, die bisweilen erst in späteren Generationen auftreten. In der Landwirtschaft droht ertragreiches genmanipuliertes Saatgut seiner hohen Resistenz wegen natürliches Saatgut zu verdrängen. Auch die in den Anfängen steckende Genmanipulation bei Tieren und Menschen, die biologisch perfekte Geschöpfe zu züchten verspricht, kann schwerwiegende Folgen haben – ganz abgesehen von der ethischen Frage, ob sich der Mensch selbst künstlich neu erschaffen darf. Treibende Kraft hinter dieser Forschung sind die Profitinteressen der Konzerne wie auch die zunehmend steigenden Bedürfnisse der hoch industrialisierten Gesellschaften. Die medizinische Forschung wurzelt nicht zuletzt in der fortschreitenden Überalterung, die Suche nach neuen Energieformen im stetig steigenden Energiebedarf zur Wahrung und Mehrung des Wohlstands. Im Labor erzeugte und gezüchtete Bakterien können gleichermaßen als Medizin, als Müllfresser oder der bakteriologischen Kriegsführung dienen. Neben der Gefahr der atomaren Vernichtung der Welt erwächst eine neue in der biologischen Zerstörung. Bei beiden droht dem Menschen in seinem Bestreben, die Welt zu perfektionieren, Opfer der Geister zu werden, die er gerufen hat.

Otmar Moritsch

Dem neugierigen Laien bietet sich ein atemberaubender Blick in die Welt der Zukunft: In den Labors der Nanotechnologen wird heute an Entwicklungen getüftelt, die morgen unseren Alltag bestimmen werden. Die Forschung bewegt sich dabei in einem

Was leistet die Nanotechnologie?

faszinierenden Grenzbereich: Unter „Nanotechnologie" versteht man die Herstellung von Materialien und Strukturen, bei denen mindestens eine Dimension im Bereich von 1–100 nm liegt (1 Nanometer ist ein Milliardstel Meter = 10^{-9} m, griechisch *nánnos* = „Zwerg"). In diesem Universum des unvorstellbar Winzigen ist alles anders: Es spielen bereits quantenphysikalische Effekte eine Rolle, die Volumeneigenschaften von Materialien treten hinter die Oberflächeneigenschaften zurück.

Der innovative, ja revolutionäre Ansatz der Nanotechnologie, als deren Vater der amerikanische Physiker Richard Feynman (Nobelpreisträger 1965) gilt, besteht darin, physikalische Gesetze, chemische Verfahren und biologische Prinzipien in Kombination miteinander so zu nutzen, dass daraus gezielt nanoskalige „Bausteine" mit spezifischen funktionellen und häufig neuen Eigenschaften resultieren. Nanomaterialien schlagen also häufig eine Brücke zwischen belebter und unbelebter Natur, vor allem die Nanobiotechnologie wird eine Basis- und Schlüsseltechnologie des 21. Jahrhunderts darstellen! Schon zum gegenwärtigen Zeitpunkt kommt der Nanobiotechnologie wegen ihres ausgesprochenen Querschnittscharakters

und ihrer hohen industriellen Relevanz eine besondere Bedeutung zu. Das gilt sowohl für die Life-Sciences als auch die Non-Life-Sciences. Die Nanotechnologie entspricht damit grundsätzlich dem Konzept, das heute mit dem Begriff „Converging Technologies" bezeichnet wird, d. h. die Grenzen zwischen den einzelnen Disziplinen der Forschung beginnen immer mehr zu verschwimmen. Als transdisziplinäres Forschungs- und Technologiefeld deckt die Nanotechnologie zahlreiche Bereiche noch nicht verteilter Zukunftsmärkte ab.

Einen Schwerpunkt der Forschung bilden z. B. die so genannten „Nanoröhren" *(Nanotubes)*, das sind Röhren mit einem Durchmesser kleiner als 100 Nanometer, also mehr als 10.000mal dünner als ein menschliches Haar! Als Materialien für diese Röhren, die 1991 vom japanischen Physiker Sumio Iijima zufällig entdeckt wurden, werden vor allem Kohlenstoff *(Carbon-Nanotubes, CNTs)* und spezielle Kunststoffe verwendet.

Das Besondere der Nanoröhren sind ihre herausragenden mechanischen Eigenschaften: Kohlenstoff-Nanoröhrchen haben bei einer Dichte von 1,3–1,4 g/cm³ eine Zugfestigkeit von 45 Milliarden Pascal, Stahl besitzt bei einer Dichte von 7,8 g/cm³ dagegen maximal eine Zugfestigkeit von 2 Milliarden Pascal! Weiters ist die Strombelastbarkeit rund 1000mal höher als bei Kupferdrähten. Entsprechend großartig sind auch die Projekte, die aufgrund dieser erstaunlichen Fähigkeiten angedacht wurden: In Zukunft sollen z. B. „Weltraumlifte" an Seilen aus Nanoröhren eine bequeme Verbindung zu den Raumstationen herstellen – so plant es jedenfalls das US-Unternehmen *LiftPort Nanotech* in Millville, New Jersey.

Erfolgreich angewendet wird die Nanotech-

nologie etwa bereits im Bereich der Halbleiterelektronik und von Oberflächenbeschichtungen, die extrem Wasser abweisend sein
sollen – Ziel sind so praktische Produkte wie
wasserabweisende Autolacke oder Fassadenfarben, die damit schmutzabweisend wirken
und leicht zu reinigen sind; Vorbild ist der
aus der Natur bei der Lotosblume bekannte
„Lotoseffekt".

Ein Schwerpunktthema der Nanobiotechnologie betrifft „Nanopartikel" (Teilchen kleiner als 100 nm). Mit abnehmender Größe
zeigen Materialien wie erwähnt oft völlig
neue chemisch-physikalische Eigenschaften,
ein Vorteil, der in der Medizin in vielfältiger
Weise genützt werden kann:

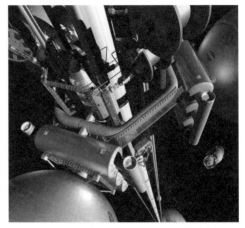

*Der „Weltraumlift" soll mittels Nanotechnologie
Realität werden*

– Nanopartikel vermögen beispielsweise die
  Blut-Hirn-Schranke zu überwinden. Auf
  diese Weise ist es möglich, Wirkstoffe zur
  Behandlung von Gehirnerkrankungen einzusetzen.
– In Form von Nanopartikeln können Medikamente auch in Tumoren angereichert
  werden und deren Löslichkeit erhöht werden.
– Ein besonders viel versprechendes Anwendungsgebiet betrifft die thermische Zerstörung von Tumorzellen mit Hilfe von gezielt abgelagerten Nanopartikeln, die mit
  Magnetfeldern oder Laserlicht erhitzt werden.
– Neue Bereiche für die Nanobiotechnologie
  eröffnen sich auch bei der Entwicklung
  und Verwendung neuer Biomaterialien für
  Implantate (z. B. Polymer/Nanopartikelkomposite) und Knochenersatzmaterialien.

Nicht zuletzt hat auch die Lebensmittelindustrie das ungeheure Potential der Nanotechnologie erkannt: Geschmack und Farbe
von Lebensmitteln sowie Lebensmittelzu

satzstoffe sollen in Zukunft ihr „Design" der
Nanotechnologie verdanken. Ähnliche Vorteile erhofft sich auch die Kosmetikindustrie.
Gegenwärtig werden für die Herstellung
kleinster elektronischer Bauelemente so genannte „Top-down"-Verfahren (z. B. lithographische Techniken) eingesetzt. Ein Überspringen der bisherigen Grenzen der Miniaturisierung in der Elektronik und Sensorik
wird aber vom Einsatz „bioinspirierter Nanomaterialien" erwartet. Dabei wird angestrebt,
die nanoskaligen Strukturgrößen mit so genannten „Bottom-up"-Verfahren zu erzielen.
Dazu sollen Biomoleküle und andere Nanomaterialien durch Selbstorganisation zu
komplexen nanoelektronischen Schaltungen
und Speichereinheiten zusammenfinden. Besonders visionär sind dabei die Ansätze, biologische Systeme (Zellen) und elektronische
Baueinheiten zu echten Hybridsystemen zu
verbinden. Anwendungsfelder sind neben einem breiten Spektrum von Biosensoren vor
allem auch funktionelle Schnittstellen zwischen Nervensystemen (Gehirn) und Elektronik.

Uwe Sleytr

den wir zu „gläsernen Menschen"? Gibt es eine öffentliche
nung? Leben wir in einer „Mediengesellschaft"? Ist das
rnet ein straffreier Raum? Führen strengere Haftstrafen
nehr Sicherheit? Kann ein Unternehmen bestraft werden?
rum heute noch immer „Wiedergutmachung"? Was sind
nelklagen? Sind Berufsbeamtentum und Pragmatisierung
zeitgemäß? Brauchen wir eine europäische Verfassung?
che Herausforde-
t Islam Krieg oder
heute vereinbar?
Namen? Was ist
nisierung" der Bil-
im Kindergarten?
ule? PISA – wozu?
eutet Sterbehilfe?
ann ich mich als
ahmen wehren?

Werden wir zu „gläsernen Menschen"?

**Fragen und Antworten
zu Recht und Sozialethik**

ist „Palliative Care"? Werden wir zu „gläsernen Men-
en"? Gibt es eine öffentliche Meinung? Leben wir in eine
ediengesellschaft"? Ist das Internet ein straffreier Raum?
ren strengere Haftstrafen zu mehr Sicherheit? Kann ein
ernehmen bestraft werden? Warum heute noch immer
edergutmachung"? Was sind Sammelklagen? Sind Berufs-
mtentum und Pragmatisierung noch zeitgemäß? Brauchen
eine europäische Verfassung? Wird die „Festung Europa"
rrannt? Welche Herausforderungen stellt der Islam für Eu-
a dar? Meint Islam Krieg oder Frieden? Ist der Islam mit
Europa von heute vereinbar? Wie kommt die Pat-
orkfamilie zu ihrem Namen? Was ist dran am Mythos Sin-
Was heißt „Ökonomisierung" der Bildung? Beginnt die
ssensgesellschaft" im Kindergarten? Differenziertes Schul-

Der Begriff des „Datenschutzes" entwickelte sich in den siebziger Jahren des 20. Jahrhunderts mit der zunehmenden Verwendung von Großrechnern. Damals entstanden in den europäischen Staaten die ersten Datenschutzgesetze. Es wurde auch erstmals ein

Werden wir zu „gläsernen Menschen"?

„Grundrecht auf Datenschutz" normiert. Dieses ist eng mit dem Menschenrecht auf Wahrung der Privatsphäre verwandt, wobei es allerdings nicht nur gegenüber staatlichen Behörden, sondern auch gegenüber Privaten durchsetzbar ist.

Mit wachsendem Einsatz der Technik ist die Gefahr des Eingriffes in die Privatsphäre dramatisch gewachsen. Insbesondere besteht dadurch die Möglichkeit zur Verknüpfung und Weiterverwendung von Informationen über den Einzelnen. Bei den Behörden befinden sich etwa Informationen über Name, Adresse und Einkommen einer Person, Banken verfügen über Informationen über Vermögen, Kontobewegungen und Kredite ihrer Kunden, Versicherungen über das Risiko ihrer Kunden, Krankenhäuser und Ärzte über die Krankheiten ihrer Patienten, private Firmen über das Kaufverhalten ihrer Kunden.

Kein Wunder, dass bei einem derartigen Missbrauchspotenzial das Gleichnis vom „gläsernen Menschen" entstand. Eine Verknüpfung all dieser Informationen und die Erstellung eines kompletten Persönlichkeitsprofils über einen Menschen wäre ein unverhältnismäßiger Eingriff in Grundrechte; dennoch wird es immer schwieriger festzustellen, wo die zulässige Grenze verlau-

fen darf. Die Terrorismusbekämpfung etwa hat seit dem 11. September 2001 weltweit zu Gesetzgebungen geführt, die größere Eingriffe in das Recht auf Datenschutz vorsehen (z. B. die „Vorratsdatenspeicherung" von Telekommunikationsdaten und die verstärkt eingesetzte Videoüberwachung an öffentlichen Plätzen, wobei auch die Daten völlig unbescholtener Bürger gespeichert werden). Ist also das Orwell'sche „1984" schon Wirklichkeit geworden? Müssen wir in Zukunft auf unsere Privatsphäre verzichten und einfach akzeptieren, dass „der Anständige nichts zu verbergen" hat?

Es wird zum einen an der Qualität des Rechtsschutzes liegen, der dem Einzelnen zur Verfügung steht, um gegen rechtswidrige Datenverwendungen vorzugehen. Darüber hinaus dürften keine Gesetze geschaffen werden, die zu weiteren – vielleicht letztendlich gar nicht tauglichen – Eingriffen in die Privatsphäre führen. Und schließlich ist auch das Datenschutzbewusstsein des einzelnen Menschen gefragt, der Eingriffe in seine Privatsphäre nicht bloß hinnehmen, sondern deren Notwendigkeit auch stets kritisch hinterfragen sollte.

Eva Souhrada-Kirchmayer

George Orwells „1984": die negative Utopie eines perfekten Überwachungsstaates

Wer von öffentlicher Meinung redet, verwendet ein Schlagwort, über dessen Bedeutung keine letzte Klarheit herrscht. Definitionen gibt es laut Elisabeth Noelle-Neumann mehr als fünfzig. Schön wäre es, wenn es sich bei der öffentlichen Meinung wirklich um

Gibt es eine öffentliche Meinung?

„die Übereinstimmung vieler oder des größten Teils der Bürger eines Staats" handelte – Übereinstimmung „in Urteilen, die jeder Einzelne zufolge seines eigenen Nachdenkens oder seiner Erfahrungen über einen Gegenstand gefällt hat". Kein Mensch unterzieht sich, anders als es sich der Moralphilosoph Christian Garve 1802 gedacht hat, dieser Mühe. In der Regel schließt man sich aus diesen oder jenen Gründen einer öffentlich verbreiteten Meinung an oder man verweigert sich ihr. Das ist schwer messbar, und deshalb hat der österreichische Historiker Wilhelm Bauer unsere Frage schon 1930 gestellt: „Gibt es überhaupt eine öffentliche Meinung?" Seitdem der Begriff in der europäischen Ideengeschichte aufgetaucht ist, ist er von wolkigen Bildern umgeben: Eine Äolsharfe sei die öffentliche Meinung, von wechselnden Winden zum Tönen gebracht, ein „zugleich tausendfältig sichtbares und schemenhaftes, zugleich ohnmächtiges und überraschend wirksames Wesen" (H. Oncken, 1904). Der Soziologe Ferdinand Tönnies beobachtet 1922 die öffentliche Meinung in festem, flüssigem und „luftartigem" Aggregatzustand. Das bislang treffendste Bild hat Elisabeth Noelle-Neumann beigesteuert: Die öffentliche Meinung sei unsere „soziale Haut". Diese Haut – ein sensibles Organ – signalisiert dem Menschen, wenn er in die Gefahr gerät, sich gesellschaftlich zu isolieren. Isolationsfurcht bewegt ihn dazu, sich der öffentlichen Meinung mindestens zu beugen, wenn nicht gar anzuschließen. Öffentliche Meinung, das seien Meinungen und Verhaltensweisen, die man in der Öffentlichkeit äußern bzw. zeigen müsse, wenn man sich nicht isolieren wolle. Falls ein Themenfeld noch nicht ausdiskutiert, die Meinungen dazu im Wandel begriffen seien, gebe es eine gewisse Bandbreite von Meinungen, die man äußern könne ohne Gefahr, sich zu isolieren.

Der Vorteil dieser sozialpsychologischen Interpretation ist, dass man die so verstandene öffentliche Meinung mit Hilfe repräsentativer Umfragen und Beobachtungen überprüfen kann. Obwohl sich leicht beobachten lässt, dass Menschen sich offensichtlich nach diesem Muster verhalten, hält der politische Sprachgebrauch vielfach an der seit Jahrzehnten üblichen Vorstellung fest, die öffentliche Meinung sei die Summe aller von wichtigen Meinungsträgern öffentlich vorgetragenen Positionen („Meinungen in der Öffentlichkeit") oder – noch enger – die Summe der in den Massenmedien veröffentlichten Standpunkte, die wir in Leitartikeln und Kommentaren antreffen („veröffentlichte Meinung"). Tatsächlich leisten die Medien wichtige Vorarbeit. In der modernen Gesellschaft sind sie es, die die Äußerungen zu neu aufkommenden Themen zusammentragen und der Allgemeinheit zugänglich machen. Die dabei ablesbaren Gewichtungen ermöglichen den Rezipienten die Entscheidung, ob sie in diesem oder jenem Sinne mitreden oder besser schweigen sollen, wenn sie nicht in die Isolation geraten wollen.

Michael Schmolke

Niemand würde heute noch daran zweifeln, dass der Begriff „Industriegesellschaft" sinnvoll und für die schnelle Verständigung in einer Zeit des Informationsüberflusses nützlich ist. Die Industriegesellschaft – im Unterschied zur Agrargesellschaft – ist das

Leben wir in einer „Mediengesellschaft"?

Resultat der industriellen Revolution des 19. Jahrhunderts. Aber „Mediengesellschaft"? Handelt es sich dabei nicht nur um eine spezielle Ausformung der Industriegesellschaft? Alle Medien, an die wir bei Mediengesellschaft denken, sind technischer Herkunft, sowohl die Massenmedien Presse, Film, Radio und Fernsehen als auch jene Medien, die der individuellen menschlichen Kommunikation dienen: Telefon und Telefax, E-Mail (auf Computerbasis), selbst der altmodische Telegraf und der Fernschreiber. Eine Sonderform des Telefons, das Mobiltelefon („Handy"), führt uns vor Augen, wie stark unsere Gesellschaft von technischen Medien durchsetzt ist. Wenn es nach dem Augenschein ginge, müssten wir sie eigentlich „Handygesellschaft" nennen. Aber dieses Wort wäre kaum durchsetzungsfähig, denn das Mobiltelefon ist zwar eine für viele Berufe nützliche und für die Menschen allgemein kaum noch wegdenkbare Zutat, ein Accessoire, aber es ist nicht wesentlich für das Funktionieren der Kommunikation der modernen Gesellschaft, die andererseits ohne Massenmedien, ohne Telefon und ohne elektronische, digitalisierte Datenkommunikation nicht funktionieren würde.
Wie bei der Industriegesellschaft stand auch am Anfang der Mediengesellschaft eine Revolution, die sich vom 15. bis zum 20. Jahrhundert in immer neuen Schüben abspielte: Bücher nicht mehr mühsam abschreiben zu müssen, sondern mit Hilfe der Drucktechnik beliebig vervielfältigen zu können, Nachrichten mittels Elektrizität durch Drähte zu schicken, bald sogar drahtlos um die ganze Welt, Bilder statt mit Stift und Pinsel mittels Licht und Silbersalzen festzuhalten, wenig später auch als bewegte Bilder und diese dann ohne Draht in jedes Wohnzimmer zu senden – das alles veränderte die Welt in grundstürzender Weise. Von Revolution zu sprechen ist durchaus berechtigt, und an ihrem Ende steht eine veränderte Gesellschaft, eben die Mediengesellschaft.

Dennoch ist der Begriff nicht unangefochten. Oft sagt man auch Informationsgesellschaft und meint damit einen gesellschaftlichen Zustand, in welchem die Entwicklung der Menschheit – konkret: der wirtschaftliche, technische, politische Erfolg – von Informationen ebenso stark abhängt wie von anderen Reichtümern: Kapital, Rohstoffe, Energie, Arbeitskraft. Informationsvorsprung ist ein wesentlicher Faktor im Wettbewerb, und es sind Medien und Medien-Institutionen, die dafür sorgen, dass Informationen schnell fließen: Grundlage der Mediengesellschaft ebenso wie der Informationsgesellschaft, die zwei Seiten derselben Münze sind.

Michael Schmolke

Hans Magnus Enzensberger schreibt in seinem „Baukasten zu einer Theorie der Medien" 1970:
„Mit der Entwicklung der elektronischen Medien ist die Bewusstseins-Industrie zum Schrittmacher der sozio-ökonomischen Entwicklung spätindustrieller Gesellschaften geworden."

Auch Tätigkeiten im „Cyberspace" sind an der geltenden Rechtsordnung zu messen. Bisweilen muss der Gesetzgeber aber vor allem wegen der technischen Besonderheiten spezielle Bestimmungen schaffen. So sieht z. B. das E-Commerce-Gesetz u. a. zivilrechtlich

Ist das Internet ein straffreier Raum?

bedeutsame Sonderregeln für Wirtschaftstreibende im Internet (z. B. Online-Shopping, Service-Providerdienste) vor.

Missbräuche im Internet können für den Täter daher auch strafrechtliche Konsequenzen haben: Wer sich z. B. auf seiner Webseite angebotene Waren vom User beim Online-Shopping bezahlen lässt, der betrügt seinen Kunden in strafbarer Weise, wenn er nie vorhatte, die Waren auch zu liefern (Freiheitsstrafe bis zu zehn Jahre möglich). Ob er den Kunden durch falsche Informationen im Geschäft oder auf seiner Webseite zum Geschäftsabschluss und damit zur Zahlung bringt, spielt dabei grundsätzlich keine Rolle. Der Gesetzgeber hat seit jeher aber auch bestimmte Inhalte pönalisiert, z. B. Kinderpornographie, sonstige harte Pornographie, verhetzende und nationalsozialistische Inhalte (Stichwort: „Auschwitzlüge") und vieles mehr.

Alle diese Verbote finden nicht bloß in der realen Welt Anwendung, sondern auch im Cyberspace, wenn etwa kinderpornographische Bilder zum Download zur Verfügung gestellt oder in Chatforen getauscht werden. In ganz anderer Art ist heute die Musikindustrie betroffen: Über Musiktauschbörsen beziehen User schnell und bequem Musikstü-

cke; allerdings in der Regel ohne Zustimmung des Urhebers des Musikstückes und ohne Bezahlung. Das öffentliche Anbieten eines Titels ohne Einwilligung des Urhebers durch den Betreiber einer solchen Tauschbörse ist unstrittig eine Urheberrechtsverletzung (Eingriff in das Zurverfügungstellungsrecht), die zivilrechtliche Unterlassungs- und Entgeltansprüche nach sich zieht.

Der Anbieter macht sich aber auch gerichtlich strafbar (Freiheitsstrafe bis zu zwei Jahre). Demjenigen, der Musiktitel herunterlädt und sie – wie für eine Tauschbörse charakteristisch – nach dem Download von seinem PC aus anderen Usern zum Tausch anbietet, drohen dieselben zivil- und strafrechtlichen Konsequenzen. Auch er greift in geschützte Urheberrechte ein. Nur wer ausschließlich zu privaten Zwecken Titel downloadet, ohne diese wieder anzubieten und ohne sie sonst kommerziell zu nutzen, der bleibt für den Download straflos.

Insgesamt kann somit keine Rede mehr davon sein, dass das Internet ein strafrechtsfreier Raum sei.

Susanne Reindl

Aus § 18 des österreichischen E-Commerce-Gesetzes: „Die in den §§ 13 und 16 genannten Diensteanbieter haben auf Grund der Anordnung eines dazu gesetzlich befugten inländischen Gerichtes diesem alle Informationen zu übermitteln, an Hand deren die Nutzer ihres Dienstes, mit denen sie Vereinbarungen über die Übermittlung oder Speicherung von Informationen abgeschlossen haben, zur Verhütung, Ermittlung, Aufklärung oder Verfolgung gerichtlich strafbarer Handlungen ermittelt werden können."

Kriminalität und Sicherheit sind Themen, mit denen viele Menschen als Opfer oder in anderer Form in Berührung kommen; der Kriminalität wird auch in den Medien starke Aufmerksamkeit zuteil.

Traditionelle Reaktionen auf strafbare

Führen strengere Haftstrafen zu mehr Sicherheit?

Handlungen in demokratischen Systemen waren und sind Geld- bzw. Freiheitsstrafen, die in den letzten Jahrzehnten durch weitere Alternativen ergänzt wurden: u. a. Mediationsverfahren unter Einbeziehung des Opfers („außergerichtlicher Tatausgleich"), die Ableistung gemeinnütziger Arbeit durch den Täter oder elektronische Überwachung während eines Hausarrests („elektronische Fußfesseln"). All diesen Alternativen ist der Gedanke gemeinsam, dass eine Gefängnisstrafe nur dann verhängt werden soll, wenn Strafbedürfnissen und Strafzwecken nicht durch eine mildere Sanktion Rechnung getragen werden kann. Dieser so genannte Ultima-ratio-Gedanke stützt sich darauf, dass mit Haftstrafen eine Vielzahl von negativen Begleiterscheinungen, wie Verlust des Arbeitsplatzes oder massive Einschränkung sozialer Kontakte zu Familie und Freunden, einhergehen und die präventive Wirkung von Haft nicht nachweisbar ist.

Eine in Politik und Bevölkerung weit verbreitete Meinung ist, dass eine angedrohte und im Einzelfall auch ausgesprochene lange Haftstrafe die objektive Sicherheitslage verbessert, wodurch auch das Sicherheitsgefühl der Bevölkerung gestärkt wird. Eine Vielzahl empirischer Untersuchungen gelangt jedoch zum Ergebnis, dass diese Schlussfolgerung wenn überhaupt, dann nur in sehr engen Grenzen gültig ist. Es zeigt sich im Gegenteil, dass die angedrohte Sanktionsart oder gar Strafhöhe nur einen geringen Einfluss auf normkonformes Verhalten hat. Neben Wert- und Moralvorstellungen sind Faktoren wie die Wahrscheinlichkeit, erwischt und bestraft zu werden, oder außerstrafrechtliche, mehr informelle Folgen wie beispielsweise familiäre Sanktionen oder soziale Ächtung vielfach wesentlich bedeutsamer. Die meisten Menschen verüben deshalb keinen Mord, Einbruchsdiebstahl oder Raubüberfall, weil diese Taten ihren Wertmaßstäben widersprechen. Die Furcht vor langen Haftstrafen steht dabei nicht im Vordergrund. Die eingangs gestellte Frage ist daher aus mehreren Gründen mit Nein zu beantworten. Neben der nur eng begrenzten abschreckenden und normstabilisierenden Wirkung von (langen) Freiheitsstrafen auf die Bevölkerung verhindern überfüllte Gefängnisse und überaus lange Haftstrafen die notwendige und gesetzlich verlangte Resozialisierung des Straftäters. Wenn unbedingte Freiheitsstrafen unumgänglich sind, lassen sich durch die Anordnung vielfältiger Begleitmaßnahmen bei einer vorzeitigen bedingten Entlassung die negativen Folgen einer Haft immerhin mildern, während nach vollständiger Verbüßung der Strafe keine weiteren Auflagen festgelegt werden können. Die bedingte Entlassung aus einer Gefängnisstrafe bedeutet deshalb in der Regel ebenfalls ein Mehr an Sicherheit.

Christian Grafl

Umweltskandal, Fischsterben durch Abwässer aus der Fabrik eines Großunternehmens. Kann dieses dafür bestraft werden?

Die gerichtliche Strafbarkeit von Unternehmen ist Neuland in Österreich. Bis 1. Jänner 2006 konnten nur Menschen durch das

Kann ein Unternehmen bestraft werden?

Strafgericht verurteilt werden: Nur Menschen kann die Begehung einer Straftat persönlich vorgeworfen werden, nur diese handeln schuldhaft. Juristische Personen, wie eine Aktiengesellschaft oder eine Gesellschaft mit beschränkter Haftung, aber auch z. B. Personenhandelsgesellschaften, handeln nicht allein, sondern durch ihre Organe (Vorstand, Geschäftsführer). Ihnen kann daher nur das Fehlverhalten dieser Organe oder anderer Personen zugerechnet werden. Dass ein solches Fehlverhalten zu einer strafrechtlichen Verantwortung dieser Verbände (juristische Personen und verschiedene Gesellschaften) führt, ist erst durch das Verbandsverantwortlichkeitsgesetz möglich geworden. Entscheidender Motor für dessen Schaffung waren europarechtliche Vorgaben.

Eine strafrechtliche Haftung setzt eine Straftat voraus. Diese muss entweder zugunsten des Verbandes begangen worden sein oder es müssen dadurch Pflichten verletzt worden sein, die den Verband treffen: z. B. Umweltschutz- oder Arbeitnehmerschutzpflichten. Die Tat muss ferner durch den Geschäftsführer, ein Vorstandsmitglied oder Prokuristen, Personen mit vergleichbarem Einfluss auf die Geschäftsführung oder durch Mitglieder des Aufsichtsrates oder des Verwaltungsrates begangen werden. Diese Personen werden im Gesetz als Entscheidungsträger bezeichnet. Der Verband haftet aber auch, wenn ein Arbeitnehmer die Tat begeht und Entscheidungsträger diese Tat dadurch zumindest erleichtert haben, dass sie wesentliche technische, personelle oder organisatorische Maßnahmen zur Verhinderung der begangenen Tat nicht getroffen haben. Ein Arbeiter hat am falschen Hahn gedreht, dies tat er, weil er mangelhaft ausgebildet war, und dies war der Geschäftsleitung durchaus bekannt – hier kommt eine Haftung in Betracht.

Entscheidend bleibt aber, dass eine Straftat begangen wurde. Das setzt z. B. voraus, dass der Täter vorsätzlich oder fahrlässig gehandelt hat. Wurden alle Sorgfaltspflichten eingehalten, haften weder die handelnde natürliche Person noch der Verband. Das Strafrecht sieht nie eine Haftung für Zufälle vor. Lag dem anfangs genannten Szenario ein nicht erkennbarer Bruch eines sorgfältig gewarteten Rohres zugrunde, kann das Unternehmen nicht bestraft werden.

Sind hingegen die Voraussetzungen für eine Haftung von Verbänden gegeben, kann der Verband (das Unternehmen) mit einer Geldbuße bestraft werden, deren Höhe sich zum einen aus dem Grad des Pflichtenverstoßes, zum anderen aus der Ertragslage des Verbandes zusammensetzt.

Mit dieser neuen strafrechtlichen Regelung sollen Unternehmen angehalten werden, mehr als vielleicht bisher darauf zu schauen, dass durch ihre Tätigkeit niemand zu Schaden kommt. Eine strafrechtliche Verurteilung soll dazu noch mehr beitragen als das zivilrechtliche Schadenersatzrecht. Straftaten sollen sich auch für Unternehmen nicht auszahlen.

Alexander Tipold

Die jüngst erfolgte Rückgabe von fünf Klimt-Gemälden aus dem Besitz der Republik Österreich an ihre rechtmäßigen Eigentümer hat die Frage der „Wiedergutmachung" an NS-Opfern erneut in den Blickpunkt der Öffentlichkeit gerückt. Dabei sind

Warum heute noch immer „Wiedergutmachung"?

Verfahren, in denen es um Kunstgegenstände von unvorstellbarem Wert geht, sicher nicht typisch für die gegenständliche Problematik und nur zu sehr geeignet, in einem großen Teil der Bevölkerung einen falschen Patriotismus und Zweifel an der Richtigkeit derartiger Restitutionen aufkommen zu lassen. Denn die meisten jener Zehntausenden Österreicherinnen und Österreicher, die Opfer des Nationalsozialismus waren, waren ja keine schwerreichen Großindustriellen (wie Ferdinand Bloch, der ursprüngliche Eigentümer der genannten Klimt-Gemälde); es waren Kleingewerbetreibende, Beamte, Ärzte oder Landwirte. Viele von ihnen hatten Hals über Kopf flüchten und ihr gesamtes Hab und Gut zurücklassen müssen; andere waren ins Konzentrationslager gebracht worden, während ihr Vermögen von der NS-Vermögensverkehrsstelle „arisiert" worden war. Wieder andere waren keiner persönlichen Verfolgungen ausgesetzt gewesen, hatten aber dennoch durch NS-Willkür große Teile ihres Vermögens verloren. – Vermögen: Das waren nur selten weltberühmte Gemälde, das waren meist Möbel, Goldschmuck oder Wertpapiere, Wohnungen oder Zinshäuser, eine Gemischtwarenhandlung in Graz oder eine Buchbinderei in Wien,

ein Kaffeehaus in Salzburg oder ein Sägewerk in Kärnten.
Mehr als 60.000 Rückstellungsanträge wurden zwischen 1947 und 1965 bei den zuständigen Behörden gestellt. Dabei hatten jene, die soweit gekommen waren, bereits eine Reihe von Hürden bewältigt: Denn um einen Antrag zu stellen, bedurfte es sowohl genauer Kenntnisse der komplizierten Rückstellungsgesetze und der sehr kurz bemessenen Fristen als auch, wer sich im Moment im Besitz des entzogenen Vermögens befand und gegen wen sich daher der Rückstellungsanspruch zu richten hatte. Keine Chance hatte daher z. B. jener ehemalige Rechtsanwalt (!) aus der Leopoldstadt, der bei seiner Flucht eine juristische Bibliothek, einen Bösendorfer-Flügel, Anzüge und Hemden zurücklassen hatte müssen: Diese Gegenstände waren im Dorotheum zu „Schleuderpreisen", wie er es nannte, versteigert worden und damit unwiederbringlich verloren. Verzweifelt schrieb er Brief um Brief aus seiner Einzimmerwohnung in Buenos Aires an Rechtsanwälte und Behörden in Wien; von seinem ehemaligen Vermögen sah er bis zu seinem Tod nichts mehr.
Aber auch wenn das Vermögen noch existierte und der neue Besitzer bekannt war, so dauerte es meist Jahre, bis die zuständige Behörde die Rückstellungspflicht ausgesprochen hatte. Der neue Besitzer war dann schon meist nicht mehr der seinerzeitige „Ariseur", sondern derjenige, der die Rückstellungssache viel später von ihm gekauft hatte. Nun musste er sie an den geschädigten Eigentümer zurückstellen und bekam dafür von diesem nur das als Entgelt, was seinerzeit der geschädigte Eigentümer vom Ariseur erhalten hatte. So wirkten sich die unfairen Kaufpreisbedingungen, die die NS-Vermögensverkehrsstelle

ausgeheckt hatte, nun gegen Personen aus, die womöglich bis 1945 überhaupt nichts mit der Sache zu tun gehabt hatten. Die Kompliziertheit der Rückstellungsgesetze sowie ihre Lückenhaftigkeit, vor allem aber die Weigerung des Staates, selbst für Ersatz zu sorgen, führten also sowohl auf Seiten der geschädigten Eigentümer als auch auf Seiten der späteren Besitzer immer wieder zu großen Härten, und auch wenn nach dem Krieg viel getan wurde, um erlittenes Unrecht „wieder gut zu machen", so erfolgten die Maßnahmen doch immer nur halbherzig und zögernd.

Ein – freilich erst Jahrzehnte später bekannt gewordener – Ausspruch des Ministers Oskar Helmer zu dieser Problematik lautete: „Ich wäre dafür, dass man die Sache in die Länge zieht." Und so ist es vielleicht erklärlich, dass die Republik erst mehr als fünfzig Jahre nach dem Krieg das Nationalfondsgesetz 1995, das Kunstrückgabegesetz 1998 und das Entschädigungsfondsgesetz 2001 erließ, mit denen die teils tatsächliche, teils symbolische „Wiedergutmachung" nun endlich vollzogen werden soll.

Thomas Olechowski

Ausschnitt aus dem Bundesgesetz über einen Nationalfonds der Republik Österreich für Opfer des Nationalsozialismus:

Artikel I § 2. (1): Der Fonds erbringt Leistungen an Personen, die vom nationalsozialistischen Regime aus politischen Gründen, aus Gründen der Abstammung, Religion, Nationalität, sexuellen Orientierung, auf Grund einer körperlichen oder geistigen Behinderung oder auf Grund des Vorwurfes der sogenannten Asozialität verfolgt oder auf andere Weise Opfer typisch nationalsozialistischen Unrechts geworden sind oder das Land verlassen haben, um einer solchen Verfolgung zu entgehen."

Die Sammelklage österreichischer Prägung hat nur sehr wenig mit der bekannten US-amerikanischen *class action* gemeinsam. Beide Institute dienen zwar dazu, die Durchsetzung von Schadenersatzansprüchen einer Mehrzahl von Klägern zu ermöglichen, wenn

Was sind Sammelklagen?

eine individuelle Prozessführung wegen der im Verhältnis zum Prozesskostenrisiko geringen Anspruchshöhe wenig sinnvoll erscheint. Der wesentliche Unterschied liegt aber darin, dass aufgrund des Repräsentationsprinzips die einzelnen Mitglieder der *class* im Prozess nicht selbst aktiv teilnehmen, ja nicht einmal genannt werden müssen, sondern durch einen deren Interessen wahrenden Repräsentanten vertreten werden. Dies erlaubt die Rechtslage in Österreich nicht.

Ausgangspunkt für die Diskussion der letzten Jahre um die Zulässigkeit der „Sammelklage österreichischer Art" war der „Zinsenstreit" mit heimischen Banken. Dabei ging es um die Geltendmachung von Ansprüchen auf Rückforderung zuviel gezahlter Zinsen aufgrund unzulässiger Zinsanpassungsklauseln durch zahlreiche (in einem Verfahren waren es 684) Kreditnehmer gegenüber einem Kreditinstitut. Aber auch andere Beispiele zeigen, dass Massenverfahren die Justiz vor besondere Aufgaben stellen: Zu nennen ist hier z. B. das Seilbahnunglück von Kaprun im Jahr 2000 oder – was wiederum den Ausgangspunkt der Initiative für eine gesetzliche Regelung für eine „Gruppenklage" darstellte – die Geltendmachung von Schadenersatzansprüchen im Zusammenhang mit dem WEB-Skandal durch über 3.000 Kläger vor dem Landesgericht Salzburg.

Die Sammelklage österreichischer Prägung basiert auf einem vom Verein für Konsumenteninformation entwickelten Konzept: Ein Verband wie die Wirtschaftskammer Österreich, die Bundesarbeitskammer, der Österreichische Landarbeiterkammertag, die Präsidentenkonferenz der Landwirtschaftskammern Österreichs, der Österreichische Gewerkschaftsbund, der Verein für Konsumenteninformation oder der Österreichische Seniorenrat lässt sich einen oder mehrere Ansprüche von Geschädigten gegen denselben Beklagten im Wege der Inkassozession abtreten und macht diese dann – unter Einschaltung eines Prozessfinanzierungsunternehmens – gemeinsam in einer Klage gegen den Beklagten geltend.

In der Diskussion über die Zulässigkeit einer solchen Sammelklage hat der Verfasser schon frühzeitig die Auffassung vertreten, dass es im Wesentlichen bloß auf die Voraussetzungen für eine objektive Klagenhäufung ankomme, und nicht so sehr auf einen rechtlichen oder tatsächlichen Zusammenhang zwischen den einzelnen Ansprüchen, wie ihn das Gesetz für eine Streitgenossenschaft verlangt. Mit der großzügigen Zulassung der objektiven Klagenhäufung wird nämlich eine Entlastung der Gerichte durch Vermeidung unnötiger Prozesse und die Förderung des Gleichklangs der Entscheidungen über einzelne Teilansprüche erreicht. Auch der Oberste Gerichtshof, der sich jüngst positiv zur Frage der Zulässigkeit der Sammelklage äußerte, hält eine gemeinsame Geltendmachung von mehreren Ansprüchen verschiedener Anspruchsteller im Wege einer Inkassozession durch einen Kläger für zulässig, und zwar auch dann, wenn keine Identität des rechtserzeugenden Sachverhalts gegeben ist. Nach dem OGH muss es aber bei allen Ansprüchen um im Wesentlichen gleiche Fragen tatsächlicher oder rechtlicher Natur gehen. Auch das Höchstgericht betont die prozessökonomischen Vorteile, die durch die Zulassung der Sammelklage erreicht werden, weil sich der Verfahrensaufwand sowohl für die Kläger als auch für die Gerichte deutlich verringert, wenn diese Fragen nur einmal, aber für alle Ansprüche bindend geklärt zu werden brauchen, sodass eine Vielzahl von Einzelverfahren vermieden werden kann.

In der Zwischenzeit gibt es auch einen Beschluss des Justizausschusses, „gesetzliche Möglichkeiten zur ökonomischen und sachgerechten Bewältigung von Massenklagen zu prüfen". In dessen Umsetzung diskutiert eine Arbeitsgruppe des Justizministeriums über eigene gesetzliche Regeln für Massenverfahren. Ein Ministerialentwurf liegt zum Zeitpunkt der Drucklegung dieses Bandes aber noch nicht vor.

In Deutschland trat am 1. November 2005 das Gesetz zur Einführung von Kapitalanleger-Musterverfahren in Kraft; dieses neue Verfahren kombiniert Elemente der *group litigation* des englischen Rechts sowie des deutschen verwaltungsgerichtlichen Musterverfahrens und des Rechtsentscheids aus dem Mietrecht. Die Besonderheit des auf fünf Jahre befristeten Pilotprojekts liegt darin, dass zwischen im Einzelfall zu entscheidenden individuellen Haftungsfragen und kollektiven Haftungsfragen, für die das Musterverfahren gedacht ist, unterschieden wird. Auch in Deutschland ist die Reformdiskussion noch nicht abgeschlossen.

Walter H. Rechberger

Die Möglichkeit, Vermögen auf Dauer einem bestimmten Zweck zuzuwenden und diesem zugleich eigene Rechtspersönlichkeit zu verleihen, existiert in Österreich schon sehr lange. Allerdings standen dafür zunächst nur das Bundes-Stiftungs- und Fondsgesetz

Wozu dienen Privatstiftungen?

und dessen Pendants in den einzelnen Bundesländern, die Landes-Stiftungs- und Fondsgesetze, zur Verfügung, wonach eine dauernde Vermögenswidmung entweder gemeinnützige oder mildtätige Zwecke verfolgen muss, niemals jedoch private. Die Erträge von und die Zuwendungen aus Stiftungen und Fonds genießen steuerliche Begünstigungen. Bis heute gibt es einige hundert derartiger Stiftungen und Fonds.

Ein vergleichbar vorteilhaftes Rechtsinstitut zu privaten Zwecken wurde erst 1993 durch das Privatstiftungsgesetz (PSG) geschaffen. Es eröffnet die Möglichkeit, Privatvermögen jedem erdenklichen erlaubten Zweck, insbesondere der Versorgung des Stifters und von dessen Nachkommen, zu widmen. Die Privatstiftung ist ein Instrument, um Unternehmen oder sonstiges Vermögen langfristig zu erhalten und deren Zerschlagung durch Erbschaft oder Verkauf zu verhindern. Davor konnte man das nur durch eine testamentarische Nacherbschaft in eingeschränkter Form erreichen, die Bindungswirkung war allerdings viel schwächer und konnte von den Erben umgangen werden. Die Übertragung von Vermögen an eine Privatstiftung sowie die laufende Ertragsbesteuerung genießen steuerliche Begünstigungen. Die Privatstiftung ist aufgrund ihrer Gründungsvoraussetzungen und Ausrichtung eine Institution, die

eher für einen finanzstärkeren Personenkreis von Interesse ist, dies jedoch über die Grenzen Österreichs hinaus.

Zur Errichtung einer Privatstiftung ist eine Einlage im Wert von mindestens 70.000 Euro notwendig. Das Stiftungsvermögen ist eigentümerlos. Der Stifter verliert die unmittelbare Kontrolle, die Leitung der Stiftung übernimmt der Stiftungsvorstand. Die Gestaltung der Stiftungserklärung ist für jeden Stifter der entscheidende Schritt um sicherzustellen, dass das gewidmete Vermögen seinen Vorstellungen entsprechend verwendet wird, denn alles dreht sich um den Stiftungszweck. Die Stiftung muss genau die in der Erklärung genannten Ziele verfolgen, sie bilden die Handlungsmaxime des Vorstandes. Der Stifter sollte in der Stiftungserklärung sowohl die Bestellung der Vorstandsmitglieder als auch die Bestimmung der Begünstigten, denen die Ausschüttungen zukommen, genau regeln. Begünstigte oder deren Verwandte sind von Vorstandspositionen ausgeschlossen, sie könnten die Stiftung allzu leicht leeren und das Vermögen nach eigenen Vorstellungen nutzen. Umgekehrt ist der Begünstigte vom Vorstand abhängig. Daher ist ein Stifter gut beraten, genau festzulegen, wann wie hohe Ausschüttungen an wen stattfinden und ob diese auch vom Stammvermögen der Stiftung zehren dürfen. Bei der Gestaltung der Stiftungserklärung sind gegeneinander abzuwägen: einerseits ein allfälliger Wunsch, genaue Festlegungen zu treffen, um die Umsetzung der Vorstellungen des Stifters sicherzustellen; andererseits das Faktum, dass auch eine Privatstiftung dem Zeitenlauf unterliegt, weshalb eine gewisse Flexibilität jedenfalls vorteilhaft sein kann.

Christian Gassauer-Fleissner

Aufgrund einer EU-Richtlinie wurde auch in Österreich im Jahr 2006 das Folgerecht eingeführt. Dies bedeutet für Künstler bzw. deren Nachkommen, dass ihnen bei jeder Weiterveräußerung ihrer Werke ein bestimmter Prozentsatz des Verkaufserlöses zu-

Was bedeutet Folgerecht für Künstler und für Händler?

steht. Je nach Verkaufspreis des Werkes wird der Betrag gestaffelt zwischen 4 und 0,25 Prozent. Maximal beträgt die Vergütung laut Gesetz jedoch 12.500 Euro. „Der Anspruch auf Folgerechtsvergütung steht nur zu, wenn der Verkaufspreis mindestens 3.000 Euro beträgt und an der Veräußerung ein Vertreter des Kunstmarkts – wie ein Auktionshaus, eine Kunstgalerie oder ein sonstiger Kunsthändler – als Verkäufer, Käufer oder Vermittler beteiligt ist", heißt es im § 16b des novellierten Urheberrechtsgesetzes. Weiter wird hier festgehalten: „Der Anspruch kann auch durch Verwertungsgesellschaften geltend gemacht werden." Kann, aber muss nicht.

Damit ist es auch möglich, dass Vertreter des Kunstmarktes die Folgerechtsvergütung an Künstler bzw. deren Erben direkt ausbezahlen. Kompliziert wird dies natürlich dann, wenn die Werke eines Künstlers über viele verschiedene Galerien vermarktet werden und auch schon im Sekundärmarkt kursieren. Die Verwertungsgesellschaft Bildender Künstler (VBK) rät daher zum Beitritt in ihre Organisation, da die Durchsetzung des Folgerechtsanspruchs „auf nationaler als auch internationaler Ebene dem Einzelnen nur sehr schwer möglich sein" werde.

Offenbar hat sogar der Gesetzgeber gewusst, dass mit dem Folgerecht ein Gesetz geschaffen wird, das niemand braucht, als er „die Umsetzung der Richtlinie auf dem möglichst niedrigen Schutzniveau" (so der Bericht des Justizausschusses vom 29. November 2005) vorgeschlagen hat. Die vielen Künstler, die am Existenzminimum leben, haben nämlich nichts davon, denn wo wenig oder nichts auf dem Markt ist, kann auch durch Wiederverkäufe nichts nachfolgen. Und die kleine Anzahl gut verdienender Künstler, die ohnehin eine breite Akzeptanz am Markt gefunden hat, ist auf ein paar Prozent aus Folgeverkäufen als Zusatzeinkommen sicher nicht angewiesen. Profitieren können einige wenige Erben, wenn sich Künstler nach ihrem Tod besser verkaufen lassen als zu Lebzeiten.

Hubert Thurnhofer

§ 16b, Absatz 1 des österreichischen Urheberrechts:
„§ 16 Abs. 3 gilt für die Weiterveräußerung de Originals eines Werkes der bildenden Künste nac der ersten Veräußerung durch den Urheber mit de Maßgabe, dass der Urheber gegen den Veräußere einen Anspruch auf eine Vergütung in der Höhe de folgenden Anteils am Verkaufspreis ohne Steuer (Folgerechtsvergütung) hat:
4 % von den ersten 50.000 EUR,
3 % von den weiteren 150.000 EUR,
1 % von den weiteren 150.000 EUR,
0,5 % von den weiteren 150.000 EUR,
0,25 % von allen weiteren Beträgen;
die Vergütung beträgt insgesamt jedoch höchsten 12.500 EUR."

Das österreichische Berufsbeamtentum hat eine lange historische Tradition. Als sein Begründer gilt Kaiser Joseph II., der die Beamten dazu einsetzte, die Macht der Stände zu überwinden, sie – im Sinn der Ideen des aufgeklärten Absolutismus – mit ihrer gesam-

Sind Berufsbeamtentum und Pragmatisierung noch zeitgemäß?

ten Persönlichkeit dem Staatswohl verpflichtete und ihnen dafür eine gesicherte Rechtsstellung gewährte. Auch heute noch liegt das Typische des Beamtenrechts darin, dass dem Beamten in und außerhalb seines Dienstes eine strenge Loyalitätspflicht obliegt, er dafür aber eine besoldungsrechtlich geregelte Stellung innehat, aus der man ihn nicht ohne weiteres abberufen kann. Dies gibt ihm Unabhängigkeit gegenüber Versuchen unsachlicher Beeinflussung und macht ihn zu einem wichtigen Garanten des rechtsstaatlichen Prinzips, das den Bürger vor Willkür der Hoheitsgewalt umfassend schützt.

Ohne Rücksichtnahme auf diesen Zusammenhang sind allerdings im Lauf des 20. Jahrhunderts auch viele Staatsbedienstete ohne Hoheitsbefugnisse, mit Aufgaben reinen Dienstleistungscharakters, zu Beamten ernannt worden. Ebenso inkonsequent wurden Vertragsbedienstete in der Hoheitsverwaltung eingesetzt. Damit ist im Ergebnis das Verständnis der Bevölkerung für den spezifischen rechtsstaatlichen Wert des Beamtentums verloren gegangen: Die gesicherte Rechtsstellung wird vielfach nur noch als Privileg betrachtet. Daneben haben zahlrei-

che gesetzliche Reformen das Vertragsbedienstetenrecht stark dem Beamtenrecht angeglichen, sodass die grundlegenden Unterschiede zwischen diesen beiden Rechtsgebieten kaum mehr geläufig sind. Politische Reformüberlegungen gehen daher dahin, diese zusammenzufassen und durch ein reines Vertragsbedienstetenrecht zu ersetzen.

Mit „Pragmatik" wurden früher jene Gesetze bezeichnet, die die Dienstverhältnisse der Beamten regelten. Unter „Pragmatisierung" wird daher im juristischen Sprachgebrauch die Ernennung zum Berufsbeamten verstanden. Der wesentliche Unterschied zu jeder anderen Art der Personalaufnahme liegt darin, dass sie für die gesamte Lebenszeit des Dienstnehmers wirkt. Der Beamte ist nicht kündbar, kann allerdings für Verstöße gegen Standespflichten disziplinär bestraft und entlassen werden. In diesem Status bleibt er selbst bei der Pensionierung, er wechselt dabei nur vom „Aktiv-" in den „Ruhestand". Mit „Pragmatisierung" wird also ein bestimmter juristischer Formalakt bezeichnet. Heute wird der Begriff allerdings meist umgangssprachlich im Sinn eines Privilegs verwendet, das nicht mehr in die heutige Leistungsgesellschaft passt.

Unabhängig davon, wie die Form staatlicher Dienstverhältnisse in Zukunft gestaltet wird, darf jedenfalls der rechtsstaatliche Kern der Pragmatisierung – die Absicherung der strikten Gesetzesbindung beim hoheitlichen Vollzug – nicht verloren gehen.

Gabriele Kucsko-Stadlmayer

Aus dem Reichsgesetzblatt vom 25. Jänner 1914:
„Als Beamter darf nur ein österreichischer Staatsbürger von ehrenhaftem Vorleben angestellt werden, der die volle Eignung zur Erfüllung seiner Dienstesobliegenheiten besitzt …"

Unter Verfassung versteht man im Allgemeinen die Organisationsgrundlage von Staaten, aber auch von internationalen Organisationen. Ein solches Grundgesetz enthält Regeln über die Errichtung von Organen und über deren Befugnisse, wie Rechtset-

Brauchen wir eine europäische Verfassung?

zung, Gerichtsbarkeit und Verwaltung. Die erste derartige Verfassung für Europa wurde 1984 vom legendären Europaparlamentarier Altiero Spinelli (1907–1986) und seinem Team entworfen und auch vom Europaparlament damals praktisch einstimmig angenommen. Zwar hatte dieser Entwurf keine Chance auf Akzeptanz durch die nationalen Parlamente, doch rüttelte er die damaligen 10 EG-Mitgliedstaaten wach: Mit diesem Schritt wurden die Reformen der Grundverträge eingeläutet.

1993 wurde die Europäische Union durch den Maastrichter Vertrag geschaffen, der wiederum durch die Verträge von Amsterdam 1997 und Nizza 2001 vor allem wegen der bevorstehenden Erweiterungen modifiziert werden musste.

Die heutige Europäische Union auf der Grundlage des Nizza-Vertrages ist somit mit einem Gebäude zu vergleichen, das durch die vielen, oft unkoordinierten Zubauten zu einem monströsen Gebilde wurde, in dem der Normalbürger verloren ist. So bleibt die derzeitige „Drei-Säulen-Struktur" diesem unverständlich und auch die Kenntnis der Unterscheidung etwa zwischen „Unionsrecht" und „Gemeinschaftsrecht", zwischen supranationalen und intergovernementalen Ele-

menten etc. ist sogar Experten oft nicht ganz klar.

Mit dieser, wie es der einstige Kommissionspräsident Jacques Delors nannte, „organisierten Schizophrenie" will nun der am 29. Oktober 2004 in Rom von allen 25 Mitgliedstaaten der Europäischen Union unterzeichnete *Vertrag über eine Verfassung von Europa* aufräumen. In der Tat würde die neue „Europäische Verfassung" die derzeitige Situation wesentlich verbessern: Allein schon der Umfang der derzeitigen Verfassungsverträge von mehr als 1,000 Druckseiten würde auf ein Drittel reduziert und somit unnötiger juristischer Ballast abgeworfen werden. Die Sprache wurde wesentlich vereinfacht und wird daher dem Unionsbürger besser verständlich. Mit der erstmaligen Aufnahme der „Grundrechte-Charta" in die Europäische Verfassung kann jedermann seine auch von ihm durchsetzbaren Rechte herauslesen. Es wird eine neue einheitliche Union geben, die als solche durch einen Präsidenten und Außenminister auf internationaler Ebene vertreten sein wird. Wichtig ist schließlich, dass erstmals die nationalen Parlamente ein Mitspracherecht in der Unionsgesetzgebung besitzen werden, denn auch ihnen wird die Kontrolle des Subsidiaritätsprinzips, nach dem die Union nur dann Gesetze erlassen darf, wenn sie das Ziel besser erreicht als die Mitgliedstaaten, übertragen.

15 Staaten haben die Verfassung schon ratifiziert. Es ist zu hoffen, dass es auch den Regierungen in Frankreich und den Niederlanden gelingt, ihre Bürger und deren Vertretungen in den Parlamenten zu überzeugen, dass ein „Weiterwursteln" auf der Nizza-Basis für sie und Europa keine Vorteile bringt.

Peter Fischer

Europa hat ein Problem: Viele Menschen anderer Herkunft wollen auf den „alten Kontinent" kommen – sie fliehen vor Armut, Chaos, Gewalt oder Menschenrechtsverbrechen. In den vergangenen Jahren kamen Tausende beim Versuch, Europa zu errei-

Wird die „Festung Europa" überrannt?

chen, ums Leben. Viele ertranken, verdursteten, verhungerten, andere wurden auf LKW-Achsen zerquetscht, tot in Frachtcontainern gefunden.

Dass die Zahl dieser Einwanderer und Flüchtlinge tatsächlich wächst, steht übrigens nicht fest. Denn die im Dunkeln sieht man bekanntlich nicht. Nimmt man die Asylantragsstatistik als Anhaltspunkt, werden sie seit vielen Jahren kontinuierlich weniger. 347.000 Menschen beantragten 2003 Asyl in den 25 Staaten der heutigen EU, im Jahr darauf 280.000, 2005 nur mehr 238.000.

Nicht alle, die Asyl beantragen, sind tatsächlich politisch oder anders verfolgte Menschen im

Sinne der Genfer Flüchtlingskonvention. Schon gar nicht sind alle, die in die Europäische Union drängen, echte Flüchtlinge. Viele sind Zuwanderer in spe. Der Unterschied zwischen beiden Gruppen steht fest: Ein Zuwanderer kann zurückgeschickt werden, ohne dass ihm in seiner Heimat Gefahr droht. Ein Flüchtling würde dabei in ernste, oft sogar in Lebensgefahr kommen. Zuwanderer und Flüchtlinge sitzen oft im selben Boot. Den Unterschied erkennt man aber nicht am Nasenspitzel. Das Problem für die Verfolgten beginnt dort, wo ihr Asylbegehren auf taube Ohren stößt, wo sie in Länder ohne verlässliche Asylsysteme abgeschoben werden. Menschen in Todesgefahr zu bringen ist nicht nur keine Lösung, sondern auch noch Bruch des internationalen Flüchtlingsrechts!

Staaten dürfen ihre Grenzen sichern, kein Zweifel, sie dürfen Zuwanderung ablehnen. Neben diesen Rechten haben sie aber auch die Pflicht, sich mit Asylanträgen zu beschäftigen und echten Flüchtlingen Asyl zu gewähren.

Vor allem mit den nicht-verfolgten Menschen, also den Zuwanderern (in spe), hat die EU ein Problem. Die jahrelange Abschreckungsstrategie – Stichwort „Höhere Zäune!" – ist ganz offenbar gescheitert. Viele Menschen ließen sich nicht abschrecken, das Geschäft krimineller Schlepper blühte, denn immer neue Wege um immer höhere Barrieren sind gefragt.

Die gute Nachricht: Viele Regierungen haben erkannt, dass gefährliche Abschiebewut und Grenzzäune das Problem nicht lösen. Daher gibt es Ansätze, nicht-europäische Staaten beim Respekt für Menschenrechte und beim Aufbau von Asylsystemen zu unterstützen. Das erspart eines Tages vielen Männern, Frauen und Kindern das Herumirren um den Erdball. Schuldennachlass und faire Handelsbedingungen sind weitere Schritte, um Armut und Perspektivenlosigkeit als Ursachen für Wanderbewegungen zu bekämpfen.

Roland Schönbauer

Die Anwesenheit islamischer Minderheiten in den europäischen Staaten ist zwar kein völlig neues Phänomen, es hat jedoch in den letzten Jahren sprunghaft an öffentlicher Aufmerksamkeit gewonnen. Dafür ist vor allem die undifferenzierte Identifizierung des Islam

Welche Herausforderungen stellt der Islam für Europa dar?

mit islamistischem Terrorismus („Dschihadismus") verantwortlich. Die Attentate vom 11. September 2001 bzw. jene in Madrid und London werden häufig als Zeichen eines beginnenden „Kampfes der Kulturen" gedeutet. Allerdings scheint der Islam nach dem Untergang des Sowjetimperiums bei der Darstellung von Bedrohungsszenarien auch eine Lücke im politischen Spektrum des Westens auszufüllen.

Zugleich beunruhigt viele Europäer die zahlenmäßige Zunahme von Muslimen. Verlässliche Zahlen fehlen zwar, die Schätzungen für die EU bewegen sich zwischen 15 und 20 Millionen, also zwischen 3,5 und 4 Prozent der Gesamtbevölkerung. Der Anteil der Muslime wird in Europa sicher noch ansteigen, diese Entwicklung wird jedoch meist massiv überschätzt.

Religiöse Pflichten bzw. Bräuche von Muslimen stellen an die europäischen Rechtsordnungen zweifellos einige Herausforderungen. Sie betreffen die Schule, den Arbeitsplatz, aber auch familiäre Konflikte. Das Tragen des islamischen Kopftuches ist das wohl hervorstechendste Beispiel dafür. Hier gilt es Augenmaß und Rechtsstaatlichkeit zu wahren.

Es wird auch die Frage gestellt, ob der Islam

mit den gemeinsamen europäischen Verfassungsgrundsätzen vereinbar ist. Zunächst soll nicht vergessen werden, dass Europa auch eine islamische Wurzel hat, vor allem da ein Teil antiken Wissens über das islamische Spanien an Europa vermittelt wurde. Was Demokratie und Rechtsstaatlichkeit betrifft, so steht heute bei einer deutlichen Mehrheit der Menschen mit islamischen Wurzeln und bei unterschiedlicher religiöser Bindung das Bekenntnis zu diesen Prinzipien in Europa außer Frage.

Der Islam wird in Zukunft eine relevante Größe in den europäischen Ländern sein, er wird als eine starke religiöse Minderheit Gesetzgebung, Rechtsprechung und Verwaltungspraxis beschäftigen. Die einzelnen europäischen Staaten werden ungeachtet ihrer unterschiedlichen Traditionen vor die Herausforderung gestellt, ein adäquates Integrationskonzept zu entwickeln. Es gilt einerseits sorgfältig die europäischen Grundwerte abzusichern, andererseits aber den Muslimen die Chance zu geben, ihre Identität zu wahren, ohne dass es zum Entstehen von Parallelgesellschaften kommt.

Richard Potz

Das islamische Kopftuch (persisch „Tschador", arabisch „Hidschab") ist Teil des Straßenbilds in vielen, aber nicht allen europäischen Staaten

Der Diskurs um den Stellenwert von Gewalt, Krieg und Frieden im Islam hat sich vor allem in den letzten Jahren durch die Zunahme von Selbstmordanschlägen und Aufrufen zum Dschihad (wörtlich „Einsatz für den Islam und die Muslime", auch in der Bedeu-

Meint Islam Krieg oder Frieden?

tung von „kämpfen") verstärkt: „Ist der Islam eine Religion der Gewalt, des Krieges oder aber des Friedens?", lautet die immer wieder gestellte Frage.

Das Problem liegt einerseits darin, dass der Koran die Kämpfe des Propheten und seiner Anhänger mit den Polytheisten, Juden und Christen Arabiens reflektiert; in diesem Zusammenhang haben verschiedene Haltungen, nicht nur Aufrufe zum Kampf, sondern auch solche zum Frieden Eingang gefunden. Andererseits wird aber der Koran traditionellerweise nicht historisch-kritisch interpretiert, sodass man einfach sagen könnte, diese oder jene Aussage ist zeitbedingt und daher für heutige Verhältnisse nicht mehr von Relevanz.

Muslime gehen heute überwiegend davon aus, dass die Aufforderungen des Koran zum Kämpfen nur im Sinne der Verteidigung zu verstehen seien, denn dieser betont ja, dass Gleiches mit Gleichem vergolten werden könne, wobei eine offensive Auslegung gewisser Koranstellen umstritten ist. Dazu kommt noch, dass Gelehrte aus den koranischen Vorgaben und der Tradition, die Dschihad vorwiegend im Sinne von Kampf interpretieren, ein System erarbeitet haben, nach welchem die Welt in ein „Gebiet des Islam" und ein „Gebiet des Krieges" (nichtislamisches Gebiet) eingeteilt wird. Das islamische Gebiet sei nach dieser Doktrin ständig zu erweitern durch einen offensiv geführten Dschihad; erst wenn die gesamte Welt der islamischen Herrschaft unterworfen ist, kehrt Friede ein. Dieses Modell wird in der Gegenwart vor allem von radikaleren politischen Gruppen vertreten, die auch Dschihad im Sinne von „Nur-Verteidigung" ablehnen. Einschlägige Koranverse, die zum Kampf auffordern, werden von solchen Gruppen in einer Art und Weise aktualisiert und als Legitimation für Kampfhandlungen genommen, dass sie in zentralen Aspekten der traditionellen Praxis widersprechen. Im schiitischen Islam verbindet sich der Dschihad vor allem mit dem Wiederkommen des Mahdi, welches sich durch gewisse „Vorzeichen" ankündigt. Im Hintergrund dieses Problemkreises steht die Frage nach der politischen und gesellschaftlichen Rolle des Islam. Ein weiterer Aspekt hierbei ist, dass der sunnitische Islam über keine verbindlichen Instanzen verfügt, was sich dann auch entsprechend auf die Legitimation bzw. Nicht-Legitimation von Selbstmordattentaten, die der Islam traditionellerweise ja verbietet, auswirkt.

Alles in allem kann gefolgert werden, dass der Islam in seinen authentischen Quellen sehr wohl das kämpferische Element verankert hat, es jedoch den einzelnen Bekennern dieser Religion dann zukommt, wie sie ihre authentischen Schriften interpretieren, wie sie mit den Aussagen über Gewalt, Kampf, Krieg und Frieden praktisch umgehen. Von der Vielfalt diesbezüglicher muslimischer Sichtweisen her zeigt sich, dass der Islam eine sehr heterogene und breit gefächerte Größe darstellt.

Karl Prenner

Der Islam ist von seinem Selbstverständnis her nicht nur Religion, sondern umfasst auch Kultur, Gesellschaft und Politik und gibt daher nicht nur Glaubensgrundsätze an, sondern verweist auch auf eine Lebens- und Gesellschaftsordnung im privaten wie im öffent-

Ist der Islam mit dem Europa von heute vereinbar?

lichen Bereich. Im Zentrum steht daher ein Normen- und Wertekodex mit einer umfassenden Handlungsanleitung *(Scharia)* in Form von Geboten und Verboten, gültigen und ungültigen Handlungen als konkreter Ausdruck des Willens Gottes. Von daher ergibt sich die Bedeutung der Rechtswissenschaft, die im Islam auch die Glaubenslehre verwaltet. Aus diesem umfassenden Anspruch islamischer Lebens- und Handlungsweise resultieren dann für den Islam im europäischen Kontext diverse Fragestellungen, vor allem jene nach dem Verhältnis von Religion und Kultur, Religion und Säkularität, Religion und Politik.

Aspekte, die der westlich geprägte Mensch als Ausdruck von Kultur versteht, werden von muslimischer Seite oft als zur Religion gehörig bezeichnet, wobei die Berufung auf Religionsfreiheit im europäischen Kontext dies ermöglicht. Insgesamt ist innerhalb der muslimischen Gesellschaften eine Tendenz zu beobachten, die der Religion auch in der Gesellschaft und Politik eine größere Rolle zuschreibt, als dies etwa im westlich säkularisierten Modell der Fall ist, und von daher der „westlichen Moderne" eine „islamische Moderne", eine „bessere Moderne" gegenübergestellt wird, was letztlich auch aus einer

kritischen Haltung gegenüber dem Westen resultiert. Muslime in der Diaspora stellen daher immer stärker die Forderung nach einer Scharia für Europa. Dies bedeutet, dass einer Säkularisierung im Islam Grenzen gesetzt sind. Dies zeigt nicht nur die Debatte um die Verankerung des westlichen Menschenrechtskodex im Islam, sondern auch das muslimische Meinungsspektrum zum säkularen Rechtsstaat, das von Anerkennung bis Ablehnung reicht.

Der Islam hat geistesgeschichtlich keine Aufklärung durchgemacht, obwohl sich solche Traditionen in der islamischen Philosophie- und Theologiegeschichte im Rahmen der Übersetzungstätigkeit des griechisch-hellenistischen Kulturerbes herausgebildet haben. Im geistesgeschichtlichen Bereich wurden diese Traditionen für den Islam als nicht authentisch bewertet, trotzdem greifen heute diverse Reformer und Reformbewegungen auf diese rationalen Traditionen zurück, um den Islam an moderne Verhältnisse anzupassen. Das Prinzip des *idschtihad,* der Rechtsfindung aufgrund der eigenen Meinungs- und Urteilsbildung, ist hier wegweisend.

Ein europäischer Islam bedarf nicht nur zeitgemäßer religiöser Reformen, sondern auch einer historisch-kritischen Aufarbeitung seiner eigenen authentischen Quellen und Geschichte, einer Klärung des Verhältnisses von Religion und Kultur, Religion und Politik, Staat und Religion. In gleicher Weise wäre auf europäischer Ebene auch das Verhältnis von Kirche und Staat zu klären. Insgesamt ist aber hierbei nicht aus den Augen zu verlieren, dass Muslime und Musliminnen ihren Islam grundsätzlich sehr unterschiedlich deuten und praktizieren.

Karl Prenner

Eine Patchworkfamilie entsteht, wenn nach einer Trennung oder Scheidung eine weitere Ehe oder Lebensgemeinschaft eingegangen wird. Diese daraus entstehende Lebensform wird daher auch Fortsetzungsfamilie genannt. Hintergrund für die Zunahme an Patch-

Wie kommt die Patchwork-familie zu ihrem Namen?

workfamilien sind die in unserer Gesellschaft insgesamt beweglicher, durchlässiger und damit auch brüchiger werdenden Lebenslagen, wie es die Individualisierungsthese beschreibt. Die Patchworkfamilie setzt sich aus der neu gebildeten Stieffamilie und der dazugehörigen Verwandtschaft zusammen. Die Möglichkeiten der Zusammenstellung sind äußerst vielfältig und liefern damit auch den Stoff für die Bezeichnung Patchworkfamilie. Das Besondere an dieser Lebensform ist, dass jeder Beteiligte seine eigene Version von Familie definiert. So zählt beispielsweise das Kind beide leiblichen Elternteile, die sich getrennt haben, weiterhin zu seiner Familie. Diese sehen sich aber nicht mehr als Familieneinheit, da sie mit neuen Partnern eine neue Familie gegründet haben. Charakteristisch für eine Patchworkfamilie ist die mehrfache oder multiple Elternschaft, bestehend aus einer leiblichen und einer sozialen Elternschaft. Wird die gesamte Verwandtschaft dazugerechnet, so wird das soziale Netzwerk einer Patchworkfamilie noch komplexer.

Die Patchworkfamilie weist allerdings einige weiße Flecken auf: In der neu zusammengesetzten Familie fehlen Leitbilder und Regeln für das Zusammenleben. Diese müssen erst erarbeitet werden, was die Mitglieder der

Patchworkfamilie vor hohe kommunikative Anforderungen stellt. Anfangs fehlt auch das Zusammengehörigkeitsgefühl, da die zusammengewürfelte Familie nicht automatisch von allen Beteiligten akzeptiert wird. Für die Kinder kommt noch hinzu, dass sie leicht in Loyalitätskonflikte gegenüber dem außerhalb lebenden biologischen Elternteil geraten, der vielleicht auch eine neue Familie gegründet hat. Weiße Flecken gibt es auch rechtlich gesehen, denn obwohl die sozialen Eltern- und Großelternteile oft eine wichtigere Rolle als die außerhalb lebenden leiblichen Eltern und Verwandte spielen, haben diese keinerlei elterliche Rechte gegenüber den Kindern der neuen Partnerin bzw. des neuen Partners. Hier bedarf es noch einer gesetzlichen Verankerung in unserer Gesellschaft.

Zahlen zu Patchworkfamilien scheinen in den Haushaltsstatistiken im Allgemeinen nicht auf. Eine Sonderauswertung im Rahmen des Mikrozensus 2001 hat jedoch ergeben, dass 3 Prozent der Bevölkerung im Alter von mindestens 15 Jahren angegeben haben, zumindest ein Stiefkind zu haben. Ab 35 Jahren liegt der Anteil zwischen 4 und 5 Prozent, bei Männern tendenziell höher als bei Frauen. Patchworkfamilien sind auch vermehrt in Großstädten zu finden, wo es höhere Trennungs- und Scheidungsraten als im ländlichen Raum gibt.

Christina Luef

Aus einer Meldung der Statistik Austria:
„Im Jahr 2005 wurden nach den Meldungen der zuständigen Gerichte 19.453 Ehen rechtskräftig geschieden (…) Die Gesamtscheidungsrate im Jahr 2005 stieg (…) auf den neuen Rekordwert von 46,4 %.“

Die Haushaltsstatistiken zeigen ein deutliches Bild: Die Zahl der allein lebenden Personen hat mit fast 1,2 Millionen in Österreich ein beträchtliches Ausmaß erreicht. Man könnte daraus schließen, dass immer mehr Menschen es bevorzugen, allein, ohne

Was ist dran am Mythos Single?

Partner und ohne Familie durchs Leben zu gehen – nämlich auch ohne die Abstriche und Kompromisse, die ein Zusammenleben mit anderen erfordert. Aber diese Version des Singles stellt eher die Ausnahme dar, denn die relativ hohe Anzahl der Ein-Personen-Haushalte lässt nicht automatisch auf die Zahl klassischer Singles schließen. Man kann deshalb auch vom Mythos Single sprechen.

Betrachtet man das Phänomen der zunehmenden Ein-Personen-Haushalte genauer, stellt sich heraus, dass allein lebend nicht gleich alleinstehend bedeuten muss. Es gibt Paare, die sich (mehr oder weniger freiwillig) dazu entschieden haben, in getrennten Haushalten zu leben (Living-Apart-Together-Partnerschaften). Andererseits leben auch viele alte Menschen aufgrund von Verwitwung allein. Als klassischer Single gilt jener, der ledig ist, keinen Partner oder Familie hat und allein in einem Haushalt lebt. Diese Lebensform wählen nur wenige freiwillig, wie etwa junge, gut gebildete Frauen, die sich für ein Leben ohne Partner und Kinder entschieden haben. Aber für viele bleibt das Alleinleben eine Phase des Übergangs zu einer anderen Lebensform oder als letzte Station in ihrem Leben. Den Großteil der Alleinlebenden machen also nicht die als klassisch

geltenden Singles aus, sondern jene, die ihre Unabhängigkeit vor ihrer ersten Partnerschaft genießen wollen, die zwei Partnerschaften überbrücken (temporäres Alleinleben) oder die nach einer Trennung, Scheidung oder Verwitwung zurückbleiben (sekundäres Alleinleben).

Nichtsdestotrotz hält sich das Bild der kontinuierlich steigenden Ein-Personen-Haushalte in der Statistik. Etwa ein Drittel aller österreichischen Haushalte sind Ein-Personen-Haushalte, das bedeutet, dass fast jeder bzw. jede Siebte allein wohnt. Im Alter von 15 bis 39 Jahren leben 346.000 Personen allein, hier finden sich auch viele der freiwillig allein Lebenden wieder. Einen größeren Anteil machen die über 59-Jährigen mit einer Anzahl von 525.000 aus, wobei hier mehr Frauen als Männer zu finden sind. Die höhere Lebenserwartung der Frauen und der Altersunterschied zwischen den Ehegatten macht eine Verwitwung bei Frauen wahrscheinlicher als bei Männern.

Die Entwicklung hin zu mehr Ein-Personen-Haushalten ist sicher auch auf die Individualisierungstendenz in der Gesellschaft zurückzuführen, aus der der Mythos des Singles entspringt. Aber dieser Trend hat seine Grenzen, wenn man das wachsende Bedürfnis nach Sicherheit beobachtet, das unter anderem durch die unsichere wirtschaftliche Lage ausgelöst wird. Der Mensch als soziales Wesen sucht Anschluss an seinesgleichen und so wird die Lebensform Single bzw. das Alleinleben weiterhin neben anderen Modellen bestehen bleiben – als Übergang zu einer Partnerschaft, als frei gewähltes Lebensmodell oder als Phase im Lebensabend.

Christina Luef

Seit etwa zwei Jahrzehnten werden in verschiedenen Ländern privat- und öffentlich-rechtliche Teilbereiche des Zusammenlebens neu geregelt, um einer Diskriminierung homosexueller Paare entgegenzuwirken. Von den Mitgliedstaaten des Europarates kennen

Sollen „Homoehen" möglich sein?

die Niederlande und Belgien eine förmliche Ehe für gleichgeschlechtliche Paare. Andere Länder weisen hinsichtlich der Partnerschaftsmodelle eine erstaunliche Diversität auf. Die Palette reicht von rein vertragsrechtlichen Modellen (etwa der „PACS" in Frankreich) über vermögens- bzw. gesellschaftsrechtliche Konstruktionen (etwa in Ungarn und Belgien) bis zu Rechtsinstituten einer Partnerschaft, welche den Zivilstand der Betroffenen ändern. Viele dieser Partnerschaften kommen rechtlich der Ehe sehr nahe. Dies gilt z. B. für Dänemark, Norwegen, Schweden, Finnland, die Niederlande, Deutschland und die Schweiz. Gewisse Abweichungen ergeben sich einerseits aus dem zugrunde liegenden (abweichenden nationalen) Ehe- und Scheidungs(folgen)recht, zum anderen aus einer Zurückhaltung, gleichgeschlechtlichen Paaren Zugang zum Adoptionsrecht sowie zur medizinisch unterstützten Fortpflanzung zu gewähren. In manchen Ländern, wie in Spanien und in der Schweiz, sind privatrechtliche Fragen nicht ausschließlich Sache des „Bundes". Dort haben Landesteile im Rahmen ihrer Autonomie mit eigenen Vorschriften ihren Bundesgesetzgeber unter Zugzwang gesetzt. In Österreich fehlt eine umfassende Regelung.

In Zeiten erhöhter Mobilität wären Vorschriften für grenzüberschreitende Sachverhalte (etwa Paare mit unterschiedlicher Nationalität) dringendst vonnöten. Die Gesetzgeber beschränken sich regelmäßig auf den Hinweis, die Partnerschaft sei im Ausland – wahrscheinlich – nicht anerkennungsfähig. Rechtsfragen wie Familiennachzug, Aufenthaltserlaubnis oder Versorgungsausgleich sind vielfach nicht geklärt. Die Praxis wirft freilich zunehmend gesetzgeberischen Handlungsbedarf auf.

Von dem breiten Regelungsspektrum in Europa wird nachfolgend die Rechtslage in Deutschland, den Niederlanden und Luxemburg exemplarisch skizziert.

Das deutsche Lebenspartnerschaftsgesetz von 2001 und seine Überarbeitung (2005) haben insgesamt betrachtet die (Lebens-)Partnerschaft der Ehe weitgehend angeglichen. Das gilt für den Namen, die Änderung des Zivilstandes, den Güterstand, die allgemeinen vermögensrechtlichen Folgen, die Aufhebungsmodalitäten, nicht aber für die (eheliche) Verpflichtung zur Lebensgemeinschaft, denn die Partner schulden einander lediglich gegenseitige Verantwortung, Fürsorge und Unterstützung sowie gemeinsame Lebensgestaltung. Der Partner kann als Stiefelternteil das „kleine Sorgerecht" (Mitentscheidungsbefugnis in Angelegenheiten des täglichen Lebens) über das Kind des anderen, allein Sorgeberechtigten ausüben sowie gegebenenfalls auch ein Umgangsrecht wahrnehmen; das Stiefkind kann unter Umständen den Lebenspartnerschaftsnamen erhalten und bei Tod des Sorgeberechtigten auf gerichtliche Anordnung im bisherigen Haushalt (beim anderen Lebenspartner) verbleiben. Auch die Stiefkindadoption ist seit 2005 erlaubt. Die Partner schulden einander wechselseitigen

Unterhalt, die Unterhaltspflicht gegenüber dem Stiefkind bedarf indes einer vertraglichen Vereinbarung. Wie in der Schweiz steht auch in Deutschland das Bild eines wirtschaftlich selbständigen Partners im Vordergrund. Die nachpartnerschaftliche Unterhaltspflicht deckt sich – mit Ausnahme des Mangelfalles (hier: Nachrang gegenüber sonstigen Unterhaltsberechtigten) – mit der nachehelichen Unterhaltspflicht. Ein Versorgungsausgleich ist durchzuführen; eine Gleichstellung mit Eheleuten ist im gesetzlichen Erbrecht und bei der Hinterbliebenenrente, (noch) nicht aber in steuerrechtlicher Hinsicht vorgesehen.

Die „registrierte Partnerschaft" (auch für heterosexuelle Partner) wurde in den Niederlanden 1998, die Homoehe 2001 eingeführt. Erstere lehnt sich an die skandinavischen Vorbilder an, Letztere weist hinsichtlich der Auflösungsmodalitäten Unterschiede zur verschiedengeschlechtlichen Ehe auf. Die Ehe kann in eine registrierte Partnerschaft (und vice versa) umgewandelt werden, wodurch die Betroffenen ein Scheidungsverfahren vermeiden können. Sowohl die Stiefkindadoption als auch die Adoption durch (gleichgeschlechtliche) Ehepartner ist zulässig.

Seit 2004 kennt auch Luxemburg die „registrierte Partnerschaft", und zwar für gleichwie verschiedengeschlechtliche Paare. Anders als die bereits bestehenden Partnerschaftsmodelle zielt die luxemburgische Regelung jedoch (lediglich) auf eine vermögens- und güterrechtliche Mindestsolidarität der Partner ab und versucht sie auch in sozialversicherungs- und steuerrechtlicher Hinsicht als vollwertige Partner zu erfassen. Vertraglich können die Partner einen nachpartnerschaftlichen Unterhalt vereinbaren und auch testa-mentarische Verfügungen treffen. Einschlägige gesetzliche Ansprüche sind nicht vorgesehen. Insofern rangiert dieses Partnerschaftsmodell im Vergleich zu anderen im Sinne einer umfassenden Solidaritätsgemeinschaft an der unteren Skala. Entsprechend problemfrei erfolgt die Auflösung der Partnerschaft (u. a. durch einseitige Erklärung eines Partners oder Eheschließung mit einer dritten Person).

Die diversen Modelle weisen trotz aller Unterschiedlichkeit eine gemeinsame Tendenz auf: Partnerschaftliche und v. a. nachpartnerschaftliche Verpflichtungen sollen der Höhe nach begrenzt und zeitlich befristet sein. Dies lässt sich nicht mehr (nur) damit erklären, dass gleichgeschlechtliche Paare keinen gemeinsamen biologischen Nachwuchs erzeugen können und deshalb die erwähnten Verpflichtungen „bescheidener" als im Falle einer Ehe ausfallen sollen. Vielmehr sehen verschiedene Gesetzgeber inzwischen jedenfalls die Stiefkindadoption und damit ein der natürlichen Verwandtschaft nachgebildetes Eltern-Kind-Verhältnis vor. Des Weiteren ist davon auszugehen, dass einige Partner wohl auch Versorgungsleistungen für den anderen Partner übernehmen und diesen bis zu dessen Lebensende pflegen, was zu einer partiellen Reduktion öffentlicher Ausgaben führt. Wie lässt sich die „verdünnte" Verantwortung während der Partnerschaft und nach deren Auflösung erklären? Es drängt sich die Vermutung auf, dass die gesetzlich verankerte Verantwortung der Partner als jenes Ideal angesehen wird, welches unter Umständen für künftige Eherechtsreformen Pate stehen könnte: eine „Lebensabschnitt GmbH".

Beata Verschraegen

Was man im deutschsprachigen Raum mit Bildung bezeichnet, lässt sich schwer in andere Sprachen übersetzen. Im Englischen spricht man von „learning", „education" o. ä., womit auch etwas anderes gemeint ist. Der Begriff „Bildung" lässt sich zurückverfol-

Was heißt „Ökonomisierung" der Bildung?

gen in die mittelalterliche Mystik, auf die Erfahrung der Gottesebenbildlichkeit des Menschen. Im Bildungsverständnis des deutschen Idealismus verliert sich der Erlösungsanspruch in der kathartischen Wirkung der Kunsterfahrung bei Schiller (*Briefe über die ästhetische Erziehung*) bzw. im Spannungsverhältnis von Geist und Macht oder bei Hegel und seiner Rechtsphilosophie, die auf die freiheitliche Versöhnung von Individuum und Staat bzw. Nation gerichtet ist.

Die Idee der Bildung war v. a. im 19. Jahrhundert eng verbunden mit der Idee der Universität und seiner „Zubringereinrichtung", dem Gymnasium, in dem die Zöglinge durch die Befassung mit alten Sprachen und formalen Wissenschaften zu Bildung und Universitätsreife gelangten. Die gesicherte wirtschaftliche Grundlage bildete zumeist das (groß-)bürgerliche Elternhaus.

Amerikas und Frankreichs Weg zu Bürgerfreiheiten war ein anderer, ein politischer: Herrschaftsteilung, Gleichheit vor dem Gesetz, Toleranz, Recht auf Privateigentum wurden poltisch-pragmatisch erreicht.

Im 20. Jahrhundert zeichneten sich auch in der deutschen bzw. österreichischen Bildungstradition einige Veränderungen ab. Rückschläge durch den Ersten und v. a. den Zweiten Weltkrieg wurden vielfach erst in den 50er und 60er Jahren überwunden.

In Österreich wurde durch den Bau von höheren Schulen – sowohl von Gymnasien als auch berufsbildenden höheren Schulen – und durch die Abschaffung von Zugangshürden zum Schulbesuch motiviert. Damit veränderten sich auch die Bildungsziele. Das Gymnasium etablierte „offenere" Curricula (= Lehrpläne, z. B. über den Ausbau lebender Fremdsprachen), höhere berufsorientierte Bildung war auch mit Hochschulbesuchsberechtigungen verbunden. Das universitäre Bildungsziel – Hervorbringung des wissenschaftlichen Nachwuchses, Pflege der wissenschaftlichen Neugierde – wurde verbreitet, die Orientierung an der Berufs- und Arbeitswelt war damit nicht mehr tabu. Hochschulbildung zielt heute auf die akademische Ertüchtigung zur Hervorbringung einer Methoden- und Problemlösungskompetenz, sie ist auf Grundlagen- und Anwendungsforschung gerichtet, auf Autonomie und Selbstermächtigung durch Berufsfähigkeit auf hohem und höchstem Niveau. Mancherorts wird damit das Wort von der „Ökonomisierung" assoziiert und auf das Verschwinden der Parameter der Bürokratie verwiesen.

Österreich hat in den letzten Jahren und Jahrzehnten die Ausgaben für Bildung und Wissenschaft (z. T. international beispielhaft) gesteigert, dazu aber auch die jeweiligen Strukturen verändert, mehr Transparenz und Effizienzorientierung geschaffen. Dabei sind die Studien der Geistes- und Kulturwissenschaften voll erhalten bzw. ausgebaut und die Schülerzahlen an den höheren Schulen sowie die Bildungsabschlüsse gesteigert worden.

Gertrude Brinek

Im Bewusstsein vom Leben in der „Wissensgesellschaft" wird immer öfter die Frage gestellt, in welchem Lebensalter sinnvollerweise mit dem Aufbau von Lerngrundlagen, mit Lernförderung bzw. mit Unterstützung beim Wissensaufbau begonnen werden soll.

Beginnt die „Wissensgesellschaft" im Kindergarten?

Dabei wird von einer vorwiegend biologisch orientierten Annahme ausgegangen: Kleinkinder verfügen über alle Nervenzellen, es fehlen ihnen jedoch die neuronalen Netzwerke, die mit den Leistungen der Großhirnrinde zusammenhängen und für kognitive Strukturen (mit-)verantwortlich sind. „Nervenzellenverschaltungen" werden in großer Zahl gebildet, sie müssen aber belebt, d. h. aktiviert und genutzt werden, sonst werden sie zurückgebaut, gehen verloren. Mit der Pubertät ist dieser Prozess der Herausbildung von Nervenverbindungen abgeschlossen. Damit ist die Wechselbeziehung zwischen genetischer bzw. biologischer Ausstattung und Umwelteinflüssen angesprochen.

Die Notwendigkeit von „Lernanreizen" beschäftigt sowohl die Pädagogik als auch die Psychologie. So rücken die Kleinkindfördereinrichtungen wie der Kindergarten in den Mittelpunkt des Interesses. Mit der Etablierung des Kindergartenwesens – ausgehend von Friedrich Fröbel (in Deutschland) in der zweiten Hälfte des 19. Jahrhunderts – war in erster Linie die Idee einer Sozial- und Wohlfahrtseinrichtung verbunden, erst in zweiter Linie eine Bildungsidee.

Gesellschaftspolitisch galt und gilt es besonders in Österreich als angemessen und alltagsverständlich gesichert, dass die beste „Lern- und Entwicklungsumgebung" die elterliche Familie darstellt und das Kind am besten in der „natürlichen" Umgebung aufwächst. Dahinter stand das bürgerliche Ideal der patriarchalischen Familienstruktur und die Erziehungsverantwortung der Mutter. Mit den neuesten Erkenntnissen der Hirn- und Entwicklungsforschung wird das Augenmerk einerseits auf die Frage der Professionalisierung der Entwicklungsförderung gelegt, andererseits auf den Wandel der Familie Rücksicht genommen, Stichwort: Einkindfamilie, allein erziehende Mütter (und Väter), Steigerung der außerhäuslichen Erwerbstätigkeit von Müttern u. a. m.

Die Kompetenzlage – Kindergartenwesen ist in Österreich Aufgabe der Bundesländer – ist unbestimmt. Ähnlich verhält es sich bezüglich der Trägerschaft und der Beitragsgestaltung. Einzig die Ausbildung der Kindergartenpädagogen und -pädagoginnen ist bundeseinheitlich geregelt, jedoch arbeiten in den „Kindertagesheimen" auch unterschiedlich ausgebildete Helferinnen und Helfer bzw. Betreuerinnen und Betreuer.

Es gibt in Österreich keine Kindergarten-„Pflicht". In Diskussion steht ein Kindergarten- bzw. Vorschuljahr für alle sowie – als Konsequenz davon – die Etablierung von expliziten Kindergarten-Bildungsplänen, wie sie aus anderen Ländern bekannt sind (vgl. das Konzept der französischen „école maternelle" oder Bildungspläne, wie sie in Deutschland diskutiert und etabliert werden oder bereits worden sind, oder die Bildungspläne in Großbritannien und in skandinavischen Ländern).

Gertrude Brinek

Österreichs Schülerinnen und Schüler können spätestens nach dem Besuch der Volksschule zwischen mehreren Schularten (-typen) auswählen; man spricht insgesamt von einem gegliederten oder differenzierten Schulsystem. In manch anderen Ländern gibt

Differenziertes Schulsystem oder Gesamtschule?

es ein Schulangebot für alle – mit einer (starken) inneren Differenzierung.

Im österreichischen gegliederten Schul- und Bildungssystem wird mit der jeweiligen Schulart ein spezifisches Bildungsziel angestrebt, wobei aber ein Wechsel bzw. ein Anknüpfen und Anschließen immer wieder möglich sein soll.

Für beide Systeme gibt es gute Gründe. Zumeist gehen sie auf ausgeprägte politische und kulturelle Traditionen zurück. In der Bildungswissenschaft wird dabei auf Begabungs- oder Förderbedarfstheorien, auf die Bedürfnisse der Wirtschafts- und Arbeitswelt oder auf soziale Gesellschafts-Gestaltungsziele verwiesen.

Eng damit verbunden ist die Entscheidung für oder gegen eine Ganztags- oder Halbtagsschule (eventuell mit einem Nachmittags-Betreuungsangebot). Als Argumente für das gegliederte Schulsystem werden ins Treffen geführt: gemeinsame Allgemeinbildung/Schaffung einer guten Grundlage, danach klare Schullaufbahn-Perspektiven, Lernen in relativ homogenen Gruppen (was als lern- und leistungsfördernd gilt), Angebotsvielfalt bei gleichzeitiger Durchlässigkeit, spezifische Lehrer- und Lehrerinnen-Ausbildung u. a. Als Argumente für eine Gesamtschule sind

etwa zu nennen: Abbau sozialer Barrieren, Förderung sozialen Lernens, hält die Schullaufbahnentscheidung lange offen, bewirkt mehr Schüler mit höheren formalen Abschlüssen.

Ähnlich wird für oder gegen Ganztagsschulen argumentiert: rascher gesellschaftlicher Wandel und ein hohes Veränderungstempo in der Arbeitswelt, keine Förderungschancen ungenützt zu lassen, d. h. zur Bewältigung der umfassenden Anforderungen nicht (nur) auf die Angebote des Elternhauses angewiesen zu sein.

Andererseits sollen in der Halbtagsschule – mit Angeboten zum freiwilligen Besuch – das primäre Erziehungsrecht der Eltern und ein hohes Ausmaß an Wahlmöglichkeit gewahrt bleiben. In der letzten Zeit ist besonders auf das Argument des gesellschaftlichen Wandels und die Zunahme der Berufstätigkeit beider Elternteile fokussiert worden. Im Bereich der pädagogischen Argumente lassen sich einerseits jene identifizieren, die eine reine „Unterrichts-/Lern-Schule" unterstützen, andererseits sind solche rund um die Verteidigung der umfassenden „Lebensschule" zu nennen. In der Vergangenheit fielen die Entscheidungen zumeist stark pragmatisch geleitet. Aktuell fungiert der Begriff der Wahlmöglichkeit als politisch und pädagogisch angemessen.

Besonders Schulen in nicht-staatlicher Trägerschaft (vielfach mit dem Sammelbegriff „Privatschulen" umfasst) operieren mit einem spezifischen Erziehungsprofil und mit didaktischen Besonderheiten.

Die wissenschaftliche Unentscheidbarkeit endet und beginnt mit der Frage nach den Funktionen und Aufgaben der Schule und bleibt daher in ihrer Diskussionswürdigkeit in einer Demokratie immer lebendig.

Gertrude Brinek

Internationale Schulleistungs- bzw. Schülerleistungstests wie PISA (*Programme for International Student Assessment*) sind spätestens seit der ersten PISA-Testung im Jahr 2000 sowohl aus der universitären Schul- und Bildungsforschung als auch aus den öf-

PISA – wozu?

fentlich-politischen Bildungsdiskussionen kaum mehr wegzudenken. Sie haben dabei einen Stellenwert eingenommen, der ihren tatsächlichen Wert und die Aussagekraft dermaßen übersteigt, dass es längst notwendig ist, ihnen den Platz zuzuweisen, der ihnen gebührt. Dies ist nicht zuletzt deshalb wichtig, um massiven Fehleinschätzungen und daraus falsch abgeleiteten Maßnahmen für Schule und Unterricht vorzubeugen.

So ist dem nationalen PISA-Bericht zu entnehmen, dass PISA „die Leistungsfähigkeit der Bildungssysteme" messen soll, jedoch werden die Leistungen von Einzelschülern gemessen. Es können daher keine unmittelbaren, wissenschaftlich haltbaren Rückschlüsse auf die Leistung von Schulen, deren Lehrer oder gar das ganze Bildungssystem gezogen werden. Wie durch PISA selbst bestätigt wird, ist etwa der Einfluss von sozioökonomischen Faktoren auf die Leistungen der Schüler sehr hoch einzustufen. Die Studienautoren relativieren damit ihren Anspruch – die Leistungsfähigkeit der Bildungssysteme durch die Messung der Leistungen von Einzelschülern festzustellen – selbst.

Fest steht, dass sich die öffentlich-politische Darstellung und Verwendung der PISA-Studie von solchen und ähnlichen Tatsachen durchwegs unbeeindruckt zeigen. So werden gestützt auf die PISA-Studie Bildungsdiskus-

sionen geführt sowie Bildungsmaßnahmen und Reformen gerechtfertigt, die PISA weder bestätigen noch widerlegen kann. Es werden Themenbereiche herausgegriffen, dramatisiert oder aus ihrem Zusammenhang gerissen (Lesehysterie, Leistungsabfall 2003 gegenüber 2000). Tatsächlich festgestellte Tatsachen wie die erschreckend hohe Anzahl an 15- bis 16-jährigen potenziellen Analphabeten (mehr als 20 %) werden öffentlich kaum erwähnt. Berechtigterweise drängt sich hier die Frage auf, warum Leistungstests wie die PISA-Studie eigentlich durchgeführt werden, wenn die vorgegebenen Ansprüche nicht haltbar sind und die tatsächlichen Ergebnisse und Aussagen falsch interpretiert bzw. nicht ernst genommen werden.

Zu beobachten ist jedenfalls, dass durch die öffentliche Inszenierung „PISA" das gute Abschneiden bei einer PISA-Testung zum Maßstab für Schulqualität und letztendlich auch für Ressourcenverteilung wird (*teaching for testing*). Das PISA-Bildungsverständnis und die PISA-Bildungsziele unterscheiden sich jedoch von denen der Einzelstaaten. Außerdem werden sie außerhalb der nationalen Parlamente von wenigen Experten festgelegt. Somit wird das PISA-Bildungsverständnis unterschwellig von allen Beteiligten an Schule und Unterricht mitgetragen und verbreitet, eine hervorragende Möglichkeit, unter dem Deckmantel von Freiheit und Autonomie bewusst Politik zu betreiben und die nationalen Bildungsziele (Lehrpläne) zu umgehen. Die entscheidende Frage, der sich alle Verantwortlichen rund um PISA entziehen, die aber in einer demokratischen Gesellschaft die grundlegendste Frage wäre, wird nicht offen ausgetragen: Wer legt die Bildungsziele fest und wie geschieht dies?

Martin Retzl

Hospize für sterbende Menschen gab es bereits im 19. Jahrhundert in Frankreich und Irland. Als Gründerin der modernen Hospizbewegung gilt Cicely Saunders (1918–2005). Sie war zunächst als Krankenschwester und Sozialarbeiterin in England mit der unzurei-

Woher kommt der Hospizgedanke?

chenden Behandlung Krebskranker konfrontiert. Weil sie den Wunsch nach möglichster Schmerzfreiheit als zentrales Anliegen der Patienten erkannte, studierte sie Medizin. Zusammen mit Patienten entwarf die Ärztin das Modell einer Einrichtung, die Sterbenden eine lebenswerte Zeit bis zum Tod ermöglicht, wobei sich der Ansatz der medizinischen Betreuung auf die Grundgedanken der palliativen Medizin beruft: „Low tech and high touch". Im Mittelpunkt steht eine ganzheitliche Betreuung des kranken Menschen – medizinisch, pflegerisch, sozial, psychisch und spirituell, und dies unter Einbeziehung der nächsten Angehörigen. Saunders eröffnete 1967 im Londoner Vorort Sydenham das St. Christopher's Hospice.

Die Verbreitung der Hospizidee erfolgte in den frühen 70er Jahren zunächst in englischsprachigen Ländern. 1988 erfolgte in Mailand die Gründung der europäischen Gesellschaft für Palliativmedizin (EAPC). Mittlerweile repräsentiert dieser Dachverband der Palliativgesellschaften über 30.000 Einzelmitglieder. In über 100 Ländern haben sich vielfältige Einrichtungen etabliert.

Die Entwicklung der Hospizbewegung in Österreich begann in kleinen Schritten Ende der 1970er Jahre. Mittlerweile sind in allen österreichischen Bundesländern mobile und stationäre Hospiz- und Palliativdienste eingerichtet worden. Initiatoren waren Ehrenamtliche, die rund um engagierte Persönlichkeiten Hospizteams entwickelten. In der Ausbildung für Gesundheits- und Krankenpflege wurde Palliativpflege als Lehrfach etabliert. Interdisziplinäre Palliativlehrgänge für hauptamtliche Ärzte, Krankenpfleger, Seelsorger und Vertreter anderer psychosozialer Berufe werden seit 1998 durchgeführt.

Ergebnis der Parlamentarischen Enquete zum Thema „Solidarität mit unseren Sterbenden – Aspekte einer humanen Sterbebegleitung in Österreich" war eine im Dezember 2001 einstimmig gefasste Entschließung des österreichischen Nationalrates zum Ausbau des Hospizwesens in Österreich. Die österreichische Bundesregierung führte 2002 die Familienhospizkarenz ein, um Menschen bei der Betreuung eines sterbenden Angehörigen oder eines schwer erkrankten Kindes zu unterstützen. Sie ermöglicht es, die Berufstätigkeit zu reduzieren oder sich zunächst drei Monate lang karenzieren zu lassen. Bei Bedarf ist eine Verlängerung auf bis zu sechs Monate möglich. Für die Betreuung schwer kranker Kinder ist eine Verlängerung auf bis zu neun Monate möglich.

In Österreich sind Hospizdienste und Palliativeinrichtungen im Rahmen von Hospiz Österreich organisiert. Der Dachverband umfasst ca. 200 mobile und stationäre Hospiz- und Palliativeinrichtungen.

Andreas Kratschmar

„Du zählst, weil du du bist. Und du wirst bis zum letzten Augenblick deines Lebens eine Bedeutung haben."

Cicely Saunders

Unter dem Begriff „Sterbehilfe" werden Maßnahmen zusammengefasst, die das Sterben eines Menschen beschleunigen. Das entsprechende Fremdwort „Euthanasie" leitet sich vom griechischen Wort „euthanasia" ab, das so viel wie „guter Tod" bedeutet. Zu

Was bedeutet Sterbehilfe?

Beginn des 20. Jahrhunderts erlebte die Debatte über die Euthanasie einen Höhepunkt: Juristische und medizinische Fachmedien setzten sich intensiv mit der Euthanasie als Mittel zur Beendigung „lebensunwerten Lebens" auseinander. Die Nationalsozialisten missbrauchten den Euthanasie-Gedanken zwischen 1939 und 1945 auch in der Praxis: Ihr Euthanasie-Programm begann mit der Tötung von behinderten bzw. psychisch kranken Kindern. In der Folge wurden psychisch kranke, arbeitsunfähige Erwachsene ermordet.

Sterbehilfe wird heute in Zusammenhang mit dem individuellen Recht auf Selbstbestimmung diskutiert. Insbesondere unheilbar Kranke sollen, so die Befürworter der Sterbehilfe, durch entsprechende medizinische Handlungen bzw. Unterlassungen von ihrem Leiden befreit werden dürfen.

Es ist zwischen verschiedenen Arten der Sterbehilfe zu unterscheiden:

– Aktive direkte Sterbehilfe ist jede Maßnahme, die den Tod eines Menschen zum Ziel hat. Sie ist Tötung auf Verlangen eines Kranken zur vorzeitigen Beendigung seines Leidens und damit seines Lebens. Die aktive direkte Sterbehilfe ist in Österreich verboten.

– Aktive indirekte Sterbehilfe heißt, das Leiden eines Menschen unter Einsatz aller helfenden Mittel zu lindern, auch wenn der Sterbeprozess dadurch verkürzt wird. Dies ist in Österreich erlaubt.

– Als passive Sterbehilfe bezeichnet man den Verzicht auf lebensverlängernde Maßnahmen beim Sterben bzw. den Abbruch lebensverlängernder Maßnahmen. Passive Sterbehilfe bedeutet etwa Verzicht auf Beatmung oder Intubation, Verzicht auf Dialyse, Verzicht auf Reanimation oder Verzicht auf künstliche Ernährung, Flüssigkeitszufuhr oder Medikamente.

Die passive Sterbehilfe ist in Österreich gesetzlich nicht geregelt. Sie ist möglich, wenn der Patient dies aktuell will oder er es in einer gültigen Patientenverfügung als Wunsch festgehalten hat.

– Als assistierten Suizid bezeichnet man die Mitwirkung am bzw. Beihilfe zum Selbstmord. Dies ist in Österreich verboten.

Studien zeigen: Viele Menschen, die den Wunsch äußern, nicht weiterleben zu wollen, wünschen sich nicht ihre Tötung, sondern die Änderung einer unerträglichen Situation, die z. B. durch unerträgliche Schmerzen, Angst vor medizinischer Technologie oder Einsamkeit geprägt ist. Hier setzen Hospizbewegung und „Palliative Care" an. Das psychische und das seelische Leid schwer oder unheilbar Kranker soll durch die entsprechende Betreuung gelindert werden.

Andreas Kratschmar

Die aktive Sterbehilfe ist in Österreich verboten. Jeder Arzt oder jede andere Person, die einem Patienten auf seinen eigenen Wunsch ein Medikament, das direkt zum Tod führt, verabreicht, macht sich strafbar. Bei vorsätzlicher Tötung liegen je nach Lage des Falles

Gibt es für Sterbehilfe eine legale Basis?

Mord, Tötung auf Verlangen oder Mitwirkung am Selbstmord vor.
– § 75 StGB (Mord): Wer einen anderen tötet, ist mit Freiheitsstrafe von zehn bis zu zwanzig Jahren oder mit lebenslanger Freiheitsstrafe zu bestrafen.
– § 77 StGB (Tötung auf Verlangen): Wer einen anderen auf dessen ernstliches und eindringliches Verlangen tötet, ist mit Freiheitsstrafe von sechs Monaten bis zu fünf Jahren zu bestrafen.
– § 78 StGB (Mitwirkung am Selbstmord): Wer einen anderen dazu verleitet, sich selbst zu töten, oder ihm dazu Hilfe leistet, ist mit Freiheitsstrafe von sechs Monaten bis zu fünf Jahren zu bestrafen.
Das bedeutet auch: Ein Arzt, der einem Patienten ein Medikament in tödlicher Dosierung zur Verfügung stellt oder verschreibt, um ihm den Selbstmord zu ermöglichen, würde Beihilfe zum Selbstmord leisten.
Die Niederlande und Belgien haben hingegen gesetzliche Ausnahmeregelungen geschaffen:
– In den Niederlanden ist die aktive Sterbehilfe zwar verboten, aber seit 2002 nicht strafbar, wenn sie von einem Arzt unter Einhaltung bestimmter Sorgfaltspflichten

begangen wurde und dem Leichenbeschauer Meldung erstattet wurde.
– Das 2003 verabschiedete belgische Sterbehilfegesetz sieht vor, dass zwei Ärzte der aktiven Sterbehilfe zustimmen müssen. Jeder Fall wird von einer staatlichen Kommission kontrolliert.
In der Schweiz, wo der assistierte Suizid nicht strafbar ist, wird durch die Vereine „Dignitas", „Exit" und „Suizidhilfe" ebenfalls eine Form der Sterbehilfe geübt. In Pflegeheimen im Kanton Zürich gibt es „Freitodbegleitungen". Die Situation in der Schweiz hat zu einem „Sterbetourismus" aus Nachbarländern geführt.
Der Europarat hat im April 2005 neuerlich bekräftigt, dass in seinen Mitgliedstaaten aktive Sterbehilfe weiterhin als strafbares Delikt zu ahnden ist. Die Auswirkungen der gesetzlichen Ausnahmebestimmungen in den Niederlanden und in Belgien zeigen nach Medienberichten, dass dort auch Menschen getötet wurden, die nicht selbst danach verlangten.
Die Unterlassung lebensverlängernder Maßnahmen bei Schwerkranken („passive Sterbehilfe") ist in Österreich gesetzlich nicht ausdrücklich geregelt, wird aber unter bestimmten Bedingungen beim todkranken Patienten als erlaubt und auf Verlangen eines einwilligungsfähigen Patienten als geboten angesehen. Bei nicht einwilligungsfähigen Patienten gelten Patientenverfügungen als wichtige Informationsquellen für den dann ausschlaggebenden „mutmaßlichen Willen" des Patienten.

Andreas Kratschmar

Ärzte sind gesetzlich nicht verpflichtet, einen unabwendbaren Sterbeprozess gegen den Willen des Patienten zu verlängern. Die ärztliche Behandlungspflicht und ihre Grenzen sind durch zwei gesetzliche Bestimmungen klar beschrieben:

Kann ich mich als Patient gegen lebensverlängernde Maßnahmen wehren?

§ 22 (1) ÄrzteG: Ziel der ärztlichen Tätigkeit ist das Wohl der Kranken.

Der Arzt ist verpflichtet, jeden von ihm in ärztlicher Beratung oder Behandlung übernommenen Gesunden oder Kranken ohne Unterschied der Person gewissenhaft zu betreuen. Er hat hierbei nach Maßgabe ärztlicher Wissenschaft und Erfahrung sowie unter Einhaltung der bestehenden Vorschriften das Wohl der Kranken und den Schutz der Gesunden zu wahren.

§ 110 (1) StGB: Zur Heilbehandlung bedarf es der Zustimmung des Patienten.

Wer einen anderen ohne dessen Einwilligung, wenn auch nach den Regeln der medizinischen Wissenschaft, behandelt, ist mit Freiheitsstrafe bis zu sechs Monaten oder mit Geldstrafe bis zu 360 Tagessätzen zu bestrafen.

Aufgrund des Verbots der eigenmächtigen Heilbehandlung dürfen Patienten ohne Einwilligung – außer bei Gefahr im Verzug und abgesehen von gesetzlich geregelten Fällen des Behandlungszwanges – nicht gegen ihren ausdrücklichen Willen behandelt werden.

Der einwilligungsfähige Patient hat das Recht, durch die Behandlungsverweigerung den Abbruch einer Therapie zu erzwingen, selbst wenn dies seinen Tod herbeiführen könnte (z. B. Verweigerung der Bluttransfusion bei Zeugen Jehovas).

In § 8 Abs. 3 KAKuG (Krankenanstalten- und Kuranstaltengesetz) findet sich die Bestimmung, dass Behandlungen an einem Patienten nur mit dessen Zustimmung oder mit der Einwilligung eines gesetzlichen Vertreters durchgeführt werden dürfen; eine Ausnahme besteht nur bei Gefahr im Verzug.

Eine gesetzliche Regelung gibt es auch für die Dokumentation in Spitälern. Die Träger der Krankenanstalten sind nach § 10 KAKuG bei der Führung der Krankengeschichten dazu verpflichtet, eine im Voraus verfügte Behandlungsverweigerung zu dokumentieren. Durch diese Bestimmung nicht geregelt ist allerdings die Rechtserheblichkeit der dokumentierten Verfügung.

Jeder Patient hat das Recht, eine medizinische Behandlung abzulehnen. Solange der Patient bei Bewusstsein ist, kann er sich entsprechend äußern. Für den Fall, dass man nicht mehr dazu in der Lage ist, seinen eigenen Willen mitzuteilen, kann man das Instrument der Patientenverfügung nutzen.

Eine Patientenverfügung ist eine schriftliche Willensäußerung einsichts- und urteilsfähiger Patienten, mit der sie im Voraus bestimmte medizinische Behandlungen für den Fall ablehnen, dass sie nicht mehr einsichts- und urteilsfähig sind oder sich nicht mehr verbal oder nonverbal äußern können.

Am 29. März 2006 beschloss der Nationalrat ein eigenes Patientenverfügungsgesetz: Dieses Gesetz unterscheidet zwischen *beachtlichen* und *verbindlichen* Patientenverfügungen. Beide Formen müssen in Zukunft von behandelnden Ärzten als ausdrücklich dokumentierter Wille eines nicht mehr kommunikationsfähigen Patienten anerkannt werden.

Die *beachtliche Patientenverfügung* ist eine Richtschnur für das Handeln des Arztes und muss in dessen Entscheidungsfindung einfließen. Sie sollte bei ihrer Errichtung mit einem Arzt besprochen werden, um zu erkennen, welche medizinischen Maßnahmen abgelehnt werden können und was die Folgen davon sind. Im Sinne des Gesetzes sind bisher errichtete Patientenverfügungen *beachtliche Patientenverfügungen.* Es gibt hierfür keine strengen Formerfordernisse.

Die *verbindliche Patientenverfügung* wird aufgrund der sehr strengen Kriterien insbesondere für einen kleinen Teil der Menschen mit bekannter Grunderkrankung in Frage kommen. Voraussetzung für diese Form ist, dass die abgelehnten Maßnahmen ganz konkret beschrieben werden und dass der Patient aufgrund eigener Erfahrung die Folgen der Ablehnung zutreffend einschätzen kann. Eine verbindliche Patientenverfügung erfordert zwingend eine umfassende Aufklärung durch einen Arzt, der dies auch bestätigen muss. Darüber hinaus muss sie schriftlich unter Angabe des Datums vor einem Anwalt, einem Notar oder rechtskundigen Mitarbeiter der Patientenvertretung errichtet werden. Die *verbindliche Patientenverfügung* gilt jeweils für fünf Jahre und muss dann nach den gleichen strengen Kriterien wieder bestätigt werden. Eine Patientenverfügung darf nur persönlich und nicht von einem Stellvertreter (auch nicht von einem Sachwalter) errichtet werden. Sie kann jederzeit formlos widerrufen werden.

Andreas Kratschmar

Palliative Care ist ein ganzheitliches Betreuungskonzept, das medizinische, pflegerische, soziale, psychische und spirituelle Dimensionen des kranken Menschen berücksichtigt. Es stellt die Umsetzung des Hospizgedankens in die Betreuungs- und Behandlungspraxis

Was ist „Palliative Care"?

bei schwerst erkrankten und sterbenden Menschen dar. Ein wichtiges Ziel von Palliative Care ist die (Wieder-)Herstellung und Erhaltung der Lebensqualität der Kranken und ihrer Angehörigen.

Weitere wichtige Aspekte von Palliative Care:

– Im Bereich der Palliativmedizin umfasst sie die Anwendung moderner Symptomtherapie gegen Schmerzen, Übelkeit, Erbrechen und Atemnot. Dies gestattet es den behandelnden Ärzten und den Krankenpflegepersonen, die vielfältigen körperlichen Beschwerden des Kranken zu behandeln und zu lindern.

– Das seelische Gleichgewicht von lebensbedrohlich Erkrankten und ihren Angehörigen soll durch hochwertige psychosoziale Betreuung und Begleitung gestärkt werden, denn mehr seelisches Gleichgewicht bedeutet mehr Lebensqualität.

Palliativmedizin ist ein wichtiger Tätigkeitsbereich der Caritas Hospizdienste

„Ich halte die Hospizbewegung deshalb für so bedeutend, weil ich Sterbebegleitung und Schmerztherapie für unverzichtbar halte, wenn es darum geht, in Ruhe sterben zu können. Ich sage absichtlich in Ruhe, da wir in einer Zeit leben, in der man sich immer und überall beeilen muss. Zeit ist Geld, heißt es. Das Sterben aber hat mit dem Nu zu tun, der Ewigkeit im Augenblick und dem Augenblick in der Ewigkeit. Dafür soll man sich schon Zeit lassen dürfen."

Barbara Frischmuth

„Es hat mich immer berührt, mit wie viel Liebe und Fürsorge wir die Kinder auf ihrem Weg ins Leben begleiten – und wie isoliert und einsam so viele Menschen den Weg aus diesem Leben antreten müssen. Die Hospizbewegung hat hier auf wunderbare Weise ein neues Bewusstsein geschaffen – und vorgelebt. Mit ihr verbinde ich die Hoffnung, dass wir bis zuletzt in Würde leben können – betreut und umsorgt von mitfühlenden Menschen."

Heinz Nussbaumer

„Es ist viele Jahre her und doch unvergesslich. Als junges Mädchen besuchte ich mit meiner Mutter eine Klinik in London, in der Cicely Saunders, die Gründerin der modernen Hospizbewegung sterbende Menschen betreute. In Minuten weicht mein ängstliches Gefühl unendlichem Staunen. Sterben in Würde, in Gelassenheit, ja Heiterkeit ist möglich? Der Eindruck lichtdurchfluteter, offener Räume. Menschen, die kommen und gehen – Verwandte, Freunde, Nachbarn, Kinder. Niemand, der weggesperrt ist oder einsam, niemand der Schmerzen leidet und niemand, der den Tod verdrängt. Fast eine Utopie. Wir sollten sie auch in Österreich zum Alltag machen! Und zwar überall, wo schwerkranke oder hochbetagte Menschen ihre letzte Lebensphase verbringen."

Barbara Rett

– In sozialer Hinsicht stehen lebensbedrohlich Erkrankte oft vor dem Problem, dass sie aufgrund ihrer Diagnose aus bisherigen persönlichen Beziehungen „hinausfallen". Regionale Hospizdienste ermöglichen eine Wegbegleitung auf Zeit: Bestehende tragfähige Beziehungen werden gestärkt, die Angehörigen aber in ihrer Eigenverantwortung belassen.

– In spiritueller Hinsicht geht die Betreuung auf die individuellen Lebensentwürfe und Glaubensentscheidungen der Menschen ein. Weil auch der kulturelle Hintergrund der Menschen das Erleben und Bewältigen der Grenzsituation „Sterben" bestimmt, wird dieser in der Betreuung angemessen berücksichtigt.

Die Weltgesundheitsorganisation (WHO) definierte Palliative Care 2002 als „Ansatz zur Verbesserung der Lebensqualität von Patienten und ihren Familien, die mit Problemen konfrontiert sind, welche mit einer lebensbedrohlichen Erkrankung einhergehen – und zwar durch Vorbeugen und Lindern von Leiden, durch frühzeitiges Erkennen, die untadelige Einschätzung und Behandlung von Schmerzen sowie anderen belastenden Beschwerden körperlicher, psychosozialer und spiritueller Art".

Die Europäische Gesellschaft für Palliativmedizin (EAPC) entwickelte in Anlehnung an die WHO folgende Definition: „Palliativmedizin ist die angemessene medizinische Versorgung von Patienten mit fortgeschrittenen und fortschreitenden Erkrankungen mit einer begrenzten Lebenserwartung, für die das Hauptziel der Begleitung die Lebensqualität ist. Palliativmedizin schließt die Bedürfnisse der Familie vor und nach dem Tod des Patienten ein."

Andreas Kratschmar

Löst Wachstum alle Probleme?

**Fragen und Antworten
zur Welt der Wirtschaft**

Wachstum einer Volkswirtschaft bedeutet für die Einwohner steigende Wertschöpfung und hohe Einkommen. 70 % der Wertschöpfung sind heute Dienstleistungen, also bessere Gesundheitsdienste, mehr Kommunikation, neue Produktvielfalt etc. Traditio-

Löst Wachstum alle Probleme?

nelles Wachstum kostet auch Ressourcen und belastet die Umwelt, besonders in Industrie, Bau und Verkehr. Diese Nebenwirkung kann aber durch Energiesparen, Ökosteuern und bewusstes Verhalten gemildert werden. Industrieländer mit hohem Einkommen können durch verbesserte Qualitäten und Dienstleistungen punkten und können Ressourcenschonung und Umweltbewusstsein mit höheren Einkommen verbinden.

Ob wir höhere Einkommen wollen, ist eine Präferenzentscheidung. Niedriglohnbezieher wollen sicher höhere Einkommen, das versteht sich. Aber auch Bezieher hoher Einkommen wehren sich vehement gegen jede Vermögensbesteuerung, nutzen alle erdenklichen Steuervermeidungstricks und streben nach Zusatzeinkommen. Und das auch in der „reichen" Schweiz und in den „vermögenden" USA.

Ohne Wachstum sinkt die Beschäftigung. Der gleiche Output kann jährlich mit 2 % weniger Arbeitskräften erzeugt werden. Oft liegt das Wachstum leicht im Plus, die Beschäftigung leicht im Minus. Das heißt aber nicht, dass Wachstum und Beschäftigung nicht parallel gehen und sich gegenseitig bedingen. Das Wachstum ist zu niedrig, um den Produktivitätsfortschritt zu kompensieren. Liegt es noch niedriger, so sinkt die Beschäftigung noch mehr. Der Zusammen-

hang ist intakt, wenn auch nicht immer augenscheinlich.

Prinzipiell könnte man eine gegebene Gütermenge auch mit mehr Leuten herstellen, die kürzer arbeiten. Sie müssen das aber zu niedrigeren Einkommen tun. Wenn sich dann die Stärkeren wehren, wenn sie Überstunden ansammeln und Nebenjobs annehmen, so steigt die Ungleichheit. Der einfache Arbeiter hat diese Option nicht. Arbeitszeitverkürzung verbunden mit mehr Zeit für Ausbildung, Muße und Kultur wäre natürlich eine erfreuliche Perspektive. Wenn nur die niedrigeren Einkommensbezieher nicht aufholen wollten und die reicheren nicht mächtig wären. Eine Arbeitszeitverkürzung ist eine passive Strategie, sie verstärkt Einkommensunterschiede, sie bedarf vieler Zwänge und Verbote, sie senkt die Mobilität.

Das heißt umgekehrt nicht, dass Wachstum alle Probleme löst. Menschen wollen nicht nur Geld, sondern haben auch soziale, gesundheitliche, kulturelle Ziele. Aber Geld ist nützlich, um Ziele zu erreichen und Konflikte zu mildern. Bei niedrigem Wachstum werden als erstes Sozialleistungen gekürzt, die Umwelt und die Gesundheit zurückgestellt. Und die, die es sich richten können, arbeiten mehr, die anderen erleiden die Kürzungen.

Karl Aiginger

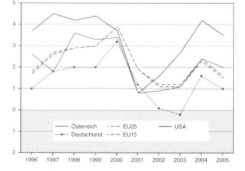

In den ersten Jahren des neuen Jahrtausends häuften sich die Anzeichen, dass Gewinne allein nicht selig machen. Globalisierungskritik und soziale Unruhen wie in Frankreich, aber auch Finanzskandale und Börsenkrisen in den USA und Europa haben eines gemein-

Ist Gewinn mit Gerechtigkeit vereinbar?

sam: Sie stellen die Frage, ob der Kapitalismus als dominierende Wirtschaftsordnung Gerechtigkeit ermöglicht oder unmöglich macht.

Ob Gewinn und Gerechtigkeit gleichzeitig möglich sind, darauf antworten moderne ethische Positionen mit „Ja, aber …". Dabei wird eine positive Grundhaltung mit der Forderung nach geeigneten Rahmenbedingungen verbunden:

– Wirtschaft und Gesellschaft gehören zusammen. Die Realisierung unserer persönlichen und gesellschaftlichen Bedürfnisse verlangt nach einer gut funktionierenden Wirtschaft und einer sozial ausbalancierten Gesellschaft.

– Die Leistungsgesellschaft braucht auch Spitzenleistungen in Fragen der Solidarität. Es braucht eine sozialethische Debatte darüber, wie soziale Gerechtigkeit und Sicherungen für Schwache und Arme adäquat zu definieren sind. An nachhaltigen – und nachhaltig finanzierten – sozialen Standards ist auch die Wirtschaft interessiert. Der Sozialstaat ist ja als modernes Sicherheitsnetz eine Voraussetzung dafür, dass findige Leute überhaupt die Hochseile des marktwirtschaftlichen Zirkuszeltes besteigen können.

– Der wohl härteste Prüfstein der Gegenwart ist die Frage der weltweiten Gerechtigkeit. Um sie zu erreichen, braucht es einen Mix politischer und wirtschaftlicher Maßnahmen. Die Quoten der Entwicklungszusammenarbeit zu heben, ist die eine Notwendigkeit, der Zugang der weniger entwickelten Länder zum Markt und weitgreifende Bildungs- und Demokratisierungsinitiativen sind andere.

Im aktuellen *Handbuch der Wirtschaftsethik* wird der Begriff „Gerechtigkeit" unter dem Titel „Nachhaltige Entwicklung" diskutiert. Nachhaltige Entwicklung bedeutet, die Bedürfnisse der heutigen Generation zu befriedigen und dabei die Chancen künftiger Generationen nicht aufs Spiel zu setzen. Dazu ist notwendig, die ökologische, soziale und ökonomische Dimension nicht gegeneinander auszuspielen, sondern zu verbinden:

– Umweltprobleme haben eine gute Chance auf dauerhafte Lösung, wenn die Wirtschaft funktioniert und die Armut gelindert wird.

– Der Ausgleich zwischen Arm und Reich kann erreicht werden, wenn die ökonomischen und ökologischen Rahmenbedingungen weltweit stimmen.

– Eine erfolgreiche wirtschaftliche Entwicklung kann auf Dauer nicht stattfinden, wenn die Umwelt geschädigt und der soziale Friede gestört ist. Die Vision der nachhaltigen Entwicklung ist, dass Zukunft gelingt – unsere und die unserer Kinder und Enkel. Alle sollen ausreichend von dieser Welt und ihren Ressourcen haben.

Christian Friesl

Wie viel Ethik die Wirtschaft braucht, ist schon seit dem Mittelalter eine umstrittene Frage. Der Jesuit Johannes Schasching (* 1917) hat eine legendäre Formel für die Wirtschaftethik entworfen: „Wir müssen sachgerecht, menschengerecht und gesell-

Haben Unternehmen gesellschaftliche Verantwortung?

schaftsgerecht wirtschaften". Österreichische Unternehmen haben diese Grundsätze in einem Leitbild mit dem Titel *Erfolgreich wirtschaften – verantwortungsvoll handeln* neu formuliert:

– Sachgerecht wirtschaften bedeutet, die Stärken der Marktwirtschaft zu nutzen, innovativ und gewinnbringend zu arbeiten und das auf faire Weise zu tun.

– Die Menschengerechtigkeit in der Wirtschaft hat den partnerschaftlichen Umgang mit Mitarbeiterinnen und Mitarbeitern im Blick, die Integration von Fremden und die Gleichstellung der Frauen.

– Gesellschaftsgerecht wirtschaften verlangt unter anderem nach Sorge für die Umwelt und Vorsorge für die kommenden Generationen.

Das Leitbild gehört zum Modell der „Corporate Social Responsibility" (CSR). Die Idee von CSR erreichte Europa Anfang 2002 nach den verheerenden Finanzskandalen und Börsenkrisen um die Jahrtausendwende. Sie zielt darauf, dass Unternehmen „auf freiwilliger Basis soziale Belange und Umweltbelange in ihre Unternehmenstätigkeit und in die Wechselbeziehungen mit den Stakeholdern

integrieren …" und zur nachhaltigen Entwicklung beitragen. Damit haben sie ein Managementtool, mit dem sie ihre gesellschaftliche Verantwortung umsetzen können:

– Der Einstieg in CSR-Aktivitäten erfolgt häufig über soziale oder ökologische Einzelprojekte. Eine Bäckerei beispielsweise finanziert mit dem Erlös des eigens kreierten „Afrika-Brots" Unterrichtsmaterialien für Aids-Waisen in Burkina Faso.

– Unternehmen, die sich intensiver engagieren, tun das über CSR- und Nachhaltigkeitsberichterstattung oder berücksichtigen CSR im Produktmanagement. Eine Tischlerei entwickelt z. B. mit Betroffenen eine barrierefreie Küche für Menschen mit Bewegungshandicap und nimmt sie in ihre Produktpalette auf.

– Gleichsam die höchste Stufe des Engagements ist, dem Thema Verantwortung im Kerngeschäft Raum zu geben: Eine österreichische Druckerei erzeugt ausschließlich Produkte, die aus nachhaltiger Rohstofferzeugung verwendet werden. Die gesamte Produktion und alle eingesetzten Materialien entsprechen höchsten Umweltstandards. Zudem fordert das Unternehmen auch von seinen Lieferanten verbindliche Ökostandards.

CSR wirkt an der Schnittstelle von Wirtschaft und Gesellschaft. Dem Unternehmen verspricht der Einsatz von CSR höhere Mitarbeiterbindung, eine verbesserte Unternehmenskultur, aber auch eindeutige Kostensenkungseffekte, etwa durch nachhaltiges Personalmanagement. Auf der Seite der Gesellschaft profitieren je nach Schwerpunkt die Mitarbeiterinnen und Mitarbeiter sowie benachteiligte gesellschaftliche Gruppen, künftige Generationen und die Umwelt.

Christian Friesl

In der öffentlichen Diskussion wird dieses Begriffspaar immer wieder verwendet, um potenziell gegensätzliche Auffassungen über Natur und Funktion der Führung einer Aktiengesellschaft zu verdeutlichen. Im Shareholder-Konzept wird als primäre Aufgabe des

Shareholder oder Stakeholder?

Managements die Erwirtschaftung eines nachhaltigen Ertrages verstanden, der langfristig über dem Ertrag alternativer Anlagen liegt. Das Stakeholder-Konzept hingegen verpflichtet das Management nicht nur den Aktionären gegenüber, sondern allen, die an dem Unternehmen Interesse haben, die so genannten Stakeholder, dazu gehören die Mitarbeiter, die Kunden, Anrainer usw.

Im § 70 (1) des österreichischen Aktiengesetzes wird programmatisch festgeschrieben, wie das Management zu führen hat: „Der Vorstand hat unter eigener Verantwortung die Gesellschaft so zu leiten, wie das Wohl des Unternehmens unter Berücksichtigung der Interessen der Aktionäre und der Arbeitnehmer sowie des öffentlichen Interesses es erfordert." Das ist ein Amalgam von Shareholder- und Stakeholderprinzip.

Der Gegensatz zwischen den beiden Konzepten wurde 1986 durch die Arbeit *Shareholder Value* des amerikanischen Betriebswirtschafts-Professors Alfred Rappaport in eine breitere Öffentlichkeit getragen. Sie entstand nicht zuletzt aus einer bestimmten historischen Situation heraus, in der Unternehmensleitungen nach Meinung vieler Aktionärsvertreter zu wenig Rücksicht auf die Aktionärsinteressen nahmen. Im ersten Kapitel des Buches, einem Abschnitt über die unterschiedlichen Zielsetzungen von Manage-

ment und Eigentümer, wies Rappaport darauf hin, dass es Einflussfaktoren gebe, die das Management dazu veranlassen sollen, im besten Interesse der Eigentümer zu handeln. Nämlich: Je härter die negativen Konsequenzen sind, mit denen eine Führungskraft, die das Vermögen der Eigentümer reduziert, rechnen muss, desto geringer ist die Wahrscheinlichkeit, dass diese Führungskraft auch tatsächlich gegen die Interessen der Anteilseigner handelt. Dies kann aber wieder gegen die Interessen der Stakeholder verstoßen. Rappaport ging es darum, die Aktionärsinteressen wieder in den Vordergrund zu rücken. Meines Erachtens ist das kaum gelungen, sondern die Position des Managements wurde eher verstärkt. Diese für das ganze marktwirtschaftliche System wesentliche Frage des Verhältnisses von Aktionär und Management harrt noch immer einer Regelung, sofern dies unter den gegebenen Eigentumsverhältnissen überhaupt möglich ist. Zur Zeit ist es jedenfalls aus österreichischer Sicht bei einem Amalgam zwischen Shareholder und Stakeholder geblieben, die Diskussion ist aber ziemlich sicher nicht zu Ende.

Josef Taus

Einige Aktienindizes:

ATX	Aktienindex der 20 größten börsennotierten Unternehmen Österreichs
DAX	Aktienindex von 30 großen deutschen börsennotierten Unternehmen
DJIA	Dow Jones Industrial Average; 30 der größten US-Unternehmen
NASDAQ-100	Index für 100 große an der NASDAQ notierte US-Werte, meist aus dem Bereich Technologie
Nikkei 225	Aktienindex der Tokioter Börse, der bedeutendste Asiens

Aus der Perspektive amerikanischer Ökonomen, der OECD und des Internationalen Währungsfonds leidet Europa unter der Höhe der Steuern, der Größe des Staatssektors und der Regulierung vieler Lebensbereiche. Tatsächlich übernimmt der Staat in Eu-

Gibt es ein europäisches Wirtschafts- und Sozialmodell?

ropa – mit Unterschieden nach Ländern – eine höhere Verantwortung für die Wohlfahrt der Mitglieder. Er versichert gegen Krankheit, Arbeitslosigkeit, Behinderung und verhindert Armut im Alter. Die Arbeitsbeziehungen sind durch Arbeitsgesetze und Kollektivverträge geregelt, es gibt betriebliche Mitbestimmung. Die Gründung von Firmen und ihre Führung sind teilweise an den Bedarf, teilweise an Qualifikationen gebunden. Einkommensunterschiede werden durch Transfers auf der einen Seite und progressive Steuern auf der anderen Seite begrenzt, Ausbildungs- und Gesundheitssystem sind großteils öffentlich. Die Nutzung von Energie und Umwelt bzw. Emissionen sind stärker besteuert oder reguliert. Diese Elemente erlauben uns, von einem gemeinsamen europäischen Modell zu sprechen.

Das europäische Modell ist nach Ländern unterschiedlich. Die nordischen Länder haben bei einem generell höheren Umfang des Staatssektors und der Absicherung geringere Einkommensunterschiede, das Wohlfahrtssystem ist mehr durch Steuern und weniger durch lohnabhängige Beiträge gedeckt. Die Lohnunterschiede nach Geschlecht sind verringert. Die kontinentalen Länder haben branchenspezifische Kollektivverträge, höhere

finanzielle Leistungen (Kindergeld) und niedrige Sachleistungen (Kindergärten). Die südlichen Länder sind noch stärker von Unterstützungen innerhalb der Familie abhängig. Die britischen Länder binden Sozialleistungen an die Bedürftigkeit („means test").

Interessanterweise sind in den letzten fünfzehn Jahren gerade die nordischen Länder mit ihrem umfassenden System wirtschaftlich erfolgreicher. Sie konnten besonders nach einer Krise Anfang der neunziger Jahre rasch wachsen, die Arbeitslosigkeit abbauen und haben eine höhere Beschäftigungsrate. Sie wissen, wie schwer es ist, einen umfassenden Wohlfahrtsstaat zu erhalten, und wie leicht die Konkurrenzfähigkeit verloren gehen kann. Sie haben ihre Arbeitsmärkte entreguliert, verbinden Flexibilität für Firmen mit Sicherheit für die Arbeitnehmer und investieren aktiv in die Zukunft. Sie haben die höchsten Forschungsausgaben, die beste Aus- und Weiterbildung, investieren in Telekommunikation und Biotechnologie. Alles das ist bei ausgeglichenen Budgets möglich.

Insgesamt ist das europäische Modell der anspruchsvollste Versuch, die Ziele der Effizienz, der sozialen Absicherung und der ökologischen Verantwortung zu verbinden. Auch wenn es Lücken im Wohlfahrtsstaat gibt und Probleme in der Wettbewerbsfähigkeit oder in der Verfolgung einer vorwärts gerichteten Agenda, so ist das System einer Gesellschaft mit hohem Einkommen gerechter als das amerikanische. Wenn das europäische Modell reformiert und flexibilisiert wird, wenn es Anreize zu investieren und zu forschen gibt, dann ist es wettbewerbsfähig und kann in der globalisierten Welt mithalten.

Karl Aiginger

Als Globalisierung wird allgemein die Erweiterung des Horizontes von Handlungen bezeichnet. Der relevante Aktionsradius expandiert von der regionalen Ebene letztlich bis zur weltweiten Ebene. Dies betrifft die Planung der Produktion, die Herkunft der

Ist die Globalisierung eine Bedrohung oder eine Chance?

konsumierten Produkte, die Diffusion von Technologien, Urlaubsplanungen, Informationsbeschaffung und letztlich auch die Wahl des Arbeitsplatzes und des Lebenspartners. Je nach Art der Globalisierung, oft auch nach der Rolle entweder als gestaltender Akteur oder als passiv Betroffener, wertet man Globalisierung als erfreulich oder bedrohlich, oft beides je nach Dimension.

Zu den gängigsten Indikatoren zählt der Außenhandel mit Waren und Dienstleistungen (Exporte und Importe) oder Firmenverlagerungen und Outsourcing. Von Globalisierung spricht man, wenn diese Tätigkeiten ferne Länder betreffen oder die Länder sehr unterschiedlich sind. Im kulturellen Bereich wird die weltweite Verbreitung von Informationen und Kulturgütern diskutiert, sei es positiv als multikulturelle Vielfalt oder negativ als Einheitsbrei, aufgezwungen durch Hollywood, Big Mac oder Coca-Cola.

Wie jede Vergrößerung der Optionen ist Globalisierung prinzipiell Wohlfahrt erhöhend. Wenn jede Region das anbietet, wofür sie die besten Voraussetzungen besitzt, und wenn jedes Gut dort abgesetzt wird, wo das Gut den höchsten Nutzen stiftet, so steigen Produktivität und Einkommen. Generelle Probleme treten dort auf, wo ein Land die Macht und die Wirtschaftskraft besitzt, einem anderen Regeln aufzuzwingen und lokale Alternativen zu verdrängen, ohne sie vollwertig zu ersetzen. Dann kommt es zu keinem fairen Tausch, und Konsumnutzen wie auch Arbeitplätze gehen verloren. Spezifische Probleme tauchen dann auf, wenn der Wandel von der regionalen Struktur zur globalen Wirtschaft sehr schnell stattfindet. Jeder Wandel bringt zumindest kurzfristig Gewinner und Verlierer. So verlieren im wohlhabenden Land die Arbeitnehmer mit geringen Qualifikationen, da im ärmeren Land ähnlich qualifizierte Arbeitnehmer zu einem noch niedrigeren Lohn anbieten. Prinzipiell würde auch die Gruppe der Niedrigqualifizierten im Hochlohnland profitieren, wenn sie Zeit und Gelegenheit zur Umschulung in höher qualifizierte Tätigkeiten hätte und nutzen könnte. Das Land mit den niedrigen Einkommen profitiert durch den Technologietransfer, zusätzlich zum Warenhandel. Globalisierung führt daher tendenziell zu einer Angleichung der Einkommensunterschiede zwischen Industrie- und Entwicklungsländern. Dabei besteht theoretisch eine größere Gefahr für Qualifizierte, da ihre Qualifikation oft durch den Import von Gütern (Maschinen, Technologie) ersetzt wird. Allerdings sind sie flexibel genug, im Restrukturierungsprozess neue Positionen zu übernehmen. Die tatsächliche Anpassungslast bleibt bei den gering Qualifizierten, die von höherer Arbeitslosigkeit betroffen sind. Nachteile der Globalisierung können auch auftreten, wenn die Kulturen sehr unterschiedlich sind und eine Kultur durch wirtschaftliche Macht, größere Aggressivität oder bessere Kommerzialisierung einer anderen ihre „Leitkultur" aufdrängt oder wenn die heimischen Eliten zwecks rascherer Entwicklung der endogenen Entwicklung im Verhältnis zur Attraktivität für Auslandsinvestitionen zu geringe Aufmerksamkeit schenken. Globalisierung wird also insbesondere dann ein ökonomischer, humanitärer und kultureller Erfolg sein, wenn der Prozess unter gleich starken Regionen nach geordneten Spielregeln stattfindet. Tatsächlich wird der Begriff Globalisierung allerdings meist besonders auf Wirtschaftsbeziehungen angewandt, die zwischen Ländern mit unterschiedlichem Entwicklungsstand ablaufen. Hier sind die potentiellen Erträge besonders hoch, es droht aber auch die Gefahr der Ungleichgewichtigkeit. Eine Begleitung der Globalisierung durch eine Wirtschaftspolitik, die den Wandel aktiv unterstützt sowie das Tempo der Entwicklung, die Regeln des Tausches und die Fairness der Beziehungen garantiert, kann diese Vorteile absichern. Ist dies nicht gegeben, so regt sich der Widerstand gegen Globalisierung. Die Errichtung neuer Mauern und die Einführung von Verboten sind jedoch nicht empfehlenswert, da dadurch die Vorteile verloren gehen. Faire Bedingungen, die Bekenntnis zur Vielfalt und das Wissen, dass der Prozess kurzfristig auch Verlierer erzeugt, denen bei der Anpassung geholfen werden muss, sind entscheidend. Leitbilder, die neben Effizienz auch soziale, ökologische und kulturelle Werte anerkennen, sind notwendig. Eine Globalisierung, die gestaltet und begleitet ist von aktiver Wirtschaftspolitik und politischer Fairness, ist besser als eine Globalisierung ohne Regeln und doppelt vorteilhaft gegenüber einer Behinderung der Öffnung für neue Ideen, Produkte und Herkunftsländer.

Karl Aiginger

Der Terminus der „Global City" wurde in den 1990er Jahren von der amerikanischen Stadtforscherin Saskia Sassen geprägt. Global Cities sind Millionenstädte mit weltweiter Bekanntheit, Sitz von wichtigen internationalen Konzernen sowie nationalen und inter-

Gibt es einen Konkurrenzkampf der Metropolen?

nationalen Institutionen. Sie sind weiters Finanz- und Kulturzentren und besitzen eine exzellente Verkehrsinfrastruktur. Es handelt sich hierbei also um Wirtschaftsmetropolen von globaler Bedeutung, wie etwa New York, Tokio, London oder Paris. Das Konzept der Global Cities steht in einem unmittelbaren Zusammenhang mit der Globalisierung der Ökonomie.

Standen Metropolen früher eher in einem Konkurrenzverhältnis zu anderen Städten im selben Land, so müssen sie sich heute immer stärker darum bemühen, auf der internationalen Bühne eine Rolle zu spielen. Metropolen buhlen heute förmlich darum, für internationale Investoren interessant zu sein und – ohne Rücksicht auf Verluste – zu Standorten der internationalen Finanzmärkte zu werden.

Europa verfügt über zwei „echte" Global Cities: London und Paris. Vielfach wird aber auch Frankfurt dazu gerechnet. Faktum ist, dass die Konkurrenz zwischen den Städten als Wirtschaftsstandorte immer mehr zunimmt, und zunehmend treten auch prosperierende asiatische Metropolen, wie etwa Shanghai, in den weltweiten Wettbewerb ein. Die Rangordnung nach ökonomischen Kriterien hat aber nichts mit der internationalen Bekanntheit einer Stadt zu tun oder mit deren nach dem Indikator der Lebensqualität gemessenen Attraktivität. So belegen etwa Rom und Wien, dass auch ein sich aus kulturellen Attributen herleitendes Image eine wichtige Rolle spielt.

So weit, so gut, doch: So imposant die Skylines der Global Cities auch sein mögen, darf die Tatsache nicht unter den Tisch gekehrt werden, dass die Sozialstrukturen dieser Städte durch eine sich verschärfende Polarisierung zwischen Arm und Reich charakterisiert sind. Auf der einen Seite steht die politische und wirtschaftliche Elite, die über hohe Einkommen verfügt, in den besten städtischen Vierteln wohnt und in ihrer Lebensweise global orientiert ist. Diese Elite kauft „mindere" Dienstleistungen, wie z. B. die Erledigung der Einkäufe, die Kindererziehung, Kranken- oder Altenpflege, zu. Weniger glamourös ist das Dasein der unteren Mittelschicht sowie der urbanen Unterschichten. Diese stehen den Globalisierungstendenzen auch distanzierter gegenüber. Sie befinden sich nämlich in einem scharfen internationalen Wettbewerb um die Arbeitsplätze und haben sich mit Existenzsorgen und Lohndumping durch Immigration auseinanderzusetzen. Steigende Mieten in zentralen Lagen sowie der großflächige Abriss wenig repräsentativer Wohngebiete, wie in Paris oder London, sorgen dafür, dass diese wenig kapitalkräftigen Bevölkerungsgruppen auch hinsichtlich ihrer Wohnstandorte an den Rand gedrängt werden. Wohin diese Entwicklung auch in Europa noch führen könnte, kann anhand der krassen sozialen Unterschiede in US-amerikanischen Städten studiert werden.

Josef Kohlbacher

Der Boom des Massentourismus setzte nach dem Zweiten Weltkrieg im Gefolge der „Erfindung" des Pauschalurlaubs durch den britischen Reiseveranstalter Thomas Cook (1808–1892) ein. Damit war erstmals in der Geschichte das Verreisen nicht mehr ein Pri-

Wird der Massentourismus zur Belastung?

vileg der begüterten Klassen, sondern auch für die „einfacheren" Menschen wurde eine Urlaubsreise erschwinglich. Zusätzlich wurde der Tourismus durch die Reduzierung der Arbeitszeit, die Ausweitung des Urlaubsanspruchs, die Entwicklung der modernen Massenverkehrsmittel und eine immer besser organisierte Infrastruktur gefördert. Der Tourismus hat viele Gesichter: In der postmodernen Gesellschaft boomt auch der Städtetourismus. Der alpine Wintersporttourismus wiederum ist ein komplexes Netz von sozialen, wirtschaftlichen und ökologischen Auswirkungen eingebunden.

Tourismus ist ein zwiespältiges Phänomen. Es ist bereits seit den 1960er Jahren zu einer regelrechten Touristifizierung vieler Regionen Europas gekommen. Etwas später und mit steigendem Wohlstand hat diese auch auf außereuropäische Regionen übergegriffen. In zahlreichen Staaten zählt die Tourismusbranche zu den wichtigsten Devisenbringern. In Entwicklungsländern wie Nepal, Thailand, der Dominikanischen Republik, Sri Lanka und Kenia wurde sie zur Haupteinnahmequelle bzw. befindet sich derzeit, wie in Indien oder auf Kuba, in einer ausgeprägten Boomphase. China und Indien, die beiden bevölkerungsreichsten Staaten der Erde, sind neue globale Player auf dem Sektor des Massentourismus. Eine rasch wachsende Mittelschicht in diesen asiatischen Staaten möchte im Urlaub ebenfalls verreisen.

Zweifellos führt der Massentourismus zu einer nachhaltigen Veränderung traditioneller Kulturen und Lebensweisen, weckt Konsumbedürfnisse, zerstört Natur und Umwelt und erzeugt einen neuen Lebensrhythmus. Gleichzeitig schützt er aber auch die Natur und das historische Erbe, indem Naturreservate geschaffen und bauliche Sehenswürdigkeiten bewahrt werden. Nicht nur in den Zielländern des Tourismus, sondern auch in den Heimatländern der Touristen werden Arbeitsplätze, z. B. in Reisebüros und im Verkehrswesen, geschaffen.

Wie viele Touristen pro Höhenmeter Berg und pro Quadratmeter Strand sind aber verkraftbar – ökologisch und sozial? Und wie viele sind erforderlich, damit sich die damit einhergehenden Schäden auch für die lokale Bevölkerung wirtschaftlich lohnen? Wie gehen die „Bereisten" mit dem Tourismus um, fühlen sie sich als „Menschen im Zoo" oder sehen sie primär die ökonomischen Vorteile? All diese Fragen können nicht mit einfachen Statements beantwortet werden.

So viel steht also fest: Segen oder Fluch – die Frage ist letztlich nicht eindeutig zu beantworten, denn die Antwort hängt von der Perspektive des Betrachters ab. Die zentrale Frage ist also, wie können die berechtigten Bedürfnisse der Menschen nach Erholung, die wirtschaftlichen Interessen der Tourismusbranche und die Belange von Natur- und Umweltschutz besser und schonender miteinander in Einklang gebracht werden?

Josef Kohlbacher

In vielen europäischen Ländern (aber auch in Nordamerika) erwirtschaften die kleineren und mittleren Unternehmen (bis 100 Beschäftigte) mehr als zwei Drittel des Bruttoinlandsprodukts und stellen auch mehr als zwei Drittel der Arbeitsplätze bereit, d. h., sie

Welche Chancen haben Kleinunternehmen?

sind der vitalste und bedeutendste Faktor in vielen Volkswirtschaften. In der öffentlichen Diskussion und in den Medien haben diese Betriebe oft wenig Aufmerksamkeit; hier lesen wir nur von Skandalen und Fusionen großer Firmen oder neuen Produkten von Großunternehmen, ohne dass uns bewusst ist, dass viele dieser Produkte ganz oder teilweise von Kleinunternehmen entscheidend entwickelt und zur Serienreife gebracht wurden. Kleine und mittlere Unternehmen (KMUs) sind in den westeuropäischen Ländern das Herz der Wirtschaft und sie sind durch ihre Innovationen und Flexibilität für die Dynamik in vielen Volkswirtschaften verantwortlich. Auch in Österreich und in Deutschland sorgen sie maßgeblich für den Wohlstand.

Welche Zukunftsperspektiven gibt es für KMUs? Wenn die staatliche Wirtschafts- und Finanzpolitik die KMUs genauso ernst nimmt wie die Großunternehmen, wenn sie steuerlich entlastet werden und mit Augenmaß der Arbeitsmarkt bzw. die Wirtschaft weiter dereguliert werden, so dass sich KMUs noch besser entfalten können, ist ihr langfristiges Überleben gesichert. Wenn es durch aktive staatliche Hilfe und wenig Bürokratie möglich ist, Kleinunternehmen rasch zu

In bestimmten Marktnischen können sie bestehen: die „Greißler"

In den 1950er Jahren verfügte fast jede kleine Gemeinde über ein oder sogar mehrere mehr oder minder kleine Einzelhandelsgeschäfte, in denen man aus damaliger Perspektive „alles Lebensnotwendige" kaufen konnte. Heute existiert in zahlreichen – auch grö-

Sterben die Greißler aus?

ßeren – Gemeinden kein einziges Lebensmittelgeschäft mehr.

Eine fundamentale Veränderung des Einkaufs- und Konsumverhaltens ergab sich in ganz Europa durch die neue Vertriebsform der Selbstbedienung nach amerikanischem Vorbild. Die Eröffnung des ersten Selbstbedienungsladens Österreichs am 27. Mai 1950 im COOP-Gebäude in Linz war eine Sensation. Radio und Presse berichteten ausführlich über die neuen Möglichkeiten des Einkaufs, die für die meisten Konsumenten eine spektakuläre Erfahrung darstellten. Supermärkte, die auf größeren Verkaufsflächen ein breiteres Angebot bei freier Produktwahl boten, wurden zum Symbol der aufstrebenden Konsumgesellschaft. Für die Kunden wurden mit dieser Vertriebsform die Vorteile der Zeitersparnis und die freie Auswahl aus einem nahezu unbegrenzten Sortiment an Waren und Marken kombiniert.

Fachmärkte und große Einkaufszentren an der urbanen Peripherie boomen. Die Gemeinden selbst sind nicht ganz unschuldig an dieser Entwicklung. Nur allzu oft „reißen" sie sich förmlich um die Ansiedlung eines neuen Einkaufszentrums und finanzieren aus öffentlichen Geldern sogar bereitwillig die teuren Erschließungskosten – und dies ohne Rücksicht auf die bestehende alteingesessene Geschäftsinfrastruktur. Da sich Kun-

gründen, besteht auch die Chance für Jungunternehmer aktiv zu werden, Unternehmen aufzubauen und sich am Markt zu bewähren. Hierzu ist allerdings ein Umdenkprozess in unserer Gesellschaft notwendig, indem zum einen die Notwendigkeit erkannt wird, dass unser Wohlstand zum großen Teil auf den KMUs beruht und dass zum anderen gerade die Gründung von KMUs aktiv gefördert werden sollte. Für junge Universitäts- oder Fachhochschulabsolventen müssten entsprechende Anreize gesetzt werden, sich in diesem Bereich zu engagieren. Starthilfen sind bei der Gründung von KMUs wichtig und notwendig; diese können beispielsweise mit Hilfe von Technologie- und Wirtschaftsparks erfolgen, indem man angehenden Unternehmen eine gewisse Infrastruktur für ein bis zwei Jahre zur Verfügung stellt, danach müssen sich diese auch im Zuge einer Vollkostenrechnung am Markt bewähren. Aufgrund der hohen Flexibilität und Innovationsfreudigkeit von KMUs ist es ganz entscheidend, dass diese in Volkswirtschaften weiterhin in großer Zahl vorhanden sind. Wenn eine aktive Wirtschaftspolitik deren Unterstützung betreibt und entsprechende Maßnahmen für sie setzt, ist ihnen eine gute Zukunft beschieden.

Friedrich Schneider

den und Kaufkraft nicht grenzenlos vermehren, wandern diese zu den Shoppingcentern ab.

Es handelt sich jedoch um kein unabwendbares „Naturereignis", wenn in ländlichen Gemeinden die gewerbliche Infrastruktur abstirbt, während im suburbanen Raum die Einkaufszentren gedeihen. Es genügt nicht, das Sterben der Greißler bloß lautstark zu bedauern. Hier liegt es auch am Kunden, bei diesen einzukaufen! Tatsache ist jedoch, dass die Blütezeit der Greißlereien unzweifelhaft ein für alle Mal vorbei ist. Denn wer schätzt es nicht, das breite Sortiment und die günstigen Preise der Supermärkte? Die aktuelle Realität der Konzentration des Einzelhandels ist als Faktum zur Kenntnis zu nehmen. Hier nützt auch ein Übermaß an Nostalgie nichts. Politische Strategien, aber auch private Initiativen sind gefragt. Eine Kombination aus beidem kann dieser Entwicklung zumindest partiell entgegensteuern.

Eine Fülle an Direktvermarktern, Bioläden und Zustelldiensten legt beredtes Zeugnis darüber ab, dass viele Menschen nicht nur gute Ideen haben, sondern auch bereit sind, die Nahversorgung in vielen Orten aufrechtzuerhalten. Solche Initiativen sollten seitens der Regional- und Lokalpolitik auch entsprechend gefördert werden. Mit individuellem Geschick und Gespür für die Bedürfnisse der Kunden, mit Zustelldienst und einem auf die lokalen Verhältnisse zugeschnittenen Warensortiment können sich einzelne geschickte Greißler Nischen schaffen, in denen sie durchaus überleben können. Reichtümer wird sich damit wohl keiner erwirtschaften, es ist aber auch nicht anzunehmen, dass die Wirtschaftsform der Greißler völlig aussterben wird.

Josef Kohlbacher

Schattenwirtschaft ist heutzutage ein Phänomen, das uns überall begleitet. Jeder von uns kennt Leute, die nebenher schwarzarbeiten oder schwarzarbeiten lassen. Es ist somit bekannt, dass sich eine blühende Parallel- oder Schattenwirtschaft etabliert hat, die in

Schattenwirtschaft: notwendig oder kriminell?

den meisten europäischen Ländern größer als 10 % des offiziellen Bruttoinlandsprodukts ist. Es stellt sich daher die Frage, ob Schattenwirtschaft für die Gesellschaft, den Staat und die „offizielle" Wirtschaft mehr Vorteile oder mehr Nachteile hat. Ein Vorteil der Schattenwirtschaft ist sicher, dass in vielen Bereichen rasch und flexibel gearbeitet werden kann und dass eine zusätzliche Wertschöpfung von Gütern und Dienstleistungen entsteht, die in der offiziellen Wirtschaft zu diesen hohen Preisen nicht entstünde. Bei den in der Schattenwirtschaft erzeugten Gütern und Dienstleistungen handelt es sich ja in den meisten Fällen um die gleichen wie in der offiziellen Wirtschaft. Darüber hinaus wird „schwarz" verdientes Geld zu zwei Drittel in der offiziellen Wirtschaft sofort wieder ausgegeben und trägt dadurch zur Belebung der offiziellen Wirtschaft bei. Ein Teil des Lebensstandards wäre in vielen westlich orientierten Volkswirtschaften ohne Schattenwirtschaft nicht haltbar. Selbstverständlich hat Schattenwirtschaft aber auch Nachteile. Zum einen entsteht ein ruinöser Wettbewerb zwischen den Betrieben, die schwarzarbeiten, und denen, die es nicht tun. Der ehrliche

Unternehmer kann mit den Tarifen der Schwarzarbeiter natürlich nicht mithalten. Der am stärksten Geschädigte ist sicherlich der Staat, denn es entstehen Steuer- und Sozialversicherungsbeitragsausfälle. Die Ausfälle der Sozialversicherung sind hier sicherlich die bedeutendsten. Ein Teil der nicht entrichteten Steuern wird allerdings wieder „hereingewirtschaftet", da das schwarz verdiente Geld in der offiziellen Wirtschaft wieder ausgegeben wird.

Es stellt sich nun abschließend die Frage, ob der positive oder negative Effekt überwiegt. Diese Frage ist schwierig zu beantworten. Sicherlich profitiert die Volkswirtschaft als Ganzes von der Schwarzarbeit, weil zusätzliche Wertschöpfung entsteht und zusätzliches Geld in den Kreislauf fließt. Auf der anderen Seite gibt es weniger Steuereinnahmen und Ausfälle bei den Sozialversicherungen, die der Staat über erhöhte Beitragssätze wieder hereinwirtschaften muss. Auch der ruinöse Wettbewerb hinterlässt negative Spuren. Insgesamt gesehen bleibt daher die Frage offen, ob die positiven oder negativen Folgen überwiegen.

Friedrich Schneider

Schattenwirtschaft in OECD-Ländern bezogen auf das Bruttoinlandsprodukt 2005:

Griechenland	27,6 %	Kanada	14,3 %
Italien	24,4 %	Frankreich	13,8 %
Spanien	21,3 %	Australien	12,6 %
Portugal	21,2 %	Niederlande	12,0 %
Belgien	20,1 %	Großbritannien	12,0 %
Norwegen	17,6 %	Neuseeland	11,7 %
Schweden	17,5 %	Japan	10,3 %
Finnland	16,6 %	Österreich	10,3 %
Dänemark	16,5 %	Schweiz	9,0 %
Deutschland	15,6 %	USA	8,2 %
Irland	14,8 %		

Wie zentral Fortschritt ist, zeigt sich in analytischer Tiefe bei der Ermittlung der Ursachen für Wirtschaftswachstum. Traditionelle Produktionsfaktoren wie Arbeit und Kapital „erklären" bestenfalls ein Viertel der längerfristigen Zunahme der Wirtschaftsleistung

Welche Rolle spielen Forschung, Technologie und Innovation in der Wirtschaft?

eines Landes. Der „unerklärte Rest" wird dem technisch-wissenschaftlichen Fortschritt zugerechnet. Dieser „dritte Faktor" drückt somit aus, wie durch verbesserten Einsatz der Produktionsfaktoren mehr Leistung erzielt bzw. wie die gleiche Leistung effizienter, daher billiger erstellt werden kann. Somit gilt es, neue Produkte und neue Verfahren zu entwickeln. Die Erfindung von neuen Medikamenten, Maschinen, Materialien, Brennstoffzellen, Kommunikationstechniken usw. und hierauf deren Einsatz am Markt beruhen auf demselben Grundprinzip: Eine Innovationswertschöpfungskette ist zu etablieren. Deren Bestandteile sind: Grundlagenforschung – angewandte Forschung – Entwicklung – und Umsetzung gemäß den Erfordernissen des Marktes. Trotz dieser Einsichten in die Funktionsweise eines Innovationssystems kann technischer Fortschritt leider nicht auf Knopfdruck ausgelöst werden.

Die Kombination einer Vielzahl komplexer „Inputs" ist nötig: Forschung, Humanressourcen und innovationsfreundliche Rahmenbedingungen (Rechtssicherheit, Patentierung, geringe Regulierungsdichte, Risikokapital) sind elementare Faktoren. Wissenschaftliche Forschung kann zwar z. B. durch die Anzahl von Publikationen gemessen werden, aber wie treibt man die wissenschaftliche Produktivität an? Ausgaben für Forschung und Entwicklung (F&E) sind unerlässlich, ebenso wie die Anzahl der Wissenschaftler und Fachkräfte insbesondere in naturwissenschaftlich-technischen Fächern, aber welche Größenordnungen sind im jeweiligen nationalen Umfeld erforderlich? Die EU will bis 2010 eine Forschungsquote (Anteil von F&E-Ausgaben am Bruttoinlandsprodukt) von 3 % erreichen. Dennoch streut die internationale Wettbewerbsfähigkeit der Länder gemessen an der Außenwirtschaft und anderen Indikatoren der Konkurrenzfähigkeit erheblich um diesen Richtwert. Somit muss der Prozess der Umsetzung von der Erfindung und Entwicklung von Produkten und Prozessen auf dem Markt, also die kaufwillige Nachfrage, besser beleuchtet werden. Dafür hat Joseph A. Schumpeter das Stichwort „Innovation" geprägt. Es meint die Durchsetzung von technischen und organisatorischen Neuerungen („Erfindungen") auf den Märkten. Eine Schlüsselposition nehmen hier die schöpferischen Pionier-Unternehmer ein. Diese riskieren durchaus, dass Überholtes zerstört wird, um Neues zu Erfolgen zu führen. Der moderne Wettlauf der Nationen orientiert sich also an den Kriterien von Leistungsvergleichen über F&E und Innovation. Solche „Innovation Scoreboards" erfreuen sich deshalb großer Beliebtheit, erkennt man daran doch, welchen Platz man im internationalen Match von Forschung und Innovation errungen hat. Wohlstand, Arbeitsplätze, verbesserte Umwelt- und Gesundheitsstandards wären dann die Konsequenzen.

Werner Clement

Mit dem Begriff „Industrie" wird oft immer noch das Bild rauchender Schlote, das aus dem Zeitalter der industriellen Revolution des 19. Jahrhunderts stammt, assoziiert. Als Kontrast dazu wird im 21. Jahrhundert vom post-industriellen Zeitalter als Folge des

Steht Europa am Ende des Industriezeitalters?

technologischen Fortschritts gesprochen. Aber stimmt die Idee des Strukturwandels gemäß der Drei-Sektoren-Theorie überhaupt noch? Demnach sollte die Agrarwirtschaft von der Industrie abgelöst werden und in die Dienstleistungsgesellschaft münden. Noch vor einigen Jahrzehnten konnte man den Aufbruch in die Dienstleistungswirtschaft prophezeien als „die große Hoffnung des 20. Jahrhunderts" (Jean Fourastié). De-Industrialisierung war das Schlagwort des ausgehenden letzten Jahrhunderts. Fand diese aber tatsächlich statt? Richtig ist, dass viele früher in einen Industriebetrieb integrierte Aktivitäten an Spezialisten ausgelagert wurden, so z. B. Fuhrpark, Kantine, Reinigung, aber auch das Rechtswesen, Werbung, Software und Marketing bis hin zur Buchhaltung. Somit kam es zum Aufschwung der „industrieorientierten Dienstleistungen". Damit verschoben sich die Anteile der drei Sektoren. In der Blüte des Industriezeitalters arbeiteten in der Industrie rund zwei Drittel der Beschäftigten eines Landes. Gegen Ende des 20. Jahrhunderts kehrten sich die Proportionen um. Bis zu drei Viertel der Beschäftigten waren im Dienstleistungssektor tätig. „Tertiärisierung" der Wirtschaft lautete das Schlagwort. Zählt man allerdings die Wirtschaftsdienstleistungen zur Industrie, dann ist die Industrie nach wie vor der bedeutendste Pfeiler von entwickelten Volkswirtschaften. Ausgedrückt durch die Maßgröße „Wertschöpfung" – also die Netto-Produktionsleistung in monetären Einheiten –, ist die Industrie auch in der fälschlich so genannten Dienstleistungswirtschaft der wichtigste Bereich und jedenfalls die Basis für die Wettbewerbsfähigkeit eines Landes. Die Industrie (oder in der Terminologie von Eurostat: das „verarbeitende Gewerbe") generiert noch fast 30 % des Bruttoinlandsprodukts in Industrieländern wie Deutschland (710 Mrd. Dollar Bruttowertschöpfung), Österreich oder Japan. In den USA liegt der Anteil unter 25 % (absolut allerdings immer noch mit dem globalen Spitzenwert von ca. 2.500 Mrd. Dollar Bruttowertschöpfung). Dennoch: Die Beschäftigung nimmt wegen der möglichen (und notwendigen!) hohen Produktivität durch Mechanisierung und Automatisierung ab.

Um die Jahrtausendwende drängt sich eine nunmehr neue Dimension vehement in den Vordergrund: Gewaltige Lohnkostenunterschiede zwischen verschiedenen Produktionsstandorten einerseits und eine heftige Konkurrenz um Marktanteile andererseits zwingen Industrieunternehmen, jene Produktionsstandorte aufzusuchen, wo sie die besten Bedingungen bei den Stückkosten haben. Als Auswege bieten sich an: Umschichtung in wertschöpfungsintensive High-Tech-Produkte oder Standortverlagerung. Nachdem Kapital immer mobiler wird und es kaum Schwierigkeiten bereitet, Fabriken zu verlagern, findet im Zeitalter der Globalisierung ein heftiger Standortwettbewerb statt. Somit tritt an die Stelle eines integrierten Industriebetriebes die Aufgabe, die ge-

Industriebetriebe wie die OMV-Raffinerie in Schwechat sind immer noch ein wichtiger Wirtschaftsfaktor für Europa

samte „Wertschöpfungskette" von der Forschung und Entwicklung über den kaufmännischen Bereich und den Absatz bis hin zur Werbung und dem After-Sales-Service zu optimieren. Weiters revolutioniert sich auch das Modell der Industrieproduktion wieder. Statt der früheren industriellen Massenproduktion am Fließband („Fordismus") ermöglichen moderne technische Produktionsverfahren eine sich rasch anpassende, flexible Multiproduct-Herstellung bei weiterhin hoher Produktivität. Somit: Die Industrieproduktion stirbt nicht, sie verändert nur ihr Gesicht!

Werner Clement

Die Antwort auf diese Frage ist leicht, obwohl noch nicht wiederum Gemeingut des allgemeinen Verständnisses geworden. Wie der Wirtschafts-Nobelpreisträger Robert A. Mundell (* 1932) in seiner Nobelvorlesung *A Reconsideration of the Twentieth Century*

Mehr Staat oder mehr privat?

(publiziert im Jahr 2000) festhielt: „Forget the 75 years between 1914 and 1989!" Diese 75 Jahre waren eine Periode der wechselseitigen wirtschaftlichen Abkapselung der nationalen Volkswirtschaften gegeneinander mit ihrem Höhepunkt in den 1940er Jahren. Seit dem 18. Jahrhundert haben zumindest die führenden Wirtschaften, Holland und England, und in der zweiten Hälfte des 19. Jahrhunderts dann alle entwickelten Wirtschaften einen hoch integrierten und freien internationalen Kapitalverkehr erlebt, ja diesen genossen wie erlitten; dazu kam zunehmend, besonders im 19. Jahrhundert, freie Wanderung der Arbeitskräfte. Diese materiellen Bedingungen schufen den wirtschaftlichen Liberalismus als Prinzipiensammlung und als Ideologie und nicht umgekehrt. Schon das in den 1620er Jahren geschriebene Gründungswerk des wirtschaftlichen Merkantilismus (!) von Thomas Mun, *England's Treasure by Forraign Trade*, betonte, dass Staaten (er sagte noch: Könige) nicht in der Lage seien, Zinssätze und Wechselkurse zu kontrollieren; diese werden vielmehr international bestimmt. In globalisierter Wirtschaft – und Globalisierung ist, wie betont, keineswegs neu, sondern nur wieder erstanden – ist der Staat wirtschaftlich weitgehend machtlos, und „privat" ist alles gebietend. Genauer: Staatliche Eingriffe sind ers-

tens nur kurzfristig wirksam, langfristig hingegen weitgehend wirkungslos. Zweitens, soweit sie langfristig durchgehalten werden, führen sie zu höchst kostspieligen Entkoppelungen aus dem Weltmarkt. Diese Kosten wurden durch die Wirtschaften des Ostblocks demonstriert, deren wesentliche politische Grundtendenz die der weitgehenden wirtschaftlichen Autarkie war und die über etwa 50 Jahre, wie die Wirtschaften unserer Nachbarländer zeigten, das Wohlstandniveau (pro Kopf) bei etwa gleicher Ausgangslage ungefähr auf die Hälfte desjenigen Österreichs reduzierten. Drittens muss Staatswirtschaft stets dort angesiedelt sein, wo militärische Geheimhaltung nottut. Aber der Wirtschaftsanteil der Militäraufwendungen sinkt tendenziell. Die öffentliche Wirtschaft schrumpft daher auf Kernbereiche und erliegt der Privatisierung, weil sie auf raschen Wandel nicht effizient genug reagiert.

In globalisierten und demokratischen Staaten ist die Politik bei der Gestaltung wirtschaftlicher Fragen schwach, die Wirtschaft letztendlich stets stärker. Wie gerade die EU lehrt, bleibt der Politik weitgehend nur die Gestaltung eines Rechtsrahmens und – wenn man die Judikatur der Politik zurechnet – die Rechtswahrung und die Detailausgestaltung der Rechtsnormen; der Religion bleibt als wirtschaftsrelevant die Erziehung zu moralischer Ehrlichkeit. Propagandistisch versuchen Politiker stets ihre weit größere Bedeutung zu behaupten und diese Unkundigen weiszumachen. Der kluge Beobachter hingegen „denkt sich sein Teil und lässt die andern reden", wobei diese anderen die nicht Wirtschaftsverständigen und eben die meisten Politiker sind.

Erich W. Streissler

In globalisierter Wirtschaft ist der entscheidende Sachzwang der der Notwendigkeit zum Mithalten im internationalen Wettbewerb, ja der stete Antrieb, international der Erste, der Beste zu werden. Bei geringen Transportkosten und der immer stärkeren

Dominieren Sachzwänge die wirtschaftliche Entwicklung?

Aufspaltung der Gütertypen und somit Heterogenisierung der Produkte führt dieser Sachzwang zur Herausbildung von immer mehr Weltmonopolen. Die globalisierte Wirtschaft treibt dem „Monopolkapitalismus" zu, freilich nicht einem solchen der Ausbeutung entweder der Arbeitskräfte oder der Konsumenten, sondern einem solchen von Weltmonopolen (Deutschland etwa soll 450 derselben aufweisen), die durch die Gefahr des Verlustes ihrer Monopolstellung infolge eines neu auftretenden Konkurrenten gezwungen sind, stets billig immer bessere Güter zu erzeugen. Auch die Arbeitskräfte können von diesen Monopolen in hoch entwickelten Industriestaaten nicht ausgebeutet werden, da es sich vorwiegend um hoch spezialisierte Fachkräfte handelt, die rar und damit „pflegebedürftig" sind. Ja es besteht die Tendenz, die hoch spezialisierten Fachkräfte in den verschiedensten Formen zu Mitunternehmern heranzubilden.

Der zentrale Sachzwang der wirtschaftlichen Entwicklung lässt sich somit in einem Worte wiedergeben: Innovation, dauernd vorantreibende Innovation als unausweichliche Berufung. Wer nicht innovativ ist, der unterliegt

infolge des „Zwangsgesetzes der Konkurrenz" erbarmungslos der „Elimination der Untüchtigen", wie man Charles Darwin zur Biologie zusammenfasste, der jedoch diese Ideen nur von den berühmten Ökonomen Adam Smith und Thomas Robert Malthus entlehnt hatte. Und zu diesem Zweck ist die Gefahr des Bankrotts die notwendige stete Triebfeder wettbewerblichen Wirtschaftsgeschehens. Bankrottgefahr treibt zu dauernden Verbesserungsbemühungen.

Erich W. Streissler

Die Europäische Union versucht Missbrauch der marktbeherrschenden Stellung von Unternehmen zu verhindern (Artikel 82 des EG-Vertrages in der konsolidierten Fassung von 2002):

„Mit dem Gemeinsamen Markt unvereinbar und verboten ist die missbräuchliche Ausnutzung einer beherrschenden Stellung auf dem Gemeinsamen Markt oder auf einem wesentlichen Teil desselben durch ein oder mehrere Unternehmen, soweit dies dazu führen kann, den Handel zwischen Mitgliedstaaten zu beeinträchtigen.

Dieser Missbrauch kann insbesondere in Folgendem bestehen:

a) der unmittelbaren oder mittelbaren Erzwingung von unangemessenen Einkaufs- oder Verkaufspreisen oder sonstigen Geschäftsbedingungen;

b) der Einschränkung der Erzeugung, des Absatzes oder der technischen Entwicklung zum Schaden der Verbraucher;

c) der Anwendung unterschiedlicher Bedingungen bei gleichwertigen Leistungen gegenüber Handelspartnern, wodurch diese im Wettbewerb benachteiligt werden;

d) der an den Abschluss von Verträgen geknüpften Bedingung, dass die Vertragspartner zusätzliche Leistungen annehmen, die weder sachlich noch nach Handelsbrauch in Beziehung zum Vertragsgegenstand stehen."

Diese Frage lässt sich für demokratische Gemeinwesen nicht einheitlich beantworten. Sie ist nämlich erstens von der Werteverteilung in der Wählerschaft und zweitens – sehr stark – von den historischen (oft traumatischen) Erfahrungen der jüngeren Vergan

Welche Rolle spielen Theorie und Pragmatismus in der Wirtschaftspolitik?

genheit abhängig. Alle wirtschaftspolitischen Entscheidungen bringen Vor- und Nachteile mit sich, wobei die Vor- und die Nachteile unterschiedliche Wählergruppen typischerweise sehr verschieden treffen.

In seltenen, dann aber entscheidenden Konstellationen erscheint es einer beträchtlichen Mehrheit der Wählerschaft wichtig, einen grundlegenden wirtschaftspolitischen Wandel anzustreben: Als wichtig erscheint dann der Wandel als solcher, der Wandel vielleicht im Prinzipiellen, vor allem aber der Wandel in den entscheidenden Personen, wobei der Wunsch nach „neuen Gesichtern" dominiert und die Abwendung eine solche von verbraucht erscheinenden Politikern ist. Nach zwanzig Jahren der Herrschaft der Demokraten in den USA wurde der Republikaner und erfolgreiche General Dwight D. Eisenhower 1952 zum Präsidenten gewählt, und zwar unter dem Motto „It's time for a change"; und nach vielen Jahren sozialistischer Herrschaft, abwechselnd mit dem Sozialismus sehr nahe stehenden Konservativen, erfolgte in Großbritannien die Wahl der radikal anderen konservativ-liberalen „Eisernen Lady" und Chemikerin Margaret Thatcher unter

dem Motto „There is no alternative" (TINA). Waren das eher Siege neuer Theorien oder doch mehr des Pragmatismus?

Grundlegend neue Theorien sind in der Wirtschaftspolitik überhaupt selten. Meist handelt es sich nur um nuancierte Umfärbungen, die höchstens propagandistisch als bemerkenswerte Änderungen angepriesen werden. Wissenschaftliche Theorien als Deutungen von Wirtschaftspolitik bilden sich vor allem im Nachhinein als Rechtfertigung und Verfestigung vergangener Entscheidungen. So entstand die „soziale Marktwirtschaft" Westdeutschlands der Nachkriegszeit vorerst als ein absichtlich in sich widersprüchlich formuliertes Befriedungskonzept Alfred Müller-Armacks – Sozialpolitik und Förderung der Marktwirtschaft widersprechen sich nämlich im Grunde. Das Konzept wurde in wenig sozialer Form 1948 durch Ludwig Erhard eingeführt. Als der Wirtschaftsaufschwung erfolgreich schien, wurde schließlich das deutsche marktwirtschaftliche Credo nach und nach zu einem wirtschaftspolitischen System ausgebaut. War das Theorie oder doch mehr Pragmatismus?

Pragmatismus ist in der Wirtschaftspolitik besonders deutlich, wenn es keine großen Wertegegensätze in der Wählerschaft, aber dennoch erheblich unterschiedliche materielle Interessen gibt. Dann wird erfolgreiche Wirtschaftspolitik jeder Wählergruppe ein Häppchen hinwerfen und das Gesamtbild ist das eines widersprüchlichen Flickwerks.

Ein zweiter Grund für anscheinenden wirtschaftspolitischen Pragmatismus sind die Veränderungen der gesamtwirtschaftlichen Rahmenbedingungen. Hier ist vor allem die erst um 1990 voll einsetzende „Globalisierung" der hoch entwickelten Industriewirtschaften zu nennen, d. h. ihre Öffnung für freie internationale Kapitalbewegungen und freie internationale Mobilität der Arbeitskräfte. Unter diesen Bedingungen wirken bisherige wirtschaftsanregende Maßnahmen nicht mehr, da sie im Auslandsabfluss der Mittel verpuffen, und neue politische Konstellationen, etwa die der „neuen Selbständigkeit", treten auf. Der hieraus notwendig werdende wirtschaftspolitische Wandel erscheint dann eher als Hinwendung zum Pragmatismus.

Theorie und Pragmatismus lassen sich somit in der Wirtschaftspolitik gar nicht trennen. Es geht mehr um ein „sowohl – als auch"; darüber hinaus ist es eine Frage des Betrachters, was er als markanter und bemerkenswerter empfindet.

Erich W. Streissler

Inflationsgeld der 1920er Jahre: Millionen Menschen verloren ihr Geldvermögen

Wertbeständiges Geld (d. h. eine Währung, deren Kaufkraft stabil ist) ist eine wichtige Vorraussetzung, damit eine Marktwirtschaft – und eine moderne demokratische Gesellschaft insgesamt – sich gut entwickeln kann. Der „Vater der Makroökonomie",

Was hat Preisstabilität mit der Wirtschaftsentwicklung zu tun?

John Maynard Keynes (1883–1946), hat einmal festgestellt: „Durch fortgesetzte Inflation können Regierungen sich insgeheim und unbeachtet einen wesentlichen Teil des Vermögens ihrer Untertanen aneignen. … Es gibt kein feineres und kein sichereres Mittel, die bestehenden Grundlagen der Gesellschaft umzustürzen, als die Vernichtung der Währung." Stabiles Geld hingegen begünstigt die Wirtschaftsentwicklung in mehrfacher Weise:

– Erstens können bei Preisstabilität die relativen Preisverhältnisse verschiedener Güter und Dienstleistungen zueinander leichter erkannt werden, da sie nicht durch Schwankungen des allgemeinen Preisniveaus überdeckt werden. Unternehmen und Verbraucher können somit bessere Konsum- und Investitionsentscheidungen treffen. Die knappen Produktionsmittel werden nutzbringender eingesetzt, der Wohlstand steigt.

– Zweitens werden Kreditgeber in der Erwartung künftiger Preisstabilität auf Inflationsrisikoprämien verzichten, die sie bei hohen und schwankenden Inflationsrisiken als Vergütung für das Risiko der Entwertung ihrer Forderung verlangen würden. Das um die Inflationsrate bereinigte allgemeine Zinsniveau kann dadurch niedriger sein, es wird mehr investiert, und dies fördert das Wirtschaftswachstum und den Wohlstand.

– Drittens wird durch Preisstabilität die in obigem Zitat erwähnte schleichende „Inflationssteuer" vermieden. Denn Geldentwertung geht mit einer Erhöhung des betragsmäßigen Geldumlaufs einher. Der Ertrag daraus kommt der Regierung zugute. Inflation wirkt damit wie eine versteckte Steuer, die den Menschen als solche nicht bewusst ist und nicht vom Parlament beschlossen wird. Sie ist daher undemokratisch.

– Viertens bewirkt Inflation, dass die betragsmäßigen Einkommen der Menschen steigen, ohne dass dadurch die Kaufkraft steigt (unter der Annahme, dass die Inflation in gleichermaßen steigenden Löhnen ausgeglichen wird). Mit höherem nominalem Einkommen steigt jedoch in den meisten Ländern der Prozentanteil der Steuern auf das zusätzliche Einkommen („Steuerprogression"), ohne dass die Menschen real, d. h. um die Geldentwertung bereinigt, tatsächlich mehr verdienen. Die Steuerlast erhöht sich dadurch schleichend immer weiter. Durch Preisstabilität wird diese so genannte „kalte Steuer-Progression" unmöglich gemacht.

– Fünftens wirkt Inflation als eine Steuer auf Bargeldbestände, denn Bargeld ist unverzinst und verliert durch Inflation an Kaufkraft. Dadurch werden die Menschen veranlasst, ihre Bargeldhaltung zu verringern. Sie gehen dadurch öfter zum Bankschalter

oder Bankomat – ein Zeitaufwand, der bei stabilem Geld nicht nötig ist.

– Sechstens hat Inflation willkürliche Verteilungswirkungen. Ein unerwarteter Anstieg bewirkt, dass eine fest verzinste Forderung über die Laufzeit entwertet wird. Auch sind ältere und sozial schwächere Menschen oft weniger gut in der Lage, sich vor Geldentwertung zu schützen (mangelndes Wissen, weniger Verhandlungsgeschick). Preisstabilität trägt daher zur Rechtssicherheit und zum sozialen Zusammenhalt bei. Wie die Wirtschaftsgeschichte wiederholt gezeigt hat, geht hohe Inflation oder Deflation oft mit sozialer Unruhe einher.

Die Europäische Zentralbank und die nationalen Zentralbanken leisten daher, indem sie Preisstabilität sichern, ihren bestmöglichen Beitrag zu Wirtschaftswachstum, zur Schaffung von Arbeitsplätzen, zu Wohlstand und zu sozialer Stabilität.

Ernest Gnan

Jahresinflationsrate in Österreich:

1976	7,3 %	1991	3,3 %
1977	5,5 %	1992	4,1 %
1978	3,6 %	1993	3,6 %
1979	3,7 %	1994	3,0 %
1980	6,4 %	1995	2,2 %
1981	6,8 %	1996	1,9 %
1982	5,4 %	1997	1,3 %
1983	3,3 %	1998	0,9 %
1984	5,6 %	1999	0,6 %
1985	3,2 %	2000	2,3 %
1986	1,7 %	2001	2,7 %
1987	1,4 %	2002	1,8 %
1988	2,0 %	2003	1,3 %
1989	2,5 %	2004	2,1 %
1990	3,3 %	2005	2,3 %

Woran beurteilt man, ob Geld seine Aufgaben gut und sicher erfüllt? Geld erfüllt drei wichtige Funktionen. Erstens fungiert es als Zahlungsmittel. Zweitens dient es als Recheneinheit und Wertmesser, um den Preis verschiedener Güter vergleichen zu können.

Ist der Euro besser und sicherer als Schilling und D-Mark?

Und drittens erlaubt es das Anlegen von Ersparnissen für später (Wertaufbewahrung). Die Qualität einer Währung kann man daran beurteilen, wie gut sie diese Aufgaben erfüllt. Eine Währung erfüllt ihre Zahlungsmittelfunktion umso besser, je weiter verbreitet sie ist. Der Euro ist das Zahlungsmittel für über 300 Mio. Menschen. Der Schilling und die D-Mark waren dies nur für rund 8 Mio. bzw. 80 Mio. Menschen. Jeder Tourist und Geschäftstreibende, der innerhalb des Euroraums Zahlungen vornimmt, weiß die weite Verbreitung des Euro zu schätzen. Die Zahlungsmittelfunktion des Euro wurde mit der Einführung einer EU-Richtlinie wesentlich gefördert, die grenzüberschreitende Überweisungen – unter bestimmten Bedingungen – zu den gleichen Konditionen wie inländische Zahlungen vorschreibt. Was die Zahlungsmittelfunktion betrifft, kann man also durchaus zum Schluss kommen: Der Euro ist besser, als Schilling oder D-Mark es waren. Was den Euro als Recheneinheit betrifft, so fiel es zumindest in der ersten Zeit nach der Umstellung auf den Euro vielen Menschen schwer, ein „Wertgefühl" für Euro-Preise zu entwickeln. Mit zunehmender Gewöhnung

an den Euro stellt sich dieses jedoch wieder ein. Das Erlernen der neuen Preise lohnt sich, denn der Euro trägt auch zu mehr Preistransparenz im Handel innerhalb des Euroraums bei. Beispielsweise ist der Preis für ein bestimmtes Automodell nun über den gesamten Euroraum leicht – ohne komplizierte Währungsumrechnung und ohne Berücksichtigung von Wechselkursspesen – direkt vergleichbar. Der Euro erfüllt damit auch die Recheneinheits- und Wertmesserrolle besser, als dies vorher einzelne nationale Währungen wie Schilling oder D-Mark konnten.

Die Wertaufbewahrung erfüllt eine Währung umso besser, je geringer die Geldentwertung ist und je reichhaltiger die Sparformen in dieser Währung sind. Beide Kriterien werden vom Euro sehr gut erfüllt. Das für die Geldpolitik des Euroraums zuständige Eurosystem (die EZB und die nationalen Zentralbanken) sind laut EU-Vertrag dem Ziel der Preisstabilität verpflichtet und bei der Erfüllung dieser Aufgabe weisungsfrei und unabhängig. Die bisherigen Erfahrungen mit dem Euro bestätigen, dass das Preisstabilitätsziel sehr gut erreicht wird – besser als in der Vergangenheit in Deutschland oder Österreich und besser als in den meisten anderen Ländern der Welt. Indem Wechselkursschwankungen zwischen den Euroländern nicht mehr möglich sind, sind auch Anlagen in Sparformen anderer Euroländer ohne Wechselkursrisiko möglich. Der Euro fördert die Entwicklung eines großen europäischen Finanzmarktes, sodass die Sparer mehr Anlagemöglichkeiten vorfinden, die ihre Vorlieben hinsichtlich Ertrag, Risiko und Verfügbarkeit besser erfüllen. Der Euro erfüllt daher auch die Wertaufbewahrungsrolle besser als in der Vergangenheit der Schilling oder die D-Mark.

Neben diesen „heimischen" Geldfunktionen wird eine Währung auch international – währungsraumübergreifend – verwendet. Wieder kann man drei Aufgaben unterscheiden: Werden im internationalen Handel Preise in einer bestimmten Währung angegeben und wird die Währung zur Rechnungslegung verwendet? Binden zweitens andere Länder ihren Wechselkurs an die Währung (Ankerfunktion)? Wird eine Währung drittens als internationale Anlage- und Reservewährung verwendet?

Der Euro hat auf allen drei Gebieten seit seiner Einführung wesentliche Fortschritte gemacht. Vor allem im internationalen Handel mit Ländern des Euroraums wird der Euro zunehmend zur Preisvereinbarung und Rechnungslegung verwendet. Nach wie vor werden allerdings wichtige Rohstoffe, wie insbesondere Rohöl oder Gold, in US-Dollar notiert und gehandelt. Viele Nachbarländer und andere Länder haben in den letzten Jahren ihren Wechselkurs an den Euro gebunden oder verwenden ihn als Orientierung für ihre Geldpolitik. Dadurch weitet sich die Zone der monetären und der Wechselkursstabilität weit über den Euroraum hinaus aus – ein Vorteil für den internationalen Handel und für die Wirtschaftsentwicklung im Allgemeinen. Der Euro hat sich schließlich auch als internationale Anlagewährung und als Reservewährung für die offiziellen Reserven vieler Länder etabliert. Je länger der Euro besteht und je dynamischer sich Europa wirtschaftlich und politisch entwickelt, desto ausgeprägter wird auch die internationale Rolle des Euro werden. Der Euro hat bereits heute auf internationaler Ebene eine Bedeutung, wie sie die D-Mark und erst recht der Schilling nie erlangen hätten können.

Ernest Gnan

Die meisten europäischen (aber auch einige asiatische) Volkswirtschaften müssen sich immer stärker mit dem Phänomen auseinandersetzen, dass ihre alternde Bevölkerung stark zunimmt und die jüngere Bevölkerung abnimmt. Ja, viele Gesellschaften werden in

Welche Folgen hat die alternde Gesellschaft für die Wirtschaft?

15 bis 20 Jahren schrumpfen und der Anteil der über 65-Jährigen und Älteren wird sich verdoppeln. Dies hat für unser Wirtschaftssystem gewaltige Konsequenzen, wie an folgenden drei Beispielen erläutert werden soll:
– Die Wohn- und Siedlungsstruktur wird sich ändern. Es wird ein Rückzug in die Stadt bzw. in den Stadtkern oder in den Kern von kleineren Gemeinden erfolgen, da die älteren Menschen nicht mehr unbedingt die Mobilität besitzen, auf dem Land zu wohnen und lange Fahrtwege für die wichtigsten Alltagstätigkeiten in Kauf zu nehmen. Darüber hinaus werden andere Wohnformen benötigt, wie betreutes Wohnen oder gemeinsames Wohnen (d. h. in mehreren Generationen). Die erste große Herausforderung besteht also in einer neuen, diesen Verhältnissen angepassten Wohn- und Siedlungsstruktur.
– Konsumgewohnheiten älterer Menschen sind anders als die von jungen Menschen, und gerade in Pflege- und Dienstleistungsbereichen wird es gravierende Änderungen geben, denn diese werden stark ausgebaut werden müssen. Die Konsumgewohnheiten werden sich stärker auf den Dienstleis-

tungsbereich konzentrieren, und einige Bereiche wie aktive Sportarten (Schifahren, Segeln etc.) werden in diesem Ausmaß nicht mehr benötigt. Die zweite große Herausforderung besteht darin, diesen geänderten Konsumgewohnheiten Rechnung zu tragen und das Angebot nach Bedürfnissen der älteren Bevölkerung umzugestalten.

– Wenn die Bevölkerung in einem Land schrumpft, hat dies natürlich Auswirkungen auf den Aufbau des Kapitalstocks und die Produktionsstruktur in einer Volkswirtschaft. Der Kapitalstock wird zurückgehen, Produktionsstrukturen werden ebenfalls zurückgefahren und dies bedeutet, dass auch die Wirtschaft einem gewissen Schrumpfungsprozess zumindest in Teilbereichen unterliegt. Somit besteht die große Herausforderung darin, in anderen Bereichen zu wachsen, so z. B. in einem qualitativ hohen Dienstleistungssektor.

Insgesamt bedeutet eine alternde Gesellschaft für die Wirtschaft eine radikale und große Umstellung, die frühzeitig angegangen werden muss, da es sonst zu größeren Störungen und negativen Entwicklungen kommen kann.

Friedrich Schneider

In der Geschichte der Menschheit stand stets eine relativ größere Zahl von Kindern und Jugendlichen einer ungleich kleineren Zahl an alten Menschen gegenüber. Eine niedrige durchschnittliche Lebenserwartung, Seuchen und unheilbare Krankheiten sorg-

Gerät die Bevölkerungspyramide ins Wanken?

ten dafür, dass dieses zahlenmäßige Ungleichgewicht Jahrtausende der Menschheitsgeschichte hindurch erhalten blieb.

In Österreich wie in den meisten Staaten der EU hat sich seit den 1960er Jahren zunächst fast unbemerkt eine grundlegende demographische Revolution vollzogen: Die Familie geriet in eine ernste Krise, neue Lebensstile entstanden: die oft zitierten Singles, die „Dinks" („double income no kids"), alleinerziehende (vor allem) Mütter. Immer mehr Mädchen erwarben höhere Bildungsabschlüsse, die Frauenerwerbstätigkeit stieg an, dies ging mit einer allgemeinen gesellschaftlichen Tendenz zur Selbstverwirklichung bei steigendem Wohlstand einher. Die „Pille" erleichterte die Verhinderung von ungeplantem Nachwuchs. Kinder werden heute vielfach wie noch nie zuvor in der Geschichte eher als Einschränkung der persönlichen Freiheit und als finanzielle Belastung angesehen. Kindergärten müssen die Zahl der Gruppen reduzieren, Schulklassen in ländlichen Regionen schrumpfen wieder zu Kleingruppen zusammen, in denen wie in alten Zeiten Kinder unterschiedlichen Alters gemeinsam unterrichtet werden.

Laut einer aktuellen Studie ist ein Großteil der Österreicher der Meinung, dass für das

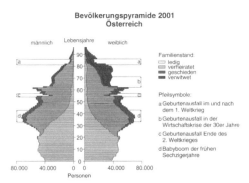

Bevölkerungspyramide 2001
Österreich

männlich   Lebensjahre   weiblich

Familienstand:
☐ ledig
☐ verheiratet
■ geschieden
■ verwitwet

Pfeilsymbole:
a Geburtenausfall im und nach dem 1. Weltkrieg
b Geburtenausfall in der Wirtschaftskrise der 30er Jahre
c Geburtenausfall Ende des 2. Weltkrieges
d Babyboom der frühen Sechzigerjahre

80.000 40.000 0   0 40.000 80.000
Personen

langfristige Ausbleiben eines neuen Baby-
booms vor allem arbeitsmarktbezogene
Gründe verantwortlich sind: die Unsicherheit des Arbeitsplatzes, die Furcht vor Arbeitslosigkeit und zu geringe Erwerbsein-
kommen. Unzweifelhaft ist die Basis der Bevölkerungspyramide bereits weggebrochen.
Simultan mit dem kontinuierlichen Sinkflug
der Geburtenzahlen ist die Lebenserwartung
deutlich angestiegen. Sie betrug beispielsweise im Jahre 2002 in den damals 15 EU-Staaten bei Männern 75,8, bei Frauen 81,9 Jahre.
Ist also die Alterung der Gesellschaft ein unaufhaltsamer Prozess?

Zwei Strategien sind möglich und denkbar –
wahrscheinlich wird nur eine Kombination
aus beiden den gewünschten Erfolg bringen:
planvolle Zuwanderung einerseits sowie eine
auf Kinder- und Familienförderung orientierte Bevölkerungspolitik andererseits. Staaten wie Frankreich oder Finnland haben den
Weg einer neuen Familienpolitik bereits vor-
gezeichnet. Diese hat in Frankreich die Kin-
derzahl auf 1,9 pro Frau erhöht. Nötig sind
ein dichtes landesweites Netz an Kinderbetreuungseinrichtungen, eine frauenfreundli-
che Arbeitnehmergesetzgebung sowie ausrei-
chende finanzielle Zuwendungen für Mütter
und besonders Alleinerzieherinnen.

Auch in Österreich ist in den vergangenen
Jahren einiges in diese Richtung verändert
worden. Vor allem aber in den ländlichen
Räumen – und Österreich ist aus geographi-
scher Perspektive ein „Land der kleinen Gemeinden" – fehlen nicht nur Arbeitsplätze,
sondern auch ganztägige Angebote der Kin-
derbetreuung, wenngleich die Politiker Ge-
genteiliges behaupten. Hier ist nach wie vor
erheblicher familienpolitischer Nachholbedarf gegeben.

Josef Kohlbacher

Die Suburbanisierung, d. h. die Stadtflucht
aus den urbanen Zentren in die Umgebungs-
bezirke sowie die Ausdehnung städtischer
Siedlungsweise in das Stadtumland, ist ein
Phänomen, das in vielen Städten Europas ab
den 1970er Jahren festzustellen war. Im Zuge

Geraten die Großstädte aus dem Gleichgewicht?

der regen Bautätigkeit und des Ausbaus der
Verkehrsinfrastruktur erfolgte eine flächige
Zersiedlung der Bezirke rund um die Großstädte. Vor allem junge Familien bevorzugen
die bessere Wohnqualität in den Umlandbe-
zirken. Hier locken die niedrigeren Grund-
stückspreise, welche den Traum vom Eigen-
heim Wirklichkeit werden lassen.

Suburbanisierung betrifft nicht nur die Bevölkerung, sondern auch Handels-, Indus-
trie- und Dienstleistungsunternehmen. Damit gingen Arbeitsplatzverluste in den Städten einher, die Einzelhandelsstruktur veränderte sich, in den Kernstädten verblieben
eher die finanzschwachen, älteren und sozial
schwächeren Bevölkerungsgruppen. Gleichzeitig nahmen damit die Pendlerbewegungen
zu; eine erhebliche Beanspruchung der gesamten Verkehrsinfrastruktur durch die Ausweitung des motorisierten Individualverkehrs war eine der wichtigsten negativen Begleiterscheinungen.

In den EU-Staaten versucht man, diesen Prozessen entgegenzuarbeiten, da raumordneri-
sche Probleme damit einhergehen: Die Zer-
siedelung der Landschaft und der Flächen-
verbrauch für Wohnbau und Verkehr nehmen zu. Ganz anders die Situation in den
Entwicklungsländern. Hier entwickelten

sich rapide wachsende Millionenmetropolen mit einer so gut wie gar nicht steuerbaren Bebauung. Beispiele sind Mexiko-City, Lagos, Manila, Bangkok, Kalkutta und Mumbai (Bombay). Die Wohn- und Lebensbedingungen in diesen Megastädten sind katastrophal, in vielen Aspekten aber dennoch attraktiver als in den ländlichen Herkunftsregionen. Und die Urbanisierung schreitet extrem rasch voran. Zwischen 1960 und 1990 hat sich weltweit die Zahl der Megastädte mit mehr als 5 Millionen Einwohnern von 8 auf 24 erhöht.

Ursachen für diese Entwicklung liegen nicht nur in ländlicher Armut und Überbevölkerung, sondern auch in einer neuen internationalen Arbeitsteilung und einer Transnationalisierung der weltweiten Produktion. Die Globalisierung bewirkt ein Ansteigen der Migration und sie verändert zugleich den Charakter und die Funktion der Megacities. Trotz aller Armut sowie katastrophaler Verkehrs- und Umweltbelastung sollte man aber keineswegs ihre Dynamik übersehen. Hier konzentrieren sich ökonomische und politische Entscheidungsprozesse, aber auch Produktions- und Dienstleistungsunternehmen. Sie verfügen weiters trotz aller Defizite über die beste Bildungs- und Verkehrsinfrastruktur im Land. Dem Einzelnen offerieren sie ein breites Spektrum an Erwerbsmöglichkeiten und eine geringe, aber doch reale Chance zum sozialen Aufstieg, also Perspektiven, die im ländlichen Raum kaum vorhanden sind. Die Zukunft dieser Megastädte ist schwer zu prognostizieren. Während die Millionenstädte Chinas gute Entwicklungsperspektiven haben, beurteilen viele Experten die Zukunft der indischen Megametropolen viel pessimistischer.

Josef Kohlbacher

Die Schere zwischen wohlhabenden Staaten und „Habenichtsen" klafft immer weiter auseinander. Die Dritte Welt ist mit zirka 2.000 Milliarden Euro gegenüber der Ersten Welt verschuldet und zahlt jährlich etwa neunmal so viel Schuldzinsen und Kredittil-

Was wird aus der Dritten Welt?

gung wie sie an Entwicklungshilfegeldern erhält. Das Pro-Kopf-Einkommen der 20 reichsten Länder war 1960 noch 18-mal höher als jenes der ärmsten Staaten, 1995 aber bereits 37-mal höher. Ressourcen wie Energie und Wasser werden vor allem in entwickelten Ländern verbraucht, dafür leiden die Länder des Südens an der dadurch verursachten globalen Klimaveränderung und an Umweltzerstörung im Gefolge der Erdölförderung und Edelholzgewinnung.

Die einzelnen Entwicklungsländer weisen äußerst unterschiedliche Voraussetzungen auf. In einigen finden wir extern schwierige strukturelle Bedingungen durch Auslandsverschuldung vor, in anderen herrschen interne Probleme wie politische Instabilität, Korruption oder eine nicht funktionierende staatliche Ordnung. Andere hingegen haben eine gesicherte Position erreichen können. Während in Asien und Lateinamerika Länder wie Thailand, Malaysia oder Brasilien zu wirtschaftlich erfolgreichen Schwellenländern wurden, sind die Entwicklungsvoraussetzungen für viele Länder Afrikas weit pessimistischer zu beurteilen. Auch innerhalb ein und desselben Landes können sich krasse soziale und ökonomische Klüfte auftun. Ein gutes Beispiel hierfür bietet Indien. Dieses ist ein Global Player auf dem IT- und High-Tech-Sektor, daneben boomen die Textilindustrie, der Tourismus und andere Wirtschaftszweige. Dies ändert aber nichts an der Tatsache, dass Hunderte Millionen Inder unter der Armutsgrenze leben.

Hunger und Mangelernährung sind zwei grundlegende Probleme vieler Entwicklungsländer. Die Förderung der Landwirtschaft wurde in der früheren Entwicklungszusammenarbeit häufig vernachlässigt. Doch das starke Bevölkerungswachstum ließ gerade auf diesem Sektor die Probleme größer werden. Die Anbaubedingungen in vielen Regionen der Dritten Welt sind prekär. Dürreperioden und Überschwemmungen vernichten die Ernten. Das Bevölkerungswachstum hat die Intensität des Anbaus verstärkt. Hinzu kommt die großflächige Bewirtschaftung mit Exportprodukten. Die Monokulturen laugen den Boden aus und haben die traditionelle Agrarwirtschaft teilweise verdrängt. Entscheidend für die Zukunft vieler Entwicklungsländer ist es daher, die kleinbäuerliche Landwirtschaft zu reaktivieren. Nur eine nachhaltige Landwirtschaft kann die Zukunft der Ernährung sichern.

Der Frage nach der Zukunft der Dritten Welt kann eine einzige Antwort niemals gerecht werden. Zu heterogen sind die Voraussetzungen, die politischen und ökonomischen Systeme, die natürlichen Ressourcen, das Bevölkerungswachstum in den einzelnen Staaten und das Ausmaß an Verschuldung. Zu fordern ist aber eine umfassende Reform des Verhältnisses zwischen Industrie- und Entwicklungsländern. Dabei geht es nicht nur um Finanz- und Technologietransfers, sondern Hilfe zur Selbsthilfe muss das zentrale Maß wirkungsvoller Unterstützung sein.

Josef Kohlbacher

Die einfachste Antwort lautet: Ja, wenn sie wirklich ihren Sinn erfüllen. Kein Sinn ohne Zweck – eine sinnigere Antwort müsste also Motive und Ziele der Entwicklungszusammenarbeit (EZA) einbeziehen. Entwicklungszusammenarbeit zielt darauf ab, die

Sind Investitionen in Entwicklungszusammenarbeit sinnvoll?

wirtschaftlichen und sozialen Lebensbedingungen der in unterentwickelten Regionen lebenden Menschen nachhaltig zu verbessern. Dieses Ansinnen manifestiert sich in den drei Grundpfeilern der EZA, nämlich
– Armutsbekämpfung,
– soziale Gerechtigkeit und Gleichstellung der Frau sowie
– Erhaltung der natürlichen Umweltressourcen.

Art und Umfang solcher EZA-Investitionen werden bestimmt durch ein nicht sinnvoll zu trennendes Gemisch aus
– humanitären Beweggründen,
– politischen Motiven und
– ökonomischem Kalkül.

So gelten Ernährungssicherung, grundlegende Gesundheitsfürsorge und elementare Bildungsstandards den einen als moralische Verpflichtung gegenüber den Menschen in fehl- und unterentwickelten Regionen. Andere haben eher die politischen Auswirkungen der Fehl- und Unterentwicklung im Blick: (Bürger-)Kriege, die sich destabilisierend auf ganze Regionen auswirken; Migrationsströme, die nicht dauerhaft an den Schengener Grenzen aufzuhalten sind, die die Integrationsfähigkeit der Zielländer einer harten Belastungsprobe aussetzen und dort (hier!) soziale Spannungen verursachen. Volkswirte stellen eine Opportunitätskostenrechnung auf und erachten Investitionen in Entwicklungszusammenarbeit als sinnvoll, wenn die (Folge-)Kosten anhaltender Fehl- und Unterentwicklung größer sind als die Kosten ihrer Vermeidung (oder Beseitigung); beispielsweise, wenn es billiger ist, in Entwicklungsländern Maßnahmen gegen fortschreitende Umweltzerstörungen zu finanzieren, als die Folgekosten globaler Umweltkatastrophen zu tragen. Betriebswirte schließlich sind dem Gewinnmaximierungsgebot ihrer Unternehmung verpflichtet. Ihnen gelten Investitionen in EZA als sinnvoll, wenn sie rentabel sind – eine Frage, die nicht zuletzt vom Zeithorizont des Managements abhängt.

Effektive EZA ist aus den verschiedensten Gründen sinnvoll. Viel schwieriger ist die Frage zu beantworten, wie EZA-Investitionen strategisch ausgerichtet und operational umgesetzt werden müssen, damit sie zielführend sind. Wie gesagt, kein Ziel, kein Sinn.

Rahel Falk

Entwicklungszusammenarbeit: neu errichtete Brunnen versorgen die Bevölkerung mit sauberem Wasser

Sind die Bauern wirklich eine aussterbende Berufsgruppe, wie nicht wenige Medienberichte sowie Vertreter der Landwirte in wohl dramatischer Überzeichnung der aktuellen Situation dies formulieren? Faktum ist, es gibt nur mehr rund 200.000 Bauern in

Quo vadis ländlicher Raum?

Österreich (in den 1960er Jahren waren es noch zirka 430.000), von denen rund 80 % lediglich im Neben- oder Zuerwerb überleben können. In Frankreich, den Niederlanden oder Deutschland ist bereits eine extreme Konzentration der landwirtschaftlichen Betriebe erfolgt. Bauernsterben und die Abwanderung aus dem ländlichen Raum sind durchaus Realität und es vollzieht sich ein tief greifender Strukturwandel in der europäischen Landwirtschaft.

Auch der EU-Beitritt hat daran nicht allzu viel geändert. Im Gegenteil, die anfänglichen Ausgleichszahlungen als Kompensation der eingebrochenen Agrarerzeugerpreise wurden in Beihilfen umgewandelt, auf die kein Rechtsanspruch besteht.

Eine weitere Abwanderung aus der Landwirtschaft kann nur durch eine Verbesserung der Lebensbedingungen und der Erwerbsmöglichkeiten in ländlichen Gebieten verhindert werden. Eine wichtige Frage ist: Was erwarten sich die Konsumenten als Verbraucher landwirtschaftlicher Produkte von der modernen Landwirtschaft? Laut einer Eurobarometer-Umfrage erwarten sie vorrangig die Gewährleistung gesunder Agrarprodukte, die Berücksichtigung der umweltschützerischen Belange sowie die Erhaltung der kleinen und mittleren Agrarbetriebe. Es führt in Europa kein Weg an einer nachhaltigeren Landwirtschaft, die die natürlichen Ressourcen auch zukünftigen Generationen erhält, vorbei. Von den Landwirten wird erwartet, dass sie die Qualität der Erzeugnisse optimal an die Verbrauchererwartungen anpassen. Qualitätvolle Produkte sowie die Einhaltung aller Umwelt- und Tierschutzauflagen sollten also die Leitgedanken einer nachhaltigen modernen Agrarpolitik sein. Seitens der EU werden daher Investitionsbeihilfen für umweltfreundliche Produktionsmethoden oder Förderungen für extensive Viehhaltung gewährt.

Die Landwirte entwickeln auch ein neues Berufsbild und eine neue Identität: Sie werden sich immer stärker ihrer Rolle als „Hüter der Integrität der Landschaft" bewusst, eine Rolle, die über die traditionelle Nutzung von Grund und Boden hinausgeht und die Erhaltung der Natur- und Kulturlandschaft sowie der Artenvielfalt beinhaltet.

Bereits seit den 1980er Jahren ist seitens der Endverbraucher eine steigende Tendenz zu gesünderen „biologischen" Agrarprodukten zu beobachten. Im ökologischen Landbau werden moderne und zugleich natürliche Methoden des Anbaus und der pflanzlichen Erzeugung eingesetzt, gleichzeitig aber der Einsatz von Pestiziden vermieden. Wurden biologische Produkte zunächst vor allem in Form der Selbstvermarktung abgesetzt, auf Bauernmärkten oder in Spezialgeschäften, so haben seit den 1990er Jahren zunehmend auch Supermarktketten Bio-Produkte in ihr Sortiment aufgenommen. Und hier liegt auch ein zukunftsträchtiger Ausweg aus der aktuellen Krise der Landwirtschaft!

Josef Kohlbacher

Der ländliche Raum ist ein von der Land- und Forstwirtschaft geprägter Siedlungs- und Wirtschaftsraum mit geringer Bevölkerungs- und Bebauungsdichte sowie niedriger Wirtschaftskraft der Orte, aber höherer Dichte der zwischenmenschlichen Beziehun-

Welche Zukunftsperspektiven haben ländliche Kleingemeinden?

gen. Die ländlichen Gemeinden können nicht über einen Kamm geschoren werden, sondern sie haben viele Gesichter: Es gibt solche in Tourismusregionen, die gut florieren, auch Kleingemeinden, die als Sitz eines oder mehrerer wichtiger Betriebe sogar bedeutende regionale Wirtschaftsstandorte sind. Gemeinden in begünstigten Agrargebieten weisen andere Voraussetzungen auf als solche in extremen landwirtschaftlichen Ungunstlagen. Vor allem in letzteren ist regionalpolitischer Handlungsbedarf gegeben. Auf die ländlichen Gemeinden entfällt in jedem Staat der EU ein stark divergierender Anteil der Gesamtbevölkerung, in Österreich zum Beispiel lebt die Hälfte in Landgemeinden, Österreich gilt denn auch als „Land der kleinen Gemeinden".

Für die Zukunft des ländlichen Raumes ist es wichtig, diese Lebens- und Wirtschaftsräume attraktiv und wettbewerbsfähig zu erhalten. Der ländliche Raum bietet die Grundlage für ein hohes Maß an Lebens- und Wohnqualität. Viele ländliche Regionen sind aber durch ein hohes Arbeitsplatzdefizit und ein ausgeprägtes Pendlerwesen in die Zentralräume gekennzeichnet. Die Landflucht ist daher bereits seit den 1960er Jahren in ganz Europa ein gravierendes Problem der kleinen Gemeinden, gegen das bislang noch kein Universalrezept gefunden werden konnte. Die Entvölkerung ländlicher Ungusträume geht in ganz Europa weiter. Von der steigenden Zahl von Zweitwohnsitzinhabern, die leer stehende Häuser kaufen, geht kein wirklich belebender Effekt aus.

Das Verschwinden des Lebensmitteleinzelhandels in Kleingemeinden ist eingebettet in weitreichendere Prozesse, das große „Sterben der Infrastruktur" hat nämlich viele Orte erfasst. Was früher nur kleine Dörfer und Katastralgemeinden betraf, greift inzwischen auch in größeren Siedlungen um sich. Auch in vielen Bezirkshauptstädten stehen zahlreiche Geschäftslokale aller Branchen leer, sogar an Werktagen bleiben viele Straßen unbelebt. Postämter sind ebenso verschwunden wie Gasthäuser und kleine Gewerbebetriebe. Mit dieser Entwicklung bleibt aber die Lebensqualität der Menschen vor Ort auf der Strecke. Nahversorgung, Gastgewerbe und lebendige Ortskerne sind ein Bestandteil dieser Lebensqualität.

Wirtschafts- und Regionalförderung sowie Stadtmarketing sind hier aufgerufen, dieser Entwicklung entgegenzusteuern. Unter Einbindung aller Akteure auf Gemeindeebene müssen Leitbilder erarbeitet und Projekte im Sinne der Nachhaltigkeit gefördert werden. Das betrifft vor allem den Lebensmittelhandel, die bäuerliche Direktvermarktung sowie die Ansiedlung von Betrieben. Wenn es gelingt, die Kleingemeinden ökonomisch stärker zu beleben, dann sehen deren Zukunftsperspektiven durchaus positiv aus, denn sie offerieren eine hohe Lebensqualität und eine weitgehend intakte Umwelt.

Josef Kohlbacher

Wenn es heute im Individualverkehr auf der Straße zu immer mehr Staus kommt, hängt dies zum einen mit lokalen Gegebenheiten und zum anderen mit generell steigender Nachfrage nach Gütern und der Reiselust der Menschen zusammen. Diese Staus bewir-

Lässt sich überflüssiger Verkehr verhindern?

ken nicht nur hohe und unnötige Wartezeiten, sondern auch die dadurch verursachten Umweltbelastungen sind beträchtlich; der zusätzliche Energieverbrauch durch Stop-and-go-Fahren ist erheblich. Ein Teil der Staus entsteht sicherlich dadurch, dass sowohl viele Individualfahrten von Personen als auch Leerfahrten im Güterverkehr aufgrund der niedrigen Preisstruktur unternommen werden. Diese Staus könnten vermieden werden, wenn anreizorientierte Maßnahmen im Straßenverkehr verwirklicht würden. Dies sei an folgenden Beispielen demonstriert.

Viele lokale Staus im morgendlichen und abendlichen Stoßverkehr entstehen, weil sehr viele allein im Auto zur Arbeit fahren. Mit einer simplen Regel wäre hier ein starker Anreiz zu schaffen, Fahrgemeinschaften zu bilden, indem nämlich die Überholspur auf Autobahnen oder Schnellstraßen nur von PKWs benützt werden darf, in denen mindestens zwei Personen fahren. Dies bedeutet, dass zwar jeder auch allein mit dem Auto fahren darf, aber nur auf der rechten Spur. Mit dieser einfachen Maßnahme, die sich in den USA und in einigen europäischen Ländern sehr bewährt hat, bilden sich automatisch Fahrgemeinschaften. Wenn es dadurch gelingt, jeden dritten Alleinfahrer zu einer Mitfahrgemeinschaft zu bewegen, würden die morgendlichen und abendlichen Staus wesentlich reduziert oder ganz verschwinden. Viele Individualfahrten werden heute aus reiner Bequemlichkeit gemacht. Wir sind eben gewohnt, dass wir jederzeit mit dem Auto wegfahren können, ohne darüber nachzudenken, welche negativen Externalitäten dadurch verursacht werden. Dadurch sind verkehrspolitische Maßnahmen, die diese überflüssigen Fahrten reduzieren, dringend erforderlich.

Beim Güterfernverkehr hängen viele Fahrten mit den extrem unterschiedlichen Arbeitskosten in verschiedenen Ländern zusammen, z. B. ist der Faktor Arbeit im Süden Europas wesentlich billiger, daher werden Hunderte Kilometer mit LKWs zurückgelegt, weil es sich lohnt, in diesen Ländern Früchte zu schälen, Fische zu entschuppen, Krustentiere zu bearbeiten usw. Würde die Verarbeitung vor Ort erfolgen, könnten viele Fahrten unterbleiben. Darüber hinaus könnten sicherlich viele Leerfahrten im Güterbereich durch noch bessere Logistik vermieden werden. Es ist also offensichtlich, dass überflüssiger Verkehr verhindert werden kann; so lange aber das individuelle Fahren von Gütern und Personen zu so niedrigen Preisen erfolgt, wird wenig passieren.

Friedrich Schneider

Die derzeitige Entwicklung der Mobilität ist von einer starken Zunahme des Straßenverkehrs geprägt, sowohl bei Gütern als auch bei Personen. Die Eisenbahn gilt demgegenüber oft als zu langsam und zu wenig flexibel; aufgrund des Streckennetzes kann sie nicht

Welche Zukunft hat die Eisenbahn?

alle Wege bedienen. Andererseits entstehen durch den Individualverkehr höhere Umweltbelastungen, Staus und Lärmentwicklung . Mit einem modernen und leistungsfähigen Transportsystem Schiene wäre es sicherlich möglich, die steigende Nachfrage nach Transportleistungen zu bewältigen. Dafür müssen einige Strecken den Erfordernissen der Zeit angepasst werden, so dass die Züge für den Personenverkehr schnell und im Stundentakt fahren können. Weiters müssen entsprechende Logistikeinrichtungen bereitgestellt werden, so dass entweder im Huckepackverfahren oder im Paletten- oder Containerverfahren große Teile des Güterverkehrs auf die Schiene verlagert werden können. Dies bedeutet ebenfalls im Stundentakt häufig und schnell fahrende Güterzüge. Darüber hinaus müsste Kostenwahrheit in dem Sinn geschaffen werden, dass beim Individualverkehr auf der Straße tatsächlich alle negativen externen Auswirkungen (soweit sie monetär erfassbar sind) abgegolten werden. Dies könnte beispielsweise mit einem Road-Pricing-System bewerkstelligt werden. Werden diese Maßnahmen durchgeführt, dann ist der Eisenbahn eine profitable Zukunft beschieden.

Friedrich Schneider

Woher weiß ich, dass ich eine Frau bin?

**Fragen und Antworten
zu Sexualität und Seele**

„Ein Mann ist, wer einen Penis hat, sich männlich benimmt und Frauen begehrt; eine Frau ist, wer eine Vagina hat, sich weiblich verhält und Männer begehrt." Den meisten von uns scheint dieser Satz eine der letzten ewigen Gewissheiten, an die man sich in

Woher weiß ich, dass ich eine Frau bin?

unserer postmodernen Welt noch halten kann. Umso verwirrender ist die Einsicht, dass das biologische Geschlecht erst seit dem 18. Jahrhundert so gedeutet wurde, wie wir es heute verstehen. Bis dahin nämlich orientierte man sich am anatomischen Modell, das Claudius Galenus (129–199), der Leibarzt Kaiser Marc Aurels, entwickelt hatte. Galen zufolge sind der weibliche und der männliche Körper anatomisch nicht grundsätzlich verschieden, sondern lediglich zwei Varianten ein und desselben menschlichen Leibes, der in beiden Versionen genau dieselben Organe besitzt, nur dass bei der Frau der Penis und die Hoden nach innen gestülpt seien, während sie in der männlichen Variante außen am Körper hingen; die Organe an sich seien aber genau die gleichen. So wird verständlich, dass es bis ins 18. Jahrhundert in den europäischen Sprachen keinen eigenen Namen für die Eierstöcke gab, sondern man diese als Hoden bezeichnete. Aufgrund der Annahme, dass Männer und Frauen dieselben Organe hätten, galt der später sogar in seiner Existenz angezweifelte weibliche Orgasmus als eine Selbstverständlichkeit, die zahlreiche Hebammenbücher als unerlässlich für eine erfolgreiche Befruchtung ansahen.

Was uns dieser Blick auf die Geschichte des biologischen Geschlechts lehrt, ist, dass (biologische) Tatsachen aus sich selbst heraus keinerlei Bedeutung haben, sondern immer erst eine Bedeutung erhalten oder interpretiert werden müssen. Auf diese Erkenntnis aufbauend haben im 20. Jahrhundert feministische Philosophinnen wie Simone de Beauvoir (1908–1986) und Judith Butler (* 1956) gezeigt, dass es einen Unterschied gibt zwischen dem biologischen Geschlecht (englisch *sex*) und dem gesellschaftlich-kulturell bedingten Geschlechterverhalten (englisch *gender*) und dass sich Letzteres nicht aus Ersterem ableiten lässt. Das bedeutet, dass die biologische Ausstattung in keiner Weise das Verhalten vorgibt. Die „Tatsache", dass ich weibliche Geschlechtsorgane habe, hat an sich nichts damit zu tun, wie ich mich benehme oder was ich begehre. Vielmehr sind die für uns „normalen" Konstellationen von Sex, Gender und Begehren das Produkt einer ganz bestimmten kontingenten, d. h. nicht notwendigen sozial-kulturellen Situation.

Ebenso wenig, wie sich aus der Hautfarbe eines Menschen ergibt, welche soziale Stellung er einnehmen kann oder wie er sich zu verhalten hat, lässt sich aus dem biologischen Geschlecht eine bestimmte gesellschaftliche Rolle ableiten.

Martin G. Weiß

Die Werke des antiken Arztes Claudius Galenus beeinflussten bis in das 18. Jahrhundert die Auffassungen über die menschliche Anatomie

Matriarchate sind Gesellschaften, in denen es weder Hierarchien noch Kriege mit organisiertem Töten, der Errichtung von Großreichen und Herrschaft gegeben hat. Auch Gewalt gegen Frauen und Kinder ist ihnen unbekannt. Allein diese Fakten als Ergebnisse

Was sagen uns die alten Matriarchate heute?

umfangreicher kulturhistorischer und ethnologischer Studien sollten ausreichen, sie für unsere Zeit interessant zu machen.

Matriarchate existierten bis zum Beginn der patriarchalen Epoche etwa 3000 bis 2000 v. Chr. weltweit, und es gibt sie in vielen Teilen unseres Erdballs bis heute. So etwa in Ostindien, Tibet, China, Japan, Indonesien und Melanesien. Sie zeichnen sich durch eine hohe Achtung vor der Frau aus, die aufgrund ihrer Weisheit und als Lebensspenderin verehrt wird, aber auch durch Achtung vor der Natur, den Tieren, Pflanzen, des Lebens allgemein.

Die Grundeinheit der matriarchalen Gesellschaft ist der in der Mutterlinie organisierte Clan (Matrilinearität). Die Kinder, die immer zur Mutter gehören, sind also in einer großen Gemeinschaft von Verwandten gut aufgehoben, auch wenn Frauen und Männer ihre Liebesbeziehungen wechseln. Eine monogame Ehe, die eine Erfindung des Patriarchats ist, gibt es in diesen Gesellschaften nicht. Es gibt aber auch keine Scheidungskinder, einsamen Alten und allein erziehenden Mütter, weil sich alle Frauen des Clans, auch jene, die keine Kinder geboren haben, als Mütter begreifen, ebenso wie alle Männer für die Kinder sorgen, während die soziale Vaterrolle die Brüder und Onkel der Mütter übernehmen. Die biologische Vaterschaft konnte in den vorgeschichtlichen Matriarchaten nicht erkannt werden.

Die Mütter in Matriarchaten kennen keine Doppelbelastung, unter der heutige Mütter leiden, auch keine Abhängigkeit vom Mann, weil Frauen auch in der vollen Phase ihres Mutterseins ökonomisch unabhängig sind, meistens als Ackerbäuerinnen, aber auch als Händlerinnen, Handwerkerinnen und Heilerinnen. Vor allem in dieser Hinsicht können sich Frauen unserer Gesellschaft Anregungen holen. Und tatsächlich scheint es so, als würden wir uns heute in mancher Hinsicht den alten Matriarchaten annähern, wenn wir an die zunehmende Auflösung der (patriarchalen) Ehe, die Entstehung so genannter Patchwork-Familien, das Bestreben, Beruf und Familie zu vereinbaren – architektonische Projekte bemühen sich um eine möglichst geringe Entfernung von Wohn- und Arbeitsplatz – und die Schaffung zahlreicher Frauennetzwerke denken, die jetzt allerdings nicht auf Blutsgemeinschaft, sondern auf gemeinsamen Interessen beruhen.

In matriarchalen Gesellschaften gibt es kein Privateigentum, abgesehen von persönlichen Gegenständen wie Schmuck, Werkzeugen und Ähnlichem. Das Land gehört dem Clan gemeinsam, und die Güter, die aus gemeinsamer Arbeit hervorgehen, werden von der Sippenmutter gleichmäßig an alle verteilt.

Auch werden Matriarchate allgemein als die einzigen wirklich funktionierenden Demokratien bezeichnet. Ein Dorfrat oder Stadtrat, in dem sich die Delegierten der Clanhäuser versammeln – entweder Sippenmütter oder würdige alte Männer –, übt lediglich beratende Funktion aus, wobei stets ein Konsens angestrebt wird. Es handelt sich also um egalitäre Gesellschaften, in denen es keine Klassen- oder Rassendiskriminierung gibt.

Das religiöse Weltbild von Matriarchaten gründet sich auf den Kult der Großen Göttin, die allerdings nicht als transzendente Gottheit außerhalb der Welt verstanden wird, sondern die sich immanent im Kosmos und im gesamten Leben dieser Erde befindet, was eine Naturausbeutung, wie wir sie kennen, verhindert. Der respektvolle Umgang mit der Natur und liebevollere Beziehungen der Menschen untereinander, die durch sämtliche Forschungsergebnisse bezeugt sind, ergeben sich also auch aus der Vorstellung, dass sich die universelle Energie der Gottheit nicht nur in jedem Tier und jeder Pflanze, sondern auch in jedem einzelnen Menschen befindet.

Hilde Schmölzer

Alte weibliche Gottheiten, wie Isis Noreia, spiegeln teilweise die einstige matriarchalische Gesellschaftsordnung

Die Forderung, Frauenrechte als Menschenrechte zu erklären, geht auf die Kritik zurück, wonach Übergriffe aufgrund der Geschlechtszugehörigkeit von Internationalen Organisationen und NGOs oft nicht als Verletzung der Menschenrechte wahrgenom-

Warum sind Frauenrechte Menschenrechte?

men worden sind. Obwohl die *Allgemeine Erklärung der Menschenrechte* von 1948 auf die Gleichheit aller Menschen, unabhängig von Geschlecht und anderen Zugehörigkeitsmerkmalen, hinweist, ignorier(t)en Staat und Gesellschaft vielfach spezifische Menschenrechtsverletzungen, denen Frauen *aufgrund* ihrer Geschlechtszugehörigkeit ausgesetzt sind. Da diese häufig im häuslichen Nahbereich angesiedelt sind, wird diese geschlechtsblinde Vorgangsweise mit dem Schutz der Privatsphäre vor Eingriffen durch den Staat gerechtfertigt. Als weiteres Argument wird die Tatsache genutzt, dass die Erklärung vorwiegend dem Schutz des Individuums vor der Staatsgewalt diene, nicht jedoch vor anderen Individuen.

Diese Argumentation verstellt den Blick auf zahlreiche Menschenrechtsverletzungen an Frauen auf der ganzen Welt – Gewalt durch den Ehepartner, sexueller Missbrauch im Familienumfeld, Genitalverstümmelung, Zwangsheirat, Zwangsprostitution. Vergehen, die in den individuellen bzw. privaten Verantwortungsbereich geschoben werden.

Die Verpflichtung von Staaten, sich dieser Problematik anzunehmen und somit auch Schutz etwa vor häuslicher Gewalt zu gewährleisten, wird mittlerweile von der UNO und von vielen Staaten explizit anerkannt. Auf Druck der Frauenbewegung wurde das Thema der Frauenrechte auf die Tagesordnung der UN-Weltmenschenrechtskonferenz gesetzt, die im Juni 1993 in Wien stattfand. Als erste internationale Erklärung verurteilte die Abschlusserklärung von Wien Gewalt gegen Frauen als Menschenrechtsverletzung. Zudem wurde in der Erklärung explizit festgehalten: „Menschenrechte von Frauen und Mädchen sind ein unveräußerlicher, integraler und unteilbarer Bestandteil der universellen Menschenrechte."

Umstritten bleibt die Debatte insbesondere dort, wo Menschenrechtsverletzungen an Frauen mit dem Argument der „kulturellen Unterschiede" toleriert werden, etwa bei Folter oder Genitalverstümmelung von Mädchen und Frauen zur Verteidigung der „Familienehre". Frauenrechtsorganisationen fordern daher die Universalität und Unteilbarkeit der Menschenrechte unabhängig von den gesellschaftlich verfestigten Traditionen.

Sieglinde Rosenberger

Geschätzte Häufigkeit von Genitalverstümmelung bei Mädchen 2005 (Studie der UNICEF):

Ägypten	97 %	Kenia	32 %
Äthiopien	80 %	Mali	92 %
Benin	17 %	Mauretanien	71 %
Burkina Faso	77 %	Niger	5 %
Elfenbeinküste	45 %	Nigeria	19 %
Eritrea	89 %	Sudan	90 %
Ghana	5 %	Tansania	18 %
Guinea	99 %	Tschad	45 %
Jemen	23 %	Zentralafrikan. Rep.	36 %

Die Frauengeschichtsforschung spricht von zwei Frauenbewegungen. Die Erste Frauenbewegung setzt mit den tief greifenden Veränderungen der Gesellschaft durch Industrialisierung und die damit einhergehende Arbeitsteilung zwischen den Geschlechtern

Gibt es die Frauenbewegung noch?

sowie die Ausgrenzung von Frauen aus verschiedenen gesellschaftlichen Bereichen ein. Mit der Zuschreibung von „typisch weiblichen" Eigenschaften (emotional, schwach, empfindsam, schutzbedürftig etc.) und Behauptungen über „das eigentliche Wesen der Frau" wird die zunehmende Frauenfeindlichkeit im 19. Jahrhundert rhetorisch und (pseudo-)wissenschaftlich legitimiert. Die Antwort der Frauen darauf ist vielfältig: Frauenbildungsvereine werden ins Leben gerufen, das Wahlrecht wird gefordert, Zeitschriften werden gegründet und der Internationale Frauentag eingeführt.

Mit Beginn des Ersten Weltkrieges ändert sich schlagartig die Situation und damit auch für einige Zeit das Geschlechterverhältnis. Durch die massenhafte Mobilisierung der Männer für den Krieg muss deren Arbeitskraft von Frauen ersetzt werden. Die Frauen bestehen in allen Berufssparten. Das dadurch gewonnene Selbstbewusstsein verändert ihr Verhältnis zu den Männern, denen sie nicht ohne Protest die errungenen Plätze überlassen, als diese zurückkehren. Am Ende der Ersten Frauenbewegung ist auch politisch viel erreicht: z. B. das Frauenwahlrecht und der Zugang von Frauen zu höherer Bildung. Nationalsozialismus und Zweiter Weltkrieg setzen der Ersten Frauenbewegung definitiv ein Ende. Nach dem Krieg etabliert sich zunächst ein restauratives Familienmodell. Frauen wird ein wesentlicher Anteil an der Herstellung einer intakten Familie zugeschrieben. Gleichzeitig verhindert eine rigide, religiös geprägte Sexualmoral einen unkomplizierten Umgang mit Körperlichkeit. Dies führt zu einem unaufgeklärten und verleugneten Sexualleben, dessen Konsequenzen unsachgemäße, illegale Abtreibungen sind. Deren verheerende Auswirkungen werden schließlich zum Ausgangspunkt für die Zweite Frauenbewegung, die dieses restaurative Frauenmodell hinterfragt, verändert und teilweise auflöst. Zu diesem Zweck werden in den neu entstandenen Frauengruppen traumatische Erlebnisse mit gewalttätigen Ehemännern, Erfahrungen von Missbrauch und Vergewaltigung und die Folgen der illegalen Abtreibung diskutiert.

Diese Themen sind in der Folge die zentralen Forderungen der Zweiten Frauenbewegung. Zur Umsetzung ihrer Forderungen und besseren Unterstützung von Frauen werden zahlreiche Organisationen, Vereine und Institutionen gegründet, die zumeist bis heute existieren. Auch die Zweite Frauenbewegung ist erfolgreich: In den 70er Jahren wird Abtreibung straffrei. Zahlreiche Gleichstellungsgesetze und Gewaltschutzmaßnahmen werden eingeführt. Selten in der Öffentlichkeit als Frauenbewegung wahrgenommen, arbeiten die Aktivistinnen und deren Nachfolgerinnen weiter. In den letzten Jahren findet eine verstärkte Vernetzung der Organisationen auf nationaler und internationaler Ebene statt. Die Frauenbewegung ist also längst nicht tot, oder anders formuliert: Totgesagte leben länger.

Petra Unger

Der Begriff „Feminismus" geht auf den Frühsozialisten und Sozialutopisten Charles Fourier (1772–1837) zurück. Er definierte den Feminismus als „die Anstrengung zur Gleichberechtigung und Emanzipation der Frauen" und war von dessen zentraler Rolle

Was ist Feminismus?

in der gesellschaftlichen Entwicklung überzeugt: „Die Veränderung einer geschichtlichen Epoche lässt sich immer aus dem Verhältnis des Fortschritts der Frauen zur Freiheit bestimmen … Der Grad der weiblichen Emanzipation ist das natürliche Maß der allgemeinen Emanzipation."

Frauen, die sich für Emanzipation und Gleichberechtigung einsetzen, werden bald nach der Veröffentlichung der Werke Fouriers als Feministinnen bezeichnet. So wird Olympe de Gouges während der Französischen Revolution u. a. auch aufgrund der Behauptung, sie sei eine Feministin, auf der Guillotine hingerichtet. Der Begriff „Feminismus" wird von Anfang an diffamiert und negativ besetzt, im Zuge der Geschichte der Frauenbewegungen jedoch auch erweitert, modifiziert und immer wieder von Neuem diskutiert. Trotz vielfältiger Weiterentwicklung der feministischen Grundgedanken lassen sich drei wesentliche Bereiche festhalten: Im Zentrum feministischer Kritik steht erstens der Androzentrismus, also die Herrschaft männlicher Denk- und Handlungsmuster.

Feminismus beschäftigt sich zweitens mit den Konsequenzen der geschlechtsspezifischen Asymmetrien für Politik, Gesellschaft und Wirtschaft und sucht nach alternativen Konzepten.

Schließlich verfolgen drittens alle feministischen Ansätze das Ziel, die Ausgrenzung, Benachteiligung und Unterdrückung von Frauen zu überwinden.

Im Zuge der Theoriebildung nach der Zweiten Frauenbewegung wird dieser Feminismus-Begriff mit anderen Theorien der Geisteswissenschaften verknüpft und erweitert, dadurch wurde im Lauf der letzten dreißig Jahre eine Fülle an unterschiedlichen Ansätzen entwickelt. Mit dem Konzept des *Gender Mainstreaming*, entstanden durch die Diskussionen der Internationalen Frauenbewegung in den 1970er und 80er Jahren zur besseren Durchsetzung politischer Forderungen, verschwindet erstmals in einem feministischen Ansatz das Wort „Feminismus". Von vielen als Vorteil empfunden, weil Berührungsängste und Vorurteile gegenüber dem Feminismusbegriff verhindert werden können, kritisieren die meisten Feministinnen Gender Mainstreaming als Verwässerung der ursprünglichen Ideen. Der Slogan „Der Feminismus ist tot. Es lebe Gender Mainstreaming" kann nicht ausgegeben werden. Gender Mainstreaming allein kann nicht zum Ziel einer geschlechtergerechten Gesellschaft führen. Verschiedene Instrumente, Initiativen und Strategien sind hierfür erforderlich. Wesentlich wird auch in Zukunft die aktive Beteiligung von feministischen Expertinnen sein, um Gender Mainstreaming weiterzuentwickeln, verbindliche Standards zu erarbeiten sowie Kontrollmechanismen einzuführen, welche die Anwendung dieses Konzepts als emanzipatorisches Instrument garantieren.

Petra Unger

Die liberale Demokratiekonzeption basiert auf der Annahme der Partizipation der Menschen und der Repräsentation sozialer Gruppen. Frauen waren jedoch in den meisten europäischen Staaten bis ins 20. Jahrhundert vom „Demos" ausgeschlossen und sie sind in

Braucht liberale Demokratie Geschlechterdemokratie?

parlamentarisch-repräsentativen Institutionen bis heute unterrepräsentiert. Aus diesem Missstand heraus erklärt sich die Forderung nach Geschlechterdemokratie, die gleiche Partizipationsrechte und -chancen sowie eine faire Repräsentation von Frauen in Politik und Gesellschaft verlangt. Geschlechterdemokratie zielt darauf ab, dass Frauen nicht nur rechtlich, sondern auch faktisch ihr Platz als gleichberechtigte Staatsbürgerinnen eingeräumt werde.

Geschlechterdemokratie weist zum einen auf Defizite innerhalb liberaler Demokratien hin. Im Gegensatz zum Anspruch der Demokratie, eine Herrschaft des Volkes zu sein, erweise sie sich als Herrschaft der Männer, als Androkratie. Die andere Dimension der Geschlechterdemokratie ist die politische Vision einer Demokratisierung der Gesellschaft mit einer gleichberechtigten Partizipation und Repräsentation beider Geschlechter. Der Anspruch hingegen ist ebenso deutlich wie plausibel: Wenn Demokratie als Herrschaft des Volkes und somit aller freien Bürgerinnen und Bürger verstanden werden will und soll, müssen gleichberechtigte Teilhabechancen für Frauen verwirklicht werden. Denn die männlich geprägte liberale Demokratie bedeutet in der Praxis nicht nur ungleiche Partizipations- und Repräsentationschancen, sondern blendet auch die Lebenssituation von Frauen aus, die sich gesellschaftlich bedingt meist von jener der Männer unterscheidet. Dies schlägt sich in politischen Maßnahmen nieder, die meist von Männern für Männer gedacht und gemacht werden.

Die Idee demokratischer Geschlechterverhältnisse verbindet die staatlich-institutionelle und die private Ebene über die grundlegende Annahme der Gleichheit der Geschlechter. Wenn diese Annahme als Maxime für den Umgang und die Regelungen zwischen Frauen und Männern uneingeschränkt Geltung besitzt, dann sind Ungleichheiten und Herrschaftsformen, die sich auf Tradition, Wesen und Natur beziehen, mit dem demokratischen Prinzip schlichtweg unvereinbar. Demokratisierung der Geschlechterverhältnisse heißt folglich, dass die Geschlechterbeziehungen in den eigenen vier Wänden sich am politischen Ideal der Gleichheit und Freiheit zu bewähren haben. Nicht mehr persönliche Willkür oder individuelles Gutdünken sind Maß für den Umgang, sondern gleiche, einklagbare Rechte.

Sieglinde Rosenberger

Studienabschlüsse an österreichischen Universitäten:

	männlich	*weiblich*
1975/76	4.652	1.790
1980/81	5.268	2.779
1990/91	6.834	4.930
2003/04	9.841	10.588

Professoren an österreichischen Universitäten:

	männlich	*weiblich*
1975/76	1.393	66
1980/81	1.667	82
1990/91	1.840	98
2003/04	1.806	264

Der Bericht der dritten UNO-Weltfrauenkonferenz von Nairobi (1985) brachte den Begriff „Gender Mainstreaming" zum ersten Mal in die internationale politische Debatte. Der Europarat präzisierte dann Gender Mainstreaming als Instrumente zur „Verbes-

Was ist Gender Mainstreaming?

serung, Entwicklung und Evaluierung politischer Prozesse mit dem Ziel, eine geschlechterbezogene Sichtweise in alle politischen Konzepte … einzubeziehen". Die Europäische Union schließlich kodifizierte Gender Mainstreaming im EU-Recht und das Prinzip gilt folglich für alle Mitgliedstaaten (Vertrag von Amsterdam, 1997).

Gender Mainstreaming (GM) bezeichnet also ein politisches Konzept zur Erreichung des Ziels der Chancengleichheit. Frauenpolitik wird dabei als Querschnittsaufgabe formuliert, die Geschlechterperspektive in alle Politikbereiche und in sämtliche Programme einbezogen. Eine Voraussetzung für die Anwendung von GM in der Politikformulierung ist folglich ein umfassendes geschlechterdifferenziertes Wissen über die soziale und wirtschaftliche Situation, über Lebens- und Arbeitsbedingungen von Männern und Frauen. Erst auf dieser Grundlage können – wenn dem GM-Prinzip seriös Rechnung getragen wird – politische Maßnahmen (Gesetze, Verordnungen, Programme, öffentliche Leistungen etc.) formuliert, im Hinblick auf ihre geschlechtsspezifischen Auswirkungen geprüft und implementiert werden. Ein Beispiel: In Island werden bereits seit Jahren selbst die Ausgaben für Sport „gemainstreamt", d. h., die Summe der Ausgaben wird geschlechtergerecht aufgeteilt, was zu einer Umverteilung der Mittel zwischen verschiedenen Sportarten führte.

Über die Strukturpolitik der EU findet GM in den Mitgliedstaaten einen Niederschlag bzw. wird auf nationaler Ebene vorangetrieben. Die EU-Strukturpolitik agiert mit starken Anreizen zur Implementierung, da die Vergabe von Fördermitteln an Projekte in den Mitgliedstaaten an den GM-Prozess gekoppelt ist. Dabei handelt es sich in erster Linie um Projekte im Bereich des Arbeitsmarktes und der Beschäftigungspolitik. In Politikfeldern wie Sozial- oder Familienpolitik und ganz besonders in der Budgetpolitik hängt der Erfolg von GM von der Bereitschaft der nationalen oder regionalen politischen Kräfte ab.

Kritiker und Kritikerinnen befürchten und betonen, dass durch die (rhetorischen) Verweise auf Gender Mainstreaming die distributiv angelegte Gleichstellungspolitik sowie die aktive Frauenförderung de facto geschwächt werden könnten.

Sieglinde Rosenberger

Der noch junge Begriff der Gender-Medizin hat ein neues Forschungsfeld erschlossen: die intensive Beschäftigung mit geschlechtsspezifischen Krankheitsbildern. Ein Beispiel dafür ist Herzinfarkt. Er zeigt bei Frauen zum Teil andere Symptome als bei Männern, oder

Was ist Gender-Medizin?

besser gesagt, Frauen empfinden das auch anders. Daher kam es oft zu verspäteten Diagnosen, oder die von einer Patientin geschilderten Symptome wurden anders interpretiert.

Das liegt daran, dass es „an einer systematischen Erfassung der vorliegenden wissenschaftlichen und klinischen Erfahrungen über geschlechtsspezifische Medizin mangelt", stellte die Wiener Sozialmedizinerin Anita Rieder fest.

Gender-Medizin beschäftigt sich, kurz gesagt, mit Erkrankungen, die bei Männern und Frauen unterschiedlich behandelt werden müssen, mit unterschiedlichen prophylaktischen Maßnahmen verhindert werden sollen und auch anders diagnostiziert werden müssen. Bis vor kurzem sind Medikamententests fast nur mit Männern durchgeführt worden. Daher gab es auch keine verlässlichen Anweisungen für die Dosierung von Arzneistoffen bei Frauen. Man will nun im Rahmen der Gender-Medizin für beide Geschlechter spezielle geschlechtsbezogene Studiendesigns entwickeln (wie eine Studie angelegt wird, was die Eckpfeiler sein sollen) und auch die Datenauswertung in diesem Sinne durchführen. Denn nicht nur das Auftreten und die Schwere von Krankheiten weisen geschlechtsspezifische Unterschiede auf, auch die Wirkung von Medikamenten kann an-

ders sein. So werden manche Wirkstoffe im weiblichen Körper anders abgebaut und anders in den Stoffwechsel integriert. Manche Präparate wirken bei Frauen stärker, andere wieder schwächer als bei Männern, manche bleiben länger im Blut und entfalten entsprechend länger ihre Wirkung, andere nicht. Beim Herzinfarkt etwa gilt, dass Frauen bis zur Menopause hormonell dagegen geschützt sind. Danach aber trifft er sie genauso häufig wie Männer.

Alle genannten Aspekte der Gesundheit wurden bis vor kurzem sozusagen „geschlechtsneutral" von der Medizin behandelt. Die Gender-Medizin hat es sich zum Ziel gesetzt, hier neue Maßstäbe zu setzen, wobei auf einer Reihe von Fachgebieten echtes Neuland betreten werden muss. Sie hat zum Überdenken von Therapie und Diagnose bei Mann und Frau angeregt und nicht zuletzt auch wichtige Impulse für die Forschung gegeben.

Gert Baumgart

Informationen des Gesundheitsministeriums:
„*Endometriose:* In Österreich ist jede achte bis zehnte Frau im gebärfähigen Alter (120.000 bis 310.000 Frauen) betroffen, in Europa geschätzte 14 Millionen Frauen.

Kardiovaskuläre Erkrankungen: Lange Zeit war die Meinung bei Ärzt/innen und Patient/innen verbreitet, dass eine kardiovaskuläre Erkrankung nur Männer im mittleren Alter betrifft. Tatsächlich stirbt jedoch jede zweite Österreicherin an einer Herz-Kreislauf-Erkrankung – im Jahr 2003 21.296 Todesfälle bei Frauen im Vergleich zu 13.653 Männern."

Rauchen/Lungenkrebs: Bei der gleichen Anzahl von Zigaretten haben Frauen ein um bis zu 70 % höheres Risiko als Männer an Lungenkrebs zu erkranken. Trotz dieser Fakten zählen wir derzeit allein in Österreich 1,1 Mio Raucherinnen."

Für Staaten, die bisher eine geringe Intensität an Gleichstellungsinstrumenten aufweisen, gilt die EU eher als gleichstellungsfreundlich bzw. sie nimmt in gleichstellungspolitischen Anliegen eine Lokomotivfunktion ein. In skandinavischen Staaten hingegen,

Ist die Europäische Union frauen- und gleichstellungsfreundlich?

bei denen die Sozial- und Gleichstellungsbestimmungen als ausgebaut gelten, befürchten Frauenorganisationen und Politikerinnen eher eine Nivellierung der Gleichstellung nach unten. Die Frauen- und Gleichstellungspolitik der EU ist auf die Bereiche Beschäftigung und Berufstätigkeit konzentriert. In familien- und sozialpolitischen Bereichen nimmt die EU lediglich insoferne Stellung, als Fragen der Erwerbstätigkeit betroffen sind. Hierzu zählen der Schutz von Arbeitnehmern und Arbeitnehmerinnen, Kündigungsschutz, Gesundheitsbestimmungen oder Elternkarenzmindestregelungen. Andererseits fallen sozialpolitische Bestimmungen unter den Aspekt von Arbeitnehmerfreizügigkeit – wodurch das Frauen-Nachtarbeitsverbot in Österreich als nicht EU-konform aufgehoben werden musste.

Die Antwort auf die Frage, ob die Europäische Union frauen- und gleichstellungsfreundliche Politik mache, ist also im Hinblick auf spezifische Politikbereiche zu geben. Die Regelungsdichte hinsichtlich der beruflichen Gleichstellung der Geschlechter ist eindeutig ausgeprägter als in sozialpolitischen Belangen. Bei der Gleichbehandlung in der

Berufsarbeit und der Förderung von Erwerbstätigkeit nimmt die EWG (später EG bzw. EU) seit ihrer Gründung eine Vorreiterrolle ein. Bereits im EWG-Vertrag des Jahres 1957 wird aus wettbewerbspolitischen Motiven der Grundsatz des gleichen Entgelts für gleiche Arbeit festgelegt. Seit 1975 unterstützen fünf Richtlinien die Gleichberechtigung im Berufsleben. Die so genannte Entgeltrichtlinie (1975) stellt fest, dass mit dem Grundsatz der gleichen Entlohnung nicht nur identische Arbeitsplätze, sondern auch gleichwertige Arbeit erfasst sind (indirekte Diskriminierung). Die so genannte Zugangsrichtlinie (1976) formuliert den Grundsatz der Gleichbehandlung von Frauen und Männern hinsichtlich des Zugangs zur Beschäftigung, zur Berufsbildung und zum beruflichen Aufstieg sowie in Bezug auf die Arbeitsbedingungen.

Umstritten sowohl auf der Ebene der EU-Judikatur als auch im nationalen österreichischen Recht blieb die Schaffung von gesetzlichen Grundlagen für die Frauenförderung, d. h. für positive Maßnahmen und Quoten. Der Vertrag von Amsterdam (1997) legt die Gleichstellung von Frauen und Männern als Aufgabe der Gemeinschaft fest (Art. 2); im Vertrag wird „Gender Mainstreaming" verankert, ein Prinzip, um in allen Politiken die unterschiedliche berufliche Situation von Frauen und Männern auf der Grundlage von Nicht-Diskriminierung zu berücksichtigen. Schließlich wurde eine Kompetenznorm zur Bekämpfung von Diskriminierungen verschiedener Ausformungen formuliert.

Zusammenfassend ist zu sagen, dass die EU in beruflichen Gleichbehandlungsfragen sowie in der (beruflichen) Antidiskriminierungsagenda eine Vorreiterrolle einnimmt.

Sieglinde Rosenberger

Frauen sind in wirtschaftlichen Spitzenpositionen immer noch eher die Ausnahme denn die Regel. Gesetze, die Frauen fernhalten würden, sind nicht die Erklärung für diese Schieflage bei Top-Positionen. Ebenso sind es nicht Bildungsunterschiede. Ein Ver-

Kann Frauenförderung die „gläserne Decke" durchbrechen?

gleich der Wirtschaftsstudierenden zeigt, dass ähnlich viele Männer wie Frauen das Studium abschließen. Ein Vergleich von Führungspositionen in der Wirtschaft hingegen zeigt, dass nach wie vor kaum zehn Prozent der wirtschaftlichen Spitzenpositionen von Frauen ausgeführt werden.

Die Hürden auf der Karriereleiter sind oft unsichtbar. Zur Benennung der subtilen Karrierebarrieren von Frauen auf dem Weg zu Führungspositionen in Organisationen und Unternehmen hat sich der Begriff der „gläsernen Decke" etabliert. Die „gläserne Decke" wirkt als Barriere, die bei gleicher Qualifikation einer Frau im Vergleich zu einem Mann den Mann bevorzugt. Der Mann lukriert eine „männliche Dividende". Als Gründe für die gläserne Decke gelten die stärkere Förderung männlicher Mitarbeiter durch männliche Vorgesetzte sowie der weitgehende Ausschluss von Frauen aus etablierten beruflichen Netzwerken. Außerdem gehen Personalchefs häufig stillschweigend davon aus, dass Frauen irgendwann eine Familienpause einlegen werden. Frauen scheitern also an strukturell verfestigten Mechanismen wie jenen der stereotypen geschlechtsspezifischen Zuschreibungen (sind Frauen wirklich als Chefinnen geeignet?) ebenso wie an Konsequenzen der geschlechtsspezifischen Arbeitsteilung im Privaten.

Was dagegen tun? Eine viel diskutierte Möglichkeit sind Maßnahmen, die die spezifische Förderung vor dem Hintergrund struktureller Diskriminierung zum Ziele haben (Stichwort: bei gleicher Qualifikation fällt die Personalentscheidung auf die Bewerberin). Für die Privatwirtschaft können derartige politische Maßnahmen sowohl durch positive als auch negative Anreize (etwa im steuerlichen Bereich) gesetzt werden. Auch eine Veröffentlichung von Best- bzw. Worst-Practice-Unternehmen gilt als effizientes Instrument. Im öffentlichen Sektor gibt es direkte Einflussmöglichkeiten, den Frauenanteil in Führungspositionen zu steigern, beispielsweise durch Quotenregelungen. Allerdings stoßen diese Maßnahmen auf massiven Widerstand, denn jede zusätzliche Führungsposition für eine Frau bedeutet zwangsläufig eine Option weniger für einen Mann. Gleichwohl bekräftigt der Widerstand die Notwendigkeit solcher Maßnahmen, denn er macht deutlich, dass ohne explizite Förderung von Frauen die Marginalisierung in Führungsetagen in privaten Unternehmen aber auch in staatlichen Behörden kaum beseitigt werden wird. Eine andere Strategie ist das „Empowerment" durch Mentoring-Programme. Dieser Ansatz setzt auf der individuellen Ebene an und will Frauen dazu motivieren, sich gezielt für ihre Aufstiegschancen einzusetzen und bewährte Mittel – etwa das Networking – zu nutzen.

Sieglinde Rosenberger

An „Quoten" und „Emanzen" erhitzen sich die Gemüter. Beide Begriffe werden oft mit Geschlechterkampf assoziiert, mit der Bevorzugung von (ungeeigneten) Frauen gegenüber (geeigneten) Männern im Falle der Quote, mit Männerablehnung oder -feind-

Warum werden „Quoten" und „Emanzen" in ein schiefes Licht gestellt?

lichkeit im Falle der „Emanze". Diese Bilder sind aber vor allem als rhetorische Taktiken gegen das Anliegen der Entprivilegierung des männlichen Geschlechts zu sehen. Was bedeutet „Emanze", welche Bewegung steht dahinter, welches Ziel ist damit verbunden? Die bürgerliche Emanzipation des 19. Jahrhunderts war eine Bewegung, die sich gegen persönliche Abhängigkeitsstrukturen auflehnte und anstelle dessen die individuelle Eigenständigkeit und die Ausstattung von Individuen mit Rechten forcierte. Emanze bezeichnet, historisch betrachtet, eine Frauenrechtlerin, die sich für die gleichen politischen und bürgerlichen Rechte für Frauen wie für Männer einsetzte (Wahlrecht, Zugang zu Bildungseinrichtungen, Zugang zu Berufen). Aktuell ist eine Emanze eine Feministin, die sich dafür engagiert, dass mit der Geschlechtszugehörigkeit nicht mehr länger ein männliches Vorrecht bzw. eine Benachteiligung der Frauen einhergeht. Eine emanzipierte Frau ist eine Frau, die ein unabhängiges Leben jenseits persönlicher Abhängigkeitsstrukturen führt. Diese historischen Bezüge ignorierend, wird der Begriff Emanzipation und Emanze aktuell oft abwertend verwendet. Selbst Frauen, die sich für gleiche Rechte einsetzen, wollen sich aufgrund der gesellschaftlich negativen Konnotation oft nicht als Emanze bezeichnen lassen. Ähnlich verhält es sich mit Quoten. Zum einen sind Quoten ein übliches Instrument zur Verteilung von politischen Ämtern und öffentlichen Positionen. In Parlamenten sitzt eine festgelegte Anzahl von Vertretern und Vertreterinnen von Regionen und Bundesländern. Dieses territoriale Quotenprinzip ist anerkannt, unkritisiert und wird vor allem nicht als Quotierung diskutiert.

Frauenquoten sind folglich eine Variante der Verteilung von Positionen zwischen unterschiedlichen Gruppen, nämlich jene zwischen Frauen und Männern. Dahinter steht die Annahme, dass Frauen und Männer entsprechend ihrem Bevölkerungsanteil an Macht und Einkommen zu beteiligen sind, Frauen allerdings durch Geschlechtszugehörigkeit diskriminiert wurden bzw. werden. Um das Ziel einer gleichen Repräsentation (rascher) zu erreichen, werden in einigen liberalen Demokratien Quotenbestimmungen angewandt. Das Instrument ist dabei entweder eine gesetzliche Bestimmung, wie etwa das Paritätsgesetz in Frankreich aus dem Jahre 2003. Meist handelt es sich jedoch um Bestimmungen, die sich politische Parteien auferlegen. Sozialdemokratische Parteien und grüne Parteien waren die Vorreiter dieses Instruments, mittlerweile haben in einigen europäischen Ländern auch konservative, christdemokratische Parteien nachgezogen. In Norwegen hat die Regierung im Dezember 2003 eine Frauenquote von mindestens 40 Prozent selbst für Sitze in allen Verwaltungsräten der börsennotierten Unternehmen beschlossen.

Sieglinde Rosenberger

Die Probleme, die Frauen bei der Vereinbarkeit von Beruf und Familie haben, sind hinlänglich bekannt. Dabei scheint es zum Common Sense zu gehören, dass die Berufstätigkeit von Frauen sich negativ auf die Geburtenrate – bzw. umgekehrt die Gebur-

Ist eine hohe Frauenerwerbsquote mit einer hohen Geburtenrate vereinbar?

tenrate sich negativ auf die Berufstätigkeit – auswirke. Nun, diesen Zusammenhang gibt es bzw. gab es tatsächlich. Bis in die 1980er Jahre haben Demografen und Bevölkerungsökonomen einen engen Zusammenhang zwischen Geburtenrückgang und steigender Frauenerwerbstätigkeit hergestellt.

Dieser Befund ist Vergangenheit. Neuerdings weisen empirische Studien für OECD-Länder auf das Gegenteil hin, nämlich auf eine positive Korrelation zwischen Geburtenhäufigkeit und Frauenerwerbstätigkeit. In Ländern mit hoher Berufstätigkeit von Frauen (Vollzeitbeschäftigungsverhältnisse, geringere Einkommensdifferenzen zwischen Frauen und Männern) ist die Geburtenrate durchschnittlich höher als in Ländern, in denen die Berufstätigkeit von Frauen niedrig ist sowie die Einkommensdifferenzen zwischen Frauen und Männern aber relativ hoch sind. Im Jahre 1965 hatte Schweden als Land mit einer hohen Frauenerwerbsquote von rund 54 Prozent eine geringere Geburtenrate (2,4) als Italien, ein Land mit einer niedrigen Frauenerwerbsquote (34,6 Prozent bzw. 2,7). Im Jahr 1995 war der Zusammenhang umgekehrt. Damals zeigte Schweden mit einer hohen Frauenerwerbsquote (75,9 Prozent) eine höhere Geburtenrate (1,7) als Italien (1,2), das jedoch eine niedrige Frauenerwerbsquote (43,1 Prozent) aufwies.

Warum ist das so? Zweifelsohne sind dafür eine Reihe von wirtschaftlichen, sozialen, religiösen und politischen Faktoren verantwortlich. Im Zeitverlauf ist in beiden Ländern die Frauenerwerbsquote gestiegen und die Geburtenrate gefallen. Somit besteht weiterhin für beide Länder im Zeitverlauf ein negativer Zusammenhang zwischen beiden Größen. Es zeigt sich jedoch, dass im Zeitverlauf ein Anstieg der Frauenerwerbsquote in Schweden mit einem geringeren Geburtenrückgang verbunden war als in Italien. Das Ergebnis deutet damit darauf hin, dass die Vereinbarkeit von Beruf und Familie in Schweden größer war als in Italien.

Diese Vereinbarkeit hängt wiederum stark ab von politischen Rahmenbedingungen wie Infrastruktur (Kinderbetreuungseinrichtungen), von gesetzlichen Bestimmungen, die die Vereinbarkeit für Eltern unterstützen, sowie schließlich von Möglichkeiten, familiengerechte Arbeitsplätze zu finden. Politik hat in dieser Angelegenheit hohes Gestaltungs- und Steuerungspotential.

Sieglinde Rosenberger

Geburtenrate und Erwerbsquote der weiblichen Bevölkerung 2004:

	Geburtenrate	Erwerbsquote
Deutschland	1,37 %	59,2 %
Italien	1,33 %	45,2 %
Österreich	1,42 %	60,7 %
Slowakei	1,25 %	50,9 %
Slowenien	1,22 %	60,5 %
Tschech. Republik	1,23 %	56,0 %
Ungarn	1,28 %	50,7 %

Armut hat ein Geschlecht, sie ist weiblich. In Österreich (2003) sind von Armut über 570.000 Frauen betroffen – 100.000 mehr als armutsgefährdete Männer. Besonders betroffen sind Alleinerzieherinnen, die mit 31 Prozent deutlich stärker armutsgefährdet

Warum ist Armut weiblich?

sind. 250.000 Frauen in Österreich sind laut jüngsten Daten der Statistik Austria manifest arm. In akuter Armut müssen immerhin 6 Prozent aller Frauen leben.

Um diese Zahlen sozial interpretieren zu können, ist ein Blick auf Armutsdefinitionen zu werfen. Wer gilt als arm? Im europäischen Kontext steht – anders als etwa im entwicklungspolitischen Zusammenhang – der relative Armutsbegriff im Mittelpunkt, der Mindeststandards in Relation zum gesellschaftlichen Wohlstand misst. In der Europäischen Union gilt als arm, wer weniger als 50 Prozent des Medianeinkommens (also des häufigsten Einkommenswertes eines Landes) zur Verfügung hat. Als armutsgefährdet werden all jene bezeichnet, deren Einkommen nicht mehr als 60 Prozent dieses Wertes ausmacht. Innerhalb der 25 EU-Länder gelten 72 Millionen Menschen als armutsgefährdet (16 Prozent der Gesamtbevölkerung).

Die Hauptursache für die stärkere Armutsgefährdung von Frauen ist ihre Schlechterstellung in Bezug auf Einkommen und Erwerbstätigkeit. Regelmäßige Vollerwerbstätigkeit mit entsprechender Entlohnung spielt eine wesentliche Rolle für die Verringerung des Armutsrisikos. Teilzeitbeschäftigung und Arbeitslosigkeit von Frauen verringern Pensionen und Sozialleistungen und setzen dadurch eine Armutsspirale in Gang.

Die Diskriminierung von Frauen bei der Entlohnung von Erwerbsarbeit spiegelt sich in der Armutsgefährdungsquote wider. Haushalte, in denen eine Frau Hauptverdienerin ist, haben mit 20 Prozent ein annähernd doppelt so hohes Armutsrisiko wie solche mit einem männlichen Hauptverdiener. Die Struktur des österreichischen Sozialsystems führt vielfach zu einer Benachteiligung der Frau, die sich in erhöhtem Armutsrisiko äußert, aber auch neue Abhängigkeiten schafft. Hier ist der Zugang zu Notstands- oder Sozialhilfe zu nennen, der an das Haushaltseinkommen knüpft und zahlreichen Frauen verwehrt bleibt. Trotz dieser geschlechtsspezifischen Konsequenzen zeigt der österreichische Sozialstaat aber armutsreduzierende Wirkungen.

Neben dem Konzept der Einkommensarmut gibt es auch weiter gefasste Modelle, die nicht nur materielle Aspekte berücksichtigen, sondern auch den Zugang zum gesellschaftlichen Leben erfassen. Neben Bildung finden hier vorhandene Zeitressourcen Berücksichtigung, die (vor allem durch die ungleich verteilte Reproduktions- und Betreuungsarbeit) erneut eine verstärkte Belastung bzw. den Ausschluss von Frauen bewirken.

Sieglinde Rosenberger

Armutsgefährdungsquote von Frauen 2003:

EU (25 Länder)	16 %
Deutschland	17 %
Frankreich	13 %
Österreich	14 %
Slowakei	21 %
Slowenien	11 %
Tschechische Republik	9 %
Ungarn	12 %

Gewalt gegen Frauen findet häufiger im häuslichen Nahbereich, das heißt in der Privatsphäre, in Familie und Lebensbeziehung (Ehe) statt denn im öffentlichen Raum. Diese Gewalt wurde in den westlichen Demokratien bis in die 1970er Jahre meist tabuisiert und

Warum ist Gewalt gegen Frauen keine Privatsache?

galt eher als Kavaliersdelikt denn als strafrechtlich zu belangendes Vergehen. Mit dem Argument des Schutzes der Privatsphäre vor staatlichen Eingriffen sowie den Rechten und Pflichten von Frauen in der Ehe wurde Gewalt an Frauen indirekt legitimiert. Ehegesetze, d. h. staatliche Regelungen sowie kulturelle, religiöse, soziale Praxen ermöglichen und ermöglichten die Tabuisierung von Gewalt. Gewalt war und ist keine politikferne Privatsache, sondern sie war staatlich sanktioniert und wurde von Politik und Gesellschaft als Privatsache gedeutet.

Mit dem Slogan „Das Private ist politisch" löste die neue Frauenbewegung in den 1970er Jahren eine öffentliche Diskussion über bisher nicht thematisierte, als privat be-

„Wenn Liebe weh tut", Plakat der Wiener Frauenhäuser

zeichnete und somit verdeckte Macht- und Gewaltverhältnisse aus. Thematisiert wurden Abhängigkeiten im privaten Bereich sowie die physische wie psychische Gewalt an Frauen (meist) durch Männer. Oft gegen den Widerstand von Politik und Kirchen wurden in der Folge präventive und interventionistische Maßnahmen, wie Frauenhäuser für geschlagene Frauen und deren Kinder, eingerichtet und als Frauenprojekte betrieben. Auf der staatlichen Seite wurde die Vergewaltigung in der Ehe zum Straftatbestand erklärt (in Österreich 1986) – bis dahin galt die sexuelle Verfügbarkeit als Ehepflicht. Weiters wurden in den 1990er Jahren in Österreich gesetzliche Bestimmungen erlassen, um Gewalttäter aus der gemeinsamen Wohnung durch die Polizei verweisen zu können (Opferschutzgesetz, Wegweisebestimmungen). Gegenwärtig gibt es vereinzelt geführte Debatten und Delikte im Kontext von Zwangsheiraten, arrangierten Heiraten und Ehrenmorden, die die Privatsphäre sowie die Tradition abermals als Rechtfertigung für etwas, was als Gewalt an Frauen im familiären Umfeld zu verurteilen ist, ins Spiel bringen.

Gewalt an Frauen wird in patriarchalen Kulturkreisen immer wieder als privat erklärt, nichtsdestotrotz hat eine demokratische Rechtsordnung, die individuelle Rechte und das Menschenrecht auf Unversehrtheit und Selbstbestimmung zur Grundlage hat, Gewalt an Frauen zu kriminalisieren, sie öffentlich als kriminelle Tat darzustellen und Maßnahmen zur Verhinderung anzuwenden.

Sieglinde Rosenberger

Frauenrechte sind im Islam ausführlich dargelegt: eigene Rechtspersönlichkeit, Recht (und religiöse Verpflichtung!) auf Bildung, Recht auf die Wahl des Ehepartners und Beibehaltung des eigenen Familiennamens in der Ehe, die Möglichkeit der Schei-

Wie betrachtet der Islam die Frau?

dung (etwa bei grober Behandlung, unerfülltem Geschlechtsleben, aber auch „wenn die Chemie nicht stimmt"), Recht auf eigenen Besitz und dessen selbständige Verwaltung, voller Unterhaltsanspruch gegenüber dem Ehemann, auch im Falle eines eigenen Einkommens, das nicht für das Familienauskommen aufgewendet werden muss, Möglichkeit der Familienplanung, Recht auf Erbschaft, Partizipation am sozialen, wirtschaftlichen, kulturellen und politischen Leben der Gemeinschaft.

Der Koran unterstreicht die Gleichwertigkeit von Mann und Frau: „Die einen von euch sind von den anderen" (3:195). Mann und Frau sind aus gleicher Substanz geschaffen (4:1). Zu gleichen Teilen sind sie Adressaten im Koran, wenn es immer wieder „ihr gläubigen Männer, ihr gläubigen Frauen" heißt. Beiden wird als Lohn für ihr Wirken das Paradies verheißen. Vor Gott sind sie gleich. Der „Sündenfall" liest sich im Koran als gemeinsame Erkenntnis des ersten Menschenpaares, sich an sich selbst versündigt zu haben. Eva trägt im Islam also keine alleinige Schuld an der Entsendung des Menschen auf die Erde, wo er/sie schließlich als „Stellvertreter/in" Verantwortung für die Schöpfung trägt. Die Frau wird nicht zur potentiellen

Verführerin des Mannes. Der Begriff der Erbsünde ist dem Islam fremd.

In der Glaubenspraxis haben Mann und Frau dieselben Aufgaben, sowohl in Ausübung des Gottesdienstes als in Wahrnehmung der persönlichen Verantwortung im Sinne des Allgemeinwohls. Für Frauen gibt es unter Umständen Erleichterungen, etwa was das Fastengebot in Schwangerschaft und Stillzeit betrifft. Gleichwertigkeit meint also nicht Gleichartigkeit, da auf die biologische Verschiedenheit Rücksicht genommen wird. Die Kleiderfrage, das Kopftuchtragen, ist im Islam nicht als „Disziplinierung" der Frau zu sehen, weniger Zeichen der Sittlichkeit als vielmehr des Glaubens.

Wie mit dem Ideal von individueller Geschlechtergerechtigkeit auch Missbrauch getrieben werden kann, zeigen starre Rollenzuschreibungen (Hausfrau und Mutter). Dass die Verantwortung des Mannes für das Familienauskommen ihn nicht hierarchisch über die Frau erhebt, zeigt der Auftrag an beide, gegenseitige Verantwortung zu übernehmen, freundschaftlich miteinander umzugehen (9:71).

Prominente Frauen wurden in der Frühzeit des Islam richtungweisend für das Bild einer voll an der Entwicklung des Gemeinwesens beteiligten Frau, so die jüngste Gattin des Propheten Aisha, von der man wegen ihrer herausragenden Rolle in der Überlieferung sagt, die „Hälfte der Religion" gehe auf sie zurück, oder seine Tochter Fatima, die in ihrer Spiritualität und Gelehrtheit großen Einfluss hat.

Auch wenn bereits der ägyptische Theologe und Rechtsgelehrte Qasim Amin Ende des 19. Jahrhunderts in *Die Befreiung der Frau* zeigte, dass sich aus zentralem Gerechtigkeitsdenken heraus auch muslimische Män-ner für Frauenrechte einsetzen, sind eine weibliche Perspektive und sich daraus ergebende Fragestellungen heute sehr wichtig. Aufmerksam anzuschauen sind etwa jene Fälle, wo für Frauen „zu ihrem Schutz" besondere Regelungen (z. B. in Bezug auf die Reisefreiheit im Aspekt männlicher Begleitung) angenommen wurden. Geänderte Rahmenbedingungen erfordern eine andere Interpretation. So manche tradierte, regional als selbstverständlich betrachtete Angelegenheit (halbes „Blutgeld" als Kompensation für Hinterbliebene eines Mordopfers bei einer Frau) entpuppt sich als jeder theologischen Grundlage entbehrend. Theologische Argumente können wirksam das Bewusstsein für Frauenrechte bilden, vor allem in der nötigen Differenzierung zwischen Religion und Traditionen, die Frauen benachteiligen und dem Geist des Islam widersprechen.

Amina Baghajati

Der ägyptische Rechtsgelehrte Qasim Amin schreibt in „Die Befreiung der Frau" (1899):
„Hätte es in der islamischen Scharia Texte gegeben, die den *hidschâb* [= Körperbedeckung] vorschreiben, (...) wäre es meine Pflicht gewesen, die Behandlung dieses Themas zu vermeiden und keinen einzigen Buchstaben zu schreiben, der diesen Texten widerspricht. (...) Diese Texte finden wir aber auf diese Art nicht."

Dass das Tempo der Gesellschaft des 21. Jahrhunderts wesentlich schneller ist als das vor zehn, zwanzig Jahren oder noch früher, kann als bekannt vorausgesetzt werden: Moderne Verkehrstechnologien, elektronische Kommunikation etc. führen zu Zeitersparnissen, die oft erst bewusst werden, wenn das Auto streikt oder der Computer sich nicht schnell genug „aufbaut".

Nimmt die Beziehungsunfähigkeit in unserer Gesellschaft zu?

Damit Beziehung gelingen kann, braucht man aber Zeit, denn

– Kontakte gehen zwar schnell,
– Beziehung – also: einander behutsam nahe kommen, kennen lernen, verstehen, sich anpassen – nicht, und sie braucht soziale Kompetenzen: Wahrnehmung, Einfühlung, Frustrationstoleranz, Ausdrucksfähigkeit und Echtheit.
– Erst wenn man seelisch „intim" geworden ist – wenn man spürt, dass sich Körper und Seele bereit machen, einander zu „erkennen" („ineinander" zu versinken), ist der Zeitpunkt gekommen, die
– Vereinigung in der dazu passenden Zeit zu beginnen.
– Und: Man muss sich auch wieder trennen können, ohne Teile seiner selbst im anderen zu verlieren (als quasi „Entleerung des Selbst"), und als eigenständige Person weiterleben können. Auch das braucht Zeit.

Da wir für alles – mindestens gedanklich! – Vor-Bilder brauchen, brauchen wir auch welche für intime Beziehungsgestaltung. Es waren und sind Dichterinnen und Dichter, egal ob sie schreiben oder sprechen, und im Gefolge Schauspielerinnen und Schauspieler, die (ihr) Seelenleben „berührend" darstellen können. In Comics oder Pornofilmen findet man diesen Teil möglichen Glückerlebens nicht. Dafür findet man Vorbilder der Eroberung, Dominanz, Unterdrückung, seelischen und – wie wir heute wissenschaftlich nachweisen können – gleichzeitigen körperlichen Verletzung bis Vernichtung. Und: Selbst für Folter- und Mordvideos („Snuff-Pornos") findet sich ein Käufermarkt und eine zuliefernde Industrie. Verrohung und damit Verlust von Humanität nehmen zu.

Wollen wir als Gesellschaft Menschen, die einander respektieren, zusammenarbeiten und friedlich zusammenleben können, muss Beziehungsfähigkeit gefördert werden. Der traditionelle Beginn für diesen Lernprozess wäre Paar- und Familiengründung. (Dass es oft enorm schwer ist, zwei Familien unterschiedlicher Herkunft und Denkweise zur „friedlichen Koexistenz" zu motivieren, wissen leider nur zu viele …). Die Sehnsucht danach existiert nach wie vor, wie Umfragen unter Jugendlichen beweisen. Aber wie tun? Das Modell des 19. Jahrhunderts mit einer straffen Familienhierarchie lehnen partnerschaftlich denkende Menschen ab. Um ein neues zu entwickeln, fehlen Anleitungen und Zeit zum Einüben – es soll ja alles schnell gehen.

Beziehungsfähigkeit entsteht durch Nachfühlen und Nachdenken über sich selbst samt Wünschen und Ängsten und – Vertrauen: Selbstvertrauen, weil man weiß, dass man wahrhaft ist und zu seiner inneren Wahrheit steht, und Anvertrauen an die Person, die man für vertrauenswürdig erkennt.

Rotraut Perner

Sexualität wird üblicherweise und oberflächlich betrachtet als all das verstanden, was
„operativ" zur Fortpflanzung führt oder diese
behindert – Begehren und Verführung beispielsweise ebenso wie Geschlechtskrankheiten oder körperliches Versagen.

Was suchen wir in der Sexualität?

Sexualität ist aber viel mehr: Sie ist nicht bloß
„der Gebrauch der Genitalien", sondern ein
umfassendes subjektives Erleben, das Körper,
Seele und Geist umfassen kann (wenn es auch
nicht immer in dieser Ganzheit bewusst erfahren wird).

Wie man also Sexualität erfährt, versteht,
definiert oder auch propagiert, hängt davon
ab, worauf man abzielt – was man daher als
wünschenswert in den Vordergrund der Betrachtung rückt und was man als unnötig
oder hinderlich, krank oder kriminell, jedenfalls gesellschaftlich unerwünscht bezeichnet.
Das aber wechselt je nach Zeit und Ort,
Gesellschaftsschicht und auch den Möglichkeiten, die jemand weiß, ist also eine Frage
der jeweiligen Kultur bzw. Subkultur und
damit auch von Bildung und von Politik.

Komplex – also aus verschiedenen, auch widersprüchlichen Blickwinkeln – betrachtet,
drängen sich vor allem – in umgekehrter
Reihenfolge – medizinische, juristische und
moraltheologische Sichtweisen auf: Sie und
ihre Vertreter (männlich!) sind die mit der
ältesten geschichtlichen Tradition.
Heute werden der medizinischen Betrach-
tungsweise die psychologische und soziologische zur Seite gestellt, der juristischen die
pädagogische und sozialarbeiterische/psy-
chotherapeutische und der moraltheologi-
schen die ethisch-selbstverantwortliche, wei-

ters wird Gender-Sensibilität eingefordert:
Kein Geschlecht soll gegenüber dem anderen
benachteiligt werden, daher sind alle Aussagen und Maßnahmen daraufhin zu überprüfen, ob sich nicht heimlich oder auch „nur"
unbewusst eine Diskriminierung eingeschli-
chen hat. Damit sind Spannun-
gen und Konflikte vorpro-
grammiert – wie in der Begegnung der Geschlechter auch.
Wenn man daher versucht, alle die Fragen
und Antworten, was wir – wer auch immer
darunter verstanden werden soll – in der
Sexualität wollen, auf einen einzigen gemeinsamen Nenner zu bringen, könnte man vereinfacht sagen: Energiezuwachs.
Wir verspüren mehr Energie, wenn wir lieben, das Herz „geht auf", wir sind besser
durchblutet, Glückshormone werden ausge-
schüttet, aber auch wenn wir „nur" körperlich „Sex haben", bringen wir uns in Bewegung und produzieren mehr Energie, und
selbst wenn wir „neurotisch" nach „narzisti-
scher Zufuhr" streben – ein anderes Lebewesen als Energiequelle ge- oder gar missbrauchen oder ein Ritual abführen, das uns gesellschaftlichen Applaus erwarten lässt –, kommen wir in den Zustand, dass wir uns, zumindest vorübergehend, „gut fühlen" (auch
wenn es Negativfolgen gibt).

Rotraut Perner

*Richard von Krafft-Ebing („Psychopathia Sexualis",
1886):*
„In der Befriedigung dieses Naturdrangs ergeben
sich nicht nur Sinnesgenuss und Quellen körperlichen Wohlbefindens, sondern auch höhere Gefühle
der Genugtuung, die eigene, vergängliche Existenz
durch Vererbung geistiger und körperlicher Eigenschaften in neuen Wesen über Zeit und Raum
hinaus fortzusetzen."

Da Sexualität aus den unterschiedlichen wissenschaftlichen oder politischen Blickwinkeln verstanden werden kann, gibt es viele Grenzsetzungen und daher viele Antworten.

Am leichtesten fällt diese Antwort dort, wo

Wo sind die Grenzen der Sexualität?

sie das Strafgesetzbuch setzt.

Der weltweit respektierte Tübinger Theologe Hans Küng weist in seiner *Initiative Weltethos* darauf hin, dass alle Religionen der Welt die Einhaltung von vier ethischen Grundnormen einfordern:

– nicht töten,

– nicht stehlen,

– nicht lügen,

– nicht missbrauchen.

Alle diese vier Grenzsetzungen können auch im sexuellen Bereich als Richtschnur angenommen werden. Und dennoch gibt und gab es immer Menschen, die sexuelle Bedürfnisse anders als durch sexuelle Handlungen befriedigt haben (z. B. Lustmörder) und, wenn sie sozial hoch stehend waren, nicht belangt wurden oder die nicht-sexuelle Bedürfnisse durch sexuelle Handlungen befriedigten (z. B. Macht- und Rachebedürfnisse durch Vergewaltigung) und eine verständnisvolle Richterschaft fanden, weil sie ein – wissenschaftlich unhaltbares – Märchen vom unbezähmbaren Sexualtrieb vorbrachten.

Nachdem wir für alle unsere Verhaltensweisen Neurosignaturen (Nervenverzweigungen im Gehirn als Reizleiter und Impulsgeber) entwickeln müssen – denn wenn sie fehlen, gibt es eben keine Fertigkeiten, sondern einen

Mangelzustand –, hängt auch unser Verhalten von diesen „Modellen" und damit wieder von Fremd- oder Eigenbestimmtheit ab, ist also dementsprechend etwa zögerlich, eingeschränkt, gehemmt bis verklemmt oder aber risikofreudig, freizügig, grenzüberschreitend bis exzessiv.

In unserer individuellen psychosexuellen Entwicklung durchleben wir immer abwechselnde Phasen von Passivität und Rebellion („Trotzphasen"), bis wir uns in vernunftbetonter „Realitätssicht" an unsere soziale Umwelt anpassen – oder als asozial, antisozial oder soziopathisch gelten. Im Rahmen der so genannten konventionellen Ethik richten wir uns nach Usancen, Moralkodizes und Gesetzen, die von anderen – autoritär oder demokratisch – vorgegeben werden; in der so genannten postkonventionalen Ethik richten wir uns nach reiflicher Überlegung nach unserem höchstpersönlichen Verantwortungsgefühl – auch in der sexuellen Begegnung. Und genau hier scheiden sich oft die Geister: Häufig orientieren sich Männer nach dem, was medial propagiert wird (meist von Pharmawerbung oder Sexkommerzunternehmen), also nach Phantasieprodukten – und die Phantasie kennt bekanntlich keine Grenzen –, Frauen richten sich hingegen nach dem eigenen Herzen und Wohlfühlen, setzen also engere Grenzen.

Tatsächlich stoßen wir im sexuellen Erleben immer an Grenzen, etwa an die Haut – unsere Körperbegrenzung –, bis zum Fortpflanzungsakt – nicht zu verwechseln mit den vielen Formen von Geschlechtsakten, in denen Körpersäfte ausgetauscht werden! –, in dem die Körpergrenze der Frau penetriert wird.

Rotraut Perner

Wir erlernen alles, was wir tun, durch Nachahmung von Vorbildern – selbst wenn wir, selten genug, durch Zufall auf etwas Neues draufkommen, „sehen" wir uns ja selbst dabei zu und versuchen es, sofern es Lustgefühle ausgelöst hat, zu wiederholen.

Haben wir geeignete Vorbilder?

Das gelingt dann, wenn wir uns ein geistiges Bild eingeprägt haben, das wir „aus der Erinnerung" abrufen können. (Leider gelingt es im umgekehrten Fall nicht so oft, sich von Unlusterlebnissen zu befreien: Im „Wiederholungszwang" finden wir uns oft in ähnlichen Situationen wieder – wie beispielsweise von sexuellen Übergriffen –, solange wir die Verhaltensweise der „Ur-Szene" nicht durch alternative Verhaltensmöglichkeiten, das heißt: neue Gedächtnisspuren im Gehirn, bewältigt haben.)

Wenn wir uns als Körper-Seele-Geist-Wesen begreifen und Zeit nehmen, in unsere „Tiefe" hineinzuhorchen, wird uns bewusst, dass wir immer gleichzeitig

– körperlich empfinden,

– seelisch der wahrgenommenen Emotion einen Namen geben und damit ein Gefühl daraus machen,

– dazu eine geistige Bewertung haben, die aus dem Erinnerungsrepertoire stammt, das wir aus Erziehung, Wissenserwerb und Beziehungsgeschehen erwerben – und daher auch korrigieren können, und

– auch Phantasien besitzen – eben geistige Bilder, und das können Wunschbilder sein oder Horrorvisionen. Da sie meist unbewusst bleiben, sind sie genau deshalb so bestimmend für unser Verhalten.

Traditionell – bis Mitte des 20. Jahrhunderts – stammten diese „Vor-Bilder" für breite Bevölkerungsschichten lediglich aus dem Tierreich: Man sah Hunde und Tauben kopulieren und ahmte deren Aktionen nach. Oder man wurde von einer „erfahreneren" Person „angelernt" – meist vergewaltigt.

Wenn der Herr Vater es sich finanziell leisten konnte, führte er seinen halbwüchsigen Sohn ins Bordell und versetzte dem oft einen – verleugneten – Schock (samt venerischer Krankheit). Aber auch nahe Anverwandte konnten sich häufig in aller Ruhe „bedienen" oder „bedienen lassen", galt doch das Wort eines Kindes oder Jugendlichen nichts gegenüber dem einer „Autoritätsperson" – und das waren alle Erwachsenen. Es ist das Verdienst der ersten Psychoanalytiker wie Sigmund Freud (1856–1939) oder Sándor Ferenczi (1873–1933), diesen verbreiteten Missbrauch aufgedeckt zu haben.

Heute orientieren sich viele statt an Tieren an den Akteuren in Pornofilmen und Produktionen der Sexindustrie, was qualitativ kaum Unterschied macht. Da ist die schnelle Aktion angesagt – und ein Tropfen Seele gefährdet bereits die Show. Diese „Quickies" entsprechen aber auch der Rhythmik der frühpubertären Selbstbefriedigungsversuche – stets in Alarmbereitschaft, weil ja Vater oder Mutter oder sonst irgendwer die Autoerotik stören könnte (und oft genug auch tut).

Da man auch in Peep Shows nicht Liebende sieht, sondern Sexarbeiterinnen und Sexarbeiter, liegt es am intimen Gespräch – mit dem/der Geliebten, in der Gruppe Gleichbetroffener oder mit Fachleuten –, wirklich befriedigende, d. h. Seele, Geist *und* Körper beglückende Alternativen zu finden und allenfalls auch zu erfinden.

Rotraut Perner

Wenn sich bei Heranwachsenden Sexualhormonausschüttungen bemerkbar machen, empfinden viele einen unspezifischen Druck: Das, was wir als Triebkomponente bezeichnen, führt zu Unruhe (Körper macht sich paarungsbereit), die oft in Aggression (Kör-

Gibt es in der Sexualität Leistungsdruck?

per macht sich kampfbereit) umgeleitet wird. Man „körpert" – stößt einander an, grapscht, belästigt, wird zudringlich und oft unerträglich und möchte doch nur gerne „ankommen" (im Doppelsinn des Wortes!), in mehr oder weniger unausgesprochener Hoffnung, dass sich das Unlustgefühl in ein lustvolles verwandle. Was als lustvoll definiert wird, hängt von den Idealen des so genannten Zeitgeistes und der ihm folgenden Erziehung ab. Traditionell predigten „Sprecher" von Großreligionen Kontrolle, Zügelung, Unterdrückung oder auch Vernichtung der „animalischen" Sexualität oder jeglicher Körperlust überhaupt. Da dies fast ausschließlich Männer waren, bezog sich diese Sichtweise wohl auf ihre Sexualerfahrungen. Dennoch hinderte das wenige, sich den körperlichen Freuden ausgiebig hinzugeben, mit oder ohne Doppelmoral. Allerdings kann man ein Wechselspiel in der historischen Abfolge beobachten: Auf Zeiten der Freizügigkeit folgte immer eine Periode der propagierten Enthaltsamkeit oder auch kollektiven Buße, gefolgt von neuen Befreiungsbewegungen, oft zentral von übergeordneten Autoritäten – Religionsführern, Regierungsspitzen, aber auch literarischen oder cineastischen Modeschöpfern – verordnet oder vermarktet.

Der Leistungsdruck der historisch relevanten Jahrhunderte unserer „Ersten Welt" lag eher im Ziel einer – meist erfolglosen – Sexualunterdrückung. Man betete, fastete, geißelte sich, Kinder wurden genital verstümmelt, gefoltert und oft auch zu Tode gebracht, um sich oder lieber noch andere vom Satan der Fleischeslust zu befreien.

Mit der so genannten „sexuellen Befreiung" im Zuge der Studentenrevolten Ende der 60er Jahre des 20. Jahrhunderts wurde das Ideal der sexuellen Selbstbeherrschung gegen eines der ewig verfügbaren und immerwährenden sexuellen Lust ausgetauscht – und zwar durch Meinungsmacher jenseits von Kirche und Staatsverwaltung. Mit dem Slogan „Das Private ist politisch" wurde auch die traditionelle Sexualerziehung – oder besser: Sexualnichterziehung – hinterfragt; Alternativen (z. B. Kommunen mit Partnertausch) wurden probiert und verworfen. Übrig blieb die Kommerzialisierung: Eine ausufernde Sexindustrie lockt unkritische Konsumenten (Frauen sind misstrauischer und geben ungern Geld für „Spielereien" aus) mit unrealistischen Beglückungssuggestionen; wenn das erwartete Hochgefühl ausbleibt, wird durch höhere Dosis Zielerreichung angepeilt.

Menschen sind verlockbar durch Weckung von Konkurrenzängsten: Wer sich in eine phantasierte Rivalität mit Schöneren, Schnelleren, Leistungsstärkeren hineinsteigert, ist nicht mehr „bei sich", sondern scheelen Blicks bei anderen. Das nimmt Kraft und Energie. Der Körper, der bekanntlich nicht lügt, sagt dann deutlich Nein. Dieses Nein wird medial als Schwäche oder Krankheit definiert und mit Pharmaprodukten „bekämpft". Mehr Muße für sich und Bezug auf andere wären sinnvoller.

Rotraut Perner

Da wir nicht *nicht* sexuell sein können, sind wir es immer: vom Beginn unseres Lebens bis zum letzten Atemzug. Wie wir allerdings unsere Sexualität verstehen und leben, hängt davon ab, was wir uns trauen und zutrauen, und das hängt wieder von Vorbildern ab.

Ist Sexualität im Alter eine Selbstverständlichkeit?

Solange Sexualität als primär der Fortpflanzung dienend definiert wurde, ergab sich daraus logischerweise, dass Frauen nach dem Klimakterium das Recht auf ein Sexualleben abgesprochen wurde – genauso wie den noch nicht geschlechtsreifen Kindern.

Sexualität ist aber nicht nur die versuchte oder gelungene Produktion von Nachkommenschaft oder geistlose Abfuhr der so genannten Triebenergie, sondern leib-seelisch-geistiges Erleben und – wie es der Innsbrucker Sexualmediziner Kurt Loewit formulierte – die intimste Form von Kommunikation. Oder wie die langjährige Leiterin der Züricher Universitätsambulanz für Sexualstörungen, die Ärztin Verena Middendorp, gerne betonte: Sexualität kann gelebt werden wie Nahrungsaufnahme – man kann hektisch schlingen, unbedacht runterwürgen, einen Schnellimbiss einnehmen, Hausmannskost zubereiten, sich bewusst gesund ernähren, Askese betreiben oder ein mehrgängiges Diner zelebrieren. Dazu braucht man Wissen um all diese Alternativen und deren Folgen. Und man braucht Zeit – zumindest zum Nachdenken und Bewerten.

Historisch betrachtet, lag die durchschnittliche Lebenserwartung einer Frau im 19. Jahrhundert bei der Mitte bzw. dem Ende des dritten Lebensjahrzehnts. Kurzfristig aufeinander folgende Schwangerschaften und schwere körperliche Arbeit belasteten ihren Körper und zerstörten ihre Vitalität ebenso wie schlechte Wohnbedingungen, aus heutiger Sicht unzulängliche (oder unfinanzierbare) medizinische Versorgung sowie die Geschlechtskrankheiten und Brutalitäten ihrer Ehemänner.

Heute liegt die Lebenserwartung für Frauen bei 80 Jahren, die der Männer knapp darunter – Tendenz steigend. Dank besserer Ernährung, gesundheitsfördernder Dienstleistungen und vor allem Wissen befinden sich die heutigen „young olds" (Alter 60 bis 70 bzw. 75 Lebensjahre) oft in einer körperlichen Verfassung wie 50-Jährige, und da sie der Generation der autoritätskritischen „68er" entstammen, wollen sie so leben, wie *sie* wollen – und nicht wie andere es ihnen vorschreiben. Sie wollen nicht geschieden oder verwitwet allein bleiben müssen, vor allem auch nicht, weil sie erfahren haben, wie gut ein nicht gewalttätiges Sexualleben tun kann.

Eine Selbstverständlichkeit sind sexuelle Beziehungen im Alter aber deswegen noch lange nicht: Angstmache vor dem sichtbaren Alterungsprozess dient vor allem der kosmetischen Industrie zur Bewerbung ihrer Produkte und Dienstleistungen. Außerdem wecken Stories über Tabubereiche – und die Sexualität der Eltern (!) ist ein solcher – voyeuristische Gelüste: Man kann sich so schön aufregen. Dahinter liegt aber Zukunftsangst: Was kommt auf mich zu? Werde ich noch geliebt werden? Das hängt aber von Liebens-Würdigkeit ab – und nicht von Alter, Aussehen oder Fitness.

Rotraut Perner

„Wir können nicht *nicht kommunizieren"*, lautet ein Ausspruch von Paul Watzlawick. Analog können wir auch nicht *nicht sexuell* sein – wir sind Männer oder Frauen oder befinden uns in einer nicht eindeutigen Mischform. In der deutschen Sprache ver-

Warum ist Sexualität nicht gleich Liebe?

wenden wir das Wort Geschlecht, um uns nach diesen Variablen einzuordnen. Die englische Sprache hingegen unterscheidet „sex" als biologisches Geschlecht von „gender", der sozialen, anerzogenen Geschlechtsrolle.

Biologisch verfügen wir demgemäß über „animalische" und „kulturspezifische" Verhaltensweisen, je nachdem, welche Gehirnpartie aktuell aktiv ist: ob wir also, plakativ formuliert, mit dem archaischen Stammhirn „denken" oder mit dem entwicklungsgeschichtlich jungen Großhirn, dessen Fähigkeiten – Sprachgestaltung und Zeitempfinden, daher auch Befähigung, Folgen von Handlungen in der Zukunft abzuschätzen – uns vom Tier unterscheiden.

Unser „tierischer" Anteil versteht Sexualität als mehr oder weniger gewaltsame Schwängerung (was noch in dem veralteten Wort „Notzucht" für Vergewaltigung zum Ausdruck kommt). Unser „menschlicher" Anteil kann in Alternativen denken. Daraus ergibt sich die Wahlfreiheit zwischen unterschiedlichsten Interpretationen und Verhaltensweisen, man kann daher „tierische" Reaktionen als allein gültige verteidigen. Das geschieht regelmäßig vor Gericht, wenn es gilt, Gewalttaten als unvermeidlich darzustellen.

Es wäre falsch zu glauben, dass Tierseelen

nicht lieben „können". Das wissen wohl alle, die Hunde besitzen bzw. diese oder andere Tiere, z. B. auch Vögel, beim Paarungsverhalten beobachten. Aber ob man lieben kann oder will, hängt von Liebeserfahrungen in frühester Kindheit ab: vom „Glanz im Auge der Mutter" oder anderer Bezugspersonen, die einem das Gefühl des Geliebtwerdens vermitteln. Heute wissen wir dank der Bild gebenden Computertechnologien, dass es so genannte Spiegelneuronen sind – Neurosignaturen, die durch das „Mitschwingen" mit den Gefühlen anderer gebildet wurden (Sigmund Freud nannte dies noch „Kommunikation von Unbewusst zu Unbewusst"), die einen Liebesgefühle übernehmen lassen. Während des Stillens kommt es im Normalfall bei der Mutter zur Ausschüttung des „Liebeshormons" Oxytocin und dies führt zur emotionalen „Bindung" und später oft zu objektiv unverständlichen Hörigkeiten an Personen.

Wer diese Erfahrung nicht besitzt oder durch massive Gewalterfahrungen (die, wie wir seit wenigen Jahren wissen, organische Veränderungen im Gehirn bewirken) verloren hat, „weiß" keine Liebesgefühle, erkennt sie nicht, ängstigt sich gar und verleugnet sein Seelenleben. Das gehört aber zu voll bewusstem und ganzheitlichem – also Körper, Seele *und* Geist umfassendem – Erleben dazu. Aber auch oberflächlich, rasant und daher flüchtig kommt man nicht in gefühlstiefe Bereiche; Fühlen braucht Zeit. Manche wollen das auch so – so sieht man(n) es ja immer wieder in der verkürzenden Film-Zeit.

Es hängt also davon ab, welche Gehirnregionen man im sexuellen Erleben „benutzt" (benutzen kann), welche Erfahrungen man machen kann (oder will).

Rotraut Perner

Kennen Sie das? Sie sehnen sich nach Lebensfreude, guten Beziehungen und innerem Frieden. Sie wollen die Schmerzen und Einengungen der Vergangenheit loslassen. Und Sie haben nur den einen Wunsch, durchzuatmen und endlich, endlich zu leben. Der

Was bedeutet es „sich selbst zu lieben"?

richtige Zeitpunkt damit anzufangen ist *jetzt* und es gibt einen Wegweiser auf dem steht: „Liebe dich selbst!"

Die frohe Botschaft heißt: Sie können mit der Selbstliebe beginnen, unabhängig davon, wie alt Sie sind, unter welchen Umständen Sie leben oder welche Erlebnisse Sie in der Vergangenheit hatten. Entdecken Sie all die Stärken, Talente und Fähigkeiten, die schon so lange in Ihnen schlummern. Sie sind wichtig, wertvoll und einzigartig – auch wenn es jemanden gab oder gibt, der das Gegenteil behauptet. Haben Sie in der Kindheit oder später gehört, dass Sie sich nicht zu wichtig nehmen sollen? Gab es jemanden, der Ihnen vermittelt hat, dass Sie dumm oder unfähig sind? Selbst wenn Sie lange Zeit gedemütigt, herabgewürdigt oder ausgenutzt wurden – Ihr Wert steht außer Frage. Entscheiden Sie sich ab heute für einen neuen Weg und machen Sie sich bereit für die aufregendste Reise Ihres Lebens – in Ihr Inneres! Sie sind ein Diamant, der vielleicht noch nicht so hell strahlt, wie es möglich wäre, weil er an manchen Stellen von Erde verkrustet ist. Aber die Liebe zu sich selbst ist wie ein sanfter Regen, der den alten Schmutz wegspült.

Selbstliebe bedeutet nicht übertrieben egoistisch zu sein, sondern sich zu schätzen und ein gesundes Selbstvertrauen zu entwickeln. Wenn *Sie* nicht gut auf sich aufpassen, wer wird es dann tun? Wärme für die eigene Person ist das Fundament, auf das Sie Ihr Leben bauen. Es ist also wichtig, liebevoll dafür zu sorgen, dass es aus tragfähigem Material ist und nicht aus Sand. Wenn Sie das Haus Ihres Lebens auf dem Beton der Selbstliebe errichten, werden auch andere Sie ganz automatisch respektieren. Und wenn nicht, werden Sie sich das nicht lange gefallen lassen.

Wichtig: Der Schmerz in Ihrem Leben wird nicht durch jemand anderen beendet, sondern nur durch Sie selbst. Sie *haben* die Kraft, Ihr Leben zum Besseren zu verändern, auch wenn Sie sich im Moment schwach, hilflos und ausgeliefert fühlen. Der erste Schritt dazu heißt: Ich liebe mich so gut, wie es zu diesem Zeitpunkt möglich ist. Wenn Sie sich aus ehrlichem Herzen Zuneigung entgegenbringen, nehmen Sie Ihre Bedürfnisse ernst, hören auf die Sprache Ihres Körpers und verdrängen weder Gefühle noch Probleme. Sie setzen vernünftige Grenzen, quälen sich nicht mit negativen Gedanken und müssen andere nicht zwanghaft kontrollieren. Sie lassen selbstschädigende Gewohnheiten los und entwickeln die Einstellung: „Was ich denke, fühle und sage, zählt. Ich bin wichtig." Vielleicht haben Sie Angst, dass Sie das niemals schaffen. Denken Sie daran: Es gibt immer einen Weg, auch wenn Sie ihn im Moment beim besten Willen nicht erkennen. Die sprudelnde Quelle Ihrer Kraft mag lange verschüttet gewesen sein. Aber sie ist da und wartet darauf, (wieder-)entdeckt zu werden.

Sabine Standenat

Es ist nicht einfach, „Spiritualität" zu definieren. Ein schöner Versuch ist: Spiritualität heißt, sich aufzumachen in eine Welt ohne Angst. Seinen spirituellen Weg suchen bedeutet auch, eine eigene Welt jenseits von der anzunehmen, die wir mit unseren Sinnen

Was heißt „Spiritualität"?

erfassen können (Gott, Engel, Naturgeister, ein Universum mit liebevollen Gesetzen …), und mit ihr zu kommunizieren. Das kann im Rahmen einer Religionsgemeinschaft geschehen, aber solch eine Zugehörigkeit ist nicht zwingend. Manche finden ihren „Draht zu Gott" auch auf eigenen Wegen. Grundsätzlich gibt es in weltanschaulichen Fragen kein „richtig" oder „falsch". Aber das, was Sie glauben, sollte Sie ermutigen, trösten, stützen und Ihnen Kraft geben. Welche Vorstellungen haben Sie zum Beispiel von Gott? Über ihn sind viele Vorstellungen in Umlauf, die ihm wahrscheinlich persönlich gar nicht gefallen würden. Da gibt es den strengen Vater, der über unsere Sünden genau Buch führt, den Rächer, der daraufhin eine gerechte Strafe fordert, den Kleingeist, der grollt, wenn ein Kirchenbesuch ausfällt, den Moralisten, der sagt, dass Sexualität schmutzig ist, und den strengen Richter, der alles verbietet, was Freude und Lachen in unser Leben bringt. Gott ist nicht so. Fragen Sie Ihre innere Stimme, ob sich diese Auffassungen mit dem vertragen, was von Jesus überliefert ist. Da ging es immer und immer wieder um *Liebe*. Das heißt im Klartext: Gott führt keine Strafbücher, ist nicht rachsüchtig, beleidigt, kleinlich oder missgünstig. Er hat auch keine

Listen aufgestellt, wen er akzeptiert und wen auf keinen Fall. Er freut sich, wenn jemand Kontakt sucht, passt aber auch auf die auf, die das nicht tun.

Spiritualität bedeutet auch, dem eigenen Leben nicht weniger Wert zu geben als dem eines anderen. Es ist in Ordnung, wenn Sie darauf achten, dass es Ihnen gut geht. Wer sich ohne Rücksicht auf die eigene Kraft ständig aufopfert und eigene Bedürfnisse verleugnet, wird eines Tages völlig ausgebrannt sein. „Liebe deinen Nächsten wie dich selbst" heißt richtig verstanden: Liebe dich selbst und deinen Nächsten genauso.

Stellen Sie sich folgendes Szenario vor: Sie stehen nach Ihrem Tod vor Gott und er fragt Sie, was Sie mit dem Leben, das er Ihnen geschenkt hat, angefangen haben. Sie antworten: „Ach, ich habe mich immer abgewertet und zugelassen, dass andere mich ausnutzen und ignorieren. Ich war ständig gereizt, weil ich mich nie um mich selbst gekümmert habe. Daher hatte ich auch keine Energie, um richtig ausgelassen zu sein. Ich bin direkt froh, dass das Ganze jetzt vorbei ist." Wird ihm das gefallen? Oder möchte er lieber hören: „Ich habe das Leben in vollen Zügen genossen. Ich bin zwar sehr oft auf die Schnauze gefallen, habe aber nach einiger Zeit immer wieder die Kraft gefunden, um aufzustehen. Krisen haben mich noch stärker gemacht. Und weil ich mich geliebt habe und daher meine Kräfte eingeteilt habe, konnte ich auch viel besser für andere da sein. In Summe war es wunderschön." Mit wem hat Gott wohl mehr Freude?

Sabine Standenat

Mit der Kraft der Gedanken haben Sie ein unglaubliches Instrument zur Lebensgestaltung in Ihrem Kopf. Es gibt nämlich eine Art zu denken, die Ihr seelisches Wohlbefinden und Ihre Gesundheit positiv beeinflusst, und eine Art und Weise, die genau das Gegenteil

Wie nutze ich die „Kraft der Gedanken"?

bewirkt. Daher sollten Sie sich in einer stillen Stunde fragen: Was denke ich in wichtigen Lebensbereichen wie Liebe, Sexualität, Gesundheit, Erfolg, Glück, Geld? Sind das Überzeugungen, die mich stärker machen, mir Mut und Kraft geben, oder solche, die mich schwächen und klein halten?

Die meisten von uns haben hie und da Gedanken von Verzweiflung und Hoffnungslosigkeit. Wenn Sie aber häufig oder meist so denken, ist die Chance, dass diese Gedanken wahr werden, sehr groß. Denn Sie erzeugen mittels Ihrer Gedanken und Vorstellungen in großem Ausmaß die Wirklichkeit, in der Sie leben.

Wenn Ihnen Ihre Realität in vielen Bereichen nicht gefällt, programmieren Sie Ihr Unterbewusstsein um. Dort sind nämlich alle Glaubenssätze aus der Kindheit gespeichert und bestimmen auf eventuell unliebsame Weise auch heute noch Ihr Leben.

Welches „Werkzeug" benötigen Sie für dieses „Umprogrammieren"? Erster Schritt: Lieben Sie sich immer mehr – geduldig, gütig und sanft! Zweiter Schritt: Sehen Sie nach, ob Sie das Muster „Es muss gelitten werden" gespeichert haben, und erlauben Sie sich, dass es Ihnen nach der ganzen Leiderei nun endlich gut gehen darf. Drittens: Beschäftigen

Sie sich so oft wie möglich mit folgenden Sätzen (schreiben, lesen, an den Computer kleben, auf der Toilette in Augenhöhe aufhängen …):

– Ich liebe und akzeptiere mich – so gut es zum jetzigen Zeitpunkt möglich ist.

– Ich bin fähig, meine Probleme zu lösen. Es kann sein, dass ich noch nicht genau weiß, wie ich das anstellen soll, aber ich *werde* es wissen.

– Ich verdiene es, glücklich zu sein. *Jawohl!!!* Genau so ist es. Das ist ein Satz, den Sie gar nicht oft genug bejahen können.

– Loslassen bedeutet nicht Vernichtung, sondern einen Zuwachs an Kraft.

– Ich vertraue darauf, dass die Dinge sich für mich zum Besten wenden.

Viertens: Lernen Sie den Umgang mit einem negativen Gedanken. Unterdrücken Sie ihn nicht und zwingen Sie sich auf keinen Fall zum positiven Denken.

– Sagen Sie zunächst einmal „*Aha*, ein negativer Gedanke." Nehmen Sie ihn einfach zur Kenntnis – ohne zu verdrängen, aber auch ohne extreme Reaktion.

– Dann untersuchen sie ihn. Ist er ein Hinweis darauf, dass Sie *aktiv* an einer Situation etwas ändern sollten? Fordert er Sie auf, etwas *loszulassen*? Oder ist es ein so genannter „Hineinsteigergedanke"?

– Schließlich fragen Sie sich: Beruht das, was ich da denke, auf Tatsachen? Ist es wahr? Zum Beispiel: Ich bin ein Opfer, Ich habe keine Chance …

Beginnen Sie zunächst mit kleineren „Umprogrammierungen" und freuen Sie sich daran, wie entlastend eine positivere Stimmung ist. Sie *können* ab sofort entscheiden, wie Sie die Dinge des Lebens betrachten!

Sabine Standenat

In jeder Beziehung kann es Differenzen geben. Aber es ist wichtig, dass Sie Meinungsverschiedenheiten so bewältigen, dass Sie nachher nicht völlig fertig und unzufrieden in einer Ecke sitzen, sondern die bestmögliche Lösung gefunden haben. Viele Men-

Wie lerne ich richtig streiten?

schen vermeiden Streit um jeden Preis, weil sie Angst haben, den anderen zu verstimmen oder sich von vornherein keine Chance ausrechnen, „zu gewinnen". Aber das ist eine Rechnung, die nicht aufgeht. Von dem, was Sie da hinunterschlucken, bleibt immer etwas zurück, das sich in der Folge nicht nur in Seele und Körper ungesund bemerkbar macht, sondern auch schleichend die jeweilige Beziehung vergiftet.

Lernen Sie also so zu streiten, dass dieser Konflikt eine Chance darstellt, wie ein reinigendes Gewitter zu wirken. Im Idealfall trägt der bewältigte Streit dazu bei, dass Sie den anderen besser verstehen und einander näher sind als vorher. Im Fall der Fälle beachten Sie also folgende Punkte:

– Drücken Sie Ihre Meinung in dieser Angelegenheit aus und sprechen Sie davon, wie *Sie* sich dabei fühlen.

– Vermeiden Sie wilde Angriffe!

– Wenn der andere etwas an Ihnen auszusetzen hat, überlegen Sie immer, ob diese Kritik berechtigt sein könnte. Wir alle neigen je nach Persönlichkeit dazu, in so einem Fall entweder beleidigt oder aggressiv zu reagieren. Für jede Auseinandersetzung ist es aber viel konstruktiver, sich zunächst selbst und dann auch dem anderen einzugestehen, dass seine Kritikpunkte unter Umständen zutreffen. Damit schwächen

Sie Ihre Position nicht, sondern tragen zu einem entspannten Klima bei.

– Prüfen Sie, ob Sie bei einem Streit möglicherweise überreagieren, und forschen Sie dann nach den wirklichen Ursachen. Wir alle regen uns dann am meisten auf, wenn durch die Auseinandersetzung eine alte Wunde berührt wird.

– Wenn der andere schreit, ausfällig wird oder droht: Bleiben Sie, so gut es geht, ruhig, machen Sie aber klar, dass Sie so einen Ton nicht akzeptieren und daher das Gespräch auf einen anderen Zeitpunkt verschieben möchten.

– Lassen Sie sich und dem anderen genug Platz, um Gefühle zu zeigen. Es ist auch in Ordnung, ein wenig lauter zu werden, zu weinen oder Hilflosigkeit zu empfinden.

– Manchmal ist es hilfreich, die Streitsituation zu unterbrechen, indem Sie etwa ein Fenster öffnen oder ein Getränk holen. Das gibt beiden Zeit durchzuatmen.

– Machen Sie sich klar, dass ein Streit nicht die Bankrotterklärung für eine Beziehung ist, sondern notwendig sein kann, um danach besser miteinander auszukommen oder uralte Konflikte zu beseitigen.

– Gibt es in einer bestimmten Beziehung ständig Streit, ist das ein Zeichen dafür, dass wichtige Bereiche nicht in Balance sind. Fragen Sie sich in so einem Fall, welche Ihrer grundlegenden Bedürfnisse immer wieder nicht erfüllt werden, bzw. fragen Sie auch den anderen danach.

Richtig streiten hat auch viel mit dem Ausmaß Ihrer Selbstliebe zu tun. Wenn Sie immer mehr Selbstwertgefühl entwickeln, werden Sie Ihre Grenzen nicht nur leichter erkennen, sondern auch in der Lage sein, sie zu verteidigen.

Sabine Standenat

Das Spiegelgesetz gilt als der königliche Weg zur Selbsterkenntnis. Es geht von folgenden Grundsätzen aus:
Erstens: Wir sind auf der Welt, um glücklich zu sein und Liebe und Güte zu verkörpern. Aber häufig halten alte Schmerzen die Türe

Was besagt das rätselhafte „Spiegelgesetz"?

unseres Herzens versperrt und stellen genau dafür ein Hindernis dar. Sehr oft wissen wir nicht einmal, wo unsere Wunden liegen, und können daher nichts dafür tun, sie endlich zu heilen.
Zweitens: Mit der Kraft unseres Geistes erzeugen wir – bewusst oder unbewusst – die Wirklichkeit, in der wir leben. So ist jeder Mensch, dem Sie begegnen, jede Situation, in die Sie geraten, die gesamte Umgebung und auch der Zustand Ihres Körpers ein Spiegel Ihres Bewusstseins. Es sind *Ihre* Gedanken, die eine konkrete Form annehmen, damit Sie sehen können, was Sie da erschaffen haben. Wenn Ihnen daran etwas nicht gefällt, ist es *Ihre* Aufgabe die Geisteshaltung so zu verändern, dass erfreulichere Ergebnisse sichtbar werden. Wenn Sie mit dem Spiegelgesetz arbeiten, geht es nicht darum, dass Sie sich wegen negativer Inhalte Ihres Geistes kritisieren, bemitleiden oder herabsetzen, sondern dass Sie sich dafür *zuständig* erklären. Sie sind derjenige, der für Ordnung zu sorgen hat. Wenn Sie ein glückliches Leben wünschen, müssen Sie liebevoll die Verantwortung für Ihr Denken übernehmen. Die häufigsten Überzeugungen, die wir von außen gespiegelt bekommen, sind: „Ich bin schwach, hilflos und ausgeliefert, wertlos,

nicht gut genug", „Glück, Freude und Erfolg gibt es nur für andere, nicht für mich", „Ich bin unfähig, die Dinge positiv zu verändern", „Immer passiert das mir" und Ähnliches. Und entsprechende Ereignisse dominieren dann unser Leben.
Was kann Spiegel in unserem Leben sein? – Personen, Situationen, Körper.
Unsere Gedanken und Überzeugungen sind in jeder Zelle des Körpers gespeichert und regieren das Zusammenspiel sämtlicher Körperreaktionen. Der deutsche Neurologe Joachim Bauer, der für seine Forschungstätigkeit zahlreiche Auszeichnungen erhielt, schreibt in seinem Buch *Das Gedächtnis des Körpers*: „Alles, was wir geistig tun und seelisch fühlen, findet seinen Niederschlag in körperlichen Strukturen." Eine Medizin für „Körper ohne Seele" macht also genauso wenig Sinn wie eine „Psychologie ohne Körper".
Wie können Sie das Spiegelgesetz nun für sich selbst anwenden?
Beschreiben: Schreiben Sie in ein paar Sätzen auf, was genau Ihnen unangenehme Gefühle verursacht.
Verantwortung übernehmen: Sagen Sie laut: „*Ich* selbst habe all das geschaffen, um wichtige Bereiche in mir zu heilen. Welche Lieblosigkeit mir selbst gegenüber kommt also in dieser Situation zum Ausdruck?"
Neue Überzeugungen: Ehrlich: Wollen Sie immer weiter leiden? Wenn nicht, dann machen Sie sich bewusst, dass Sie ein glückliches Leben verdienen, und ändern Sie Ihre Gedanken über sich.
Nutzen Sie ab sofort die Kraft Ihres Geistes für Freude und inneren Frieden. Die Antwort darauf, wie gut Ihnen das schon gelingt, werden Sie in den Spiegeln finden.

Sabine Standenat

Tief in unserem Inneren gibt es einen geheimnisvollen Ort, den wir nicht kennen, der aber dennoch zu uns gehört – den „dunklen Bereich der Seele". Dort befinden sich die so genannten Schatten. Das sind die Teile unserer Persönlichkeit, die wir so verabscheuen,

Was versteht man unter den „Schattenaspekten" der Persönlichkeit?

dass wir sie unbewusst verstecken und verleugnen. Die Botschaft, die wir von dort bekommen, ist deutlich: „Es stimmt etwas nicht mit mir. Ich bin nichts wert." So sind wir ganz sicher, dass Schreckliches in unseren Tiefen verborgen liegt, und entscheiden instinktiv, niemals mehr nachzusehen. Aber der abgespaltene Teil blockiert die Lebenskraft, behindert unsere Beziehungen und ist mitverantwortlich dafür, dass viele unserer Träume sich nicht verwirklichen.

Der weltberühmte Psychiater C. G. Jung war einer der ersten Therapeuten, der den dunklen Bereich in uns entdeckte: „Der Schatten ist alles das, was du auch bist, aber auf keinen Fall sein willst." Er ist wie ein langer Sack, den wir hinter uns herziehen. Bis zum zwanzigsten Lebensjahr verbringen wir viel Zeit damit herauszufinden, welche Teile wir hineinstecken wollen, und den Rest unseres Lebens damit, genau diese wieder herauszuholen. Denn innere Heilung kann nur geschehen, wenn der Schatten durch das Licht verschwindet.

Bei jedem Selbsterkenntnisweg geht es also darum, zu den Eigenschaften im Schattenbereich zu sagen: „Ja, das bin ich auch."

Wie entsteht dieser Schatten? Als Kind bewerten wir zunächst nicht, welcher Teil von uns gut oder schlecht ist. Aber dann lernen wir oft schmerzhaft, welche Verhaltensweisen auf Zustimmung oder Ablehnung stoßen. Um akzeptiert und geliebt zu werden, mussten wir unsere „schlechten" Eigenschaften ablegen oder sie zumindest verbergen. Später vergessen wir dann, dass so ein Vorgang jemals stattgefunden hat. Die Lehre von den Schatten besagt: In jedem von uns existieren neben den positiven auch *alle* negativen Eigenschaften – Gier, Neid, Rachsucht, Egozentrik, Faulheit, Schwäche, Feindseligkeit … Und es geht darum, sich mit allen diesen verachteten Persönlichkeitsanteilen auszusöhnen. Denn das, was in Ihnen nicht sein darf, lässt Sie nicht sein. Oder was Sie nicht in Besitz nehmen, besitzt Sie. Das Ziel der Schattenarbeit heißt: Vergeben Sie sich selbst, dass Sie als Mensch unvollkommen sind. Jeder von uns liebt und hasst, ist gefällig und rücksichtslos, eingebildet und verständnisvoll. Wenn Sie das bei sich selbst akzeptieren können, sind Sie auf Ihrem Weg ein gewaltiges Stück vorangekommen.

Hilfsmittel, um den Schatten auf die Spur zu kommen:

– Schreiben Sie alles auf, was Sie an Ihren Freunden, Bekannten und der Familie stört. Und fragen Sie sich dann ganz ehrlich: Welche dieser Eigenschaften habe ich selbst und will es nicht wahrhaben?

– Bitten Sie wohlmeinende Personen um Rückmeldung, welche positiven und negativen Seiten sie an Ihnen sehen.

– Jede starke emotionale Reaktion, die Sie im Umgang mit sich, den anderen und der Umwelt empfinden, weist auf ein Schattenthema hin!

Sabine Standenat

Wer an Depressionen leidet, weiß, dass diese „dunkle Nacht der Seele" geradezu eine Ansammlung von Krisen darstellen kann. Aber so absurd es auch klingen mag, machen Sie sich klar, dass Sie aus *jeder* belastenden Situation etwas lernen können. Der Verlust

Wie gehe ich mit Depressionen um?

einer Person, seelische „Zustände" oder körperliche Krankheit, berufliche Schwierigkeiten, Einsamkeit, Liebeskummer – in welcher Gestalt sich Ihre Krise auch immer zeigt –, sie bringt ein Päckchen, in dem genau die Lektion versteckt ist, die Sie begreifen sollen. Dabei geht es immer um folgende Themenbereiche: Loslassen von Einstellungen, Personen oder Situationen, aktives Verändern von Gegebenheiten, die nicht förderlich sind, Akzeptieren von Unabänderlichem, mehr Selbstliebe. Die Krise mag auch den sanften Hinweis enthalten, sich mit Spiritualität auseinander zu setzen.

Es gibt eine Fülle an wissenschaftlichen Definitionen von Depression, aber im landläufigen Sinne ist sie mit der „schwarzen Wolke" verbunden, die über dem ganzen Leben hängt. Nichts macht Freude, alles scheint leer und man fühlt sich völlig ausgeschlossen. Wohlmeinende Ratschläge wie „Du musst positiv denken!" oder weniger freundliche wie „Jetzt reiß dich doch zusammen!" machen noch hilfloser. Wer je stärkere Phasen von Depressionen erlebt hat, weiß, dass beides einfach nicht möglich ist. Wie immer führt auch hier der Weg „heraus" direkt „hinein". Hinter jeder Depression steht im Endeffekt ein Mangel an Selbstliebe. Vielleicht ist

dieser Mangel durch ein Defizit an positiver Unterstützung in der Kindheit entstanden, durch seelischen oder körperlichen Missbrauch oder auch traumatische Erlebnisse wie Trennungen oder Gewalterfahrungen. Auf jeden Fall haben Sie daraus bewusst oder unbewusst die Lehre gezogen: „Ich fühle mich einer Situation ohnmächtig ausgeliefert und kann auch nichts daran ändern."

Tipps zur Bewältigung:

Sprechen Sie mit einem verständnisvollen Arzt über eine Medikamenteneinnahme (diesbezügliche Ängste auch ansprechen!).

Stellen Sie sich aber unbedingt auch folgende Fragen:

– Inwiefern lebe ich nicht „mein" Leben, sondern nach Regeln anderer?

– Gibt es Schmerzen aus meiner Vergangenheit, die ich noch nicht verarbeitet habe?

– Fühle ich mich einer oder mehreren Situationen hilflos ausgeliefert?

– Weiß ich zwar, was mich belastet, sehe mich aber außerstande, daran etwas zu ändern?

Quälen Sie sich nicht allein, sondern suchen Sie therapeutische Hilfe.

Sabine Standenat

Was ist eine Panikattacke? Grundsätzlich stellt dieses traumatisches Erlebnis *eine* mögliche Art dar, auf Belastung zu reagieren. Der Zustand tritt meist plötzlich auf und kann Minuten bis Stunden dauern. Er ist von heftigen Angstempfindungen und starken kör-

Was tun bei Panikattacken?

perlichen Beschwerden begleitet. Die Symptome sind: Herzrasen, Druck in der Brust, Würgegefühl im Hals, allgemeine Schwäche, ein komisches Gefühl im Bauch, Angst in Ohnmacht zu fallen, Zittern, Übelkeit, Durchfall, Schwindel, Prickeln in Händen und Füssen, Unfähigkeit sich aufrecht zu halten oder weiterzugehen und im extremen Fall ein absolutes Vernichtungsgefühl. Die Attacke tritt entweder nur an einem bestimmten Ort – Lift, weiter Platz, Verkehrsmittel, Kino, Restaurant, Autobahn, Tunnel, Kaufhaus, Supermarkt – oder in bestimmten Situationen – Alleinsein, Konflikte, Überforderung – auf. Oder an jedem Ort und zu jeder Zeit. Und das ist besonders bedrohlich, weil es dadurch so etwas wie „Sicherheit" nicht mehr gibt. Die meisten Betroffenen schaffen sich deshalb ein Netz von Bedingungen, unter denen sie irgendwie existieren können. Ein bestimmter Mensch muss ständig da oder zumindest abrufbereit sein, außerhäusliche Aktivitäten sind nur in Begleitung möglich, „gefährlich" empfundene Orte oder Unternehmungen werden völlig gemieden.

Tipps zur Bewältigung:
– Auch hier kann es nötig sein, Medikamente zu nehmen (Arzt!).

– Beschäftigen Sie sich aber unbedingt auch mit Ihrer Selbstliebe und bearbeiten Sie Panik fördernde Eigenschaften wie Perfektionismus, Kontrollsucht und Schuldzuweisungen.
– Heilung führt immer über Veränderung. Sie *können* sich entscheiden, auf die Dinge des Lebens ruhiger zu reagieren.
– Erlernen Sie ein Entspannungstraining und wenden Sie es auch an!
– Vermeiden Sie aufputschende Nahrungsmittel und Getränke und achten Sie darauf, dass Ihr Blutzuckerspiegel nicht zu sehr absinkt.
– Umgeben Sie sich mit Menschen, die Ihre Stärken fördern.

Im Akutfall:
– Halten Sie ein Weile die Luft an.
– Trinken Sie ein Glas Wasser oder Tee mit Honig.
– Lenken Sie sich ab.
– Bitten Sie einen lieben Menschen um Körperkontakt.
– Suchen Sie einen Ort auf, den Sie als „sicher" empfinden.
– Nehmen Sie ein rasch wirkendes Beruhigungsmittel, das Sie schon kennen (Arzt!).

Es gibt wahrscheinlich leider kein Wundermittel, das Sie von Depressionen und Angst befreit. Andere Menschen und Medikamente können helfen, aber den Schlüssel zur Freiheit haben Sie selbst in der Hand. Es gibt auch für Sie einen Weg. Nicht aufgeben!

Sabine Standenat

Karl Jaspers („Allgemeine Psychopathologie", 1913):
„Furcht ist auf etwas gerichtet, Angst ist gegenstandslos. (...) Angst ist auch ein ursprünglicher Seelenzustand, in Analogie zur vitalen Angst immer das Dasein im Ganzen betreffend, es durchdringend und beherrschend."

Hatten Sie schon immer das Gefühl, eine Haut zu wenig zu haben? Ist es Ihnen bei vielen Gelegenheiten zu laut, zu heiß, zu viel, zu anstrengend? Oder reagiert Ihr Körper besonders empfindlich auf Hunger, Medikamente und Schlafentzug?

Ich bin hochsensibel – wie schütze ich mich?

Dann gehören Sie wahrscheinlich zu den so genannten Hochsensiblen. Diese sehr oft missverstandenen Geschöpfe sind mit einem Nervensystem ausgestattet, das den Alltag unter Umständen ein wenig mühsam gestalten kann. Menschen dieses Typs spüren Stimmungen und Unterströmungen, die von anderen nicht im geringsten wahrgenommen werden. Sie fühlen, ob in einem Raum eine gute Atmosphäre herrscht oder wie es jemandem geht, ohne dass diese Person noch ein Wort gesprochen hat. Hochsensible fühlen auch tiefer als andere. Sie reagieren sehr verletzt, wo robustere Leute nicht einmal mit der Wimper zucken, und sind sowohl Außenreizen als auch Impulsen aus der eigenen Gedanken- und Gefühlswelt ohne Schutzsystem ausgeliefert. Überstimulation ist für alle Menschen belastend, aber bei Hochsensiblen liegt die Schwelle auffällig tiefer. Sehr häufig benötigen sie daher mehr Rückzugsmöglichkeiten, weil sie nur in einer völlig reizarmen Umgebung regenerieren können.

Werden Sie sich klar, ob Sie hochsensibel sind. Dann kann das folgende Programm Ihnen helfen:

Entwickeln Sie Liebe und Respekt für Ihre Veranlagung und werten Sie sich nicht als Außenseiter ab.

Sorgen Sie für ausreichend Rückzugsmöglichkeit.

Essen Sie regelmäßig und trinken Sie wenig Kaffee, schwarzen Tee oder Alkohol.

Schlafen Sie ausreichend.

Achten Sie darauf, dass Sie bei Medikamenten immer eine niedrige Menge einnehmen. Oft reichen Kinderdosierungen! Ändern Sie aber Ihre Therapie nur in Rücksprache mit dem Arzt.

Schaffen Sie sich ein verständnisvolles Umfeld.

Lernen Sie mit Überstimulation umzugehen, indem Sie darüber sprechen, sich nicht scheuen, eine Situation zu verlassen oder sich ihr erst gar nicht auszusetzen. Vermeiden Sie aber auch grundsätzliches Vermeiden, sondern versuchen Sie Ihre Toleranzschwelle so gut es geht zu erhöhen.

Umgeben Sie sich mit Pflanzen und Tieren. Entspannen Sie sich!

Wenn Ihr Nervensystem sensibel und überstrapaziert ist, sollten Sie Entspannungsübungen so selbstverständlich praktizieren wie Zähneputzen. Spannung zu reduzieren ist eine hervorragende Art mit der Hochsensibilität besser zurechtzukommen. Idealerweise machen Sie das auf zwei Schienen: Erstens: spezielle Übungen, um Psyche und Körper zu beruhigen. Es gibt eine Fülle von Methoden, suchen Sie so lange, bis Sie eine gefunden haben, die Ihnen gut tut! Zweitens: belastende Probleme bearbeiten und nicht verdrängen. Ungelöste Schwierigkeiten, die Sie vielleicht schon lange mit sich herumtragen, sind purer Stress, der schädliche Folgen für Seele und Körper hat.

Arbeiten Sie an Ihrer Selbstliebe und empfinden Sie Ihre Hochsensibilität nicht nur als „Strafe", sondern auch als Geschenk.

Sabine Standenat

Haben Sie nicht manchmal das Gefühl, dass Sie sich genau dann eine Grippe „einfangen", wenn Sie eigentlich Ruhe brauchen würden? Oder dass der Schnupfen darauf hinweist, dass Sie „die Nase voll" haben? Schon der Volksmund fühlt, dass etwas „im Magen

Wie verstehe ich die „Botschaft meiner Krankheit"?

liegt", „an die Nieren geht" oder „das Herz bricht". Wenn Ihr schmerzender Magen sprechen könnte, würde er Ihnen zuflüstern, dass er bestimmte Konflikte nicht mehr verdauen kann, Ihr armes Herz würde Sie wissen lassen, dass die Belastungen zu groß geworden sind, und der Krebs würde Sie fragen: „Hast du dich selbst genug geliebt?" Über den Körper teilt uns die Seele mit, dass sie nicht mehr willens und imstande ist, mehr zu verkraften, und es entsteht ein Symptom. Die mehrmalige zarte Botschaft der Seele konnten wir ignorieren, der weitaus massiveren des Körpers sollten wir nun wirklich zuhören. Eine eigene Wissenschaft, die Psychoneuroimmunologie, untersucht seit einigen Jahren verstärkt den Zusammenhang zwischen Psyche und Immunsystem. Sie kommt zu folgendem Ergebnis: Unsere Gedanken und Gefühle haben direkte Auswirkungen auf die einzelnen Organe und das Immunsystem. Ungelöste Probleme, innere Anspannung und Konflikte machen den Körper krank, Selbstliebe, seelische Ausgeglichenheit und Lebensfreude tragen zur Gesundheit bei. Jedes körperliche Symptom ist das Ergebnis einer psychischen Belastungssituation, die

nicht entsprechend beachtet wird. Das Krankheitssymptom will „außen" darauf hinweisen, dass „innen" etwas nicht in Ordnung ist. Das bekannte Beispiel über das Auto macht das gut verständlich: Stellen Sie sich vor, in Ihrem Wagen leuchtet plötzlich eine Kontrolllampe auf. Sie wären nun sicher irritiert, wenn der Mechaniker nur die Lampe entfernen würde, anstatt herauszufinden, was im komplizierten Inneren des Autos nicht stimmt. Ergreifen Sie im Krankheitsfall alle medizinischen Maßnahmen, die nötig sind, deuten Sie aber auch die „Sprache des Symptoms". Die Frage lautet: Wenn meine Krankheit sprechen könnte, was hätte sie mir zu sagen? So können Sie die Botschaft Ihrer Krankheit richtig verstehen:

– Machen Sie sich klar, zu welchem Zeitpunkt das Symptom aufgetreten ist. In welcher Lebenssituation waren Sie, welche Gedanken, Träume, Gefühle, Phantasien hatten Sie?

– Beantworten Sie zwei Fragen: Woran hindert mich das Symptom? Wozu zwingt es mich? So erkennen Sie leichter, um welches Thema es geht.

– Kämpfen Sie nicht gegen das Symptom, sondern akzeptieren Sie es als wertvolle Hilfe zur wirklichen Gesundung.

Scheuen Sie sich auch nicht, professionelle Hilfe in Anspruch zu nehmen. In Gegenwart eines verständnisvollen Therapeuten erkennen Sie die Botschaft Ihrer Krankheit schneller.

Es ist die Aufgabe in unserem Leben, emotionale Belastungen zu klären, anstehende Lektionen zu lernen, spirituell zu wachsen und tiefe Freude zu empfinden. Manchmal ist eine Erkrankung die Aufforderung, uns daran zu erinnern.

Sabine Standenat

Verlieben Sie sich immer wieder in Partner, die in irgendeiner Weise nicht zu haben, suchtkrank oder ewig unschlüssig sind? Fühlen Sie sich häufig „eingeengt", „kontrolliert" oder „gewürgt" und finden dann tausend Gründe zur Flucht? Dann leiden Sie sehr

Was bedeutet „Näheangst"?

wahrscheinlich an einer tief sitzenden Furcht vor einer Bindung.

Was ist Näheangst? Dieses Gefühl entsteht bewusst oder unbewusst, wenn es darum geht, sich einem anderen emotional wirklich zu öffnen. Es kann in jeder Beziehung auftreten, die enger zu werden „droht", wird aber besonders in einer Partnerschaft spürbar. Im extremen Fall ist ein Mensch überhaupt nicht in der Lage, eine Verpflichtung einzugehen. Furcht vor Nähe kann sich grundsätzlich in zwei Formen äußern: Sie bleiben in einer Beziehung, in der Sie ständig mehr einbringen als der andere und leiden entsprechend darunter oder schrecken über die Maßen vor allem „Fixen" zurück. Was wir am meisten ersehnen – die Vorstellung zu lieben und geliebt zu werden –, kann auf einer unbewussten Ebene auch erschrecken. Irgendwann in unserer frühen Lebensgeschichte haben wir gelernt, dass enge Bindung gleichbedeutend sein kann mit Schmerz. Vielleicht haben wir einen Elternteil durch Scheidung oder Tod verloren, waren seelischen oder körperlichen Gewalterfahrungen ausgesetzt oder wuchsen mit Bezugspersonen auf, die keine Wärme und Stabilität vermitteln konnten. So haben wir einerseits den starken Wunsch nach Nähe, werden aber gleichzeitig an Verletzungen erinnert, die wir früher durch „Nahestehende" erlitten haben. Unbe-wusst ist gespeichert: Wenn ich Nähe zulasse, werde ich wie damals vernachlässigt, abgewertet oder aber emotional erdrückt. Die Angst vor einer Wiederholung dieser Schmerzen legt sich wie eine harte Kruste über den Wunsch nach einem beglückenden Austausch von Liebe, Zuneigung und Sexualität. Und so flüchten wir in ewige Distanziertheit oder in anklammernde Beziehungsformen, in denen wirkliche Nähe auch nicht gelebt wird.

Woran können Sie erkennen, ob Ihre Beziehung von Näheangst geprägt ist?

– Einer will mehr als der andere …
– Sie geraten ständig an den „Falschen" – zu jung, zu alt, verheiratet, Alkoholiker, Gewalttäter, aufgrund der Persönlichkeit emotional nicht verfügbar …
– Es gibt immer Distanz in irgendeiner Form – zu viel Arbeit, extreme Hobbyausübung, geografische Entfernung …
– Kommt es doch zu Nähephasen, werden sie oft scheinbar grundlos durchbrochen – durch Streit, Untreue, Launen …
– Der Lebensstil eines Partners drückt aus: „Ich will eigentlich alleine sein" – Freizeitgestaltung wird nicht abgesprochen, kein Vorstellen von Freunden und Familie, einsame Entscheidungen, Verhalten wie ein Single …

Wichtig: Auch wenn es anders aussieht – es kommen immer zwei Personen zusammen, die eine „Komm-her-geh-weg"-Beziehung führen. Wenn Sie also immer wieder über die Bedingungen Ihrer Partnerschaft unglücklich sind, werden Sie nicht umhinkommen, sich mit Ihrer eigenen Näheangst auseinander zu setzen.

Sabine Standenat

Sind Sie auch jemand, der sagt: „Ich kann nicht alleine sein. Ich kann es einfach nicht"? Für viele von uns ist die Vorstellung, ohne Partner zu leben, wie nicht existieren, langsam sterben oder im völligen gesellschaftlichen Abseits stehen. Was können Sie aber

Wie wird aus Einsamkeit eine Chance?

trotzdem tun, um aus einer Zeit des Alleinseins eine wertvolle Erfahrung zu machen?
1. Schritt: *Selbstmanagement.*
Das heißt: „Ich kann zwar nicht der Manager des ganzen Universums sein, aber sehr wohl mein eigener. Ich kümmere mich ab jetzt um alle meine Angelegenheiten so, wie Fachleute das tun würden, die ich dafür bezahle." Bevor Sie mit Ihrer Managertätigkeit beginnen, ist es hilfreich, sich mit zwei Wahrheiten auseinander zu setzen. Erstens: Die wichtigste Liebesbeziehung ist die zu uns selbst. Denken Sie nicht: „Wenn es mir gelingt, jemanden zu finden, der mich mag, werde ich endlich glücklich sein." Andere können dazu beitragen, dass wir uns besser fühlen, aber wir sollten immer versuchen, unser Leben selbst schöner zu gestalten. Und irgendeiner ist *nicht* besser als keiner! Zweitens: Einsamkeit kommt von innen und muss auch von dort aufgelöst werden. Sie ist keine Strafe, sondern der Zeitpunkt im Leben, an dem man sich selbst begegnet. Die erste Maßnahme für ein erfolgreiches Selbstmanagement heißt also: Lerne dich besser kennen.
2. Schritt: *Fragen Sie nach dem möglichen Sinn Ihres Alleinseins.*
Vielleicht geht es darum, einmal wirklich Ruhe zu finden, Zeit zum Nachdenken zu

haben, um einen Weg zu korrigieren oder endlich den Mut zu finden, Ihre Eigenständigkeit zu entwickeln. Unter Umständen müssen Sie Ihr verschlossenes Herz wieder öffnen oder gerade jetzt Ihre Spiritualität entdecken. Ziemlich sicher sind Sie auch in dieser Phase, weil Sie lernen sollen, sich selbst mehr zu lieben. In der Hektik des Alltags- und Beziehungslebens wäre das unter Umständen nicht so einfach. Wie auch immer die Lektionen aussehen, die in der Einsamkeitsspanne verborgen liegen, es ist förderlich, sie zu erkennen und anzunehmen.
3. Schritt: *Tun Sie sich selbst Gutes.*
Vorschläge: Ein Verwöhnprogramm starten, den Körper straffen und stärken, sich für ein Hobby öffnen …
4. Schritt: *Nutzen Sie Hilfsangebote.*
Wenn Sie es alleine nicht schaffen, suchen Sie therapeutische Hilfe. Gerade in Zeiten der Einsamkeit geht es darum, sich zu fragen: „Wo verliere ich Energie und wie kann ich mich neu aufladen?" Sich dabei helfen zu lassen ist keine Schwäche, sondern ein Akt der Selbstliebe.
5. Schritt: *Handeln Sie!*
Jeder kleine Schritt ist ein Erfolg. Sie können eine Zeit lang am Fenster stehen und weinen, aber nicht ewig. Treten Sie einem Verein bei, treiben Sie Sport (Fitnesscenter) oder besuchen Sie Veranstaltungen. Trauen Sie sich ruhig, eine Anzeige aufzugeben oder zu beantworten. Es kann auch sehr befriedigend sein, sich um alte Menschen oder Tiere zu kümmern.
Wichtig: Vertrauen Sie darauf, dass der richtige Mensch zum richtigen Zeitpunkt kommt, und nehmen Sie Gelegenheiten wahr, die gute Laune versprechen. Auch in Einsamkeitsphasen kann man Spaß haben!
Sabine Standenat

Haben Sie auch schon häufig einen Stoß-seufzer gegen den Himmel geschickt, der ungefähr folgenden Inhalt hatte: Wie kann ich bloß loslassen? Wie um alles in der Welt funktioniert das? Ein Patentrezept gibt es dafür leider nicht. Auf jeden Fall ist es hilf-

Loslassen – wie geht das?

reich, wenn Sie sich mit folgenden Themen beschäftigen:

- *Akzeptieren:* Manchmal geschieht etwas Unerwartetes – Beziehungen zerbrechen, ein Mensch stirbt, berufliche Pläne scheitern, Freunde verschwinden. Jetzt verzweifelt nach einer Lösung zu suchen, hilft nicht. Auch wenn das fast unmöglich erscheint – fügen Sie sich den Tatsachen, wie sie sind. Das bedeutet: Akzeptieren Sie zunächst Ihre Einsamkeit, die Niederlage, die Verwirrung, die Hilflosigkeit oder gegebenenfalls auch das Ausmaß Ihrer Selbstzerstörung. Sie können einen Zustand erst ändern, wenn Sie erkennen, dass er existiert.

- *Gefühle zulassen:* Bevor wir lernen loszulassen, erleben die meisten von uns entweder einen Gefühlssturm oder sie verleugnen ihre Emotionen. Lassen Sie unbedingt alle Gefühle zu, die hochkommen – unermessliche Wut, vernichtender Schmerz, abgrundtiefe Trauer. Das aktuelle Ereignis berührt durch seine Thematik stets uralte Wunden von früher, die durch bewusstes „Hinspüren" geheilt werden können.

- *„Ich bin es wert, ein glückliches Leben zu führen":* Legen Sie die Opfer- und Märtyrerrolle endgültig ab – Sie verdienen, dass es Ihnen gut geht. Und deshalb lassen Sie langsam, aber sicher alles hinter sich, was

Sie daran hindert. Sie verdienen, dass es Ihnen gut geht und deshalb akzeptieren Sie Ihre Stärke, das eigene Leben zu gestalten genauso wie die Machtlosigkeit, jeden und alles zu kontrollieren.

- *Selbstfürsorge:* Das bedeutet liebevoll und geduldig folgende innere Einstellungen zu entwickeln: Ich bin verantwortlich für mein seelisches und körperliches Wohlergehen, für die Befriedigung meiner Bedürfnisse, für das Lösen meiner Probleme. Ich sorge dafür, dass ich genug Zeit für Spaß und Entspannung habe. Ich bin verantwortlich dafür, was ich tue und was ich anderen erlaube, mir anzutun. Ich verdiene weder Missachtung noch Misshandlung und ich toleriere sie nicht. Merke: Selbstfürsorge bedeutet auch, anderen zu gestatten, ein Leben ihrer Wahl zu führen, auch wenn das zur Folge hat, dass Sie sie vielleicht verlieren.

- *Weltbild:* Vertrauen Sie darauf, dass Sie bestimmte Erfahrungen machen, um wichtige Dinge zu lernen: Selbstliebe, Liebe, Mitgefühl mit sich selbst und anderen. Egal in welchen Lebensumständen Sie sich befinden, Loslassen hilft immer. Es kommt gesunden Beziehungen zugute und es kann sich in ungesunden nur positiv auswirken. Es ist hervorragend geeignet, schädliche Einstellungen zu verändern, und kann wahre Wunder wirken, wenn wir in Situationen verstrickt sind, an denen aktiv beim besten Willen nichts zu verändern ist. Und eines Tages stellen Sie fest, dass Sie *trotz* diverser Probleme genießen können und Loslassen zu einer fast selbstverständlichen inneren Haltung geworden ist.

Sabine Standenat

Hat Ihnen jemand etwas angetan, von dem Sie meinen, es niemals verzeihen zu können? *Wichtig:* Verzeihen bedeutet *nicht*, schlimmes Verhalten zu entschuldigen, sondern Energie aus dieser Sache herauszunehmen, um Seele und Körper von negativen Spannungen zu reinigen. Ein Nicht-Vergeben-Können über lange Zeit ist nicht nur Ursache für seelischen Schmerz, sondern kann auch körperliche Erkrankungen auslösen.

Wie lerne ich zu vergeben?

nungen zu reinigen. Ein Nicht-Vergeben-Können über lange Zeit ist nicht nur Ursache für seelischen Schmerz, sondern kann auch körperliche Erkrankungen auslösen.

Die meisten von uns wurden schon verletzt, verlassen, betrogen, ausgenutzt oder hintergangen. Die Aufforderung, doch endlich zu vergeben, erscheint unter solchen Umständen wie Hohn. Und doch ist es der einzige Weg, den Seelenfrieden wieder zu erlangen. Vielleicht hat Ihnen jemand etwas Schreckliches angetan. Es war sicherlich ganz schlimm, aber es *war*. Lassen Sie nicht zu, dass Verletzungen vergangener Tage die Gegenwart zerstören oder gar Ihre Zukunft. Ist es wirklich sinnvoll, die Vergangenheit ständig neu zu erleben und Verbitterung, Rachegefühle oder Schuldzuweisungen aufrecht zu erhalten? Der Mensch, der Ihnen Böses tat, weiß unter Umständen schon gar nichts mehr von dieser Sache oder sie ist ihm längst gleichgültig. Befreien Sie sich aus dem Treibsand, den Sie vor ewig langer Zeit betreten haben und in dem Sie immer tiefer versinken. Machen Sie die drei Schritte zur Vergebung, um Seele und Körper zu entlasten:

1. Schritt: *Lieben Sie sich selbst!*
Wer sich selbst liebt, lässt nicht zu, dass Groll ihn auffrisst. Sagen Sie: Ich weiß, dass nega-

tive Gedanken mich schädigen. Und ich mag mich genug, um die Kraft des Denkens in Zukunft *für* mich einzusetzen und nicht gegen mich. Aus Liebe und Respekt zu mir selbst erlaube ich den Wunden der Vergangenheit sich zu schließen. Praktizieren Sie auch Entspannungsübungen wie autogenes Training, Meditation oder Muskelentspannung, um den Geist zunächst einmal zur Ruhe zu bringen.

2. Schritt: *Verändern Sie Ihre Einstellung!*
Verzeihen bedeutet, die schmerzhafte Vergangenheit loszulassen und Wut, Hass und Groll nicht länger lohnenswert zu finden. Hören Sie auf, sich oder anderen weh zu tun. Vergebung ist die klare Entscheidung, nicht länger zu leiden und das Steuer des Lebens wieder in die eigenen Hände zu nehmen.

3. Schritt: *Verzeihen Sie!*
Machen Sie Nägel mit Köpfen und schreiten Sie zur Tat. Wenn Ihnen das schwer fällt, versuchen Sie folgende befreiende Rituale:
– Verfassen Sie einen Brief an den Menschen, dem Sie nicht verzeihen können. Drücken Sie darin *alle* Gefühle aus, die Sie in der Sache jemals hatten oder haben. Dann zerreißen Sie Ihr Werk und übergeben die Schnitzel dem Wind.
– Schreiben Sie „alter Groll" auf einen Zettel und beobachten Sie, wie ein Feuerchen diesen Teil Ihrer Vergangenheit für immer verschlingt.
– Und dann vergeben Sie – den Eltern, den Kindern, einem Verstorbenen, Kollegen, Nachbarn, dem Chef, einem Regime, sich selbst und Gott. Verzeihen ist der Radiergummi, der die schmerzhafte Vergangenheit auslöscht und uns frei macht für inneren Frieden.

Sabine Standenat

rum leben wir nicht ewig? Auf dem Weg zu Methusalem?
sind die Grenzen moderner Medizin aus ethischer Sicht?
ßt die Intensivmedizin an ihre Grenzen? Wohin geht die
nsplantationschirurgie? Im Labor gezeugt – Routinefall
r ethisches Problem? Woher stammen Stammzellen? Wel-
Fortschritte gibt es im Kampf gegen Krebs? Aids-Hilfe nu
Reiche? Was sind Autoimmunkrankheiten? Allergien – wil-
möopathie? Kom-
Medizin? Gibt es
h? Sind Alzheime
chen auf uns zu?
ist das Besondere
egen Prionkrank-
en weltweite Epi-
eit ein Geschäft?
an Krebs „weges-
wicht angeboren?

Warum leben wir nicht ewig?

**Fragen und Antworten
zu Medizin und Ernährung**

s hat unser Essen mit Erdöl zu tun? Warum leben wir nicht
g? Auf dem Weg zu Methusalem? Wo sind die Grenzer
derner Medizin aus ethischer Sicht? Stößt die Intensivme-
n an ihre Grenzen? Wohin geht die Transplantationschir-
ie? Im Labor gezeugt – Routinefall oder ethisches Problem?
her stammen Stammzellen? Welche Fortschritte gibt es im
npf gegen Krebs? Aids-Hilfe nur für Reiche? Was sind Au-
nmunkrankheiten? Allergien – wilde Jagd auf Harmloses?
s kann die Homöopathie? Komplementärmedizin – Ergän-
g zu welcher Medizin? Gibt es die „Mond-Connection"?
mpfen schädlich? Sind Alzheimer und Parkinson heilbar?
nmen neue Seuchen auf uns zu? Vogelgrippe – Gefahr ode
ikmache? Was ist das Besondere an den Prionkrankheiten?
nn man sich gegen Prionkrankheiten in irgendeiner Weise

Warum stirbt der eine mit 70 Jahren eines natürlichen Todes, der andere mit 85 und der Dritte schließt erst mit 103 für immer die Augen? – Wir wissen es nicht. Das ist zweifellos eine unbefriedigende Antwort. Doch immerhin wissen wir seit den letzten Jahr-

Warum leben wir nicht ewig?

zehnten viel mehr darüber, wie der Mensch altert und dass der biologische Prozess des Alterns hinausgeschoben werden kann, wenn gewisse Rahmenbedingungen erfüllt sind. Die „biologische Uhr" kann dazu gebracht werden, langsamer zu laufen, zurückdrehen lässt sie sich nicht. Aber sogar das wird nun probiert: In einem Forschungsprojekt soll der Versuch unternommen werden, dem alternden, nicht mehr reproduktionsfähigen Menschen wieder zu „regenerativer Potenz", wie es die Forscher ausdrücken, zu verhelfen. Das heißt, den Körperzellen soll ein neuer Impuls gegeben werden, ihre Arbeit wieder in vollem Umfang aufzunehmen und so der Alterung ein Schnippchen zu schlagen.

Dabei wird leicht übersehen, dass alte Menschen meist auch multimorbid sind. Sie leiden gleichzeitig an mehreren Beschwerden bzw. Krankheiten, und zwar von den 65- bis 69-Jährigen etwa 9 Prozent, von den über 80-Jährigen über 30 Prozent.

Die Natur hat dem ewigen Leben im Diesseits gleich mehrere Riegel vorgeschoben. Gelingt es der Wissenschaft, einen davon zu entfernen, so verwehren immer noch die anderen den Zutritt zur Ewigkeit. Sie alle aus dem Weg zu schaffen wird in absehbarer Zeit sicherlich nicht gelingen. Sehen wir uns ein-

mal dieses Tor mit sieben Riegeln in die Ewigkeit näher an.

1. Riegel: das biologische Alter – sprich Stillstand des biologischen Uhrwerks;

2. Riegel: das Leiden an mehreren Krankheiten und Abnützungserscheinungen der Sehnen, Bänder und Gelenke;

3. Riegel: unspezifische Symptome, die den Arzt narren und eine gezielte Therapie dadurch erschweren oder unter Umständen auf eine falsche Spur führen;

4. Riegel: länger andauernde Krankheiten, die den (alten) Organismus und damit auch seine natürlichen Abwehrkräfte schwächen;

5. Riegel: bei Frauen das Alter, in dem die erste Geburt erfolgte, und die Anzahl der Geburten, wie Forscher vor kurzem herausgefunden haben;

6. Riegel: veränderte Reaktionen auf Medikamente im vorgerückten Alter;

7. Riegel: Bewegungsarmut bzw. völlige Bewegungslosigkeit sehr alter Menschen.

Neben diesen Haupthindernissen hat die Natur noch zahlreiche weitere eingebaut, die dafür sorgen, dass das Leben nicht über die naturgegebene Grenze hinaus verlängert werden kann.

Gert Baumgart

Die ältesten Frauen und Männer der Welt:

Jeanne Calment (FR)	1875–1997	122
Sarah Knauss (US)	1880–1999	119
Marie-Louise Meilleur (CA)	1880–1998	117
María Esther Capovilla (EC)	geb. 1889	117
Marie Brémont (FR)	1886–2001	115
Shigechiyo Izumi (JP)	1865(?)–1986	120
Emiliano Mercado del Toro (PR) geb. 1891		115
Christian Mortensen (DK)	1882–1998	115
Yukichi Chuganji (JP)	1889–2003	114
Joan Riudavets (ES)	1889–2004	114

969 Jahre alt – so berichtet die Bibel – ist Methusalem geworden. Das sollte aber nicht so wörtlich genommen werden, denn bei solchen Zahlen spielt vielfach die Zahlenmystik der Kabbala die entscheidende Rolle. Doch wie alt kann der Mensch wirklich werden?

Auf dem Weg zu Methusalem?

Die Antwort lautet: So wie es seine Körperzellen erlauben. Denn auch diese altern mit uns. Es gibt ein einfaches Rechenexempel dafür und Lebensversicherungen wenden es natürlich an. Demnach beginnt der Alterungsprozess mit dem 30. Lebensjahr. Danach verdoppelt sich die Wahrscheinlichkeit zu sterben alle sieben Jahre. Summa summarum, errechnen Statistiker, kommt man auf 122 Jahre. Das absolute Maximum dürfte aber bei 160 Jahren liegen, denn die Zellen unseres Körpers altern ebenfalls, die Gelenke nützen sich ab, die Muskeln werden schwächer. Auch die Sinne, die uns ein Bild der Umwelt liefern, werden mit zunehmendem Alter schwächer: Wir sehen nicht mehr so gut, riechen nicht mehr alles so intensiv, es schmeckt alles „gleich" und außerdem büßen wir einen Teil unseres Hörvermögens ein. Der Wassergehalt der Zellen nimmt ab – alte Menschen trocknen aus, heißt es im Volksmund –, Muskelmasse wird abgebaut, der Fettanteil nimmt zu. Das ist biologisch durchaus sinnvoll. Dadurch verringert sich nämlich der Grundumsatz, die Muskel verbrauchen durch ihre geringere Masse nicht mehr so viel „Brennstoff". Damit sinkt der Energiebedarf für den „Betrieb" der Lebensvorgänge (also der „Grundumsatz").

Doch ganz so einfach ist es nicht. Die biologische Uhr hat kein Uhrwerk, das immer gleich schnell abläuft. Die Natur ist auch in dieser Hinsicht trickreich. Sie sorgt dafür, dass bei verschiedenen Menschen und unterschiedlichen Tätigkeiten die Zeiger rascher über das Zifferblatt laufen, bei anderen um einiges langsamer. Nicht zuletzt spielt dabei die seelische Verfassung eine nicht unbedeutende Rolle. Das zeigt sich schon an den so genannten „Alterungsschüben". Da springen die Zeiger der Lebensuhr, nachdem sie davor auf einer „Ziffer" längere Zeit verweilt haben, fast ruckartig weiter (wie zum Beispiel vielfach in der Pubertät). Ein anderes Beispiel für einen rasanten Zeitsprung der inneren Uhr ist das „Altern über Nacht" bei seelisch überaus belastenden Situationen, etwa dem Tod eines geliebten Menschen.

Statistiken zufolge hatten die Menschen (Durchschnitt der Weltbevölkerung) 1950 eine Lebenserwartung von rund 48 Jahren. 40 Jahre später, also 1990, war die durchschnittliche Lebensspanne auf 65 Jahre gestiegen, im Jahr 2030 wird sie bei 73 Jahren liegen. Daran sehen wir, dass sich der Mensch – nicht zuletzt durch die Errungenschaften der Medizin und Hygiene – einer immer größer werdenden Lebensspanne erfreuen konnte. Der Neandertaler kam zum Beispiel im Durchschnitt nicht viel über ein Alter von 21 Jahren hinaus. Natürlich gab es auch damals – wie heute – Menschen, die noch jünger starben, und solche, die vergleichsweise ein wahrhaft methusalemisches Alter erreichten. Um Christi Geburt – also etwa 30.000 Jahre später – sah das Bild nicht viel anders aus: durchschnittliche Lebenserwartung 23 Jahre. Vom Methusalem also keine Rede.

Gert Baumgart

Die übliche Frage, ob die Medizin darf, was sie heute kann, greift zu kurz. Solange die ethisch-wertmäßigen Grundlagen des Gesundheitssystems nicht zur Diskussion gestellt werden, kann die Antwort nur lauten, dass die Medizin im Einzelfall nicht nur tun

Wo sind die Grenzen moderner Medizin aus ethischer Sicht?

darf, sondern sogar tun *muss,* was sie kann, wollen sich die behandelnden Ärzte nicht dem Vorwurf fachlicher Inkompetenz oder unterlassener Hilfeleistung aussetzen. Die Spitzenmedizin muss tun, was sie kann, so lange sie im Teufelskreis der von ihr selbst geweckten und sich immer weiter steigernden Erwartungen gefangen bleibt, mit denen ihr die Patienten entgegentreten.

Die Ethik kann keine unverrückbaren Grenzen für den medizinischen Fortschritt ziehen. Auch die Medizinverbrechen des vergangenen Jahrhunderts belehren uns – anders als häufig behauptet wird – nicht darüber, welche neuen medizinischen Verfahren verwerflich und welche wünschenswert sind. „Die Geschichte zeigt jedoch, was für eine ungeheuer expansive und destruktive Kraft der – echte oder vorgebliche – Wunsch entfalten kann, Menschen zu heilen. Dieser Dynamik fallen dann allzu schnell jene zum Opfer, die als unheilbar gelten. Man sollte sich hieran erinnern, damit der ‚therapeutische Imperativ' nicht als ein ‚kategorischer Imperativ' missverstanden wird und inhumanen Interventionen Tür und Tor öffnet" (Andreas Kuhlmann).

Eine ethische Grenze bilden allerdings die Würde des Menschen und die Menschenrechte. Der Mensch darf niemals zum bloßen Objekt medizinischer Forschung degradiert werden. Das Selbstbestimmungsrecht des Patienten, das Gebot, nicht zu schaden, das Wohl und die Lebensqualität sowie Gerechtigkeit bei der Verteilung medizinischer Ressourcen gelten international als ethische Prinzipien für Medizin und Pflege.

Eine Gefahr besteht heute in der fortschreitenden Medikalisierung und „Pathologisierung" des Lebens, bei der jede Abweichung von der vermeintlichen Normalität oder auch ganz natürliche Vorgänge für behandlungsbedürftig erklärt werden. Der britische Mediziner Richard Smith spricht hier von „Nicht-Krankheiten" *(non-diseases),* nämlich von menschlichen Vorgängen oder Problemen, die von manchen als Erkrankung beurteilt werden, obwohl es für die Betroffenen von Vorteil sein könnte, wenn dies nicht geschähe. Als Beispiele für diese „Nicht-Krankheiten" nennt Smith nicht nur Tränensäcke oder Haarausfall, sondern auch das Altern und die Menopause. Lassen wir uns von den „Krankheitserfindern", wie der Journalist Jörg Blech die Allianz aus Medizinern und Pharmaindustrie nennt, nicht zu Patienten machen! Gegenüber gesellschaftlichen und medizinischen Perfektionszwängen und einer negativen Einstellung z. B. gegenüber Menschen mit Behinderung ist außerdem das Recht des Menschen auf Unvollkommenheit zu verteidigen. Schon genetisch gilt: *Nobody is perfect!*

Ulrich H. J. Körtner

Die Intensivmedizin hat sich in den letzten 20 Jahren rasant entwickelt. Sie macht es möglich, dass das Leben von immer älteren und an mehreren Krankheiten leidenden Menschen nicht nur verlängert werden kann, sondern dass vielfach deren Lebensqualität

Stößt die Intensivmedizin an ihre Grenzen?

erhalten bleibt. Eine Folge davon ist: Intensivmedizin wird immer teurer.

Krankenhaus-Ökonomen stellen die Frage: Soll man tun, was menschen- und maschinenmöglich ist, um einen Patienten „am Leben" zu erhalten? Ist das ethisch oder ist es ethisch, die „lebenserhaltenden" Apparate abzuschalten? Vor dieser Frage stehen täglich Ärzte und Angehörige von unheilbar Kranken oder Wachkoma-Patienten. In Fachsymposien wird das auch immer wieder thematisiert. Manchmal hat man den Eindruck, als ginge es nicht um die Grenzen der Intensivmedizin, sondern um eine grenzenlose Intensivmedizin.

In der Bundesrepublik Deutschland fallen jährlich etwa 3.000 bis 5.000 Menschen in ein Wachkoma (in Österreich sind es etwa 400) und niemand weiß, ob oder wann sie wieder „erwachen" und wie lange sie versorgt werden müssen. Bei Wachkoma handelt es sich um eine der schwersten, mit dem Überleben gerade noch zu vereinbarenden Schädigungen des Gehirns. Dieses neurologische Krankheitsbild kann durch schwere Schädel-Hirn-Verletzungen oder nach einer Reanimation auftreten. Der Patient bleibt in einem komaähnlichen Zustand, öffnet aber zeitweise die Augen. Er ist jedoch nur beschränkt

fähig, Reize und Informationen aus der Umwelt aufzunehmen und darauf auch zu reagieren.

Größere chirurgische Eingriffe, wie etwa Bypass-Operationen, werden in Zukunft an immer mehr alten Menschen durchgeführt. Wegen der zahlreichen Begleiterkrankungen (Multimorbidität) dieser Patientengruppe ist nicht anzunehmen, dass sie schon nach wenigen Tagen auf eine Pflegestation verlegt werden können. Im Gegenteil muss damit gerechnet werden, dass sie über einen wesentlich längeren Zeitraum intensivmedizinisch betreut werden müssen. Die Entwicklung muss also darauf bedacht nehmen, dass eine größere intensivmedizinische Behandlungskapazität zur Verfügung gestellt werden muss. Eine patientengerechte und sinnvolle Intensivmedizin wird in Zukunft sicher mehr finanzielle Ressourcen benötigen als heute. Nicht das technisch Machbare wird daher limitierend wirken. Es werden die Rahmenbedingungen sein, die vielleicht auch die bisher rasant fortschreitende Entwicklung der Intensivmedizin hemmen werden.

Gert Baumgart

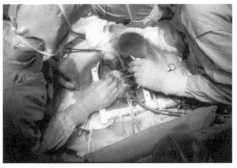

Bypass-Operation: der Eingriff selbst wird zur Routine, die Begleiterkrankungen bei älteren Menschen bedürfen intensiver Behandlung

Sie lächelte bei der Pressekonferenz, auf der ihr „zweites Gesicht" der Öffentlichkeit vorgestellt wurde. Und sie raucht auch wieder. Isabelle Dinoires Gesicht besteht zu zwei Dritteln aus Fremdgewebe, es stammt von einer Toten. Ist diese medizinische Leistung

Wohin geht die Transplantationschirurgie?

von Weltrang ein einmaliges Kunststück oder ein Husarenstück mit ungewissem Ausgang, ein Ritt über den Bodensee?

Die französischen Chirurgen Jean-Michel Dubernard und Bernard Devauchelle sind damit 2005 zweifellos als Pioniere in die Medizingeschichte eingegangen. Wird dieses medizinische Wagnis der Gesichtsübertragung in wenigen Jahren zur Routine werden wie bei Herz, Nieren, Lunge, Leber und Bauchspeicheldrüse? Wie weit wird man sich vorwagen? Wird man danach handeln zu machen, was machbar ist, und machbar zu machen, was noch nicht machbar ist? Noch sind die Risken nicht abschätzbar, noch weiß niemand, ob man die Abstoßungsreaktion sicher in den Griff bekommen kann. Durch die derzeit nötige lebenslange Immunsuppression besteht für die betroffenen Patienten ein vielfach erhöhtes Risiko von lebensbedrohlichen Infektionen. Auch das Risiko, an Krebs zu erkranken, wird durch diese Medikamente signifikant erhöht.

Dennoch ist der wissenschaftliche Fortschritt nicht aufzuhalten. Pioniere werden immer wieder vorpreschen, erfolgreiche Leistungen werden danach in den Operationssälen der Welt Einzug halten. Der Weg in die nächste Zukunft ist absehbar: Xenotransplantation

heißt das Stichwort – Verpflanzung oder Zucht tierischer Organe –, womit man von dem bestehenden Engpass an Spenderorganen unabhängig sein wird. Noch wird intensiv geforscht über den bei Fremdtransplantaten sehr viel komplizierteren Abstoßungsmechanismus. Noch sind mehr Fragen unbeantwortet als Antworten gefunden. Aber die Zukunft hat schon begonnen. Es werden zum Beispiel transgene Schweine gezüchtet, bei denen man auf weniger Probleme bei der Organabstoßung hofft. Man könnte sich damit aber eine neue unbekannte Gefahr einhandeln, nämlich gleichzeitig mit dem Spenderorgan auch gefährliche Viren in den Körper des Empfängers zu tragen. Das würde nichts anderes bedeuten als den Teufel mit dem Beelzebuben auszutreiben.

Auch Alternativen dazu sind keine Utopie mehr, sondern bereits Realität in den Forschungslabors: die Züchtung von ganzen Organen aus embryonalen Stammzellen oder die Herstellung von künstlichen Organen. Geklärt sind aber die meisten und wichtigsten biologischen Fragen noch unzureichend – es wird sicherlich noch viele Jahre (wahrscheinlich Jahrzehnte) dauern, bis Organe aus der Retorte eingepflanzt werden. Auch die Medizin-Ethiker sind in Alarmbereitschaft und damit befasst, ein Regelwerk zu erstellen, das die Grenzen der Transplantation für die Zukunft abstecken soll.

Gert Baumgart

Isabelle Dinoire nach ihrer Operation:
„Seit der Operation habe ich ein Gesicht wie alle anderen (…) und kann wieder ein normales Leben aufnehmen. (…) Meine Operation kann anderen Menschen helfen, wieder zu leben."

Am 25. Juli 2003 feierte Louise Joy Brown in Bristol ihren 25. Geburtstag in Anwesenheit von tausend anderen jungen Menschen, die alle etwas gemeinsam hatten: auch sie waren „Retortenbabys". Die heutige Postbeamtin Louise Joy war allerdings das erste der

Im Labor gezeugt – Routinefall oder ethisches Problem?

Welt. Das war im Jahre 1978. Das erste deutsche „Retortenbaby" kam an der Universitätsfrauenklinik in Erlangen zur Welt. Sein „Vater" war der Reproduktionsmediziner Siegfried Trotnow. Nach diesem „Zündfunken", der bewiesen hatte, dass die Methode der Befruchtung außerhalb des Mutterleibs, die In-vitro-Fertilisation (IVF), erfolgreich ist, ging es Schlag auf Schlag: Bis Juli 1983 gab es elf Babys, die durch IVF gezeugt wurden, zum Geburtstag von Louise Joy Brown lebten schon 300.000 Menschen, die „aus der Retorte" kamen. Heute ist diese Technik ein Routineeingriff – aber nicht immer von Erfolg gekrönt. Denn trotz aller Kunst der Ärzte ist es nicht bei jeder Frau, die sich sehnlichst Nachwuchs wünscht, möglich, diesen Wunsch auch zu erfüllen. Was bei dieser Art der Befruchtung zu ethischen Bedenken führt, ist die Tatsache, dass zahlreiche heranwachsende Embryonen „entsorgt" werden müssen und sich nur einer davon in der Gebärmutter zum Fötus entwickelt.

Bevor die Fortpflanzungsmediziner überhaupt zu Werke gehen können, müssen die Eierstöcke durch Hormone stimuliert werden. Die dann entnommenen Eizellen wer-

den darauf in einem Reagenzglas mit dem Samen des Vaters zusammengebracht. Dabei fällt den Medizinern schon seit einiger Zeit auf, dass die Samenqualität von Männern stark nachlässt. Nach der Befruchtung werden die Embryonen wieder in die Gebärmutter eingesetzt. Im Idealfall wird die Frau schwanger (manchmal allerdings auch gleich mehrfache Mutter).

Die In-vitro-Fertilisation wirft viele – vor allem ethisch motivierte – Fragen auf. Etwa diese: Besitzt der in vitro erzeugte Embryo eine Menschenwürde? Die deutsche Bundesministerin der Justiz, Brigitte Zypries, antwortete darauf 2003 mit einem klaren Nein – verachtet sie damit das Menschenleben? Man stößt auf die heiß umstrittene Frage: Wann ist der Fötus ein Mensch, wann noch nicht? Kann man die sich teilende Eizelle, wenn sie aus 20 Teilungen besteht, schon als Mensch bezeichnen? Unumstritten ist wohl: Es ist ein werdender Mensch. Wo beginnt der Fötus aber wirklich Mensch zu sein? Ist er es von Anfang an? Erst nach sechs Wochen? Ab wann hat er ein Recht auf Schutz der Menschenwürde? Viele Fragen, viele emotional-ideologische Antworten. Oder sollte man die Frage überhaupt anders stellen und nach dem Stellenwert der Schutzbedürftigkeit jeden Lebens fragen? Dann freilich sieht alles anders aus, denn auch die sich teilende Eizelle ist Leben. Ohne Wenn und Aber.

Gert Baumgart

Aus der Rede der deutschen Justizministerin Zypries:
„Solange sich der Embryo in vitro befindet, fehlt ihm eine wesentliche Voraussetzung dafür, sich aus sich heraus zum Menschen (…) zu entwickeln. Die lediglich abstrakte Möglichkeit, sich in diesem Sinne weiter zu entwickeln, reicht meines Erachtens für die Zuerkennung von Menschenwürde nicht aus."

Stammzellen sind noch nicht spezialisierte, so genannte omnipotente Zellen, aus denen sich alle Organe entwickeln können. Sie sind noch nicht auf eine bestimmte Gewebeart (etwa Ohr, Leberzelle, Herzmuskelzelle etc.) programmiert, sondern sozusagen noch

Woher stammen Stammzellen?

für alles offen. Gewonnen werden sie zum Beispiel aus Embryonen, aber auch vom Patienten selbst. Mit Hilfe einer besonderen bildgebenden Technik, dem Magnetresonanz-Verfahren, kann man Stammzellen sogar bei der Arbeit zusehen.

Diabetes- oder Parkinson-Patienten erhalten als Therapie Stammzellen eines Fötus injiziert. Wie lange diese im Körper überleben, was sie dort tun, ob sie die benötigten Gewebezellen bilden, das lässt sich mit dem genannten Magnetresonanz-Verfahren (MR) verfolgen. Es klingt utopisch, ist aber zum Teil schon Realität.

Adulte Stammzellen können dem Patienten direkt entnommen und nach einer speziellen Behandlung diesem wieder zurückgegeben werden. Daher gibt es keine Abstoßungsreaktionen, wie das bei embryonalen oder fetalen (Fremdgewebe) Stammzellen der Fall ist. Die Forschung mit embryonalen Stammzellen lässt die Wogen der Kritik verständlicherweise hochgehen. Rechtzeitig zu Beginn dieser Forschungstätigkeit haben sich daher Juristen und Medizinethiker eingeschaltet und Grenzen abgesteckt, was mit diesen Zellen geschehen darf und was nicht. Die Argumentation der Forscher: Mit Stammzellen wird es in nicht so ferner Zukunft möglich sein, der-

zeit noch unheilbare Krankheiten zu heilen, Tausende von Menschenleben zu retten und den Menschen viel Leid zu ersparen.

In den Augen der Experten des Max-Planck-Instituts für ausländisches öffentliches Recht und Völkerrecht müsse es rechtzeitig exakte Regelungen geben, denn „die Verwirklichung dieser Hoffnungen setzt noch intensive und vor allem langwierige Forschungsanstrengungen voraus". Die juristischen und ethischen Probleme gipfeln in der Frage: Ist es überhaupt vertretbar, mit embryonalen Stammzellen zu arbeiten? „Ethische Bedenken müssten konsequent auch gegen den Import von Medikamenten oder Therapien bestehen, die auf der Stammzellenforschung beruhen."

Gert Baumgart

Ulrich H. J. Körtner über Stammzellenforschung in Österreich (aus einem ORF-Bericht 2005):
„Noch wird in Österreich nicht an embryonalen Stammzellen geforscht. Aber auf EU-Ebene könnte unser Land schon bald zumindest an der Finanzierung derartiger Forschungsprojekte beteiligt sein, wenn nämlich das 6. Rahmenprogramm der EU zur Forschungsförderung umgesetzt wird. Ist das ethisch und politisch akzeptabel? Darüber gehen die Meinungen außerhalb wie innerhalb der Bioethik-Kommission auseinander.

Die katholische Kirche sagt Nein, und auch die zuständige Bildungsministerin Gehrer lehnt, wie sie im Dezember 2001 in Brüssel zu Protokoll gegeben hat, die Forschung an embryonalen Stammzellen ab. Ob sie damit gut beraten ist?

EU-Parlament und EU-Rat haben sich inzwischen in der Frage der Stammzellforschung weitgehend geeinigt. Bleibt es dabei, so wird zumindest die Forschung an bereits existierenden embryonalen Stammzelllinien schon bald durch die EU gefördert. Österreich hat in dieser Frage kein Vetorecht."

Mit Super-Miniwaffen wollen Forscher des deutschen Fraunhofer-Instituts gegen Krebsgeschwüre zu Felde ziehen. Dazu haben sie nur einige Nanometer große Kugeln entwickelt, deren Wirkung aber enorm ist. Diese winzigen Partikel treiben Krebszellen inner-

Welche Fortschritte gibt es im Kampf gegen Krebs?

halb kurzer Zeit in den Tod. Wie die Forscher erklären, muss man sich die Tätigkeit dieser Nanopartikel wie einen Lenkwaffenangriff vorstellen. Sie bahnen sich selbständig den Weg durch den Körper und richten ihre vernichtende Tätigkeit genau gegen die Krebszelle. Mittels einer Proteinhülle werden die Krebszellen aufgespürt und vernichtet. Derzeit werden diese „Lenkwaffen" noch in der Petrischale getestet – erste Erfolge haben sich bereits eingestellt, die Nanokugeln haben ihre Ziele getroffen. Doch der klinische Einsatz liegt noch in weiter Ferne.

Krebsforscher überlegen sich immer neue Strategien, wie sie bösartige Geschwülste niederkämpfen können. Werfen wir einen kurzen Blick in die Forschungslabors, wo an maßgeschneiderten Tumortherapien gearbeitet wird. Die größte Hürde, die dabei genommen werden muss: Jeder Tumor ist anders und muss daher auch möglichst mit einer ihm adäquaten Therapie angegangen werden. Da Krebs besser und oft auch vollständig bekämpft werden kann, je früher man ihn erkennt, laufen weltweit in den Forschungslabors besondere Programme zur Früherkennung. Dazu wird auf molekularer Ebene der Hebel angesetzt sowie bei der Tumorumgebung. Dabei geht es unter anderem

darum, Brüche oder andere Fehler in den Chromosomen, die zur Krebsentstehung führen können, aufzudecken oder auch den Krebs „auszuhungern", indem man ihn von den versorgenden Gefäßen „abkoppelt".

Einer der vielversprechendsten Ansätze in diese Richtung ist das Aufspüren mutierter Tumorgene in Körpersekreten und -exkreten. So könnte z. B. der Nachweis von Krebsgenen in Stuhlproben ein Erkennen der Geschwulst so frühzeitig zulassen, dass noch die vollständige Entfernung des Tumors möglich ist. Das geschieht zum Beispiel mit DNS-Chips. Mit einem Blick in die Zukunft formuliert die Krebsforschung folgendes Ziel: Bekämpfe nicht (nur) Turmorzellen, sondern auch die Strukturen, die sie versorgen. Molekularbiologische Erkenntnisse sollen auch bei der Entwicklung neuer Medikamente mithelfen, z. B. um Wachstumsfaktoren, die den Krebs wuchern lassen, abzuschalten. Immuntherapie und die Entwicklung von Impfstoffen gegen die einzelnen Karzinome (denn Krebs ist nicht gleich Krebs) sind weitere Hoffnungsgebiete der Krebsforschung, an denen derzeit intensiv gearbeitet wird. Neue und verbesserte bildgebende Verfahren werden in Zukunft eine noch exaktere Diagnose ermöglichen und zur Therapiekontrolle, ob das gewählte Mittel auch den erwarteten Erfolg bringt, eingesetzt werden.

Gert Baumgart

Der Begriff „Krebs" wird in der Medizin seit der Antike verwendet. Der griechische Arzt Hippokrates (460–375 v. Chr.) stellte an einem Brustgeschwür die Ähnlichkeit mit Krebsbeinen fest. Aristoteles (384–322 v. Chr.) nahm bereits auf die Ausbreitung auf benachbarte Organe Bezug. Galenus (129–199) verglich die geschwollenen Venen eines äußeren Tumors mit Krebsbeinen.

Bis Ende 2006 könnten nach Schätzungen von UNO-Experten in elf afrikanischen Staaten zehn Prozent der arbeitsfähigen Bevölkerung an Aids verstorben sein. Was man in vielen Teilen Europas oft nur unwillig zur Kenntnis nimmt – es trifft ja nur Süchtige

Aids-Hilfe nur für Reiche?

und Homosexuelle –, ist schon längst nicht mehr wahr und wird in seinen Dimensionen völlig verkannt. Vor allem für den Schwarzen Kontinent zeichnet sich ein deprimierendes Bild ab: In Botswana, Namibia und Simbabwe könnten innerhalb der nächsten 20 Jahre bis zu 35 Prozent der Erwachsenen der Seuche zum Opfer fallen.

Wie man heute weiß, ist Aids in Afrika von Affen auf den Menschen übertragen worden. Erstmals wurde das Virus 1981 außerhalb Afrikas in der Schwulenszene San Franciscos nachgewiesen. Seitdem sind mehr als 65 Millionen Menschen mit dem HI-Virus, dem Erreger der Krankheit Aids, infiziert worden, ein Drittel davon ist der immer noch unheilbaren Krankheit erlegen. Die derzeit wirksamste Therapie kann die Immunschwäche-Krankheit zwar nicht heilen, aber die Ausbreitung des Virus im Körper des Infizierten in Schranken halten. Diese Therapie ist extrem teuer und für Bewohner der Entwicklungsländer praktisch unerschwinglich.

Heute leben nahezu 39 Millionen Menschen, die das Virus in sich tragen – und es daher auch durch Geschlechtsverkehr weiter verbreiten können. Um sich die wahre Dramatik und das wirkliche Ausmaß dieser Seuche vor Augen zu führen, kehren wir wieder nach Afrika zurück. Obwohl nur 13 Prozent der Weltbevölkerung in Afrika leben, treten dort

69 Prozent aller Infektionen mit dem Virus auf und ereignen sich 74 Prozent aller Todesfälle durch Aids.

Weltweit gibt es alle sechs Sekunden eine neue Infektion mit dem tödlichen Virus, alle zehn Sekunden stirbt ein Mensch daran. 90 Prozent der Infizierten leben in den Entwicklungsländern. Besonders schlimm sind die Auswirkungen auf Kinder: In Afrika gab es 2003 laut Kinderhilfswerk der Vereinten Nationen (UNICEF) 12,3 Millionen Kinder, die ihre Eltern durch das HI-Virus verloren haben. Vielen der Infizierten kann nicht geholfen werden, weil sie ihre Krankheit verschweigen, um von ihrer Familie oder ihren Bekannten nicht stigmatisiert zu werden und damit ihren sozialen Status in der Gesellschaft nicht zu verlieren.

Aber es gibt auch durchaus Positives zu berichten: Durch so genannte antiretrovirale Medikamente müssen Aids-Kranke nicht mehr an Aids sterben, sondern leben mit Aids. Hans Jäger, Aids-Forscher und Präsident des Münchener Aids-Tages, meint, in zehn Jahren könnte die Heilung der betroffenen Menschen möglich sein.

Gert Baumgart

Aids-Infizierte weltweit:

Afrika südlich der Sahara	24.500.000
Süd- und Südostasien	7.600.000
Lateinamerika	1.600.000
Osteuropa und Zentralasien	1.500.000
Nordamerika	1.300.000
West- und Mitteleuropa	720.000
Ostasien	680.000
Nordafrika und Naher Osten	440.000
Karibik	330.000
Ozeanien	78.000
gesamt	38.748.000

Der Dichter Johann Nestroy lässt in seinem Stück *Judith und Holofernes* diesen sagen: „Ich möcht mich einmal mit mir selbst zusammenhetzen, nur um zu sehen, wer der Stärkere is', ich oder ich." Dieser Satz charakterisiert fast exakt, was bei einer Autoimmun-

Was sind Autoimmunkrankheiten?

krankheit vor sich geht: Der Körper wird sich selbst zum Feind.

Die eigentliche Aufgabe des Immunsystems ist die Abwehr von Feinden des Körpers, von Viren, Bakterien, Pilzen und Umweltschadstoffen. Dafür sind spezielle Zellen zuständig, so genannte B- und T-Zellen. Sie sind die Eingreiftruppe des Körpers, die schnell und effizient „Ordnung schaffen" muss, indem eingedrungene Schadstoffe oder Mikroorganismen eliminiert und unschädlich gemacht werden; damit wird die Integrität des Organismus erhalten beziehungsweise wieder hergestellt. Doch in manchen Fällen kann diese „Schutzpolizei" nicht zwischen „selbst", also dem eigenen Körper, und „fremd" unterscheiden. Wieso die Immunabwehr-Zellen plötzlich ihren Vernichtungsfeldzug gegen den eigenen Körper richten, ist derzeit noch unbekannt.

Laut Christoph Baerwald, einem deutschen Spezialisten für diese Krankheiten, stellen „Autoimmunerkrankungen ein breites Spektrum an Erkrankungen dar, wobei es kaum ein Fachgebiet in der Medizin gibt, das nicht davon betroffen ist". Dieser Kampf gegen sich selbst kann zum Beispiel gegen Muskeln und Gelenke gerichtet sein, gegen das Nervensystem, die Nieren, das Haut- und Bindegewebe, gegen Drüsen und das Hormonsystem, gegen innere Organe wie Darm, Herz

und Lunge. Die Augen, Hals, Nase, Ohren und die Fortpflanzungsorgane sind ebenfalls nicht von dieser Selbstzerstörung ausgenommen. Allgemeine Bekanntheit besitzen Krankheiten wie die rheumatoide Arthritis, Morbus Crohn oder Multiple Sklerose – überall dort spielt das Immunsystem verrückt und wendet seine „Vernichtungswaffen", mit denen es sonst Feinde von außen sehr erfolgreich bekämpft, gegen den Körper.

Laut Deutscher Gesellschaft für Autoimmunerkrankungen sind mehr als 80 dieser Krankheiten, denen die Medizin bisher nur wenig entgegenzusetzen hatte, bekannt. Manche davon (zum Beispiel Rheuma und Arthritis mit ihren vielen „Gesichtern") sind zu Volkskrankheiten geworden. Wichtigstes Prinzip der Behandlung ist die Unterdrückung der körpereigenen Abwehr, sozusagen ein Ruhigstellen des Immunsystems, damit es keinen Schaden mehr anrichten kann. In den letzten Jahren sind neue, viel versprechende Therapieansätze unter anderem mit Stammzellen (siehe dort) entwickelt worden. Nach jahrzehntelangen, auch für Ärzte frustrierenden Therapieversuchen scheint es endlich zu gelingen, essentiell in das Geschehen einzugreifen und den Patienten eine neue Lebensqualität zu schenken.

Gert Baumgart

Autoimmunkrankheiten
Autoimmunhepatitis, Chronische Gastritis, Colitis ulcerosa, Diabetes mellitus-Typ I, Glomerulonephritis, Guillain-Barré-Syndrom, Hashimoto-Thyreoiditis, Lichen sclerosus, Systemischer Lupus erythematodes, Morbus Crohn, Morbus Basedow, Morbus Bechterew, Multiple Sklerose, Myasthenia gravis, PANDAS, Rheumatisches Fieber …

Das Immunsystem begibt sich bei einer Allergie auf die Jagd nach harmlosen Molekülen – warum das so ist, konnte bis heute noch nicht detailliert geklärt werden. Der Allergieforscher Reinhart Jarisch drückt das so aus: „Bei einer Allegie wird das Im-

Allergien – wilde Jagd auf Harmloses?

munsystem aktiv und bekämpft fälschlicherweise harmlose Sustanzen." Allergische Beschwerden treten fast immer unmittelbar nach dem Kontakt mit dem Allergen (welches die Krankheitssymptome auslöst) auf: Atmung, Haut und Verdauungssystem sind meistens betroffen, im Extremfall kann es bis zum Kreislaufversagen kommen (anaphylaktischer Schock).

Obwohl das allergische Geschehen schon lange bekannt ist – vor rund 100 Jahren hat der Wiener Kinderarzt Clemens von Pirquet (1874–1929, siehe Abbildung) den Begriff Allergie in die Medizin eingeführt –, konnte lange Zeit den Betroffenen nur wenig geholfen werden. Erst jetzt ereignet sich in der Therapie der Allergie Revolutionäres: Auf einem Fachkongress wurde eine Gräser-Tablette vorgestellt, die vor allem Menschen, die auf Graspollen allergisch sind – und das sind die meisten –, das Leben entscheidend erleichtert.

Bisher hörte man selbst von Spezialisten dieses Fachgebietes oft den resignierenden Seufzer: „Wenn die Gräserpollen fliegen, muss man alles dicht machen und geht am besten nicht ins Freie aus Angst vor einem allergischen Anfall." Schwer betroffen von den

mikroskopisch kleinen „Flugkörpern", den Pollen, sind rund 25 Prozent der Bevölkerung der Industrieländer (davon 80 Millionen Europäer), und Pollenallergien stellen ein seit Jahren wachsendes Gesundheitsproblem dar. Die Entwicklung einer Tablette, die einmal täglich von den Heuschnupfen-Patienten zuhause eingenommen werden kann, ist ein bahnbrechender Erfolg, um vielen Millionen Menschen Leid zu ersparen.

Pollen sind die männlichen Keimzellen der Blütenpflanzen, die durch den Wind oder Insekten zu den weiblichen Blüten getragen werden und diese befruchten. Pollen sind also sozusagen die „Liebesboten". Um ihr Ziel irgendwo in weiter Ferne zu erreichen, muss dieser „Blütenstaub" in entsprechend großer Menge verteilt werden. Die Hasel schickt zum Beispiel 2,5 Millionen Pollenkörner auf die Reise.

Jedes Land hat seinen Pollenkalender – Flugpläne der einzelnen Pollenarten, denn es „staubt" jede Pflanzenart zu ihrer Zeit. Nicht die an sich harmlosen Pollen selbst lösen aber die Allergien aus, sondern aus ihnen austretende chemische Stoffe. Für die Betroffenen können sich aber noch weitere Probleme ergeben: die Kreuzallergien. Diese sind besonders heimtückisch, da man die kreuzreagierenden Stoffe meist nicht kennt. So kann zum Beispiel jemand, der auf Gräser allergisch ist, möglicherweise auch bei Tomaten und Hülsenfrüchten, wie Soja oder Erdnuss, dieselben Reaktionen erfahren. Das Unkraut Beifuss bildet mit Sellerie, Karotte und diversen Gewürzen (Kümmel, Anis, Koriander, Zimt) Kreuzallergien.

Gert Baumgart

Eine aktuelle wissenschaftliche Studie verursachte ein gewaltiges Rauschen im Blätterwald, denn sie hatte angeblich bewiesen, dass die Homöopathie wirkungslos sei. Doch sehr schnell wurde Kritik laut: Die Untersuchung war wissenschaftlich nicht „sauber" angelegt

Was kann die Homöopathie?

und kam von Forschern, die vorher überhaupt niemals mit diesem Thema zu tun hatten. Aber das ist nicht neu. 1819 wurde die Homöopathie in Österreich per Dekret verboten. Sie lebt nicht zuletzt wegen des Erfolges, den Ärzte mit dieser Behandlungsform erzielten, bis heute und wird nicht nur von Ärzten viel angewendet, sondern auch von der Ärztekammer anerkannt (Diplom) und hat auch in der Tiermedizin Fuß gefasst. Dr. Friedrich Samuel Hahnemann (1755–1843) ist der „Vater" der Homöopathie. 1777 war Hahnemann in Wien und ging bei den besten Köpfen der ersten Wiener Medizinischen Schule in die Lehre. Das wichtigste Grundprinzip der Homöopathie ist die von ihm aufgestellte Simile-Regel. Kurz gesagt: Wirksame Arzneimittel sollen am Gesunden stark abgeschwächt ähnliche (simile) Symptome hervorrufen, wie sie die zu behandelnde Krankheit macht. Hahnemann hat alles, was er seinen Patienten empfahl, an sich selbst ausprobiert, seine Mitarbeiter, Studenten, Bekannten, Verwandten und seine Familie mit Hunderten Versuchen traktiert, die seine Theorie beweisen sollten, und alle Reaktionen des Körpers minutiös protokolliert. In seinem epochalen Werk *Organon der Heilkunst* sagt er: „Jedes wirksame Arzneimittel

erregt im menschlichen Körper eine Art von eigener Krankheit. Man ahme die Natur nach, welche zuweilen eine chronische Krankheit durch eine andere hinzukommende heilt …"

Verwendet werden in der Homöopathie pflanzliche, tierische und mineralische Ausgangsstoffe, die zur Arzneimittelbereitung „potenziert" werden. Das geschieht durch Verreibung der Ausgangsstoffe oder Verdünnung (Potenzierung). Homöopathen sprechen davon, dass durch dieses Potenzieren die Information, die in dem verwendeten Ausgangsprodukt steckt, zur Heilung beiträgt und nicht der Stoff selbst, von dem bei hohen Potenzen nur noch wenige Moleküle vorhanden sind.

Um die richtige Diagnose zu finden, nimmt sich der Homöopath viel Zeit. Eine erste Befragung kann durchaus eine Stunde dauern. Behandelt wird nämlich nicht „das Kopfweh", sondern der Patient, der „sein" Kopfweh hat, das daher individuell behandelt werden muss. Der nächste Patient, der ebenfalls mit „Kopfweh" zum Homöopathen kommt, erhält vielleicht ein völlig anderes Mittel, weil „sein" Kopfweh eine ganz andere Ursache hat und daher auch zur Behandlung ganz andere Arzneimittel erfordert.

Samuel Hahnemann schreibt in seinem *Organon* folgende Fundamentalsätze, „Des Arztes höchster und *einziger* Beruf ist, kranke Menschen gesund zu machen, was man heilen nennt." Und: „Das höchste Ideal der Heilung ist schnelle, sanfte, dauerhafte Wiederherstellung der Gesundheit oder Behebung und Vernichtung der Krankheit in ihrem ganzen Umfange auf dem kürzesten, zuverlässigsten, unnachteiligsten Weg nach deutlich einsehenden Gründen."

Gert Baumgart

Mehr als 3.000 Jahre lang war sie die einzige Medizin. Sie wurde auch an sehr angesehenen Universitäten gelehrt: das, was wir heute Komplementärmedizin nennen. Auch damals gab es schon die von den „Schulmedizinern", die die Heilkunst auf den renommierten Hohen Schulen gelernt hatten, scheel angesehene, magisch verbrämte Volksmedizin. Es gab auch eine Unzahl von Scharlatanen, Quacksalbern, Marktschreiern und verantwortungslosen Händlern, die ihren leidenden Zeitgenossen alles andrehten, was Geld brachte. Das war damals ein Teil der „Komplementärmedizin". Und überall auf der damaligen Welt gab es eines nicht: eine reine Organmedizin.

Nie wurde nur „die Leber", „das Bauchweh", „die Lunge" behandelt, sondern immer stand der kranke Mensch im Mittelpunkt aller Überlegungen – seine Psyche, sein soziales Umfeld. Damals war Gesundheit das, was die Weltgesundheitsorganisation WHO erst in unserer Zeit wieder so definiert hat: Gesundheit ist nicht nur die Abwesenheit von Krankheit, sondern umfasst auch das psychische und soziale Wohlbefinden.

Komplementärmedizin ist heute in den Augen mancher Mediziner und Medizinerinnen das, was nicht wirken kann, weil es nicht wirken darf. Heute gilt das Schlagwort von der *Evidence Based Medicine*, auf der Erfahrung, dem Augenschein, auf Evidenz basierende Medizin. Auf der Erfahrung, die man

Komplementärmedizin – Ergänzung zu welcher Medizin?

in den letzten 100 Jahren gesammelt hat, als die wissenschaftlich begründete Medizin ihren Siegeszug um die ganze Welt angetreten hat? Nicht nur das. Evidenzbasierte Medizin wird als Medizin verstanden, die auf wissenschaftlichen Studien als Fundament beruht und nicht auf jener Erfahrung, die in drei- bis viertausend Jahren gesammelt wurde.

Was sind aber dagegen wenig mehr als hundert Jahre? Noch kürzer wird die Evidenz bei Heranziehung von Studien, die oft schon nach wenigen Jahren veraltet sind, also nicht einmal ein halbes Jahrzehnt „halten". Dürfen wir mit wissenschaftlicher Redlichkeit diese Erfahrungen, die unsere medizinisch gebildeten Vorgänger gesammelt haben, gering schätzen? Und wenn wir genauer hinsehen, hat sich viel altes Wissen – vor allem bei den Heilpflanzen – bis heute als erfolgreich erwiesen. Die meisten der eingesetzten Wirkstoffe hielten einer strengen wissenschaftlichen Prüfung stand. Gut ein Drittel – wenn nicht mehr – unseres heute verwendeten Arzneischatzes arbeitet mit Substanzen, die direkt aus der Natur stammen bzw. ihr abgeschaut und nachgebaut wurden. Die Natur schafft aber immer nur ein Gemisch von Substanzen, die miteinander ihre Kraft optimal einsetzen, um ihre Heilwirkung auszuüben, nach dem Motto: Eine für alle, alle für einen. Wie wichtig die Auseinandersetzung mit Komplementärmethoden ist, beweist die Akupunktur: Renommierte Wissenschafter mussten jahrzehntelang einen harten Kampf gegen ihre Kollegen ausfechten, um dieser heute anerkannten Methode eine breite Basis der Anerkennung in der Fachwelt zu verschaffen.

Gert Baumgart

Chronobiologen, also Forscher, die sich mit den zeitlichen Abläufen im Körper beschäftigen, sind sich darin völlig einig: Zwischen Erde und Mond herrschen vielerlei Beziehungen, nicht nur durch die Gezeiten Ebbe und Flut, die außer in den Meeren auch in

Gibt es die „Mond-Connection"?

der Erdkugel selbst zu beobachten sind. Für Forscher, die diese Phänomene untersuchen, ist das ganz selbstverständlich. Es wäre hingegen überraschender, wenn das Leben auf der Erde zwar täglich auf die Sonne, aber nicht auf den nächsten Begleiter im Weltraum, den Mond, reagieren würde.

Die Frage ist nur, wie weit dieser Einfluss geht: Betrifft er auch noch das Haareschneiden und unsere Mahlzeiten? Und was hat es mit der Mond-Diät auf sich?

Experten des Forums Ernährung sagen aus ernährungswissenschaftlicher Sicht: „Die Mond-Diät bietet Menschen, die an die Kraft des Mondes glauben, einen guten Einstieg in eine abwechslungsreiche Kost." Nachsatz: „Doch eine herkömmliche fettreduzierte Kost erfüllt sicher den gleichen Zweck." Was aus der Sicht der Ernährungsexperten als Minus zu werten ist: Sport und Bewegung spielen in dieser Diät überhaupt keine Rolle. Denn körperliche Tätigkeit hat einen gleich hohen Stellenwert wie eine ausgewogene Mischkost. Das ist vor allem für einen dauerhaften Erfolg entscheidend. Allerdings heben die Ernährungsspezialisten hervor: „Wer nicht fest an die Kraft des Mondes glaubt, wird diese Diätform sicher nicht lange durchhalten."

Bei wissenschaftlichen Untersuchungen kommt es natürlich immer darauf an, welchen Aspekt man unter die Lupe nimmt. Pflanzenforscher haben beispielsweise den Zusammenhang von Mondphasen und Roggensaat studiert. Am wenigsten keimfreudig zeigten sich die Roggenpflänzchen, wenn die Saat kurz vor Neumond geschah. Hartmuth Spiess erwähnt in seinen Biorhythmusforschungen den Zusammenhang mit dem Menschen: „Es könnte sich ein neues Verhältnis des Menschen zur Pflanze herausbilden, wenn ihm bewusst würde, dass mit der pflanzlichen Nahrung nicht nur Nährstoffe aufgenommen werden, sondern ihre gesamte Lebensleistung." Und weiter: „Möglicherweise drückt sich das in einer unterschiedlichen Ernährungsqualität aus".

Die beiden Forscher Klaus-Peter Endres und Wolfgang Schad sind dieser Frage mit streng wissenschaftlichen Methoden nachgegangen und haben eine Fülle von Beweisen für Mondeinflüsse gefunden. Zwei Beispiele seine hier genannt: In den Zeiten des Voll- und Neumondes liegen die Harnsäure-Werte niedriger als in den anderen Phasen. In diesem Zeitraum, so die beiden Forscher, neigt der Mensch auch zu „gedämpfter Bewusstseinshelligkeit", was wiederum einen Zusammenhang mit Statistiken über Depressionen und Selbstmorde vermuten lässt. Eine weitere auf die Mondperiodik hinweisende Krankheit ist die Lungenentzündung, betonen Chronobiologen. Dabei zeigte sich, dass der Einbruch der Wasseransammlung in der Lunge signifikant häufiger bei zunehmendem als bei abnehmendem Mond stattfindet.

Gert Baumgart

Impfexperten haben eine Zukunftsvision: ein Leben frei von Infektionskrankheiten. Dieser Wunschtraum wird sicherlich noch lange Zeit unerfüllt bleiben, aber eines ist heute schon sicher: Impfungen schützen den Einzelnen und die Gemeinschaft. Durch die

Ist Impfen schädlich?

„Erfindung" des Impfens sind gefährliche Infektionskrankheiten, wie beispielsweise die Pocken, ausgerottet worden.

Derzeit laufen weltweit 400 Projekte, um neue Impfstoffe bzw. neue (patientenfreundlichere) Anwendungen zu finden und auch Kleinkinder besser vor Krankheitserregern zu schützen. Dazu wird über Kombinationsimpfstoffe geforscht, die sich gleichzeitig gegen mehrere Keime richten. Manche dieser „Kombis" stehen unmittelbar vor dem Einsatz.

Längere Zeit wird auch schon an einer Krebsimpfung gearbeitet. Ein derartiger Impfstoff gegen die gefährlichen Erreger des Gebärmutterhals-Krebses, die Papilloma-Viren, soll bereits zum Jahreswechsel 2006/07 verfügbar sein. Wie wichtig ein Schutz vor diesen Viren ist, geht daraus hervor, dass in Europa täglich 40 junge Frauen an ihnen sterben.

Impfgegner hingegen wollen mit starken Sprüchen punkten. So behaupten sie unter anderem: Impfungen wirken nicht. Sie begründen das so: „Beim näheren Hinsehen realisiert man, dass die Impfung uns keineswegs vor der Krankheit schützt, im Gegenteil, sie macht uns krank. Historisch gesehen ist die Impfung einer der größten Irrtümer der heutigen Schulmedizin. Umfangreiche Literatur und zahlreiche Studien aus der gan-

zen Welt liefern einen zweifelsfreien Beweis für diese Behauptung. Obschon seit 200 Jahren geimpft wird, ist uns die Medizin bis heute einen Wirksamkeitsnachweis schuldig geblieben. Viele Eltern berichten, dass ihre Kinder trotz der Impfung die Krankheiten durchmachen, meist auch noch mit den gefürchteten Komplikationen."

Univ.-Prof. Dr. Herwig Kollaritsch, Leiter des Instituts für spezifische Prophylaxe und Tropenmedizin der Universität Wien, hält dem entgegen: Allein durch die Diphtherie-Impfung werden jährlich 60.000 Tote verhindert. Eine Masern-Schutzimpfung rettet jährlich 1.100 Menschenleben.

Wichtig ist dabei, dass durch eine gezielte Impfung nicht nur die Betroffenen bzw. Gefährdeten geschützt werden, sondern auch deren Mitmenschen. Durch diese Maßnahme kann eine Krankheit sogar völlig ausgerottet werden. Kollaritsch erklärt das am Beispiel der Masern: Bei Erkrankungen, die von Mensch zu Mensch übertragen werden, „hilft" die Herdenimmunität. Das bedeutet: Wenn möglichst viele Menschen durch Impfung zu „Nicht-Überträgern" geworden sind, kann sich ein Erreger in der Bevölkerung nicht weiter ausbreiten, es kann zu keiner Epidemie kommen und die wenigen ungeimpften Menschen haben ein geringeres Risiko angesteckt zu werden.

Gert Baumgart

Durchbruch bei Seuchenbekämpfung: erste Pockenschutzimpfung unter Kaiserin Maria Theresia

Ticken zwei Zeitbomben in den Hirnen immer älter werdender Menschen, gegen die die Medizin derzeit noch weitgehend machtlos ist? Die Parkinson-Krankheit und die Alzheimer-Demenz sind typische Erkrankungen des alternden Gehirns. Die Hälfte aller Ge-

Sind Alzheimer und Parkinson heilbar?

hirnleistungsstörungen entfällt auf die Alzheimer-Krankheit. Ihre Erforschung begann vor rund 100 Jahren, als der deutsche Neurologe Alois Alzheimer (1864–1915) erstmals die Symptome einer bis dahin unbekannten Krankheit beschrieb. Entdeckt hat er im Gehirn einer verstorbenen Patientin sehr typische Veränderungen, nämlich Ablagerungen von Eiweiß-Bruchstücken, so genannten Plaques, und gleichzeitig eine Schrumpfung des Gehirns. Er erkannte, dass die Plaques-Bildung zu den charakteristischen Ausfällen führt. Im Verlauf der Erkrankung beginnen allmählich intellektuelle Fähigkeiten zu schwinden. Nach einigen weiteren Jahren werden die Betroffenen oft pflegebedürftig. Moderne Medikamente können das Fortschreiten der Zerstörung von Gehirnzellen zwar verlangsamen, stoppen lässt sich dieser Vorgang jedoch nicht. Wie neueste Statistiken zeigen, leiden etwa fünf Prozent der 65-Jährigen und 29 Prozent der über 80-Jährigen in unterschiedlich schwerem Ausmaß an dieser Krankheit. Bei etwa sechs Prozent der Patienten dürften genetische Ursachen vorliegen.

Auch die Parkinson-Krankheit, aufgrund ihrer Symptome Schüttellähmung genannt, hat zerstörerische Folgen für das Gehirn. Sie ist eine der häufigsten neurologischen Erkrankungen. Allein in Österreich leben 20.000 Parkinson-Kranke. Die Krankheit beginnt damit, dass Nervenzellen in einer bestimmten Region des Gehirns absterben, die dafür zuständig ist, auf Bewegungen modulierend einzuwirken. Über 80 Prozent der Nervenzellen dieses Gebietes, das *Substantia nigra* genannt wird, sterben ab. Dort wird aber eine für den Organismus überaus wichtige chemische Substanz, des Dopamin gebildet. Daher verschafft eine Dopamin-Therapie, also von außen ergänztes Dopamin, eine entscheidende Linderung des Leidens. Steifheit, Zittern der Glieder und Verlangsamung der Bewegungen sind die typischen Symptome. Betroffen sind häufiger Männer als Frauen jenseits der 65 Lebensjahre. In den letzten Jahren gewannen chirurgische Verfahren als Therapie immer mehr an Boden, zum Beispiel die Hirnstimulation durch Elektroden, durch die bestimmte Regionen des Gehirns angeregt werden.

Aufgrund der steigenden Lebenserwartung kommt Forschungen auf diesem Gebiet besondere Bedeutung zu: Je älter die Menschen werden, umso häufiger wird die Krankheit. Eine Zeitbombe tickt.

Gert Baumgart

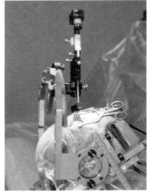

Chirurgische Behandlung eines Parkinson-Patienten

Nicht nur das: sie stehen schon in den Start-
löchern. Wissenschaftler haben kürzlich eine
neue Variante des Milzbranderregers entdeckt. Sie fanden ihn in verendeten Schimpansen und einem Gorilla. Noch ist kein Fall
beim Menschen bekannt – oder erkannt wor-

Kommen neue Seuchen auf uns zu?

den. Aber manche Experten befürchten, dass
diese Mutation des altbekannten Keims über
kurz oder lang auch Menschen bedrohen
wird. Gesundheitsexperten sind auf der Hut,
denn neue Seuchen, die bisher beim Menschen unbekannt waren, können plötzlich
auftauchen. Die Liste der „neuen Seuchen"
ist lang, einige wenige Beispiele veranschaulichen das. 1930 hat das neu auftretende
Rift-Valley-Fieber in Afrika Schafe, Ziegen,
Rinder, aber auch Menschen dahingerafft.
Durch Vögel und Mücken übertragen, ist
1950 das Hantaan-Virus aufgetaucht und hat
in Asien und Osteuropa seinen Blutzoll gefordert. Besser bekannt ist das Marburg-Vi-
rus, das 1967 auf der Bildfläche erschien und
hohes Fieber verursachte; bei 30 Prozent der
Betroffenen führte es zum Tod. Das Virus
stammte aus Ostafrika. Gleich in zwei Mutationen wütete das Ebola-Virus, das vor allem
im Sudan und in Zaire auftrat.
Unter großem Aufwand und mit besonderen
wissenschaftlichen Anstrengungen ist es gelungen, dieser Seuchen Herr zu werden und
ihre weltweite Ausbreitung zu verhindern.
Entwarnung für die Zukunft ist aber keineswegs angesagt. Neue Erreger können jederzeit auftauchen. Kein Krieg forderte jemals
mehr Opfer als die mit freiem Auge unsicht-

baren Viren. Die besondere Gefahr liegt darin, dass diese Erreger rasch mutieren können
und dadurch noch gefährlicher werden.
Das zeigt sich am Beispiel der Influenza, der
echten Virusgrippe. Jährlich kommen neue
Virenstämme auf uns zu, die Tausende Opfer
fordern. Daher muss auch jährlich – und das
schon lange vor der zu erwartenden Epidemie – ein neuer Impfstoff zusammengemixt
werden, um möglichst optimalen Schutz bieten zu können.
Eine der fatalsten Grippe-Epidemien ereig-
nete sich 1918: In nur zwei Jahren breitete
sich dieses Virus um den ganze Erdball aus
und forderte mehr als 20 Millionen Menschenleben. Sicherlich sorgt heute in hohem
Maß der weltweite Reiseverkehr für eine Verbreitung gefährlicher Viren. Spezialisten der
Weltgesundheitsorganisation WHO stehen
sozusagen Gewehr bei Fuß, um den möglichen Ausbruch einer neuen Seuche so rasch
wie möglich im Keim zu ersticken. Sobald
nur der geringste Verdacht der Einschleppung auftaucht, werden auch die Gesundheitsbehörden des jeweiligen Landes aktiv
und gehen nach einem ausgeklügelten Si-
cherheitsplan vor, um sicherzustellen, dass
sich der Keim nicht einfach ausbreiten und
neue Opfer infizieren kann.

Gert Baumgart

Zur Chronologie der Influenza-Epidemien:

1918–1920	Spanische Grippe, mehr als 20 Millionen Tote
1957	Asiatische Grippe, ca. 1 Million Tote
1968	Hongkong-Grippe, zwischen 700.000 und 1 Million Tote
seit 1977	jährliche Grippeepidemien (Subtypen H1N1 und H3N2)
1997	erstmals H5N1-Vogelgrippeviren im Menschen nachgewiesen

Es ist sinnvoll sich vorzubereiten, aber es ist nicht sinnvoll in Panik zu geraten. Sie kaufen kein Feuerwehrauto, wenn Sie einmal löschen wollen. Das ist der Kern dessen, was Epidemiologen und Mediziner zum Thema Vogelgrippe der Öffentlichkeit zu sagen ha-

Vogelgrippe – Gefahr oder Panikmache?

ben. Und erfahrene Virologen fügen hinzu: „Das Vogelgrippe-Virus H5N1 ist schon ziemlich lange unterwegs, dass es gerade jetzt zu einem gefährlichen Erreger mutiert, ist allerdings unwahrscheinlich." Mit dem Nachsatz „Aber man kann nie wissen, auszuschließen ist es nicht" mahnen sie trotzdem zur Vorsicht und empfehlen dringend, engeren Kontakt mit Hausgeflügel zu vermeiden und verendete Vögel nicht zu berühren. Sollte sich nämlich wirklich – was die Fachleute für sehr unwahrscheinlich halten – das H5N1-Virus mit dem Influenza-Virus (gefährlicher Grippe-Erreger) vereinen und auf diese Weise ein neues Virus bilden, dann könnte höchste Alarmstufe angesagt sein.

Daher wird in vielen Ländern an Notfallplänen gebastelt, um für den Fall des Falles gegen eine gefährliche Epidemie gewappnet zu sein. Noch sind es aber Hausgeflügel, Wildvögel und auch Säugetiere, etwa Katzen, die von dem Virus befallen werden. Katzen, die nachweislich infiziert waren, haben sich hingegen rasch wieder erholt und die Krankheit schnell überwunden. Wieso sie das können, ist allerdings noch unbekannt. Schwäne, Enten und Gänse scheinen aber keine Mög-

lichkeit zu besitzen, mit eigenen Immunkräften damit fertig zu werden. Zumindest lassen das die ersten bekannt gewordenen Fälle vermuten.

Das H5N1-Virus ist bereits zu Ende des 19. Jahrhunderts in Italien nachgewiesen worden und dürfte sich von dort aus weltweit ausgebreitet haben. Besonders auf Vogelmärkten in Ostasien ergaben sich dann ideale Bedingungen für eine Massenvermehrung und für die Menschen, die ständig hautnah mit dem Geflügel zu tun hatten, die Gefahr das Virus „einzufangen". Tatsächlich wurde der erste Todesfall von einem Mitarbeiter des großen Vogelmarktes in Hongkong gemeldet.

Laut Meldungen der UNO-Weltgesundheits-Organisation WHO sind weltweit bisher nur vereinzelte Todesfälle von Menschen bekannt geworden, in allen Fällen handelte es sich um Personen, die sehr engen Kontakt mit Geflügel hatten. Warum die Ansteckung von Mensch zu Mensch kaum möglich ist und daher auch eine Ausbreitung des Virus in hohem Maße unwahrscheinlich ist, haben Forscher herausgefunden: Der Erreger kann die oberen Atemwege nicht befallen und daher durch Husten oder Niesen nicht weitergegeben werden.

Als Tierseuche mit raschem Verbreitungspotential ist die Ausbreitung des H5N1-Virus nicht zu stoppen. Da muss man einfach durch. Wie der Vorsitzende des WHO-Vogelgrippe-Programms, Klaus Stöhr, berichtet, „wird sich das Virus sicherlich noch einige Jahre halten".

Gert Baumgart

Seit dem ersten Höhepunkt des Auftretens von BSE in Großbritannien 1992 unternahm die Forschung enorme Anstrengungen, um das Rätsel rund um die „Prionkrankheiten" zu lösen, liegt hier doch der einzigartige Fall vor, dass eine Krankheit sowohl

Was ist das Besondere an den Prionkrankheiten?

erblich bedingt als auch durch Infektion auftreten kann: Prionkrankheiten, zu denen die beim Menschen tödlich verlaufende Creutzfeldt-Jakob-Krankheit zählt, können spontan, also „aus sich heraus" (durch seltene spontane Umfaltung des Prion-Proteins im Gehirn), noch seltener aber auch auf genetischer Grundlage (erbliche oder familiäre Prionkrankheiten) oder durch Übertragung (also infektiöse Krankheitsentwicklung) entstehen. Auslöser dieser Krankheiten, so erkannte man schließlich, ist das Prion, ein neuartiger Krankheitserreger, der überwiegend oder zur Gänze aus einem Eiweißstoff (Protein) aufgebaut ist. Gegenüber den sonstigen Krankheitserregern (wie Bakterien, Pilzen, Viren) liegt der Unterschied darin, dass keine Erbinformation in Form von Nukleinsäuren (DNS, RNS) nachgewiesen werden konnte. Der Name „Prion" stammt von dem amerikanischen Nobelpreisträger Stanley B. Prusiner, der ein Prion als „infektiöses proteinhaltiges Partikel" *(proteinaceous infectious particle)* definierte.

Prionen bestehen aus einem bestimmten Protein, dem Prion-Protein (PrP), das normalerweise in zahlreichen Zellen und Geweben des Menschen und der Tiere vorkommt und in dieser Form als zelluläres PrP (PrPc) bezeich-

net wird. Um zu einem Prion, also zum Krankheitserreger, zu werden, muss eine Umfaltung der räumlichen Struktur des Eiweißmoleküls erfolgen. Diese Umfaltung oder „Fehlfaltung" in eine andere, die so genannte „Faltblatt-Struktur", bedingt eine völlige Änderung der Eigenschaften des Moleküls, das nunmehr als PrPsc (sc vom engl. *Scrapie*, einer typischen Prionkrankheit der Schafe) bezeichnet wird und unempfindlich gegen Hitze, enzymatische Spaltung etc. ist. Deswegen ist es so schwierig, Prionen sicher zu zerstören. Die Umwandlung von PrPc in das krank machende PrPsc kann als Spontanereignis vorkommen (das führt dann zu den so genannten „sporadischen" Prionkrankheiten), kann aber auch durch verschiedene Faktoren (Veränderungen, so genannte Mutationen, im PrP-Gen oder Kontakt mit Prionen, die als „Matrize" die Proteinumfaltung bewirken) begünstigt werden.

Prionkrankheiten greifen das zentrale Nervensystem (Gehirn und Rückenmark) an und führen nach längerem Krankheitsverlauf immer zum Tode. Die Nervenzellen degenerieren, weshalb Prionkrankheiten wie etwa auch die Alzheimer-Krankheit zu den so genannten neurodegenerativen Krankheiten gezählt werden. Wichtig für die Diagnose: Es fehlen Entzündungszeichen und eine Abwehrreaktion (Immunantwort) des Körpers, wie es sonst bei erregerbedingten Krankheiten durch Bakterien oder Viren der Fall ist. Damit sind Prionkrankheiten auch nicht durch eine Antikörper-Bestimmung zu diagnostizieren, sondern nur durch einen direkten Prionen-Nachweis im Hirngewebe, was normalerweise erst nach dem Tod des Patienten im Rahmen einer Autopsie oder bei Schlachttieren möglich ist!

Herbert Budka

Individuell kann man sich gegen die Übertragung von Prionkrankheiten kaum schützen, da man als Einzelner kaum abschätzen kann, wo ein mögliches Expositionsrisiko besteht. Generell wurden von den Gesundheitsbehörden Vorkehrungen getroffen, um

Kann man sich gegen Prionkrankheiten in irgendeiner Weise schützen?

die Übertragungsmöglichkeit von Prionenkrankheiten durch Nahrungsmittel oder medizinische Behandlungen so gering wie möglich zu halten.

Kuru wurde seinerzeit durch einen rituellen Kannibalismus in Neu-Guinea übertragen. Seit der Kannibalismus nicht mehr praktiziert wird (Ende der 1950er Jahre), treten Neuerkrankungen nur mehr nach extrem langen Inkubationszeiten bei älteren Einwohnern auf, die sich noch seinerzeit durch Kannibalismus infiziert haben.

Die Variante der Creutzfeldt-Jakob-Krankheit (CJK) entsteht durch Übertragung von BSE-Prionen auf den Menschen. In der EU sind mittlerweile rigorose Schutzmaßnahmen in Kraft, die das Ziel haben, BSE und auch Scrapie einzudämmen und soweit wie möglich zu eliminieren. Seit 2001 besteht ein EU-weites Verbot der Verfütterung von Tiermehl an Säugetiere, Schlachtrinder werden generell einem BSE-Schnelltest unterzogen. Dadurch ist BSE fast überall in der EU stark rückläufig. Die wichtigste Maßnahme des Konsumentenschutzes ist die seit Oktober 2000 EU-weite lückenlose Entfernung der prionenreichen Gewebe der Schlachttiere, der so genannten spezifizierten Risikomaterialien (SRM). In Großbritannien ist mittlerweile die Epidemie der Variante der CJK im Abklingen, allerdings kann ein möglicher Neuanstieg noch nicht ausgeschlossen werden.

Bei der Variante der CJK sind auch das lymphatische Gewebe und Blut prionenhältig, also infektiös. Daher ist es eine wichtige Aufgabe der Gesundheitsbehörden, die Übertragung der Variante der CJK durch Blut oder Blutprodukte zu verhindern. Kompliziert wird dies dadurch, dass das Blut bereits zu einem Zeitpunkt infektiös sein kann, an dem noch keine Krankheitssymptome vorhanden sind. Deswegen ist die Entwicklung von Bluttests sehr wichtig, die imstande sein werden, auch geringe Prionen-Mengen im Blut sicher zu erkennen. Bis dahin wird versucht, das Risiko durch Ausschluss von Blutspendern nach bestimmten Kriterien so gering wie möglich zu halten.

Vielfach wird die Frage gestellt, ob Prionkrankheiten wie Creutzfeldt-Jakob einmal heilbar sein werden, derzeit führen sie ja alle zum Tode. Es gibt interessante Ansätze, die auf Basis von Gewebe- und Zellkulturen wie auch tierexperimentell entwickelt werden und die die Aufnahme und Weiterverarbeitung von Prionen durch Medikamente oder Impfung unterbinden sollen. Kurzfristig steht keine derartig wirksame Therapie zur Verfügung, in Zukunft kann aber erwartet werden, dass neben der prophylaktischen Vermeidung der Prionen-Übertragung auch die Krankheitsentwicklung – zumindest im Frühstadium – beeinflusst, im Idealfall sogar geheilt werden kann.

Herbert Budka

Viele gefährliche Viren gehen auf ein Reservoir in Tieren (so genannte *Zoonosen*) zurück und greifen das Nervensystem an. Dadurch können schwere Krankheitsformen entstehen und zum Tode führen. Für den Ausbruch einer Epidemie wesentlich sind die

Drohen weltweite Epidemien durch neue Viren?

Übertragungsbedingungen; so wird das West-Nil-Fieber – eine grippeähnliche Erkrankung mit Muskelschmerzen und Lähmungserscheinungen – durch bestimmte Stechmücken übertragen. Seit seiner Einschleppung in die USA 1999 hat sich das West-Nil-Fieber in Nordamerika rasant ausgebreitet und forderte 2003 bereits 211 Tote. Das entscheidende Kriterium ist jeweils: Gelingt dem Erreger der Durchbruch der Speziesbarriere vom Tier zum Mensch, wie er bei der Vogelgrippe oder beim Nipah-Virus zum Glück bisher erst in vergleichsweise seltenen Fällen stattgefunden hat? Immerhin gab es 1998/99 in Malaysia und Singapur schwere Fälle von Enzephalitis (Gehirnhautentzündung), die durch das Nipah-Virus ausgelöst wurden – es gilt daher als potenziell gefährlich. Seinen Weg zum Menschen hatte dieser Erreger offenbar über Fledermäuse und Schweine gefunden; fast die gesamten Schweinebestände in Malaysia und Singapur mussten daraufhin notgeschlachtet werden. Insgesamt 265 Menschen hatten sich in Malaysia infiziert, 105 von ihnen starben, 93 Prozent der Betroffenen hatten beruflich mit Schweinen zu tun. In Singapur forderte das Nipah-Virus im März 1999 unter den Angestellten eines Schlachthofs ein Todesopfer.

Auch vom Hendra-Virus, das mit dem Nipah-Virus verwandt ist – beide gehören zur Familie der *Paramyxoviridae* – und erstmals 1994 bei erkrankten Pferden in Australien diagnostiziert wurde, sind bereits Fälle einer Übertragung auf den Menschen bekannt geworden, zwei Todesopfer waren 1994/95 zu beklagen. Es wird vermutet, dass der enge Kontakt zu infizierten Pferden die Ansteckung ermöglichte. Als „natürliche Wirte" des Hendra-Virus gelten ebenfalls bestimmte Fledermausarten. Neueste Studien im Raum von Hongkong ergaben, dass auch der Erreger von SARS (*Severe Acute Respiratory Syndrome* = Schweres Atemwegssyndrom), das SARS-Coronavirus, von Fledermäusen übertragen werden könnte. Die Sterblichkeitsrate von SARS, einer Lungenkrankheit, die 2003 Hunderte von Toten forderte, beträgt 20 Prozent!

Das Szenario für eine weltweite Epidemie könnte so aussehen: Änderungen in der Erbinformation des Virus bewirken, dass das Virus sich an den Menschen adaptiert und dann eine leichte Übertragung von Mensch zu Mensch erfolgen kann – bei der Vogelgrippe etwa eine Möglichkeit, die eine Pandemie mit Millionen Opfern wie bei der „Spanischen Grippe" nach dem Ersten Weltkrieg nicht ausschließen lässt. Daher muss sehr wohl an entsprechende Vorkehrungsmaßnahmen (Eindämmung lokaler Übertragungsmöglichkeiten, medikamentöse und/oder Impf-Prophylaxe) gedacht werden. Die empfohlenen strengen Sicherheitsmaßnahmen sollten im Falle eines Infektionsverdachts mit einem dieser Zoonose-Viren unbedingt eingehalten werden!

Herbert Budka

Produkte aus der „Chemieküche" der Pharmaindustrie haben zweifellos vielen Millionen Menschen das Leben gerettet, enormes Leid erspart und die Lebensqualität Tausender beträchtlich erhöht. Für die meisten ging das Hand in Hand mit einer (oft nicht

Ist die Gesundheit ein Geschäft?

unbeträchtlichen) Verlängerung des Lebens. Doch der Pfad zwischen Kommerz und Humanität ist nur sehr schmal. Auch hier regiert der Rechenstift. Allein die Entwicklung eines einzigen neuen Impfstoffs kostet beispielsweise bis zu 800 Millionen Euro. Bis der Wirkstoff als Medikament den Markt erreicht, vergehen nicht weniger als acht bis zwölf Jahre. Und nicht selten ist dann die Patent-Schutzzeit knapp vor dem Ablaufen, jeder kann dann dieses Medikament nachbauen und billig unter die Leute bringen. Man nennt diese Produkte Generika.

Die enormen Entwicklungskosten müssen natürlich „eingespielt" werden, wie es die einschlägige Industrie ausdrückt. Diese Kosten enthalten auch „extrem hohe Qualitätskontrollkriterien, mit der Forderung nach sehr hohen Zahlen von Probanden (Studienteilnehmern)."

Wie man schon lange weiß, fordert diese Taktik unter der hohen Zahl an menschlichen „Versuchskaninchen" ihre Opfer. In der Zeitschrift *einblicke* des deutschen Krebsforschungszentrums ist dazu nachzulesen, dass keineswegs alle Studien bekannt gegeben werden und dass damit die Dunkelziffer ziemlich hoch ist. Die Folgen laut dkfz: „Das Verschweigen von Studien und Studienergebnissen (…) hat in den letzten Jahrzehnten vermutlich Zehntausenden Patienten das Le-

ben gekostet". Noch drastischer hat es einmal ein Primararzt gegenüber einem Journalisten formuliert: „Ehe wir nicht 500 Patienten umgebracht haben, wissen wir nicht, dass wir beispielsweise zu hoch dosiert haben".

Andererseits ist dies keineswegs verwunderlich, wenn man bedenkt, wie viele chemisch-pharmazeutische Substanzen auf dem Markt sind und dass es Jahr für Jahr mehr werden. Allein das *Taschenbuch der unerwünschten Arzneiwirkungen*, herausgegeben von der Pharmakologin Ellen Weber, ist über 900 Seiten stark.

Der erste Satz in diesem Buch lautet: „Die Kenntnis der unerwünschten Arzneiwirkungen nimmt nicht in dem wünschenswerten Maße zu." Über das reale Ausmaß von unerwünschten Nebenwirkungen liegen zwar keine exakten Zahlen vor, aber „es kann für die Verhältnisse in der Bundesrepublik hochgerechnet werden, dass jährlich etwa 50.000 lebensbedrohliche, 150.000 schwere und eine Million leichte Nebenwirkungen vorkommen".

Gert Baumgart

Jahresumsatz der weltgrößten Pharmakonzerne in Milliarden Dollar (2004):

Pfizer	50,9
GlaxoSmithKline	32,7
Sanofi-Aventis	27,1
Johnson & Johnson	24,6
Merck	23,9
Novartis	22,7
AstraZeneca	21,6
Hoffmann-La Roche	17,7
Bristol-Myers Squibb	15,5
Wyeth	14,2

Ernährungsexperten rechnen uns vor, was viele von uns zum Nachdenken und Umdenken motivieren sollte: Ein Viertel weniger Darmkrebs-Fälle und 15 Prozent weniger Magenkrebs, das wäre die erfreuliche Bilanz, würden wir uns so ernähren, wie es in vielen

Ist „gesunde Ernährung" gesund?

Mittelmeerländern üblich ist (mediterrane Kost). In diesem Zusammenhang spielt jener Hirnteil, der Hypothalamus genannt wird, entscheidend mit. Denn von dort aus wird sowohl das Hungergefühl als auch das Gefühl der Sättigung geregelt. Während Hunger negativ belegt ist, ist Sättigung mit positiven Gefühlen verbunden. Man könnte jedoch sagen: Sättigung ist eine sehr individuelle Sache. Für die Sättigung spielen nämlich einige Faktoren mit, die viele von uns veranlassen, mehr zu essen, als der Körper braucht. Diese „geheimen Verführer" zum Mehr-Essen sind etwa Geruch, Aussehen, Geschmack und Zubereitungsart der Speisen – man isst bekanntlich auch mit den Augen. „Eigentlich bin ich schon satt, aber das sieht so gut aus, da möchte ich noch ein paar Happen zu mir nehmen", ist ein oft gehörter Satz. Und das ist auch ein Grund, dass Essen krank macht: In Verbindung mit sehr wenig bis keiner Bewegung, Alkohol und Nikotin kommt es zum „Ansparen" für eine Herz-Kreislauf- oder Krebserkrankung, die sich erst Jahrzehnte später bemerkbar macht.
Man kann diesen Vorgang allerdings austricksen, indem man sich auf Lebensmittel spezialisiert, die rasch sättigen, zum Beispiel auf Nahrungsmittel mit hohem Eiweißgehalt, Ballaststoffen und Wasser, sagen Experten des Forums *Ernährung heute*. Eiweißpro-

dukte sättigen nämlich länger als Kohlehydrate, wohingegen fettreiche Nahrung nur einen geringen Sättigungswert hat. „Damit kann man sich leicht überessen", stellen die Ernährungsspezialisten fest. Und noch ein kleiner Trick: Durch langsames Essen, sorgfältiges und bedächtiges Kauen wird man schneller satt.
Was es mit der mediterranen Kost wirklich auf sich hat, wurde in vielen Forschungslabors gründlich untersucht. Aufgrund der Ergebnisse vieler wissenschaftlicher Studien haben die Ärzte eine Art „Schutzliste" zusammengestellt, wie man gesund bleiben kann. Kurz gefasst lauten die Empfehlungen: Margarine statt Butter verwenden, kein Tag ohne Obst, reichlich Ballaststoffe. Ein Gläschen Wein in Ehren wollen die Wissenschaftler zum guten Essen aber nicht verwehren. Die Begründung: „Die positiven Effekte des Rotweins sind vor allem auf die sekundären Pflanzenstoffe zurückzuführen." Das sind, so drückt man es wissenschaftlich aus: Antioxidantien, Carotinoide, Flavonoide, Phytoöstrogene. Im Rotwein sind vornehmlich Resveratrol und Quercetin. Wird zur Mahlzeit (in kleinen Mengen) Rotwein getrunken, führt dies zu einem Anstieg der antioxidativen Kapazität im Blutplasma. Abschließender Hinweis der Experten: „Ernährung und Bewegung können nicht voneinander getrennt werden."

Gert Baumgart

Durchschnittliche Aufnahme von Antioxidantien (mg/Tag):

Kaffee	1.299	Rotwein	44
Tee	294	Bier	42
Bananen	76	Äpfel	39
Trockenbohnen	72	Tomaten	32
Mais	48	Kartoffeln	28

Auf diese sehr provokante Frage geben Experten in der *Österreichischen Ärztezeitung* folgende Antwort: Studien zufolge ist an der Entstehung von rund 34 Prozent aller Karzinome die Ernährung beteiligt. Aber noch gibt es keine verbindliche Krebs-Diät – son-

Kann man Krebs „wegessen"?

dern nur Ernährungsempfehlungen über bestimmte Lebensmittelgruppen.

Ja, die Krebsforscher werden noch deutlicher: „Auf Grund der heutigen Erkenntnisse ist es nicht möglich, eine Diät aufzustellen, die das Wachstum einer Krebsgeschwulst hemmen, die Bildung von Metastasen (Tochtergeschwüren) verhindern und sogar Tumore heilen könnte." Aber, fügt man von Seiten der Krebshilfe hinzu, man kann durch richtige Ernährung das physische und psychische Wohlbefinden erhöhen.

Man kann einiges tun, um dem Krebs, der aus dem Teller kommt, den Wind aus den Segeln zu nehmen. In der *Ärztezeitung* ist darüber nachzulesen: Die Basis der Risikopyramide stellt das Fett dar. „Wie Studien belegen, steht Fettkonsum – und zwar sowohl der Gesamtfettgehalt unserer Nahrung als auch der Anteil an gesättigten tierischen Fetten – in direktem Zusammenhang mit der Entstehung von einer Reihe von Karzinomen." Ernährungsrichtlinien für Krebspatienten enthalten folgende Ratschläge:

– der Fettkonsum sollte um 25 Prozent gesenkt werden;
– mehr Obst (geschält!), Gemüse (gut gewaschen) und Vollkornprodukte täglich verzehren;

– nur sehr wenig gepökelte Fleisch- und Räucherwaren essen;
– Alkohol nur in kleinen Mengen trinken (Raucher sollten Alkohol grundsätzlich meiden).

Wie Ernährungswissenschafter herausgefunden haben, enthalten frisches Obst und Gemüse eine Vielzahl von chemischen Verbindungen, die der Krebsbildung entgegenwirken. Tipp: fünfmal täglich frisches Obst, fünfmal Gemüse konsumieren. Broccoli, stellte sich bei wissenschaftlichen Analysen heraus, ist das „Antikrebsgemüse schlechthin". Von Obst und Gemüse sagen die Ernährungsspezialisten, dass sie eine „immense antioxidative" Wirkung haben. Das Element Selen und Vitamin C haben zum Beispiel bei gewissen Krebsarten eine schützende Wirkung.

Das also ist die frohe Botschaft: Durch die richtige Auswahl von Lebensmitteln lässt sich durchaus gegen den Krebs ankämpfen, aber das, was man gemeinhin Diät nennt – also eine Antikrebs-Diät – gibt es noch nicht. Da sind viel zu viele Ursachen für die Krebsentstehung im Spiel und auch zu viele von der jeweiligen Person abhängige (auch psychische) Faktoren, um allgemein gültige Regeln aufzustellen.

Gert Baumgart

Broccoli, das „Antikrebsgemüse"

Radikalfänger fangen, wie ihr Name schon verrät, so genannte „freie Radikale". Diese sind biochemisch sehr vielseitig unterwegs und unter anderem mitverantwortlich für die Hautalterung und den Herzinfarkt. Aber sie haben auch gute Eigenschaften. Man könnte

Was fangen Radikalfänger?

sagen, Sauerstoffradikale sind Dr. Jekyll und Mister Hyde zugleich, sie sind nämlich sehr aggressiv, schädigen Zellen, lassen diese vorzeitig altern, können zur Entstehung von Krebs beitragen, sind aber auch notwendig für die Mikroben abtötende Aktivität von Fresszellen (Phagozyten), die sich in den Körper eindringende Erreger einverleiben. Freie Radikale entstehen durch chemische Vorgänge während der Energieerzeugung im Körper selbst, aber auch durch äußere Einflüsse (Umweltschadstoffe). Sie reagieren leicht mit anderen Substanzen und bilden dabei in einer Kettenreaktion immer neue Radikale.

Ihre Gegenspieler sind die „Radikalfänger" – die listenreiche Mutter Natur hat für jeden „Spieler" einen „Gegenspieler" parat, egal ob er ein guter oder böser Akteur im globalen Spiel der Natur ist. Die „Radikalfänger" fangen die freien Radikale ab und machen sie unschädlich. Die Vitamine A, C und E gehören zu der Fängerbrigade. Daher spielen Obst und Gemüse eine wesentliche Rolle bei der Jagd und dem Vernichten der freien Radikale.

Eine erfreuliche Meldung lieferte kürzlich die Wissenschaft zu diesem Thema: Dunkle Bitterschokolade ist ein hervorragender Schutz vor den bösen freien Radikalen. Denn nach dem Genuss von solchen dunklen Köstlich-

keiten steigt der Gehalt von Radikalfängern an, wie von italienischen Forschern im angesehenen Wissenschaftsmagazin *Nature* berichtet wurde. Um das herauszufinden, haben die Wissenschaftler zwei Gruppen von Schokoladeessern gebildet. Die einen haben Milchschokolade konsumiert, die anderen Bitterschokolade. Eine Stunde später wurde der Gehalt an Radikalfängern im Blut gemessen. Die „Bitter-Esser" hatten um zwanzig Prozent mehr davon im Blut.

Interessanter „Nebeneffekt": Milch macht diese Schutzwirkung zunichte. Denn je mehr Milch in der Schokolade enthalten ist, desto geringer ist auch die „Fangwirkung". Warum das so ist, ist noch nicht ganz geklärt. Die italienischen Forscher vermuten, dass sich in der Milch enthaltene Proteine mit den antioxidativ wirkenden Flavonoiden (= Radikalfänger), die in der Schokolade vorhanden sind, verbinden. Diese seien in der gebundenen Form dann für den Körper nicht mehr greifbar, mutmaßen die Wissenschaftler.

Gert Baumgart

Definition der freien Radikale von Nicole Manhart im Gesundheitsnetz:

„Freie Radikale sind Atome oder Moleküle, die ein oder mehrere ungepaarte (freie) Elektronen besitzen (gekennzeichnet mit einem Punkt als Zeichen des freien Elektrons) und dadurch instabile, kurzlebige und hochreaktive Moleküle darstellen. Sie sind bestrebt ihren instabilen Zustand auszugleichen, indem sie anderen Molekülen Elektronen entreißen. Als reaktive Sauerstoffspezies (ROS) werden auch reaktive Sauerstoffverbindungen ohne Radikalcharakter, wie Wasserstoffperoxid, Singulettsauerstoff, hypochlorige Säure oder Ozon bezeichnet."

Die immer weiter anwachsende Zahl stark übergewichtiger Kinder und Jugendlicher – in Extremfällen bringen sie bis zu 100 Kilo auf die Waage – macht den Medizinern berechtigte Sorgen, denn weltweit sterben heute mehr Menschen an Übergewicht als an

Ist Übergewicht angeboren?

Unterernährung. In Österreich ist nach Schätzungen der Ernährungsexperten jedes fünfte Schulkind zwischen elf und dreizehn Jahren übergewichtig. Und etwa fünf Prozent der Schulkinder leiden an schwerem Übergewicht, an Adipositas, wie das Fachwort dafür heißt. An dieser Last und an den Folgeerkrankungen, die damit Hand in Hand gehen, wie zum Beispiel Diabetes, Bluthochdruck und Kreislaufprobleme, tragen sie dann ein Leben lang. Gravierend sind auch die psychischen Probleme, die für die „Schwergewichte" entstehen. Sie werden oft von den Mitschülern gehänselt und aus der Gemeinschaft ausgeschlossen, in der Folge kann es zu Vereinsamung, Isolation und Depressionen kommen.

Übergewichtigkeit hängt oft unmittelbar mit der Ernährungssituation der Jugendlichen zusammen. Sie essen zu viel, zu süß, zu fett und in vielen Fällen auch zu oft. Die Zwischendurch-Mahlzeiten sind für den Körper besonders schlecht, so dass Mediziner statt von Zivilisations- von „Zuviel-isationskrankheiten" sprechen. Verlockende Snacks, Süßigkeiten und kalorienreiche Getränke tun ein Übriges, ein eklatanter Bewegungsmangel sorgt für weitere Gesundheitsprobleme.

Der Wiener Kinderarzt und Ernährungsexperte Kurt Widhalm drückt das Dilemma so aus: „Während ein stark genetischer Hintergrund der Adipositas außer Zweifel steht, sind die positive Energiebilanz durch fettreiche Kost und ein vermindertes Aktivitätsniveau die Voraussetzungen für die Entstehung einer Adipositas." Genetische Veranlagung ist also auch mit im Spiel. So sind zum Beispiel nicht selten die Eltern dicker Kinder ebenfalls korpulent. Aber das große Übergewicht, die Krankheit Adipositas, ist in den meisten Fällen „hausgemacht" und dafür zahlen die Betroffenen einen hohen Tribut. Vielfach endet die Fettleibigkeit – das deutsche Wort für Adipositas – nämlich in Diabetes und weiteren schweren Beeinträchtigungen.

Gert Baumgart

Aus den Leitlinien der Arbeitsgemeinschaft Adipositas: „Wenn wir hören, dass die Zahl der Übergewichtigen in den USA noch ständig steigt (58 % der US-Amerikaner als übergewichtig bzw. 21 % als adipös anzusehen sind) und diese das Gesundheitswesen mit jährlichen Milliardenbeträgen (117 Milliarden Dollar) belastet, dann muss uns das Problem der Adipositas im Kindes- und Jugendalter auch bei uns ernsthaftere Sorgen machen, denn etwa jeder 3. übergewichtige oder adipöse erwachsene Amerikaner war, einer Studie zufolge, schon als Kind übergewichtig. Die Autoren ziehen sogar daraus die Konsequenz, dass sich nicht nur der Typ II-Diabetes bei Jugendlichen verneunfacht hat, sondern dass die Gefahr besteht, dass die jüngere Generation wegen ihrer Lebensgewohnheiten nicht mehr so alt werden kann wie ihre Eltern.

Und noch mehr: jedes 2. Schulkind hat schon kardiale Risikofaktoren, jedes 8. Kind sogar schon 3 oder noch mehr, für das Metabolische Syndrom."

Der Speiseplan paläolithischer Jäger und Sammler bestand aus Pflanzen und Tieren, die in unmittelbarer Umgebung der Gruppe gesammelt und erlegt wurden. Bereits der vor ca. 15.000 Jahren einsetzende Übergang zur agrarischen Produktion bedingte eine ent-

Was hat unser Essen mit Erdöl zu tun?

scheidende Änderung der menschlichen Essgewohnheiten: Nahrungsmittel wurden von nun an überwiegend auf Äckern und in Gärten produziert, mussten geerntet, veredelt, gespeichert und in geregelter Art und Weise verteilt und zubereitet werden. Dabei bestand natürlich immer das Risiko, dass z. B. das Getreide nach schlechter Ernte im Frühjahr knapp wurde oder überhaupt zur Neige ging. Frisches Obst war in den Frühjahrsmonaten einfach nicht vorhanden.

Die gegenwärtige Angebotspalette in Supermärkten ist hingegen davon gekennzeichnet, dass einstige Saisonprodukte außerhalb der Saison nur mehr am etwas höheren Preis erkennbar sind. Das in unseren Breiten vor einigen Generationen noch relativ entbehrungsreiche Frühjahr ist nun durch immer billiger werdende „Frühwaren" aus aller Welt gekennzeichnet. Freilich wird diese lückenlose Nahrungsmittelpalette gelegentlich durch unerwünschte Begleiterscheinungen getrübt: Häufig werden Giftstoffe, deren Einsatz bei der modernen Massenproduktion offenbar unerlässlich ist, auch in den Produkten selbst in gesundheitsgefährdender Konzentration nachgewiesen. Gelegentlich wird einem durch fragwürdige oder sogar verbotene Praktiken, wie z. B. die Verfütterung von

Tiermehl und Klärschlamm, der Appetit verdorben.

Solche die so genannten „Endkonsumenten" betreffenden Ärgernisse verdecken aber den Blick auf die gravierenden Probleme in den Erzeugerländern selbst: So führen riesige Sojaplantagen in Südamerika zu unrettbarer Zerstörung der Regenwälder; ein Viertel der Bewohner dieser Regionen leidet trotzdem Hunger, weil mit dem produzierten Sojamehl die europäischen und amerikanischen Tiermästereien versorgt werden – es zeigt sich, dass der Anbau von Futtermitteln wesentlich lukrativer ist als der Anbau von Grundnahrungsmitteln für die lokale Bevölkerung!

Moderne Treibhauskulturen wie etwa die Plantagen rund um die südspanische Stadt Almería, auf denen die Pflanzen in Steinwollesubstrat wachsen und computergesteuert mit Nährlösung versorgt werden, führen zwar zu einer Ertragssteigerung (z. B. bei Tomaten von 6 auf 35 kg/m^2), aber pro Kilogramm Tomaten wird ein Äquivalent von mindestens einem Liter Heizöl benötigt! Dazu kommt noch, dass mit jedem Kilogramm per Flugzeug importiertem Obst 3–5 Liter Kerosin an Treibstoff für den Transport verbraucht werden. Eine solche Aufzählung könnte in beliebiger Länge fortgesetzt werden.

Vergleicht man den pro Kopf notwendigen Energie- und Materialaufwand von Jäger- und Sammler-Kulturen mit jenem von modernen Industriegesellschaften, so haben sich diese Größen jeweils verzwanzigfacht, wobei sich gleichzeitig die Menge des produzierten Abfalls sogar vervierzigfacht hat!

Ulrike Bechtold/Harald Wilfing

Was passiert, wenn das Polareis schmilzt?

Fragen und Antworten zur Zukunft des Planeten Erde

Die bis zu 4 km mächtigen Inlandeisschilde der Antarktis und Grönlands bedecken derzeit etwa 16 Millionen km² (190-mal die Fläche Österreichs). In ihnen ist derart viel Wasser in fester Form gespeichert, dass das Abschmelzen der Antarktis den Meeresspie-

Was passiert, wenn das Polareis schmilzt?

gel um 65 m, das Grönlands ihn um 6 bis 7 m ansteigen ließe. Alle anderen polaren Eiskappen und die Gebirgsgletscher fallen demgegenüber kaum ins Gewicht. Sie bedecken etwa eine halbe Million km², ihre gesamte geschmolzene Eismasse würde den Meeresspiegel um 15 bis 35 cm erhöhen. Flächenmäßig vergleichbar mit dem kontinentalen Inlandeis ist das Meereis der Arktis und der Ozeane rund um die Antarktis. Im arktischen Winter bedeckt es rund 15 Millionen km², am Ende des Sommers, im September (derzeit noch) etwa 8 Millionen km², rund um die Antarktis sind die entsprechenden Zahlen 18 und 3 Millionen km². Da das Meereis auf dem Wasser schwimmt, kann es keine Veränderungen des Meeresspiegels verursachen. Es hat jedoch einen großen Einfluss auf das globale Klima. Es isoliert die polare Atmosphäre vom wärmeren Ozeanwassers, und es destabilisiert das Klima durch die „Albedo-Rückkopplung" (siehe S. 109). Genaue Angaben über Trends des polaren Meereises gibt es erst seit etwa 30 Jahren (Satellitenmessungen). In diesen 30 Jahren haben sich die winterlichen Eisgrenzen stabil verhalten, die sommerlichen Flächen sind in der Arktis um etwa 9 % kleiner geworden, in der Antarktis gab es auch im Südsommer

keinen beobachtbaren Trend. Modellrechnungen für das Ende des 21. Jahrhunderts zeigen kaum Änderungen für die winterlichen Eisgrenzen. Für die sommerlichen Minima laufen die Berechnungen noch stark auseinander. Die Ergebnisse liegen zwischen einem alljährlichen völligen Verschwinden in den Sommern um das Jahr 2100 bis hin zu weniger tiefgreifenden Änderungen – also noch viel Forschungsbedarf auf diesem Gebiet.

Vor geologisch kurzer Zeit, auf dem Höhepunkt der letzten Vereisungsphase vor 20.000 Jahren, war beinahe dreimal soviel Eis auf den Kontinenten vorhanden wie heute. Das meiste davon bedeckte weite Teile Nordeuropas und Nordamerikas. Der Meeresspiegel lag um 120 m tiefer als heute, wodurch Randmeere wie die Nordsee oder die Adria trocken lagen und Nordamerika mit Asien verbunden war.

Es liegt nun nahe zu befürchten, dass infolge der globalen Erwärmung durch Treibhausgase ein drastischer Anstieg des Meeresspiegels zum Hauptproblem der Menschheit werden könnte. Genauere Überlegungen zeigen jedoch, dass dieser anscheinend so einfache Schluss in Wahrheit wesentlich schwieriger zu durchschauen und in Zahlen zu fassen ist. Die polaren Eisschilde würden bei Temperaturzunahme mehr Niederschlag empfangen, da eine wärmere Atmosphäre deutlich mehr Wasserdampf aufnehmen und transportieren kann. Dieser fällt hier immer noch größtenteils in Form von Schnee, wodurch die beiden Inlandeisschilde bei Erwärmung anwachsen. Die Massenverluste erfolgen im polaren Klima kaum durch direktes Abschmelzen (wie etwa bei den alpinen Gebirgsgletschern), sondern durch „Kalben" (Abbrechen einer Eismasse) der Randgletscher in den Ozean. Die

Kalbungsrate würde sich bei anwachsendem Inlandeis und steigender Temperatur erhöhen, aber der Nettoeffekt (Zuwachs im Inneren minus Kalben am Eisrand) ist überaus schwer zu berechnen. Die Modellrechnungen sagen für das 21. Jahrhundert für Grönland eine negative Netto-Bilanz voraus (entsprechend 1 bis 7 cm Meeresspiegelanstieg in 100 Jahren, je nach gewähltem Treibhausgas-Szenario), für die Antarktis eine positive, die den Meeresspiegel um 2 bis 12 cm absenken würde – in Summe somit ein eher geringer Beitrag zum Meeresspiegelanstieg, der bis Ende des 21. Jahrhunderts insgesamt auf 13 bis 38 cm geschätzt wird. Er wird zum größten Teil verursacht durch die thermische Ausdehnung des sich erwärmenden Ozeans. Für Grönland wurden auch längerfristige „Abschmelzmodelle" errechnet. Ab 2,7 Grad anhaltender globaler Temperaturerhöhung würde das Inlandeis Grönlands komplett verschwinden – allerdings erst nach etwa 3.000 Jahren. Für die Antarktis sind die Unsicherheiten für derartige Modellrechnungen noch zu hoch, sie ist jedenfalls als stabiler als Grönland anzunehmen.

Die Überprüfung der Modellrechnungen durch Messungen wird derzeit mit großem Aufwand betrieben. Die Größe und die Unwirtlichkeit der Antarktis, Grönlands und des polaren Packeises machen es allerdings nicht leicht, diesen letzten Stücken wirklicher Wildnis ihre Geheimnisse abzuringen.

Reinhard Böhm

Aussagen über die Zukunft des Erdklimas sind allein durch Modellrechnungen möglich. Es gibt dazu eine Palette von Möglichkeiten, die von eindimensionalen Energiebilanz-Modellen bis hin zu den „gekoppelten Atmosphäre-Ozean-globalen Zirkulations-

Wie sehen wir die Zukunft des Klimas?

modellen" (AOGCMs) reichen. Letztere sind wahre mathematisch-physikalische Kunstwerke, die die höchstmögliche Leistungsfähigkeit der Computertechnologie ausnutzen. Sie teilen die Erdoberfläche, die Tiefen der Ozeane und die höchsten Schichten der Atmosphäre in Millionen von „Pixeln" und sind damit in der Lage, das Klima der Zukunft zu simulieren. Die natürlichen Grenzen der Simulation ergeben sich weniger aus noch vorhandenen Wissenslücken über die Physik des Klimas, zum größeren Teil aus der zwar enormen, aber doch begrenzten Rechenkapazität der Computer.

Für die Zukunft der nächsten 100 Jahre liefern eine Reihe von „Modellierschulen" derzeit bereits viele parallele Realisierungen, die es erlauben, die Qualität durch Vergleiche zu beurteilen und daraus statistische Wahrscheinlichkeiten für die Glaubwürdigkeit der Resultate zu erzielen. Das ist ein erst in den letzten Jahren erzielter enormer Vorteil, denn eine andere Art der Überprüfung physikalischer Theorien – der Laborversuch – ist für das globale Klima nicht durchführbar. Messdaten des derzeitigen und des vergangenen Klimas sind zwar als Qualitätsmaßstab vorhanden, sie sind aber auch nicht der perfekte Maßstab für die Fähigkeit, die Zukunft zu modellieren. Trotz aller faszinierender Ergebnisse gibt es in der Klimamodellierung noch Grenzen. Es ist nichts schlechter, als den *state of the art* von gestern zu lange zur Grundlage von Entscheidungen zu machen, denn die Klimamodellierung befindet sich in rasanter Entwicklung.

Am besten gelingt die Modellierung des großräumigen (kontinentalen bis globalen) Klimas, hier wieder besser die des Luftdrucks, der daraus berechneten mittleren Windsysteme und der Temperatur. Schlechter sind die Ergebnisse bei der Modellierung der Bewölkung, des atmosphärischen Wasserdampfs und des Niederschlags. Das ist ein massiver Mangel, da die Bewölkung über die Reflexion unmittelbar das Erdklima steuert, der Wasserdampf ein bedeutendes Treibhausgas ist und der Niederschlag großen Einfluss auf die Landwirtschaft und damit die Ernährung der Weltbevölkerung hat. Je weiter wir in das lokale Klima gehen, desto stärker wirkt sich die (noch) gegebene Beschränkung durch die geringe räumliche Auflösung aus.

Bei den großräumigen Effekten hat sich bezüglich des meistzitierten „Flaggschiffs" der Klimadiskussion, des Verlaufs der globalen Mitteltemperatur, in den letzten Jahren wenig an den Resultaten geändert: Nach wie vor gehen wir davon aus, dass es bis 2100 sicher weiter wärmer werden wird, am wahrscheinlichsten um etwa 3 Grad, aber nach wie vor mit einer Unsicherheit im Rahmen von (unwahrscheinlichen, aber nicht auszuschließenden) 1 bis 6 Grad. Etwa die Hälfte dieser Unsicherheit kommt von den Klimamodellen, die andere von der Schwierigkeit, die Weltwirtschaft, -politik, -bevölkerung für 100 Jahre vorherzusagen und damit den Verlauf der Treibhausgase.

Reinhard Böhm

Die Menschheit hatte immer schon mit verschiedenen natürlichen, aber keineswegs harmlosen Arten des Klimawandels zu kämpfen. Der Begriff ist allerdings insofern irreführend, als es nie einen unumkehrbaren „Wandel" des Klimas gegeben hat (und geben wird), sondern immer Schwankungen,

Was heißt Klimawandel?

extreme Ausreißer, oft auch lang dauernde Trends, die aber irgendwann doch zu Ende gingen. Von manchen Historikern wird die relative Stabilität des Klimas der letzten 10.000 Jahre – im Vergleich zu den viel unruhigeren 90.000 Jahren davor – als sehr hilfreich, ja als Voraussetzung für die Entstehung sesshafter Ackerbaukulturen angesehen. Aber auch in dieser Periode brachten eher geringfügige Änderungen, wie etwa die „Kleine Eiszeit" mit dem letzten Höhepunkt vor 150 Jahren (mit der größten nacheiszeitlichen Gletscherausdehnung in den Alpen um 1850) Preissprünge bei Getreide und Hungersnöte. Meist waren in der Vergangenheit Abweichungen zu kälterem Klima problematisch.

Heute hat sich die Menschheit durch ihre Technik von Klimaeinwirkungen viel unabhängiger gemacht, gleichzeitig ist sie gezwungen, wegen ihres explosiven Wachstums auch extreme Weltgegenden zu besiedeln, die zum Teil massiv klimaempfindlich sind – etwa Trockengebiete oder Kaltgebiete, aber auch die meist dicht besiedelten Küsten und die natürlichen Überschwemmungszonen der Flüsse. Und unsere technische Zivilisation ist aufgebaut auf die intensive Nutzung fossiler Brennstoffe wie Kohle, Erdöl und Erdgas. Klimatologisch gesehen sind diese mit Hilfe von Sonnenlicht durch den Vorgang der As-similation der Pflanzen der Atmosphäre entzogenes Treibhausgas (CO_2), das durch Jahrmillionen und durch geologische Prozesse im Erdinneren abgelagert worden ist. Dieser Prozess hat langfristig mit zur Absenkung des CO_2-Gehalts der Atmosphäre beigetragen und zur bereits besprochenen Abkühlung vom „Treibhaus" der Jura, Kreide und des frühen Tertiärs zum gegenwärtigen Eiszeitalter. Durch die im geologischen Maßstab unglaublich schnelle Verbrennung des fossilen Kohlenstoffs zur Energiegewinnung, die wir derzeit durchführen, wird wieder Kohlenstoff vom Erdinneren in die Atmosphäre gebracht. Und hier wirkt er als CO_2 als eines der wichtigsten Treibhausgase auf die bekannte Weise, indem es die langwellige Wärme-Ausstrahlung der Erde in den Weltraum behindert, die kurzwellige Einstrahlung der Sonne aber nicht. Solange die intensive Nutzung des fossilen Kohlenstoffes weitergeht, werden die natürlichen Abbauprozesse, die hauptsächlich im Ozean stattfinden, nicht ausreichen, ein weiteres Ansteigen des Kohlendioxids in der Atmosphäre zu verhindern. Auch keines der noch so engagierten entsprechenden Programme (Kyoto) hat als Zielsetzung eine Wiederabsenkung des künftigen Treibhausgasgehalts der Atmosphäre – lediglich eine Stabilisierung wird angestrebt. Angesichts steigender Weltbevölkerung, des Nachholbedarfs der Entwicklungsländer, der Schwierigkeit, das Prinzip der Entscheidungshoheit der Bürger (= Demokratie) mit den radikalen Steuerungsnotwendigkeiten unter einen Hut zu bringen, die wirklicher „Klimaschutz" erfordern würde, scheint es realistisch, sich vom Traum der Wiederherstellung eines „natürlichen Erdklimas" zu verabschieden.

Die Menschheit wird zweifellos die nächsten Jahrhunderte in einem wärmeren Klima verbringen. Ob diese Zeitspanne kürzer und weniger intensiv sein wird oder erst nach der Erschöpfung der fossilen Kohlenstoffreserven endet (oder bereits vorher, wenn deren Verknappung sie preislich gegenüber den regenerierbaren Energiequellen wie Wind-, Sonnen- und Wasserkraft unattraktiv macht) und ob in den nächsten Jahrtausenden wieder die natürliche Steuerung des Erdklimas durch die astronomischen Erdbahnzyklen einsetzen wird, die auf eine neue Kaltzeit zusteuern, dazu liefern „gekoppelte Klima-Kohlenstoffkreislaufmodelle" noch recht unsichere Aussagen. Bis dahin allerdings müssen wir alle Anstrengungen unternehmen, um uns rational auf die kommenden Treibhausjahrhunderte einzustellen – dazu ist die Forschung gefordert und die Politik. Beide sollten möglichst nahe an der Realität bleiben – beide Extrempositionen nützen nichts, weder die Ableugnung des Problems, was zu schlechter Vorbereitung führt, noch die Übertreibung, die nur Angst macht, was noch nie eine gute Voraussetzung für die Bewältigung eines komplizierten Problems war.

Reinhard Böhm

Das Kyoto-Protokoll 1997 sieht unter anderem folgende Maßnahmen vor:

„Verbesserung der Energieeffizienz in maßgeblichen Bereichen der Volkswirtschaft; Schutz und Verstärkung von Senken und Speichern von nicht durch das Montrealer Protokoll geregelten Treibhausgasen unter Berücksichtigung der eigenen Verpflichtungen im Rahmen einschlägiger internationaler Umweltübereinkünfte sowie Förderung nachhaltiger Waldbewirtschaftungsmethoden, Aufforstung und Wiederaufforstung …"

Wie der menschlich verursachte zusätzliche Treibhauseffekt zu bekämpfen wäre, ist ganz einfach formuliert, aber unendlich schwierig in die Praxis umzusetzen. Es muss einfach „nur" die Verbrennung fossiler Energieträger stark reduziert – eigentlich eingestellt – wer-

Was tun gegen den Treibhauseffekt?

den, dann dauert es zwar noch sehr lange – genau weiß man das noch nicht –, bis nach hundert und mehr Jahren die natürlichen Abbauprozesse das CO_2 in der Atmosphäre merkbar weniger werden lassen. Die fossilen Energieträger müssen durch sparsamere Verwendung, durch erneuerbare Energiequellen wie Wind, Sonne, Wasser und/oder durch weniger sympathiebeladene Prozesse wie Kernenergie ersetzt werden. Modellrechnungen konnten zeigen, dass dann ein Abkühlungsprozess einsetzt. Damit fällt global der Wasserdampfgehalt und reduziert sich auch das wichtigste „natürliche" Treibhausgas. Ein typischer positiver Rückkopplungsprozess kommt in Gang. Beim Methan, dem drittwichtigsten Treibhausgas, ist die Sache schwieriger. Es ist unmittelbar an die Nahrungsmittelproduktion gebunden (Reisfelder), und es gibt einige ungeklärte Fragen bezüglich Methanquellen aus aufgetautem Permafrostboden und aus der Tiefsee. Wie der nicht 100-prozentige Idealist sicher schon gemerkt hat, wird diese Idealvorstellung nur sehr schwer zu realisieren sein. Einige menschliche Grundeigenschaften und einige physikalische und wirtschaftliche Gegebenheiten lassen Pessimismus aufkommen. Zunächst müssen wir uns von der Hoff-

nung verabschieden, dass geringe Reduktionen des Treibhausgas-Ausstoßes (Emissionen) bereits einen Effekt haben. Wenn man den Wasserspiegel in einer Badewanne absenken will, geht das sehr einfach durch Herausziehen des Abflussstöpsels. Das Abflussrohr der „Badewanne Atmosphäre" ist für CO_2 allerdings unglaublich eng im Verhältnis dazu, wie weit wir den „Zuflusshahn" aufgedreht haben.

Außerdem wird die Menschheit künftig eher nicht weniger, sondern mehr Energie umsetzen, umso mehr bei weiter schnell wachsender Anzahl ihrer Mitglieder, deren Großteil einen unglaublichen Nachholbedarf an erträglichen Lebensumständen hat. Es wird also ohne echte Opfer und ohne oft drastische Änderungen des Lebensstils in den größten CO_2 emittierenden Gesellschaften (Nordamerika, Europa, Japan …) nicht abgehen. Durch Bewusstseinsschaffung, freiwilligen Verzicht, clevere Nutzung neuer Technologien allein wird es in einer auf der möglichst freien Entfaltung des Einzelnen aufgebauten Gesellschaft nicht funktionieren – und eine totalitäre globale Umweltdiktatur wird wohl von niemandem ernsthaft angestrebt. Sanfte Strategien lassen sich erfolgreich umsetzen bei der Bewältigung von Problemen, die eindeutig erkannt und gut verstanden werden, für die eine Lösung angeboten werden kann, die finanziell wenig ins Gewicht fällt und deren Erfolg sofort und eindeutig kontrolliert und vorgeführt werden kann. Typisch dafür war das SO_2-Problem, das in den Industriestaaten in den 1960er und 1970er Jahren erkannt wurde (eindeutige Messungen, eindeutige Schäden z. B. beim Wald, in Gewässern und auch massive Gesundheitsprobleme). Die gefundene Lösung (bessere Verarbeitungstechnologie, Filter und Nichtverwendung schwefelreicher Energieträger wie Braunkohle und minderwertiges Öl …) war wirtschaftlich verkraftbar und bei deren Umsetzung war der Erfolg an den neu geschaffenen umweltchemischen Messnetzen sofort ablesbar.

Das vertrackte an der Klimaproblematik hingegen ist, dass hier alles gegenteilig verläuft. Nur die Problemerkennung ist gelungen, allerdings eher auf der Seite der Klima-, viel weniger auf dem Gebiet der Klimafolgenforschung. Die Lösungsvorschläge bürden dem Einzelnen viel auf, der aber allein so gut wie nichts erreichen kann, und der Nachweis der Sinnhaftigkeit aller Anstrengungen liegt in weiter Zukunft. Die derzeit herrschende Irritation durch die steigenden Öl- und Gaspreise vermitteln eine erste Ahnung davon, was wahrscheinlich erst wirklich zum Ende der Treibhausgas-Gesellschaft führen wird. Erst wenn „Peak-Oil" erreicht ist und Öl und Gas teurer wird als die Nutzung von Sonne, Wind und Wasser, wird wohl die große Umstellung erfolgen. Man kann nur hoffen, dass nicht davor wieder die Kernspaltungs-Technologie voll ins Spiel kommt. Man kann auch nur hoffen, dass der Technologieumbruch friedlich vonstatten gehen wird. Wenn er, was wahrscheinlich ist, noch länger auf sich warten lässt, weil zum Beispiel die Kohle wieder ins Spiel kommt, für die wesentlich mehr Reserven bestehen, werden wir ebenso wahrscheinlich mit dem Treibhausklima der Zukunft länger leben müssen. Wir tun gut daran, uns mit kühlem Kopf und rationalen Strategien darauf einzustellen. Gesichertes Wissen durch verstärkte Forschung muss Glauben, einseitige Werbefeldzüge und Angst schürende Untergangsszenarien ersetzen – nur dann haben wir eine Chance.

Reinhard Böhm

Die Ozeane enthalten enorme Energiemengen. Allein die Meeresströmungen der obersten 100 m transportieren etwa halb so viel Energie (Wärme) wie die Windsysteme der gesamten Atmosphäre. Entscheidend für das Klima sind Meeresströmungen mit nörd-

Was passiert, wenn der Golfstrom ausbleibt?

licher oder südlicher Richtung. Sie mildern die ohne sie viel stärkeren Temperaturunterschiede zwischen den Polen und dem Äquator ab. Für Europa ist die Meeresströmung von großer Bedeutung, die vom Golf von Mexiko entlang der Ostküste der USA bis zu den Küstenregionen Westeuropas verläuft. Dieser Teil des globalen ozeanischen „Energieförderbandes" (OCM – *Oceanic Conveyor Belt*) versorgt etwa die nord-norwegischen Fjorde mit wesentlich milderem Klima als die südlicher gelegene raue Tundra Labradors. Einen seiner Hauptantriebe erfährt dieser Meeresstrom in der Region Grönland-Island. Hier sinken große Mengen von sehr salzigem und damit dichterem Wasser aus dem Südwesten ab und machen damit den Weg frei für weiteren Nachschub aus der Golfregion. Das Einbringen größerer Süßwassermengen in diese sensible Region würde diesen Prozess vermindern und damit die „Heizung" Westeuropas herunterregeln.

Aus der Klimageschichte wissen wir, dass derartige Vorgänge tatsächlich stattgefunden haben. Die schnelle erste Abschmelzphase des kanadischen Eisschildes nach Ende der letzten globalen Vereisungsphase verursachte im 13. Jahrtausend vor heute genau diese „Süßwasser-Injektion" in den Nordatlantik. Die

Folge war ein Rückfall in eiszeitähnliches Klima für mehrere Jahrhunderte, dem die Paläoklimatologen den Namen „jüngere Dryas" gegeben haben. Auch 3.500 Jahre später führte wahrscheinlich die plötzliche Entleerung von riesigen Schmelzwasserseen im heutigen Kanada (z. B. Lake Aggasiz, mit 500.000 km² etwa sechsmal so groß wie Österreich) über das nicht mehr durch das abtauende Eisschild abgedämmte Saint-Lawrence-Flusssystem zu einem kleineren derartigen abrupten Kälterückfall. In beiden Fällen gab es auch in den Alpen massive Gletschervorstöße. Gut sichtbar ist der beschriebene Temperaturverlauf in einer aus stabilen Isotopen in einem grönländischen Eisbohrkern abgeleiteten Temperaturkurve, die den ruckartigen Übergang von der letzten Eiszeit zu unserer aktuellen, sehr stabilen Wärmeperiode zeigt.

Zwei Mechanismen könnten im künftigen Treibhausklima ähnliche Folgen haben. Das ist zum einen vermehrtes Schmelzwasser vom Inlandeis Grönlands und zum anderen erhöhte Niederschläge, die im Nordatlantik bei künftiger Erwärmung zu erwarten sind. Die entsprechenden Modellrechnungen, die aus qualitativen Überlegungen erst praktisch verwertbare Zahlenwerte machen, sind noch unsicher. Sie deuten jedoch darauf hin, dass ein Kälterückfall in Westeuropa bei ansonsten ansteigender globaler Temperatur mit größter Wahrscheinlichkeit nicht zu erwarten ist. Die zusätzlichen Süßwassermengen durch Niederschlag und Schmelzwasser dürften zwar den Wärmenachschub über das OCM reduzieren, aber zu gering sein, um gegen die globale Erwärmung durch den Treibhauseffekt anzukommen.

Reinhard Böhm

Im Jahr 1997 wurden auf einer globalen Klimakonferenz in Kyoto erstmals konkrete Treibhausgas-Reduktionsverpflichtungen für die Industrieländer festgelegt. Mit Ratifizierung des Vertrags durch Russland wurde am 16. Februar 2005 die vereinbarte Min-

Können die Kyoto-Ziele erreicht werden?

destmarke an Ratifizierungen überschritten und der Vertrag damit rechtswirksam. Die Verpflichtung lautet auf 5 % Reduktion der von den Industrieländern ausgestoßenen sechs wichtigsten Treibhausgase in einem Beobachtungszeitraum 2008–2012 gegenüber einem Basiswert im Jahr 1990. Österreich hat sich zu einer stärkeren Reduktion von 13 % verpflichtet. Für die Entwicklungsländer wurden keine Verpflichtungen vorgesehen. Das ist für den Augenblick nur fair, wenn man die enormen bestehenden Unterschiede der mittleren Pro-Kopf-Emissionen bedenkt. Gegenüber einem Pro-Kopf-CO_2-Ausstoß von 0,3 Tonnen Kohlenstoff pro Jahr, der notwendig wäre, um bei einer Stabilisierung der Erdbevölkerung bei 10 Milliarden den CO_2-Gehalt auf dem doppelten (!) Niveau des natürlichen konstant zu halten, emittiert derzeit ein Durchschnitts-Nordamerikaner mehr als 5 Tonnen, ein Österreicher ungefähr halb so viel, ein Bürger eines Entwicklungslandes 0,6 Tonnen, und nur etwa 50 Entwicklungsländer liegen mit weniger als 0,2 Tonnen deutlich unter der Stabilisierungsmarke. Langfristig hingegen werden potentiell riesige Volkswirtschaften wie die Chinas oder Indiens durch ihren bereits einsetzenden raschen Aufholprozess natürlich zu Problemfällen, und es wird auch ihre Miteinbeziehung notwendig sein. Das augenblickliche Problem liegt auf den ersten Blick zweifellos bei den USA, die zu den stärksten Emittenten gehören und die dem Vertrag nicht beigetreten sind – natürlich eine katastrophale Optik und kein Ansporn, derartigen internationalen Verpflichtungen nachzukommen.

Wie sieht es aber in der Praxis aus, wie kommen diejenigen mit ihren Verpflichtungen zu Rande, die anscheinend guten Willens sind und den Vertrag nun erfüllen sollen? Etwa Österreich, das mit seinem Einsparungsziel von 13 % international eine Vorreiterrolle einnimmt, wenn man bedenkt, dass es mit einem hohen Wasserkraftanteil bereits eine Vorleistung einbrachte, und das ohne Einsatz von Kernenergie. Die betrübliche bis niederschmetternde Tatsache kann zum Beispiel im *National Inventory Report 2006* nachgelesen werden: Bis zum Jahr 2004 betrug der Trend an Treibhausgasemissionen in Österreich gegenüber 1990 +15,7 %. Das Plus vor der Zahl stimmt bedenklich, heißt es doch, dass wir nach 14 von maximal 22 Vertragsjahren mit 28,7 % im Rückstand sind. Als Klimatologe ist der Verfasser dieses Kurzüberblicks natürlich nicht so bewandert im Funktionieren der innovativen Steuermechanismen wie z. B. des innerhalb der EU gestarteten „Emissionshandels", dazu fehlt ihm die wirtschaftswissenschaftliche Kompetenz – es beschleichen ihn nur klammheimliche Verdachtsmomente, ob nicht die umweltbewussten Idealisten gerade hier und gerade jetzt von den Profis des weltweiten freien Marktes über den Tisch gezogen werden. Hat nicht gerade Russland, in Kenntnis des Wertes seiner alles entscheidenden Unterschrift unter das Kyoto-Protokoll, hauptsächlich das gigantische

diesbezügliche Geschäft im Auge gehabt, aus dem ohnehin unvermeidbaren Abschied von seiner veralteten Technologie noch Gewinn zu schlagen? Wie seriös ist es zugegangen bei der Zuteilung der „Basis-Emissionsrechte"? Sicher hochseriös in Österreich, aber wie war das anderswo?

Lauter offene Fragen, die kein rechtes Vertrauen aufkommen lassen in „luftige" weltweite Transaktionen, die ein handfestes, sehr irdisches und sehr menschliches Problem lösen sollen. In Österreich haben wir immerhin seit 2004 mit *klima:aktiv* ein ambitioniertes Programm, kurz vor Torschluss noch zu retten, was zu retten ist. Es wird wieder viel „Bewusstsein geschaffen", es werden Zuschüsse für Maßnahmen angeboten, die Energie sparen (Wärmedämmung als die wohl wichtigste). Aber es steht angesichts der Größe des Problems und aufgrund der Tatsache, dass trotz aller Unterstützung natürlich hauptsächlich die einzelnen Steuerzahler oder Mieter die neuen Heizungsanlagen, Isolierfassaden, Solaranlagen und Windgeneratoren finanzieren müssen, zu befürchten, dass auch wir Österreicher am Kyoto-Ziel grandios scheitern werden.

Da klar ist, dass das Kyoto-Ziel nur ein unbedeutender erster Schritt ist, der nur die Zuwachsraten leicht vermindern will (5 %!), und dass natürlich der Gesamtgehalt der Atmosphäre an Treibhausgasen weiter steigt, werden wir uns auf die Herausforderungen der künftigen „Treibhaus-Jahrhunderte" einstellen müssen. Es wird Probleme geben, aber es werden nicht nur Nachteile sein, die die Veränderung des Klimas mit sich bringen wird.

Reinhard Böhm

Der ehemalige österreichische Bundeskanzler Fred Sinowatz formulierte 1983 in seiner Regierungserklärung: „Ich weiß, das klingt alles sehr kompliziert!" Diente das Zitieren dieses Satzes früher dazu, jemanden indirekt der Naivität zu bezichtigen, so lässt sich ge-

Was haben Terrorismus, Klimakatastrophen und Welternährung gemeinsam?

genwärtig ein Bedeutungswandel feststellen: Gelegentlich wird dieser Satz sogar mit gewisser Ehrfurcht vor dem Urheber erwähnt. Es scheint tatsächlich so zu sein, dass es Sachverhalte und Gegebenheiten gibt, die sich trotz fundierter Analyse geradezu trickreich einer Lösung entziehen. In der Eingangsfrage sind drei solcher Problembereiche genannt, für deren Lösung trotz intensiver Recherchen bis dato keine probaten Mittel existieren: Kaum beginnt man mit einer Problemlösungsstrategie, brechen gleichzeitig neue wunde Punkte auf, die eine Lösung verhindern. Wie kann man aber mit Problemen umgehen, die sich offenbar jeglicher Überschaubarkeit entziehen?

Einen möglichen Denkansatz liefern die Naturwissenschaften: Im Laufe der Evolution der Organismen kann es vorkommen, dass kleine Ursachen zu weit reichenden Konsequenzen führen. Aus dem Bereich der Meteorologie ist das Beispiel bekannt, wonach der Flügelschlag eines Schmetterlings eine Kettenreaktion auslösen kann, die in einem Wirbelsturm endet. Stets ist hier von so genannten „Komplexen dynamischen Systemen"

oder sogar von „Komplexen adaptiven Systemen" die Rede. Sie beschreiben Sachverhalte, deren Vielschichtigkeit sich nur schwer vereinfachen lässt. Komplexe adaptive Systeme sind zudem in der Lage, sich an eine Umgebung „anzupassen" und sich auf diese Weise einer Lösung zu „widersetzen".

Die Tatsache, dass das bloße Sammeln von Daten, ihre Analyse, die Formulierung von Lösungswegen und deren Umsetzung nicht ausreicht, ist kein Grund zur Resignation. Probleme, deren Lösung unplanbar scheint, bedürfen vielmehr eines neuen Zugangs: Gegenwärtig wird in diesem Zusammenhang von so genannten *wicked problems* gesprochen.

Der Begriff *wicked problems* beschreibt Phänomene, bei denen jeder Lösungsversuch das Problem selbst verändert und die daher nicht auf traditionelle lineare Art und Weise gelöst werden können. Nur eine schrittweise, angepasste Vorgehensweise, die möglichst viele direkt Betroffene einbezieht, vermag die Entwicklung von Lösungsansätzen voranzutreiben. Dabei muss allerdings stets darauf Bedacht genommen werden, dass mit jedem getätigten Schritt auch das Problem selbst verändert wird.

Ulrike Bechtold/Harald Wilfing

Der Schmetterlingseffekt in Filmen und Büchern:
Filme: *Jurassic Park* (1993)
   Lola rennt (1998)
   The Butterfly Effect (2004)
Bücher: Douglas Adams: *Per Anhalter durch die Galaxis* (5 Teile 1979–1992)
   Michael Crichton: *DinoPark* (1990)
   Terry Pratchett: *Echt Zauberhaft* (1994)
   Nick McDonell: *Zwölf* (2002)
   Thomas Brussig: *Wie es leuchtet* (2004)

Schon immer haben Überschwemmungen, Stürme, Dürrekatastrophen, Hitze- und Kältewellen zahlreiche Opfer gefordert. Man denke hierbei nur an die großen Sturmfluten in der Nordsee vom 13. bis 15. Jahrhundert, an die Überschwemmungen in der chinesi-

Richten die Menschen die Welt selbst zugrunde?

schen Provinz Hunan 1887 mit rund 900.000 Opfern oder an die zahlreichen Naturkatastrophen auf dem indischen Subkontinent im 18. und 19. Jahrhundert.

In den vergangenen Jahren zeigt sich aber überall auf dem Globus eine beunruhigende Tendenz zur Zunahme großer und viele Menschenleben kostender Naturkatastrophen, die durch Wetterextreme bedingt sind. Weltweit ist die Zahl großer wetterbedingter Naturkatastrophen von 10 in den 1950er auf 66 in den 1990er Jahren angestiegen, davon waren 35 Sturm-, 26 Überschwemmungs- und 5 sonstige Katastrophen. Die volkswirtschaftlichen Schäden stiegen im selben Zeitraum von 38 auf 535 Mrd. US-Dollar an, d. h. um das Vierzehnfache! Auf 65 Milliarden US-Dollar wurden die Schäden durch Naturereignisse allein für 2003 beziffert.

Worin liegen aber die Gründe für diese bedenkliche Entwicklung? Der Klimawandel ist mit Sicherheit ein wichtiger Kausalfaktor für die Zunahme der Zahl und die Steigerung der Schäden durch wetterbedingte Naturkatastrophen. Globale Klimakonferenzen setzen sich regelmäßig mit der Entwicklung des Weltklimas und Möglichkeiten zu dessen positiver Beeinflussung auseinander – bislang mit recht mäßigem Erfolg, da die Interessen der Industrie- und Entwicklungsländer in vielen Punkten zu krass divergieren. Auch einige Schwellenländer, wie etwa China, sind nicht davon begeistert, sich zu einer Reduktion ihrer Treibhausgas-Emissionen zu verpflichten. Der Klimawandel kann aber nicht für Elementarereignisse wie Erdbeben oder Vulkanausbrüche verantwortlich gemacht werden, die nicht unmittelbar etwas mit Klima und Witterung zu tun haben. Tatsache ist nämlich, dass auch andere Faktoren für das immense Ansteigen der Zahl der von Naturkatastrophen betroffenen Menschen sorgen. Die Weltbevölkerung ist nicht nur stark gewachsen und wächst weiter, es werden weltweit insbesondere in küsten- und flussnahen Bereichen auch extrem überschwemmungsgefährdete Areale besiedelt. Bangladesh ist ein geradezu ideales Beispiel dafür. Abhänge von Vulkanen sind äußerst fruchtbar, also werden auch sie landwirtschaftlich genutzt und darauf Dörfer errichtet, wie auf den Philippinen oder in Indonesien.

Positiv muss in diesem Kontext allerdings hervorgehoben werden, dass die Zahl der Todesopfer bei vergleichbaren Ereignissen kontinuierlich zurückgeht, was auf ein erheblich verbessertes und effektiveres Katastrophenmanagement durch Frühwarnsysteme, Präventivmaßnahmen und konzertierte internationale Hilfsmaßnahmen zurückzuführen ist. In welchem Ausmaß sich der globale Klimawandel fortsetzen wird und ob der Erde gar eine Art biblischer Apokalypse droht, ist aus heutiger Perspektive aber nicht mit Sicherheit zu sagen. Die Prognosen der Experten divergieren erheblich.

Josef Kohlbacher

Wasser ist das Wichtigste, was Menschen zum Überleben benötigen. Heute haben fast eineinhalb Milliarden Menschen keinen Zugang zu Trinkwasser, welches diese Bezeichnung verdienen würde, und zwei Milliarden verfügen nur über mehr oder minder kon-

Droht ein globaler Kampf um die Ressource Wasser?

taminiertes Wasser. Dabei haben rund 80 % der Erkrankungen in der Dritten Welt ihren Ursprung in verschmutztem Wasser. In den vergangenen 100 Jahren hat sich die Weltbevölkerung verdreifacht, der Wasserverbrauch aber versiebenfacht. Die weltweit verfügbare Wassermenge pro Kopf hat sich seit 1970 um 40 % reduziert, der menschliche Wasserbedarf wird sich allerdings in den nächsten 30 Jahren verdreifachen. In Ghana beispielsweise haben 70 % der Bevölkerung keinen Zugang zu sauberem Trinkwasser. In Österreich beträgt der tägliche Wasserverbrauch pro Person rund 145 Liter, in Benin nur 4 Liter! Die Problematik des Zugangs zu Wasservorkommen hat sich durch das Wachstum der Menschheit krass zugespitzt. Das chaotische Wachstum der Megastädte, die Abholzung der Regenwälder sowie die Verschmutzung der Wasservorkommen durch Abwässer haben ein bedrohliches Ausmaß angenommen. So gelangen weltweit 90 % der Abwässer, vor allem in den Entwicklungsländern, auch die Grundwasserreserven gehen global immer mehr zurück. Brunnen in Rajasthan und in der Sahel-Zone, die noch vor zehn Jahren reichlich Wasser spendeten, müssen tiefer gegraben oder ganz aufgegeben werden. Wasser ist eine immer knapper werdende Ressource. Große globale Konzerne versuchen zunehmend, Wasser und dessen Verteilung zu kontrollieren. In Europa sind die Diskussionen um eine Privatisierung der Wasserversorgung verstummt. Diese verbleibt zumeist in der Hand der Gemeinden. In vielen Entwicklungsländern, z. B. in Ghana, sollen die Privatisierung und ein Ausverkauf der nationalen Wasserversorgung an internationale Konzerne erfolgen, die Weltbank möchte Ghana als Modell für eine erfolgreiche Entstaatlichung des Wassersektors präsentieren.

Der Kampf ums Wasser hat viele Erscheinungsformen. Ganze Länder und mit ihnen Millionen Menschen können davon in Mitleidenschaft gezogen werden, wenn im Nachbarland ein gigantischer Staudamm errichtet wird oder wenn Flüsse umgeleitet werden. Beispiele dafür sind die Nutzungsansprüche an den Jordan oder die Konflikte um das Wasser von Euphrat und Tigris zwischen der Türkei, dem Iran, dem Irak und Syrien. Die Türkei, die sich im Besitz der Quellen befindet, hat sich bereits eine Vormachtsstellung gesichert.

Das Bevölkerungswachstum, die sinkende Qualität der vorhandenen Wasservorkommen und die knapper werdenden Wasserressourcen lassen auf einen sich verschärfenden Wettkampf um das Wasser schließen. Die Prognose ist also eher pessimistisch: Der Kampf ums Wasser hat schon voll eingesetzt. Schlachten darum haben bereits in Bolivien (Cochabamba), in Indien (Perumatty), in Brasilien und in Ghana stattgefunden, weitere werden folgen.

Josef Kohlbacher

Es gibt auf der Erde außerhalb von Grönland und der Antarktis rund 540.000 km² Eisflächen, die interessanterweise in allen Klimazonen von den Polargebieten bis zu den Tropen auftreten. In den Alpen existierten gegen Ende des 20. Jahrhunderts noch rund

Welche Bedeutung haben Gletscher für das Klima?

5.000 Gletscher mit einer Gesamtfläche von 2.500 km² und einem geschätzten Eisvolumen von 125 km³. Dies dürfte um den letzten Gletscherhochstand um das Jahr 1850 noch mehr als das Doppelte betragen haben. In Österreich ist zur Zeit mit einer Gletscherfläche von rund 450 km² auf 900 Gletschern zu rechnen.

In der ausführlichen Begründung der Tiroler Landesregierung zur Novelle des Tiroler Naturschutzgesetzes 1990 und zur Verankerung des absoluten Gletscherschutzes wurde die bedeutende Funktion der Gletscher als Klimastabilisatoren und Wasserspeicher angeführt. Gletscher haben einen doppelten Einfluss auf den Wasserkreislauf und damit das Kleinklima im Gebirge: Sie geben den in der kalten Winterperiode abgelagerten Schnee verzögert erst im Sommerhalbjahr wieder ab. Sie verzögern aber auch über lange Zeiträume die Wasserabgabe. In Jahren bzw. Klimaphasen mit kühlem, niederschlagsreichem Wetter gewinnt der Gletscher an Masse und speichert „überschüssigen" festen Niederschlag in Form von Schnee und Eis, in warmen bzw. trockenen Klimaphasen verliert der Gletscher an Substanz und führt damit dem Gletscherbach zusätzliche Wassermengen zum normalen Niederschlag zu.

Die Alpenländer profitieren gegenwärtig von den Besonderheiten dieses alpinen Klimas. Eine Vorahnung vermittelten die 2005 aufgetretenen extremen Trockenperioden in Spanien, Portugal und Süditalien. Die Bewohner der Alpen und die unmittelbaren Anrainer mit Ausnahme der Po-Ebene sind dagegen trotz des besonders starken Anstiegs der mittleren Temperaturen offensichtlich weniger durch Trockenheit gefährdet. Ihnen kommt zugute, dass die Berge ein beachtliches Strömungshindernis darstellen und damit in hohem Maße die Bildung von Niederschlägen fördern. Die Flüsse erhalten im Sommer eine zusätzliche Spende aus den Schmelzwässern des Schnees und der Gletscher.

Heute versuchen Forscher die Folgen von globalen Klimaänderungen abzuschätzen: Was passiert, wenn die Gletscher der Antarktis abtauen oder ins Meer rutschen? Was passiert, wenn die Eiskappe des Nordpols völlig abtaut? Die arktischen Flüsse führen heute schon um sieben Prozent mehr Wasser in Richtung Nordmeer ab. Die Auswirkungen eines möglicherweise damit verbundenen Golfstrom-Kollapses sind dramatisch: Sinkt die Temperatur in Westeuropa und Skandinavien um drei bis fünf Grad Celsius, sind Trockenheit und starke Winde die Folge, in den Alpen gibt es weniger Schnee und mehr Regen mit stärkeren Überschwemmungen und mehr Muren.

Peter Haßlacher

In den vergangenen rund 150 Jahren, seit mehr und mehr über die Gletscher und ihre Reaktion auf das Klima bekannt ist, war noch kein Zeitpunkt, zu dem die Gletscher so rasch dahinschmolzen, wie sie es derzeit tun. Seit 1990 ist nach Angaben des über 110

Wie lange gibt es noch Gletscher in unseren Alpen?

Jahre alten Gletschermessdienstes des Oesterreichischen Alpenvereins die weitaus überwiegende Mehrheit der in Österreich beobachteten Gletscher auf dem Rückzug. Im Haushaltsjahr 2004/05 sind 93 Prozent der Gletscherzungenenden zurückgeschmolzen, vier Prozent der Gletscher wurden als stationär eingestuft und drei Prozent wiesen geringfügige Vorstoßbeträge auf.

Seit dem letzten Hochstand der Gletscher um das Jahr 1850, als diese in der kühlen Klimaphase davor („kleine Eiszeit" im Mittelalter) Eismasse ansammeln konnten, haben die Gletscher erheblich an Volumen, Fläche und Länge eingebüßt. Um 1850 betrug die Gesamtfläche der österreichischen Gletscher noch 1.011 km², 1920 rund 808 km², nach dem 1. Österreichischen Gletscherkataster 1969 noch 542 km² und nach der 2. Auswertung in den 1990er Jahren 459 km². Das entspricht einer Abnahme der Fläche von 552 km² (= minus 54,6 Prozent) in 150 Jahren (Vergleich: Fläche von Wien 415 km²). Im Zeitraum von 1969 bis in das für die Gletscher extreme Jahr 2003 haben diese in gut dreißig Jahren ein Fünftel der Fläche verloren. Der Massenverlust ausgewählter Gletscher betrug in den letzten 25 Jahren gut ein Drittel der ursprünglichen Gesamtmasse.

Alpengletscher reagieren sehr stark auf die Sommertemperatur. Die Häufigkeit von sommerlichen Schneefällen am Gletscher ist ein weiterer wichtiger Faktor. Modellrechnungen mit der Annahme einer Temperaturerhöhung in allen Jahreszeiten um 1 °C ergeben gemittelt über die heutigen Gletscherflächen einen Verlust von einem Meter Eisdicke pro Jahr. Bleibt die Temperatur um 1 °C konstant höher, werden Gletscher unter 2.900 bis 3.000 m ganz verschwinden. Bei einem Klimaszenario mit einer Temperaturerhöhung von 3 °C würden nur mehr in Höhen über 3.300 m Gletscher existieren können (Anmerkung: Großglockner 3.798 m hoch; Großvenediger 3.667 m, Hoher Dachstein 2.995 m).

Hält also der derzeit klar erkennbare Trend zu höheren Sommertemperaturen und weniger Niederschlägen im Winter an, werden die Gletscher in Österreich schon in 100 Jahren gänzlich verschwunden sein.

Peter Haßlacher

Die Pasterze, Österreichs größter Gletscher, verliert dramatisch an Länge und Volumen

Der Rückzug der Alpengletscher weist ein wesentlich größeres Spektrum an Folgen auf, als es auf den ersten Blick erscheinen mag. Selbstverständlich verarmen die Hochgebirgsregionen durch das Verschwinden der Gletscher in ihrem vielfältigen Erscheinungs-

Welche Folgen hat die vermehrte Schmelze der Gletscher?

bild und verlieren an Attraktivität für den Tourismus. Österreichs größter Gletscher, die Pasterze in der Glocknergruppe, hat zwischen 1969 und 2002 von 9,5 km auf 8,4 km Länge, von 19,8 km² auf 18,5 km² Fläche und von 2,2 km³ auf 1,8 km³ Volumen abgenommen. Die Gletscherbäche mit ihrem charakteristischen jahres- und tageszeitlich geprägten glazialen Abflussregime werden Zug um Zug an Mächtigkeit und Symbolgehalt für die Identität einer Region verlieren. Sie sind Schlüsselelemente des alpinen Landschaftsbildes und kommen eben nur im vergletscherten kristallinen Hochgebirge vor. Durch die vermehrte Gletscherschmelze wird die ausgleichende Wirkung der Gletscher auf den alpinen Wasserkreislauf verringert. In heißen, trockenen Sommern ersetzt heute das Schmelzwasser den fehlenden Niederschlag und gibt den Gletscherbächen eine gleichmäßigere Wasserführung als den Bächen in unvergletscherten Tälern. Andererseits kann die Schneedecke am Gletscher Wasser speichern und Abflussspitzen in Hinblick auf Hochwassersituationen verringern helfen. Das Abschmelzen der Gletscher bleibt auch für die Energiewirtschaft nicht

ohne Folgen. Hochalpine Kraftwerksspeicherseen profitieren in hohem Ausmaß vom alpinen Wasserschloss der Gletscher. Untersuchungen am Vernagtferner in den Ötztaler Alpen haben ergeben, dass sich die im Sommer produzierten Schmelzwassermengen seit Beginn der Messungen nahezu verdoppelt haben. Und dies, obwohl die Fläche des Gletschers kontinuierlich auf zwei Drittel der ursprünglichen geschrumpft ist. Geht dieser Schrumpfprozess so weiter, wird aber die Gletscherbachwasserspende für die Füllung der Großspeicher kleiner.

Schließlich bleibt die Gletscherschmelze auch für den gesamten Alpintourismus und die alpine Sicherheit nicht folgenlos. Die vom Eis freigegebenen Flächen sind mit lockerem und instabilem Material bedeckt, das dem Bergsteiger technische Schwierigkeiten bereitet. Hänge, für die bisher ein Gletscher als Widerlager gewirkt hat, kommen nach seinem Abschmelzen ins Rutschen, so dass Steinschlag und Muren zunehmen. Damit wird die Bestandserhaltung der alpinen Weg- und Steiginfrastrukturen durch die Alpinen Vereine finanziell aufwändiger.

Peter Haßlacher

Bessere Zeiten für Gletscher: die Pasterze um 1900

Zwischen 1965 und 1985 wurden Alpengletscher für den Pistenschilauf erschlossen. Man versprach sich davon eine Attraktivitätssteigerung alpiner Regionen. Das Sommerschifahren kam langsam in Mode und erlebte einen ungeahnten Aufschwung. Mit der Zeit

Lassen sich Gletscher konservieren?

wurden die Gletscher auch in den Winterbetrieb integriert. Zu Beginn der 1990er Jahre wurde der Sommerschibetrieb immer unbedeutender und die Gletscher entwickelten sich zu wichtigen Garanten der Schneesicherheit eines frühen Saisonstarts im Herbst. Der Sommerschilauf reduziert sich heute in Österreich auf ein einziges von acht Gletscherschigebieten. Die Errichtung von Beschneiungsanlagen auf den Gletschern zur Bekämpfung der Schneeknappheit ist keine Seltenheit mehr.

Gletscherschigebiete sind hochtechnisierte Gewerbeflächen unter dem Gipfelkreuz. Genügend Schnee als Bewirtschaftungsgrundlage ist daher ein kostbares Gut. So versuchen die Betreiber von Schiliftanlagen, durch Schneebewirtschaftung („snow farming") lokal die Schmelze zu verlangsamen, indem zusätzlich Schnee unter die Schlepperanlagen geschoben oder für die „Halfpipe" aufgehäuft wird. Schließlich wird diese Schneeanhäufung mit reflektierender heller Folie abgedeckt, um dadurch die Abschmelzung der Gletscher zu verzögern. Diese Maßnahmen dienen jedoch nur zum Schutz bzw. zur Stabilisierung der installierten Anlagen, nicht zum Erhalt des Gletschers in seiner Gesamtheit, da sie nur punktuell und lokal greifen

und eine stark begrenzte Wirkung besitzen. Die Folien aus Polyester und Polypropylen, welche die Schneeschicht am Gletscher vor Wärmeeinstrahlung, UV-Strahlen und Regen schützen, werden im Herbst entfernt und eingelagert, um im darauf folgenden Frühjahr wieder eingesetzt zu werden. Das zeigt auf, wie aufwändig Maßnahmen sind, die allenfalls kurzzeitig Symptome zu lindern vermögen.

Die Abdeckung neuralgischer Zonen der Gletscherschigebiete mit Geotextilien hat sich punktuell als praktikabel erwiesen. Im Herbst 2005 konnten auf der Gletscherzunge des Schaufelferners (Stubaier Alpen) durch die Abdeckung ein Meter Eis und sechzig Zentimeter Schnee erhalten werden, die in unbehandelten Vergleichsflächen abgeschmolzen sind. Wenn der Schnee, der durch die Abdeckung nicht geschmolzen ist, mit Beschneiung erzeugt werden müsste, käme das etwa 10 Prozent teurer als die Abdeckung.

Ideal wären im Sommer alle 7–10 Tage 10–15 cm Neuschnee am Gletscher. Dann wären diese panischen Substanzerhaltungsversuche überflüssig.

Peter Haßlacher

Seit Jahrhunderten üben Gletscher auf Menschen eine starke Faszination aus. Das leuchtende Weiß der „ewigen Firne" als Symbol im Mythos Alpen für lockende, reine, unberührte, wilde, unbezähmbare, dem Himmel nahe, zur Bewährung herausfor-

Welchen Schaden richtet Gletscherschifahren an?

dernde, Wasser und Leben spendende, heile Natur ist ein markantes Element der Hochgebirgsfaszination. Ihre schrittweise Inanspruchnahme für den Pistenschilauf führte zu Auseinandersetzungen, welche im Ringen um die Gletscherschigebiete im Kauner- und Pitztal sowie am Wurtenkees/Mölltal gipfelten. Der Schutz der Gletscher war und ist in erster Linie ein Anliegen des Landschaftsschutzes zur Erhaltung der hochgelegenen Freiräume und des alpinen Urlandes.

Mit großer Sorge wird von den Vertretern des Natur- und Landschaftsschutzes die Verunreinigung der für den Pistenschilauf genutzten Gletscher mit Mineralölprodukten, Fetten, verschiedenen Chemikalien für die Pistenpräparierung, Müll, Strohballen in Gletscherspalten usw. verfolgt. Der konkrete Nachweis kann allerdings nur durch regelmäßige Kontrolluntersuchungen erbracht werden.

Aufgrund der Tatsache, dass es sich bei den bestehenden acht Gletscherschigebieten in Österreich um intensiv genutzte Betriebsflächen handelt, auf denen mit Raupen geschoben und planiert wird, und wenig Einflussmöglichkeiten bestehen, konzentrieren sich die Anstrengungen der Natur- und Landschaftsschützer nunmehr gegen die Ausdeh-

nung bestehender und die Errichtung neuer Gletscherschigebiete.

Mittlerweile stehen die Gletscher in ganz Österreich außerhalb bestehender Schigebiete aufgrund landesgesetzlicher Bestimmungen generell unter strengem Schutz (Vorarlberg seit 1982, Kärnten 1986, Tirol 1990, Salzburg 1992). In Salzburg und Tirol sind mittlerweile auch das Umfeld der Gletscher bzw. ihre im Nahbereich gelegenen Moränen bis einschließlich der markanten 1850er-Moräne streng geschützt.

Selbstverständlich geht das Ringen um die Nutzung weiterer Pistenflächen in höher gelegenen Gletscherregionen weiter. In Österreich stehen sowohl der weiträumige Zusammenschluss zwischen den Gletscherschigebieten im Ötztal und Pitztal als auch die Erschließung der Weißseespitze (3.526 m hoch) samt Nutzung eines Teiles des Gepatschferners im Kaunertal an. Das Ringen um die Nutzung und den Schutz der Alpengletscher wird weitergehen. Ein auf Dauer ausgestellter Persilschein für ihre Nutzung ist nicht in Sicht, ob diese auf lange Sicht eine Umweltbombe mit sich bringt, ist nicht abschätzbar.

Peter Haßlacher

Die Weißseespitze im Kaunertal könnte zum Gletscherschigebiet werden

Seit mehr als vierzig Jahren ist Erdöl der bedeutendste Primärenergieträger in der Weltenergieversorgung. Öl deckt derzeit 36 % des weltweiten Primärenergiebedarfs und im Transportsektor decken Mineralölprodukte 95 % des Bedarfs. Die Internatio

Geht das Erdöl zu Ende?

nale Energieagentur (IEA) rechnet in ihrem *World Energy Outlook* im Zeitraum 2003 bis 2030 mit einem jährlichen Verbrauchswachstum von 1,4 %. Bei diesem Szenario würde die Nachfrage von 3,79 Milliarden auf 5,55 Milliarden Tonnen um 46 % zunehmen. Diese Wachstumsperspektive sowie volatile und zuletzt kräftig gestiegene Ölpreise führen immer öfter zu Fragen nach Verfügbarkeit, Reichweite und Abhängigkeit von Ölreserven.

Unbestritten ist, dass die Rohölvorkommen aufgrund ihrer Entstehung und geologischen Voraussetzungen in der Erdkruste limitiert sind. Über die Fragen „Wann ist der letzte Tropfen Öl verbraucht?" oder „Wann ist das Maximum der Ölförderung überschritten?" gibt es unterschiedliche Sichtweisen.

Die Pessimisten haben das Ende der Ölreserven oder den Höhepunkt der maximalen Jahresölproduktion schon oft vorhergesagt oder erwarten den „peak oil" in naher Zukunft. Sie betrachten meist nur konventionelles Rohöl und dabei nur sichere Reserven. Sehr gerne stellen sie nur die Neufunde eines Jahres der jeweiligen Jahresproduktion gegenüber.

Die Optimisten sind sich sicher, dass noch enorme Ölressourcen vorhanden sind und Öl auch noch im nächsten Jahrhundert einen bedeutenden Teil des Weltenergiebedarfs decken wird. Sie blicken oft nur auf die sta

tische Reichweite der sicheren Ölreserven (Reserven dividiert durch Jahresproduktion) und stellen fest, dass sich diese in den letzten vier Jahrzehnten von 31 auf 42 Jahre erhöht hat.

Sowohl Pessimisten als auch Optimisten sehen ein unvollständiges Bild der Wirklichkeit. Realisten wissen, dass die Angaben über Reserven nicht auf exakten Berechnungen beruhen, sondern aus Schätzungen stammen, deren Methodik zum Teil nicht mehr zeitgemäß ist und derzeit überarbeitet wird. Man sollte immer sichere, wahrscheinliche und mögliche Reserven unterscheiden. Alle diese Reservekategorien variieren je nach Quelle und werden von künftigen Preiserwartungen sowie Annahmen über Fortschritte in der Aufsuchungs- und Fördertechnologie beeinflusst.

Die gesicherten Ölreserven betrugen laut *BP Statistical Review* per Ende 2004 1.190 Milliarden Fass bzw. 162 Milliarden Tonnen. Branchenschätzungen über die darüber hinaus noch vorhandenen konventionellen Ölvorkommen liegen im Bereich zwischen 5.000 und 6.000 Milliarden Fass, und deren Gewinnbarkeit wird steigen. Derzeit werden im globalen Durchschnitt nur 35 % eines Ölfeldes produziert, 65 % des Öls bleiben im Boden. Mit aufwendigeren Produktionstechnologien (z. B. mit Einpressen von Dampf, CO_2, Polymeren etc.) in „reife" Lagerstätten kann die Entölung noch massiv gesteigert werden. In der Nordsee z. B. wird diese bis 2010 rund 50 % erreichen. Im globalen Maßstab entspricht eine Anhebung um 1 % etwa dem gesamten Jahresenergieverbrauch. Nicht nur optimierte Fördermethoden, sondern auch neue Explorationstechniken werden dazu beitragen, die Fundwahrscheinlichkeit zu erhöhen und die Ölressourcen zu strecken. Dazu gehören drei- und vierdimensionale Seismik, modernste Lagerstätteninterpretation, Horizontalbohrungen und die Erschließung von Tiefseelagerstätten. Insgesamt investiert die Ölwirtschaft im Bereich Exploration und Produktion jährlich rund 200 Milliarden Dollar.

Darüber hinaus gibt es noch kaum erschlossene Mengen an unkonventionellem Öl (Ölsande, Schweröle, Ölschiefer) im Ausmaß von 7.000 bis 8.000 Milliarden Fass. Die Produktionskosten sind hier zwar deutlich höher als bei konventionellen Vorkommen, liegen aber zum Teil schon bei rund 20 US-Dollar pro Fass. Die wirtschaftliche Gewinnung hat bereits begonnen. Ein baldiges Versiegen der Ölvorkommen ist also nicht wahrscheinlich. Eher wahrscheinlich ist, dass Erdgas gegen Mitte des 21. Jahrhunderts Erdöl als führenden Energieträger in der Weltenergieversorgung ablösen wird und erneuerbare Energieträger eine wichtige Säule der Energieversorgung bilden werden.

Die tatsächliche Verfügbarkeit von Öl lässt sich nicht exakt in Jahren messen. Ebenso lassen sich aktuelle Verspannungen am Ölmarkt nicht mit der physischen Knappheit dieses Energieträgers erklären. Entscheidend wird jedoch die künftige Investitionsbereitschaft innerhalb und außerhalb der Ölwirtschaft sein. Und diese wird – wie bereits in der Vergangenheit – von Preiserwartungen, von betriebswirtschaftlichen Überlegungen, von technologischen Möglichkeiten und politischen Rahmenbedingungen bestimmt.

Wolfgang Ernst

Es war ein Schreckensszenario, welches Experten im März 2006 über die Entwicklung des Individualverkehrs in und um Wien zeichneten: Die Prophezeiung, dass man in 30 Jahren auf 646 Straßenkilometern in Wien tagtäglich mehrere Stunden im Stau

Werden wir im Straßenverkehr ersticken?

verbringen wird, ist aber durchaus realistisch. Der deutsche Bundesverkehrswegeplan 1992 ging davon aus, dass der Autoverkehr bis 2010 um weitere 30 % ansteigen wird. Aber selbst derartige Prognosen halten die Bevölkerung in allen europäischen Staaten heute nicht davon ab, immer mehr PKWs zu kaufen. Galt noch in den 1960er Jahren der PKW als Statussymbol für jene, die es im Wirtschaftswunder zu etwas gebracht hatten, so sind heute zwei oder sogar drei Autos pro Familie keine Seltenheit mehr. Seit dem politischen Systemwechsel in Osteuropa hat die Vollmotorisierung auch die ehemals kommunistischen Länder erfasst.

In der Stadt- und Verkehrsplanung setzten sich überall in Europa über einen langen Zeitraum einseitig die Interessen des motorisierten Individual- und des Straßengüterverkehrs durch. Daran hat auch die EU nicht allzu viel geändert. Das Straßennetz wurde und wird kontinuierlich erweitert, umweltfreundlichere Fortbewegungsarten fanden keine angemessene Berücksichtigung.

Die Zunahme des motorisierten Individualverkehrs hat natürlich auch sehr plausible Gründe, die weit außerhalb individueller Beeinflussung liegen. Der „Speckgürtel" der Besiedlung rund um die europäischen Metropolen wird immer breiter, das Pendeln zum Arbeitsplatz immer mehr zur alltäglichen Norm. Und die öffentlichen Verkehrsmittel mit ihren langen Intervallen sind nur selten eine wirklich attraktive und realistische Alternative zur Benutzung des eigenen Autos.

In der Urlaubszeit rollt die Verkehrslawine in Europa von Norden nach Süden, seit dem Fall des Eisernen Vorhangs auch immer mehr von Osten nach Westen oder von Osten nach Süden. Der Transitverkehr über die Alpen ist für Tirol und die Bevölkerung entlang der Transitrouten zu einem ernsten Umwelt- und Gesundheitsproblem geworden. Die Auswirkungen des Molochs Straßenverkehr werden auch in der heftig diskutierten Feinstaubproblematik manifest.

Was kann gegen diese Entwicklung getan werden? Eine partielle Lösungsmöglichkeit bestünde in der Reduktion vermeidbaren Verkehrs sowie in einer gewissen Verlagerung des nicht vermeidbaren städtischen Verkehrs auf umweltfreundlichere Fortbewegungsarten (öffentlicher Personennahverkehr). Diese Maßnahmen würden zumindest eine Eindämmung der Verkehrslawine bewirken. Eine wichtige Forderung an die Stadt- und Verkehrsplanung besteht darin, die Wege zwischen Wohnen, Arbeiten und Versorgung nach Tunlichkeit zu verkürzen. Die Verkehrsträger sollten auch besser miteinander vernetzt werden. Größere Verlagerungspotentiale bieten sich sowohl im Berufs- und Ausbildungsverkehr als auch im Freizeit- und Einkaufsverkehr. Eine völlige Verlagerung des Individualverkehrs auf öffentliche Verkehrsmittel ist unrealistisch, ein überlegter Umgang mit dem eigenen Auto und dessen sparsame Verwendung allerdings ein Gebot der Stunde.

Josef Kohlbacher

Der Pluralismus der Wohnstile in der modernen Wohlstandsgesellschaft spiegelt die ganze Bandbreite gesellschaftlicher Vielfalt wider. Das Sozialprestige spielt beim Wohnen eine wichtige Rolle. Für nicht wenige ist es besonders wichtig, eine „gute" Adresse,

Wie könnten die Wohnkonzepte der Zukunft aussehen?

d. h. eine Wohnung in einem gutbürgerlichen Bezirk, vorweisen zu können. Dass die Wohnung selbst zuweilen etwas weniger pompös ausfällt, stört da wenig. Wer aber wirklich etwas erreicht hat, der strebt auch eine exklusive Wohnform, eine geräumige Dachgeschosswohnung, einen Loft oder gar eine Villa mit Garten, an.

Es werden heute vielfältige Themenwohnbauten angeboten – Wohnen ohne Auto, vollwertiges Wohnen nach humanethologischen Prinzipien, Integrationswohnbauten mit einem Bewohnergemisch aus In- und Ausländern –, doch wie sieht die Wohnrealität der breiten Masse aus? Zwar hat sich in punkto Ausstattungsqualität und Größe im Verlauf der vergangenen 35 Jahre eine wahre Wohnrevolution vollzogen, dennoch bleiben die Wohnträume für viele Menschen zeitlebens Träume, weil finanziell unerschwinglich.

Manche Experten zweifeln an, ob im Wohnbau, sieht man einmal von speziellen Wohnformen wie z. B. Seniorenresidenzen ab, tatsächlich so etwas wie Spezialwohnbauten für spezifische Personengruppen sinnvoll sind. Im Lebenslauf verändern sich zwar die

Wohnansprüche des Menschen, die Bedeutung der baulichen Hülle wurde in der Vergangenheit aber oftmals überschätzt. Auch in Zukunft werden – so viel ist sicher – gut ausgestattete, bewohnerfreundlich gestaltete, finanziell erschwingliche, besonders aber in Bezug auf ihre Energie- und Betriebskosten sparsame Wohnbauten nötig sein. Diese sollten Wohnungen umfassen, die sich für jede ortsübliche Art der Wohnnutzung, für unterschiedliche Lebensstile und Altersgruppen gleichermaßen gut eignen und mittlere Größen (zwei bis drei Zimmer) aufweisen. Auch die Bedürfnisse von Kindern, Senioren oder Migranten sind in der Regel nicht so spezifisch, dass die Errichtung spezieller Bauten in einem großen Umfang gerechtfertigt wäre.

Nach wie vor steht, wie einige neuere Befragungen zum Thema Wohnen ergaben, das Einfamilienhaus an der Spitze der begehrtesten Wohnformen. Dies allen Werbekampagnen für andere Bauformen zum Trotz. Vielleicht einfach auch deshalb, weil jeder von einem Stückchen Grün träumt und das Bedürfnis hat, ein wenig Distanz zu seinen Nachbarn zu wahren. Hierbei zeigen sich auch regionale Unterschiede. Im suburbanen Umland der Großstädte sowie im ländlichen Raum ist und bleibt das Einfamilienhaus *der* Wohntraum. In den Ballungszentren sollte partizipativer Architektur, d. h. dem Bauen unter aktiver Einbeziehung der Wünsche und Bedürfnisse der künftigen Bewohner, die Zukunft gehören. Auf jeden Fall ist künftig auch ein erheblicher Sanierungsbedarf gegeben, denn die Wohnbauten der Boomphase der 1950er, 1960er und 1970er Jahre sind in die Jahre gekommen und bedürfen dringend der Erneuerung.

Josef Kohlbacher

Die dauerhafte Präsenz von Muslimen in Mittel- und Westeuropa ist ein relativ neues Phänomen. Die erste Generation muslimischer Migranten war in den 1960er Jahren im Gefolge der Auflösung des britischen und französischen Kolonialreiches nach Westeu-

Wird Europa zunehmend islamisch?

ropa oder als so genannte „Gastarbeiter" nach Österreich, Deutschland und in die Schweiz gekommen. Heute sind es neben Asylwerbern und Familienangehörigen von bereits im EU-Raum lebenden Muslimen vor allem die Nachkommen in der dritten Generation, die zum europaweiten Wachstum der islamischen Community beitragen. Die ehemalige Vorstellung, der Aufenthalt von Muslimen in Europa sei bloß temporär, hat sich als unrealistisch erwiesen. Faktisch ist der Islam inzwischen zu einem wesentlichen Bestandteil der europäischen Gesellschaften geworden. Dies allein schon aus Gründen der zahlenmäßigen Präsenz.

Die Schätzungen über die Zahl der Muslime in den 25 EU-Staaten reichen von 15 bis 20 Millionen bei einer Gesamtbevölkerung von rund 450 Millionen. Die Ungenauigkeit ist vor allem darauf zurückzuführen, dass einige EU-Mitgliedstaaten in ihren Volkszählungen keine Angaben über die Religionszugehörigkeit erheben. Frankreich weist mit 4 bis 5 Millionen Muslimen bei einer Gesamtbevölkerung von 60 Millionen den höchsten muslimischen Bevölkerungsanteil Europas auf. In Deutschland leben rund 3 Millionen, in Großbritannien 1,5 Millionen, in Spanien, Italien und den Niederlanden jeweils rund

eine Million. Damit ist der Islam die zweit-
stärkste Konfession in Europa.

Religion ist in nahezu allen Staaten der EU
säkularisiert. Faktum ist, dass die EU-Politik
über kein Modell der Regelung der Beziehungen unterschiedlicher Religionen innerhalb ihrer Grenzen verfügt. Angesichts der
harten zahlenmäßigen Fakten ist es aber
wichtig, eine intensive Debatte über den Status von Muslimen in Europa zu führen. Die
Grundfrage ist: Wie kann eine stark religiös
definierte Weltanschauung und deren Wert-
system mit einem weitgehend säkularen Umfeld in Einklang gebracht werden? Diese
Frage ist eine wesentliche Ursache für zahllo-
se Missverständnisse in der gegenseitigen
Wahrnehmung. Kontroversen um das
Schächten von Schlachttieren, Zwangsehen
sowie die Kopftuchdebatte sind in der breiten
Öffentlichkeit weiterhin stark präsent.

In der Zukunft wird sich für Europa die
dringliche Notwendigkeit ergeben, ein eigenes – europäisches und auch auf die muslimischen Minoritäten abgestimmtes – Modell
der Beziehungen zwischen Staat und Religion zu definieren. Zwei Dinge müssen allerdings klargestellt werden: Der politische Islam, wie er vor allem in Form des islamischen
Fundamentalismus in den letzten Jahren verstärkt hervortritt, ist ein gefährliches, mit
Demokratie nicht vereinbares und in die europäischen Gesellschaften nicht integrierba-
res Phänomen. Auch die Wahrung gewisser
Grund- und Menschenrechte, wie gleiche
Rechte und Bildungszugang für Frauen,
Schutz vor in islamischen Gesellschaften
nicht seltenen Phänomenen wie Ehrenmorden oder Zwangsehen sowie das Verbot der
Mädchenbeschneidung müssen im europäischen Kontext gewahrt bleiben!

Josef Kohlbacher

Experten der verschiedensten Fachgebiete
der Medizin haben einen Blick in die Zukunft geworfen. Was in den nächsten Jahren
(oder auch Jahrzehnten) kommen wird, darüber haben sie sehr konkrete Vorstellungen.
Hier die Antworten, die sie ihrem Fachkolle-

Kommt die „schöne neue Welt" der Medizin?

gen Dr. Jeffrey Fisher auf Anfrage gaben:

– Bereits 2007 ist die nächste „Pest" in Sicht.
  Epidemiologen rechnen mit einer neuen
  Virusepidemie, die angesichts der derzeit
  grassierenden Vogelgrippe ein durchaus
  realistisches Szenario sein könnte, wenn
  das Virus mutiert und sich mit dem im
  Umlauf befindlichen Influenzavirus vereint.

– Ein Jahr danach (2008), prognostizieren
  die Spezialisten, werden künstliche Kör-
  perteile wie normale Güter im Handel zu
  kaufen sein.

– Bis 2009 wird ein künstliches Gehirn
  entwickelt, das mit enormen Gedächtnis-
  leistungen aufwarten kann. Ob ein „Kunst-
  hirn" aber jemals die Leistungen unseres
  Zentralnervensystems, wie das Gehirn in
  der Biologie und Medizin bezeichnet wird,
  beherrschen kann, ist höchst unwahrscheinlich.

– Bis 2011 soll Krebs schon im allerfrühesten
  Stadium diagnostizierbar sein, Autoimmunkrankheiten sollen absolut kontrol-
  lierbar sein.

– Bis 2013 soll es gelingen, Krebszellen in
  normale Zellen zu verwandeln.

Ein kurzer Streifzug durch die Medizin der
Zukunft, die in den wissenschaftlichen Zent-

ren in aller Welt schon begonnen hat, liefert folgendes Bild: Die Schwerpunkte der Medizin-Forschung werden zweifellos auf Herz-Kreislauf-Erkrankungen und Krebs liegen. Gegen Letzteren ist man dabei, ein ganzes Waffenarsenal zu schmieden. So versucht man, Antikörper gegen Darmkrebs einzusetzen und will Krebszellen am Wachstum hindern, indem man sie aushungert. Auf die persönlichen Bedürfnisse hin geplante und „zugeschnittene" Implantate werden mit Hilfe modernster technischer Verfahren passgenau entwickelt und bearbeitet. So wurden zum Beispiel an der Ruhruniversität Bochum weltweit erstmals ausgedehnte Schädeldefekte mit Hilfe von Computer-Aided-Design und Manufacturing (CAD/CAM) behandelt und mit bisher unerreichter Präzision rekonstruierte Implantate einem Patienten eingesetzt.

Auch dieses Verfahren ist heute einsatzfähig und wird in Kürze Realität sein, ebenso wie ein vier Millimeter langes Mini-U-Boot, das sich durch die Blutgefäße bewegt und sowohl Therapien innerhalb des Körpers ausführt als auch Reparaturen an beschädigten Geweben vornimmt. Japanische Forscher und Medizintechniker in der Bundesrepublik arbeiten bereits intensiv daran.

Gert Baumgart

Mini-U-Boote, die durch Blutgefäße an Krankheitsherde geschickt und für gezielte Behandlungen eingesetzt werden, sind keine Utopie mehr

Was ist unter Frauenpolitik zu verstehen? Der Gegenstand der Frauen- und Gleichstellungspolitik ist die Hierarchisierung der Geschlechter, die Ungleichbehandlung und Diskriminierung von Frauen bei der Verteilung kultureller, politischer, ökonomischer

Braucht es im 21. Jahrhundert noch Frauenpolitik?

und symbolischer Macht und Rechte, konkret von bezahlter und unbezahlter Arbeit, von knappen Ressourcen wie Einkommen, Status und Karrieren aufgrund von Geschlechtszugehörigkeit. Zu den Aufgaben einer emanzipatorischen Frauen- und Gleichstellungspolitik gehört die Mitgestaltung der rechtlichen wie sozialen Rahmenbedingungen und Infrastrukturen, damit die Geschlechtszugehörigkeit nicht mehr als gesellschaftlicher Platzanweiser instrumentalisierbar ist, sondern damit Menschen aufgrund ihrer Leistungen und Fähigkeiten Aufgaben übernehmen und Ressourcen erhalten.

Im 20. Jahrhundert haben Frauenpolitik und Frauenbewegung einen großen Beitrag zu gleichen Rechten – Gleichberechtigung (z. B. im Ehe- und Familienrecht) – sowie zur Thematisierung und Bekämpfung von (häuslicher) Gewalt an Frauen und Kindern geleistet. In sozialer und wirtschaftlicher Hinsicht wirkt Ungleichheit zwischen den Geschlechtern aber fort. Die formale Gleichheit hat nicht soziale und materielle Gleichbehandlung und Chancengleichheit nach sich gezogen.

Im 21. Jahrhundert haben sich einige der Bedingungen des Politischen durch wirtschaftliche und politische Globalisierung und gesellschaftliche Individualisierung drastisch geändert. Im Zuge dieser Entwicklung werden die Unterschiede in den Ressourcen zwischen sozialen Gruppen und zwischen Geschlechtern – aufgrund der geschlechtsspezifischen Arbeitsteilung – nicht kleiner, sondern sie wachsen. Dazu kommt, dass zumindest zu Beginn des 21. Jahrhunderts in vielen Ländern ein Rückzug des Staates von der Gestaltung der Lebens- und Arbeitsbedingungen zum ideologischen Leitsatz geworden ist. Vor diesem Hintergrund zählt es zu den großen Herausforderungen der Frauenpolitik, erstens die politische Gestaltung der Individualisierung von Frauen zu unterstützen – und zwar entgegen dem Dogma des nahezu unbeeinspruchten Rückzugs der Politik. Denn die Situation vieler Frauen spitzt sich zusehends zu: Die Erosion von Arbeitsverhältnissen, der Rückgang der Erwerbstätigkeit von Frauen (in Österreich, gemessen an Vollzeitäquivalenten), der Anstieg der relativen Armut machen es zusehends schwieriger ein eigenständiges Leben zu leben.

Die zweite frauenpolitische Herausforderung ist die Verankerung von individuellen Rechten unabhängig von kulturellen oder religiösen Zugehörigkeiten. Die Probleme im Zusammenhang mit Migration und Integration sind verstärkt unter dem Blickwinkel von Geschlechtergleichheit zu behandeln, d. h. Frauenpolitik hat sich verstärkt um die Universalisierung von Freiheit und Gleichheit sowohl in Mehrheits- als auch in Minderheitsgesellschaften zu bemühen.

Sieglinde Rosenberger

Die Sehnsucht nach Frieden ist so alt wie die Menschheit selbst. Der Frieden, seine Gewinnung, Erhaltung und Sicherung, gehört zu den Themen, die die Menschheit seit jeher ebenso beschäftigt haben wie der Krieg und seine Folgen. Obwohl der Frieden heute

Wird Friedensforschung jemals zu Frieden führen?

allgemein bejaht wird, ist es bisher nicht gelungen, einen einheitlichen Friedensbegriff zu entwickeln, weder in der Politik noch in der Wissenschaft. Man unterscheidet zwischen einer negativen Definition – die Abwesenheit von Krieg und kriegerischer Gewaltanwendung – und einer positiven, die auch soziale Gerechtigkeit, Glück, Freiheit usw. beinhaltet. Die Ideengeschichte von Krieg und Frieden zeigt, dass durch alle Jahrhunderte der Krieg ein unvermeidlicher Begleiter des Menschen war.

Die Antike war von kriegerischen und gewaltsamen Auseinandersetzungen geprägt. Gleichzeitig waren es aber vor allem Philosophen, die darüber nachdachten, wie man den Frieden, der nur als eine von den Göttern verfügte Unterbrechung des kriegerischen Normalzustandes galt, sichern könnte.

Für das Mittelalter ist die Denkweise von Augustinus bestimmend, der davon ausging, dass die Sehnsucht nach dem Frieden dem Menschen angeboren ist. Die Schwierigkeit bestehe darin, dass jeder Frieden will, kompromisslos so, wie er ihn wünscht.

Ab dem 18. Jahrhundert versuchte man den Frieden durch Verhandlungen und Verträge zu sichern, bisher weitgehend vergebens. Auch Visionen vom Frieden in Europa und der Welt hat es immer wieder gegeben. Sie sind bisher nicht Wirklichkeit geworden.

Im 19. Jahrhundert versuchte man den Krieg dadurch zu verhindern, indem man sich selbst in eine Position der Stärke begab, sodass der Unterlegene aus Todesfurcht keinen Krieg beginnen würde. Es war dies die Zeit des Friedens durch Furcht und Abschreckung. Erst als die Rüstungsspirale einen in der Geschichte noch nie dagewesenen Stand erreicht hatte und die Lösung eines Konfliktes auf militärischem Wege nicht mehr sinnvoll erschien, begannen – gemäß den Ideen der Friedensinstitute – intensive zwischenstaatliche und internationale Verhandlungen und Konferenzen, um dem Wettrüsten entgegenzutreten und den Frieden zu sichern.

Erst im 19. Jahrhundert kam man zu der Einsicht, dass die Wissenschaft, wenn sie sich für das menschliche Leben und seine Gestaltung und für das Schicksal der Menschheit mitverantwortlich fühlt, das Gebiet der Friedensforschung nicht länger ignorieren kann. Ziel der Friedensforschung ist es, mit wissenschaftlichen Methoden die Bedingungen einer friedlichen Welt, ihrer Schaffung und Aufrechterhaltung zu untersuchen und zu versuchen, Methoden zur Durchsetzung des Friedens zu entwickeln.

Das 20. Jahrhundert musste wie kein anderes mit Kriegen leben. Die Haager Friedenskonferenzen, die auch auf die Anregung der Friedensbewegung und Friedensforschung zurückgingen, konnten den Ersten Weltkrieg nicht verhindern. Der Völkerbund, auf eine Idee des berühmten Philosophen Immanuel Kant und seiner Schrift *Zum ewigen Frieden* (1795) zurückgehend, konnte den Zweiten Weltkrieg nicht verhindern. Die Erfahrungen aus diesen Katastrophen veranlassten die Staatsmänner, neue europäische und weltweite Organisationen zu gründen, um Frieden und Sicherheit zu gewährleisten. Es sind dies die Vereinten Nationen, der Europarat, die NATO, die EU und die KSZE/OSZE. Wie wir heute wissen, konnten diese Organisationen zwar viele Konflikte und auch Kriege verhindern, die Stunde des ewigen Friedens hat uns aber noch nicht geschlagen. Zu den herkömmlichen Bedrohungen sind neue dazugekommen, wie zum Beispiel Partisanenkriege, Bruchlinienkriege und der Terrorismus.

Das 21. Jahrhundert weist große Fortschritte in den Naturwissenschaften auf. Es ist uns möglich auf den Mond zu fliegen, wir sind durch Internet und E-Mail weltweit vernetzt, wir können in das menschliche Erbgut eingreifen, beginnen unheilbare Krankheiten auszurotten und neue Energiequellen zu erschließen. Die Hoffnung auf eine friedliche Welt dagegen konnte bisher nicht verwirklicht werden. Der Krieg hat offenbar nicht nur eine Vergangenheit, sondern auch eine Zukunft, von der wir uns noch kaum einen Begriff machen können. Die neuen Gefahren und neuen Kriege bringen auch eine Rückkehr des Krieges in die Friedensforschung. Während nationaler und internationaler Krisen und Kriege nehmen die gesellschaftlichen Anfragen an die Friedens- und Konfliktforschung wieder in großem Ausmaß zu. Die Friedensforschung steht heute vor der Aufgabe, ihre Grundlagen und Orientierungen neu zu überprüfen und zu überdenken. Sie muss die neuen Wirklichkeiten gründlich analysieren und sich auch intensiv daran beteiligen, Friedenspolitik und Friedensarbeit neu zu entwerfen.

Sigrid Pöllinger

Autorenverzeichnis

Karl Aiginger, geb. 1948 in Wien, Wirtschaftsstudium an der Universität Wien, seit 1970 am Österreichischen Wirtschaftsforschungsinstitut (WIFO), seit 1992 Univ.-Prof. in Linz, Gastprofessuren an mehreren amerikanischen Universitäten, seit 2005 Direktor des WIFO.

Ulrich Ammon, Professor für Germanistische Linguistik mit Schwerpunkt Soziolinguistik an der Universität Duisburg-Essen und Präsident der Gesellschaft für Angewandte Linguistik (GAL).

Carla Amina Baghajati, geb. 1966, Medienreferentin der Islamischen Glaubensgemeinschaft in Österreich und zuständig für Öffentlichkeitsarbeit.

Gert Baumgart, geb. 1943, studierte Biologie in Wien und Graz, arbeitet als Medizinjournalist und Sachbuchautor. Veröffentlichte rund 30 Bücher vorwiegend über Phytotherapie, Komplementärmedizin und andere Gesundheitsthemen.

Ulrike Bechtold, geb. 1975, studierte Anthropologie und Humanökologie. Mitglied der Forschungsgruppe Humanökologie des Departments für Anthropologie sowie Mediatorin.

Reinhold Bichler, geb. 1947, o. Univ.-Prof. für Alte Geschichte und Vergleichende Geschichtswissenschaft an der Universität Innsbruck.

Lothar Bodingbauer, geb. 1971, Radiojournalist (Ö1) und Bildungsautor. Zuletzt erschien von ihm *Dr. Bodingbauers Sammelsurium physikalischer Besonderheiten* (2006).

Reinhard Böhm, Meteorologe in der Klimaabteilung der Zentralanstalt für Meteorologie und Geodynamik (ZAMG).

Gertrude Brinek, Ass. Prof. am Institut für Bildungswissenschaft der Universität Wien, Schwerpunkt Schul- und Bildungsforschung, davor Lehrtätigkeit an Wiener Volks- und Hauptschulen, Abgeordnete zum Nationalrat.

Ernst Bruckmüller, geb. 1945, Historiker. Seit 1977 Professor für Wirtschafts- und Sozialgeschichte an der Universität Wien, seit 1991 Vorsitzender des Instituts für Österreichkunde.

Ernst Buchberger, Ass. Prof. am Institut für Med.

Kybernetik und Artificial Intelligence des Zentrums für Hirnforschung der Medizinischen Universität Wien. Forscht und lehrt seit mehr als 25 Jahren auf dem Gebiet der automatischen Sprach- und Textverarbeitung.

Herbert Budka, geb. 1946, Vorstand des Klinischen Instituts für Neurologie der Medizinischen Universität Wien. Fachgebiete: Prionen- und Viruskrankheiten des Nervensystems.

Jakob Calice, geb. 1979, Meisterklasse für Fotografie an der Höheren Graphischen Lehr- und Versuchsanstalt in Wien, Studium der Geschichte, Sprach-, Kommunikations- und Politikwissenschaft an der Universität Wien und der Universitat de les Illes Balears (Spanien). Freiberuflicher Historiker und Fotograf in Wien mit den Schwerpunkten Umwelt-, Technik- und Fotografiegeschichte.

Werner Clement, geb. 1941 in Innsbruck, studierte an der Hochschule für Welthandel in Wien, Univ.-Prof. in Innsbruck (1970–73) und Wien (1973–2000), Gründer und Leiter des Industriewissenschaftlichen Instituts.

Wolfgang Ernst, geb. 1955 in Wien, seit 2002 Chief Economist mit Tätigkeitsschwerpunkt Volkswirtschaft, Energiepolitik und Klimaschutz der OMV AG in Wien, seit 1990 Mitglied der Arbeitskreise Energie und Umwelt in der Industriellenvereinigung.

Franz Essl, geb. 1973, studierte Botanik und Ökologie in Wien, seit 2003 Mitarbeiter der Abteilung Naturschutz im Umweltbundesamt. Beschäftigt sich vor allem mit Endemiten und gefährdeten Biotoptypen in Österreich.

Rahel Falk, studierte Volkswirtschaft, arbeitete als wissenschaftliche Mitarbeiterin am interdisziplinären Südasien-Institut in Heidelberg, seit 2003 am Österreichischen Institut für Wirtschaftsforschung (WIFO) im Forschungsbereich Industrieökonomie, Innovation und internationaler Wettbewerb.

Peter Filzmaier, geb. 1967, Politikwissenschaftler, Professor für Demokratieforschung und Politikstudien sowie Leiter des Departments Politische Kommunikation an der Donau-Universität Krems.

Peter Fischer, Jurist, emerit. o. Univ.-Prof., langjähriger Vorstand des Instituts für Europarecht an der Universität Wien, Vizerektor für internationale Beziehungen an der Rechtswissenschaftlichen Universität in Pressburg. Zahlreiche Publikationen zu Völkerrecht, Europarecht und internationalen Organisationen.

Manfred A. Fischer, geb. 1942 in Wien, ao. Prof. für Systematische Botanik an der Universität Wien. Hauptarbeitsgebiete: Evolutionsforschung und Taxonomie der Höheren Pflanzen sowie Erforschung der Flora Europas, insbes. Österreichs.

Christian Friesl, geb. 1960, Pastoraltheologe, arbeitet als Bereichsleiter für Gesellschaftspolitik in der Industriellenvereinigung. Zuvor langjährige Tätigkeit am Institut für Pastoraltheologie der Universität Wien und Präsident der Katholischen Aktion Österreich.

Herbert Fussy, Chefredakteur des *Österreichischen Wörterbuchs* (Verlag öbv&hpt) und Sachbuchautor.

Christian Gassauer-Fleissner, studierte Rechtswissenschaften in Wien, seit 1985 Rechtsanwalt in Wien, 1998–2004 Mitglied des Disziplinarrates der Rechtsanwaltskammer, seit 2000 Dozent an der ETH Zürich, seit 2002 Partner der Gassauer-Fleissner Rechtsanwälte GmbH.

Ernest Gnan, geb. 1964 in Wien, studierte Wirtschaftswissenschaften in Wien, seit 1998 an der Oesterreichischen Nationalbank, seit 1999 Leiter der Abteilung für Wirtschaftsforschung, seit 2003 Mitglied des Staatsschuldenausschusses. Lehrtätigkeit an der Webster University, zahlreiche Publikationen.

Michael Gottfried, geb. 1965 in Wien, studierte Biologie und Erdwissenschaften sowie Ökologie in Wien. Beschäftigt sich vor allem mit Folgen des Klimawandels. Beteiligt an Aufbau und Koordination des internationalen Beobachtungsnetzwerkes GLORIA (*Global Observation Research Initiative in Alpine Environments*).

Christian Grafl, geb. 1959 in Wien, studierte Rechtswissenschaften in Wien, 1999 Habilitation, seit 2003 Leiter der Abteilung Kriminologie des Instituts für Strafrecht und Kriminologie der Universität Wien.

Ursula Hamachers-Zuba, geb. 1971, Assistentin am Institut für Pastoraltheologie der Universität Wien. Forschungsschwerpunkte: gemischt-weltanschauliche Partnerschaften, Jugendkirche, Kirche in Ost- und Mitteleuropa.

Peter Haßlacher, geb. 1949, Geograph, seit 1981 Leiter der Fachabteilung Raumplanung-Naturschutz des Oesterreichischen Alpenvereins in Innsbruck, Konrad-Lorenz-Staatspreisträger.

Mirko Herzog, geb. 1961, studierte Geschichte und Anglistik/Amerikanistik an der Universität Salzburg. Seit 2001 wissenschaftlicher Mitarbeiter am Technischen Museum Wien, betreut die Sammlung des ehemaligen Post- und Telegrafenmuseums.

Otmar Höll, geb. 1948, Studien der Rechtswissenschaft, Ökonomie und Politikwissenschaft in Wien, derzeit Lehrbeauftragter an den Universitäten Wien und Innsbruck. Direktor des Österreichischen Instituts für Internationale Politik (OIIP) in Wien.

Michael Huber, Studium der Soziologie und Pädagogik in Wien, seit 1997 Mitarbeiter am Institut für Musiksoziologie, Lehraufträge an der Universität für Musik und darstellende Kunst in Wien.

Josef Kohlbacher, geb. 1958, studierte Germanistik, Geschichte, Ethnologie, Ägyptologie und Soziologie an der Universität Wien, seit 1988 Mitarbeiter des Instituts für Stadt- und Regionalforschung der Österreichischen Akademie der Wissenschaften, seit 2006 stellvertretender Institutsdirektor. Hauptarbeitsgebiet: Migration und Mobilität.

Marcus König, geb. 1973, Kaplan in Wien-Aspern und Wien-Ober-St.-Veit, ist seit 2005 Assistent am Institut für Pastoraltheologie der Katholisch-Theologischen Fakultät der Universität Wien.

Ulrich H. J. Körtner, geb. 1957, o. Prof. für Systematische Theologie an der Evangelisch-Theologischen Fakultät der Universität Wien und Vorstand des Instituts für Ethik und Recht in der Medizin der Universität Wien. Wissenschaftler des Jahres 2001.

Andreas Kratschmar, geb. 1967, studierte Publizistik und Kommunikationswissenschaft, Politikwissenschaft und Geschichte an der Universität Wien, selbständiger PR-Berater, Redakteur des Hospizführers Österreich.

Gabriele Kucsko-Stadlmayer, studierte Rechtswissenschaften, 1985 Habilitation für Verfassungs- und Verwaltungsrecht an der Universität Wien, seit

2006 Univ.-Prof., seit 2000 ständiges Mitglied der Österreichischen Juristenkommission.

Dietmar Linzbacher, geb. 1954, seit 1993 wissenschaftlicher Mitarbeiter im Technischen Museum Wien, betreut die Sammlung Maschinenbau.

Christina Luef, geb. 1973, Studium der Publizistik und Kommunikationswissenschaften sowie der Ethnologie in Wien, derzeit am Österreichischen Institut für Familienforschung tätig, Chefredakteurin des wissenschaftlichen Informationsdienstes *beziehungsweise.*

Matthias Marschik, freier Kultur- und Sozialwissenschaftler in Wien, Lehrbeauftragter an den Universitäten Wien, Klagenfurt und Linz.

Otmar Moritsch, geb. 1965, Studium der Technischen Physik an der Technischen Universität Wien. Seit 1997 Leiter des Bereichs Informations- und Kommunikationstechnik am Technischen Museum Wien. Vizepräsident der Österreichischen Gesellschaft für Informatikgeschichte (ÖGIG) und Vorstandsmitglied in der Österreichischen Computer Gesellschaft (OCG).

Franz Neuwirth, geb. 1945 in München, Studium der Architektur an der Technischen Universität Wien; archäologische Praxis, 1981–1994 Generalsekretär von ICOMOS-Österreich, seit 1994 im Bundesministerium für Bildung, Wissenschaft und Kultur.

Lisa Noggler, geb. 1969, Studium der Geschichte mit Schwerpunkt Gender- und Umweltgeschichte, seit 1999 am Technischen Museum Wien, seit 2001 Bereichsleiterin der Sammlung Bau-, Alltags- und Umwelttechnik.

Heinz Oberhummer, geb. 1941, Univ.-Prof. und Leiter der Arbeitsgruppe Astrophysik am Atominstitut der Österreichischen Universitäten an der Technischen Universität Wien.

Thomas Olechowski, geb. 1973 in Wien, studierte Rechtswissenschaften und Geschichte in Wien, 2003 Habilitation für Österreichische und Europäische Rechtsgeschichte, seit 2003 ao. Univ.-Prof. in Wien, seit 2004 zusätzlich Prof. für Staats- und Rechtsgeschichte in Pressburg.

Wolfgang Pensold, geb. 1967, studierte Publizistik in Wien, seit 1999 wissenschaftlicher Mitarbeiter am Technischen Museum Wien und verantwortlich für die inhaltlich-didaktische Konzeption.

Rotraut Perner, geb. 1944, promovierte Juristin, Diplomwachsenenbildnerin (PädAk), approbierte Psychotherapeutin (Psychoanalytikerin), Gesundheitspsychologin, Lebens- und Sozialberaterin, Gerichtssachverständige, zahlreiche Lehraufträge.

Regina Polak, geb. 1967, Pastoraltheologin und Philosophin, Leiterin des Instituts für Pastoraltheologie der Katholisch-Theologischen Fakultät der Universität Wien.

Sigrid Pöllinger, Generalsekretärin des Universitätszentrums für Friedensforschung an der Universität Wien, Universitätslektorin zur Thematik Friedensforschung, Mitglied der Österreichischen OSZE-Delegation, Chefredakteurin der *Wiener Blätter zur Friedensforschung.*

Richard Potz, geb. 1943 in Wien, Univ.-Prof. für Religions- und Kirchenrecht, Vorstand des Instituts für Rechtsphilosophie, Religions- und Kulturrecht an der Rechtswissenschaftlichen Fakultät der Universität Wien. Arbeitsgebiete: Religionsrecht, Kulturrecht, Rechtsgeschichte, christlich-islamischer Dialog.

Karl Prenner, geb. 1950, ao. Univ.-Prof. für Islamwissenschaft mit Schwerpunkt Koranforschung am Institut für Religionswissenschaft der Universität Graz.

Wolfgang Rabitsch, Biologe am Department für Theoretische Biologie der Universität Wien, lehrt an den Departments für Evolutionsbiologie sowie für Limnologie und Hydrobotanik.

Walter H. Rechberger, geb. 1945 in Wien, studierte Rechtswissenschaften in Wien, 1977 Habilitation, seit 1992 o. Univ.-Prof. am Institut für zivilgerichtliches Verfahren der Universität Wien, seit 1999 Dekan der Rechtswissenschaftlichen Fakultät in Wien, seit 2003 Vorstandsmitglied des Österreichischen Juristentages.

Susanne Reindl, studierte Rechtswissenschaften in Linz, Wien und Dijon, 2003 Habilitation an der Universität Wien in Straf- und Strafprozessrecht mit einer Arbeit zum Thema E-Commerce. Hauptarbeitsgebiete: Computerkriminalität, Menschenrechte, Strafprozessrecht und Umweltstrafrecht.

Martin Retzl, geb. 1980, seit 2003 Studium der Pädagogik/Erziehungswissenschaften mit Wahlbereich Philosophie, Soziologie, Politikwissenschaft an der Universität Wien. Seit 2006 wissenschaftlicher Mitarbeiter am Institut für Bildungswissenschaft.

Peter Roessler, Prof. für Dramaturgie am Max Reinhardt Seminar in Wien. Veröffentlichungen zu Dramaturgie, Theatergeschichte, Film, Theaterpublizistik, Schauspielkunst und Gegenwartstheater.

Georg Rohrecker, geb. 1947, Sachbuchautor mit Schwerpunkt Kelten in Österreich.

Sieglinde Rosenberger, geb 1957, Studium der Volkswirtschaftslehre und Politikwissenschaft, seit 1998 Professorin für Politikwissenschaft an der Universität Wien, seit 2004 Leiterin des Instituts für Politikwissenschaft.

Johannes Sachslehner, geb. 1957, studierte Germanistik und Geschichte in Wien, 1982–85 Gastlektor an der Universität Krakau, seit 1989 Verlagslektor, Lehrbeauftragter für österreichische Literatur an der Universität Wien und Sachbuchautor.

Erwin Schmidl, geb. 1956, Historiker, Leiter des Fachbereichs Zeitgeschichte am Institut für Strategie und Sicherheitspolitik der Landesverteidigungsakademie Wien, Präsident der österreichischen Kommission für Militärgeschichte und der Österreichischen Gesellschaft für Heereskunde.

Wendelin Schmidt-Dengler, geb. 1942, o. Univ.-Prof. am Institut für Germanistik der Universität Wien und Leiter des Österreichischen Literaturarchivs der Österreichischen Nationalbibliothek.

Wieland Schmied, geb. 1929, studierte Jus und Kunstgeschichte in Wien, bis 1994 Ordinarius und zeitweilig Rektor an der Akademie der Bildenden Künste in München, 1995–2004 Präsident der Bayerischen Akademie der Schönen Künste. Ausstellungsmacher und freier Schriftsteller.

Michael Schmolke, geb. 1934, 1970–2002 Professor für Publizistik an den Universitäten Münster und Salzburg, Herausgeber der Zeitschrift *Communicatio Socialis*.

Hilde Schmölzer, geb. 1937 in Linz, Studium der Publizistik und Kunstgeschichte in Wien. Etwa 25 Jahre freiberufliche Journalistin und Fotografin für in- und ausländische Zeitungen und Zeitschriften,

Mitinitiatorin des österreichischen Frauenvolksbegehrens.

Friedrich Schneider, geb. 1949 in Konstanz, studierte Volkswirtschaftslehre an der Universität Konstanz, 1983 Habilitation an der Universität Zürich, seit 1986 o. Univ.-Prof. am Institut für Volkswirtschaftslehre in Linz. Seit 2005 Vorsitzender des Vereins für Socialpolitik.

Roland Schönbauer, bis 2002 Wissenschaftchef der Tageszeitung *Der Standard*, Leiter der Öffentlichkeits- und Medienarbeit des UN-Flüchtlingshochkommissariats UNHCR für Österreich.

Richard Schrodt, geb. 1948, 1982 Habilitation für Germanistische Sprachwissenschaft, seit 1991 ao. Univ.-Prof. in Wien.

Uwe Sleytr, geb. 1942, o. Univ.-Prof. und Vorstand des Zentrums für Nanobiotechnologie der Universität für Bodenkultur Wien, Mitglied der Österreichischen Akademie der Wissenschaften.

Petr Slouk, geb. 1969, Universitätsassistent am Institut für Pastoraltheologie der Katholisch-Theologischen Fakultät der Universität Wien.

Gabriele Sorgo, geb. 1961, lehrt Kulturgeschichte an den Universitäten Wien, Innsbruck, Graz und Klagenfurt und lebt als freie Autorin in Wien.

Eva Souhrada-Kirchmayer, studierte Rechtswissenschaften in Wien, ab 1991 Mitarbeiterin des Verfassungsdienstes des Bundeskanzleramtes, seit 1997 Mitglied der Datenschutzkommission, seit 2004 Abteilungsleiterin.

Christian Stadelmann, geb. 1964, studierte Volkskunde in Wien; tätig für das Technische Museum Wien. Forschungsschwerpunkte: Technik und Haushalt; Religiosität und Politik; Mensch und Tier.

Sabine Standenat, geb. 1955, Redakteurin beim ORF (Abteilung Unterhaltung), Studium der Psychologie und Publizistik, Ausbildung zur Klinischen Psychologin und Gesundheitspsychologin, als Psychologin in eigener Praxis tätig.

Erich W. Streissler, geb. 1933 in Wien, studierte an der Universität Oxford, habilitierte sich 1959 für Volkswirtschaftslehre an der Universität Wien, ab 1962 Ordinarius an der Universität Freiburg im Breisgau, 1968–2001 Professor für Nationalökonomie an der Universität Wien. Seit 1990 Vizepräsident des Österreichischen Instituts für Wirtschaftsforschung.

Franz Stürmer, Biologe und Geologe, ehemaliger Leiter des Krahuletz-Museums in Eggenburg, selbständige Tätigkeit in der Erwachsenenbildung sowie für Buch- und Ausstellungsprojekte, Obmann der Weinviertler Kräuterakademie, Sachbuchautor.

Rudolf Taschner, geb. 1953, Professor für Mathematik an der Technischen Universität Wien, Mitinitiator des 2003 eröffneten „math.space" im Wiener Museumsquartier. Wissenschaftler des Jahres 2004.

Josef Taus, geb. 1933 in Wien, Wirtschaftsjurist, Manager und Politiker, 1975–79 Bundesparteiobmann der Österreichischen Volkspartei, 1975–91 Nationalratsabgeordneter, 1979–86 geschäftsführender Gesellschafter der Constantia Industrieverwaltungs GmbH, 1986–89 Vorstandsmitglied der Constantia Industrieholding AG, ab 1989 Vorstandsmitglied der Management Trust Holding AG.

Hubert Thurnhofer, geb. 1963, Studium der Germanistik in Wien, 1989–1994 Lehrbeauftrager in Moskau, seit September 1994 Galerist, daneben Journalist, Präsident der IG Galerien für zeitgenössische Kunst.

Alexander Tipold, geb. in Wien, seit 1992 Lehrtätigkeit am Institut für Strafrecht und Kriminologie in Wien, 2002 Habilitation.

Helge Torgensen, geb. 1954, arbeitet im Bereich Biotechnologie und Medizintechnik am Institut für Technikfolgen-Abschätzung der Österreichischen Akademie der Wissenschaften.

Petra Unger, geb. 1966, akademische Referentin für feministische Bildung und Politik, veranstaltet Vorträge, Lesungen, Seminare und andere Veranstaltungen zur Geschichte der Frauenbewegung und feministischer Theorie.

Beata Verschraegen, o. Univ.-Prof. am Institut für Europarecht, Internationales Recht und Rechtsvergleichung der Universität Wien, Mediatorin in Zivilrechtssachen.

Thomas Bence Viola, geb. 1977, seit 2002 am Institut für Anthropologie der Universität Wien beschäftigt. Hauptarbeitsgebiet: Evolution des Menschen.

Andreas Vormaier, geb. 1969, Geochemiker, leitet den Bereich Montanistik, Maschinenbau und Elektrotechnik und betreut die permanente Ausstellung *Energie* im Technischen Museum Wien.

Manfred Wagner, geb. 1944, studierte an der Universität Wien und an der Musikakademie, seit 1974 Vorstand der Lehrkanzel für Kultur- und Geistesgeschichte an der Hochschule für angewandte Kunst in Wien, seit 1997 Präsident der Internationalen Schönberg-Gesellschaft, seit 2004 Dekan der Klasse *Künste* an der Europäischen Akademie der Wissenschaften und Künste.

Martin G. Weiß, geb. 1973, Leiter des FWF-Projektes *Die Auflösung der menschlichen Natur* innerhalb der Forschungsplattform Life-Science-Governance der Universität Wien und Lehrbeauftragter am Institut für Philosophie.

Hubert Weitensfelder, geb. 1959, Historiker, betreut den Sammlungsbereich Handwerkliche *und industrielle Produktionstechnik* am Technischen Museum Wien.

Peter Wiesinger, geb. 1938, studierte Germanistik, Volkskunde und Anglistik in Wien und Marburg/Lahn, seit 1972 o. Univ.-Prof. für deutsche Sprache und ältere deutsche Literatur in Wien. Lehr- und Forschungsgebiete: deutsche Sprachgeschichte, Dialektologie und Namenkunde; österreichisches Deutsch; deutsche Literatur des Spätmittelalters; Geschichte der Germanistik.

Harald Wilfing, geb. 1961, studierte in Wien Medizin, Zoologie und Anthropologie. Leiter der Forschungsgruppe Humanökologie des Departments für Anthropologie an der Universität Wien.

Paul Zulehner, geb. 1939, Professor am Institut für Pastoraltheologie der Katholisch-Theologischen Fakultät der Universität Wien sowie seit 2000 Dekan dieser Fakultät.

Register aller Fragen

Warum kostet ein Bild von Klimt hundert Millionen Euro?
Fragen und Antworten zu Kunst und Kultur

LÖST WACHSTUM ALLE PROBLEME?
Fragen und Antworten zur Welt der Wirtschaft

Bildnachweis

Franco de Amicis, Raffaello Sanzio. E la scoperta di un suo quadro. Amsterdam, Muller 1898 (Palazzi Pontifici, Vatican) 36

APA-IMAGES / APA / Newald Robert 238

APA-IMAGES / epa 218

Bayerische Landesanstalt für Landwirtschaft, München 112

Bildarchiv der Österreichischen Nationalbibliothek, Wien 100, 240, 243, 255, 256, 424

Bildarchiv Preußischer Kulturbesitz, Berlin 259, 428

Ingrid Bunse, Köln (www.ingrids-welt.de) 308

Peter Bürgmann, Wien (www.buergmann.net) 228

Caritas Österreich, Wien 343

J. Eibl, Salzburger Volkssagen, hg. von Rudolf von Freisauff (1880) 48

ETH Life, Institut für Robotik und Intelligente Systeme, ETH Zürich 463

European Communities / ACP-EU Water facility 371

Fairtrade – Verein zur Förderung des fairen Handels mit den Ländern des Südens, Wien 158

Foto Anna Hoffmann 217

Foto Judt 273

Foto Manfred Korbaj 457

Foto Mani Hausler, Wien 437

Foto Votava, Wien 271

Glyptothek, München 276

Cynthia Goldsmith, US Department of Health and Human Services 431

Willfried Gredler-Oxenbauer, Wien 46, 231, 236, 251, 265, 294, 297, 303, 318, 355, 359, 374, 405

Gütersloher Verlagshaus, Pressefoto 70

Haragayato, Japan 291

Jerry Hecht, US Department of Health and Human Services 417

Imagno/Austrian Archives, Wien 118, 246

International Olympic Committee, Lausanne 269

Internationale Stiftung Mozarteum, Salzburg 257

Mag. Johann Kodnar (www.papiergeld.at) 363

Medienwerkstatt Mühlacker Verlagsges.mbH, Mühlacker 129

MUSIK AKTIV, Spittal 266

NASA Goddard Space Flight Center 76

NASA Langley Research Center 312

National Archives and Records Administration, College Park, MD 177

National Portrait Gallery, London 140

NOKIA AUSTRIA GmbH, Wien 293

Oberösterreichisches Landesmuseum, Linz 125

Opern Air Festspiele- und VeranstaltungsGmbH, Wien 258

Organization for the Advancement of Space Industrialization and Settlement 77

Österreichische Akademie der Wissenschaften, Institut für Technikfolgen-Abschätzung (ITA), Wien 298

Österreichische Nationalbibliothek, Wien 143, 171

Österreichisches Institut für Zeitgeschichte, Wien 136

Peter Pleyel, Wien 378

Republik Österreich, Parlament, Foto: Atelier Schiffleitner 148

Reiner Riedler, Wien 327, 328

Statistik Austria, Wien 367, 346, 367

Michael Ströck, Wien 304

Franz Stürmer, Wien 13, 103, 104, 105, 106, 119, 128

The Yorck Project, DIRECTMEDIA Publishing GmbH (National Gallery, London) 34

Toyota 307

Verein Wiener Frauenhäuser 389

Verlagsbüro Johann Lehner, Wien 12, 27, 272, 314

Wiener Frauenhäuser 389

Wikipedia, die freie Enzyklopädie 19, 364, 429, 454, 455

Roger Zenner, Saarbrücken 363

Zentralanstalt für Meteorologie und Geodynamik, Wien 109

Holger Zimmermann und Andrea da Silva Martins, Rio de Janeiro (www.favelinha.com) 233

Herausgeber und Verlag bedanken sich für die freundlichen Abdruckgenehmigungen. Die Rechtslage bezüglich der reproduzierten Bildvorlagen wurde – soweit möglich – sorgfältig geprüft; eventuell berechtigte Ansprüche werden bei Nachweis vom Verlag in angemessener Weise abgegolten.

TEXTE AUS? IST JEDER MUSIKALISCH BEGABT? IST ES SINNVOLL, EIN MUSIKINSTRUMENT ZU ERLERNEN
UNTERHALTUNGSMUSIK (U-MUSIK)? WARUM HÖREN SO WENIGE MENSCHEN ZEITGENÖSSISCHE E-MUSIK? WIR
WIE SOLL MAN OPERN AUFFÜHREN? WARUM IST MOZART DER POPULÄRSTE KOMPONIST AUF DER WELT? WA
BEWIRKT DIE GLOBALISIERUNG FÜR DIE MUSIK? IN WELCHEM VERHÄLTNIS STEHT POPULÄRE MUSIK ZU KUNST
MIT DER AUSBILDUNG VON GRUPPENIDENTITÄTEN ZU TUN? WAS IST JAZZ? SIND KONSUMWELTEN RELIGION
JUGENDLICHE BEI FUSSBALLSPIELEN? VERÄNDERT SICH SPORT MIT DER GESELLSCHAFT? IST SPORT „UNPOLITISC
DIE GRENZEN DES DOPINGS? WAREN DIE GRIECHEN DIE BESSEREN SPORTLER? WARUM LAUFEN AFRIKANER UND
COMPUTER GEDICHTE SCHREIBEN? WARUM SPIELEN COMPUTER SO GUT SCHACH, ABER SO SCHLECHT GO? W
ZEN ÜBERSETZUNGSCOMPUTER SO SCHLECHT? LIEGT DIE ZUKUNFT IM COMPUTERNETZ? WAS KÖNNEN ROBOTE
ERFINDUNGEN DER MENSCHHEIT? WERDEN DIE ERFINDUNGEN DES 20. JAHRHUNDERTS ÜBERSCHÄTZT? WO B
MEN? FÜHRT UNS TECHNISCHER FORTSCHRITT AUF DER EINBAHNSTRASSE IN DIE SACKGASSE? KÖNNEN „SANF
SPIELT DIE TECHNIK BEI DER ROHSTOFFNUTZUNG DER ERDE? WAS HEISST „END-OF-PIPE-TECHNOLOGIE", WAS „A
FÜR IMMER IM GEDÄCHTNIS? WAS SIND „WEISSE ELEFANTEN"? KLEIDUNG – SELBST GENÄHT ODER MADE IN C
WERKSTOFFE BRINGT UNS DIE ZUKUNFT? WAS HABEN BETON UND GRIESSPUDDING GEMEINSAM? WARUM WIR
ES ENERGIE, DIE NIE AUSGEHT? WELCHE RISIKEN ERWACHSEN UNS AUS DER MIKROTECHNIK? WAS LEISTET DIE
EINER „MEDIENGESELLSCHAFT"? IST DAS INTERNET EIN STRAFFREIER RAUM? FÜHREN STRENGERE HAF
„WIEDERGUTMACHUNG"? WAS SIND SAMMELKLAGEN? SIND BERUFSBEAMTENTUM UND PRAGMATISIERUNG NO
HERAUSFORDERUNGEN STELLT DER ISLAM FÜR EUROPA DAR? MEINT ISLAM KRIEG ODER FRIEDEN? IST DER ISL
AM MYTHOS SINGLE? WAS HEISST „ÖKONOMISIERUNG" DER BILDUNG? BEGINNT DIE „WISSENSGESELLSCHA
HOSPIZGEDANKE? WAS BEDEUTET STERBEHILFE? GIBT ES FÜR STERBEHILFE EINE LEGALE BASIS? KANN ICH MIC
ALLE PROBLEME? IST GEWINN MIT GERECHTIGKEIT VEREINBAR? HABEN UNTERNEHMEN GESELLSCHAFTLICHE VE
IST DIE GLOBALISIERUNG EINE BEDROHUNG ODER EINE CHANCE? GIBT ES EINEN KONKURRENZKAMPF DER MET
DIE GREISSLER AUS? SCHATTENWIRTSCHAFT: NOTWENDIG ODER KRIMINELL? WELCHE ROLLE SPIELEN FORSCH
STAAT ODER MEHR PRIVAT? DOMINIEREN SACHZWÄNGE DIE WIRTSCHAFTLICHE ENTWICKLUNG? WELCHE
WIRTSCHAFTENTWICKLUNG ZU TUN? IST DER EURO BESSER UND SICHERER ALS SCHILLING UND D-MARK?
WANKEN? GERATEN DIE GROSSSTÄDTE AUS DEM GLEICHGEWICHT? WAS WIRD AUS DER DRITTEN WELT
ZUKUNFTSPERSPEKTIVEN HABEN LÄNDLICHE KLEINGEMEINDEN? LÄSST SICH ÜBERFLÜSSIGER VERKEHR VERHIN
MATRIARCHATE HEUTE? WARUM SIND FRAUENRECHTE MENSCHENRECHTE? GIBT ES DIE FRAUENBEWEGUN
MAINSTREAMING? WAS IST GENDER-MEDIZIN? IST DIE EUROPÄISCHE UNION FRAUEN- UND GLEICHSTELLUNGS
„EMANZEN" IN EIN SCHIEFES LICHT GESTELLT? IST EINE HOHE FRAUENERWERBSQUOTE MIT EINER HOHEN GEBU
BETRACHTET DER ISLAM DIE FRAU? NIMMT DIE BEZIEHUNGSUNFÄHIGKEIT IN UNSERER GESELLSCHAFT ZU? WA
ES IN DER SEXUALITÄT LEISTUNGSDRUCK? IST SEXUALITÄT IM ALTER EINE SELBSTVERSTÄNDLICHKEIT? WARUM
NUTZE ICH DIE „KRAFT DER GEDANKEN"? WIE LERNE ICH RICHTIG STREITEN? WAS BESAGT DAS RÄTSELHAFTE
DEPRESSIONEN UM? WAS TUN BEI PANIKATTACKEN? ICH BIN HOCHSENSIBEL – WIE SCHÜTZE ICH MICH? WIE
CHANCE? LOSLASSEN – WIE GEHT DAS? WIE LERNE ICH ZU VERGEBEN? WARUM LEBEN WIR NICHT EWIG?
INTENSIVMEDIZIN AN IHRE GRENZEN? WOHIN GEHT DIE TRANSPLANTATIONSCHIRURGIE? IM LABOR GEZEUGT –
GEGEN KREBS? AIDS-HILFE NUR FÜR REICHE? WAS SIND AUTOIMMUNKRANKHEITEN? ALLERGIEN – WILDE JAG
GIBT ES DIE „MOND-CONNECTION"? IST IMPFEN SCHÄDLICH? SIND ALZHEIMER UND PARKINSON HEILBAR? KO
PRIONKRANKHEITEN? DROHEN WELTWEITE EPIDEMIEN DURCH NEUE VIREN? IST DIE GESUNDHEIT EIN GESC
ÜBERGEWICHT ANGEBOREN? WAS HAT UNSER ESSEN MIT ERDÖL ZU TUN? WAS PASSIERT, WENN DAS PO
TREIBHAUSEFFEKT? WAS PASSIERT, WENN DER GOLFSTROM AUSBLEIBT? KÖNNEN DIE KYOTO-ZIELE ERREICH
MENSCHEN DIE WELT SELBST ZUGRUNDE? DROHT EIN GLOBALER KAMPF UM DIE RESSOURCE WASSER? WELC
FOLGEN HAT DIE VERMEHRTE SCHMELZE DER GLETSCHER? LASSEN SICH GLETSCHER KONSERVIEREN? WELCH
ERSTICKEN? WIE KÖNNTEN DIE WOHNKONZEPTE DER ZUKUNFT AUSSEHEN? WIRD EUROPA ZUNEHMEND ISLA